宁夏中南部
隧洞工程地质研究

李明福 顾耀民 田建林 滕杰 王祖国 吕振 编著

中国水利水电出版社
www.waterpub.com.cn

内 容 提 要

本书是历年对宁夏中南部隧洞工程的地质勘察及专题研究工作的全面总结。对隧洞工程重点勘察与研究的白垩系、第三系地层软岩工程特性、隧洞主要工程地质问题、软弱围岩的变形特征、应力分布模拟研究、隧洞开挖与支护时机及措施、水土腐蚀对隧洞的危害机理分析、腐蚀性水土分布特征及防止措施等软岩特性及主要工程地质问题进行了系统的论述，较为全面、系统地总结和评述了宁夏中南部软岩隧洞工程地质勘察和研究工作。

本书内容丰富、资料翔实、实践性强，可供水利水电工程地质勘察人员参考。

图书在版编目（CIP）数据

宁夏中南部隧洞工程地质研究 / 李明福等编著. --
北京 : 中国水利水电出版社, 2016.1
ISBN 978-7-5170-4035-4

Ⅰ. ①宁… Ⅱ. ①李… Ⅲ. ①隧道工程－工程地质－
研究－宁夏 Ⅳ. ①U45②P642

中国版本图书馆CIP数据核字(2016)第006644号

书　　名	**宁夏中南部隧洞工程地质研究**
作　　者	李明福　顾耀民　田建林　滕杰　王祖国　吕振　编著
出版发行	中国水利水电出版社 （北京市海淀区玉渊潭南路1号D座　100038） 网址：www.waterpub.com.cn E-mail：sales@waterpub.com.cn 电话：（010）68367658（发行部）
经　　售	北京科水图书销售中心（零售） 电话：（010）88383994、63202643、68545874 全国各地新华书店和相关出版物销售网点
排　　版	中国水利水电出版社微机排版中心
印　　刷	北京纪元彩艺印刷有限公司
规　　格	184mm×260mm　16开本　23.5印张　558千字
版　　次	2016年1月第1版　2016年1月第1次印刷
印　　数	0001—1000册
定　　价	**108.00**元

前　言 QianYan

随着中国西部基本建设的蓬勃发展，宁夏中南部山区铁路、公路等基建项目日益增多。由于宁夏中南部水资源分布的不平衡，为解决缺水地区群众喝水问题及改善基本生存条件，近年来在该地区积极兴建长距离调水工程，将六盘山东麓雨量较多、水量相对丰沛、水质优良的地表水向北输送到北部干旱缺水地区。上述工程线路所经地带大部有白垩系及第三系软岩地层分布，在建设许多隧洞工程过程中，普遍遇到软弱围岩及处理问题。同时，随着地下工程向大埋深和长距离发展，软弱围岩变形及其稳定性控制问题也越来越突出，对隧洞软岩的不良地质问题的防治要求也越来越高。由于软岩成因复杂多样，地区环境差异巨大，对不同地区、不同地质条件下的软岩特性理论做针对性的研究和进一步的推进是很有必要的。

在宁夏水利水电建设过程中，尤其是长距离调水项目中不可避免地会遇到各种各样的复杂地质体及软弱破碎岩体，对于那些岩质软弱、不能满足强度及变形要求，或者具有胀缩性、崩解性、软化性，浸水后会直接威胁建筑物安全的围岩或地基必须进行工程处理。为此，针对宁夏地区广泛分布的白垩系及第三系软弱岩石的物理力学特性、水理特性及围岩变形特性及随环境的变化规律等进行了详细的科学试验研究；由于现行规范对中小型水利水电工程直径小于5m极软岩围岩分类没有规定，以新的分类因子组合，建立了小断面洞室软弱围岩分类标准；通过专题研究确定适合本地区工程特点的软弱围岩开挖方式、保护时机及支护技术等一系列与工程质量、投资等密切相关的工程技术理论，优化设计和施工。

宁夏中南部长距离调水及隧道工程沿线存在不同程度的腐蚀性水土，水土腐蚀容易造成隧洞结构物破坏和隧洞支护失效，除造成供水中断外，还会引起环境问题和造成财产损失。水土腐蚀性成为地下工程急需解决的关键技术问题。

通过研究，查明宁夏中南部地区腐蚀性水土的形成原因、时空分布与变化规律，掌握地区水土腐蚀作用的机理、影响水土腐蚀作用的主要因素以及对混凝土结构和钢结构的主要危害，并据此确定针对性的对策措施。

宁夏中南部城乡饮水安全工程隧洞软岩及腐蚀性研究项目属2012年宁夏回族自治区科技支撑计划项目，该工程项目已作为宁夏区内软岩隧洞施工的示范基地，开展该项研究工作除用于指导本地区工程实践外，研究成果对区内及周围陕甘宁地区乃至全国如四川、云南、新疆北部等地区白垩系及第三系陆相地层类似工程设计和施工具有很好的借鉴意义，并具有现实的经济和社会效益。

本书内容包括6个部分，结构及内容如下。

第一篇为宁夏中南部城乡饮水安全工程勘察，主要介绍了区域地质背景、隧洞工程勘察主要经验、地应力测量成果。

第二篇为软岩工程特性，分析软岩生成环境，对软岩工程特性进行试验研究：介绍软弱围岩工程性状及特征，包括室内物理力学试验、原位测试方法及成果。

第三篇为软弱围岩工程分类，主要介绍软弱围岩分类方法现状，建立适合本地区隧洞工程的小断面软弱围岩分类标准及方法。

第四篇为隧洞围岩变形及支护研究，包括：①理论研究现状、软弱围岩工程实例；②开挖过程中围岩变形检测方法及变形特征；③隧洞应力应变分布特征数值模拟研究；④隧洞开挖与支护时机及措施等。

第五篇为环境水土腐蚀性对隧洞结构物的影响，包括①水土腐蚀对隧洞的危害机理分析；②水土腐蚀评价方法；③腐蚀性水土分布特征；④水土腐蚀防止措施等。

第六篇为研究成果总结，分述了软岩主要特性及研究成果，水土腐蚀特性及研究成果。

由于编者能力和水平有限，时间仓促，难免错误和不足之处，敬请读者批评指正。

作者

2015年9月于天津

目录 MuLu

第三篇　软弱围岩工程分类

第四篇　隧洞围岩变形及支护研究

第五篇　环境水土腐蚀性对隧洞结构物的影响

第六篇　研究成果总结

第一篇

宁夏中南部城乡饮水安全工程勘察

第一章 概述

第一节 工 程 简 介

宁夏中南部城乡饮水安全工程（以下简称该工程）是将宁夏南部六盘山东麓雨量较多、水量相对丰沛、水质优良的泾河水向北输送到固原中北部干旱缺水地区的区域性水资源优化配置工程。该工程多年平均年引水量 3980 万 m^3，主要解决宁夏中南部 111 万人的城乡饮水安全问题。对促进固原市城市化，优化区域产业结构，推动地区工业发展，改善农业生产条件和生态环境都具有重要意义。

该工程地处北纬 35°23′37″～35°57′34″，东经 106°13′49″～106°21′54″，涵盖宁夏回族自治区中南部地区，供水范围包括原州区、彭阳县、西吉县以及位于海原县黄河水难以达到的南部地区，涉及 1 个市、3 个县城、44 个乡镇、603 个行政村、3559 个自然村。2009 年供水总人口为 110.80 万人，其中，农村 89.40 万人，城镇 21.40 万人。该工程区地理位置见图 1-1-1。

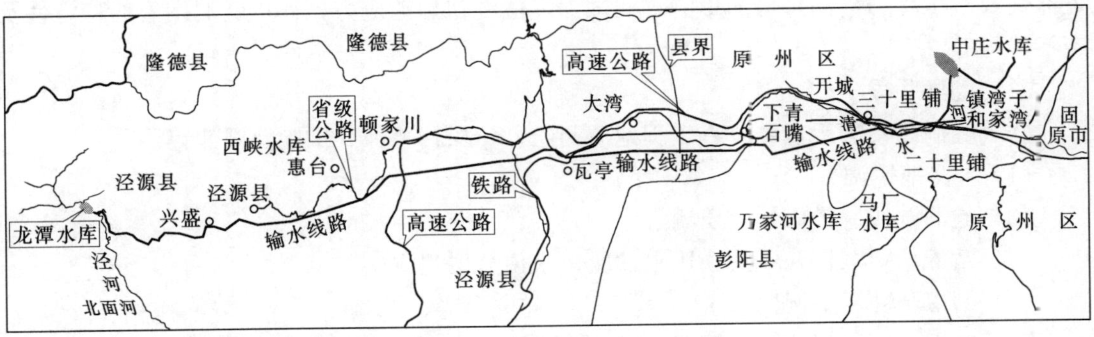

图 1-1-1　该工程区地理位置示意图

该工程以泾河上游为水源地，从泾河干支流多条河流分散取水；输水总干线起自泾河干流龙潭水库，沿途逐渐纳入从策底河、泾河其他支流、暖水河、颉河等河流截引的水量，向北穿越泾河与清水河分水岭，引水至固原市南郊，向干旱缺水的宁夏中南部地区的固原市原州区和彭阳、西吉以及中卫市海原县部分城镇居民生活和农村人畜供水，解决城乡饮水安全问题。

该工程输水线路全长 74.39km。其中，输水隧洞 11 座，单洞长 595～10775m，总长 35.75km，是控制工程投资、进度和安全的关键工程。隧洞设计断面尺寸净高 2.45m，宽度为2.3m。

输水线路沿线地面高程一般为1900～2200m，相对高差150m左右，地形起伏较大。地面植被发育，主要为松树林及低矮灌木，山坡缓坡地带多为开垦的梯田。

该工程隧洞距离长，工程地质条件复杂，是区内首例。隧洞工程在原始地应力较高、以薄层或厚层泥岩为主、构造破碎带、风化严重、地下水活动明显的岩体中，隧洞开挖后围岩及洞室支护受到的压力很大，而且可能在对不良地质体失察或处理不当的情况下产生严重的塌方、变形或破坏；隧洞在富含地下水的岩层中通过时，往往遇到突涌水及高外水压力问题，给隧洞建设工期、投资等带来很大的影响。为此，查明隧洞工程地质、水文地质条件及影响隧洞围岩稳定性的工程地质因素是隧洞工程勘察的主要目的。

第二节　勘察简介

一、勘察内容

宁夏南部山区有许多隧洞工程遇到地质构造条件差，断层、破碎带发育及洞口滑坡、洞室塌方、涌水及高外水压力等不良地质问题，并且普遍地遇到软弱围岩的稳定性及其处理的问题，制约了隧洞建设方案，对施工工期、支护成本及工程投资等带来很大的影响。因此，除了对隧洞工程地质条件及工程地质问题进行常规勘察外，查明白垩系、第三系地层的工程地质特性及评价软岩稳定性是勘察工作的重点。

工程地质勘察的主要内容有：调查研究区域地质背景、软岩成因机制，查明软岩地层的分布，划分岩组类型，勘察水文地质条件、岩体的渗透性及地下水特征；评估隧洞涌水可能性及对工程和周围环境的影响，测试深埋隧洞初始地应力，评价隧洞围岩的稳定性及变形特征等。

二、勘察手段

软岩隧洞勘察的手段主要有工程地质测绘、钻探、物探、试验及观测等。

（1）水文地质调查。

（2）隧洞洞线、进出口地质测绘。

（3）钻探：隧洞钻孔、钻孔压水试验、水位分层观测。

（4）勘探竖井、平洞。

（5）物探：①地面物探，包括大地电磁测深法、高密度电法、地震波法；②孔内测试，包括声波测井、孔内弹模、综合测井、岩芯测试。

（6）原位试验：①原位变形试验；②地应力测试。

（7）室内试验：包括常规岩石试验、三轴压缩试验、三轴流变试验、崩解试、验膨胀性试验、常规土工试验、黄土湿陷性试验、土的腐蚀性试验、水质简分析等。

除此之外，针对工程软岩进行专题研究，为查明软岩发育规律、工程特性等起到重要作用，并为工程设计和施工提供了充分的理论根据。

三、隧洞围岩分类方法的选用

目前，国内外大型地下洞室围岩分类主要采用HC分类、Q系统分类、RMR分类、国标 BQ 分类四种方法。该工程输水隧洞围岩以较软岩、软岩为主，岩石强度是影响该隧洞围岩分类的主要因素，考虑岩石强度因素的 Q 系统分类法不适合该工程，因而此方法不予采用。

该工程按《中小型水利水电工程地质勘察规范》（SL 55—2005）进行初步分类，按 RMR 分类、国标 BQ 分类进行评分分类，结合以上三种分类方法的结果进行综合分类。

1. 该工程的初步分类

《中小型水利水电工程地质勘察规范》（SL 55—2005）对软岩、较软岩围岩工程地质分类的主要地质特征见表 1-2-1。

表 1-2-1　　中小型水利水电工程软岩、较软岩工程地质分类

围岩类别	围岩稳定程度	围岩主要工程地质特性	毛洞自稳能力和变形	支护类型
Ⅲ	局部稳定性差	较软岩，微风化，岩性均一，巨厚层状，无软弱夹层，岩体完整，节理裂隙不发育，闭合，无充填，无控制性软弱结构面，岩体抗风化能力低，暴露于大气或湿水后，强度降低较快，地下水活动轻微，洞线与岩层走向夹角大于 30°	完整的较软岩稳定性较好，但强度不足，局部会产生塑性变形或小—中等坍落，可短期稳定	喷混凝土或喷锚支护，拱顶系统锚杆
Ⅳ	不稳定	较软岩或软岩，弱风化为主，节理裂隙较发育，层间错动常见，多为软弱面与其他结构面形成不利组合，地下水活动轻微，洞线与岩层走向夹角大于 30°	围岩自稳定时间较短，顶拱常有塌落，边墙也有失稳定现象，时间效应明显，可能产生较大的变形破坏，软岩流变明显，可产生较大的塑性变形	开挖后需及时支护，喷锚挂网，必要时可全部衬砌或设钢拱架，需注意施二期安全
Ⅴ	极不稳定	较软岩或软岩，弱风化夹强风化，岩体破碎，受地质构造影响，节理裂隙发育，多张开有泥，有软弱夹层或顺层错动带，有大量临空切割体，地下水活动中等—强烈，加速岩体风化和降低结构面抗剪强度，洞线与结构面夹角大于 30°，岩层倾角小于 30°	难于自稳，边墙、拱顶极易坍塌变形，经常是边挖边塌，甚至出现冒顶和地面下陷，变形破坏严重	成洞条件差，开挖需支护紧跟或超前支护，全断面衬砌

2. RMR 分类

RMR 分类，即“岩体评分”，又称地质力学分类系统，是 1973 年由比尼威斯基（Bieniawski）提出的，它给出了一个总的岩体评分值（RMR）作为衡量岩体工程质量的“综合特征值”，原理是通过六个参数对岩体质量的贡献的综合进行分类。这六个参数为：①岩石的单轴抗压强度；②岩石质量指标；③结构面间距；④结构面状况；⑤地下水状况；⑥结构面方位。各参数根据地质描述和试验成果进行评分后，相加获得总评分，即

$$RMR = R_1 + R_2 + R_3 + R_4 + R_5 + R_6$$

然后根据总分确定岩体的质量等级以及对应于 RMR 系统相应的岩石隧道开挖和支护准则，见表 1-2-2。

表 1-2-2　　RMR 系统分类及隧道开挖和支护准则

岩体等级	RMR	开　挖	支　护		
			锚杆（直径 20mm，砂浆锚杆）	喷混凝土	钢支撑
Ⅰ	81～100	全断面开挖进尺 3m	一般无须支护，局部加锚杆加固	无	无
Ⅱ	61～80	全断面开挖进尺 1.0～1.5m，离掌子面 20m，全断面支护	拱部锚杆加固，锚杆长 3m，间距 2.5m，有时辅以钢筋网	拱部需喷：50mm	无
Ⅲ	41～60	上台阶开挖上部进尺 1.5～3m，每次开挖后开始支护离掌子面 10m，全断面支护	系统锚杆，锚杆长 4m，间距 1.5～2m，拱部加钢筋网	拱部喷：50～100mm；边墙喷：30mm	无
Ⅳ	21～40	上台阶开挖，上部进尺 1.0～1.5m，离掌子面 10m，及时施加支护	系统锚杆，锚杆长 4～5m，间距 1～1.5m，拱部和边墙均设置钢筋网	拱部喷：100～150mm 边墙喷：100mm	轻型、中型钢拱筋，间距 1.5m
Ⅴ	0～20	多台阶开挖，上部进尺 0.5～1.5m，开挖后及时施加支护，爆破后迅速喷混凝土	系统锚杆，锚杆全长 5～6m，间距 1～1.5m，拱部和边墙均设置钢筋网	拱部喷：150～200mm 边墙喷：150mm 掌子面喷：50mm	中型—重型钢拱筋，间距 0.75m，需要时辅以钢板和夹板

3. 国标 BQ 方法

《工程岩体分级标准》（GB 50218—94）规定：工程岩体分级，应采用定性与定量相结合的方法。

第一步为岩体基本质量分级，依据岩石的坚硬程度和岩体的完整程度两个基本控制要素确定“岩体基本质量”BQ 值，对岩体进行初步分级。

$$BQ=90+3R_c+250K_v$$

在使用上式前，应遵守以下限制条件：

当 $R_c>90K_v+30$ 时，应以 $R_c=90K_v+30$ 代入上式计算 BQ 值。

当 $K_v>0.04R_c+0.4$ 时，应以 $K_v=0.04R_c+0.4$ 代入上式计算 BQ 值。

在计算出 BQ 值以后，可以根据表 1-2-3 进行岩体基本质量分类。

表 1-2-3　　BQ 法岩体基本质量分级表

基本质量级别	岩体基本质量的定性特征	基本质量指标 BQ
Ⅰ	坚硬岩，岩体完整	>550
Ⅱ	坚硬岩，岩体较完整；较坚硬岩，岩体完整	550～451
Ⅲ	坚硬岩，岩体较破碎；软弱岩，岩体完整	450～351
Ⅳ	坚硬岩，岩体破碎；较坚硬岩，岩体较破碎—破碎	350～251
Ⅴ	较软岩，岩体破碎；软岩，岩体较破碎—破碎	≤250

第二步为工程岩体详细定级，考虑岩体质量的影响因素，如地下水状态、岩体初始应力状态、结构面的方向和组合等，对岩体的基本质量进行修正，得到详细定级。

当地下洞室遇有下列情况之一时：①有地下水；②围岩稳定性受软弱结构面影响，且由一组起控制作用；③存在高初始应力现象，需对于 BQ 值进行了修正，修正的 BQ 值按下式计算

$$[BQ]=BQ-100\times(K_1+K_2+K_3)$$

式中　$[BQ]$——修正的 BQ 值；

K_1——地下水影响修正系数；

K_2——主要软弱结构面产状影响修正系数；

K_3——初始应力状态影响修正系数。

第二章 地质概况

第一节 地 形 地 貌

宁夏中南部地区从西到东具有以下地貌特征：西部是六盘山主峰分水岭，呈南北向展布，主峰海拔达2942m，一般海拔在1500～2500m之间，属低中山地貌单元。总体地形为西高东低，北高南低。由于流水的切割侵蚀作用，在六盘山东麓形成多条走向北西—南东方向的水系，如泾河、红河、茹河等，并形成了宁夏中南部现代剥蚀丘陵地貌，使得该地区大面积基岩裸露，风化剧烈，陡坡悬崖较为发育。河谷两岸基本为陡坡，个别地段为陡崖，河谷多呈“U”形，河曲发育，在转弯及开阔处局部发育阶地。河谷两岸的岩体大多裸露，近岸的陡坡岩体由于受卸荷及风化作用的影响，山脚局部可见崩塌堆积物，坡脚及缓坡上多分布着较厚的坡积物。

燕山运动晚期，六盘山、崆峒山整体抬升，其余地区沦为盆地，为三级河湖相沉积创造了良好的场所。喜山运动，六盘山再次褶皱隆起，第三系镶嵌在六盘山两侧。晚更新世后期，气候干旱，大量粉砂质尘土被风由西北向东南吹来并降落在地面上形成黄土塬。后又经分化、侵蚀、搬运、堆积形成山地、丘陵、黄土丘陵、山间河谷阶地。

按成因类型、形态划分，区域地形地貌形态主要表现为侵蚀构造中山地形、剥蚀构造丘陵地形、侵蚀堆积河谷阶地。

一、侵蚀构造中山地貌

北起老八台、米缸山、香炉山，南至南台为六盘山主峰地形，长150km。由北往南，巍峨挺拔，蜿蜒延伸，是隆德与泾源的分界线，又是泾河、葫芦河等河流的发源地。最高峰米缸山海拔2942m，由下白垩系和尚铺组含砾砂岩、砂岩、李洼峡组钙质粉砂岩、泥质粉砂岩、马东山组泥灰岩、泥灰质粉砂岩等组成。海拔2200～2900m，相对高差600～800m。山顶呈尖峰。圆顶为主，山两侧被东西向及南北向沟谷切割，沟谷纵横；沟多呈“V”形。悬崖峭壁到处可见。尖峰林立。山体南段变宽，桃木山处最宽达15km，北段较窄，最窄处为5km。山体北段走向为北西向，中段为南北向，南段向东突出呈弧形山脉。山体延伸线和区域地质构造线基本一致。

二、侵蚀构造低山地貌

泾源县秋千架、石娃娃山由北向南延伸。最高峰在甘肃崆峒山，海拔2280m，一般海拔1800～2200m。由中寒武系和奥陶系灰岩、下白垩系六盘山群和尚铺组砾岩、砂岩，李洼峡组粉砂岩、泥质粉砂岩，马东山组泥灰岩页岩，乃家河组泥岩、页岩等组成，沟谷稀疏，沟呈“V”形。相对高差200～400m。燕山期褶皱、断裂形成。喜山运动抬升，经过长期侵蚀切割形成低矮、山顶呈圆形、南北向延伸的山系。

三、侵蚀构造丘陵地貌

惠台、兴盛、新民等丘陵由下白垩系碎屑岩组成。第三系岩层倾向北西，倾角5°～10°，在沟谷切割作用下形成由东向西排列的长缓丘陵地形。海拔1800～2200m，相对高差200～400m。山顶呈陇状、波浪状、平顶状。风化后山坡坡度15°～20°，多为耕地。山腰沟处坡度变陡，一般20°～30°。丘陵表部风化强烈地段，残积—坡积层厚度3～6m，由褐灰色黏砂土组成。

四、侵蚀河谷堆积阶地

区内河谷众多，主要包括泾河及其支流香水河、兴盛河、西泾河等，大清河及其上游支流青石嘴乃家河（属泾河水系）、挂马沟河和流经三十里铺、二十里铺的清水河上游。

（一）泾河河谷阶地

泾河由香水河、兴盛河、泾河等组成。

1. 香水河河谷阶地

西峡至沙南发育Ⅰ、Ⅱ、Ⅲ级阶地。Ⅰ级阶地在河床一侧零星分布，面积很小，Ⅱ级阶地在河两侧分布，阶地前缘高于河床5～6m，由壤土及砾石层组成，宽0.5～1km，厚度15～20m。Ⅲ级阶地在六盘山庄、上桥天等地分布，高于Ⅱ级阶地30～40m，以陡坎和Ⅱ级阶地接触。阶地面宽3km。上部由Q_3^{2eol}黄土组成，下部由Q_3^{1pl}砾石层组成，厚度30m。

2. 兴盛河河谷阶地

红家峡至东庄发育Ⅰ、Ⅱ级阶地。Ⅰ级阶地不发育，零星分布。Ⅱ级阶地在兴盛河河两侧连续分布，长9.5km，河谷宽1.1～2km，由Q_4^{1pl}壤土、砾石层组成，厚度5～6m，地面较平坦，坡度2°～3°，全为耕地。

3. 泾河河谷阶地

在泾河两侧发育Ⅰ、Ⅱ、Ⅲ级阶地，以Ⅱ级、Ⅲ级阶地分布较广。响龙潭至沙南，长9.5km，Ⅰ级阶地在泾河源呈透镜体状分布，面积小。Ⅱ级阶地在泾河源较发育，最宽达2km，阶地前缘高于河床4m，由Q_4^{1pl}壤土、砾石层组成，下部由下第三系泥岩组成。河床中泥岩断续出露，为基座阶地。Ⅲ级阶地在泾河源北侧南营至十里滩分布，呈条带状，以陡坎和Ⅱ级阶地接触，高于Ⅱ级阶地40m。坡度3°～4°，由Q_3^{2eol}黄土层和Q_3^{1pl}砾石层组成。

（二）清水河河谷阶地

由青石嘴乃家河（属泾河水系）、挂马沟河和流经三十里铺、二十里铺的清水河上游组成，在河谷两侧发育Ⅰ、Ⅱ、Ⅲ级阶地，以Ⅰ级、Ⅱ级阶地分布较广，阶地较对称。阶地前缘高于河床2～5m，由Q_4^{1apl}、Q_4^{2apl}壤土、砾石层组成，下部由白垩系地层组成，为基座阶地。Ⅲ级阶地在河谷东西两侧零星分布，呈条带状，以陡坎和Ⅱ级阶地接触，高于Ⅱ级阶地10～20m。坡度3°～5°、由Q_3^{2eol}黄土层和Q_3^{1pl}砾石层组成。Ⅱ级阶地面随地形变化较大，厚度变化亦大，阶面开阔平坦，多为经济作物耕作区。

第二节　地　层　岩　性

区内分布的主要地层有：奥陶系下统马家沟组（O_1m）、奥陶系中统三道沟组（O_2s）、白垩系下统三桥组（K_1s）、和尚铺组（K_1h）、李洼峡组（K_1l）、马东山组（K_1m）、乃家河组（K_1n）、第三系始新统寺口子组（E_2s）、渐新统清水营组（E_3q）、上新统甘肃群（Ngn）、第四系上更新统（Q_3）及全新统（Q_4）等。

一、奥陶系下统马家沟组（O_1m）

岩性为灰色、深灰色厚层状及薄层状灰岩与豹皮状灰岩互层。

二、奥陶系中统三道沟组（O_2s）

岩性为灰色、浅灰色、浅黄色厚层状及薄层状豹皮状（或泥质斑纹状）灰岩互层，夹薄层状灰岩，厚435m，在店洼及三关口一带相变为深灰色厚层灰岩，夹硅质灰岩和泥质灰岩等，本组与中奥陶系中期平凉组及早奥陶系水泉岭组均为整合接触。

三、白垩系下统（K_1）

白垩系下统（K_1）按岩性划分为五个岩组，即三桥组（K_1s）、和尚铺组（K_1h）、李洼峡组（K_1l）、马东山组（K_1m）、乃家河组（K_1n），统称六盘山群，各组之间为连续沉积，与老地层呈超覆不整合接触。

1. 三桥组（K_1s）

岩性单一，为灰色、紫红色砾岩、角砾岩或角砾状灰岩等，钙质胶结，大部硅化，层理难辨，岩性坚硬，属山麓堆积物，砾石成分随地而异，主要有灰岩、白云岩及石英岩等，磨圆度下部较差。为棱角状至次棱角状，向上磨圆度变好。该组不整合覆盖于中奥陶三道沟组上，厚度约20m，分布于沙南峡、三关口一带。

2. 和尚铺组（K_1h）

岩性以灰紫色、暗紫红色泥岩及泥质粉砂岩为主，下部夹细砂岩。交错层发育。三关口附近以钙质泥岩与砂质泥岩互层为常见。出露于秋千架以东及三关口一带。

3. 李洼峡组（K_1l）

岩性为灰绿色、紫红色相间的砂质泥岩、泥岩、泥质砂岩，泥灰岩及页岩组成韵律层，底部偶夹砂岩及砂砾岩。泥质砂岩及砂质泥岩中波痕及雨痕较发育。本组在蒿店附近为蓝灰色、灰白色及灰绿色砂质泥岩、泥质砂岩、页岩及泥岩，最大厚度达853m，分布于沙南、秋千架、蒿店附近。

4. 马东山组（K_1m）

该组为六盘山群中分布最广泛的一个组，在地形上常常为高大的山岭。岩性为蓝灰色夹黄绿色，厚层泥岩及泥灰岩，局部出现紫红色砂质泥岩、砂岩，岩性变化较大，最大厚度619m，在工作区分布最广，各比较线路大部分经过或穿越该组地层。从岩性上可分为两段：

（1）泥灰岩夹泥岩：灰色、蓝灰色，为厚—中厚层状泥灰岩夹极薄层理发育的泥灰岩及泥岩，偶夹砂岩。其中尚夹有薄层状的泥质粉砂岩。风化后为土黄色或浅褐色，形状为棱角，风化后均呈碎片状。产状57°∠10°（龙潭），231°～270°∠11°～23°（暖水河）、主要分布于泾源龙潭、暖水河。

(2) 泥岩夹泥灰岩：灰色、蓝灰色，间暗紫红色，为厚—中厚层状泥岩为主夹中—厚层状极薄层理发育的泥灰岩夹泥岩，泥岩呈暗紫红色。极薄层理发育的中厚—厚层状泥灰岩为深灰色或浅褐色，其中尚夹有薄层状的泥质粉砂岩。强风化厚度2～3m。风化后多呈碎屑状，少数呈碎片状。主要分布于龙潭及泾源王灌沟至固原三十里铺一带。

5. 乃家河组（K_1n）

岩性为灰绿色、紫红色相间的泥岩（页岩），夹少量的泥灰岩及石膏层，自上而下紫色岩层逐渐增多，粒度随之变粗，并出现较多的砂岩夹层。最大厚度912m。该组地层与上覆地层第三系始新统寺口子组为平行不整合或微角度不整合接触，主要在大湾—什字—泾源县城东一带出露。

白垩系（K_1）泥岩多呈薄层—中厚层状，泥钙质胶结，抗风化能力弱，风化后呈薄层状或页理状，全风化后多呈粉末状、黏土状（见图1-2-1）。泥灰岩多呈青灰色，薄—中厚层状，多呈隐晶质结构，抗风化能力相对较强，地表呈岩埂和突出状外观。

图1-2-1　白垩系地层岩性

四、第三系始新统寺口子组（E_2s）

区内第三系地层以下第三系寺口子组（E_2s）和渐新统清水营组（E_3q）为多见。二第三系中上新统甘肃群（Ngn）地层出露极少，岩性主要为杂色细砂岩、砂质泥岩及泥岩。

岩性由砖红色砂岩及砾岩组成，可分为上下两部分，下部：红色砾岩层，岩性及厚度变化大，可相变为砾状砂岩或含砾砂岩，厚度一般为10～30m，砾石成分以石英岩为主，次为变质岩、酸性火山岩及灰岩等，次棱角状，一般粒径在3mm以下，极少超过5mm。上部：砖红色砂岩夹泥岩层，自上而下为砖红色砂岩夹砾状砂岩及泥岩；紫红色砂质泥岩夹疏松的灰白色及灰绿色砂岩，中粒至粗粒砖红色砂岩及含砾砂岩，夹薄层砂质泥岩及泥质砂岩，厚度320m，分布于兴盛、寺口子等地。紫红色砂质泥岩一般呈厚层状（见图1-2-2），泥钙质胶结。寺口子组（E_2s）与下伏白垩系下统六盘山群乃家河组（K_1n）呈平行不整合接触。

五、渐新统清水营组（E_3q）

岩性以红色砂岩及砂质泥岩为主，夹绿色砂质泥岩和石膏层，厚205m，按岩性分为上下两部分，下部：红色细砂岩，含灰白色钙质结核；上部：紫红色、土红色砂质泥岩、泥岩夹蓝灰色泥岩，石膏质泥岩及薄层石膏。沉积物由北向南逐渐变粗，泥岩及石膏层变少、变薄。在固原附近主要分布于蒿店—茹河、黄峁山、中庄水库等地。

图 1-2-2　第三系地层岩性

六、第四系上更新统（Q_3）

按成因划分为风积层（Q_3^{eol}）、冲积层（Q_3^{al}）等。

(1) 上更新统风积层（Q_3^{eol}）：岩性为黄色黄土，较疏松，构成黄土塬的表层。一般为浅黄色、黄灰色、灰白色粉砂质黄土，含大量云母片和少量钙质结核，松散，多孔，透水性强，垂直节理发育，常形成天生桥，陷阱等黄土喀斯特地貌形态，厚度不一，一般在20～30m，最大可达150m。

(2) 上更新统冲积层（Q_3^{al}）：多呈二元结构，上部为壤土，下部为砾质土。壤土，浅黄色，硬塑—可塑状，厚度1.0～3.0m。砾质土，色杂，稍密—中密；砾石多呈次棱角状、扁片状，局部稍具层理，分选差，粒径一般2～8cm，成分主要为泥岩、泥质粉砂岩及泥灰岩，含量占50%～60%；细粒物质多为细砂及粉土。

七、第四系全新统（Q_4）

全新统在工作区内有多种成因类型，主要有冲积层（Q_4^{al}）、洪积层（Q_4^{pl}）等，一般分布在河谷中，大部构成阶地及河床堆积物，厚10～20m，岩性为含砾壤土及砂砾石。

第三节　地质构造与地震

宁夏中南部位于中朝准地台西缘的鄂尔多斯台缘褶带二级构造单元内，区内喜马拉雅运动表现得非常强烈，它控制了大的地貌格局，控制了近代河流的发育，控制了第四系松散物的堆积，控制了地下水的形成与运动。主要的构造形迹有断层及褶皱。

一、断层

区域发育的主要断裂共有6条，主要为：海原断裂带近场区段（f1）、关帝峁断裂（f2）、三关口—牛首山—固原断裂带近场区段（f3）、六盘山东麓断裂（f4）、凉亭峡断裂（f5）和莫安断裂（f6）。其中六盘山东麓断裂规模较大，活动性较强，是近场区最为重要的一条活动断裂。这些断裂总体呈近南北至北北西向分布，纵贯近场区南北，见图

1－2－3。

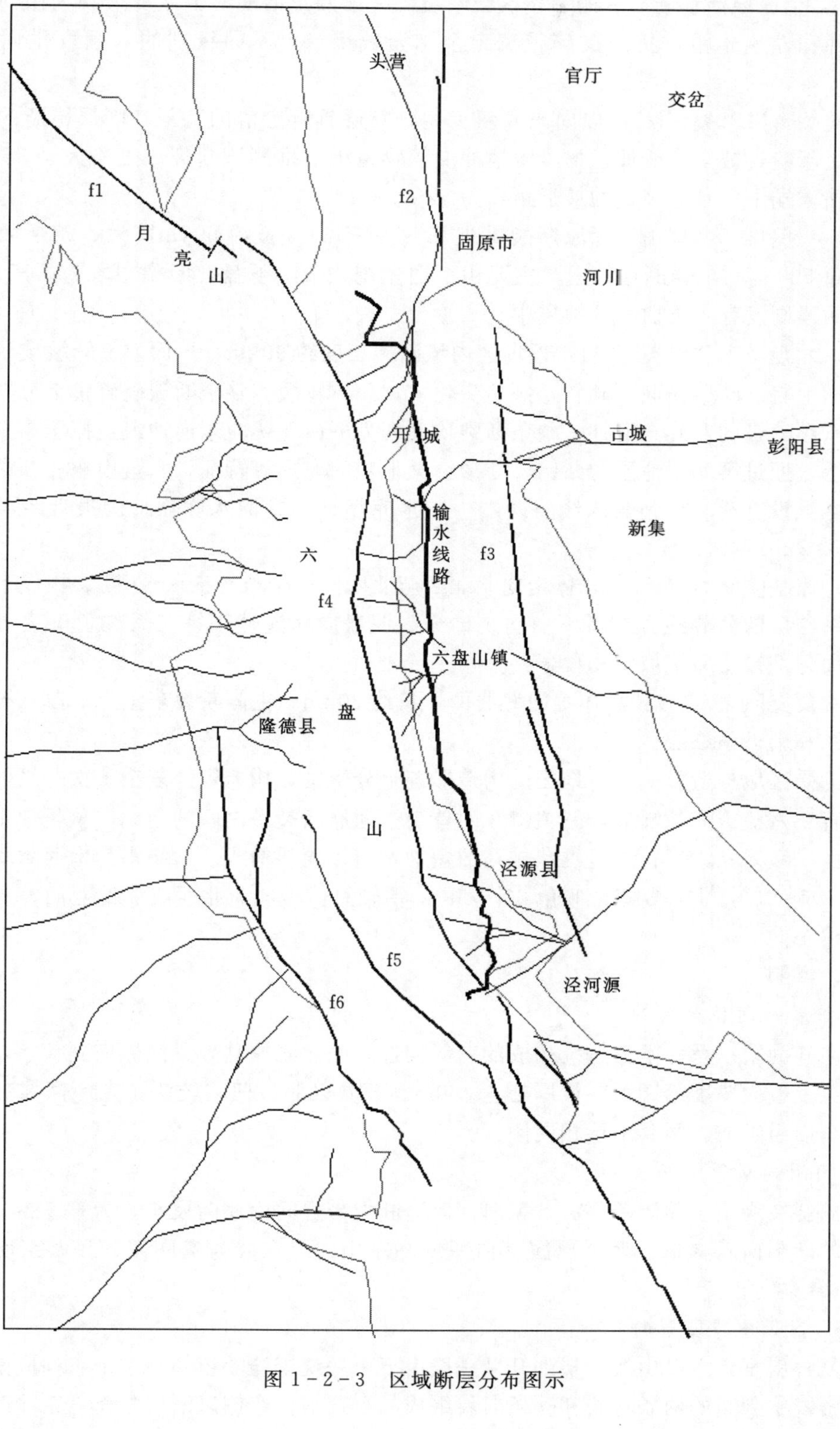

图 1－2－3　区域断层分布图示

(1) 海原断裂带近场区段 (f1)：近场区只涉及到该断裂带的东南段，近场区内长度约 27km，为海原活动断裂带的一条次级断裂。晚第四纪活动特征主要表现为由西向东的挤压逆冲和左旋走滑，挤压破碎带宽十余米至数十米，不同级别的水系发生同步左旋错动。

(2) 关帝峁断裂 (f2)：以向东倾斜为主，断层具有走滑的特征；断层错断的最新地层为上更新统，被全新统坡积物、阶地冲洪积物覆盖。推测该断裂长度略大于 25km。到输水线路末端中庄水库坝址的最近距离为 8km。

(3) 三关口—牛首山—固原断裂带近场区段 (f3)：长约 60km，为一条断面向西倾斜，倾角 50°～70°的逆断层。上盘主要由下白垩统构成，下盘在断裂中段为第三系红层，南、北两段则发育于下白垩统地层中。

(4) 六盘山东麓断裂 (f4)：近场区内该断裂长度约 90km，平面上呈舒缓波状，常形成负地形地貌。断层面向西倾斜，倾角变化大，总体较缓。整个断裂破碎带十分发育，除北段具有小分量的左旋走滑外，整条断裂均表现为下白垩统向东逆冲或逆掩于第三系或第四系之上。通过第四纪地层的断错、变形、微地貌的变形等特征，六盘山东麓断裂全新世以来基本上没有活动，到输水线路两端中庄水库坝址和龙潭水库坝址的最近距离分别为 4.5km 和 2km 左右。

(5) 凉亭峡断裂 (f5)：总体走向北北西至北西向，全长约 30km。断裂构成下白垩统和第三系红层的分界线，或者下白垩统砂岩、泥岩向西逆冲于第三系红色砾岩、砂岩之上，断面顶部被全新统坡积物覆盖。

(6) 奠安断裂 (f6)：总体走向北北西，长约 30km。主体断裂东盘为下白恶统，西盘为古近系和新近系红层。

由于受区域构造影响，本地区的构造形迹十分密集，构造极为复杂，次一级的构造也十分发育。六盘山东麓断裂与三关口—牛首山—固原断裂带之间的南北向狭长地带由北西而南东由一系列互为平行或呈羽状排列的短轴背斜、向斜构成。褶皱多为南西翼缓，倾角一般为 10°～45°，北东翼陡，倾角 20°～50°。褶轴总体走向为北西或北偏西向，局部为南北或北偏东向。

二、褶皱

1. 三营—固原大向斜

该向斜为第三系、下白垩统构成的向斜构造，北入海原县，过固原南到什字，南北纵贯全县，上覆大厚度第四系，最厚处达 460m。开城以北，凹陷较深，东西两翼都由下白垩统马东山组组成。两翼地层相向倾斜。

2. 河川—新集向斜

该向斜在炭山—蒿店断裂和黄家河—店洼断裂带之间南北向展布，为第三系、下白垩统构成的断陷向斜构造。西翼出露下白垩统马东山组，东翼与奥陶系、寒武系所构成的“南北古脊梁”相接。

3. 六盘山中段复背斜

该复背斜是指六盘山海子峡到开城一段由下白垩统李洼峡组和马东山组构成南北向延伸，紧密线状分布的两条背斜和一条向斜组成的复背斜。东侧以断层与第三系接触，西侧假整合于第三系之下，局部地段以倒转背斜的形式，超覆在第三系之上。

4. 西峰岭复背斜

六盘山硝口北段又称西峰岭，是由两条向斜和两条背斜构成的复背斜构造。东翼假整合于第三系之下，西翼在西吉县境内，逆冲到第三系之上，岩层倾角20°～40°，最大部位接近直立。

5. 黄峁山—青岗梁复背斜

自固原城东即黄峁山以南，到大湾、什字东山即青岗梁，出露下白垩统马东山组和乃家河组，局部地段出露李洼峡组和奥陶系。由许多大致呈南北向延伸的短轴背斜和短轴向斜构成的复背斜构造，岩层走向多变，西翼多为乃家河组，假整合于第三系之下，东翼多出露马东山组，南段以断层和第三系接触。

6. 张易西山背斜

该背斜位于张易向斜的西侧，在张易西山形成了与向斜平行的短轴背斜构造，轴部出露寺口子组，两翼为清水营组，东翼岩层倾角较大，与张易—红庄向斜相衔接，西翼倾角较小，斜入西吉县境。

三、地震

该地区历史上地震活动十分频繁，据史料记载，近场区内记录到$M_s \geqslant 4.7$级的破坏性地震7次。其中M_s为5.0～5.9级3次，M_s为6.0～6.9级4次。近场区内共发生过$5.0 \geqslant M_L \geqslant 2.0$级地震1138次。其中，$M_L$为4.0～5.0级地震12次，$M_L$为3.0～3.9级地震104次，$M_L$为2.0～2.9级地震1022次。这些地震主要分布于西部的六盘山—月亮山一带。

根据《中国地震动参数区划图》（GB 18306—2001）划分，该地区地震动反应谱特征周期为0.40s，地震动峰值加速度为0.20g，相当于地震基本烈度为Ⅷ度。属抗震不利地段。根据上述近场区活断层的发育程度、地震活动性、地震危险性等因素综合分析，可以评价该区域构造稳定性较差。

第四节　水　文　地　质

六盘山区属阴湿山区，气候湿润，雨量充沛，多年平均降水量600mm左右。固原地区以北降水量350～500mm。

地表水系主要发育有泾河、清水河及其支流等。泾河流域由泾河干流和暖水河、颉河、红河、茹河、蒲河、策底河等6条支流组成，宁夏境内流域面积4180km^2，多年平均径流量3.181亿m^3。工程区主要水系分布见图1-2-4。

泾河流域水质较好，矿化度小于1g/L，pH值7.10～8.30，以HCO_3-Ca·Mg型、HCO_3·SO_4-Ca型为主，清水河流域的水质较差，上游水质优于下游水质，河水对混凝土具有硫酸盐型弱腐蚀性或无腐蚀性，对混凝土中钢筋局部具有弱腐蚀性，对钢结构具弱腐蚀性。

六盘山山间谷地为一断陷盆地，面积391km^2。该地区的地下水根据其赋存条件、水力性质及水力特征，可划分为第四系含水层中的孔隙水、基岩裂隙潜水及承压水三种类

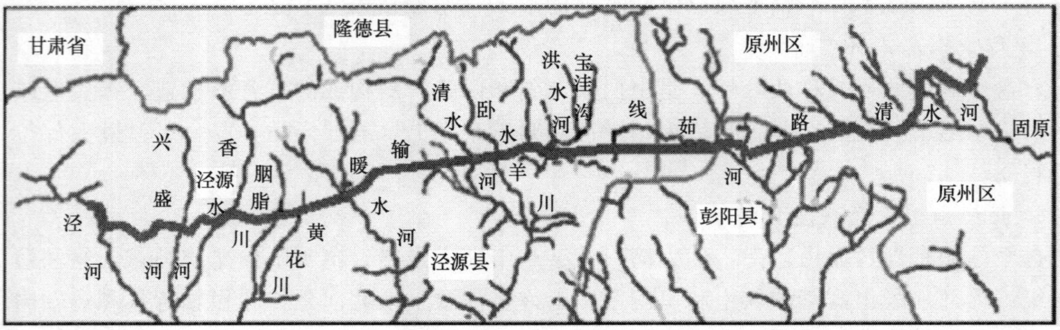

图 1-2-4　工程区主要水系分布示意图

型，均由大气降水补给，受季节性影响较大。地下水多以下降泉的形式沿河分布，出露于地表，汇入河流。第四系孔隙潜水水力联系较好，地下水位较连续，多为地下水补给河水，基岩裂隙水一般没有稳定连续的地下水位。

第四系松散堆积层的地下水以孔隙潜水为主，主要赋存于冲积角砾石层、坡残积的碎石土之中。赋存于冲积角砾层的地下水主要接受大气降水、河水、山坡泉水入渗补给，其富水性取决于砾石层厚度，因地而异。以开城地区为例，一般厚度 3～5m，最大 10m，沟中泉群、湿地、沼泽等地下水露头较多，泉流量一般小于 86m^3/d，汇集沟中流量可达 1000m^3/d。开城以北二十里铺砾石层厚 1.5m，经抽水降深 0.46m，涌水量 71 m^3/d。部分向深部基岩内排泄，部分在高陡边坡处以下降泉的形式排泄；赋存于坡残积碎石土中的地下水主要接受大气降水补给，如果下伏基岩透水性较强直接向基岩内排泄，如果下伏基岩透水性较弱，在基岩面附近以水平径流为主，在沟谷边缘以下降泉形式排出，然后汇入河水。

基岩地下水根据其赋水单元所属地层分为第三系地下水和白垩系地下水。

第三系地下水主要赋存于砂砾岩之中，由于上覆上泥岩为隔水层，地下水多具承压水，在附近有泉水排泄部位表现为潜水。主要接受大气降水、表层孔隙潜水沿结构面补给，大部分径流条件较差，部分以泉的形式排出。

白垩系地下水主要表现为潜水及承压水：根据地下水的赋存环境及活动状态将隧洞地下水分为浅层潜水及中层混合水、深层承压水三种类型，地下水的主要特征如下。

（1）浅层潜水：地下水赋存于基岩强风化带裂隙具有较为连续的统一地下水位，地下水隔水底板埋深一般 15～30m。主要接受大气降水补给，部分以下降泉的形式排泄到沟谷河流中，部分通过较大规模的结构面向基岩深部含水层补给。

（2）中层混合水：主要赋存于基岩面以下 40～140m 内的裂隙中，一般没有统一的地下水位，接受沟谷河水及浅层潜水补给，仅有少部分补给深层地下含水层，大部分地段地下水活动较弱，排泄不畅通，导致该含水层具较小的承压性。

（3）深层承压水：赋存于埋深 140m 以下的基岩构造裂隙带中，含水层范围较小，多为“囊状含水体”，被周围透水性较弱的地层包围。地表水可沿断层破碎带缓慢补给，多无排泄，与周围环境水力联系微弱，因而地下水具有一定的承压性。

第五节　物理地质现象

区域内发育的主要物理地质现象有岩体风化卸荷及滑坡、落水洞、泥石流等。

区域出露的基岩主要为白垩系泥质砂岩、泥岩夹泥灰岩及第三系泥岩夹砂砾岩，岩体受风化、卸荷作用影响较严重，可见大量坡积、残积物覆盖于基岩之上，并造成表层岩体破碎、渗透性增强和边坡不稳定等。

滑坡是该区常见的一种地质灾害，边坡稳定也是隧洞工程主要的工程地质问题之一。滑坡按其物质组成可分为堆积层（土质）滑坡和基岩滑坡，区内堆积层（土质）滑坡体规模较小，滑坡体内以第四系坡残积黏性土及碎石土为主；基岩滑坡为均质软岩滑坡，规模较大，滑坡体运移距离较短，多分布于基岩山体的南侧，滑坡体内主要为碎块石。

第三章

隧洞勘察

第一节　隧洞基本地质条件

一、地形地貌

输水隧洞穿越地面高程1900～2200m，相对高差150m左右，属低中山地貌，地形起伏较大。地面植被发育，主要为松树林及低矮灌木，山坡缓坡地带多为开垦的梯田。输水线路上布置主要输水隧洞共计11座，埋深情况见表1-3-1。

表1-3-1　　隧洞埋深情况一览表

隧洞名称	设计洞长/m	平均埋深/m	最大埋深/m
1号（北山）隧洞	1590	70	147
2号（胭脂川）隧洞	4640	75	148
3号（刘家庄）隧洞	1760	79	128
4号（白家村）隧洞	5240	120	210
5号（半个山）	1260	74	159
6号（卧羊川）	1900	78	156
7号（大湾）隧洞	10710	165	310
8号（开城南）隧洞	1610	123	200
9号（开城北）	5850	118	218
10号（大马庄）隧洞	625	32	48
11号（后河）隧洞	640	43	62

二、围岩主要岩性

输水隧洞穿越地区基岩为白垩系下统六盘山群马东山组（K_1m）、乃家河组第一段（K_1n^1）—第四段（K_1n^4）、第三系寺口子组（E_2s）、清水河组（E_3q）地层。

马东山组（K_1m）：岩性为泥页岩与薄层泥灰岩互层，泥页岩与泥灰岩比例约为7∶3。泥页岩呈灰色，泥晶泥状结构，薄层状构造，泥钙质胶结，页理较发育；泥灰岩为灰色，薄层状。

乃家河组第一段（K_1n^1）：灰色泥页岩为主，多呈薄层状，局部夹薄层紫红色泥岩。灰色泥页岩，泥钙质胶结，薄层状。红色泥岩为泥质胶结，胶结程度差，风化后多呈黏土状。

乃家河组第二段（K_1n^2）：岩性为泥岩与泥灰岩互层状，两者比例约为 6∶4。其中，泥岩呈灰色，薄层状，泥质胶结；泥灰岩多呈灰色、青灰色，薄—中厚层状，多呈隐晶质结构，抗风化能力相对较强，呈陡坎地形和突出状地形。

乃家河组第三段（K_1n^3）：岩性为泥岩夹薄层泥灰岩，泥岩为灰色，抗风化能力弱。

白垩系下统六盘山群乃家河组第四段（K_1n^4）：岩性为泥岩夹少量泥灰岩。其中泥岩呈灰色与紫红色互层，风化后呈薄层状，全风化呈粉末状；泥灰岩：灰色，薄层状，厚度一般小于 1m。

第三系始新统寺口子组（E_2s）：主要为砾岩夹泥岩，砖红色，厚层—巨厚层，粗粒结构，钙质胶结，胶结较弱。砾石成分以石英为主，夹杂有花岗岩，呈棱角状，分选性差，一般粒径 0.5～1.0cm，最大粒径 6cm。裂隙不发育，与下伏白垩系下统六盘山群乃家河组（K_1n）呈平行不整合接触。

第三系渐新统清水河组（E_3q）：主要为微红色、蓝灰色砂质泥岩及泥质砂岩夹泥质胶结的砾岩、砂岩，胶结程度较差，厚层—巨厚层状构造，厚约 48m。砾岩层厚度多为 0.3～1.0m，局部为含砾的泥质砂岩。

部分隧洞区分布第四系（Q_4）松散堆积物，按时代和成因分为上更新统冲积（Q_3^{al}）壤土、砾质土，冲洪积（Q_3^{al+pl}）黄土状壤土，滑坡堆积（Q_3^{del}）碎块石，风积马兰黄土（Q_3m）；第四系全新统冲积（Q_4^{2al}、Q_4^{1al}）角砾、壤土、砾质土，坡残积（Q_4^{dl}、Q_4^{dl+el}）碎石土等。

三、构造发育特征

输水隧洞处于六盘山东麓断裂与三关口—牛首山—固原断裂带之间的次一级构造小关山复式背斜的西翼，其中发育多个宽缓向斜及宽缓背斜，褶曲两侧地层多以缓倾角为主。隧洞区地层总体上表现为单斜构造，岩层总体走向 NW340°～NE30°，倾角一般为 10°～20°，最大倾角约 35°。

输水线路沿线次级断层以北东东向为主，多表现为高角度正断层，破碎带宽一般数十厘米。此外，还存在有北北西向纵向正断层和小关山西麓局部反向逆断层。这些断层规模不大，其形成与小关山构造变形相关，是小关山背斜形成过程中的产物。

隧洞岩体中断层规模一般较小，少量出现较明显的主断层面，多由延伸较短的错动断面及构造岩组成，错动断面走向近平行洞轴线，断面陡立，见图 1-3-1。部分以大角度斜交洞线。断层破碎带及影响带宽度几米至十几米，主要由角砾岩、片状岩、碎块岩、碎裂岩及少量泥等充填，部分破碎带内岩体极度破碎，呈散体结构，见图 1-3-2。另外，岩体中发育一些层间破碎带，走向近平行或斜交洞轴线，带宽 0.5～1.5m 不等，带内充填碎石、岩屑及少量泥。

隧洞主要发育以下几组节理：①NW280°～355°SW 或 NE∠60°～85°，裂面平直、光滑；②NE30°～60°NW 或 SE∠50°～85°，裂面微弯—平直，光滑。其中①组裂隙比较发育，延伸长度较大，发育间距 1～2m；②组裂隙延伸性较差，间距大于 2m。另外少量出现产状产状 NE 10°～30°SE ∠50°～80°的陡倾裂隙。上述裂隙多闭合或微张，个别充填方解石或石膏，在浅埋地段裂隙面多风化锈染。

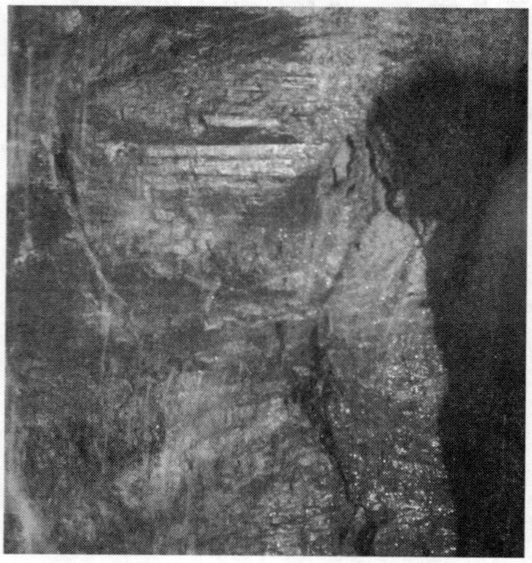

图 1-3-1　岩体中断层面

图 1-3-2　断层破碎带散体结构

四、水文地质条件

隧洞区地表径流主要发育于山间谷地内。地下水类型主要为覆盖层孔隙水及基岩裂隙水。覆盖层孔隙水接受大气降水补给，部分以下降泉的方式从不透水基岩面排出，流量一般较小。部分通过较大结构面补给深部基岩含水层。

基岩裂隙水以白垩系基岩裂隙水为主，接受覆盖层孔隙水和地表河水补给，径流条件较差，排泄不顺畅。第三系地层分布较少，地下水较贫乏。

第二节　围岩变形及失稳

一、软弱围岩变形机理初步分析

隧洞开挖后与硬质岩体相比，软弱围岩是容易产生大变形的，其中包括弹性变形、塑性变形、流塑变形等。隧洞开挖后形成临空面，地应力被释放，地下水向洞内排泄，软弱围岩状态很快发生变化，引起大变形。其特点是围岩变形迅速、变形面积大、变形量大及变形持续时间长，工程处理难度大。

软岩发生大变形的控制和影响因素较多，岩体的结构特征、力学性质、原地应力状态、地下水渗透特性、地下洞室的截面形状以及开挖方式等因素都在一定程度上构成了隧洞产生大变形的要素。其中，岩体的应力状态和岩石的力学性质（即岩体软弱）起主要的控制作用。对该隧洞工程来说具有以下特征。

(1) 岩体结构特征：白垩系泥岩以薄层或极薄层状为主，第三系泥岩以厚层为主，岩层产状平缓。

(2) 地下水活动对围岩的影响，主要是使得泥岩强度降低。

(3) 地下洞室的截面形状为马蹄形，可能产生较大的应力集中。

(4) 隧洞开挖方式采用钻爆法，由于不用光面爆破或炸药量过多以及层状结构面胶结弱等原因，开挖断面往往很不规整。

(5) 根据工程区地应力测量结果（见本篇第四章地应力测试），得到了两个钻孔不同深度的原地应力状态，三向主应力的关系基本表现为最大水平应力 S_H > 垂向应力 S_v > 最小水平应力 S_h，表明隧洞附近水平应力占主导地位，施加于洞壁的最大正应力（σ_m）即为水平正应力。

根据极限平衡准则，将施加于洞壁的最大正应力（σ_m）与岩石的抗压强度（σ_c）之比（也称临界应力比）作为判断软岩隧洞有无挤压变形及变形程度划分原则。岩体强度通常可用岩块饱和单轴抗压强度乘以岩体完整性系数（k_v）来表示，利用实测弹性波速求得。根据国内外一些工程实例统计，对软岩变形程度一般认为：

$k_v\sigma_c/\sigma_m<4$　会出现应力超限，形成塑性区，围岩稳定性差；

$k_v\sigma_c/\sigma_m<2$　围岩不稳定，变形显著

为了计算围岩的水平正应力，首先需要作一定假设，将引水隧道的横截面抽象为受两向正应力作用的平面应变模型。两向正应力其中之一为上覆岩石自重作用引起的垂向应力（S_v），其二为水平向正应力，它是根据实测的原地应力状态（S_H、S_h 以及 S_H 的方向）利用线弹性理论公式计算得出。计算公式如下

$$\sigma_n=\frac{1}{2}(S_H+S_h)+\frac{1}{2}(S_H-S_h)\cos2\theta \tag{1-3-1}$$

式中　σ_n——作用于隧洞横截面方向的水平正应力；

S_H、S_h——原地水平最大、最小主应力；

θ——隧洞横截面和水平面的交线与水平最大主应力方向的夹角。

在得到 σ_n 后，根据《宁夏中南部地区城乡饮水安全水源工程工程地质勘察报告》物理力学指标表中对应部位的岩石抗压强度值（σ_c）计算出强度应力比（$k_v\sigma_c/\sigma_m$），据此对该处的变形可能性做出初步的分析和判断。

以 7 号（大弯）隧洞某分段为例，各段强度应力比计算结果见表 1-3-2。

表 1-3-2　　隧洞分段岩体强度应力比计算结果

隧洞桩号	埋深 /m	地层	σ_m /MPa	抗压强度 σ_c/MPa			K_V	$k_v\sigma_c/\sigma_m$		
				干	天然	饱和		干	天然	饱和
15+245～15+677	50	E_2S	1.45	10.3	4.0	0.5	0.40	2.8	1.1	0.1
15+677～16+158	115	K_1n	3.36	37.3	23.7	3.4	0.31	3.4	2.2	0.3
16+158～16+742	80	K_1n	2.33	37.3	23.7	8.5	0.73	11.7	7.4	2.7
16+742～16+835	30	K_1n	0.89	37.3	23.7	3.4	0.31	13.0	8.3	1.2

注　1. 7 号隧洞隧洞轴线方向 0°，即南北向；最大水平主应力方向为 N60°W。
2. 岩石的单轴抗压强度按平均抗压强度取值。

由表 1-3-2 中的计算结果可以看出，第三系砂质泥岩各种状态的强度应力比均小于 4，按照以上所述的判断标准，该地层洞段内发生围岩挤压变形的可能性大。白垩系（K_1n）泥岩在天然状态下，部分洞段围岩强度应力比小于 4；饱和状态的强度应力比均小于 2，可以认为该段隧洞饱水围岩可产生挤压变形。

当本隧洞以垂向（岩体自重）应力为主时，由于岩层平缓，倾角多在 8°～15°间，初步推测洞顶可出现顶板下沉、弯曲等形式的变形。

需要指出的是，上述变形分析中，给出的一些假定条件与实际情况可能有一些偏差，

相应地，会在一定程度上影响稳定性的分析结果。因此，在施工开挖过程中，需要结合各种影响因素对软岩变形做进一步的研究和进行判断。

二、隧洞开挖后围岩主要变形、破坏形式

（1）隧洞围岩主要由薄层状泥岩夹薄层泥灰岩组成，岩层平缓，倾角一般小于15°，层面胶结强度低。隧洞开挖后拱顶岩体下部临空，受卸荷、自重及爆破影响岩层易发生弯曲、松动、折断（见图1-3-3），再被高倾节理裂隙相互切割，层层剥落式掉块及坍塌现象较普遍。

（2）隧洞多位于地下水位以下，部分洞段地下水丰富，饱和状的泥岩软化现象明显，强度低，自稳能力差，在没有支护情况下具备发生塑性变形或失稳的条件，施工开挖中有时发生小规模塌方或块体塌落，坍塌部位主要在洞顶及洞壁起拱处。图1-3-4为2号隧洞开挖后洞顶坍塌情况。

图1-3-3　顶拱层面剥落坍塌

图1-3-4　隧洞顶拱块体塌落

（3）受区域地质构造及附近潜在断层影响，隧洞岩体中发育一些次级断层构造，由于这些破碎带分布于相对完整的掌子面后方，不易被发现，因此未能采取超前支护措施，实施爆破作业后往往发生突发性垮塌。

表1-3-2列出了4号隧洞开挖中遇到的断层特征，从表中可以看到断层破碎带宽度一般数米至近十米，多由挤压破碎的碎块岩、碎石、角砾及岩屑等构成，断层走向大角度斜交洞轴线，构造面多呈高倾角。

表1-3-3　　4号隧洞断层及破碎带特征

断层桩号	断层性质	破碎带宽度/m	走向与洞轴线交角	构造面倾角	破碎带物质组成
28＋610	压扭	5.0～6.0	80°	近直立	碎块岩、碎裂岩、碎石、角砾
29＋820	压扭	7.0～9.5	70°	85°	块岩、碎石、角砾、岩屑及构造泥
31＋670	压扭	4.0～5.0	70°	60°	碎块岩、块石、碎石、角砾、岩屑
27＋910	扭性	3.0～4.0	70°	85°	碎块岩、碎裂岩

此外，泥岩中发育一些层间挤压破碎带，宽度一般0.3～0.8m，最宽的1～2m，带内充填块石、碎石、角砾及片状岩，呈囊状或透镜体状分布于相对完整岩体中。

图1-3-5为4号隧洞开挖时在桩号29+820发生的断层破碎带塌方。塌方往往造成顶拱高3～7m、宽4～8m的空腔。发生塌方的破碎带内岩石一般具强烈挤压特征，岩石极度破碎，呈块石、角砾及碎屑状。

(4) 围岩支护不力，仅采用锚喷支护，没有与钢筋网或钢拱架等形成完整的支护体系，围岩缓慢变形，使支护结构承受压力，表现为顶拱喷层开裂或剥落，甚至坍塌等形式。图1-3-6为8号隧洞初期支护洞段坍塌情况。

图1-3-5 断层破碎带坍塌

图1-3-6 隧洞初期支护坍塌部位

第三节 隧 洞 涌 水

一、宏观分析

输水隧洞工程地处宁南山区，穿过的地形地貌单元和水文地质单元多，穿过不同的地层岩组和不同的含水构造，各种地下水类型以及地下水活动的强弱给工程建设带来不同程度的危害影响。那些管道式、股状的大涌水会造成隧洞被淹、伴随塌方等现象，并常引发严重的环境地质问题，致使严重阻碍正常施工、增加成本等。一般来说，隧洞涌水量的变化与隧洞通过地区的地形地貌条件、隧洞埋深、地质构造、地应力及岩体渗透性等有密切联系。而直接影响岩体渗透性的因素有岩性、岩体结构面性状、风化程度、完整性等。

隧洞区地下水以白垩系为基岩裂隙水为主，第三系地层地下水主要赋存于砂砾岩之中，其含水体规模及分布范围均有限。第四系松散层孔隙潜水对隧洞工程影响不大。

1. 白垩系基岩地下水类型及补给径流排泄特征

白垩系基岩地下水主要有裂隙潜水、裂隙潜水—承压水、承压水三种类型。

裂隙潜水：主要赋存于基岩风化卸荷带裂隙，含水层厚度一般15～30m。主要接受大气降水补给，部分在山沟内以下降泉的形式排泄，部分通过断层破碎带、裂隙密集带及较大的裂隙结构面向基岩深部含水层补给。这部分地下水主要对隧洞浅埋洞段影响较大。

裂隙潜水—承压水：主要赋存在于埋深40～140m内的构造裂隙中，一般没有统一的地下水位。上部与浅层含水层连通性较好地带表现出裂隙潜水的特征，接受沟谷河水及上层潜水补给。地下水沿着一些连通好的结构面向洞内排泄，对部分洞段有影响。

承压水：埋藏较深，含水体范围较小，多为“囊状含水体”，补给条件较差。

2. 岩体渗透性

根据隧洞钻孔压水试验成果，岩体渗透性与风化卸荷程度关系明显，其中弱风化、强风化岩体具有中等—弱透水性，透水率一般 5～20Lu 间，微风化—新鲜岩体一般为微透水—弱透水性，透水率一般在 1～10Lu 间。

3. 基岩地下水位特征

根据钻孔资料统计，隧洞沿线地下水位埋深变化较大，从沟谷内埋深 1～5m，至山顶附近埋深 65～97m 不等，水位高程明显随地形变化。

二、隧洞涌水量估算

根据隧洞的工程地质条件、水文地质条件等，勘察期间采用地下水动力学法、经验法和地下径流模数法预测估算裸露围岩条件下隧洞的涌水量。

(一) 最大涌水量估测方法

1. 古德曼经验式

$$Q=L\frac{2\pi KH}{\ln(4H/d)}$$

公式来源于《水利水电工程水文地质勘察规程》(SL 373—2007)，适用于：潜水含水体。

2. 中国经验法

依据工程实践总结的经验公式如下。

$$q=1000\times(0.0255+1.9224KH)$$

$$Q=qL$$

式中　q——洞身通过含水体单位长度可能最大涌水量，$m^3/(d\cdot km)$。

公式来源于《铁路工程水文地质勘察规程》(TB 10049—2004) 条文说明。

(二) 稳定涌水量预测

1. 地下径流模数法

此法的核心是确定地下径流模数，本工程依据实测的溪流断面流量计算。计算公式如下

$$Q=MA$$

$$M=Q'/F$$

式中　Q——隧洞通过含水体地段的正常涌水量，m^3/d；

M——地下径流模数，$m^3/(d\cdot km^2)$；

A——隧洞通过含水体地段的集水面积；

Q'——地下水补给河流的流量，采用枯水期流量计算；

F——与 Q' 的地表水流量相当的流域面积，km^2。

公式来源：《水利水电工程水文地质勘察规程》(SL 373—2007)。

2. 中国经验法

依据工程实践总结稳定单位涌水量的经验公式如下

$$Q=1000KHL(0.676-0.06K)$$

公式来源：《铁路工程水文地质勘察规程》（TB 10049—2004）条文说明。

式中 Q——隧洞正常涌水量，m^3/d；

K——含水体的渗透系数，m/d，钻孔压水试验取值；

L——通过含水体的隧洞长度，m；

H——洞底以上潜水含水体厚度，m。

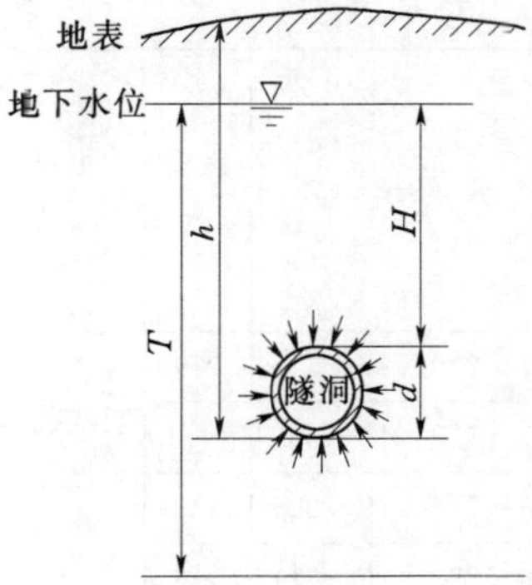

图 1-3-7 隧洞渗水量计算示意图

H—洞顶含水层厚度，m；h—隧洞埋深，m；T—含水层厚度，m；d—隧洞直径，m

为简化计算，在计算涌渗水量时假设地下水类型为裂隙潜水呈脉状渗涌，假定地下含水层厚度为无穷大，如图1-3-7所示。

裸洞洞径按3m计。

根据工程经验，当含水体的渗透系数较小、而厚度很大时，洞顶上部降落漏斗中心的水位难以下降到洞底，其原因是存在较大的水跃值 Δh。一般渗透系数越小，水跃值越大，在勘察阶段可采用 $\Delta h\approx 0.80H$ 的方法大致确定 Δh 值，有效的含水层厚度应减去水跃值。

隧洞岩体渗透性大部分弱透水，浅埋隧洞中等透水。因此，在计算涌水量时，除断层带、风化卸荷带以外的埋深较大的洞段，含水层厚度按（0.2～0.25）H 计。

隧洞围岩的渗透系数 K 主要根据钻孔压水试验成果确定。

以2号（胭脂川）隧洞为例，应用地下径流模数法、地下水动力学中的古德曼法及我国的工程经验法估算的隧洞渗涌水量见表1-3-4和表1-3-5。

表 1-3-4 地下径流模数法计算隧洞稳定涌水量分段成果表

桩号	汇流面积 /km^2	径流模数 /[m^3/(d·km^2)]	隧洞正常涌水量 /（m^3/d）
17+210～17+951	0.83	209.48	1037.77
17+951～19+565	1.26		
19+965～20+662	1.74		
20+662～21+850	1.13		

综合宏观分析和涌水量估算成果，形成以下认识：

输水隧洞围岩岩体渗透性大部分较弱，除裂隙密集带、风化卸荷带等外，大部分洞段地下水不丰富，洞室内涌水量不大，预计这些洞段单位长度正常涌水量一般100～300m^3/(d·km)，单位长度最大涌水量600～900m^3/(d·km)；各洞段涌水很不均匀，延伸较好的裂隙密集带、浅埋洞段的各种结构面富水性强，单位长度稳定涌水量600～1200m^3/(d·km)，单位长度最大涌水量3000～6000m^3/(d·km)；靠近沟谷的断层及其影响裂隙带岩体渗透性好，富水性较好，且沟通了浅部的潜水，补给较为充分，宏观判断是隧洞涌水的主要部位，且涌水量较大，出水段的涌水量一般可达到10～100m^3/h，部分可能超过100m^3/h。

表 1-3-5　　地下水动力学法计算隧洞涌水量计算成果表

桩号	段长/m	主要岩性	平均埋深/m	渗透系数/(m/d)	稳定涌水量/(m^3/d)	最大渗涌水量/(m^3/d)		单位长度稳定涌水量/[m^3/(d·km)]	单位长度最大涌水量/[m^3/(d·km)]	
					经验法	古德曼法	经验法	经验法	古德曼法	经验法
17+210～17+313	169	紫红色与灰色泥岩互层	24	1.14E-01	231	683	669	1369	4042	3957
17+313～18+850	1471		80	3.57E-02	432	1418	1267	308	1011	904
18+744～19+293	520		27	1.34E-01	882	2566	2552	1697	4935	4908
19+293～19+811	516		106	1.27E-02	83	240	250	161	465	484
19+811～21+779	1980	泥岩夹薄层泥灰岩	92	1.27E-02	278	839	843	141	424	426
21+779～21+850	87		21	8.09E-02	10	41	30	434	1717	1269

三、隧洞地下水渗涌状态

工程区地处中低山区，隧洞穿过的地形地貌单元和水文地质单元多，穿过地层内含水构造发育程度不一致，因此各隧洞之间以及隧洞不同洞段岩体渗透性和涌水状态差异很大。一般来说，隧洞地下水流量的变化与其所处地形地貌条件和构造发育程度有密切关系。

根据隧洞施工期间对隧洞地下水活动状态进行的调查结果，隧洞开挖过程中大部分洞段没有地下水或者地下水活动轻微，表现为洞室潮湿或干燥，局部沿岩体结构面有渗水或滴水，这些洞段约占整个隧洞的70%～80%；部分洞段有轻微—中等的地下水活动，表现为沿裂隙或破碎结构面多处滴水、线状流水及少量小股状流水，出水洞段长度数米至几十米，流量一般小于20m^3/h，多小于10m^3/h，这些洞段占整个隧洞长度的比例不足20%。

表1-3-6详细记录了7号隧洞施工期对洞内地下水活动状况的调查结果。由于白垩系泥质岩透水性较弱，岩体中节理裂隙连通性较差，总体上隧洞地下水不很丰富，除了部分洞段地下水活动主要表现为轻微—中等外，洞室多潮湿或干燥。隧洞开挖揭露，隧洞各段的富水性和地下水活动性差异很大。总的来说，富水单元较集中分布于节理裂隙发育段及隧洞浅埋段，隧洞开挖后基岩裂隙水沿着深切的节理裂隙向隧道内运移排泄，地下水活动形式多以滴水及线状流水表现，仅局部沿着构造破碎带有股状涌水现象。

表 1-3-6　　7号（大弯）隧洞开挖后的地下水活动状态

隧洞桩号	段长/m	隧洞埋深/m	地下水活动情况
40+090～40+168	78	6～32	干燥，局部潮湿
40+168～40+218	50	32～58	潮湿，40+214有渗水点
40+218～40+499	281	58～91	潮湿为主，共有10处轻微渗水，40+331处线流，流量约2.2L/min
40+499～41+040	541	72～122	干燥，仅有局部略有潮湿
41+040～41+483	443	72～140	干燥，仅局部略有潮湿。40+379，40+409，40+419有渗水点

续表

隧洞桩号	段长/m	隧洞埋深/m	地下水活动情况
41＋483～41＋744	261	120～130	干燥或潮湿
41＋744～41＋813	69	110～140	底板局部少量渗水
41＋813～41＋891	78	140～160	底板、洞壁下部局部渗水
41＋891～42＋525	634	160～220	干燥或潮湿
42＋525～42＋750	225	240～270	干燥或潮湿，局部渗水
42＋750～42＋805	55	250～265	潮湿，局部沿结构面渗、滴水
42＋880～42＋805	75	240～263	多处滴水、小股状状流水
43＋015～42＋880	135	203～240	干燥或潮湿
43＋175～43＋015	160	203～243	潮湿，局部滴水及线流
43＋250～43＋175	75	243～292	多处滴水或多点线流
43＋435～43＋250	185	292～302	干燥或潮湿
43＋520～43＋435	85	284～287	多点滴水
43＋604～43＋520	84	238～284	干燥或潮湿
43＋655～43＋604	41	225～235	潮湿，多点滴水
43＋677～43＋655	22	220～230	滴水，43＋672 沿裂隙面线流
43＋677～43＋735	58	220～230	干燥或潮湿
43＋735～43＋755	20	190～230	快速滴水，43＋736 顶拱线状流水，流量约 30L/min
43＋755～43＋832	77	180～220	潮湿，局部缓慢滴水
43＋832～44＋030	198	197～233	潮湿为主
44＋030～44＋080	50	212～214	滴水，44＋049 线流约 20L/min
44＋080～44＋265	185	172～218	潮湿，局部线流，破碎带快速滴水
44＋265～44＋305	40	218～245	潮湿为主
44＋305～44＋440	26	245～255	潮湿，局部滴水
44＋440～44＋465	25	280	滴水，局部顶拱线流
44＋465～44＋512	47	265	潮湿为主
44＋512～44＋532	20	260	滴水，局部线流
44＋532～44＋766	234	202～255	潮湿，桩号 44＋628 滴水
44＋825～44＋766	59	192～202	干燥—潮湿
44＋865～44＋825	40	102～104	潮湿，局部滴水
45＋007～44＋865	142	102～104	干燥局部潮湿
45＋096～45＋007	89	95～104	潮湿局部滴水
45＋196～45＋096	100	180～200	干燥局部潮湿
45＋280～45＋196	84	185～220	潮湿，沿层面渗水或滴水
45＋299～45＋280	19	200～220	干燥

续表

隧洞桩号	段长/m	隧洞埋深/m	地下水活动情况
45+310～45+299	11	210～220	滴水
45+580～45+310	270	220～210	干燥为主，局部潮湿
45+605～45+580	25	210～230	多处滴水、局部线流
45+644～45+605	39	210～240	潮湿为主
45+704～45+644	60	250～240	滴水，45+703处线流
45+746～45+704	42	245～265	干燥，局部潮湿
45+810～45+746	64	250～270	多处滴水，45+748顶拱线流，水量3L/min
45+839～45+810	29	245～250	多处滴水，水量3～5L/min；45+811及45+830线流，水量4～6L/min
45+855～45+839	16	240～245	潮湿或干燥
45+855～45+864	9	240～235	潮湿或干燥
45+864～45+890	26	235～220	多处渗水、线流；45+870处线流，流量约2L/min；45+870～45+873顶拱滴水，水量约0.5L/min
45+890～46+040	150	220～190	潮湿，局部渗水
46+040～46+066	26	160～190	46+049～46+053处塌方，股状涌水，初始水量约40～50m³/h。其他沿层面轻微渗水
46+066～46+135	69	160～135	干燥，局部潮湿
46+135～46+308	173	135～155	潮湿，46+310处滴水约0.5L/min，局部沿层面轻微渗水
46+308～46+348	40	155～175	多处快速滴水，46+330～46+340滴水量约2L/min
46+348～46+422	64	155～180	干燥为主，局部潮湿
46+422～46+460	48	175～190	快速滴水，线状流水，单点流量约6L/min
46+460～46+488	28	190～200	潮湿为主，沿层面轻微渗水
46+488～46+672	184	180～235	潮湿。局部滴水
46+672～46+705	33	214～221	线状流水，单点水量10～20L/min
46+705～46+732.5	27.5	221～223	潮湿。局部滴水
46+732.5～46+845	112.5	220～222	干燥—潮湿
46+845～47+180	335	185～248	干燥，局部潮湿
47+180～48+918	1738	66～196	潮湿
48+918～48+926	8	78～83	顶拱沿结构面渗水，局部线流状，渗水量3～5m³/h
48+926～49+006	80	83～93	潮湿
49+006～49+052	46	82～93	顶拱沿结构面渗水，局部线流状，桩号49+018左壁涌水点涌水量15～20m³/h
49+052～49+375	323	78～84	底板轻微渗水
49+375～49+661	286	84～103	潮湿

续表

隧洞桩号	段长/m	隧洞埋深/m	地下水活动情况
49+661～49+689	28	98～103	沿结构面渗水
49+689～49+785	96	98～103	滴水段，在拱顶滴水，桩号49+720左壁涌水点，涌水量10～15m³/h
49+785～49+821	36	98～103	沿结构面渗水
49+821～49+981	160	50～103	干燥，局部潮湿
49+981～50+090	109	17～50	潮湿
50+090～50+125	35	17～27	渗水
50+125～50+210	85	27～37	全段顶拱大量滴水，桩号50+145、50+195、50+204左壁少量涌水
50+210～50+230	20	37～42	渗水，沿结构面渗水
50+230～50+270	40	42～67	顶拱呈渗滴状，底板见渗流状渗水
50+270～50+290	20	67～75	潮湿，洞底少量渗水
50+290～50+300	10	70～75	滴水段，滴水点在拱顶处
50+300～50+339	39	68～75	渗水或滴水段，多沿拱顶结构面渗滴
50+339～50+496	157	54～68	潮湿，沿结构面轻微渗水
50+496～50+686	190	3～54	潮湿

规模较大的涌水发生于个别隧洞，主要发生于沟谷附近的浅埋洞段、断层及其影响带的各种结构面发育洞段。涌水特点是地下水的集中股状、管道式涌出，使得隧洞很快被淹或积水严重（图1-3-8和图1-3-9），开始流量较大，而经过5～15天后涌水量大幅减少，地下水位降低，最后变为局部线流。表1-3-7列出了隧洞发生突涌水段主要特征。由于沟谷地形有利于汇水和地下水储量大，深切的断层、连通性好的结构面本身富水性好，而且构成上部潜水层的排泄通道，因此经过这些构造洞段易发生突涌水，隧洞涌水量较大，涌水的持续时间也长。

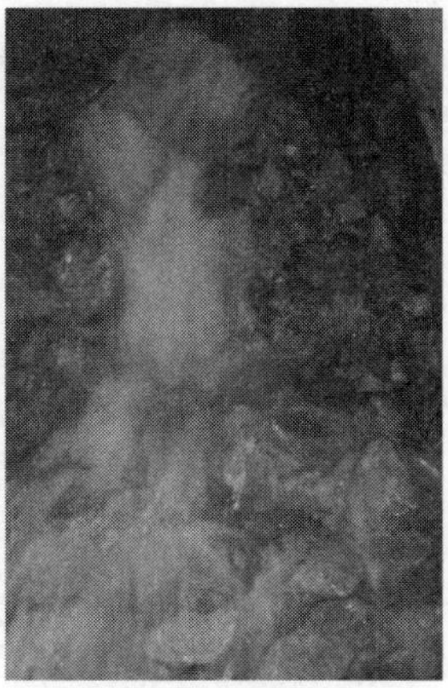

图1-3-8　4号隧洞28+564掌子面涌水

图1-3-9　4号隧洞28+487涌水

表 1-3-7　　隧洞涌水发生段主要特征

隧洞名称及桩号	隧洞埋深/m	与冲沟距离/m	初始涌水量/(m^3/h)	突水持续时间/d	涌水状态
5号（半个山）隧洞 33+5737	70	45	100～200	12	隧洞右侧为平行洞线冲沟，地下水沿着右壁与之20°斜交、宽2～5cm的直立断层面喷涌
4号（百家村）隧洞 19+820	45	沟谷底	200～300	15	隧洞横穿沟谷，地下水沿着斜交洞线、宽5m的断层破碎带突涌
4号（百家村）隧洞 28+487～28+520	130	70	300～400	11	隧洞左侧为平行洞线冲沟，推测为压型断层构造，隧洞处于断层影响带，地下水沿着张开裂隙和岩层面股状、密集线状溢流
4号（百家村）隧洞 28+564	129	70	400～500	15	断层破碎带宽5m，大量地下水管道式涌出，并发生塌方，见图1-3-8
2号（胭脂川）隧洞 19+006～19+099	7～12	沟谷底	100～200	3～10	隧洞横穿黄花川谷，地下水沿着卸荷裂隙、张开节理股状、线状及密集滴水状溢出

第四节　环境水腐蚀性

考虑到本地区环境水腐蚀类型主要为硫酸盐型，其他类型问题不大，对于不具有干湿交替或冻融交替作用环境下的环境水腐蚀性，归纳选定了如下评价标准。

一、环境水对混凝土腐蚀性判别标准（A类环境）

1. 一般酸性型腐蚀

采用环境水的pH值判别混凝土的腐蚀程度。

2. 硫酸盐型腐蚀

以环境水的SO_4^{2-}离子含量判别混凝土的腐蚀程度。

二、环境水对钢筋混凝土结构中钢筋的腐蚀性判别标准

以环境水的Cl^-离子含量判别混凝土结构中钢筋的腐蚀程度。当环境水中同时存在氯化物和硫酸盐时，表中的Cl^-含量是指氯化物中的Cl^-与硫酸盐折算后的Cl^-之和，即Cl^-含量$=Cl^-+0.25\times SO_4^{2-}$，单位为mg/L。

第四章

隧洞原始地应力

原地应力状态，即初始主应力方向、大小等与隧洞开挖后围岩稳定性、围岩变形及岩爆等关系密切，是深埋隧洞工程勘察设计中重要地质资料之一。目前实测地应力采用的方法主要有水压致裂法、声发射法和应力解除法。

第一节　地应力测试及数据分析方法

本工程对隧洞埋深范围（300m）内的原地应力进行了测试，测试方法采用水压致裂法。概括地讲，水压致裂原地应力测量方法，是利用一对可膨胀的封隔器在选定的测量深度封隔一段钻孔，然后通过泵入流体对该试验段（常称压裂段）增压，同时利用 X—Y 记录仪、计算机数字采集系统或数字磁带记录仪记录压力随时间的变化。对实测记录曲线进行分析，得到特征压力参数，再根据相应的理论计算公式，就可得到测点处的最大和最小水平主应力的量值以及岩石的水压致裂抗张强度等岩石力学参数。

在现场水压致裂测试过程中，在钻孔条件允许的情况下尽可能多选试验段。每段通常都要进行 3～5 个回次，以便取得合理的应力参量以及准确判断岩石的破裂和裂缝的延伸状态。水压致裂过程中所得到的压力—时间曲线如图 1-4-1 所示。

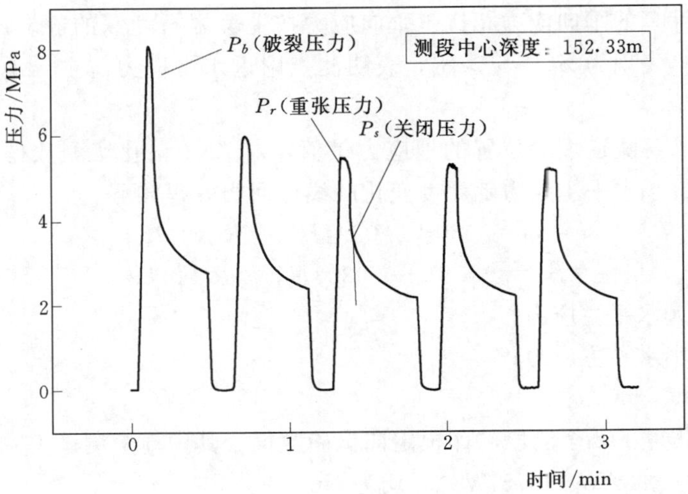

图 1-4-1　水压致裂应力测量记录曲线示例

从图 1-4-1 中所示的压力—时间记录曲线中可直接得到岩石的破裂压力 P_b、瞬时关闭压力 P_s 以及裂缝的重新张开压力 P_r。根据这几个基础参数，以弹性理论公式就可以计算出最大水平主应力 σ_H 和最小水平主应力 σ_h 及岩石的原地抗张强度 T_{hf}。

在钻孔封隔段压裂测量之后即可进行裂缝方位的测定，以便确定最大水平主压应力的方向。常用的方法是定向印模法，它可直接把孔壁上的裂缝痕迹印下来，印模定向装置见图 1-4-2，它由自动定向仪和印模器组成。

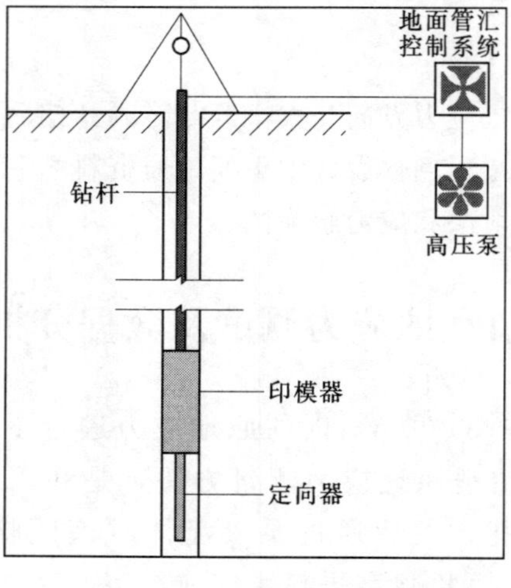

图 1-4-2 确定最大主压应力方向的印模装置

第二节 水压致裂法地应力测量结果

本工程在 7 号（大湾）隧洞 ZK1、ZK2 钻孔进行地应力测试，测试成果见表 1-4-1。

两个钻孔地应力测试结果比较相近，地应力量值总体上表现为随深度逐渐增加，但变化梯度不大。与计算的垂向应力相比（垂向应力按上覆岩石埋深的静岩压力计算），三向主应力的关系基本表现为 $S_H>S_v>S_h$，表明测点附近水平应力占主导地位，属于走滑型应力状态。

为了进一步了解隧道埋深位置的地应力量值，对 ZK1 钻孔实测数据进行线性回归分析，得到最大和最小水平主应力随深度变化的线性回归方程如下

$$S_H=0.50+0.0297H,\quad R=0.75$$
$$S_h=-1.01+0.0303H,\quad R=0.89$$

式中 S_H——最大水平主应力；

S_h——最小水平主应力；

H——深度，m。

两个钻孔共获得了 6 个测段的印模定向试验数据。其中 5 个测试一致性较好，即最大水平主应力方向为 N45°W～N75°W，平均为 N60°W。

利用地震观测台网 151 个 $M_L\geqslant4.0$ 地震的震源机制解得到宁夏及周围地区主压应力

P 轴空间取向的分布情况。主压应力 P 轴的范围为 NE40°～60°，优势方向为 NE 60°左右；主张应力 T 轴的优势方向为 SE 150°，即 N W330°左右，反映出本区地壳主要受 NE—SW 方向的挤压作用。钻孔应力测量得到的最大水平主应力方向，与区域地应力场相符合。

表 1-4-1　　钻孔水压致裂地应力测试成果

孔号	测段中心深度/m	压力参数/MPa								应力结果/MPa				
		P'_b	P'_r	P'_s	P_H	P_0	P_b	P_r	P_s	S_h	S_H	S_v	T	S_H 方向
ZK1	128.00	4.48	2.80	1.62	1.28	0.68	5.76	4.08	2.90	2.90	3.94	3.39	1.68	
	158.00	8.86	3.12	1.78	1.58	0.98	10.44	4.70	3.36	3.36	4.40	4.19	5.74	
	168.00		3.82	3.07	1.68	1.08		5.50	4.75	4.75	7.67	4.45		
	182.00	5.30	3.56	2.15	1.82	1.22	7.12	5.38	3.97	3.97	5.31	4.82	1.74	N62°W
	202.00	12.70	4.96	2.50	2.02	1.42	14.72	6.98	4.52	4.52	5.16	5.35	7.74	N56°W
	214.00	11.83	8.60	4.42	2.14	1.54	13.97	10.74	6.56	6.56	7.40	5.67	3.23	
	231.00	15.38	7.21	3.93	2.31	1.71	17.69	9.52	6.24	6.24	7.49	6.12	8.17	N45°W
	250.00	12.57	6.06	3.60	2.50	1.90	15.07	8.56	6.10	6.10	7.84	6.63	6.51	
ZK2	183.00		1.68	0.82	1.83	1.23		3.51	2.65	2.65	3.21	4.85		
	206.00	4.71	2.57	2.23	2.06	1.46	6.77	4.63	4.29	4.29	6.78	5.46	2.14	
	248.00	7.43	2.88	1.62	2.48	1.88	9.91	5.36	4.10	4.10	5.06	6.57	4.55	N75°W
	250.00	7.19	4.45	3.65	2.50	1.90	9.69	6.95	6.15	6.15	9.60	6.63	2.74	
	260.00	7.32	2.70	2.42	2.60	2.00	9.92	5.30	5.02	5.02	7.76	6.89	4.62	N65°W
	266.00	9.24	2.97	2.55	2.66	2.06	11.90	5.63	5.21	5.21	7.94	7.05	6.27	N52°W
	282.00	5.08	3.87	2.44	2.82	2.22	7.90	6.69	5.26	5.26	6.87	7.47	1.21	N50°E

注　P_b 为岩石原地破裂压力；P_r 为破裂面重张压力；P_s 为破裂面瞬时关闭压力；P'_b、P'_r、P'_s 分别为地面记录的破裂压力、重张压力和关闭压力；P_H 为静水柱压力；P_0 为孔隙压力；T 为岩石抗拉强度；S_h 为水平最小主应力；S_H 为水平最大主应力；S_v 为根据上覆岩石埋深计算的垂向主应力（岩石密度取 2.65g/cm^3）。

第二篇

软岩工程特性

第一章

白垩系、第三系地层生成环境

第一节　白垩系地层生成环境

早白垩世初，宁夏南部六盘山地区下陷，形成内陆坳陷盆地，末期地壳又全面抬升，缺失了晚白垩世沉积。

六盘山盆地范围包括大罗山—云雾山以西、香山—南华山以东及南部固原米缸山一带，呈近南北向展布。

六盘山盆地形成的初期（三桥期）盆地内地势差异较大，气候干旱炎热，以山麓相沉积为主。和尚铺期逐渐发展为河流浅湖相沉积，沉积中心大致在和尚铺、李洼峡一带，气候由干热逐渐向温湿转变。李家洼期则为湖湘沉积。马东山早、中期以浅—深湖相沉积为主，沉降中心北移至马东山一带，而沉积中心南移至泾源县沙南一带，晚期变为干热为主。乃家河早、中期以浅—深湖相沉积为主，晚期地壳抬升，湖水变浅并过渡为咸化湖泊。

从早白垩世早期到晚期，沉积物由粗到细，沉积物颜色由紫红—紫与蓝灰交替—以紫色为主，沉积环境由氧化—还原—氧化，气候由干热—干热与温暖交替—干热为主，沉积相由山麓—河湖相—湖相。晚期曾一度为咸化湖泊，局部沉积薄层灰质白云岩及石膏层。这些反映了六盘山盆地的形成、发展到结束，构成一个完整的沉积旋回。

一般红色、棕红色岩石代表当时为氧化环境，绿色代表弱氧化环境，浅灰、灰色代表弱还原环境，灰黑色、黑色代表封闭还原环境。六盘山盆地下白垩统颜色从三桥组到乃家河组经历了两个从棕红色到灰黑色的旋回，反映出两个水进水退的沉积旋回。

王会明、陆彦俊的《宁夏海原南华山地区白垩系乃家河组的孢粉组合特征及时代古植被、古气候探讨》中，早白垩世晚期六盘山— 南华山地区的植物是以克拉梭粉的母本植物掌鳞杉为主的针叶林，林下覆盖着苏铁、麻黄和海金砂植物。这些裸蕨植物表明，当时本区气候干旱炎热，乃家河组盛产的石膏是旱热背景下的产物。

工程区位于六盘山盆地的东南边缘区，隧洞穿过的地层主要为白垩系马东山组和乃家河组。六盘山盆地在早白垩世马东山组、乃家河组沉积时期发育多个沉积中心，其中固原凹陷为沉积中心之一。

马东山组岩性为蓝灰色—灰黄色泥岩、泥灰岩夹鲕状灰岩，局部夹砂岩，上部夹薄层石膏。泥岩具微波层理或水平层理，产植物、双壳类化石，为水动力作用弱的浅湖—深湖环境沉积；泥灰岩为深—半深湖环境沉积；鲕状灰岩代表水动力作用较强，为温湿气候下的浅—深湖沉积，晚期曾一度咸化，沉积了薄层石膏；砂岩则多为水动力条件复杂的滨湖相沉积物。

乃家河组岩性为灰绿、紫红色泥岩、泥灰岩，上部夹薄层石膏。泥岩具微波层理，产植物化石碎片，泥灰岩产介形虫、鱼类、浮游生物化石，为水动力作用弱的浅—深湖环境；晚期地壳逐步抬升、湖水变浅并过渡为咸化湖泊，沉积了薄层石膏。

隧洞工程穿过马东山组和乃家河组，岩性以泥岩为主，夹泥灰岩，形成环境属浅—深湖相。其中泥岩呈泥晶泥状结构，颗粒细小，其黏土矿物平均含量约占60%，其次为方解石，占35%，石英碎屑及褐铁矿少量。泥灰岩则以方解石为主，其次为黏土矿物。泥灰岩与泥岩渐变过渡，交替出现。上述岩石多为泥质结构，随黏土矿物增加，强度有逐渐降低趋势，由较软岩渐变为极软岩。

第二节　第三系地层生成环境

早白垩世末至古新世，全区隆起遭受剥蚀；始新世初，产生新生代断陷盆地，形成山麓、河湖相沉积；始新世末地壳抬升，发生沉积间断。渐新世时兴仁—海原等盆地继续间断，或沉积了渐新统，以河湖相为主；中晚期地壳趋于稳定，气候干旱炎热，形成咸化—半咸化湖，沉积了砂砾岩和石膏；渐新世末地壳抬升，发生沉积间断。中新世初盆地下陷，形成湖相夹河流相沉积物。中新世末受喜山运动影响，地壳抬升，缺失上新统。

区内第三系主要为始新统寺口子组（E_2s）及渐新统清水营组（E_3q），以河流—湖泊相沉积为主，局部为山麓堆积，氧化环境。岩性为砖红色砂岩、砾岩及砂质泥岩。砂岩、砾岩及砂质泥岩多为泥质弱胶结，成岩较差，遇水易软化、崩解，强度低，为极软岩。

第二章

软岩工程特性

软岩的成因、物质成分以及工程特性是极为复杂的，岩体随其受力状态、应力变化、荷载速率和干湿程度等的不同性能变得更加复杂。借助室内试验、原位测试及物探等手段了解和掌握岩石的各种物理力学性质，这些成果也是揭示岩石工程特性的重要依据。

宁夏中南部城乡饮水安全工程涉及的1～11号隧洞围岩主要为白垩系泥岩夹泥灰岩，部分为第三系寺口子组（E_2s）砂砾岩夹泥岩。通过对上述两类型岩石进行室内矿物化学成分鉴定、物理力学性质试验、流变力学试验以及对隧道围岩进行原位变形试验和地球物理测试，以达到揭示软岩工程特性的目的。

第一节 矿物化学成分

对隧洞沿线主要岩石进行岩矿鉴定、化学分析及全岩X射线粉晶衍射分析。

岩矿鉴定采用偏反光显微镜，化学成分分析采用X荧光法，所用仪器为X荧光分析仪，如图2-2-1所示，全岩X射线粉晶衍射分析采用X射线衍射仪进行，如图2-2-2所示。

图2-2-1 X荧光分析仪

图2-2-2 X射线衍射仪

表2-2-1列出了对隧洞区主要岩石进行鉴定的成果。从矿化分析试验成果看：

(1) 第三系始新统（E_2s）砖红色砂质泥岩主要由含铁泥质、岩屑、长石—石英碎屑组成，含少量方解石。

（2）白垩系下统乃家河组（K_1n）及马东山组（K_1m）泥岩和含粉砂灰质泥岩的组成矿物、矿化成分、化学成分的含量基本相近，岩石主要由泥质矿物和方解石组成，褐铁矿、石英少量。

泥岩的成分是影响岩石物理力学性质的主要因素。泥岩的成分包括矿物成分和化学成分，其中，矿物成分对其工程地质性质影响更为明显，而对工程性质影响大的主要成分是黏土矿物。黏土矿物的含量很大程度影响到其力学性质的好坏，一般地，泥岩中黏土矿物含量越高，其力学强度相对越低。同时，黏土矿物的成分及含量也影响到泥岩的水理性质。当泥岩中黏土矿物含量较高时会表现出较强的膨胀性、崩解、软化等现象。有关研究成果表明，蒙脱石的含量大于6%或伊利石含量达15%以上时对围岩膨胀特性产生明显影响。该地区白垩系灰质泥岩中以伊利石、蒙脱石为主的黏土矿物含量较高，一般含量达24%～37%，其中暗红色灰质泥岩黏土矿物含量高达60%。黏土矿物中伊利石含量略高于蒙脱石，两者均为亲水性矿物。在水稳性方面，暗红色泥岩会比其他灰色泥岩表现得更差。相同含水率的情况下，其力学强度也低。

表 2-2-1　　隧洞主要岩层岩矿鉴定成果

地层代号	岩性	构造	结构	岩矿鉴定	全岩X射线粉晶衍射分析	化学分析
E_2s	砖红色含砾砂质泥岩	弱定向构造	含砾不等粒砂状泥状结构	含铁泥质50% 方解石11% 石英碎屑12% 长石碎屑11% 花岗岩屑8% 浅粒岩屑6% 云母片岩屑2%	黏土总量13%～17% 石英25%～31% 钾长石9%～12% 斜长石26%～32% 方解石13%～20% 白云石1%	SiO_2 53%～56% CaO 14%～15% Al_2O_3 11%～14% MgO 2%～3% Fe_2O_3 2%～3% 烧失量7%～9%
K_1n	灰质泥岩	薄层状构造	泥晶泥状结构	泥质矿物58%～62% 石英碎屑4% 方解石33%～35% 褐铁矿1%	黏土总量24%～60% 石英12%～16% 钾长石6% 斜长石7%～14% 方解石10%～40% 白云石2%～27% 方沸石2%～9% 石膏（个别）38%	SiO_2 36%～39% CaO 14%～23% Al_2O_3 9%～13% MgO 4%～8% Fe_2O_3 3%～4% 烧失量10%～25%
K_1m	灰质泥岩	弱定向薄层构造	泥晶泥状结构	泥质矿物60% 石英碎屑4% 方解石35% 褐铁矿1%	黏土总量28%～36% 石英11%～15% 斜长石9%～10% 方解石7%～39% 白云石2%～23% 方沸石2%～7%	SiO_2 31%～40% CaO 12%～22% Al_2O_3 10%～13% MgO 4%～68% Fe_2O_3 3%～4% 烧失量16%～22%

第二节　岩石基本物理力学性质

一、物理性质试验

为获取岩石的基本物理性质指标，对现场采集的岩石进行了岩石块体密度、颗粒密度、含水率、孔隙率、吸水率和饱和吸水率试验。

岩石块体密度——采用量积法测定；

岩石颗粒密度——采用比重瓶法测定；

岩石含水率——采用烘干法测定；

岩石吸水率——采用自由浸水法测定；

岩石饱和吸水率——采用真空抽气法测定；

岩石的孔隙率——依据试样的密度比重与含水率计算得出。

二、单轴压缩试验

为获得岩石的基本力学性质指标，在室内对灰质泥岩进行天然、干、湿状态下的单轴压缩试验。

1. 试验仪器

(1) YAW6206微机控制电液伺服压力试验机，见图1-2-3。

(2) 惠斯顿电桥、万用表、兆欧表。

(3) 电阻应变仪。

2. 试验步骤

将表面贴有电阻应变片的试件置于试验机承压板中心（图2-2-3），调整球形座，使试件受力均匀，以0.5～1.0MPa/s的速度加荷，逐级测读荷载与应变值，直至试样破坏。

图2-2-3　YAW6206微机控制电液伺服压力试验机

3. 力学参数求取

岩石单轴抗压强度计算公式如下

$$R=\frac{P}{A} \tag{2-2-1}$$

式中　R——岩石单轴抗压强度，MPa；

P——试件破坏荷载，N；

A——试件截面积，mm^2。

各级应力计算公式如下

$$\sigma=\frac{P}{A} \tag{2-2-2}$$

式中　σ——各级应力，MPa；

P——与所测各组应变值相应的荷载，N；

A——试件截面积，mm^2。

表 2-2-2 隧洞主要岩石物理性质试验成果汇总

地层岩性	统计项目	颗粒密度/(g/cm³)	块体密度/(g/cm³)			含水率/%	孔隙率/%	吸水率/%		抗压强度/MPa			弹性模量/GPa			变形模量/GPa			泊松比			软化系数	天然			饱和		
			干	天然	饱和			自然	饱和	干	天然	湿	干	天然	湿	干	天然	湿	干	天然	湿		摩擦系数	摩擦角/(°)	凝聚力/MPa	摩擦系数	摩擦角/(°)	凝聚力/MPa
E_2s 砂质泥岩	组数	2	2	4		4	2	2	2	2	1	4	1	1	2	1		1	1		1	3		1	1		2	2
	最小值	2.66	2.14	2.06		5.41	22.62	11.81	13.97	8.5	0.3	0.1		0.02	0.003							0.02					15.0	0.03
	最大值	2.67	2.20	2.43		11.64	29.48	14.33	17.87	12.1		1.6	3.3		1.13							0.33					35.1	0.05
	平均值			2.24		8.76						0.5				1.45		0.19	0.78		0.85	0.18		44.5	0.1			
K_1n 泥灰岩	组数	15	15		15		15	15	15	15	15	15	15	15	15	15	15	15	15	15	14	15	10		10	12		12
	最小值	2.64	2.34		2.45		2.70	0.99	1.00	24.0	21.4	15.0	2.94	2.50	2.30	2.38	1.85	1.16	0.14	0.11	0.13	0.26	2.44		0.40	0.86		0.06
	最大值	2.82	2.74		2.77		12.75	5.12	5.36	74.9	75.2	36.6	45.90	32.47	27.99	34.60	25.69	21.73	0.31	0.50	0.59	0.75	7.44		13.40	4.15		6.90
	平均值	2.72	2.47		2.56		8.91	3.58	3.67	54.3	41.8	24.7	27.26	19.40	10.54	21.40	13.75	8.04	0.21	0.26	0.32	0.48	4.32		3.93	2.19		3.49
K_1n 泥岩	组数	39	21	18	21	18	39	39	39	18	27	23	20	27	23	18	20	21	20	25	21	23	6	9	15	16	4	20
	最小值	2.66	2.17	2.26	2.37	1.12	4.62	1.52	1.80	24.4	4.0	0.5	1.93	0.57	0.00	1.12	1.33	0.11	0.10	0.11	0.13	0.16	1.29	23.1	0.13	0.50	3.0	0.02
	最大值	2.79	2.54	2.68	2.62	12.33	26.79	9.33	31.51	60.8	45.2	18.1	27.01	16.80	3.89	21.39	14.67	2.93	0.37	0.54	0.88	0.9	3.05	45.0	5.01	2.24	33.3	2.90
	平均值	2.73	2.38	2.51	2.51	3.91	12.17	5.21	6.35	37.3	23.7	8.5	9.20	7.18	1.64	6.56	5.15	1.12	0.22	0.24	0.36	0.37	2.07	40.9	2.82	1.23	22.4	1.29
K_1m 泥岩	组数	10	4	6	4	6	10	10	10	3	6	6	3	6	4	3	4	2	3	5	4	6		1	1	4	1	5
	最小值	2.70	2.03	2.31	2.29	3.99	13.34	6.27	6.90	10.3	9.0	2.2	0.69	1.77	0.18	0.34	0.70	0.13	0.15	0.16	0.24	0.1				0.79		0.69
	最大值	2.76	2.29	2.47	2.46	6.80	26.12	13.04	13.06	25.5	29.4	6.8	4.97	6.33	1.94	1.98	4.40	0.54	0.67	0.28	0.40	0.33				2.52		1.15
	平均值	2.74	2.18	2.40	2.38	4.89	17.96	8.24	9.07	18.5	20.2	4.3	2.35	4.52	1.13	1.11	2.39		0.36	0.23	0.28	0.22		41.6	2.1	1.42	8.20	0.95

岩石平均弹性模量和平均泊松比计算公式如下

$$E_{av}=\frac{\sigma_b-\sigma_a}{\varepsilon_{1b}-\varepsilon_{1a}} \tag{2-2-3}$$

$$\mu_{av}=\frac{\varepsilon_{db}-\varepsilon_{da}}{\varepsilon_{1b}-\varepsilon_{1a}} \tag{2-2-4}$$

式中 E_{av}——岩石平均弹性模量，MPa；

μ_{av}——岩石平均泊松比；

σ_a——应力与纵向应变关系曲线上直线段始点的应力值，MPa；

σ_b——应力与纵向应变关系曲线上直线段终点的应力值，MPa；

ε_{1a}——应力为 σ_a 时的纵向应变值；

ε_{1b}——应力为 σ_b 时的纵向应变值；

ε_{da}——应力为 σ_a 时的横向应变值；

ε_{db}——应力为 σ_b 时的横向应变值。

岩石物理性质试验成果见表 2-2-2。

三、物理力学试验结果与分析

由于软岩具有遇水膨胀、崩解的特性，因而在试验过程中按常规对岩样进行抽气饱水比较困难，多采用低压抽气长时间浸泡岩样，然后测试岩石的湿抗压强度、弹性模量、变形模量及抗剪强度等指标。对常规抽气饱水和低压抽气长时间浸泡岩样的含水率及孔隙比等物性指标对比，饱和状态与湿状态的指标比较接近，由此也可以说明湿状态的力学成果与饱和状态的也很接近，以下对岩石饱和状态下的地质评价可以引用湿状态下的物理力学试验成果。通过试验获得的岩石物理力学性质指标见表 2-2-2。

从试验成果统计的情况来看，第三系砂质泥岩，干燥状态下单轴抗压强度为 8.5～12.1MPa，湿单轴抗压强度为 0.1～1.6MPa，软化系数为 0.02～0.33；干燥状态下弹性模量为 3.30GPa，湿弹性模量接近于 0.003～1.30 GPa。其湿抗压强度、湿弹性模量明显低于天然状态，属于易软化岩石，水的作用对其力学强度影响显著。

白垩系泥岩，在干燥状态和天然状态下，其平均单轴抗压强度为 18.5～37.3MPa 和 20.2～23.7MPa，弹性模量和变形模量也相对较高。但饱和状态下其平均抗压强度仅 4.3～8.5MPa，明显低于干燥状态和天然状态；软化系数 0.22～0.37，最低仅 0.1。同样弹性模量和变形模量也具有相似的规律性，岩石遇水软化特性明显。

第三节 岩石三轴压缩试验

一、试验及数据分析方法

岩石三轴压缩强度试验是测定一组岩石试件在不同围压条件下的三向压缩强度，据此计算岩石在三轴压缩条件下的强度参数。

1. 试验仪器

三轴压缩试验是在 TAW-2000 微机控制岩石伺服三轴压力试验机上完成，如图 2-2-4 所示。该试验机可以在不同围压下，测量岩石的弹性参数；进行全应力—应变试验，

图 2-2-4　TAW－2000 微机控制岩石伺服三轴压力试验机

获得峰值强度和残余强度；在不同水压下，测量岩石（体）的强度变化及渗透特性；在－50～200℃范围内，测量温度对岩体力学性质的影响。

试验数据采集软件在 WINDOWS 环境下运行，可以同时显示试验力、位移、变形（轴向、径向）、围压、控制方式、加载速率等多种试验和测量参数以及多种试验曲线。

2. 试验步骤

本次试验采用等围压条件下的三轴压缩试验，即常规三轴试验（$\sigma_2=\sigma_3$）。每组岩石试样不少于 3 个，进行弹性模量、黏聚力及摩擦角的测量与计算。根据取样点的埋藏深度，岩石试验围压选定在 1～5MPa 之间。为了避免油液渗入试件而影响试验成果，在试件外部套一层热缩管，达到防油的作用。

试验中，先对岩石试样加围压，围压加载速率为 0.05MPa，待围压加至预定值后，再施加轴向压力。采用轴向变形控制，轴向变形加载速率为 0.01mm/min，直至试样破坏，得出试件破坏整个过程的全应力－应变曲线。

3. 力学参数求取与分析方法

根据每组试样的极限轴向应力 σ_1 与围压 σ_3，在 $\sigma_1-\sigma_3$ 坐标中利用最小二乘法可以绘出 σ_1 和 σ_3 的最佳关系曲线。采用下列公式，计算抗剪断强度指标 c 值和 φ 角。

$$c=\frac{\sigma_k(1-\sin_\varphi)}{2\cos\varphi}$$

$$\varphi=\arcsin\frac{m-1}{m+1} \tag{2-2-5}$$

式中　σ_k——最佳关系曲线纵坐标的应力截距，MPa；

m——最佳关系曲线的斜率；

φ——岩石的内摩擦角，(°)；

c——岩石的黏聚力，MPa。

二、试验结果与分析

根据试验结果对数据进行处理，输水隧洞主要地层的室内三轴压缩试验成果见表 2-2-3。

据三轴压缩试验成果，综合岩石的单轴抗压强度，在围压为 1MPa 时，白垩系泥岩的峰值强度与单轴抗压强度相比并没有明显的提高；当围压为 3MPa 时，湿状态下的岩样峰值强度较围压为 1MPa 时提高了 70％左右、天然状态下的岩样峰值强度较围压为 1MPa 时大部分提高了 30％左右；当围压为 5MPa 时，湿状态下的岩样峰值强度较围压为 1MPa 时提高了 120％～140％、天然状态下的岩样峰值强度较围压为 1MPa 时大部分提高了 60％～100％。总体而言，三轴试验峰值抗压强度具有随围压的增加而增加的特点，但是增加的幅度不大。

表 2-2-3　　岩石三轴试验成果汇总

地层岩性	统计项目	物理性质						力学性质						
		密度 /(g/cm³)	比重	含水率 /%	孔隙率 /%	吸水率 /%	饱和吸水率 /%	围压 σ_3 /MPa	峰值强度 $\sigma_1-\sigma_3$ /MPa	弹性模量 /GPa	天然		湿	
											c /MPa	φ /(°)	c /MPa	φ /(°)
E_2s 砂砾岩		2.18	2.67	5.41	22.62	11.8	14	1	0.874	0.0378			0.053	15
K_1n、K_1m 泥岩	最小值	2.41	2.72	1.12	5.95	1.52	1.8	1 3 5	2.6 3.0 3.9	1.267 1.679 2.912	1.88	40.3	0.817	8.2
	最大值	2.62	2.78	5.43	15.36	7.71	9.07	1 3 5	29.3 38.3 48.6	13.748 15.598 27.898	5.01	45	1.19	3[illegible].3
	平均值	2.48	2.74	3.5	12.35	5.42	6.23	1 3 5	15.6 22.7 29.5	7.473 11.413 16.134	3.45	42.9	1.0	2[illegible].6
	组数	10	10	10	10	10	10		13	13	9	9	4	4

注　峰值强度和弹性模量的最小值和最大值代表量值最小的组和最大的组，平均值是按全部数据混合统计。

第四节　岩石流变力学特性

流变作为岩石重要的力学特性之一，与工程的长期稳定和安全密切相关。工程实践表明，地下隧道的破坏和失稳，在许多情况下并不是在开挖后立即发生的，隧道从开始变形到最终破坏是一个与时间有关的复杂的非线性累进过程。岩石流变是隧道产生大变形乃至失稳的重要原因之一，因此，合理地描述和揭示岩石与时间相关的力学行为，认识其时效变形规律与破坏特征具有重要的理论意义和实用价值。

一、灰质泥岩流变力学特性试验

1. 试验设备

流变试验要求应力在长时间内保持恒定不变，因此对试验设备的稳压系统、应力和变形量测系统的长期稳定性与精度都有着很高的要求。

本次岩石三轴流变试验在河南省岩土力学与水工结构重点实验室的 RLJW-2000 微机控制岩石三轴、剪切流变伺服仪上进行，流变仪主要由轴向加载系统、围压系统、剪切系统、控制系统、计算机系统等几部分组成，如图 2-2-5 所示。

图 2-2-5　RLJW-2000 微机控制岩石三轴、剪切流变伺服仪

该流变仪轴向压力 0～2000kN，围压 0～50MPa。仪器测力精度±1%，变形测

量精度±0.5%，连续工作时间大于1000h，能够完成岩石三轴、岩石直剪、岩石三轴蠕变、岩石三轴松弛、岩石剪切流变等多种试验，可以满足流变试验的要求。

2. 试验方案

对9号（开城北）隧洞ZK13钻孔内的白垩系下统马东山组（K_1m）泥岩和7号（大湾）隧洞ZK10钻孔内的白垩系下统乃家河组（K_1n）泥岩进行三轴流变试验，共进行五组灰质泥岩的流变试验，试验所用岩石试样编号、几何尺寸见表2-2-4。

表2-2-4　试样的几何尺寸与物理性质指标

试样编号	对应深度/m	直径/cm	高度/cm	试验类型	试样状态	围压/MPa
ZK13-2-3	87.2～87.4	6.910	13.478	分级加载	天然	3
ZK13-2-1	86.7～87.0	6.899	13.706	分级加载	饱水	3
ZK13-2-5	87.7～88.0	6.908	13.177	分级卸荷	饱水	5
ZK10-4-5	281.23～281.56	5.410	11.760	分级加载	天然	5
ZK10-4-7	279.83～280	5.408	11.750	分级加载	天然	5

3. 试验结果

对9号（开城北）隧洞和7号（大湾）隧洞钻孔内的白垩系泥岩进行三轴流变试验，试验共施加了6级荷载。ZK13-2-3为天然状态，在不同应力水平下泥岩轴向分别加载流变曲线以及径向分别加载流变曲线如图2-2-6、图2-2-7所示。

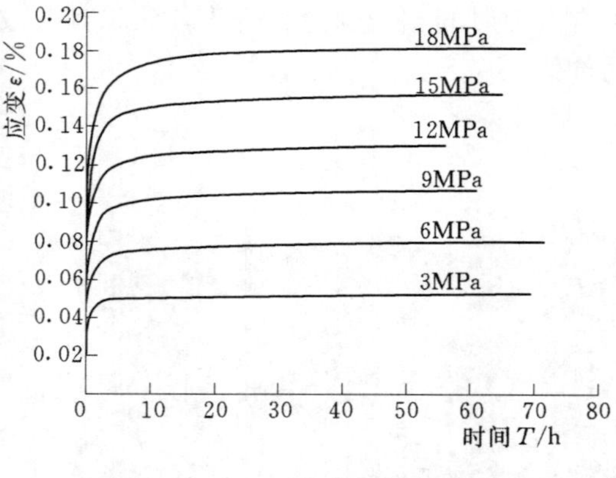

图2-2-6　泥岩轴向分别加载流变曲线

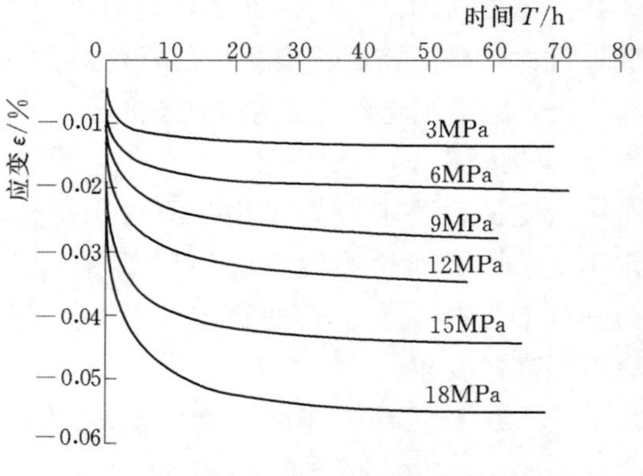

图2-2-7　泥岩径向分别加载流变曲线

ZK13-2-1为饱水状态，在不同应力水平下泥岩轴向分别加载流变曲线以及径向分别加载流变曲线如图2-2-8、图2-2-9所示。

ZK13-2-5试样在不同应力水平下岩石轴向分别卸荷流变曲线，如图2-2-10所示。

各级应力水平下岩石轴向与径向的瞬时应变、蠕应变以及总应变见表2-2-5。

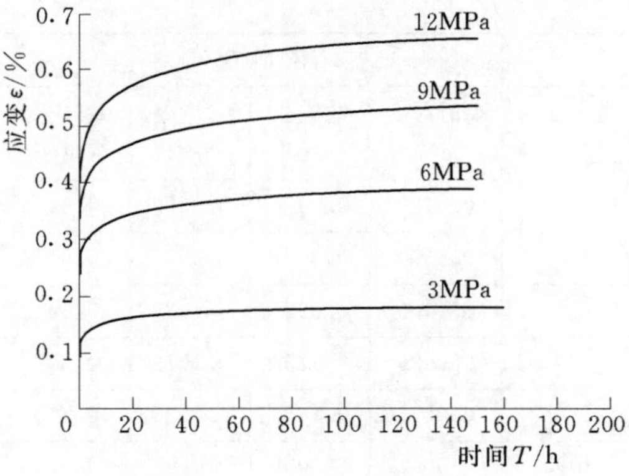

图 2-2-8　泥岩轴向分别加载流变曲线

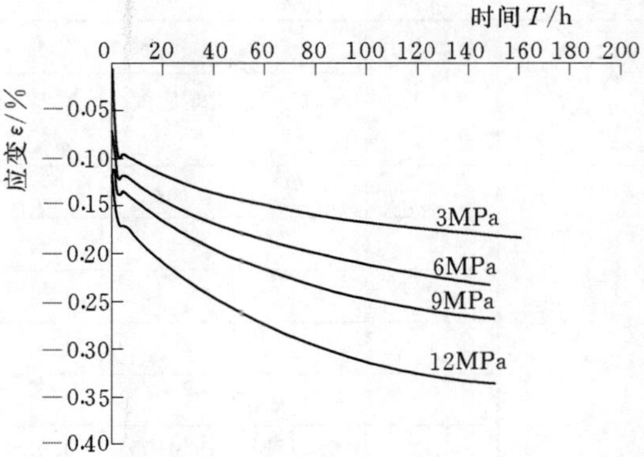

图 2-2-9　泥岩径向分别加载流变曲线

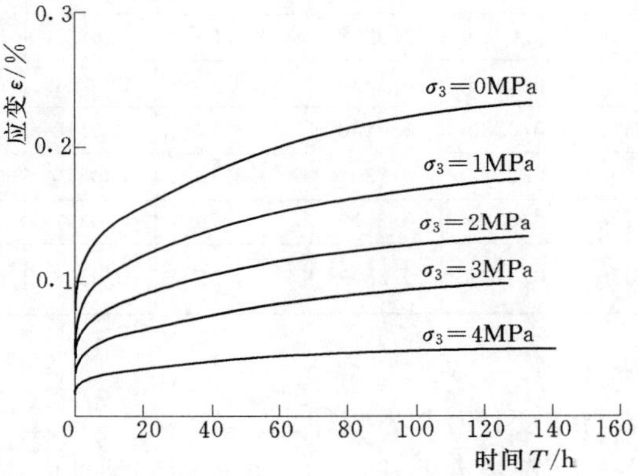

图 2-2-10　ZK13-2-5 灰质泥岩轴向分别卸荷流变曲线

表 2-2-5　各级应力水平下岩石的轴向、径向瞬时应变、蠕应变以及总应变

试件编号（状态）	加载应力 ($\sigma_1-\sigma_3$) /MPa	轴向应变				径向应变			
		瞬时应变/%	蠕应变/%	总应变/%	蠕应变/总应变/%	瞬时应变/%	蠕应变/%	总应变/%	蠕应变/总应变/%
ZK13-2-3（天然）	3	0.03784	0.01422	0.05206	0.273146	0.00564	0.00776	0.01340	0.579104
	6	0.04982	0.02944	0.07926	0.371436	0.00746	0.01302	0.02048	0.635742
	9	0.06180	0.04474	0.10654	0.419936	0.00960	0.01816	0.02776	0.654179
	12	0.07894	0.05112	0.13006	0.393049	0.01240	0.02198	0.03438	0.639325
	15	0.09466	0.06110	0.15576	0.392270	0.01792	0.02626	0.04418	0.594387
	18	0.10842	0.07294	0.18136	0.402184	0.02218	0.03282	0.05500	0.596727
ZK13-2-1（饱水）	3	0.1180	0.0657	0.1837	0.3577	0.0410	0.1419	0.1829	0.7758
	6	0.2320	0.1590	0.3910	0.4066	0.0610	0.1715	0.2325	0.7376
	9	0.2860	0.2470	0.5330	0.4634	0.0879	0.1797	0.2676	0.6716
	12	0.3300	0.3260	0.6560	0.4970	0.1072	0.2296	0.3368	0.6818

续表

试件编号（状态）	加载应力 $(\sigma_1-\sigma_3)$ /MPa	轴向应变				径向应变			
		瞬时应变/%	蠕应变/%	总应变/%	蠕应变/总应变/%	瞬时应变/%	蠕应变/%	总应变/%	蠕应变/总应变/%
ZK13-2-5（饱水）	4					0.0180	0.0326	0.0506	0.6445
	3					0.0300	0.0677	0.0977	0.6929
	2					0.0406	0.0921	0.1327	0.6942
	1					0.0536	0.1236	0.1772	0.6977
	0					0.0676	0.1652	0.2328	0.7098
ZK10-4-5（天然）	5	0.0152	0.0105	0.0257	0.4095	0.0041	0.0068	0.0108	0.6255
	10	0.0286	0.0216	0.0502	0.4303	0.0115	0.0179	0.0294	0.6102
	15	0.0460	0.0293	0.0753	0.3891	0.0171	0.0269	0.0440	0.6123
	20	0.0648	0.0350	0.0998	0.3506	0.0221	0.0368	0.0589	0.6255
	25	0.0832	0.0498	0.1330	0.3745	0.0261	0.0492	0.0753	0.6537
ZK10-4-7（天然）	10	0.0370	0.0230	0.0600	0.3838	0.0110	0.0158	0.0268	0.5904
	20	0.0796	0.0512	0.1308	0.3913	0.0210	0.0378	0.0588	0.6435
	30	0.1196	0.0824	0.2019	0.4079	0.0341	0.0639	0.0981	0.6518
	40	0.1636	0.1172	0.2808	0.4173	0.0508	0.0965	0.1473	0.6552

4. *岩石流变规律分析研究*

根据以上试验成果岩石蠕变具有如下规律：

（1）由各组岩石的分别加载流变曲线可知，灰质泥岩的轴向应变、径向应变均可以分为两部分：一部分是瞬时应变，即每级应力水平施加瞬间试样产生的瞬时变形；另一部分是流变应变，即在恒定应力水平作用下，试样的变形随时间而增长。在各级应力水平下，轴向流变曲线和径向流变曲线均可以划分为 2 个阶段：第一阶段是衰减流变阶段，第二阶段是稳定流变阶段。

（2）对比 ZK13-2-3 与 ZK13-2-1 各级应力水平下岩石轴向与径向的应变值，可以看出天然含水状态下灰质泥岩的瞬时应变量、蠕应变量以及总应变量均较小，然而水对灰质泥岩变形特性影响显著，饱水后岩石轴向瞬时应变量是天然状态下的 3.1～4.7 倍，轴向蠕应变量是天然状态下的 4.6～6.4 倍，轴向总应变量是天然状态下的 3.5～5.0 倍；饱水后岩石的径向瞬时应变量是天然状态下的 7.3～9.2 倍，径向蠕应变量是天然状态下的 9.9～18.2 倍，径向总应变量是天然状态下的 9.6～13.6 倍。因此，在分级加载条件下，与天然状态相比，灰质泥岩饱水后在上部荷载的长期作用下将产生较为显著的时效变形。

（3）由表 2-2-5 可以看出，ZK13-2-5 在恒轴压分级卸围压条件下，由于轴向应力较小，卸荷后各级围压下岩石的瞬时应变量、蠕应变量以及总应变量均不大。从岩石蠕应变与总应变的比值可以看出，岩石卸荷后的蠕应变是总应变量的 64%～71%。因此，分级卸荷条件下，虽然卸荷后各级围压下岩石的瞬时应变量、蠕应变量不大，但与瞬时应变相比，岩石的蠕应变较为显著。

（4）对比 ZK10-4 组试件与 ZK13-2 组试件可以看出，ZK10-4 埋深在 279.07～

280.83m，由于岩石埋深较大，在上覆压力的作用下，岩石固结较为密实，而试样ZK13－2埋深在86.7～88.3m，埋深较小，岩石固结程度较ZK10－4组岩石弱。因此，在相同应力水平下，天然含水状态下ZK10－4组岩石试样的应变量较ZK13－2组岩石试样的应变量减小，岩石的时效变形特性减弱。

(5) 试样轴向和径向的衰减流变阶段历时随偏差应力的增加而延长，即应力水平越高，岩石发生衰减流变的时间越长。以ZK13－2－3岩石轴向流变为例，如图2－2－6所示，当应力水平为3MPa时，初始的6h流变速率明显衰减，为衰减流变阶段，随后流变速率随时间增加保持不变，即进入等速流变阶段；而当应力水平达18MPa时，衰减流变阶段历时达30h左右。

(6) 从表2－2－5中可以看出，岩石试样轴向与径向的瞬时应变、蠕应变以及总应变均随应力水平的增加而增大。在各级应力水平下，径向蠕应变占径向总应变的比例始终比轴向蠕应变占轴向总应变的比例大。因此，岩石的径向流变效应明显。

(7) 在试验过程中，岩石的轴向流变以及径向流变均没有出现明显的起始流变强度，即在较低的应力水平下，岩石的变形亦随时间而增大。试样的轴向应变以及径向应变历时曲线在低应力水平下均呈现出衰减流变阶段，在较高应力水平下呈现出稳定流变阶段，而且每一级应力水平下均有持续一段时间的稳定流变，稳定流变速率在同级应力水平下几乎为常数，不同应力水平下的流变速率也很接近，与应力水平增量没有明显的比例关系。

二、砂质泥岩流变力学特性试验研究

对1号隧洞（北山）ZK1钻孔内的第三系始新统寺口子组（E_2s）砂质泥岩进行三轴压缩流变试验。

1. 试验设备

由于饱和砂质泥岩强度低，流变试验采用SR－6型三轴蠕变仪（图2－2－11）。试验设备围压采用空气压力为压力源，经过调压阀，可以保证试验期间围压的稳定。试验可以采集的数据有围压、孔压、排水量和变形量。变形测量的精度为0.01mm。轴向应力加载采用重力加载，该方法可保存轴向压力恒定，是最常用的加载方法。试验设备可通过软件系统进行控制和自动采集数据。

图2－2－11　SR－6型三轴蠕变仪

2. 试验步骤

考虑工程实际环境情况，为能更真实的模拟砂质泥岩的排水条件，试验采用了排水剪。试验过程如下。

(1) 排水固结。根据隧洞埋深情况，试验选择了500kPa围压，固结时间为2～3天；固结完成后根据排水量计算试样的固结变形。

(2) 加载。试验采用分级加载方法进行。每级加载时间视变形速率而定，一般控制在3天内总变形量少于0.01mm就认为蠕变稳定，进入下级加载。试验中施加的应力水平值分别为0.4MPa、0.8MPa、1.2MPa、1.6MPa。

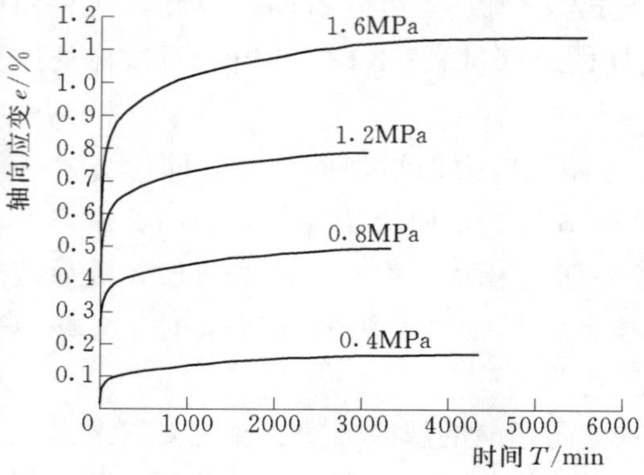

图2-2-12　砂质泥岩轴向分别加载流变曲线

(3) 数据采集，加载后的30min内每30s记录一个数据，之后每1min记录一个数据。试验系统自动采集数据。

3. 试验结果

流变试验共施加了4级荷载，各级荷载持续时间大于3000min，总历时16330min，不同应力水平下砂质泥岩轴向分别加载流变曲线，如图2-2-12所示。

根据试验结果，将各级应力水平下岩石轴向的瞬时应变、蠕应变以及总应变列于表2-2-6。

表2-2-6　各级应力水平下岩石的轴向瞬时应变、蠕应变以及总应变

$(\sigma_1-\sigma_3)$ /MPa	轴向应变			
	瞬时应变/%	蠕应变/%	总应变/%	蠕应变/总应变/%
0.4	0.0483	0.1358	0.1841	0.7378
0.8	0.2536	0.2569	0.5106	0.5032
1.2	0.3924	0.3999	0.7924	0.5047
1.6	0.5469	0.6080	1.1549	0.5264

4. *岩石流变规律分析*

(1) 饱和砂质泥岩流变曲线反映了流变的第一阶段和流变第二阶段，即衰减流变阶段与稳定流变阶段，但在试验中未观察到流变第三阶段，即加速流变阶段。

(2) 试样轴向的瞬时应变、蠕应变以及总应变均随应力水平的增加而增大。在各级应力水平下，轴向蠕应变占轴向总应变的比例均大于50%，表明岩石的流变效应明显。

(3) 由于砂质泥岩成岩时间短，颗粒间泥质胶结力弱，岩石饱水后流变量大，时效变形显著，岩石的这一力学特性将对引水工程的长期稳定和安全运行产生较大影响，在工程建设中应对砂质泥岩的流变力学特性给予重点关注。

第五节　岩石膨胀性试验

为了解白垩系泥岩及第三系砂质泥岩的膨胀特性，针对钻孔岩芯进行侧向约束膨胀率试验、膨胀压力试验和自由膨胀率试验。因泥岩具有遇水崩解的特点，新鲜岩芯试样现场采取后需保持天然含水状态。试件采用干法加工，天然含水率的变化不超过1%。

一、侧向约束膨胀率试验

侧向约束膨胀率试验的目的是为了确定岩石侧向约束情况下的膨胀率。该试验在SBD-1侧向约束膨胀仪上进行，如图2-2-13(a)所示。试件数量为3个。加水后试件侧向受圆环约束不产生变形，轴向发生膨胀。加载方式如图2-2-13(a)所示，试验后

试件如图 2-2-13（b）所示。最后利用以下公式计算得出侧向约束膨胀率

$$V_{HP}=(\Delta H_1/H)\times100 \tag{2-2-6}$$

式中 V_{HP}——岩石侧向约束膨胀率，%；

ΔH_1——有侧向约束试件的轴向变形值，mm；

H——试件高度，mm。

(a)

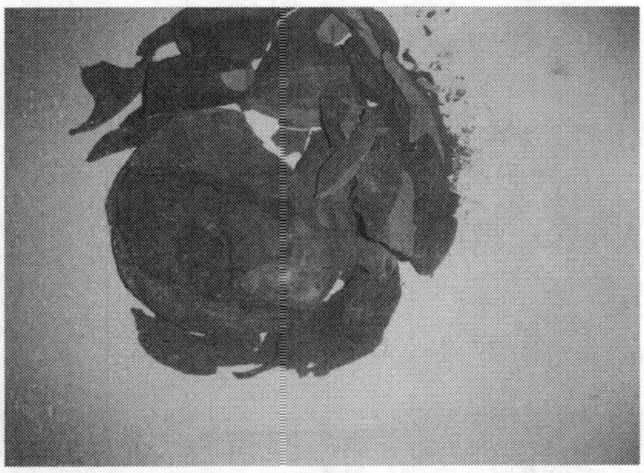

(b)

图 2-2-13 侧向约束膨胀率试验

(a) 试验加载情形；(b) 试验后的试件

二、膨胀压力试验

膨胀压力试验的目的是为了确定岩石的膨胀压力。该试验在 YRP-2 压力膨胀仪上进行，如图 2-2-14（a）所示，试件数量为 3 个。试件安装完毕后将千分表清零，然后加水，调整千分表保持千分表读数不变，测定试件的膨胀压力。试验后试件如图 2-2-14（b）所示。最后利用以下公式计算得出岩石膨胀压力

$$P_s=F/A \tag{2-2-7}$$

式中 P_s——岩石膨胀压力，MPa；

F——轴向荷载，N；

A——试件截面积，mm^2。

(a)

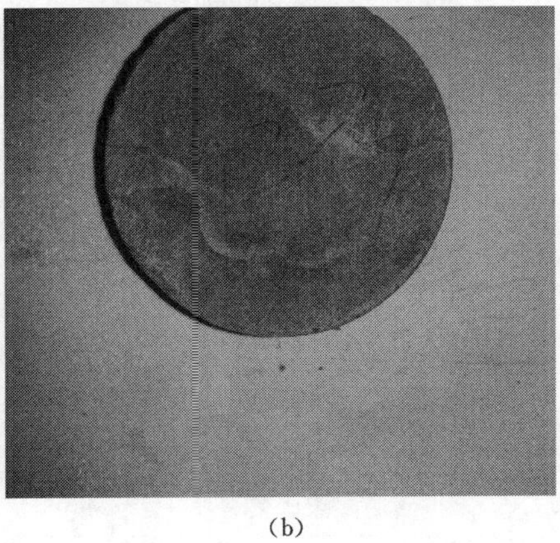

(b)

图 2-2-14 压力膨胀试验

(a) 试验加载情形；(b) 试验后的试件

三、自由膨胀率试验

自由膨胀率试验的目的是为了确定岩石不受约束情况下轴向和径向膨胀率。该试验在XDP-1自由膨胀仪上进行，加载方式如图2-2-15（a）所示，试件数量为3个。试验后试件如图2-2-15（b）所示。利用下列公式计算得出岩石自由膨胀率

$$V_H=(\Delta H/H)\times 100$$
$$V_D=(\Delta D/D)\times 100 \quad (2-2-8)$$

式中　V_H——岩石轴向自由膨胀率，%；
V_D——岩石径向自由膨胀率，%；
ΔD——试件径向平均变形值，mm；
D——试件直径，mm；
ΔH——试件轴向变形值，mm；
H——试件高度，mm。

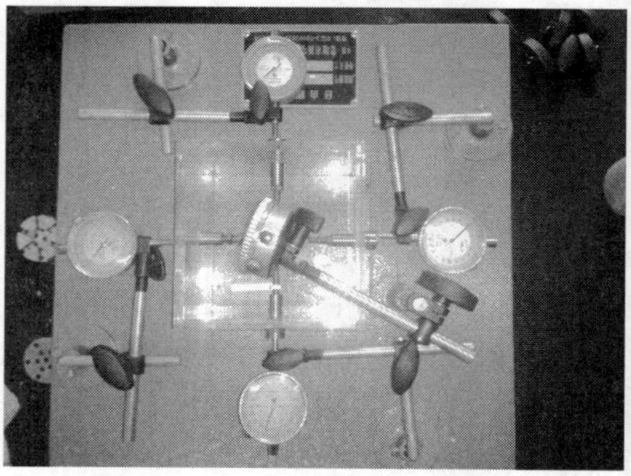

（a）

（b）

图2-2-15　自由膨胀率试验
（a）试验加载情形；（b）试验后的试件

四、试验结果与分析

岩石膨胀性试验成果汇总于表2-2-7。

表2-2-7　岩石膨胀试验成果汇总

地层岩性	统计内容	侧向约束膨胀率	膨胀压力/kPa	径向膨胀率	轴向膨胀率
E_2s 砂质泥岩	最小值		11.6	0.22%	0.52%
	最大值		16.5	4.64%	12.73%
	平均值	1.88%	14.05	1.70%	4.72%
	组数	1	2	4	4
K_1n K_1m 泥岩	最小值	0.04%	4.4	0%	0.02%
	最大值	1.08%	62.2	1.56%	2.92%
	平均值	0.58%	20.59	0.50%	0.48%
	组数	15	17	12	12

从试验结果看，隧洞岩石侧向约束膨胀率为0.04%～1.88%，平均值为0.66%，均小于3%；膨胀力为4.40～62.20kPa，平均值为20.6 kPa，均小于100 kPa；径向自由膨胀率为0.00～4.64%，平均为0.64%；轴向自由膨胀率为0.02%～12.73%，平均值为1.47%，均小于30%。按《水电水利工程坝址工程地质勘察技术规程》（DL/T 5414—2009）附录W对膨胀岩进行分类，隧洞岩石属非膨胀岩。但是，部分岩样表现具有弱膨胀势。有关试验研究成果表明，泥质膨胀性围岩的性状变化是主要因岩石含水量变化引起的，若能保持开挖前的含水量，通常不具备膨胀特性；隧洞开挖后泥岩逐渐干燥失水和风化，再遇水可能产生膨胀崩解；膨胀性岩体的潜在应力及变形的时间效应十分显著，即应力释放过程是比较长的。因此，本工程在隧洞衬砌设计和施工建设中，不能完全排除膨胀力因素的影响，宜采取有效防范措施，避免或减弱泥岩产生膨胀和力学强度降低的不利影响。

第六节　岩石耐崩解性试验

在现场采取保持天然含水量的钻孔岩芯试样并密封。实验室将试样制成每块质量为40～60g的浑圆状岩块试件。

一、试验步骤及数据分析

（1）将试件装入耐崩解试验仪的圆柱形筛筒内，在105～110℃的温度下烘干至恒量后，在干燥器内冷却至室温称量。

（2）将装有试件的圆柱形筛筒放在水槽内，向水槽内注入纯水，使水位在转动轴下约20mm。圆柱形筛筒以20r/min的转速转动10min后，将圆柱形筛筒和残留试件在105～110℃的温度下烘干至恒量后，在干燥器内冷却至室温称量。

（3）重复第（2）项的程序，求得第二次循环后的圆柱形筛筒和残留试件质量。根据需要进行2个循环。

（4）试验过程中，水温应保持在（20±2）℃范围内。

部分岩石耐崩解性试验如图2-2-16所示。

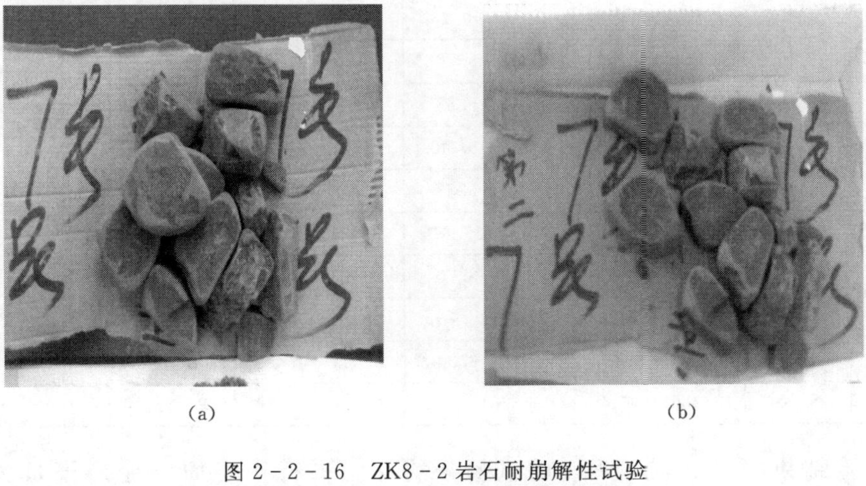

(a)　　　　(b)

图2-2-16　ZK8-2岩石耐崩解性试验

（a）第一循环烘干；（b）第二循环烘干

试验结束后按下列公式计算岩石耐崩解性指数为

$$I_{d2}=m_r/m_s\times100 \tag{2-2-9}$$

式中　I_{d2}——岩石（二次循环）耐崩解性指数，%；

m_s——原试件烘干质量，g；

m_r——残留试件烘干质量，g。

二、试验结果

试验成果汇总于表 2-2-8。

表 2-2-8　　岩石崩解试验成果汇总

地层	岩性	耐崩解指数/%	取样位置
E_2s	砂质泥岩、砾岩	0～87.0	1 号隧洞
K_1n K_1m	泥岩	81.14～98.82	4 号隧洞、7 号隧洞、9 号隧洞

参考《软岩巷道支护技术》对隧洞岩石耐崩解性进行评价：由表 2-2-8 可知，第三系（E_2s）砂质泥岩、砾岩耐崩解指数为 0～87.0%，多属很低的耐久性，部分为中等耐久性；白垩系（K_1n、K_1m）新鲜泥岩的耐崩解指数为 81.14%～98.82%，多属中高—高耐久性，部分属很高的耐久性。

第七节　岩体原位变形测试

在 7 号（大湾）隧洞附近布置了 PD01 平硐，平硐位于白垩系马东山组（K_1m）泥页岩与薄层泥灰岩互层地层内，在硐内进行 4 组原位变形试验，试验成果见表 2-2-9。

表 2-2-9　　平硐内原位变形试验成果汇总

方式	试验应力/MPa	全变形/mm	变形模量/GPa	弹性变形/mm	弹性模量/GPa	备注
垂直层面	1.00	0.009～0.053	6.56～40.93	0.002～0.004	92.76～173.93	硐内试验段深度 68～79m
	2.00	0.080～0.123	5.68～8.70	0.035～0.037	18.80～20.02	
	3.00	0.179～0.191	5.46～5.83	0.071～0.074	11.64～14.15	
	4.00	0.259～0.288	4.83～5.38	0.109～0.121	11.50～12.79	
	5.00	0.324～0.393	4.43～5.38	0.149～0.173	10.05～11.69	
平行层面	1.00	0.009～0.055	6.27～37.61	0.004～0.010	34.79～99.39	硐内试验段深度 67～78m
	2.00	0.082～0.114	6.10～8.70	0.023～0.029	15.21～23.99	
	3.00	0.156～0.172	6.07～6.70	0.091～0.065	11.41～16.12	
	4.00	0.223～0.226	6.17～6.24	0.111～0.126	11.07～12.51	
	5.00	0.286～0.299	5.82～6.08	0.159～0.179	9.72～10.97	

由试验结果可知，在 5MPa 的试验压力下，平行于岩面的变形模量为 5.82～6.08GPa，平均为 6.00 GPa；垂直于层面的变形模量为 4.43～5.38 GPa，平均

为 4.90GPa。

第八节 岩体地球物理特性

一、钻孔声波测试成果

对白垩系、第三系泥岩地层进行钻孔声波测试，钻孔数量为 14 个，成果汇总于表 2-2-10。

表 2-2-10 钻孔声波测试成果汇总

地层代号	风化深度	参数取值	声波速度 v_p (m/s)	泊松比	动弹性模量 E_d/GPa	完整性系数 K_v
E_2s	强风化 35.1～50.4	小值	2205	0.36	6.69	0.24
		大值	2336	0.40	7.91	0.27
	弱风化 50.4～111	小值	2395	0.37	8.83	0.29
		大值	2527	0.37	9.52	0.32
K_1n	强风化 5.6～18.9	小值	2113	0.38	6.10	0.22
		大值	2409	0.38	7.04	0.25
	弱风化 0～41.4	小值	2129	0.34	6.12	0.22
		大值	3308	0.38	18.68	0.54
	微～新 22.7～198	小值	2816	0.31	12.69	0.4
		大值	3900	0.36	28.19	0.76

根据测试成果，第三系泥岩强风化岩体声波速度为 2205～2336m/s，动弹性模量为 6.69～7.91GPa。弱风化岩体声波速度为 2395～2527m/s，动弹性模量为 8.83～9.52GPa。

白垩系泥岩夹泥灰岩地层强风化岩体声波速度平均值为 2409m/s，动弹性模量为 7.04GPa，完整性系数平均值为 0.25；弱风化岩体声波速度为 2293～3308m/s，动弹性模量为 6.12～18.68GPa，完整性系数为 0.22～0.54。微风化～新鲜岩体声波速为 2816～3900m/s，动弹性模量为 12.69～28.19GPa，完整性系数为 0.40～0.76。

二、地震波测试成果

在 7 号（大湾）隧洞附近白垩系马东山组（K_1m）泥页岩与薄层泥灰岩互层布置 PD01 平硐，在平硐内进行地震波测试，测试成果见表 2-2-11。

表 2-2-11 PD01 平硐岩体地震波测试成果统计表

风化程度	硐深 /m	统计项目	纵波速度 /(m/s)	泊松比	动弹模量 /GPa	完整性系数 K_v
强风化	0～18	最小值	980	0.38	0.90	0.07
		最大值	1670	0.42	3.58	0.19
		平均值	1165	0.40	1.61	0.10

续表

风化程度	硐深/m	统计项目	纵波速度/(m/s)	泊松比	动弹模量/GPa	完整性系数 K_v
弱风化	18～30	最小值	1110	0.38	1.38	0.08
		最大值	1730	0.40	3.84	0.20
		平均值	1423	0.39	2.58	0.14
微风化	30～100	最小值	1430	0.32	2.29	0.14
		最大值	3330	0.40	18.60	0.76
		平均值	2294	0.36	8.02	0.37

注　新鲜岩块地震纵波速度 $v_{pr}=3830\text{m/s}$。

三、岩块暴露后波速随时间的变化

为研究岩石的时间效应和卸荷失水影响，在ZK7钻孔孔深80.40～278.25m处取4块岩芯，在ZK10钻孔孔深293.50～293.99m取3块岩芯，进行岩芯声波衰变测试，衰变曲线图见图2-2-17和图2-2-18。

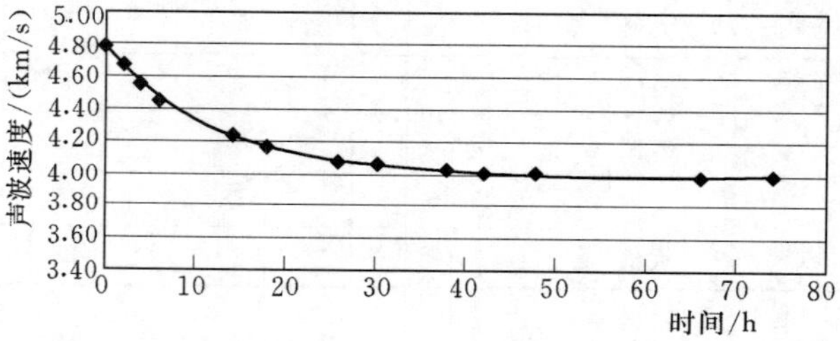

图2-2-17　ZK7-1号（278.25～278.43m）
岩芯声波测试成果

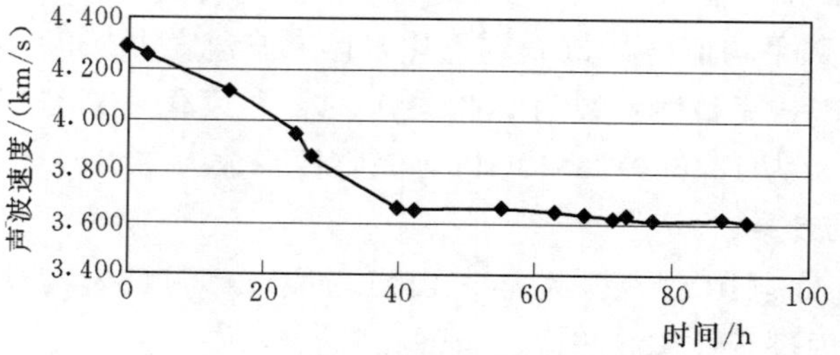

图2-2-18　ZK10-2号（293.65～293.825m）
岩芯声波测试成果

各岩芯声波波速衰降稳定、声波衰降率及岩芯裂开时间间隔等存在一定差异，具体情况见表2-2-12。

由表2-2-12可知，经过38～48h左右波速基本稳定，衰降率约15%左右。钻孔岩芯声波衰减和环境温度关系较密切，环境温度高则衰减速度较快，反之则较慢。

表 2-2-12　　钻孔岩芯声波衰降的主要特征

岩芯编号	岩性	达到声波衰降稳定时长/h	声波衰降率/%	岩芯裂开时长/h	环境温度/℃
ZK7-1号	泥岩	48	16.5	120	3～21
ZK7-2号	泥岩	66	15.2	120	
ZK7-3号	泥岩	48	28.1	120	
ZK7-4号	泥岩	38	19.0	66	
ZK10-1号	泥岩	40	15	91	11～21
ZK10-2号	泥岩	42	15	91	
ZK10-3号	泥岩	40	18	51	

第九节　隧道围岩工程特性评价

根据岩石试验及物探测试成果综合分析，隧洞围岩主要工程地质特性如下：

(1) 白垩系泥岩和第三系泥岩均为软岩，且易于软化，水的作用对其力学强度影响明显。

(2) E_2s 砂质泥岩、砾岩遇水易崩解，耐久性低，比较而言 K_1n、K_1m 泥岩具有屡高的耐久性。两者均具有失水干裂的不良特性。

(3) 在保持天然含水状态或三维应力条件下，岩体具有较高的强度。

基于岩石的以上特性，对隧洞施工提出以下建议：

(1) 隧洞在施工过程中应尽量保持湿润和天然状态，避免在水中长时间浸泡，洞底积水及时清除。

(2) 隧洞开挖后尽快封闭围岩，基于图 2-2-17 和图 2-2-18 的试验结果，在 5h 内完成喷护较为适宜。

(3) 应控制爆破工艺，尽量减少爆破对围岩的破坏。

第三篇

软弱围岩工程分类

第一章 软弱围岩分类概述

第一节 问题的提出

宁夏中南部地区广泛分布有白垩系及第三系陆相沉积的以暗灰色或红色夹杂色砂质泥岩为主的软弱岩石，白垩系泥岩单轴饱和抗压强度为0.6～13MPa，第三系泥岩和砂质泥岩单轴饱和抗压强度小于1MPa，按坚硬程度属于极软岩或软岩。隧洞勘察中均需要对围岩进行工程地质分类。根据围岩分类结果，评价围岩稳定性，并可作为设计上确定支护类型的基础。

现行规范对中小型水利水电工程直径小于5m极软岩围岩分类没有规定，参考大型水利水电勘察规范标准判别输水隧洞多为Ⅴ类，按此标准必然带来较大的工程量和投资。在该套岩体中引水隧洞、公路和铁路隧道所呈现的围岩自稳和变形特征与传统意义上的Ⅴ类围岩（极不稳定岩体）有很大差异。因此，对小断面软弱围岩分类进行研究是十分必要的，它对隧洞的设计和施工有着非常重要的实用意义。

在宁夏中南部隧洞勘察过程中，结合围岩的物理力学特性、变形特征和围岩稳定性，以适用工程、形式简单、含义明确，便于应用为原则，建立小断面洞室软弱围岩分类标准，确定支护参数选取原则。

第二节 围岩分类研究现状

国内外对岩体分类已提出了几十种甚至上百种方法，但对软弱岩体分类的研究很少。由于岩体分类的指标间隔一般是相同的，这对软岩来说显得过于粗糙；此外，分类方法的应用仅局限于其本身。尽管如此，要研究软岩分类方法，首先对现有岩体分类方法进行综述是必要的。

对岩体力学特性认识的不断深入、地下工程经验的不断积累和施工技术的快速发展促进了围岩分类方法的改进和完善，使其从单因素分类转变为综合的多因素分类；从定性分析过渡到采用多种手段获取定量指标的定量与定性相结合的分类；从单纯的现象学分类研究向与数理统计、模糊数学和分形理论等研究相结合的方向发展。

目前，国内外提出的围岩分类方法近百余种，不同的分类方法考虑的侧重点不同，适用的地质条件和工程条件也有一定差别。有代表性的分类方案大致可分为四大类（表3-1-1）。各种围岩分类方案基本都考虑了岩石强度、岩体完整性及结构面性状、岩体赋存的环境条件（地下水、地应力等）。

20 世纪 60 年代以前主要采用经验类比方法进行围岩分类。为便于不同地下工程的对比分析，一般只考虑影响围岩稳定的最主要因素以简化分析工作，从而产生了单指标围岩分类。比较有代表性的分类方案有普氏坚固系数分类（1907）、萨瓦连斯基分类（1937）、太沙基载荷分类（1946）、波波夫分类（1948）、劳费尔分类（1958）、迪尔的 RQD 分类（1964）等；此外，以抗拉强度为依据的捷克分类法、日本围岩准抗压强度分类法以及法国隧道围岩分类法等都属于单指标围岩分类。单指标围岩分类以影响围岩稳定最主要的因素评价围岩的稳定性，指标容易获得，使用直观、方便。但由于岩体材料的结构特性异常复杂，影响岩体变形和破坏的因素多种多样，因此，用单一的分类指标不可能准确而全面地反映围岩质量，可靠度较低。

表 3-1-1　　代表性的地下洞室围岩分类方案

分类指标		典型分类方法
单一指标分类		普氏坚固系数分类（1907）、迪尔的 RQD 分类（1964）、捷克抗拉强度（R）分类、劳费尔分类（1958）、太沙基载荷分类（1946）、波波夫分类（1948）等
多指标并列分类		水工隧洞设计规范（SD134—84）、铁路隧道设计规范（TB 10003—2005 ）、新奥地利隧道法 NATM（Babcewicz，1964）、国际岩石力学学会分类（ISRM，1981）等
多指标复合分类	积商法	Q 系统分类法（Barton，1974）、岩石质量系数 Z 法（谷德振，1979）、坑道工程围岩分类（总参第四设计研究所，1985）等
	和差法	岩石构造评价 RSR 法（Wickhamet，1972）、地质力学分类 RMR 法（Bieniawski，1973）、QTS 岩石分类法（Tesaro，1979）、块度模数 MK 法（陈德基，1979），《工程岩体分级标准》（GB 50218—1995）等
	专家系统分析	《铁路隧道围岩分类的的专家系统》（张清等，1989），《铁路隧道围岩分类专家系统》（程士俊，1992）
岩体介质力学属性		人工洞室围岩分类（国家建委，1975）、地下洞室围岩分类（水电部东北院，1984）

20 世纪 60 年代以后，围岩分类研究有了新的发展，人们逐步引入了岩体完整性的概念，并逐渐以多因素对围岩进行分类。从事工程地质、岩土工程研究的科技工作者通过不断地探索，选取了能表征围岩工程性质主要特征的各种因素，按照它们对洞室围岩稳定性的影响程度，逐项评分，以总分的高低进行分类，并通过大量实际工程的应用逐渐完善，形成了各种各样较为完善的分类体系。

一般来说，根据工程特点和适用条件采用不同的岩性指标来进行围岩分类。

（1）单一的岩性指标分类。一般有岩石的抗压和抗拉强度、弹性模量等物理力学参数、岩石的抗钻性、抗爆破等工程指标。如日本最初主要借用合适于土石方工程的“国铁土石分类”来进行隧道的设计和施工，主要根据开挖岩（土）体的难易程度（强度）来划分的。

（2）单一的综合岩性指标分类。具有代表性的分类理论有劳费尔（1958），提出了隧道有效跨度的稳定时间这一重要概念，他顺着在某一有效跨度下稳定时间与岩体特性有关

的思路，将隧道围岩划分成为 7 个级别。劳费尔认为隧道围岩的自稳时间 T_s 可用下式表示

$$T_s = 常数 \times L^{-(1+\alpha)}$$

式中　L——隧道未支护地段长度；

α——视围岩情况在 0～1 之间变化，好的围岩可取 0，差的围岩可取 1。

迪尔（1964）的岩石质量指标 RQD 定量地刻划了影响隧道围岩稳定的主要因素，至今仍被当作有效的分类方案。

此外，还有利用岩体的弹性波传播速度进行分类。其原理是岩体的弹性波传播速度与岩体的强度和完整性成正比。其指标反映了岩石的力学性质和岩体的破碎程度的综合因素。苏联在很长的时期内采用以岩石的坚固性来分类，采用一个综合性的指标 f 值，称为岩石坚固性关系数。理论上坚固性是岩石抵抗任何外来作用及其造成破坏的能力，不同于强度和硬度。

（3）复合岩性指标分类。

目前已有几十种，包括新澳大利亚隧道方法 NATM（Rabcewicz，1964）、岩石构造评价方法 RSR（Wickham 等，1972）、南非科学和工业委员会（SCIR）的岩体评价法 RMR（Bieniawski，1973）、挪威岩土工程研究所（NGI）的隧道质量指标 Q 分类（Barton et al，1974）、考虑节理方向风化作用影响的修正 RMR 分类（Laubscher & Tayler，1976）、岩石持入性分类法（Olivier，1976）、结构面间距-岩块强度双参数分类（Fanklin，1974）、国际岩石力学学会分类（ISRM，1981）等是其中的典型代表，特别是 RMR 分类和 Q 分类，由于全面考虑了影响隧道围岩稳定性的众多因素，目前在全世界应用最广。

第三节　国内围岩分类方法

一、水利水电行业围岩分类方法

我国水利水电工程特别是大中型水电工程，规模大、工程结构复杂，水电部门对围岩分类作了大量、深入的研究，已探索出一套比较完善、成熟的分类体系。水电工程围岩分类体系有以下几个特点：①采用多因素综合判别法，力求选取的分类因素信息量大，能包括主要工程地质问题；②采用国内外有影响的 2～3 种分类方法进行分类，如 Q 系统方法、RMR 法等，便于相互比较和校正；③每一个工程都会针对该工程的具体工程地质条件制定一套专用于该工程的岩体质量分类方法。

目前，水利水电工程大型地下洞室围岩分类主要采用 HC 分类、Q 系统分类、RMR 分类、国标 BQ 分类四种方法。

1. 水利水电围岩分类 HC 法

1999 年发布的《水利水电工程地质勘察规范》（GB 50287—99），针对水电行业特点，提出了围岩工程地质分类方法（简称 HC 法），如表 3-1-2 所示。HC 法以岩石强度、岩体完整程度及结构面状态为基本因素，以地下水及主要结构面产状为修正因素，以基本因素和修正因素之和的总评分 T 为基本判据、以围岩强度应力比 S 为限定判据进行围岩类

别划分。

表 3-1-2　　围岩工程地质分类表

围岩类别	围岩稳定性	围岩总评分 T	围岩强度应力比 S	支护类型
Ⅰ	稳定。围岩可长期稳定，一般无不稳定块体	$T>85$	>4	不支护或局部锚杆或喷薄层混凝土。大跨度时喷混凝土、系统锚杆加钢筋网
Ⅱ	基本稳定。围岩整体稳定，不会产生塑性变形，局部可能产生掉块	$85\geqslant T>65$	>4	
Ⅲ	局部稳定性差。围岩强度不足局部会产生塑性变形，不支护可能产生塌方或变形破坏。完整的较软岩可能暂时稳定	$65\geqslant T>45$	>2	喷混凝土、系统锚杆加钢筋网，并浇筑混凝土衬砌
Ⅳ	不稳定。围岩自稳定时间很短，规模较大的各种变形和破坏都可能发生	$45\geqslant T>25$	>2	喷混凝土、系统锚杆加钢筋网。跨度为 20～25m 时，并浇筑混凝土衬砌
Ⅴ	极不稳定。围岩不能自稳，变形破坏严重	$T\leqslant 25$		

该方法在考虑高地应力对围岩类别的影响时，简单地采取降级的处理方法，影响围岩分类的精度。如某深埋隧洞围岩分类结果表明，HC 分类在高地应力、硬质岩地区的分类结果与实际围岩类别的吻合率只有 32%，适用性差。另外，该方法没有考虑高外水压力对围岩类别的影响。因此，HC 法在应用到深埋隧洞围岩分类时尚需修正。

此分类不适用于埋深小于 2 倍洞径或跨度的地下洞室，以及特殊土、喀斯特洞穴发育地段的地下洞室。大跨度地下洞室围岩分类除采用此分类外，尚应采用其他有关国家标准综合判定。

2. 国标 BQ 方法

我国于 1994 年发布了强制性国家标准《工程岩体分级标准》（GB 50218—94），该标准规定：工程岩体分级，应采用定性与定量相结合的方法。该标准适用于各类型岩石工程的岩体质量分级，是一种通用岩体质量分类方法，已作为工程岩体分级的国家标准推广执行。该标准中的岩体质量分类方法简称为国标 BQ 法。

第一步为岩体基本质量分级，依据岩石的坚硬程度和岩体的完整程度两个基本控制要素确定“岩体基本质量”BQ 值，对岩体进行初步分级：$BQ=90+3R_c+250K_v$。

第二步为工程岩体详细定级，考虑岩体质量的影响因素，如地下水状态、岩体初始应力状态、结构面的方向和组合等，对岩体的基本质量进行修正，得到详细定级。

《工程岩体分级标准》（GB 50218—94）考虑了岩石坚硬程度和岩体完整程度这两个决定各类工程岩体稳定性的基本共性因素，给出“岩体基本质量”；然后针对各类工程岩体的特点，分别考虑了地下水、主要软弱结构面与洞轴线的组合关系、高初始应力现象影响作为修正等因素，对已经给出的岩体基本质量进行折减，最后确定工程岩体的级别。

BQ 法在深埋隧洞较坚硬岩中的适用性差，坚硬岩中的适用性中等；由于其分类结果受岩石强度影响较大，地应力的修正显得效果不明显。

3. Q 系统

挪威学者 Barton 等于 1974 年提出工程岩体分类法（Q 法），岩体质量分类 Q 系统（以下简称 Q 系统）是目前应用最广的岩体质量分类方法，该法将 RQD、节理组数（J_n）、节理粗糙度（J_r）、节理蚀变程度（J_a）、裂隙水影响因素（J_w）和地应力影响因素（SRF）共 6 项系数的函数，由下式表示，将六个参数概括成三个商数而得出岩性的全面指标（Q）。

$$Q=\left(\frac{RQD}{J_n}\right)\left(\frac{J_r}{J_a}\right)\left(\frac{J_w}{SRF}\right) \tag{3-1-1}$$

利用 Q 这个综合分级指标对岩体进行定级分类。该分类法考虑的因素很多，计算繁琐，应用于软弱岩体分类相当困难。

Q 系统最初用于被节理切割的坚硬岩体质量分类，后来也应用于软岩地区，例如喜马拉雅地区某水电地下厂房的岩体抗压强度只有 6—35MPa，成功地用 Q 系统进行了岩体质量分类。Q 系统在世界上应用最广泛，在我国也得到了广泛的应用。应用最多的领域是地下洞室围岩分类，我国许多重要的水电地下厂房、引水隧洞都应用 Q 系统进行了围岩分类，并与 RMR 分类法、我国的水电围岩分类法等其他分类方法相比较，收到了较好的效果。

Q 系统的特点：①其分类方案与支护类型紧密相连，因此在应用 Q 系统时也要与具体的施工支护方案相结合，不断修正 Q 参数的评分标准；②从 Q 参数——SRF 的取值可以看出，Q 系统不仅可以用于低地应力条件的围岩分类，还可用于高地应力条件地下洞室围岩分类。Q 系统引用 SRF 判别应力折减系数的大小，这样便可通过对不同形状洞室最大切向应力的计算，考虑高地应力对围岩分类的影响。

Q 系统的应用中存在以下几方面不足：①Q 系统没有直接考虑岩石强度，而是通过应力折减系数间接考虑岩石强度；②Q 系统考虑最不利结构面，没有考虑结构面的不利组合情况；③Q 系统考虑了低外水压力对围岩分类的影响，不足之处是未考虑高外水压力对围岩分类的影响；④有一些问题需要探索，如岩爆等级与围岩类别的关系等尚不清楚。

4. RMR 分类

节理化岩体地质力学分类（RMR），即岩体评分，又称地质力学系统，是 1973 年由南非学者比尼奥斯基 Bieniawski 提出的，早期主要用于隧洞等地下洞室围岩分类，目前也逐渐广泛地运用于边坡、坝基等工程的岩体分类，在国内、外有广泛的应用。RMR 分类通过根据岩石的单轴抗压强度、岩石质量指标（RQD）、结构面间距、结构面状况、地下水状况、结构面方位等 6 个因素，按照分级指标评分表对岩体各项指标进行评分，然后将 6 项指标得分相加。根据总分多少将岩体质量分为五级，即Ⅰ极好岩体、Ⅱ好岩体、Ⅲ一般岩体、Ⅳ不良岩体、Ⅴ极不良岩体。

该法分三步进行，首先确定岩体属于哪一级别；第二步是按裂隙产状对不同工程的影响程度进行修正；第三步可根据岩体工程围岩分类来预测围岩的自支撑时间、岩体的抗剪强度性质以及可挖性等，以此作为设计与施工的参考依据。

由于地质力学分级法（RMR）简单易行，曾得到一定的推广。缺点是必须依赖有经验的地质人员。另外，Bieniawski 曾用 RMR 分级法决定围岩的自稳时间比实际冒落发生所确定的这一时间低，可见所定的分值是偏于保守的。

RMR 分类方法的缺点是没有考虑高地应力、高外水压力对围岩类别的影响。它强调结构面发育程度及其力学性状的作用：重视结构面走向与隧道轴线的几何关系对隧道稳定的影响。

由于 RMR 法原是为解决坚硬节理岩体中浅埋隧道工程而发展起来的，所以实践证明不适合于软弱岩体。

二、铁路行业围岩分类方法

1986 年，铁道部科学研究院西南所提出的隧道工程岩体（围岩）分级建议，由下式确定工程岩体质量指标 RMQ，根据 RMQ 值大小（0～100 分）将围岩的好坏分成Ⅰ～Ⅴ级。

$$RMQ=Q+K+C \tag{3-1-2}$$

式中　RMQ——岩石质量分级评分；

Q——由饱和岩石单轴抗压强度 R_b、岩石点荷载强度 $I_{s(50)}$、岩体纵波速度 V_{pr} 确定；

K——岩体完整性分级评分，由岩体完整性系数 K_v、岩体体积节理数 J_v 和岩石质量指标 RQD 确定；

C——修正参数之和，由地下水、主要结构面产状方位与隧道轴线方位关系和岩体初始应力状态系数确定。

该方法在国内首先提出了根据岩石强度和岩体完整性系数确定的岩体基本质量指标的初步分级，再用工程岩体的含水情况、主要结构面产状及初始地应力状况为修正参数，对工程岩体基本质量进行修正得出工程岩体的详细分级。该方法首次引用国际岩石力学委员会推荐的岩体体积节理数 J_v（条/m^3）作为判定岩体完整性的指标之一。该分级方法采用和差模式的基本原则和方法，为随后的水利电力部的水工隧洞围岩分级采用，在国家标准《工程岩体分级标准》(GB 50218—94) 中得到认可。

1992 年铁道部颁布的《铁路隧道喷锚构筑新技术规则》(TBJ 108—92) 明确确立了铁路隧道勘察设计阶段的围岩分级定量判定方法。

1999 年颁布的《铁路隧道设计规范》(TB 1003—99) 修订稿，虽然仍以围岩工程地质条件的定性描述为主，但引入岩石强度和围岩弹性波速度两参数，并按照《工程岩体分级标准》(GB 50218—94)，将过去称之为围岩分类改为围岩分级，将围岩质量等级由好至坏划分成Ⅰ～Ⅵ级，将原来的类别Ⅵ～Ⅰ类颠倒过来。详见表 3-1-3。1998 年，西南交通大学研究提出的施工阶段围岩分级别的判定决定于以下 3 个因素：

(1) 围岩的坚硬程度，采用岩石单轴抗压强度（R_c）或岩石点荷载强度，将围岩分成极硬岩（$R_c>60$MPa）、硬岩（$R_c=30\sim60$MPa）、软岩（$R_c=5\sim30$MPa）和极软岩（$R_c<5$MPa）。

(2) 围岩的完整程度，按《工程岩体分级标准》(GB 50218—94) 方法判定。

(3) 地下水状态。

同时该研究提出了施工阶段围岩级别判定。

表 3-1-3　　铁路隧道围岩分级

<table>
<tr><th rowspan="2">类别</th><th colspan="2">围岩主要工程地质条件</th><th rowspan="2">围岩开挖后的稳定状态</th><th rowspan="2">围岩弹性波速度 v_p /(km/s)</th></tr>
<tr><th>主要工程地质特征</th><th>结构特征和完整状态</th></tr>
<tr><td>Ⅰ</td><td>硬质岩石（饱和极限抗压强度 $R_b>60\text{MPa}$）受地质构造影响轻微，节理不发育，无软弱面（或夹层）；层状岩层为厚层，层间结合良好</td><td>呈巨块状整体结构</td><td>围岩稳定，无坍塌，可能产生岩爆</td><td>>4.5</td></tr>
<tr><td rowspan="2">Ⅱ</td><td>硬质岩石（$R_b>30\text{MPa}$）受地质构造影响较重，节理较发育，有少量软弱面（或夹层）和贯通微张节理，但其产状及组合关系不致产生滑动；层状岩层为中层或厚层，层间结合一般，很少有分离现象；或为硬质岩石偶夹软质岩石</td><td>呈大块状砌体结构</td><td rowspan="2">暴露时间长，可能会出现局部小坍塌，侧壁稳定，层间结合差的平缓岩层，顶板易塌落</td><td rowspan="2">3.5～4.5</td></tr>
<tr><td>软质岩石（$R_b\approx30\text{MPa}$）受地质构造影响轻微，节理不发育；层状岩层为厚层，层间结合良好</td><td>呈巨块状整体结构</td></tr>
<tr><td rowspan="2">Ⅲ</td><td>硬质岩石（$R_b>30\text{MPa}$）受地质构造影响较重，节理发育，有层状软弱面（或夹层），但其产状及组合关系尚不致产生滑动；层状岩层为薄层或中层，层间结合差；多有分离现象；或为硬、软质岩石互层</td><td>呈块（石）碎（石）状镶嵌结构</td><td rowspan="2">拱部无支护时可产生小坍塌，侧壁基本稳定，爆破震动过大易坍塌</td><td rowspan="2">2.5～4.0</td></tr>
<tr><td>软质岩石（$5\text{MPa}<R_b\leqslant30\text{MPa}$）受地质构造影响较重，节理较发育；层状岩层为薄层、中层或厚层，层间结合一般</td><td>呈大块状砌体结构</td></tr>
<tr><td rowspan="3">Ⅳ</td><td>硬质岩石（$R_b>30\text{MPa}$）受地质构造影响很严重，节理很发育；层状软弱面（或夹层）已基本被破坏</td><td>呈碎石状压碎结构</td><td rowspan="3">拱部无支护时可产生较大的坍塌，侧壁有时失去稳定</td><td rowspan="3">1.5～3.0</td></tr>
<tr><td>软质岩石（$5\text{MPa}<R_b\leqslant30\text{MPa}$）受地质构造影响严重，节理发育</td><td>呈块（石）碎（石）状镶嵌结构</td></tr>
<tr><td>土：①略具压密或成岩作用的黏性土及砂类土；②黄土（Q_1、Q_2）；③一般钙质或铁质胶结的碎、卵石土、大块石土</td><td>①②呈大块状压密结构；③巨块状整体结构</td></tr>
<tr><td rowspan="2">Ⅴ</td><td>岩体：软岩、岩体破碎至极破碎；全部极软岩及全部极破碎岩（包括受构造影响严重的破碎带）</td><td>呈角（砾）碎（石）状松散结构</td><td rowspan="2">围岩易坍，处理不当会出现大塌，侧壁经常小塌；浅埋时易出现地表下沉或塌至地表</td><td rowspan="2">1.0～2.0</td></tr>
<tr><td>土体：一般第四系的半干硬至硬塑的黏性土及稍湿至潮湿的一般碎石、卵石、圆砾、角砾土及黄土（Q_3，Q_4）</td><td>松散结构非黏性土，松软结构黏性土及黄土</td></tr>
<tr><td rowspan="2">Ⅵ</td><td>岩体：受构造影响很严重，呈碎石、角（砾）岩及粉末、泥土状的断层带</td><td rowspan="2">黏性土呈易动的松软结构，砂性土呈潮湿松散结构</td><td rowspan="2">围岩极易坍塌变形，有水时土砂带与水一起涌出；浅埋时易塌至地表</td><td rowspan="2"><1.0
（饱和状态的<1.5）</td></tr>
<tr><td>土体：软塑状黏性土及潮湿的细粉砂体</td></tr>
</table>

注　1. 表中“围岩级别”和“围岩主要工程地质条件”栏，不包括膨胀性围岩、多年冻土等特殊岩土。

2. 层状岩层的层厚划分：巨厚层：厚度大于 1.0m；厚层：厚度大于 0.5m，且小于等于 1.0m；中厚层：厚度为 0.1～0.5m；薄层：厚度小于 0.1m。

1986 年铁科院西南研究所、1986—2001 年铁道部第四勘察设计院分别研究了围岩类别（级别）与弹性波速度的关系，并得出了相应成果（见表 3-1-4）。

由于岩体纵波速度仅是判定围岩质量的一项指标，直接用它作为划分围岩级别依据是不完善的。国内外现有围岩分级方法有的把它作为分级的辅助指标，更多的是将它与完整岩石纵波速度用比的平方来衡量岩体完整状态。

表 3-1-4　　围岩类别与弹性波速度

围岩类别	岩性	弹性波纵波速度/（km/s）
Ⅵ	硬岩	>4.0～6.0
Ⅴ	硬岩	3.5～5.0
	软岩	2.5～3.5
Ⅳ	硬岩	3.0～4.0
	软岩	2.0～3.0
Ⅲ	硬岩	2.5～3.5
	软岩	1.5～2.5
	土	1.5～2.0
Ⅱ	硬岩	<2.5
	软岩	<1.5
	土	<1.5
Ⅰ	硬岩	<2.0
	软岩	<1.0
	土	<1.0

三、公路行业围岩分类方法

经过长期的隧道工程实践，我国公路隧道以铁路隧道围岩分级的标准为基础，参考了国内外有关围岩分级的成果，提出了公路隧道实情的围岩分级标准。

（一）公路隧道围岩分级原则

主要考虑了以下几点：

(1) 强调岩体的地质特征的完整性和稳定性，避免单一的岩石强度指标分级的方法。

(2) 分级指标应采用定性和定量指标相结合的方式。

(3) 明确工程目的和内容，并提出相应的措施。

(4) 分级应简明，便于使用。

(5) 应考虑吸收其他围岩分级的优点，并尽量和我国其他工程分级一致。

（二）分级的指标和因素

主要考虑了以下几类影响围岩稳定性的因素。

1. 岩体的结构特征与完整性

岩体结构的完整状态是影响围岩稳定性的主要因素，目前主要是根据表 3-1-5 进行划分的，当风化作用使岩体结构发生变化，松散、破碎、软硬不一时，应结合因风化作用造成的各种状况，综合考虑确定围岩的结构完整状态；结构面（节理）发育程度应根据结构面特征，按表 3-1-6 确定；地质构造影响程度按表 3-1-7 确定。

表 3-1-5　　岩体完整程度的等级划分

等级	结构面发育程度	地质构造影响程度
完整	不发育	轻微
较完整	较发育、不发育	较严重、轻微
较破碎	发育、较发育	严重、较严重
破碎	极发育、发育	极严重、严重
极破碎	极发育	极严重

表 3-1-6　　围岩结构面（节理）发育程度等级划分

等级	结构面（节理）发育程度		
	结构面（节理）组数及平均间距/m	主要结构面（节理）的类型	岩体结构类型
不发育	1～2组 平均间距＞1.0	为原生型或构造型密闭	巨块状结构
较发育	2～3组 平均间距＞0.4	呈X形，较规则，以构造型为主，多数为密闭部分微张，少有充填物	大块状结构
发育	＞3组 平均间距＜0.4	不规则，呈X形或米字形；以构造型或风化型为主，大部分张开，部分有充填物	块石和碎石状
很发育	＞3组，杂乱， 平均间距＜0.2	以风化型和构造型为主，微张或张开，均有充填物	碎石状

表 3-1-7　　围岩受地质构造影响程度等级划分

等级	地质构造作用特征
轻微	围岩地质构造变动小，无断裂（层）；层状岩一般呈单斜构造；节理不发育
较重	围岩地质构造变动较大，位于断裂（层）或褶曲轴的邻近地段，可有小断层，节理较发育
严重	围岩地质构造变动强烈，位于褶曲轴部或断裂影响带内；软岩多见扭曲及拖拉现象；节理发育
很严重	位于断裂破碎带内，节理很发育；岩体破碎呈碎石、角砾状，有的甚至呈粉末、土状

2. *岩石强度*

将岩浆岩、沉积岩、变质岩按岩性、物理力学参数、耐风化能力和作为建筑材料的要求划分为硬质岩石及软质岩石二级，依饱和抗压极限强度 R_b 与工程的关系分为四种，其标准及代表性岩石见表 3-1-8；当风化作用使岩石成分改变、强度降低时，应按风化后之强度确定岩石等级。

表 3-1-8　　岩 石 等 级 划 分

岩石等级		饱和抗压极限强度 R_b/MPa	耐风化能力		代表性岩石
			程度	现象	
硬质岩石	极硬岩	＞60	强	暴露后1、2年尚不易风化	①花岗岩、闪长岩、玄武岩等岩浆岩类； ②硅质、铁质胶结的砾岩及砂岩、石灰岩、白云岩等沉积岩类； ③片麻岩、石英岩、大理岩、板岩、片岩等变质岩类
	硬质岩	＞30			

续表

岩石等级		饱和抗压极限强度 R_b/MPa	耐风化能力		代表性岩石
			程度	现象	
软质岩石	软质岩	5～30	弱	暴露后数日至数月即出现风	①凝灰岩等喷出岩类； ②泥砾岩、泥质砂岩、泥质页岩、灰质页岩、泥灰岩、泥岩、劣煤等沉积岩类； ③云母片岩和千枚岩等变质岩类
	极软岩	≤5		化壳	

3. 地下水

在公路隧道围岩的分级中，遇有地下水时，一般的处理采用降级的方法，可按下列原则调整围岩级别：在Ⅵ级围岩或属于Ⅴ级的硬质岩石中，一般地下水对其稳定性影响不大，可不考虑降低；在Ⅵ级围岩或属于Ⅴ级的软质岩石，应根据地下水的性质、水量大小和危害程度调整围岩级别，当地下水影响围岩稳定产生局部坍塌或软化软弱面时，可酌情降低1级；Ⅲ级、Ⅱ级围岩已成碎石状松散结构，裂隙中有黏性土充填物，地下水对围岩稳定性影响较大，可根据地下水的性质、水量大小、渗流条件、动水和静水压力等情况，判断其对围岩的危害程度，可降低1～2级；在Ⅰ级围岩中，分级中已考虑了一般含水地质情况的影响，在特殊含水地层，需另作处理。

（三）公路隧道围岩分级

根据以上对分级因素和指标的分析，公路隧道围岩分级将围岩分为六级，给出了各级围岩的主要工程地质特征、结构特征和完整性等指标并预测了隧道开挖后，可能出现的坍方、滑动、膨胀、挤出、岩爆、突然涌水及瓦斯突出等失稳的部位和地段，给出了相应的工程措施，见表3-1-9。

表3-1-9　公路隧道围岩分类

级别	围岩主要工程地质条件		围岩开挖后的稳定状态
	主要工程地质条件	结构特征和完整状态	
Ⅵ	硬质岩石（饱和抗压极限强度 R_b>60MPa），受地质构造影响轻微，节理不发育，无软弱面（或夹层）；层状岩层为厚层，层间结合良好	呈巨块状整体结构	围岩稳定、无坍塌，可能产少岩爆
Ⅴ	硬质岩石（R_b>30MPa），受地质构造影响较重，节理较发育，有少量软弱面（或夹层）和贯通微张节理，但其产状及组合关系不致产生滑动，层状岩层为中层或厚层，层间结合一般，很少有分离现象，或为硬质岩石偶夹软质岩石	呈大块状砌体结构	暴露时间长，可能出现局部小坍塌；侧壁稳定；层间结合差的平缓岩层，顶板易塌落
	软质岩石（R_b≈30MPa），受地质构造影响轻微，节理不发育；层状岩层为厚层，层间结合良好	呈巨块状整体结构	
Ⅳ	硬质岩石（R_b>30MPa），受地质构造影响严重，节理发育，有层伏软弱面（或夹层），但其产状及组合关系尚不致产生滑动；层状岩层为薄层或中层，层间结合差，多有分离现象；或为硬、软质岩石互层	呈块（石）碎（石）状镶嵌结构	拱部无支护时可产中小坍塌，则壁基本稳定，爆破振动过大易塌
	软质岩石（R_b＝5～30MPa），受地质构造影响严重，节理较发育；层状岩层为薄层、中层或厚层，层间结合一般	呈大块状砌体结构	

续表

<table>
<tr><th rowspan="2">级别</th><th colspan="2">围岩主要工程地质条件</th><th rowspan="2">围岩开挖后的稳定状态</th></tr>
<tr><th>主要工程地质条件</th><th>结构特征和完整状态</th></tr>
<tr><td rowspan="3">Ⅲ</td><td>硬质岩石（R_b>30MPa），受地质构造影响很严重，节理很发育，层状软弱面（或夹层）已基本被破坏</td><td>呈碎石状压碎结构</td><td rowspan="3">拱部无支护时，可产生较大的坍塌；侧壁有时失去稳定</td></tr>
<tr><td>软质岩石（R_b=5～3.0MPa），受地质构造影响严重，节理发育</td><td>呈块（石）碎（石）状镶嵌结构</td></tr>
<tr><td>①略具压密或成岩作用的黏性土及砂性土；②一般钙质、铁质胶结的碎、卵石土、大块石土；③黄土（Q_1、Q_2）</td><td>①呈大块状压密结构；②呈巨块状整体结构；③呈三块状整体结构</td></tr>
<tr><td rowspan="2">Ⅱ</td><td>石质围岩位于挤压强烈的断裂带内，裂隙杂乱，呈石夹土或土夹石状</td><td>呈角（砾）碎（石）状松散结构</td><td rowspan="2">围岩易坍塌，处理不当会出现大坍塌，侧壁经常小坍塌；浅埋时易出现地表下沉（陷）或坍至地表</td></tr>
<tr><td>一般第四系的半干硬～硬塑的黏性土及稍湿至潮湿的一般碎、卵石土、圆砾、角砾土及黄土（Q_3、Q_4）</td><td>非钻性土呈松散结构，黏性土及黄土呈松软结构</td></tr>
<tr><td rowspan="2">Ⅰ</td><td>石质围岩位于挤压极强烈的断裂带内，呈角砾、砂、泥松软体</td><td>呈松软结构</td><td rowspan="2">围岩极易坍塌变形，有水时土砂常与水一齐涌出；浅埋时易坍至地表</td></tr>
<tr><td>软塑状黏性土及潮湿的粉细砂等</td><td>黏性土呈易蠕动的松软结构砂性土呈潮湿松散结构</td></tr>
</table>

注 1. 表中"级别"和"围岩主要工程地质条件"栏，不包括特殊地质条件的围岩，如膨胀性围岩、多年冻土等。
2. 层状岩层的层厚划分为：厚层大于0.5m；中层为0.1～0.5m；薄层小于0.1m。

《公路隧道设计规范》（JTJ 026—90）中，还提出按岩石质量指标（*RQD*）、岩体弹性波纵波速度 V_p、岩体完整性系数 *I* 的围岩分级，可供学习的参考，见表3-1-10。

表3-1-10　　按 *RQD*、v_p、*I* 的围岩分级

分数 参数	Ⅵ	Ⅴ	Ⅵ	Ⅲ	Ⅱ	Ⅰ
RQD/%	>95	85～75	75～86	50～75	25～50	<25
v_p/(km/s)	>4.5	3.5～4.5	2.5～4.0	1.5～3.0	1.0～2.0	<1.0<1.5（饱和黏土）
I	0.8～1.0		0.6～0.8	0.4～0.6	0.2～0.4	<0.2

注 锤击法时采用低值（*I*）划分。

第四节 国外围岩分类方法

一、英国对围岩的分类

GSI是一种岩体分类体系，由Hoek于1995年首先提出，是在工程岩石力学中发展起来的。它利用原岩（岩块）的力学性质和岩体观察的一些结果可以直接估计岩体的强度和变形模量。它根据岩体结构、岩体中岩块的嵌锁状态和岩体中不连续结构面质量并综合各种地质信息进行估算，该方法在岩体稳定性评价中应用非常广泛。

该方法突破了其他方法（RMR、Q 等方法）不能很好应用于质量极差的破碎岩体的局限性，并且经修正后 GSI 法还可用于受工程扰动的岩体。利用该方法一旦取得围岩地质强度指标 *GSI* 值（表 3-1-11），就可以利用 *GSI* 值快捷地推算出岩体其他各项指标值，进而分析计算出围岩体的稳定性系数及支护压力，并提出合理的支护方案，为隧道的信息化施工提供必要而及时的理论依据。

GSI 岩体分类的核心是细致的岩体工程地质素描，实质上是定性的。GSI 主要有 2 个基本参数：岩块的块度和不连续面的状况。

（1）岩体结构中岩块尺寸的量化。岩体结构中各组成岩块的尺寸，可以通过给出岩块的体积值，也可以给出节理间距来确定。

（2）节理表面状态因数。在 GSI 中，节理表面状况由粗糙度、风化程度和充填物特征决定。用节理状态因数 J 来量化节理表面状态。

二、瑞士对围岩的分类

瑞士联邦土木建筑协会（STA）198 号研究报告中对围岩的评价标准是以开挖时围岩的稳定性为基点，根据施工时围岩的实际情况进行判定的，坑道、隧道、坡度较缓斜井的掘进围岩分为Ⅰ～Ⅵ类，主要是依据开挖面区段、作业区段和后方作业区段锚杆数量和支护类型进行分类的。

三、德国对围岩的分类

德国的 K. M. 约翰和 M. 鲍登狄斯泰尔提出的 RCT（围岩分类）—SWS（安全跨度）方法等。

四、奥地利对围岩的分类

自稳时间 T，由劳费尔提出的，是地质和工程因素的综合指标。

奥地利制定了关于地下工程的标准规范 ONORM B2203，围岩分类标准被列入其中，此规范的围岩分类，是以围岩的工程力学性质、开挖情况以及相应的支护方式等作为评价标准分为Ⅰ～Ⅶ类。

腊布希威兹-帕赫（Rabcewicz-Pacher）围岩等级划分标准为：Ⅰ类为稳定的岩石；Ⅱ类稍脆的岩石；Ⅲ类已破碎、中等强度或极脆的岩石；Ⅳ类为不稳定、有地压作用的岩石；Ⅴa 类为有强塑性、挤压、膨胀性、并有强大地压作用；Ⅴb 类为无连接力、有流动性的地层。此分类方式也被广泛运用。

五、日本对围岩的分类

日本道路公团把岩石性质分为 5 类，并提出判定标准，判定岩石性质（Ⅰ～Ⅴ类）的主要因素为：①弹性波速度；②地质情况（地质调查结果或开挖面的情况）；③钻探岩芯的状态；④隧道内的围岩情况；⑤开挖后的情况。日本国营铁路也将围岩分为Ⅰ～Ⅳ类，并使围岩分类和弹性波速相对应。

六、法国对围岩的分类

在作隧道施工计划时，用于基岩评价的分类，AFTES（法国隧道技术协会）发表了有关选择支护方式的推荐标准方案，此方案是以施工经验为基础制定的。其内容要点为：围岩分类的标准应用了普罗托加卡诺夫的地层抗力系数的概念，将围岩分为Ⅰ～Ⅹ级。

表 3-1-11　　根据地质强度描述判断地质强度指标（*GSI*）

地质强度因子（*GSI*） 描述的构造和表面条件时，在此图中选择一个对应的方块，估算其平均强度因子即可，不要过分强调其准确值，注意 Hoek-Brown 准则适合于单个岩块远远小于开挖洞穴大小，当单个岩块大于开挖洞穴 1/4 时不可采用此准则破坏将手构造控制。有地下水存在的岩体中抗剪强度会因含水状态的变化趋向恶化，在非常差的岩体中进行开挖时，遇到潮湿条件，*GSI* 取值在表中应向右移动，水压力的作用通过有效应力分析解决	表面条件	非常好：粗糙新鲜未风化表面	好：光滑轻微风化铁质薄膜	一般：光滑中等风化或被改造的表面	差：光滑严重风化夹压性薄膜或角砾充填	非常差：光滑严重风化，含泥质薄膜或充填物
构造	表面质量下降 ⟶					
 **完整块状岩体**：裂隙非常罕见，一定范围内连续分布	岩块之间的连接作用降低 ⟶				N/A	N/A
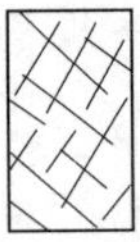 **较完整块状岩体**：由三组相互垂直的不连续面将岩体切割垂立方体块，连接好，没有扰块（岩块的位移与旋转）						
 **一般整块状岩体**：由四组或四组以上组不连续面将岩体切割成角砾状岩块，部分扰动（岩块的位移与旋转）						
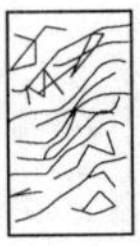 **扰动岩体**：更多组不连续面相互切割，将岩体切割成角砾状岩块，伴随有褶皱和断层的形成						
 **严重扰动岩体**：岩块之间连接性差，破坏严重，由混杂状的角砾或圆形颗粒组成						
 **鳞片状岩体**：剪切形成片状鳞片状岩体，密级展布的劈理叠加在其他不连续面上，完全不具备块体性质		N/A	N/A			

注　N/A 表示不适用。

七、美国对围岩的分类

1964年，美国迪尔提出根据*RQD*值对岩体进行分级的方法，*RQD*（%）是岩石强度、节理裂隙频率、蚀空程度、充填物、含水性等的综合指标。

软弱岩体可认为是*RQD*值小于50%的差岩体或非常差岩体。但是，*RQD*不能考虑节理是否含有黏土充填物等其他一些重要影响因素，所以应用于软弱岩体分类也是很勉强的。

第五节　围岩分类要求

隧洞围岩地质条件、施工方法、支护措施等是影响围岩稳定性的重要因素。围岩分类主要根据隧洞工程地质条件和施工条件确定的，工程地质条件包括：岩石强度、岩体结构特征、地下水的影响、地应力条件等；施工条件包括：洞径、洞型、开挖方式及施工质量等。

围岩分类的要求：①型式简单、含义明确，便于应用；②分类参数要包含影响围岩稳定性的主要参数，其指标应能在现场或室内快速、简便获得；③评价标准应尽量科学化、定量化并简明适用；④既能适应勘察阶段初步划分围岩类别，又能适应施工阶段详细划分围岩类别，前者是在地面地质工作的基础上进行的，后者则是在导洞打通后或洞室开挖后进行的。围岩分类应当适用于两个阶段，只是在不同阶段所做的地质工作可以有所不同。

第六节　软弱围岩分类实例

一、大渡河上游丹巴某软岩隧洞

Q系统主要是基于脆性岩体而提出来的，针对软弱围岩的质量分级研究目前尚较少，文献《Q系统在软岩隧道围岩质量分级中的适应性研究》[工程地质学报，2012（20）]，以四川省丹巴县境内的一条软岩引水隧道为对象，研究Q围岩分类方法在软岩隧道中的适应性。

研究过程中，首先依据《水力发电工程地质勘察规范》（GB 50287—2006），由现场围岩的稳定性以及支护状况，实际围岩类别以Ⅲ类为主，局部Ⅳ类。但是，按照地下工程中常用的Q系统围岩分类方法，吻合率较低，不足70%，而且出现了20%的Ⅱ类围岩，吻合率显然不能用于进一步的工程预测。

该文认为Q系统通过应力折减系数*SRF*中的塑性挤出项、膨胀特征项和Singh的研究成果，考虑高地应力下软岩的大变形特性。但存在一定不足：①未对中低地应力区软质岩岩体*SRF*的取值给予评分；②对岩性及大变形特性考虑不够，评分值太低根据因素分析。

二、引大入秦工程隧洞

引大入秦工程隧洞多、距离长、隧洞的工程地质条件与水文地质条件复杂，隧洞围岩岩体为极软岩，在进行隧洞围岩分类时考虑的主要因素应包括：岩石的质量，岩体的完整性，结构面状态、地下水、地应力、工程规模、施工质量，对隧洞围岩分类的判据建议来用岩体质量评价指标RK_qW计算。

文献《对甘肃省引大入秦灌溉工程隧洞围岩分类的建议》［甘肃电力，1991（1）］给出 RK_qW 的计算公式，根据 RK_qW 值的大小和范围，将岩体分为五类：Ⅰ类（围岩稳定类）；$RK_qW>80$；Ⅱ类（围岩基本稳定类），$RK_qW=61\sim80$；Ⅲ类（围岩稳定性差类），$RK_qW=41\sim60$；Ⅳ类（围岩不稳定类），$RK_qW=21\sim40$；Ⅴ类（围岩极不稳定类），$RK_qW<20$。

三、南水北调中线工程安阳渠段软岩分类

南水北调中线工程安阳渠段在施工过程中揭露出大量第三系软岩硬土，分类指标的选取遵循“从各个方面较全面地反映岩石的属性，并且通过试验手段较容易得到的原则”，提出工程区软硬岩的分类指标为单轴抗压强度（UCS）、弹性波速、净钻进速率和天然容重，以天然单轴抗压强度（UCS）为主要指标，作为岩石分类的级和亚级划分的最重要依据；弹性波速、净钻进速率和天然容重为次要指标的 9 级 12 亚级的岩石分类体系，尤其对软岩分类进行了细化。

第二章 小断面软弱围岩分类标准

第一节 分 类 原 则

一个比较科学、合理并符合地下工程围岩实际情况的围岩分类，不仅能反映介质力学属性的质的区别，而且也能反映构成这种区别的各种因素之间的内在联系，是人们正确认识客观围岩工程地质特征的共同基础。它可以指导工程地质勘察和地下工程设计及施工，有助于合理选择设计理论和方法、提供支护设计参数或支护类型以及施工方法和施工工艺。

对于小断面隧洞工程，围岩分类主要考虑以下基本原则：

（1）遵守水利工程有关围岩分类方面技术标准的原则要求，充分利用国内外隧洞围岩分类的研究成果和经验。

（2）形式简单、含义明确，便于应用；分类参数要包含影响围岩稳定性的主要参数，其指标应能在现场或室内快速、简便获得；评价标准应尽量科学化、定量化并简明适用。

（3）以毛洞围岩的稳定程度划分等级，参考《水利水电工程地质勘察规范》（GB 50487—2008）确定的原则，按五级来划分，即：稳定、基本稳定、整体基本稳定，局部稳定性差、稳定性差、不稳定。

（4）围岩等级与一次支护措施相适应，在保证工程安全的同时，考虑经济的合理性。

第二节 洞室跨度对稳定的影响

一、跨度对围岩分类的影响

围岩分类或岩体质量分级是评价洞室稳定性的重要手段。现行的评价方法一般依照岩石强度、岩体完整性、结构面产状、地应力情况和地下水影响等指标，将围岩划分为稳定、基本稳定、局部不稳定、不稳定和极不稳定 5 种状态。随着社会的发展，大型地下工程的建设越来越多，大跨度洞室的围岩稳定问题日益引起人们的关注，因此，围岩分类或岩体质量分级也应充分重视洞室跨度的影响。

在围岩分类或岩体质量分级中，洞室跨度的影响似乎可以和岩体完整性指标联系起来。现行各种分类、分级方法均对于岩体完整性相当重视。在 RMR（Rock Mass Rating）分类中分别采用岩石质量指标 RQD 和不连续面间距对其进行描述（表 3－2－1）；RSR（Rock Structure Rating）分类中对于岩体的完整性主要通过节理参数来表达，它将节理分为：极密集节理、密集节理、中等节理、中等—块状、块状—整体、整体这6种状态，分别进行打分；Q（Quality）分类中，采用岩石质量指标RQD与节理组数的比值（岩体尺寸）对岩体完整性进行考虑；《工程岩体分级标准》（GB 50218—94）对岩体完整性的考虑，从定性划分和定量确定两个角度出发，分别通过结构面发育程度（如结构面的组数和结构面平均间距）、主要结构面的结合程度等指标（定性划分）和岩体完整性指数（K_v）或岩体体积节理数（J_v）等指标（定量确定）来综合判定；《水工围岩工程地质分类》（GB 50287—99）中对岩体完整程度的考虑，则是通过岩体完整性指数（K_v）并结合岩性软硬来实现的。

表3-2-1　常见围岩分类或岩体质量分级方法对岩体完整性的考虑

方法	分类与分级					
RMR	*RQD*	90～100	75～90	50～75	25～50	<25
	分数	20	17	13	8	3
	不连续面间距/m	>2	0.6～2	0.2～0.6	0.06～0.2	<0.06
	分数	20	15	10	8	5
Q	*RQD*	90～100	75～90	50～75	25～50	<25
	评价	极好	好	一般	坏	很坏
	节理组数	块状、无或很少节理	1组	1组节理加些任意节理	2组	2组节理加些任意节理
	J_n	0.5～1.0	2	3	4	6
	节理组数	3组	3组节理加些任意节理	4组以上节理	碎裂岩、土石块	
	J_n	9	12	15	20	
工程岩体分级标准	K_v	>0.75	0.75～0.55	0.55～0.35	0.35～0.15	<0.15
	J_v	<3	3～10	10～20	20～35	>35
	完整程度	完整	较完整	较破碎	破碎	极破碎

然而，上述方法在考虑岩体完整性时没有具体考虑洞室跨度对围岩分类、分级的影响。铁路隧道的围岩分类以裂隙间距作为围岩完整性的标志，同时认为，在裂隙间距相同的围岩中，隧道尺寸愈大，围岩的稳定性愈差，采用相对裂隙间距，即裂隙间距与隧道跨度比值（隙跨比）进行分类比较合适。

二、跨度对节理岩体中洞室支护代价的影响

在相同的地质条件下开挖不同跨度的洞室，开挖后围岩的稳定状态可能是不同的，如对于小跨度洞室是稳定的，但对于大跨度洞室则可能是基本稳定或局部不稳定的。然而，一般的围岩分类或岩体分级方法却只能得到一种分类结果，这说明在分类与分级中没有考虑洞室跨度影响是值得改进的。

考虑将洞室开挖后的支护代价作为一种标准，若支护代价的增加纯粹是由于洞室周长的增加而造成的（代价与跨度成正比），则可认为围岩的稳定性没有大的变化，即此时的围岩仍可视为同一类；若支护代价的增加明显超过洞室跨度增加的程度，则说明围岩的稳

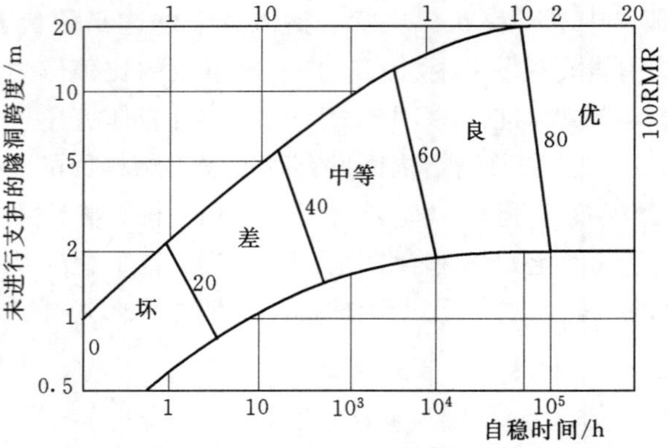

图 3-2-1　未支护的隧洞跨度与自稳时间关系

定性发生显著变化，此时的围岩不应再划分为同一类。

霍克等研究结果表明：洞室围岩中需要支护处理的块体体积随跨度增加而成近平方关系增加。造成这种情况的原因是：洞室跨度增加后，围岩岩体"显得"更破碎，使围岩相对完整性减小，稳定程度变差。

RMR分类法提出各级岩体在某一跨度下不支护的自稳时限，见图 3-2-1。

三、跨度对塑性松动区半径的影响

深埋圆形洞室衬砌作用力的弹塑性分析指出，塑性松动区的半径为

$$R_p = r\left[\frac{(1-\sin\varphi)^2 R_c + 2p\sin\varphi}{(1-\sin\varphi)R_c + 2p_i\sin\varphi}\right]^{\frac{1-\sin\varphi}{2\sin\varphi}} \tag{3-2-1}$$

式中　R_p——塑性松动区的半径；

r——洞室半径；

p——地层的初始应力；

p_i——塑性形变压力；

R_c——岩体的单轴抗压强度；

φ——岩体的内摩擦角。

由于 $R_p \geqslant r$，故有

$$\frac{(1-\sin\varphi)^2 R_c + 2p\sin\varphi}{(1-\sin\varphi)R_c + 2p_i\sin\varphi} \geqslant 1 \tag{3-2-2}$$

当 $\sin\varphi < 1/3$ 时，则有

$$(1-\sin\varphi)/(2\sin\varphi) > 1 \tag{3-2-3}$$

若把支护力的大小作为划分岩体类别的一个标准，即对于同一类围岩，认为其合理的支护力相同或接近。由式（3-2-1）和式（3-2-2）可见，在相同的围岩条件下，对不同跨度洞室若采用相同的支护力，则其塑性松动区的厚度（$R_p - r$）将随着洞室跨度 r 而增加，且围岩条件越差，这种增加越显著，见式（3-2-3）。

实际上，说明该洞室围岩的危险性随跨度增加而在增加，从而也说明此时采用相同或相近的支护力可能是不合理的，即相同条件下，不同跨度洞室可能不应划归同一类围岩，跨度越大的围岩条件越差。

四、跨度对岩体宏观力学参数尺寸效应的影响

由于岩体性质的不连续性和不均匀性，室内乃至现场岩石力学试验很难代表工程范围大尺度的工程岩体。如何将小尺寸（小于 1m）的试验成果应用于工程范围的岩体参数取值，即如何解决岩体力学参数的尺寸效应问题一直受到广泛关注，国内外学者包括 Brown、Einstein、OdaM、周维垣等进行了广泛的理论与试验研究。

周火明等在三峡永久船闸高边坡岩体宏观力学参数的尺寸效应研究中，建立了轻微卸

荷带岩体与岩块变形模量比值（E_{0m}/E_0）与尺寸比值（D_m/D）的关系，描述了相关岩体变形模量（E_{0m}）随岩体尺寸（D_m）增大而减小的趋势，见式（3-2-4）。

$$\frac{R_{0m}}{E_0}=0.90\left(\frac{D_m}{D}\right)^{-0.10} \tag{3-2-4}$$

式中 E_{0m}——轻微卸荷带岩体变形模量；

E_0——轻微卸荷带岩块变形模量；

D_m——岩体尺寸；

D——岩块尺寸。

李建林通过模拟试验，分析了不同尺寸条件下岩体的应力一应变关系以及抗压强度、抗拉强度等物理力学指标与尺寸的关系，认为不同力学指标受尺寸效应影响的程度不同，如岩体尺寸为6.75m时，岩体抗压强度为岩块抗压强度的60%左右，而岩体抗拉强变为岩块抗拉强度的25%左右。

在各种围岩分类或岩体质量分级方法中，普遍考虑了岩石或岩体强度因素。其中岩体强度往往由式（3-2-5）得出。

$$R'=\left(\frac{V_p}{V}\right)^2 R \tag{3-2-5}$$

式中 R'——准围岩抗压强度；

R——岩石试件抗压强度；

V_p——实测岩体的弹性波速；

V——岩石试件的弹性波速。

V_p 一般是1m左右范围内岩体的弹性波速。由式（3-2-5）得出的准围岩抗压强度也只能代表该尺度的岩体强度。对于大跨度洞室或洞库工程，应充分考虑岩体尺寸效应的影响。另外，由于岩体抗压强度和抗拉强度的尺寸效应不同，如何在围岩分类的强度指标中综合考虑其影响，也是值得进一步研究的。

综上所述，需要在围岩分类中科学地考虑洞室跨度的影响。

第三节 影响围岩类别的主要因素筛选

一、主要影响因素分析

影响围岩稳定性的因素可以归纳为以下三大类：第一类是通过围岩应力状态而改变围岩稳定性的，主要包括岩体的天然应力状态及洞室的剖面形状和尺寸；第二类因素包括围岩的岩性和结构，主要是通过围岩的强度来影响洞室围岩稳定性的；第三类是既能影响应力状态、又能影响围岩强度的因素，这主要是岩体中地下水的赋存、活动条件。

影响洞室稳定性主要因素具体包括：

(1) 洞室工程剖面尺寸和形状。

(2) 岩石强度：主要受岩性和风化程度控制。

(3) 岩体完整程度：主要受岩性、风化程度、结构面发育程度控制。

(4) 结构面：主要受结构面数量、规模、位置、性状、产状和组合关系影响。

(5) 地下水：包括出露范围、出露位置、涌水量和压力等方面。

(6) 地应力：影响程度主要取决于地应力与岩体强度的比较关系，不同方向的地应力的差异也有影响。

二、不同因素影响程度分级

岩石强度等因素对隧洞稳定的影响程度，一般可以按不敏感、较敏感、敏感或无影响(或小)、影响中等、影响大来评价。

基于隧洞工程围岩的工程地质特性，影响隧洞稳定的主要因素，其敏感性具有以下特征和理由。

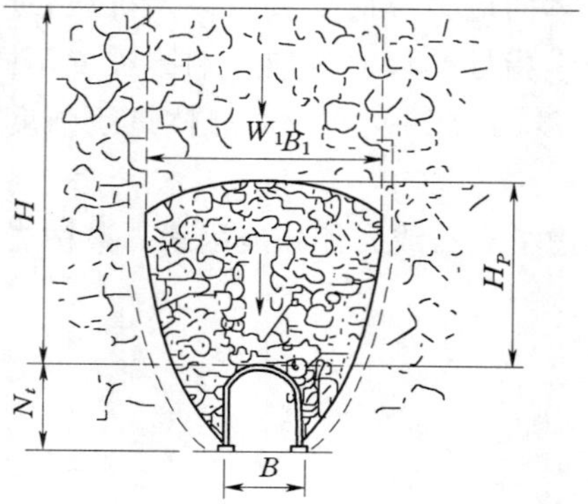

图 3-2-2 太沙基隧洞负荷示意图

(1) 洞室工程剖面尺寸和形状：敏感。

1) 根据太沙基的理论，跨度越大，作用于衬砌上的荷载越大，如图 3-2-2。

2) 霍克的研究显示更为明了，在相同的条件下，当隧洞断面很小时，隧洞可能没有不利的结构体形成，甚至没有结构面；随着跨度的增加，揭露的结构面增加，能够形成的不稳定结构体增多，体积加大。相对于跨度变化而言，随着跨度的增大，岩体完整性变坏，见图 3-2-3。

3) 相同的工程地质条件，隧洞围岩的自稳时间随跨度的减小而增大，见图 3-2-4。黄河大柳树水利枢纽的勘探洞跨度 2～2.3m，大多为Ⅲ～Ⅴ类岩体。开挖完成已经十几年，除少量的塌方外，大多完好。

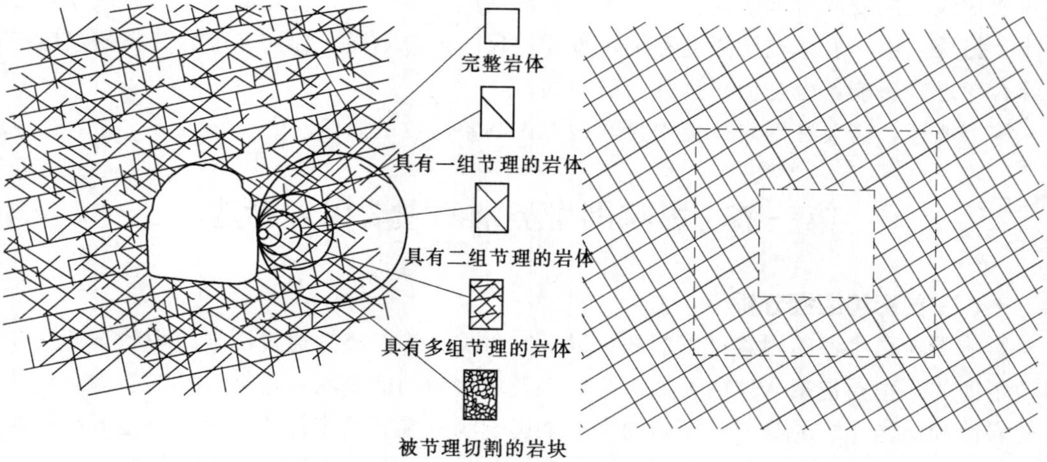

图 3-2-3 在两组带结构面控制的岩体中隧洞开挖跨度与不稳定楔体体积的关系示意图

(2) 从已开挖的隧洞稳定情况来看，岩性组合和好岩石在洞室的位置对隧洞稳定影响较大。泥灰岩具有较高的强度，如较厚的泥灰岩分布在洞顶或洞壁的上部，隧洞的稳定性明显较好。含有较多泥灰岩的隧洞，稳定性较好。

(3) 岩石强度：毫无疑问，敏感。

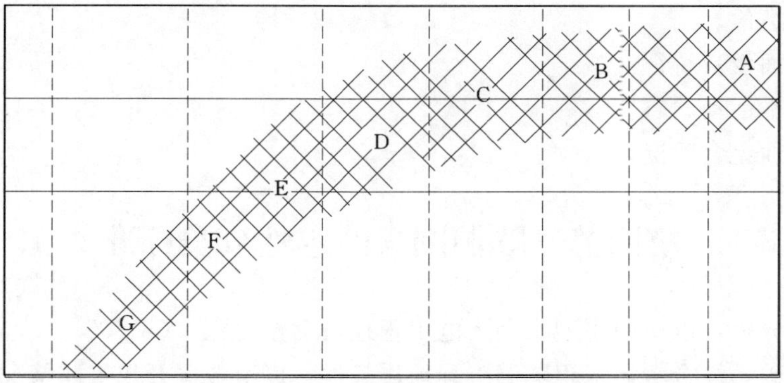

图 3-2-4 未支护围岩自稳时间与洞室有效跨度的关系（据劳费尔，1958）

(4) 岩体完整性：毫无疑问，敏感。

(5) 结构面：敏感，原因在于：

1) 结构面数量、规模显著影响岩体完整性。

2) 结构面所发育的位置、产状和组合，显著影响甚至控制相应位置块体稳定性。以新疆波波那引水发电洞和本工程已开挖洞段揭露情况来看，由于岩体为薄层结构，位于洞壁且倾向洞外的陡倾角裂隙，也会明显影响洞壁块体稳定。

3) 洞顶的陡倾角裂隙与平缓的层面形成不利组合，构成不稳定的菱形体和楔形本。从以施工隧洞来看，与隧洞走向一致和小角度相交的较大结构面，对洞顶稳定较大。

(6) 地下水：敏感，原因在于：

1) 泥灰岩、泥岩均属于易软化岩石。

2) 地下水的活动弱化了结构面，其抗剪强度降低。

3) 存在地下水活动，显示结构面较发育，或者连通性较好，或者具有较大的张开度。

4) 地下水渗透压力对岩体稳定不利，见图 3-2-5。

(7) 岩体强度应力比：敏感性中等—大。

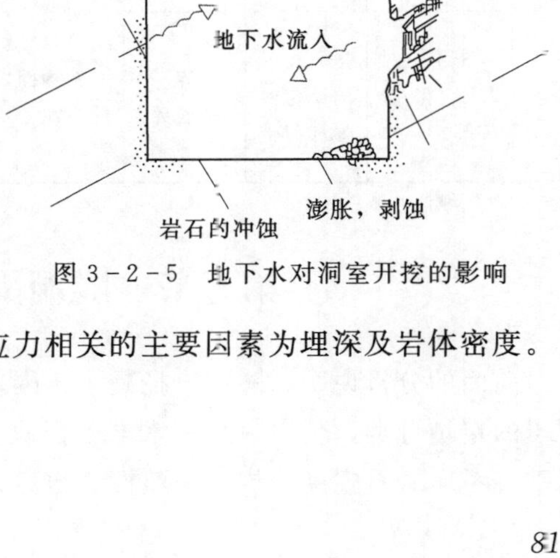

图 3-2-5 地下水对洞室开挖的影响

三、主要影响因素的筛选和确定

工程隧洞剖面尺寸和形状已经确定，形状一致，尺寸变化甚小。

岩石强度：主要由岩性及组合、风化状态、岩体结构类型等因素决定。

地应力：本区最大水平主应力、垂直应力、最小水平主应力相差不大，大致具有最大水平主应力略大于垂直主应力的特点，与地应力相关的主要因素为埋深及岩体密度。

由此可见影响隧洞围岩分类的主要因子为：

(1) 岩石强度。

(2) 岩体完整性。

(3) 地应力值。

(4) 结构面发育特征。

(5) 地下水活动状态。

(6) 结构面组合状况。

第四节 隧洞围岩的定性分类标准

根据前述分析，以《中小型水利水电工程地质勘察规范》(SL 55—2005) 推荐的围岩分类标准为基础，综合考虑工程隧洞工程地质条件，以及隧洞开挖揭露情况，提出工程隧洞围岩分类标准，见表 3-2-2。

表 3-2-2 隧洞围岩定性分类标准

围岩类别	岩性及组合	风化状态	岩体完整程度	结构面发育特征	地下水发育特征	毛洞自稳情况
Ⅲ	全断面为泥灰岩，隧洞中上部为泥灰岩	微风化～新鲜	较完整～完整	①无断层发育；②节理裂隙不发育；③洞顶无与洞向平行或小角度相交的节理裂隙	①以干燥状为主；②无线状流水和涌水	稳定性较好，局部可产生塑性变形或少量掉块，自稳时间较长
Ⅳ1	薄层泥岩为主	微风化～新鲜	较破碎～较完整	①节理裂隙较发育，1～2组；②洞顶与洞向平行或小角度相交的较大节理裂隙不发育	①洞顶以干燥～潮湿为主；②无涌水	围岩自稳定时间较短，顶拱常有小～中等塌落，边墙较稳定，时间效应明显，可能产生较大的变形破坏
Ⅳ2	薄层泥岩为主	微～新	破碎～较破碎	①节理裂隙较发育—发育，2～3组；②洞顶存在与洞向平行或小角度相交的较大节理裂隙，易于形成不稳定块体；③洞壁发育不利于稳定的结构面	①以沿结构面渗水或少量滴水为主；②洞顶无涌水	围岩自稳定时间短，顶拱常有塌落，边墙也有失稳定现象，可能产生较大的变形破坏，软岩流变明显，可产生较大的塑性变形
Ⅴ	断层带、节理密集带等	强风化～弱风化或强卸荷带	破碎～极破碎	结构面发育～极发育，张开并夹泥	严重滴水、线状流水或涌水	难于自稳，边墙、拱顶极易坍塌变形，经常是边挖边塌，变形破坏严重

第五节 隧洞围岩的定量分类标准

前面的分析说明，隧洞直径减小，围岩的稳定性将提高。从偏于安全角度考虑，隧洞围岩的定量分类，仍以《水利水电工程地质勘察规范》(GB 50487—2008) 的分类标准为基础，考虑岩石强度、岩体完整性、地应力、结构面发育特征、地下水活动状态、结构面产状及与隧洞组合状况六项指标进行综合评分判定，见表 3-2-3。

$$T=A+B+C+D+E$$

表 3-2-3　　地下洞室围岩详细分类标准

围岩类别	围岩总评分 T	强度应力比 S
Ⅲ	$T>45$	>2
$Ⅳ^1$	$35<T\leqslant45$	>2
$Ⅳ^2$	$25<T\leqslant35$	>2
Ⅴ	$T\leqslant25$	

注　围岩强度应力比 S 不满足要求时，围岩类别降低一级。

一、岩石强度

本工程隧洞大部分位于地下水位以下。从施工期间岩石含水率及环境温湿度观测情况来看，岩石含水率 5%～10%，隧洞环境温度一般在 11～20℃之间变化，环境湿度一般在 44%～81%之间变化。建成运用期间，衬砌封闭隔离了外部环境，围岩的温湿度环境逐渐恢复至初始状态。因此，采用天然状态单轴抗压强度指标，更接近于真实的围岩工作状态。据岩石强度进行评分的标准见表 3-2-4。

表 3-2-4　　岩石强度评分 A

天然状态单轴抗压强度/MPa	$60\geqslant R_b>30$	$30\geqslant R_b>15$	$15\geqslant R_b>5$
岩石强度评分 A	20～10	10～5	5～0

二、岩体完整性

考虑隧洞断面较小，完整性较差、较完整、完整岩体的评分采用相应档次的中高值，见表 3-2-5。

表 3-2-5　　岩石完整性评分 B

岩体完整程度	完整	较完整	完整性差	较破碎	破碎
岩体完整性系数 K_v	$K_v>0.75$	$0.75\geqslant K_v>0.55$	$0.55\geqslant K_v>0.35$	$0.35\geqslant K_v>0.15$	$K_v\leqslant0.15$
岩体完整性评分 B	25～19	19～14	14～9	9～4	≤4

三、结构面状态

结构面状态评分见表 3-2-6。

表 3-2-6　　结构面状态评分 C

结构面状态	张开度	闭合		微张									张开	
	充填物	无	无	无			岩屑			泥质			岩屑	泥质
	起伏粗糙情况	起伏粗糙	平直光滑	起伏粗糙	平直粗糙或起伏光滑	平直光滑	起伏粗糙	平直粗糙或起伏光滑	平直光滑	起伏粗糙	平直粗糙或起伏光滑	平直光滑		
评分 C	较软岩	27	21	24	21	15	21	17	12	15	12	9	12	6
	软岩	18	14	17	14	8	14	11	8	10	8	6	8	4

四、地下水状态

考虑到基本因素评分在35分以上的围岩，其岩体完整性和结构面性状较好，干燥、潮湿状态对其整体工程地质性质影响不大，故地下水活动状态评分按0分计。基本因素评分在35分以下围岩，岩体完整性和结构面性状较差，轻微的含水对工程地质性质也会有一定影响，故地下水活动状态评分按0～2分酌情考虑。

表3-2-7　　地下水活动状态评分D

活动状态			干燥、潮湿	渗水、滴水	线状流水	涌水
水量 q/[l/(min·10m洞长)]				$q\leqslant25$	$25<q\leqslant125$	$q>125$
基本因素评分 T'	$T>45$	地下水评分D	0	−2～−6	−6～−10	−10～−14
	$35<T\leqslant45$		0	−6～−8	−8～−10	−10～−12
	$25<T\leqslant35$		0～−2	−12～−14	−14～−16	−16～−18
	$T\leqslant25$		0～−4	−10～−14	−14～−18	−18～−20

注　$T'=A+B+C$。

五、结构面产状

结构面产状评分见表3-2-8。

表3-2-8　　结构面产状评分E

结构面走向与洞轴线夹角/(°)		90～60				60～30				<30			
结构面倾角/(°)		>70	70～45	45～20	<20	>70	70～45	45～20	<20	>70	70～45	45～20	<20
结构面产状评分E	洞顶	0	−2	−5	−10	−2	−5	−10	−12	−5	−10	−12	−12
	边墙	−2	−5	−2	0	−5	−10	−2	0	−10	−12	−5	0

六、强度应力比

$$S=R_bK_v/\sigma$$

式中　σ——地应力。

第三章

隧洞围岩分类标准的应用

第一节　分类标准的应用验证

运用研究确定的围岩定性和定量分类标准，在宁夏中南部安全水源工程勘察期间 对各隧洞围岩进行了分类；工程建设期间，在已开挖约 34km 长隧洞段揭露的围岩类别与前期推测的围岩分类比较成果见表 3－3－1。

从比较的情况来看，绝大部分洞段开挖揭露的围岩类别与前期勘察结果一致或相近。偏差较大的位置主要是在进出口附近洞段及隧洞局部洞段。

表 3－3－1　　**隧洞围岩分类比较成果**

隧洞	施工设计桩号	段长/m	开挖围岩类别	勘察围岩类别
1号（北山）隧洞	14＋954～14＋969	15	V^3	V^2
	14＋969～15＋935	966	V^2	
	15＋935～16＋008	73	V^1	V^1
	16＋008～16＋724	716	IV^2	IV^2 为主，部分为 V^1
	16＋724～16＋751	27	V^1	
	16＋751～16＋780	29	IV^1	
	16＋780～16＋816	36	IV^2	
	16＋816～16＋916	100	V^1	V^1
2号（胭脂川）隧洞	17＋306～17＋395	89	V^1	V^1
	17＋395～17＋408	13	IV^1	IV^2 为主
	17＋408～17＋446	38	V^1	
	17＋446～18＋865	1419	IV^1	IV^1 为主，部分 IV^2
	18＋865～19＋287	422	V^1	V^1
	19＋287～19＋328	41	IV^2	
	19＋328～19＋340	12	IV^1	
	19＋340～19＋406	66	IV^2	IV^1 为主，部分 IV^2
	19＋406～20＋587	1181	IV^1	
	20＋587～20＋600	13	IV^2	
	20＋600～21＋846	1246	IV^1	
	21＋846～21＋916	70	V^1	V^1

续表

隧洞	施工设计桩号	段长/m	开挖围岩类别	勘察围岩类别
3号（刘家庄）隧洞	25+054～25+104	50	Ⅴ^{3}	Ⅴ^{1}/Ⅴ^{3}
	25+104～25+327	223	Ⅴ^{1}	
	25+327～25+344	17	Ⅳ^{2}	Ⅳ^{1}为主，部分Ⅳ^{2}
	25+344～26+468	1124	Ⅳ^{1}	
	26+468～26+636	168	Ⅳ^{2}	Ⅳ^{2}为主
	26+636～26+764	128	Ⅴ^{1}	Ⅴ^{1}
4号（白家村）隧洞	27+220～27+239	19	Ⅴ^{3}	Ⅴ^{1}/Ⅴ^{3}
	27+239～27+288	49	Ⅴ^{1}	
	27+288～27+310	22	Ⅳ^{2}	Ⅳ^{1}为主，部分Ⅳ^{2}
	27+310～27+638	328	Ⅳ^{1}	
	27+638～27+678	40	Ⅳ^{2}	
	27+678～27+704	26	Ⅳ^{1}	
	27+704～27+910	206	Ⅳ^{2}	
	27+910～27+954	44	Ⅴ^{1}	
	27+954～28+096	142	Ⅳ^{2}	
	28+096～28+128	32	Ⅳ^{1}	
	28+128～28+244	116	Ⅳ^{2}	Ⅴ^{1}/Ⅳ^{2}
	28+244～28+259	15	Ⅴ^{1}	
	28+259～28+337	78	Ⅳ^{2}	Ⅳ^{1}为主，部分Ⅳ^{2}
	29+370～29+466	96	Ⅳ^{1}	Ⅳ^{1}为主，部分Ⅳ^{2}
	29+466～29+588	122	Ⅳ^{2}	
	29+588～29+615.5	27.5	Ⅳ^{1}	
	29+615.5～29+687	71.5	Ⅳ^{2}	
	29+687～29+825	138	Ⅴ^{1}	Ⅳ^{1}、Ⅳ^{2}为主，部分Ⅴ^{1}
	29+825～29+928	103	Ⅳ^{1}	
	29+928～30+091	163	Ⅳ^{2}	
	30+091～30+316	225	Ⅳ^{1}	Ⅳ^{1}为主，部分Ⅳ^{2}
	30+316～30+410	94	Ⅳ^{2}	Ⅴ^{1}
	30+410～30+459.5	49.5	Ⅳ^{1}	Ⅳ^{1}为主，部分Ⅳ^{2}
	30+459.5～30+543	83.5	Ⅳ^{2}	Ⅴ^{1}
	30+543～30+900	357	Ⅳ^{1}	Ⅳ^{1}为主，部分Ⅳ^{2}
	31+300～31+334.7	34.7	Ⅴ^{1}	Ⅳ^{2}为主
	31+334.7～31+357	22.3	Ⅳ^{2}	
	31+357～31+454	97	Ⅴ^{1}	
	31+454～31+543	89	Ⅳ^{2}	
	31+543～31+651	108	Ⅴ^{1}	
	31+651～31+671	20	Ⅴ^{1}	
	31+671～31+713	42	Ⅳ^{2}	
	31+713～31+791	78	Ⅴ^{1}	
	31+791～31+983	192	Ⅳ^{2}	
	31+983～32+013	30	Ⅴ^{1}	
	32+013～32+051	38	Ⅳ^{2}	
	32+051～32+112	61	Ⅴ^{1}	
	32+112～32+151	39	Ⅳ^{2}	
	32+151～32+167	16	Ⅳ^{1}	
	32+167～32+228	61	Ⅳ^{2}	Ⅳ^{2}为主
	32+228～32+246	18	Ⅳ^{1}	
	32+246～32+334	88	Ⅳ^{2}	Ⅴ^{1}
	32+334～32+344	10	Ⅳ^{2}	
	32+344～32+431	87	Ⅴ^{1}	

续表

隧洞	施工设计桩号	段长/m	开挖围岩类别	勘察围岩类别
5号（半个山）隧洞	32+895～32+950	55	V^3	V^1
	32+950～33+044	94	V^1	
	33+044～33+107	63	IV^2	IV^2 为主
	33+044～33+508.5	464.5	IV^1	IV^1 为主，部分 IV^2
	33+508.5～33+515	6.5	IV^2	
	33+515～33+565	50	IV^1	
	33+565～33+570	5	IV^2	
	33+570～33+640	70	V^1	
	33+640～33+735	95	IV^1	
	33+735～33+780	45	IV^2	
	33+780～34+075	295	IV^1	IV^2 为主
	34+075～34+188	113	V^1	V^1
6号（卧羊川）隧洞	35+372.4～35+378	5.6	V^3	$\mathrm{V}^1/\mathrm{V}^3$
	35+378～35+502	124	V^1	
	35+502～35+620	118	IV^1	IV^1 为主，部分 IV^2
	35+620～35+840	220	IV^2	
	35+840～35+885	45	V	
	35+885～36+093	208	IV^2	
	36+093～36+380	287	IV^1	
	36+380～36+410	30	V	
	36+410～36+493	83	IV^2	
	36+493～36+860	367	IV^1	
	36+860～36+865	5	V	IV^2 为主
	36+865～37+013	156	IV^1	
	37+013～37+021	8	IV^2	
	37+021～37+263	242	V^1	V^1
7号（大湾）隧洞	40+119～40+166	47	V^3	$\mathrm{V}^3/\mathrm{V}^1$
	40+166～40+230	64	V^1	V^1
	40+230～40+320	90	IV^1	IV^2 为主
	40+320～40+498	178	IV^2	
	40+498～40+771	273	IV^1	IV^1 为主，部分 IV^2
	40+771～41+029	258	IV^2	
	41+029～41+079	50	IV^1	
	41+079～41+169	90	V^1	
	41+169～41+175	6	IV^2	
	41+175～41+272	97	IV^1	
	41+272～41+300	28	IV^2	
	41+300～41+385	85	IV^1	

续表

隧洞	施工设计桩号	段长/m	开挖围岩类别	勘察围岩类别
7号（大湾）隧洞	41+385～41+483	98	Ⅳ^2	Ⅴ^1
	41+483～41+660	177	Ⅳ^2	Ⅳ^{1}为主，部分Ⅳ^2
	41+660～41+875	215	Ⅴ^1	Ⅴ^1
	41+875～41+998	123	Ⅳ^2	Ⅳ^{2}为主
	41+998～42+020	22	Ⅳ^1	
	42+020～42+178	158	Ⅳ^2	Ⅴ^1
	42+178～42+207	29	Ⅴ^1	
	42+207～42+317	110	Ⅳ^2	Ⅳ^{2}为主
	42+317～42+428	111	Ⅳ^1	
	42+428～42+478	50	Ⅳ^2	Ⅴ^1
	42+478～42+795	317	Ⅳ^1	Ⅳ^2/Ⅴ^1
	42+795～42+880	85	Ⅳ^2	Ⅳ^{1}为主，部分为Ⅳ^2
	42+880～43+070	190	Ⅳ^1	
	43+070～43+130	60	Ⅴ^1	Ⅴ^1
	43+130～43+175	45	Ⅳ^1	Ⅳ^{1}为主，部分为Ⅳ^2
	43+175～43+200	25	Ⅳ^2	
	43+200～43+475	275	Ⅳ^1	
	43+475～43+495	20	Ⅳ^2	
	43+495～43+677	182	Ⅳ^1	
	43+677～44+038	361	Ⅳ^1	
	44+038～44+059	21	Ⅳ^2	
	44+059～44+106	47	Ⅳ^1	
	44+106～44+150	44	Ⅳ^2	
	44+150～44+825	675	Ⅳ^1	
	44+825～44+865	40	Ⅳ^2	Ⅴ^1
	44+865～45+385	520	Ⅳ^1	Ⅳ^{1}为主，部分为Ⅳ^2
	45+385～45+435	50	Ⅳ^1	Ⅴ^1
	45+435～45+826	391	Ⅳ^1	Ⅳ^{1}为主，部分为Ⅳ^2
	45+826～45+837	11	Ⅳ^2	
	45+837～45+864	27	Ⅳ^1	
	45+864～45+870	6	Ⅴ	
	45+870～45+884	14	Ⅳ^2	
	45+884～45+888	4	Ⅳ^1	
	45+888～45+946	58	Ⅳ^2	
	45+946～46+049	103	Ⅳ^1	
	46+049～46+060	11	Ⅴ	
	46+060～46+126	66	Ⅳ^2	
	46+126～46+440	314	Ⅳ^1	
	46+440～46+450	10	Ⅳ^2	
	46+450～46+685	235	Ⅳ^1	
	46+685～46+705	20	Ⅳ^2	
	46+705～46+935	230	Ⅳ^1	
	46+935～47+505	570	Ⅳ^1	Ⅳ^{1}为主，部分为Ⅳ^2 局部Ⅴ^1
	47+505～47+555	50	Ⅳ^1	

续表

隧洞	施工设计桩号	段长/m	开挖围岩类别	勘察围岩类别
7号（大湾）隧洞	47+555～47+905	350	Ⅳ¹	Ⅳ¹为主，部分为Ⅳ²
	47+905～47+931	26	Ⅲ	
	47+931～48+003	72	Ⅳ¹	
	48+003～48+070	67	Ⅳ¹	
	48+070～48+138	68	Ⅲ	
	48+138～48+385	247	Ⅳ¹	
	48+385～49+172	787	Ⅳ¹	Ⅳ¹为主，部分为Ⅳ²局部Ⅴ¹
	49+172～50+013	841	Ⅳ¹	
	50+013～50+085	72	Ⅳ¹	Ⅴ¹为主
	50+085～50+110	25	Ⅳ²	
	50+110～50+129	19	Ⅳ¹	
	50+129～50+140	11	Ⅳ²	
	50+140～50+210	70	Ⅴ¹	
	50+210～50+386	176	Ⅳ²	Ⅳ²为主，部分Ⅴ¹
	50+386～50+450	64	Ⅳ¹	Ⅳ²为主
	50+450～50+496	46	Ⅴ¹	Ⅴ¹
	50+496～50+683	187	Ⅴ³	Ⅴ³
8号（开城南）隧洞	54+412～54+436	24	Ⅴ³	Ⅴ¹/Ⅴ³
	54+436～54+608	172	Ⅴ¹	
	54+608～55+922	1314	Ⅳ¹	Ⅳ¹为主，部分为Ⅳ²
	55+922～55+940	18	Ⅳ²	
	55+940～56+032	92	Ⅴ¹	Ⅴ¹
9号（开城北）隧洞	56+272～56+332	60	Ⅴ¹	Ⅴ¹
	56+332～56+549	217	Ⅳ¹	Ⅳ²为主，部分为Ⅳ¹
	56+549～56+637	88	Ⅴ¹	Ⅴ¹
	56+683～56+751	68	Ⅴ³	
	56+751～56+770	19	Ⅴ¹	
	56+770～57+796	1026	Ⅳ¹	Ⅳ¹为主
	57+796～57+888	92	Ⅳ²	Ⅳ¹为主，部分为Ⅳ²
	57+888～58+348	460	Ⅳ¹	
	58+348～58+763	415	Ⅳ¹	
	58+763～58+834	71	Ⅳ²	
	58+834～58+978	144	Ⅳ¹	
	58+978～58+993	15	Ⅳ²	
	58+993～59+650	657	Ⅳ¹	

续表

隧洞	施工设计桩号	段长/m	开挖围岩类别	勘察围岩类别
9号（开城北）隧洞	59+650—59+782	132	Ⅳ¹	Ⅳ²、Ⅳ¹夹Ⅴ¹
	59+782—59+846	64	Ⅳ²	
	59+846—59+920	74	Ⅳ¹	
	59+920—59+970	50	Ⅳ²	
	59+970—60+035	65	Ⅳ¹	Ⅳ¹为主，部分为Ⅳ²
	60+035—60+275	240	Ⅳ¹	
	60+275—60+445	170	Ⅳ¹	
	60+445—60+625	180	Ⅳ¹	
	60+625～60+640	15	Ⅳ²	
	60+640—60+744	104	Ⅳ²	
	60+744—60+808	64	Ⅳ¹	
	60+808—60+860	52	Ⅳ²	
	60+860—60+940	80	Ⅳ¹	
	60+940—61+058	118	Ⅳ²	Ⅳ²为主
	61+058—61+076	18	Ⅳ¹	
	61+076—61+106	30	Ⅳ²	
	61+106—61+160	54	Ⅳ¹	
	61+160—61+196	36	Ⅳ¹	Ⅳ¹为主，部分为Ⅳ²
	61+196—61+216	20	Ⅳ²	
	61+216—61+412	196	Ⅳ¹	
	61+412—61+458	46	Ⅳ²	
	61+458—61+615	157	Ⅳ¹	
	61+615—61+660	45	Ⅳ²	Ⅳ²、Ⅳ¹类
	61+660—61+848	188	Ⅳ¹	
	61+848—61+860	12	Ⅳ²	
	61+860—61+870	10	Ⅳ¹	
	61+870—61+940	70	Ⅳ²	
	61+940—61+960	20	Ⅳ²	Ⅴ¹
	61+960—62+102	137	Ⅴ¹	
10号（大马庄）隧洞	68+082～68+707	625	Ⅴ³	Ⅴ³
11号（后河）隧洞	69+537～70+075	538	Ⅴ³	Ⅴ³

注 Ⅴ¹类为白垩系围岩，Ⅴ²类为第三系围岩，Ⅴ³类为第四系围岩。

第二节 各类围岩物理力学参数的确定

根据隧洞围岩的岩石物理力学试验成果及地球物理测试成果，宁夏中南部城乡安全水源工程按围岩类别提出物理力学指标建议值见表3-3-2、表3-3-3。

表 3-3-2 输水隧洞岩石物理力学指标

地层	岩性	比重	抗压强度/MPa		备注
			天然	饱和	
白垩系	泥灰岩	2.70	23～42	18～30	
	泥岩1	2.69	15～25	4～10	软岩
	泥岩2	2.69	4～10	0.6～2.5	极软岩
第三系	泥质砂岩	2.68	0.5～1	0.1～0.2	

表 3-3-3 输水隧洞围岩物理力学参数建议值

围岩类别	重度 /(kN/m³)	变形模量 E /GPa	泊松比 μ	抗剪断强度		单位弹性抗力系数 /(MPa/cm)	坚固系数 f
				C'/MPa	φ'/(°)		
Ⅲ	24～25	3～5	0.25～0.29	0.5～0.8	35～40	20～30	3
$Ⅳ^1$	22.5～23.5	1.5～2.0	0.31～0.33	0.2～0.3	33～35	14～18	2
$Ⅳ^2$	22～23	1.0～1.5	0.33～0.35	0.1～0.2	30～32	8～13	1.5
$Ⅴ^1$	21～22	0.2～0.5	0.36～0.39	0.05～0.08	23～26	2～4	1
$Ⅴ^2$	20～22	0.1～0.3	0.37～0.40	0.04～0.06	22～25	1～2	1
$Ⅴ^3$	19～22	—	—	0.02～0.03	20～25	—	0.5

第四篇

隧洞围岩变形及支护研究

第一章

综 述

第一节 软弱围岩定义

由于成因不同，软弱围岩（weak rock）有多种形式的定义，目前尚没有统一，1981年在日本东京召开的“国际软岩学术讨论会”上，规定“软岩（soft rock）、破碎岩（fractured rock）和风化岩石（weathered rock）统称为软弱围岩”。有的学者建议把软岩定义为“难支护岩体”。清华大学周维垣教授认为软岩可定义为“在高地应力、地下水和强风化作用下，具有显著渗流、膨胀或崩解特性的软弱、破碎、风化和节理化围岩，简称为不稳定围岩岩体”。

水利水电工程规范中岩石饱和单轴抗压强度（MPa）与定性划分的软质岩石坚硬程度的对应关系为：较软岩（$30\geqslant R_b>15$）、中软岩（$15\geqslant R_b>5$）、极软岩（$R_b\leqslant 5$），这只是反映围岩岩石的强度。而软弱围岩则不同，围岩本身在隧洞开挖前后并无本质改变，只是由于隧道开挖引起地层内部应力不平衡，从而产生围岩位移；同时，由于地应力较高，且岩石强度较低，并受到岩体结构面、地下水、开挖条件等诸多因素影响下，洞周出现大范围的塑性破坏区，塑性区内岩体的“剪胀”加剧了挤压作用，增大了围岩质点向开挖空间的移动，于是出现了大变形。

一般来讲，软岩是指软弱、破碎、膨胀、流变、强风化及高应力环境中岩体的总称。它们具有变形大、强度低、赋存环境效应和时间效应强烈等力学特性。

第二节 软弱围岩隧洞研究意义

宁夏中南部城乡饮水安全水源工程输水线路全长74.39km。工程中输水隧洞有11座，总长达35.75km，是控制工程投资、进度和安全的关键部分。隧洞设计断面尺寸最大净高2.45m，最大宽度为2.3m。

该工程是区内最大规模和投资的调水项目，输水线路长，修建多条深长隧洞。工程区西临六盘山主峰分水岭，沿线地形、地质条件复杂，线路所经地带有中低山与河谷地貌相继分布；线路地区广泛分布有白垩系及第三系陆相沉积的以暗灰色或红色夹杂色砂、泥岩为主的软弱岩石，白垩系泥岩单轴饱和抗压强度为0.6～13MPa，第三系泥岩和砂质泥岩单轴饱和抗压强度小于1MPa，按坚硬程度属于极软岩或软岩。具有不同的地理沉积环境和不同成因类型的泥岩，其成分、结构是不同的，白垩系海相沉积岩和陆相沉积岩的地质特征有明显差异。工程区白垩系泥岩中以伊利石、蒙脱石为主的黏土矿物含量较高，部分含有石膏。由于这种岩体工程性质、水理性质均十分复杂，一般具有亲水性强，具有重塑性、胀缩性、崩解性、流变性和大变形等特点，而且施工过程中容易引起隧洞的变形和失稳，并可能影响隧洞的长期稳定性。

隧洞围岩变形破坏是由多种原因造成的，但主要原因可以归纳为地质条件、工程条件及环境条件。地质条件包括围岩的岩性、强度及水理性质、地应力、岩体结构、地下水等，工程条件包括洞型、洞径、开挖方式、围岩支护措施等，环境条件包括隧洞施工开挖后的温度、干湿度变化等。

针对软弱围岩具有低强度、易风化、遇水崩解、软化，且具有流变特性和时间效应显著等特点，研究其开挖方式、保护时机和支护技术至关重要。

第三节　软岩隧道工程施工理论研究现状

一、软弱围岩隧道支护理论研究现状

软弱围岩特性及处理是地下工程勘察设计中重要研究课题。从事岩土工程研究的科技人员通过不断探索，使得软岩的理论研究取得了广泛成果。

软岩地下工程的变形破坏具有自身显著的特点，支护结构只有适合软岩工程的变形破坏特征，才能有效地维护软岩洞室的稳定。

日本山地宏和 Sakurais 提出了围岩支护的应变控制理论，认为隧道围岩的应变随支护结构的增加而减小，而容许应变则随支护结构的增加而增大，通过增加支护结构，能较容易地将围岩应变控制在容许范围之内。M. D. Salamon 等人提出了能量支护理论，主张利用支护结构的特点，使支架自动调整围岩释放的能量和支护体系吸收的能量。C Wang 等根据对位于采矿区的某软岩隧道超过十年的监测资料进行分析，总结了六条变形特征，即相对于地层压力的重分布变形速率快、显著的流变变形、对应力变化高度敏感、对水流渗入高度敏感、隧道全断面各方向均变形以及拱顶—底板收敛变形中底板拱起占主要部分等，并提出了控制隧道使用期稳定性的有效理论。Y. Jiang、H. Yoneda 和 Tanabashi 提出了一种预测软岩隧道塑性区发展和松动压力的理论方法，讨论了软岩力学特性对松动压力的影响，根据地层特征曲线，提出了判断洞室失稳的方法。

孙钧根据软岩巷道变形破坏特点，指出要维护软岩巷道的稳定，支护结构必须具备强柔性、高可缩性、边支边让、增阻性、有限的可缩性、合理的结构构造、施工方便和经济性等特点，并设计了高强度大弧板复合支护结构。

于学馥提出“轴变论”理论，认为巷道塌落能够自行稳定，围岩破坏是由于应力超过岩体强度极限引起的，塌落改变巷道轴比，导致应力重分布，应力均匀分布的轴比是巷道最稳定的轴比。董方庭教授提出松动圈软岩锚喷支护理论和技术，指出巷道支护的主要对象为松动圈发展过程中的碎胀变形，建议用锚喷支护代替 U 形钢支架来解决软岩支护问题。方祖烈根据深部围岩变形力学形态，提出主次承载区支护理论，认为巷道开挖后，在围岩中形成拉压域，压缩域在围岩深部，是维护巷道稳定的主承载区；张拉域形成于巷道周围，起辅助承载作用。支护对象为张拉域，支护结构与支护参数要根据主次承载区的协

调作用决定巷道最终稳定。范秋雁教授提出建立在岩石流变学原理基础上的软岩流变地压控制原理，认为将围岩中弹性区部分围岩的蠕变控制在稳定蠕变范围内就可达到新奥法所提倡的最佳支护状态。冯豫、陆家良、郑雨天、朱效嘉等提出的联合支护技术是在新奥法的基础上发展起来的，其观点可概括为：对于巷道支护，一味强调支护刚度是不行的，要先柔后刚，先让后抗，柔刚适度，稳定支护，并由此发展了锚喷网技术、锚喷网架技术、锚带网架技术、锚带喷架等联合支护技术。陆士良根据软岩工程特征，提出了软岩巷道锚注支护技术，利用锚杆兼做注浆管，外锚内注，实现"锚注一体化"，不仅可提高围岩强度和完整性，而且可发挥锚杆对软岩的锚固作用，并在实践应用中取得了显著效果。何满潮提出了软岩巷道关键部位耦合支护理论，根据软岩巷道破坏机理，针对关键部位产生的原因，通过位移反分析原理，确定合理支护的最佳时间，对软岩巷道围岩由于塑性大变形而产生的变形不协调部位即关键部位，通过支护的耦合而使其变心协调，限制围岩产生有害的变形损伤，同时最大限度地发挥围岩的自承能力，使支护体的支护抗力降到最小，从而实现支护一体化、荷载均匀化，达到巷道稳定的目的。

经过多年的努力探索与研究，已逐步形成了具有我国特色的软岩洞室支护框架。'因地制宜、综合治理、联合支护、长期监控"的十六字方针已深入人心；"对症下药、定向选位、合理断面、及时封闭、先柔后刚、多层多次、复合支护、全面支护、减震治水、监控施工"等十项基本措施已广泛应用；以共同变形理论为基础的软岩地压理论，以加固围岩为核心的软岩支护理论，以及以锚杆系列为主体的软岩支护体系已得到普遍接受。

二、软弱围岩隧道支护技术的发展

地下洞室工程作为一门实践性经验性极强的科学技术，在工程实践中首先开展支护技术的试验研究，进而在总结工程经验的基础上，通过支护结构与围岩相互作用机理的研究，上升到理论与力学高度而发展起来的。

目前，应用于高地应力软岩隧道支护的技术与措施有很多，如金属支架、锚喷支护、锚网喷支护以及近年来发展起来的加强型金属支架、高强度弧板、隧道锚索支护等，但应用范围最广的仍然是锚喷支护、锚网喷支护及U形钢可缩性金属支架。

1. 隧道金属支架

隧道金属支架是工字钢、U形钢等金属支架的总称。由于工字钢的可缩性差，不能适应软弱围岩变形情况，故应用得较少。目前应用较多的是U形钢可缩性支架，它具有良好的断面形状和几何参数，且易于实现型钢搭接后的缩让，所以成为制造可缩性金属支架的主要材料。早在1932年，德国海因茨曼公司就研制了U形钢可缩性支架，后来得到不断地完善和发展，并在煤矿隧道支护中获得了广泛应用。在德国煤矿隧道中，从井底车场、马头门、暗井、各种硐室、矿井主要隧道、回采隧道等，几乎都采用了U形钢可缩性金属支架，约占隧道总长的95%，开采深度高达1400m。在地压很大、膨胀变形率在1000mm/年以上，需要经常实施强力支护的隧道中，也获得了非常好的支护效果，支架本身基本上没有塑性变形和损坏，连接件除个别损坏外均完好无损。

20世纪60年代初期，我国开滦、淮南等矿务局也使用了U形钢可缩金属支架。60年代中期发展缓慢，直到70年代后期，U形可缩金属支架才有了较快的发展。在开滦矿务局，采准隧道基本上使用了可缩性金属支架，支护隧道达38万多m。1983年的比重已占当年全部掘进隧道支架的73%。现在我国煤矿每年投入的U形钢约10万t以上，尽管如此，在高地应力软岩隧道中，我国的U形钢使用状况还远远不能令人满意，主要表现在以下几个方面：

（1）U形钢可缩支架的强度低，不能有效地控制软岩隧道变形，导致支架型钢、接头卡缆的变形破坏严重造成回收率很低。许多矿区往往把U形钢可缩金属支架基本上作为一次性投入，大大增加了隧道支护成本。

（2）U形钢可缩支架的最大优点在于可缩，但在实际应用中，往往其可缩量很小，远小于隧道断面的20%时就已发生破坏，从而失去了可缩的意义。而在德国，当隧道断面收缩35%甚至高达64%时，U形钢支架仍然不丧失其承载能力。

（3）从U形钢可缩性支架力学性能的性能分析可知，支架在围岩地压作用下达到极限的应力主要是由弯曲力矩造成的。在软岩隧道中由于支架承受较大的侧压力和荷载的不均匀性使支架失去稳定性、可缩性而减弱竖向承载能力，一般具有可缩性的外部支架均不可避免受到上述破坏力系的作用，因此大大减弱了支架本身具有的优越力学性能。

2. 锚喷支护与锚网喷支护

（1）锚喷支护锚喷支护的全称是锚杆喷射混凝土支护。早在1872年，英国北威尔士露天页岩矿首次应用锚杆加固边坡。1912年德国谢列兹矿最先使用锚杆支护井下隧道，20世纪初期锚喷支护在英美等国家开始使用，但直到40年代才开始实验和系统研究锚杆支护。50年代以来已经在金属矿山、煤矿、水利及土木工程地下结构物中广泛使用锚喷支护这项新技术，由于它能从根本上改变岩石强度特征，使隧道支护由以前的被动支护变为主动支护，有着传统外部支撑结构所不具备的技术优势，因而在世界各国发展很快。所谓“从根本上”是指锚喷支护结构能与其支护围岩结合在一起共同作用，既能直接对围岩支撑保护，又能从内部加固围岩，将被加固的围岩由载荷体变为承载体，充分发挥了围岩的自身支撑作用。

我国自20世纪50年代开始研究和试用锚杆支护技术，60年代在岩巷中试用喷射混凝土支护，70年代开始推广光面爆破，配合使用锚杆、喷射混凝土并加金属网的锚网喷联合支护方式，从而形成了一整套完整的锚喷支护体系。同时，我国将锚喷技术确定为井巷支护技术的发展方向，从而得到了广泛的应用和推广，并由此促进了锚喷支护技术的应用研究。80年代，锚喷支护技术逐渐由中硬以上岩层转向较软弱岩层的隧道支护，使得高应力软岩隧道锚喷支护也有所发展，锚杆杆体强度（如锚杆材质、径级、规格、形状、种类等）、锚固方式（如端部锚固与全长锚固等）及柔性喷层（在混凝土中掺加纤维或外加剂）等都有了较大的改进，在一定条件下取得良好的支护效果，并由此全面展开了高应力软岩隧道锚喷支护技术的研究工作。由于锚喷支护具有使用方便、节省钢材、价格便宜、易于实现机械化操作，可与传统隧道支护联合使用，适用于多种地质条件的诸多优点，以及奥地利的“新奥法”理论的出现，开创了锚喷支护与工程施工的新概念，从而使得锚喷支护有了更广阔的应用天地。近20年来，锚喷支护技术已经获得了巨大发展，锚喷支护的发展也促进了锚杆的研究和发展。锚杆由早期的胀壳式锚杆、倒楔式锚杆、楔缝式等机械式锚杆，发展到锚固性能更好、适应性更强的新型锚杆，如树脂锚杆、快硬水泥锚杆、可拉伸锚杆、缝管锚杆等。但是由于一般的锚喷支护技术不能适用高应力软岩隧道大变形的要求，因而不成功的工程实例也有很多，如隧道片帮、顶板冒落等事故，支护结构破坏之后常常需要进行隧道的重新翻修，因而浪费大量的人力、物力和财力。

由于锚喷支护的发展，同时也促进了喷射混凝土的研究和发展。由最早的喷射水泥砂浆，发展到干式喷射混凝土、潮式喷射混凝土、湿式喷射混凝土，其中我们国家目前是以潮式喷射混凝土为主。值得一提的是，日本在干式与湿式喷射混凝土的基础上，发展了喷射混凝土的新工艺——SEC 喷射混凝土，其最大特征是使细骨料沙砾在潮湿状态下裹上一层水泥，然后再与粗骨料和水泥、速凝剂等混合喷射，从而使水泥用量明显降低，喷射混凝土强度提高，获得了更佳技术经济效果。喷射材料也从原来的素水泥砂浆、混凝土，到掺加各种纤维材料，如聚乙烯、尼龙、丙烯等塑料纤维和钢纤维材料，增加了喷层适应变形的能力，同时也常在喷层中掺加柔性外加剂，以提高喷层的柔性。

尽管如此，由于受到机具和经济条件的限制，以及高地应力软岩隧道地质条件的恶化，这种单纯的锚喷支护还难以从根本上解决软岩隧道支护问题，很有必要对支护结构形式加以改进。

（2）锚网喷支护其全称是锚杆、金属网、喷射混凝土支护。这种支护形式是在锚喷支护的基础上发展起来的，是锚杆、金属网、喷射混凝土三者并用的联合支护结构。与锚喷支护相比较，关键是增加了金属网。锚网喷联合支护形式，一般仍然是以锚为主，以喷、网为辅。围岩的支护抗力主要由锚杆及时提供，增加金属网在于改善喷射混凝土性能，增大喷射混凝土的整体性和抗弯、抗拉、抗剪的性能，使喷层不易开裂，从而更好地起到封闭、防风化、防水和防止锚杆间岩体的松动掉落，达到保护和发挥锚杆支护的目的，也使得喷层压力得到更均匀分布。

但是在高应力软岩隧道中，仅增加一层金属网仍然不能抵抗强大的变形压力。近些年来，有不少生产单位在适当增大锚杆长度与锚固力的同时，改单层网喷为双层网喷，取得了一定支护效果。这种工程实践很有借鉴意义，说明软岩隧道中锚杆支护能力不足，可以用加筋喷层来弥补，改进筋网结构、提高筋网的支撑能力，是发展软岩隧道锚喷支护的有效途径。

第四节　软岩研究内容和方法

为了有效地开展软岩特性研究和达到兼顾工程安全和投资合理的预期目的，在充分考虑工程条件、地质条件、施工技术条件和经济指标等基础上，选择研究内容和方法。

一、资料收集

收集国内外的工程实例及研究成果，主要包括：

（1）软岩地下工程的研究成果。

（2）软岩问题的工程经验与教训。

（3）软岩地下工程的技术标准。

二、软岩成因机制

进行调查、分析，从软岩的物质组成、赋存环境等方面揭示其区域特性方面的差异和宏观、细观、微观特性演化规律，还原软岩形成的地质历史过程和地质演化规律。

三、软岩物理力学特性和变形特性

（1）通过地质调查、钻探、物探、试验和测试等手段，查明软岩空间分布、构造发育特征、地应力分布规律和水文地质环境等地质条件。

(2) 进行矿化分析、水理性试验、胀缩性试验、崩解试验、剪切试验、流变试验及变形观测。分析工程岩体物质组成、地质结构、应力历史与上述特性的内在、潜在的关系，统一考虑其工程地质力学特性的形成机制。

(3) 进行多试验方法的复合运用和多学科的耦合分析，揭示其工程地质力学特性。应用现代数学、力学、地质学和工程学相结合的方法，探讨软岩工程特性，研究软弱围岩变形特征、变形破坏机理及随环境的变化规律。

四、软弱围岩开挖方式、保护时机及支护技术

采用现场调查、试验、观测和数值模拟等手段，结合工程施工开展工作。

第五节　软弱围岩隧道工程实例

自 20 世纪初发生首例严重的交通隧道软弱围岩大变形以来，国内外隧道工程及地下工程已经成功修建了多起软弱围岩变形的实例。

一、陶恩（Tauem）隧道

陶恩隧道是修建于 1970—1975 年穿越阿尔卑斯山区的双向公路隧道，全长 6400m，埋深 600～1000m。在穿过千枚岩和绿泥石地段时，因较大构造应力，产生了最大 120cm 的变形，最大变形速度达 20cm/d。由于在陶恩隧道设计时对挤压性围岩缺乏经验，初期支护较弱（长 4m 锚杆，厚 25cm 喷射混凝土，TH36@75 钢架）。在洞壁发生大变形后，新奥法鼻祖 Rabcewicz 教授采用了长锚杆（6～9m）、可缩钢架以及喷层预留纵向变形接缝等加强措施，对洞壁已侵入模注混凝土净空部位进行了危险的扩挖作业，最后取得了成功。

二、阿尔贝格（Arlberg）隧道

修建于 1974－1979 年的奥地利阿尔贝格公路隧道位于阿尔卑斯山北麓，全长 14km，隧道最大埋深 740m，原始地应力 13MPa，围岩为千枚岩、片麻岩、片岩绿泥石等，岩层平行于隧道走向，抗压强度为 1.2～2.9MPa，为挤压性围岩隧道。设计时吸收了陶恩隧道的经验教训，支护变形较小，施工较为顺利。为防止大变形，设计时采用了强大的初期支护系统：厚 20～25cm 喷射混凝土，可缩式@75 钢架，6m 长的@125cm 锚杆。虽然如此，在局部地质较差的地段，仍发生了 20～35cm 的支护位移，变形速度达到 4～6cm/d，最大达 11.5cm/d。在增加了 9～12m 的长锚杆后，使变形速度降为 5cm/d。该隧道施工得出经验为：最初两天的变形速率可以作为支护措施的判定准则。

三、惠那山（Enasan）隧道

日本中央公路的惠那山隧道为双洞隧道。Ⅰ号隧道先修，于 1975 年 8 月建成，全长 8300m，1978 年开工修建Ⅱ号隧道，全长 8635m，于 1985 年建成。这两座隧道平行，通过的地层是一样的，其中有一个长 400m 的长平泽断层非常软弱，为风化的变质页岩，单轴抗压强度仅 1.7～4.0MPa，该处埋深约 400m。为通过这同一条断层，Ⅰ号隧道采用刚性支护，而Ⅱ号隧道采用新奥法的柔性支护。Ⅰ号隧道主洞开挖时先以 0.8m 间距安设重型钢架（H250）并辅以衬板，先后浇注两层模筑混凝土。由于变形很快而且数值大，钢架被大量破坏，因此在浇注第二层混凝土时又补充了 H200 钢架（@0.8m）。虽然模筑混

凝土衬砌总厚 1.2m，而加入了大量的重型钢架，衬砌仍然发生了大规模的开裂，最后不得不用钢纤维加筋混凝土来反复修补。吸收了Ⅰ号隧道的教训后，Ⅱ号隧道采用新奥法柔性初期支护：采用长锚杆（设计长度为 6m，施工时加长到 9～13.5m）；预留变形量（上半部为 50cm，下半部为 30cm）；钢纤维喷射混凝土（厚 25cm）及可缩式钢架；二次衬砌为 45cm 厚的素混凝土。最终发生的初期支护位移为 20～25cm，最大为 56cm。

四、家竹箐隧道

我国南昆铁路家竹箐隧道以高瓦斯、高地应力、大涌水而著称。由于煤系地段软弱（R_a=1.7MPa），且地应力较高（16.09MPa）。在设计阶段对软弱围岩变形缺乏判断，在 390m 长的地段内产生了大变形，洞壁位移达 60～80cm（最大 160cm），拱顶下沉接近 100cm。当时国内对高地应力挤压性围岩尚缺乏认识，以为只是一般的软弱地层，故只采用了一般标准的初期支护。施工中的变更设计是：改善洞形，加大边墙曲率；将预留变形量加大为 45cm（拱）及 25cm（墙）；系统锚杆加长为 8m（后期经应力量测，隧底锚杆减为 4～7m）；喷射混凝土加厚（初喷 20cm，复喷 15cm），设三道纵缝；钢架改为 U 形可缩式；双层模注混凝土衬砌，其中外层为 55cm 钢纤维配筋混凝土（主要受力结构），内层为 25cm 钢纤维混凝土（安全储备），两层之间为 HDPE 瓦斯隔离层。

五、木栅隧道

台湾北部第二高速公路木栅隧道穿越台北市南郊的木栅山区，全长 1875m，为三车道公路隧道（断面 150m^2）。该隧道在通过潭湾大断层时，发生了大变形，拱顶下沉 150cm 以上，边墙内挤 70cm。潭湾断层带宽 75m，与隧道斜交，大变形地段长 205m。由于初期仅采用常规的锚喷支护，故产生了严重的大变形。该隧道变形整治应用了长大预应力锚索。锚索长 15～17m，预拉力 50t，但隧底采用长为 9m 锚杆。通过锚索孔及锚杆孔向地层注浆加固围岩，而强大的锚索及锚杆使隧道趋于稳定。

六、都灵隧道

连接法国和意大利的穿过阿尔卑斯山的里昂都灵铁路隧道的变形为膨胀性围岩引起，施工中发生挤压变形，最大径向位移高达 2m。隧道变形情况见图 4-1-1 和图 4-1-2 所示。

图 4-1-1　施工中支护变形情况

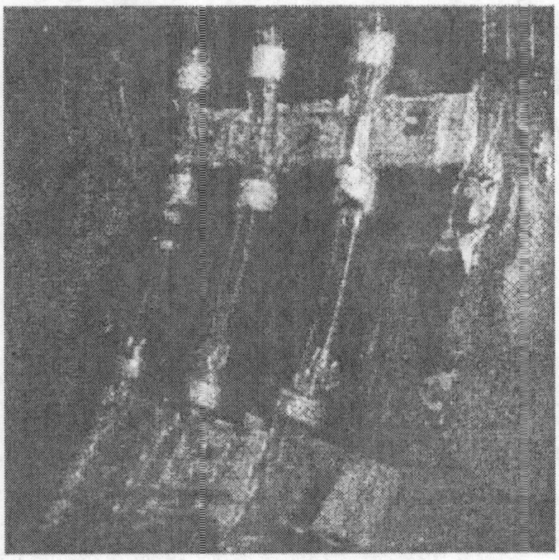

图 4-1-2　采取的可缩式钢架

施工措施：开挖后及时柔性支护（锚杆及喷射混凝土），容许30%变形；距离掌子面30m施作半刚性支护（可缩式钢架）；距离掌子面80m施作1m厚刚性支护。

七、圣哥达隧道

穿越阿尔卑斯山的圣哥达高速铁路隧道，全长57km，为目前世界上最长铁路隧道工程。该隧道从St Gotthard山底部直接穿过，隧道围岩主要为片麻岩（总长53km），最大埋深2300m，埋深1000m以上地段为35km。高地应力和高地温是隧道开挖面临的主要问题。该段穿越St. Gotthard主峰，为隧道埋深最大段。施工中在洞周右下方位出现岩面明显压溃现象。针对高地应力强挤压变形，曾采用I型钢支撑，但出现型钢明显压溃现象，后来现场采用全环U型可缩钢支撑。在岩体结构较好地段，现场采用拱部轻型槽钢＋胀管锚杆＋钢筋网支护，主要用于高地应力下拱部岩块坠落防护，拱部槽钢起到加大锚杆垫板作用。

八、新蜀河隧道

襄渝二线新蜀河隧道的地质条件为炭质片岩，开挖后隧道发生极其严重的变形，其中最大变形达2600mm，如此剧烈变形已严重危及隧道施工安全和质量。

采取控制大变形措施如下：优化施工组织，加设锁脚锚杆；拆换初期支护；后期施工中增加预留变形量至30cm；临时加固措施（包括注装、增设临时仰拱及横撑等）。

九、乌鞘岭隧道

乌鞘岭特长隧道全长20050m，隧道洞身最大埋深1100m。中部通过长约8000m的岭脊地段，是一个由4条区域性的压扭性大断层构成的“挤压构造带”，构造应力场显示主压应力以水平挤压应力为主，属高地应力区，实测地应力最大值达33MPa。2003—2004年，在F_7断层泥砾带开挖发现未衬砌段162m初期支护发生大变形开裂破坏现象，继而发生大塌方中断正常施工。截至2004年5月，4个断面观测资料表明，开挖后31天，拱部最大下沉变形量达1053mm，下沉速率为34mm/d；边墙高1.5m处最大水平收敛变形量达1034mm，拱脚最大达978mm，收敛速率为33.4mm/d。

通过大变形洞段及变形控制措施为：设置小断面迂回导坑提前释放部分地应力；采用多重支护法，正洞隧道采用圆形断面形式，适当加强第一次支护刚度的多重支护，二次衬砌采用较大刚度的钢筋混凝土结构；采用超短台阶法开挖，上台阶控制在5m左右，仰拱距掌子面距离控制在20m以内。

乌鞘岭隧道通过加强支护刚度、合理预留变形量、多重支护，短锚管超前支护，中长锚杆和少量补强锚杆加固围岩等技术措施，按“短进尺、快封闭、强支护、速成环、二衬仰拱边墙紧跟”的原则，最终有效控制了隧道大变形。

十、木寨岭公路隧道

G212线木寨岭公路隧道全长1710m，穿越地层围岩主要为二叠系炭质板岩夹砂岩及硅质砂板岩。2002年5月开工，2002年11月隧道施工进入高地应力大变形地段，严重地段拱顶累计下沉达1550mm，在部分地段初期支护进行了二次换拱，特殊地段换拱达4次。

施工过程中根据专家建议及大变形特点，采取控制大变形措施为：开挖采用双侧壁法，并在具体施工与支护中进行改进；加强初期支护，钢架及临时支撑采用工字钢、长度

8～10m的自进式锚杆、小导管超前支护、钢筋网、厚25cm的喷射混凝土；开挖时预留变形量加大到1.5m；修改原设计仰拱半径25m改为16m，仰拱厚度由原45cm改为60cm；在施工过程中，根据监控结果，在变形基本趋于稳定时及时进行二次衬砌。

木寨岭隧道施工中还发现，在高地应力、大变形大断面隧道，采用应力释放起一定的作用，但不是最有效的手段。

第二章 隧洞开挖过程中围岩的变形

宁夏中南部城乡饮水安全工程隧洞开挖过程中的围岩变形检测主要是采用声波松动圈测试及围岩变形监测等测试工作。洞室松弛圈观测是了解洞室围岩应力下降带的范围，查明洞壁岩体的松弛厚度，测定松弛、未松弛岩体的动弹性参数。针对地下洞室，布置一定数量声波检测断面，观测围岩波速的变化情况，确定随开挖范围的扩大而引起的围岩松弛深度的变化，特别是在重点洞段附近布置长期观测试验孔，按一定的时间间隔定期进行声波测试，综合分析岩壁波速及其松弛厚度变化特征，即可评价岩体松弛卸荷随时间的变化情况，为设计支护类型和参数提供依据。

结合不同洞段的地质条件，通过围岩表面收敛变形监测及对岩体内部岩石位移变化情况监测，了解围岩变形量、变化过程及持续时间，探讨隧洞围岩变形规律及发展趋势，预测围岩稳定状态，为合理选择一次支护时机，优化衬砌类型选择及其灌浆方案设计提供一定依据。

针对观测目的和任务，结合场地条件，主要开展下列工作：

（1）用干孔单孔声波测试法测定输水隧洞围岩的松弛变化特征。

（2）采用多点位移计和收敛计对洞壁围岩进行变形监测。

（3）上述测试时同时观测现场环境温度和湿度。

第一节 隧洞围岩松弛特性

一、干孔声波测试及数据分析方法

根据输水隧洞开挖的具体情况，考虑岩性、围岩分类等地质条件，分别在7号隧洞出口桩号50＋312、50＋281、7号隧洞进口桩号40＋214、7号隧洞2号支洞桩号0＋208、2号隧洞进口桩号17＋525、2号隧洞出口桩号21＋705等布设6断面进行声波松动圈测试。

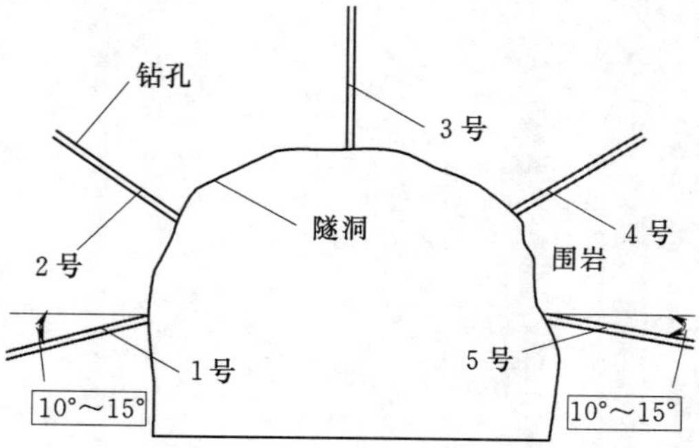

图4-2-1 干孔声波测试断面布置示意图
（面向大桩号）

一般同一断面沿洞径方向在洞顶、起拱处（或顶角）、腰墙布置5个孔（分顶孔、角孔、腰墙孔）。现场布置断面及钻孔编号见图4-2-1。

孔深应根据洞室大小、地质情况并应有效揭示一定深度内的原岩应力为准。洞室跨度愈大孔愈深。

使用仪器为国产 WSD－2A 数字声波仪（设备号 9834）及一发双收孔内干孔换能器。

测试时从孔底向孔口逐点进行测试，测点距一般取 0.2m，电缆深度标识准确，每十个测点校对一次。

为取得测试断面岩体的松弛特征随隧洞掌子面开挖距离及其时间的变化规律，对每一断面按时间顺序分别进行 8 次观测，连续观测时间约 15 天。现场测试时的环境温度为 11.0～20.0℃、环境湿度为 45%～80%。

干孔声波测试获得原始数据为声波在两接收换能器间 L(m) 范围内孔壁岩体的旅行时间差 Δt(s)，则两接收换能器间孔壁岩体声波纵波速度 v_p(m/s) 为

$$v_p=\frac{L}{\Delta t} \tag{4-2-1}$$

由 v_p 值绘制干孔声波测试曲线，依此进行速度层位划分和参数计算，并判定隧洞围岩松弛特征和范围。

二、隧洞围岩松动圈特征

综合分析声波速度与孔深的关系曲线，均表现为洞壁浅部松弛，随钻孔深度增大应力集中现象明显，最后进入原始应力岩体。松弛岩体声速一般为 1700～3400m/s，原始应力岩体声速一般为 2900～3800m/s。

1. 7 号隧洞 50＋312 断面（裸洞）

该断面岩性主要为泥岩，围岩类别为Ⅳ[2] 类，表层岩石松散脱落且有渗水现象。观测时间 15 天，期间共进行 8 次测试。现场测试时的环境温度为 11.0～17.6℃、环境湿度为 56%～75%。钻孔声波测试并结合地震波测试结果可得，松弛岩体声速一般为 1700～3100m/s，原始应力岩体声速一般为 2900～3800m/s。洞壁岩体松弛厚度为 0.45～1.10m。

综合分析声波速度与孔深的关系曲线，均表现为洞壁浅部松弛，随钻孔深度增大应力集中现象明显，短暂应力集中后即进入原始应力岩体。松弛岩体声速一般为 1700～3100m/s，应力集中带岩体声速约为 3500m/s 左右，原始应力岩体声速一般为 2900～3800m/s。洞壁岩体松弛厚度为 0.45～1.10m。

由各孔不同时间的测试结果统计得出表 4－2－1。

表 4－2－1　7 号隧洞 50＋312 断面（裸洞）洞壁岩体松弛圈厚度测试统计表

测试时间		距首次测试时长/h	松动厚度/m					距掌子面距离/m	备注
日期	时间		1 号孔	2 号孔	3 号孔	4 号孔	5 号孔		
3 月 30 日	21：00	0	0.46	0.48	0.45	0.53	0.66	1.5	环境温度 11.0～17.6℃、环境湿度为 56%～75%
3 月 31 日	17：15	20.25	0.62	0.58	0.49	0.61	0.72	7.0	
4 月 1 日	14：00	41	0.74	0.66	0.53	0.67	0.77	13.0	
4 月 3 日	10：30	85.5	0.79	0.72	0.55	0.76	0.82	17.5	
4 月 5 日	15：30	138.5	0.92	0.82	0.61	0.80	0.96	22.0	
4 月 7 日	13：00	184	0.94	0.94	0.70	0.86	0.98	29.0	
4 月 10 日	13：00	256	1.10	1.04	0.74	0.94	1.01	42.0	
4 月 14 日	14：00	353	1.10	1.04	0.74	0.94	1.01	46.0	
松动厚度范围/m			0.45～1.10						

由表 4-2-1 可绘制该端面洞壁岩体松弛厚度随时间的变化关系特征以及随掌子面变化的关系图见图 4-2-2 和图 4-2-3。

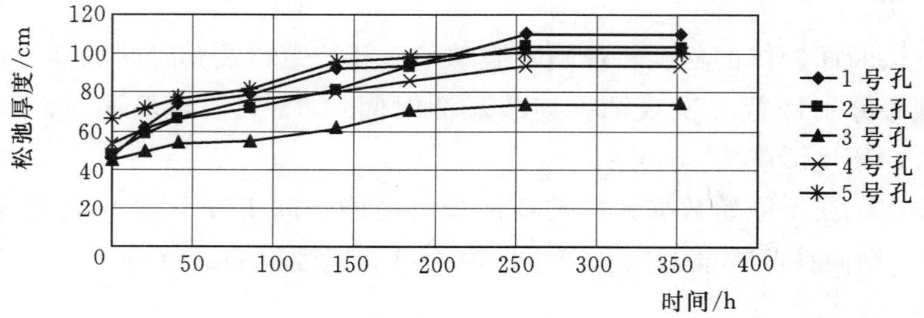

图 4-2-2　7 号隧洞桩号 50+312 断面岩体松弛随时间的变化关系

由图 4-2-2 可知：隧洞开挖后由于岩体应力瞬时变化以及爆破等因素的影响，首次观测时岩体即呈现 0.5m 左右的松弛带，随着距首次观测时间的增加，洞壁岩体的松弛厚度也逐渐加大，其中距首次观测时间约 41h 以内洞壁岩体松弛速度变化梯度最快，距首次观测时间 41～256h 洞壁岩体松弛速度变化梯度逐渐变缓，距首次观测时间大于 256h 以后洞壁岩体松弛速度变化梯度基本稳定。

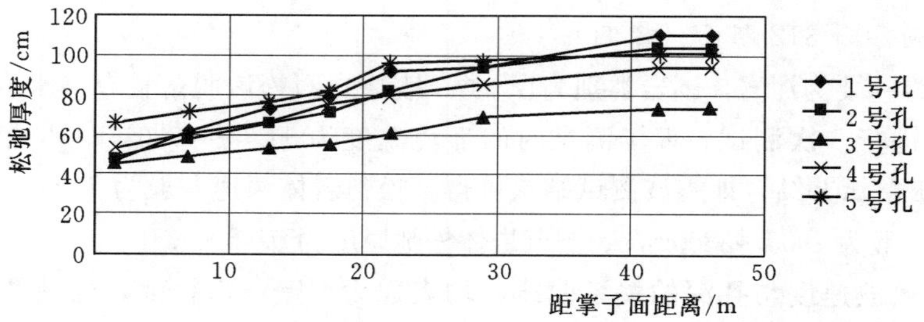

图 4-2-3　7 号隧洞出口桩号 50+312 断面岩体松弛随掌子面距离的变化关系

由图 4-2-3 知：隧洞开挖后由于岩体应力瞬时变化以及爆破等因素的影响，距离掌子面 1.5m 时的首次观测结果，其洞壁岩体即呈现 0.5m 左右的松弛带，随着距离掌子面的逐渐变远，洞壁岩体的松弛厚度也逐渐加大，其中距离掌子面约 22m 以内洞壁岩体松弛速度变化梯度最快，距离掌子面 22～42m 洞壁岩体松弛速度变化梯度逐渐变缓，距离掌子面约 42m 以远时洞壁岩体松弛速度变化梯度基本稳定。

2.7 号隧洞 50+281 断面（裸洞）

该断面岩性主要为泥岩，围岩类别为Ⅳ^2 类，表层岩石松散脱落且有渗水现象。观测时间 15 天，期间共进行 8 次测试。现场测试时的环境温度为 13.5～17.1℃、环境湿度为 56％～77％。

综合分析声波速度与孔深的关系曲线，均表现为洞壁浅部松弛，随钻孔深度增大应力集中现象明显，短暂应力集中后即进入原始应力岩体。松弛岩体声速一般为 1700～3400m/s，应力集中带岩体声速约为 3900m/s 左右，原始应力岩体岩体声速一般为 3400～4000m/s。洞壁岩体松弛厚度为 0.46～1.05m。

由各孔不同时间的测试结果图统计得出表 4-2-2。

表 4-2-2　　7 号隧洞 50+281 断面（裸洞）洞壁岩体松弛圈厚度测试统计表

测试时间		距首次测试时长/h	松动厚度/m					距离掌子面距离/m	备注
日期	时间		1号孔	2号孔	3号孔	4号孔	5号孔		
20130408	18：00	0	0.5	0.47	0.5	0.47	0.46	3	环境温度 13.5～17.1℃、环境湿度为 56%～77%
20130409	9：00	15	0.56	0.55	0.62	0.62	0.53	5.4	
20130410	12：00	42	0.70	0.70	0.72	0.73	0.71	10.2	
20130412	9：40	87.67	0.81	0.78	0.82	0.82	0.84	13	
20130414	13：30	139.5	0.89	0.86	0.94	0.96	0.94	15	
20130416	10：00	184	0.95	0.94	1.00	1.01	1.02	23	
20130419	11：00	257	1.00	1.00	1.04	1.05	1.05	36	
20130422	15：15	333.25	1.00	1.00	1.04	1.05	1.05	47	
松动厚度范围			0.46～1.05						

由表 4-2-2 可绘制该断面洞壁岩体松弛厚度随时间的变化关系特征以及随掌子面变化的关系，见图 4-2-4 和图 4-2-5。

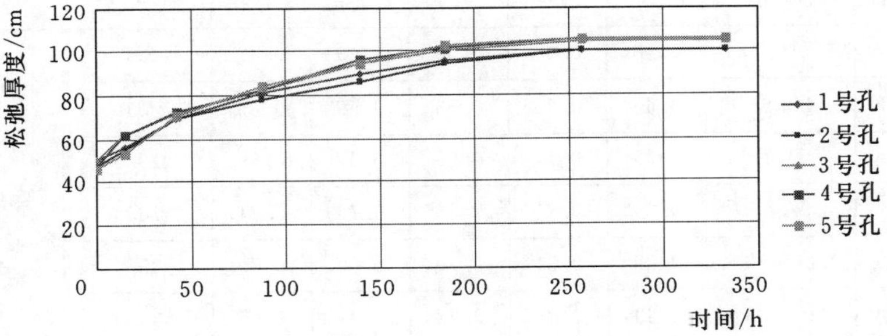

图 4-2-4　7 号隧洞桩号 50+281 断面岩体松弛随时间的变化关系

由图 4-2-4 可知：隧洞开挖后由于岩体应力瞬时变化以及爆破等因素的影响，首次观测时岩体即呈现 0.5m 左右的松弛带，随着距首次观测时间的增加，洞壁岩体的松弛厚度也逐渐加大，其中距首次观测时间约 42h 以内洞壁岩体松弛速度变化梯度最快，距首次观测时间 42～257h 洞壁岩体松弛速度变化梯度逐渐变缓，距首次观测时间大于 257h 以后洞壁岩体松弛速度变化梯度基本稳定。

由图 4-2-5 可知：隧洞开挖后由于岩体应力瞬时变化以及爆破等因素的影响，距离掌子面 3.0m 时的首次观测结果，其洞壁岩体即呈现 0.5m 左右的松弛带，随着距离掌子面逐渐变远，洞壁岩体的松弛厚度也逐渐加大，其中距离掌子面约 15m 以内洞壁岩体松弛速度变化梯度最快，距离掌子面 15～36m 洞壁岩体松弛速度变化梯度逐渐变缓，距离掌子面约 36m 以远时洞壁岩体松弛速度变化梯度基本稳定。

3.7 号隧洞进口桩号 40+214 断面（裸洞）

该断面岩性主要为泥岩，围岩类别为Ⅳ[1] 类。观测时间 16 天，期间共进行 8 次测试。现场测试时的环境温度为 14.0～20.0℃、环境湿度为 45%～58%。

综合分析声波速度与孔深的关系曲线，均表现为洞壁浅部松弛，随钻孔深度增大未呈

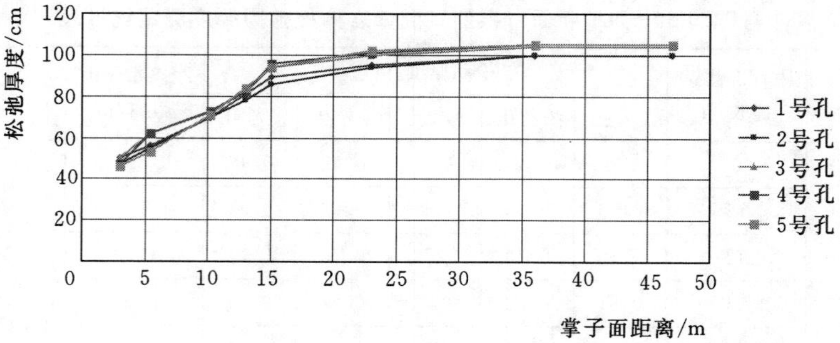

图 4-2-5 7号隧洞桩号 50+281 断面岩体松弛随掌子面距离的变化关系

现应力集中现象，直接进入原始应力岩体。松弛岩体声速一般为 1700～3500m/s，原始应力岩体声速一般为 3500～4350m/s。洞壁岩体松弛厚度为 0.48～0.93m。

由各孔不同时间的测试结果图统计得出表 4-2-3。

表 4-2-3 7号隧洞 40+214 断面（裸洞）洞壁岩体松弛圈厚度测试统计表

测试时间		距首次测试时长/h	松动厚度/m					距掌子面距离/m	备注
日期	时间		1号孔	2号孔	3号孔	4号孔	5号孔		
4月27日	11：40	0	0.48	0.49	0.50	0.49	0.49	3.0	环境温度 14～20℃、环境湿度为 45%～58%
4月28日	11：30	23.83	0.66	0.64	0.55	0.59	0.66	6.0	
4月29日	14：00	50.33	0.75	0.71	0.59	0.67	0.69	10.0	
5月1日	13：30	97.83	0.86	0.81	0.63	0.76	0.71	16.0	
5月3日	13：30	145.83	0.88	0.84	0.70	0.79	0.75	23.6	
5月5日	14：30	194.83	0.89	0.87	0.72	0.81	0.85	30.0	
5月8日	16：00	268.33	0.93	0.88	0.72	0.85	0.92	43.0	
5月12日	13：30	361.83	0.93	0.88	0.72	0.85	0.92	57.0	
松动厚度范围/m			0.48～0.93						

由表 4-2-3 可绘制该端面洞壁岩体松弛厚度随时间的变化关系特征以及随掌子面变化的关系，见图 4-2-6 和图 4-2-7。

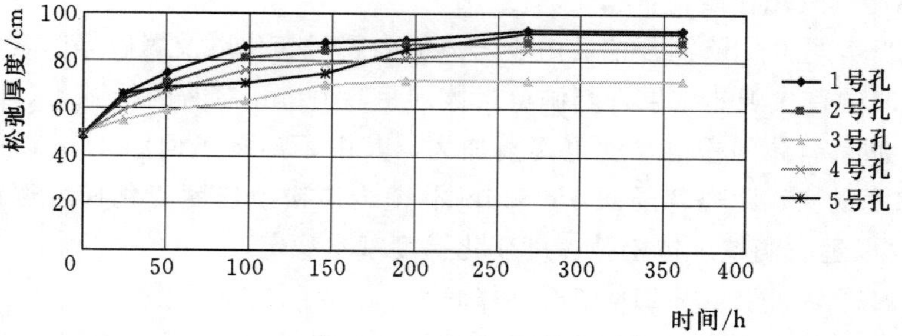

图 4-2-6 7号隧洞桩号 40+214 断面岩体松弛随时间的变化关系

由图 4-2-6 可知：隧洞开挖后由于岩体应力瞬时变化以及爆破等因素的影响，首次观测时岩体即呈现 0.5m 左右的松弛带，随着距首次观测时间的增加，洞壁岩体的松弛厚度也逐渐加大，其中距首次观测时间约 50h 以内洞壁岩体松弛速度变化梯度最快，距首次观测时间 50～260h 洞壁岩体松弛速度变化梯度逐渐变缓，距首次观测时间大于 260h 以后洞壁岩体松弛速度变化梯度基本稳定。

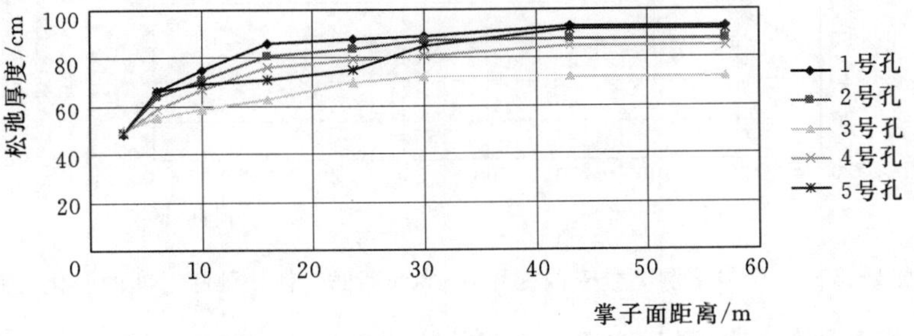

图 4-2-7　7 号隧洞桩号 40+214 断面岩体松弛随掌子面距离的变化关系

由图 4-2-7 可知：隧洞开挖后由于岩体应力瞬时变化以及爆破等因素的影响，距离掌子面 3.0m 时的首次观测结果，其洞壁岩体即呈现 0.5m 左右的松弛带，随着距离掌子面的逐渐变远，洞壁岩体的松弛厚度也逐渐加大，其中距离掌子面约 16m 以内洞壁岩体松弛速度变化梯度最快，距离掌子面 16～43m 洞壁岩体松弛速度变化梯度逐渐变缓，距离掌子面约 43m 以远时洞壁岩体松弛速度变化梯度基本稳定。

4.7 号隧洞 2 号支洞桩号 0+208 断面

该断面岩性主要为泥岩，围岩类别为Ⅳ[1] 类。观测时间 15 天，期间共进行 8 次测试。现场测试时的环境温度为 11.4～14.7℃、环境湿度为 53%～73%。

综合分析声波速度与孔深的关系曲线，均表现为洞壁浅部松弛，随钻孔深度增大未呈现应力集中现象，直接进入原始应力岩体。松弛岩体声速一般为 1750～3200m/s，原始应力岩体声速一般为 3200～3500m/s。洞壁岩体松弛厚度为 0.48～0.99m。

由各孔不同时间的测试结果图统计得出表 4-2-4。

表 4-2-4　　7 号隧洞 2 号支洞 0+208 断面洞壁岩体松弛圈厚度测试统计表

测试时间		距首次测试时长/h	松动厚度/m				距掌子面距离/m	备　注
日期	时间		1 号孔	2 号孔	4 号孔	5 号孔		
4 月 16 日	11：30	0	0.49	0.48	0.49	0.49	2	环境温度 11.4～14.7℃、环境湿度为 53%～73%
4 月 17 日	10：30	23.00	0.64	0.61	0.63	0.63	5	
4 月 18 日	10：00	47.00	0.76	0.74	0.74	0.73	8	
4 月 20 日	12：40	97.17	0.86	0.84	0.85	0.86	12	
4 月 22 日	13：50	146.33	0.94	0.92	0.93	0.94	20	
4 月 24 日	13：00	190.50	0.97	0.95	0.97	0.97	28	
4 月 27 日	13：50	266.33	0.98	0.97	0.99	0.98	42	
4 月 30 日	14：00	338.50	0.98	0.97	0.99	0.98	57	
松动厚度范围/m			0.48～0.99					

注　测试时洞壁表面已完成挂网式喷射混凝土支护。

由表 4-2-4 可绘制该端面洞壁岩体松弛厚度随时间的变化关系特征以及随掌子面变化的关系，见图 4-2-8 和图 4-2-9。

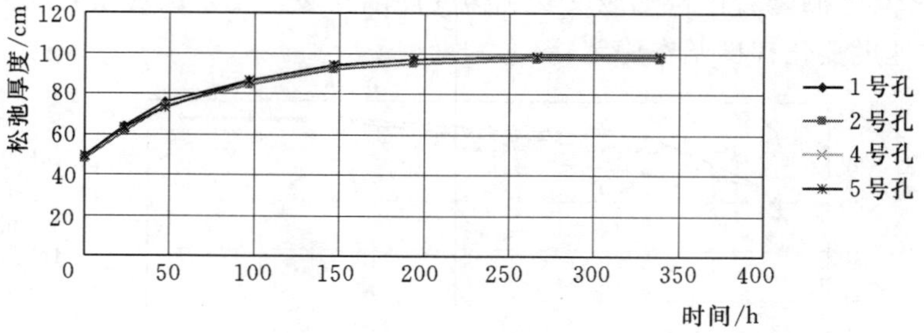

图 4-2-8　7 号隧洞 2 号支洞桩号 0+208 断面岩体松弛随时间的变化关系

由图 4-2-8 可知：隧洞开挖后由于岩体应力瞬时变化以及爆破等因素的影响，首次观测时岩体即呈现 0.5m 左右的松弛带，随着距首次观测时间的增加，洞壁岩体的松弛厚度也逐渐加大，其中距首次观测时间约 50h 以内洞壁岩体松弛速度变化梯度最快，距首次观测时间 50～200h 洞壁岩体松弛速度变化梯度逐渐变缓，距首次观测时间大于 200h 以后洞壁岩体松弛速度变化梯度基本稳定。

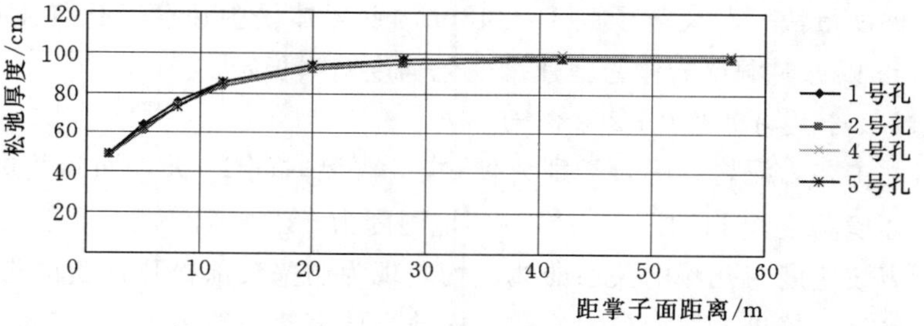

图 4-2-9　7 号隧洞 2 号支洞桩号 0+208 断面岩体松弛随掌子面距离的变化关系

由图 4-2-9 可知：隧洞开挖后由于岩体应力瞬时变化以及爆破等因素的影响，距离掌子面 2.0m 时的首次观测结果，其洞壁岩体即呈现 0.5m 左右的松弛带，随着距离掌子面的逐渐变远，洞壁岩体的松弛厚度也逐渐加大，其中距离掌子面约 20m 以内洞壁岩体松弛速度变化梯度最快，距离掌子面 20～42m 洞壁岩体松弛速度变化梯度逐渐变缓，距离掌子面约 42m 以远时洞壁岩体松弛速度变化梯度基本稳定。

5.2 号隧洞进口桩号 17+525 断面

该断面岩性主要为泥岩，围岩类别为$Ⅳ^1$类，表层岩石松散脱落且有渗水现象。观测时间 15 天，期间共进行 8 次测试。现场测试时的环境温度为 12.0～17.0℃、环境湿度为 49%～80%。

综合分析声波速度与孔深的关系曲线，均表现为洞壁浅部松弛，随钻孔深度增大未呈现应力集中现象，直接进入原始应力岩体。松弛岩体声速一般为 1670～2400m/s，原始应力岩体声速一般为 2400～2600m/s。洞壁岩体松弛厚度为 0.53～0.88m。

由各孔不同时间的测试结果图统计得出表 4-2-5。

表 4-2-5　　2 号隧洞 17+525 断面洞壁岩体松弛圈厚度测试统计表

测试时间		距首次测试时长/h	松动厚度/m					距掌子面距离/m	备　注
日期	时间		1 号孔	2 号孔	3 号孔	4 号孔	5 号孔		
4 月 11 日	15：30	0	0.54	0.53	0.54	0.54	0.56	3	环境温度 12～17℃、环境湿度为 49%～80%
4 月 12 日	14：00	22.50	0.68	0.66	0.63	0.65	0.71	8	
4 月 13 日	10：00	42.50	0.79	0.79	0.75	0.78	0.74	14	
4 月 15 日	11：30	92.00	0.82	0.82	0.78	0.83	0.79	20	
4 月 17 日	11：00	139.50	0.83	0.84	0.82	0.87	0.82	29	
4 月 19 日	14：00	190.50	0.85	0.86	0.85	0.88	0.87	38	
4 月 22 日	11：20	259.83	0.85	0.86	0.85	0.88	0.87	48	
4 月 26 日	10：30	355.00	0.85	0.86	0.85	0.88	0.87	58	
松动厚度范围/m			0.53～0.88						

注　测试时洞壁表面已完成挂网式喷射混凝土支护。

由表 4-2-5 可绘制该端面洞壁岩体松弛厚度随时间的变化关系特征以及随掌子面变化的关系，见图 4-2-10 和图 4-2-11。

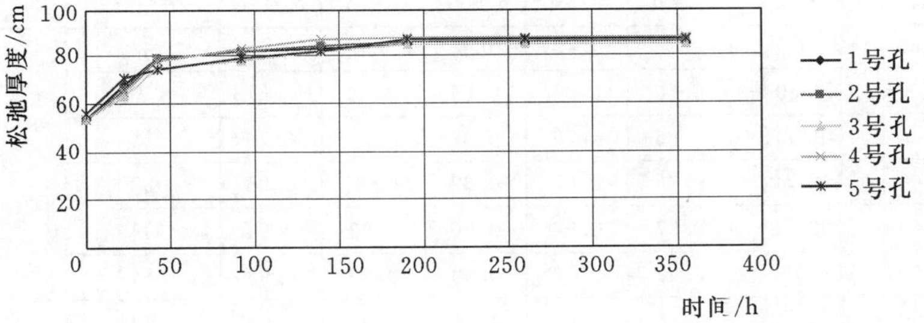

图 4-2-10　2 号隧洞桩号 17+525 断面岩体松弛随时间的变化关系

由图 4-2-10 可知：隧洞开挖后由于岩体应力瞬时变化以及爆破等因素的影响，首次观测时岩体即呈现 0.5m 左右的松弛带，随着距首次观测时间的增加，洞壁岩体的松弛厚度也逐渐加大，其中距首次观测时间约 42.5h 以内洞壁岩体松弛速度变化梯度最快，距首次观测时间 42.5～190.5h 洞壁岩体松弛速度变化梯度逐渐变缓，距首次观测时间大于 190.5h 以后洞壁岩体松弛速度变化梯度基本稳定。

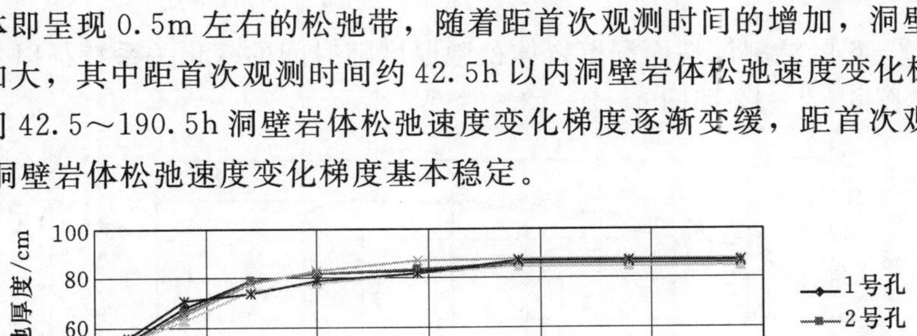

图 4-2-11　2 号隧洞桩号 17+525 断面岩体松弛随掌子面距离的变化关系

由图 4-2-11 可知：隧洞开挖后由于岩体应力瞬时变化以及爆破等因素的影响，距离掌子面 3.0m 时的首次观测结果，其洞壁岩体即呈现 0.5m 左右的松弛带，随着距离掌子面的逐渐变远，洞壁岩体的松弛厚度也逐渐加大，其中距离掌子面约 20m 以内洞壁岩体松弛速度变化梯度最快，距离掌子面 20～38m 洞壁岩体松弛速度变化梯度逐渐变缓，距离掌子面约 38m 以远时洞壁岩体松弛速度变化梯度基本稳定。

6.2 号隧洞出口桩号 21＋705 断面

该断面岩性主要为泥岩，围岩类别为Ⅳ[1] 类。观测时间 18 天，至 2013 年 5 月 18 日 14：00 进行最后 1 次观测，期间共进行 8 次测试。现场测试时的环境温度为 13.0～16.0℃、环境湿度为 49%～70%。

综合分析声波速度与孔深的关系曲线，均表现为洞壁浅部松弛，随钻孔深度增大未呈现应力集中现象，直接进入原始应力岩体。松弛岩体声速一般为 1670～3200m/s，原始应力岩体声速一般为 3200～3500m/s。洞壁岩体松弛厚度为 0.48～1.00m。

由各孔不同时间的测试结果图统计得出表 4-2-6。

表 4-2-6　　2 号隧洞 21＋705 断面洞壁岩体松弛圈厚度测试统计表

测试时间		距首次测试时长/h	松动厚度/m					距掌子面距离/m	备　注
日期	时间		1 号孔	2 号孔	3 号孔	4 号孔	5 号孔		
5 月 1 日	15：30	0	0.5	0.49	0.5	0.5	0.48	3	环境温度 13～16℃、环境湿度为 49%～70%
5 月 2 日	15：00	23.50	0.66	0.67	0.66	0.62	0.61	7	
5 月 3 日	17：00	49.50	0.86	0.79	0.87	0.72	0.76	13	
5 月 7 日	14：00	142.50	0.92	0.87	0.89	0.87	0.85	28	
5 月 9 日	13：00	189.50	0.97	0.92	0.96	0.92	0.94	39	
5 月 11 日	15：00	239.50	0.99	0.97	0.99	0.99	0.98	44	
5 月 14 日	15：00	311.50	1.00	1.00	1.00	1.00	1.00	49	
5 月 18 日	14：00	406.50	1.00	1.00	1.00	1.00	1.00	59	
松动厚度范围/m			0.48～1.00						

注　测试时洞壁表面已完成挂网式喷射混凝土支护。

由表 4-2-6 可绘制该端面洞壁岩体松弛厚度随时间的变化关系特征以及随掌子面变化的关系，见图 4-2-12 和图 4-2-13。

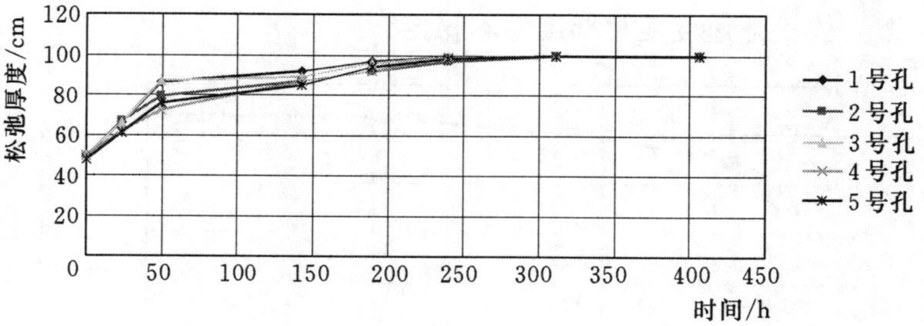

图 4-2-12　2 号隧洞桩号 21＋705 断面岩体松弛随时间的变化关系

由图 4-2-12 可知：隧洞开挖后由于岩体应力瞬时变化以及爆破等因素的影响，首次观测时岩体即呈现 0.5m 左右的松弛带，随着距首次观测时间的增加，洞壁岩体的松弛厚度也逐渐加大，其中距首次观测时间约50h以内洞壁岩体松弛速度变化梯度最快，距首次观测时间约50～250h左右洞壁岩体松弛速度变化梯度逐渐变缓，距首次观测时间大于250h以后洞壁岩体松弛速度变化梯度基本稳定。

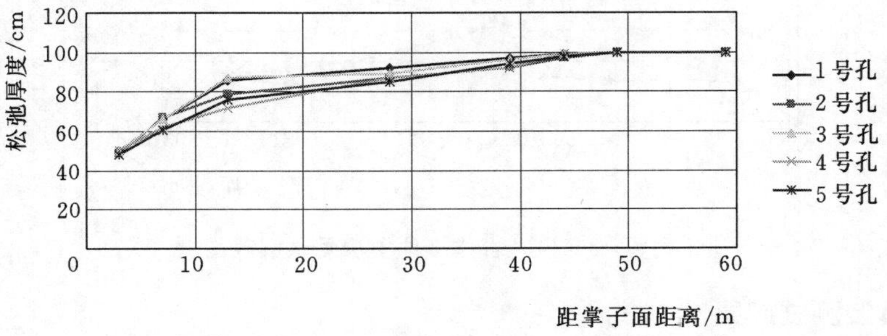

图4-2-13　2号隧洞桩号21+705断面岩体松弛随掌子面距离的变化关系

由图4-2-13可知：隧洞开挖后由于岩体应力瞬时变化以及爆破等因素的影响，距离掌子面3.0m时的首次观测结果，其洞壁岩体即呈现0.5m左右的松弛带，随着距离掌子面的逐渐变远，洞壁岩体的松弛厚度也逐渐加大，其中距离掌子面约15m以内洞壁岩体松弛速度变化梯度最快，距离掌子面15～45m洞壁岩体松弛速度变化梯度逐渐变缓，距离掌子面约45m以远时洞壁岩体松弛速度变化梯度基本稳定。

第二节　岩体地震波测试

一、测试及数据分析方法

采用小地震折射波法对隧洞岩体进行测试。实际观测时视现场开挖场地、地质条件等情况施测用相遇时距曲线观测系统，检波器间距1m，9道接收，两端激发。偏移距为1m。锤击震源。

使用国产DZQ48地震仪（设备号为6985）及其附属设备。

由于隧洞开挖过程中裸洞岩体坍塌较为严重，故仅在7号隧洞出口桩号段50+306～50+316右壁进行岩体地震波测试。该段地震波测试进行5次不同时间的观测。现场测试时的环境温度为11.0～17.6℃、环境湿度为56%～75%。

由野外取得的小地震折射波原始波形记录，通过对实测波形进行运动学、动力学特征分析的基础上读取各记录道初至时间，使用t_0法进行解释，方法步骤如下。

(1) 绘制时距曲线$t_1(x)$、$t_2(x)$，确定时距曲线所反映的地层数，根据平行性原理利用追逐时距曲线扩展相遇段，计算表层有效速度V_1和互换时间T。

(2) 对时距曲线相遇段用公式$\theta(x)=t_1(x)+T-t_2(x)$计算并绘制$\theta(x)$线。

(3) 对时距曲线相遇段利用公式$t_0(x)=t_1(x)+t_2(x)-T$计算并绘制$t_0(x)$线。

(4) 利用公式$V_2=2(x_2-x_1)/[\theta(x_2)-\theta(x_1)]$计算原岩界面纵波速度$V_2$(m/s)。

(5) 利用公式$h(x)=V_1V_2t_0(x)/[2(V_2^2-V_1^2)^{1/2}]$计算测线上各检波点处原岩顶面深度$h$。

实际解释图见图4-2-14。

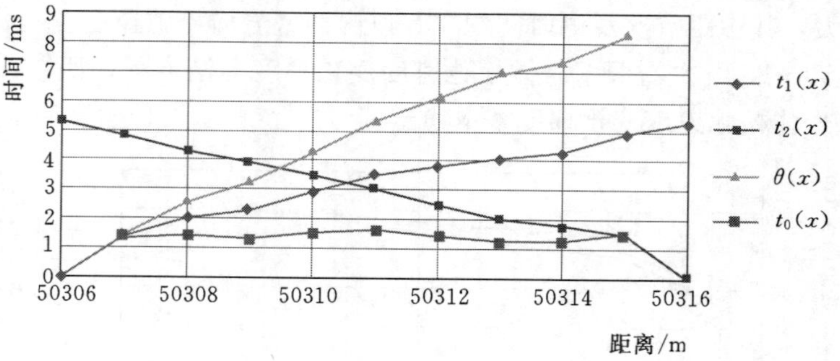

图 4-2-14　岩体小地震法测试解释图

二、地震波测试成果

7 号隧洞 50+306～50+316 段岩体地震波测试断面岩性主要为泥岩，围岩为Ⅳ^2 类围岩，表层岩石松散脱落且有渗水现象。观测时间 13 天，期间共进行 5 次测试。现场测试时的环境温度为 11.0～17.6℃、环境湿度为 56%～75%。不同时间的测试成果详见表 4-2-7。

表 4-2-7　7 号隧洞 50+306～50+316 右壁岩体地震波测试松动圈厚度统计表

距首次测试时长/h	松动厚度/m		距掌子面距离/m	备　注
	范围值	平均值		
0	0.75～0.83	0.79	15.0	环境温度 11.0～17.6℃、环境湿度为 56%～75%
48	0.78～0.95	0.89	20.0	
123	0.86～0.98	0.93	29.0	
195	0.94～1.10	0.98	42.0	
292	0.95～1.11	0.99	46.0	
松动厚度范围/m	0.75～0.99			

由表 4-2-7 可见：随着测试剖面距离掌子面的逐渐变远，洞壁岩体的松弛厚度也逐渐加大，距离掌子面约 42m 以远时洞壁岩体松弛速度变化梯度基本稳定。

由岩体地震波测试成果绘制松动圈厚度随时间的变化关系及随掌子面距离变化的关系图，见图 4-2-15 和图 4-2-16。

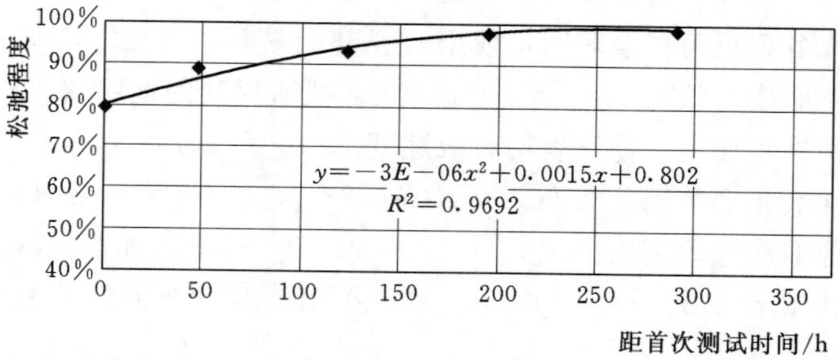

图 4-2-15　7 号隧洞 50+306～50+316 右壁岩体地震波测试松动圈厚度与时间关系

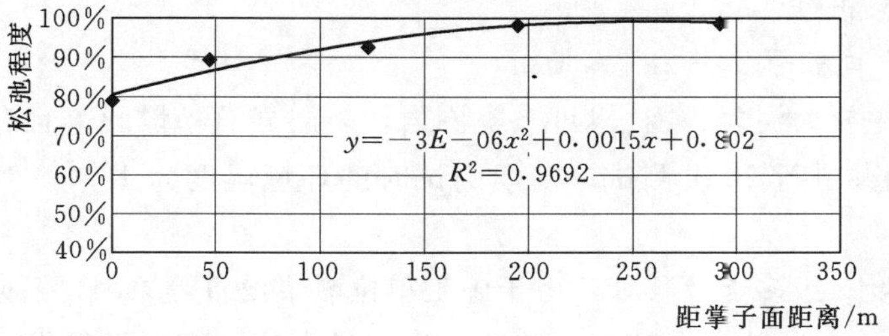

图 4-2-16　7 号隧洞 50+306～50+316 右壁岩体地震波测试松动圈厚度与掌子面距离关系

第三节　多点位移观测

一、监测方法

根据输水隧洞开挖的具体情况，考虑岩性、围岩分类以及喷锚支护等条件，分别在 7 号隧洞进口（桩号 40+200.7）、7 号隧洞出口（桩号 50+281）、2 号隧洞进口（桩号 17+502）共布置 3 个断面、共计安装 8 组多点位移计观测，每组多点位移计均含 3 个锚头，分别监测 1m、3m、5m 处的位移情况。

多点位移观测孔布置示意图参见图 4-2-17。

监测仪器为 DDWYJ-5002 型振弦式多点位移计，采用一组振弦式位移传感器作为测量头。

现场多点位移观测一般进行 18～22 次不同时间的观测。环境温度为 12.0～22.5℃、环境湿度为 42%～90%。

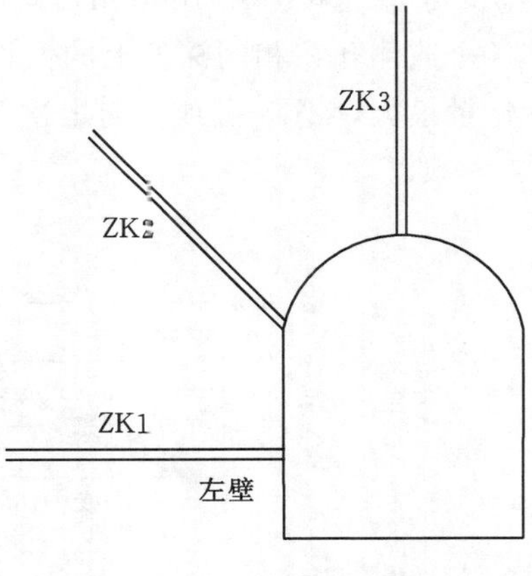

图 4-2-17　多点位移观测孔布置示意图

二、资料整理方法

由现场测读不同深度位移传感器的频率读数值，利用式（4-2-2）计算不同深度测点位移计观测的围岩位移量。

$$L=K(f_i^2-f_0^2)+b\Delta T+B \tag{4-2-2}$$

式中　L——位移量，mm；

K——位移计的灵敏度系数，mm/Hz²；

b——位移计的温度修正系数，mm/℃；

ΔT——位移计的温度实时测量值相于基准值的变化量，℃；

f_i——测量时的频率读数值；

f_0——实测初始频率；

B——位移计的计算修正值。

由此绘制围岩位移量与观测时间和开挖掌子面距离的关系曲线。

三、围岩位移特性

1.7 号隧洞出口桩号 50＋281 断面

该断面岩性主要为泥岩，围岩为Ⅳ^{2}类围岩，表层岩石松散脱落且有渗水现象。观测时间 30 天，期间共进行 20 次测试。现场测试时的环境温度为 12.0～17.6℃、环境湿度为 51％～77％。

该断面共埋设 3 组多点位移计，由于施工单位灌浆设备等原因，灌浆完成时掌子面已经距离该断面 20 余 m，大部分应力释放所产生的最大位移变形已经发生，监测到的只有后续的变化情况。ZK1 各个监测点（1m，3m，5m）位移变化曲线均表现为上升趋势，3m 处的总位移量最大，达到 0.493mm，其次 1m 处总位移为 0.446mm，5m 处总位移量最小为 0.382mm，各个监测点均随时间的推移，位移变化梯度逐渐减小。ZK2 各个监测点（1m，3m，5m）位移变化曲线也表现为上升趋势，但 1m 处的总位移量较小，为 0.103mm，3m 和 5m 处总位移量较大，分别为 0.253mm 和 0.292mm，最初监测时 1m 处位移变化趋势平缓，位移量较小，3m 和 5m 处位移变化趋势相近。ZK3 各个监测点（1m，3m，5m）位移变化曲线均呈上升趋势，1m 处的总位移量最大，达到 0.236mm，其次 5m 处总位移为 0.180mm，3m 处总位移量最小为 0.153mm。从成果图中也可以看出，各个监测孔在相同深度上的位移变化存在差异，如在 1m 深度，ZK1 水平方向上的位移变化量最大，ZK3 拱顶方向上次之，ZK2 拱腰方向上位移变化量最小。具体变化详见图 4－2－18。

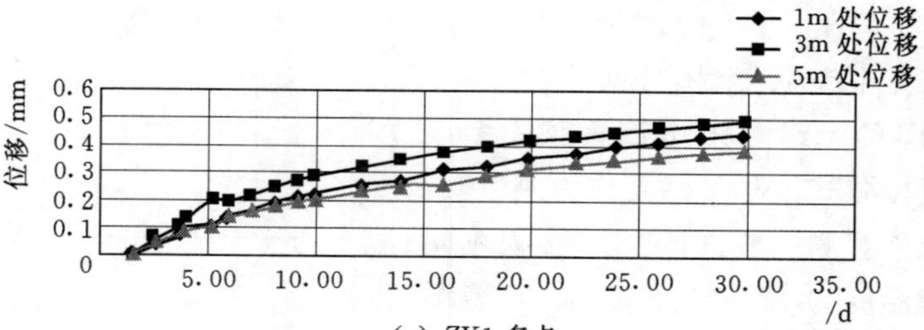

(a) ZK1 多点

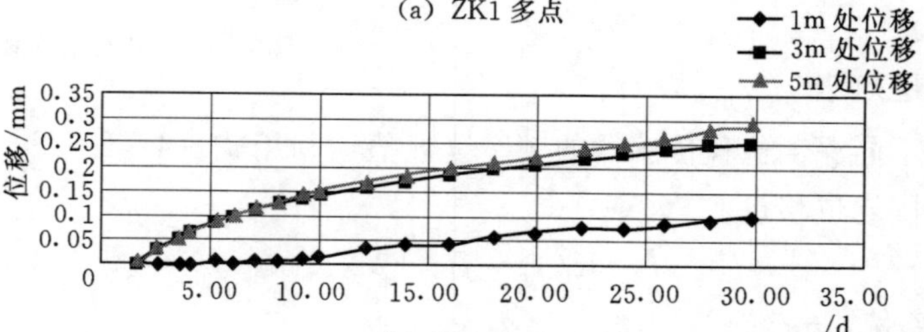

(b) ZK2 多点

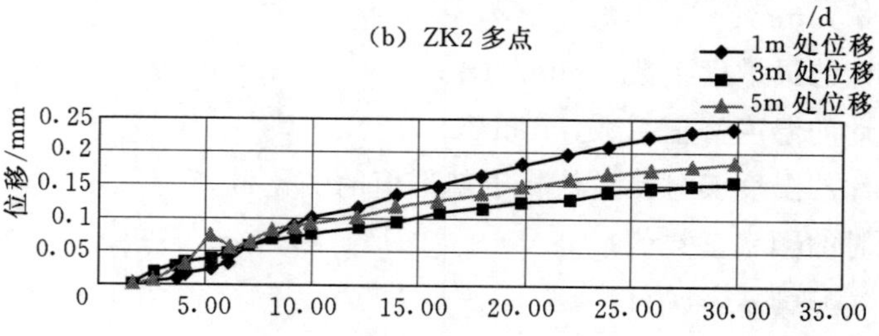

(c) ZK3 多点

图 4－2－18　7 号隧洞出口桩号 50＋281 断面多点位移计成果图

2.7 号隧洞进口桩号 40+200.7 断面

该断面岩性主要为泥岩，围岩为$Ⅳ^2$类围岩，相对干燥。观测时间 30 天，期间共进行 21 次测试。现场测试时的环境温度为 17.0～20.0℃、环境湿度为 49%～75%。

该断面共埋设 3 组多点位移计，由于施工单位灌浆设备等原因，灌浆完成时掌子面已经距离该断面 60 余 m，大部分应力释放所产生的最大位移变形已经发生，监测到的只有后续的变化情况。ZK1 各个监测点（1m，3m，5m）位移变化曲线均表现为上升趋势，5m 处的总位移量最大，达到 0.238mm，其次 1m 处总位移为 0.160mm，1m 处总位移量最小为 0.109mm，各个监测点均随时间的推移，位移变化梯度逐渐减小；ZK2 各个监测点（1m，3m，5m）位移变化曲线也表现为上升趋势，1m 处、3m 和 5m 处的总位移量，分别为 0.183mm、0.149mm 和 0.128mm；ZK3 各个监测点（1m，3m，5m）位移变化曲线变化规律异常，很难判断其变化特征，可能的原因是锚头灌浆固结不牢固。从成果图中也可以看出，各个监测孔在相同深度上的位移变化存在差异，如在 1m 深度，在 ZK2 拱腰方向上的位移变化量最大，ZK1 水平方向上位移变化量最小。具体变化见图 4-2-19。

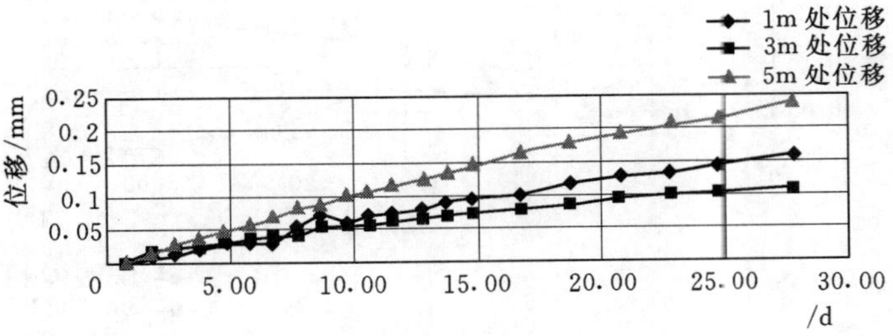

(a) ZK1 多点

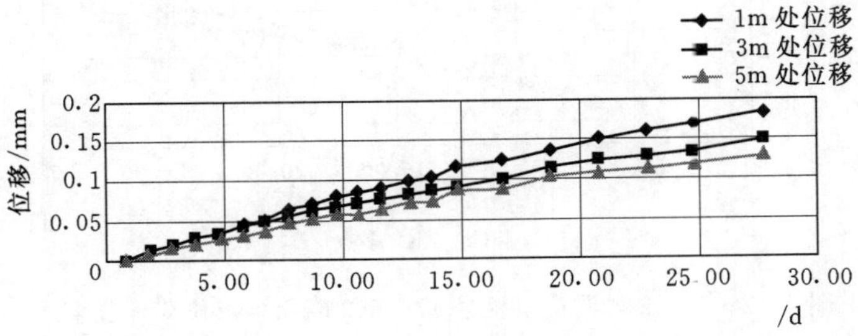

(b) ZK2 多点

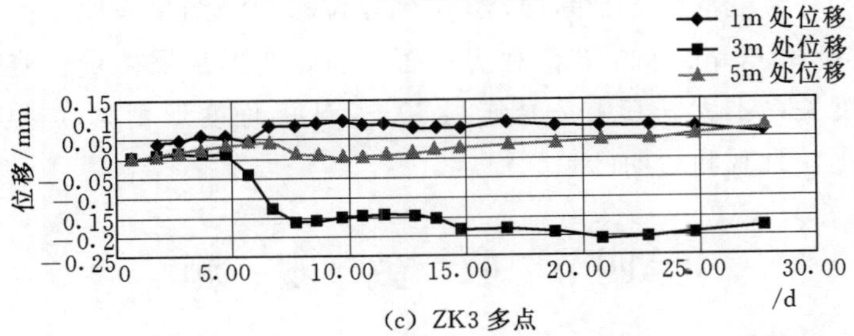

(c) ZK3 多点

图 4-2-19　7 号洞进口桩号 40+200.7 断面多点位移计成果图

3.2 号隧洞进口桩号 17+502 断面

该断面为白垩系下统第四层中厚层～厚层泥岩，蓝灰或紫红色，呈微新状，局部有泥化现象，岩石松散常有表层岩石脱落。观测时间 28 天，期间共进行 17 次测试。现场测试时的环境温度为 12.0～17.6℃、环境湿度为 49%～71%。

该断面共安装 2 组多点位移计，由于施工单位灌浆设备等原因，灌浆完成时掌子面已经距离该断面 50 余 m，大部分应力释放所产生的最大位移变形已经发生，监测到的只有后续的变化情况。ZK1 各个监测点（1m，3m，5m）位移变化曲线存在差异，3m、5m 处为持续上升，1m 处位移变化为先增大后减小，3m 处的总位移量最大，达到 0.269mm，其次 5m 处总位移为 0.210mm，1m 处总位移量最小为 0.025mm，各个监测点均随时间的推移，位移变化梯度逐渐减小。ZK2 各个监测点（1m，3m，5m）位移变化曲线均表现为上升趋势，各处的位移接近，1m 处的总位移量为 0.330mm，3m 和 5m 处总位移量分别为 0.305mm 和 0.286mm，1m、3m 和 5m 处位移变化趋势相近。从成果图中也可以看出，各个监测孔在相同深度上的位移变化存在差异，如在 1m 深度，ZK2 拱腰方向上的位移变化量最大，ZK1 水平方向上位移变化量最小。具体变化详见图 4-2-20。

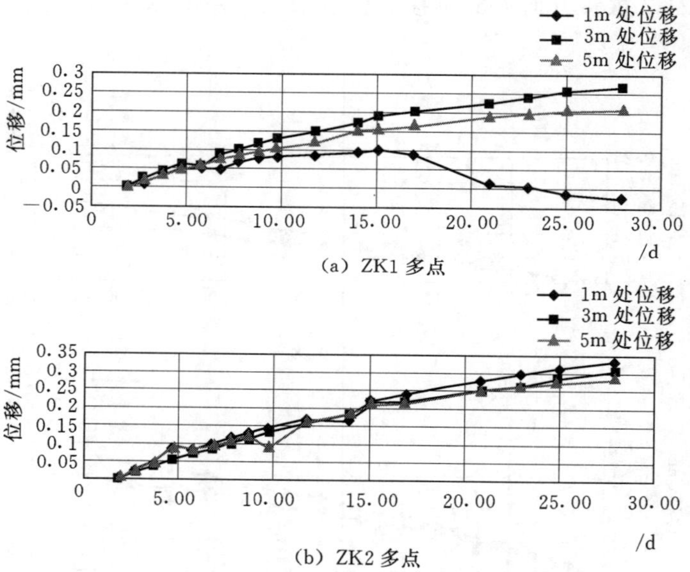

(a) ZK1 多点

(b) ZK2 多点

图 4-2-20　2 号洞进口桩号 17+502 断面多点位移计成果图

对 7 号隧洞和 2 号隧洞的 3 个断面、8 组多点位移观测结果表明，由于围岩位移观测时距离掌子面在 30～265m 之间，3 个观测断面的围岩变形都属微量，变化很小，且与隧洞环境温度和湿度关系不大。其中 7 号隧洞 50+281 断面变形稍大（最大为 0.493mm），但总体位移量很小，且观测后期已趋于稳定。

第四节　收　敛　观　测

一、工作布置

根据地质条件、施工要求、设计目的、施工方法、支护形式、围岩类别及围岩的时间和空间效应等因素，共在 7 个隧洞布置完成 9 个收敛观测断面，具体隧洞及断面位置见表

4-2-8。

表 4-2-8　　　收敛断面布置情况

隧洞	断面桩号	隧洞	断面桩号	隧洞	断面桩号
中庄水库输水洞	0+137.8	7号洞进口	40+216	7号-2支洞	0+207.7
2号洞出口	21+713.8	7号-1支洞	0+063	7号-3支洞	0+415.5
2号洞出口	21+643.5（裸）	7号-1支洞	0+097（裸）	7号洞出口	50+268.3

收敛观测断面测线布置形式采用三点三线法，如图 4-2-21 所示。

观测仪器为 XJA-30 型数显收敛计。

观测天数一般在 28 天左右，由于天气等原因，观测次数从 18～23 次不等。

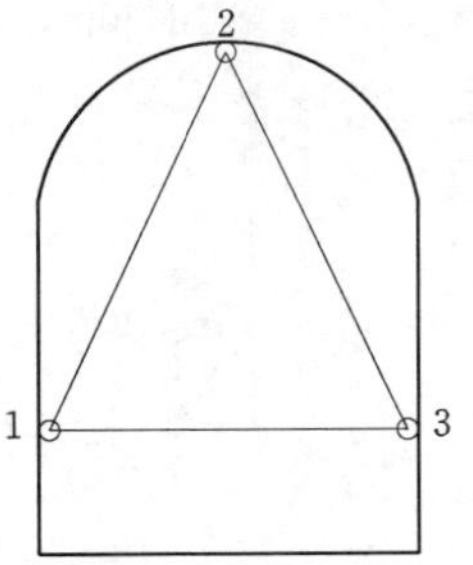

图 4-2-21　收敛观测断面测线布置形式示意图

二、资料整理方法

机械式收敛计均有温度误差，所以每次测出的读数还应加上温度修正值，即

实际测量值=修正后的钢尺长度+千分尺的读数

钢尺温度校正计算

$$L'=L_n[1-a(T_0-T_n)] \qquad (4-2-3)$$

式中　L'——温度修正后的钢尺实际长度；

L_n——第 n 次观测时钢尺的长度读数；

a——钢尺的线性膨胀系数，取 $a=12\times10^{-6}/℃$；

T_0——首次观测时的环境温度,℃；

T_n——第 n 次观测时的环境温度,℃。

由此绘制围岩收敛值与观测时间和开挖掌子面距离的关系曲线。

三、隧洞收敛特性

1. 中庄水库输水洞 0+137.8 断面

该断面观测时间 28 天，期间共进行 21 次测试。现场测试时的环境温度为 12.0～17.6℃、环境湿度为 49%～80%。

地层为第三系渐新统清水营组，主要岩性为黏质粉土，褐黄色，很湿～饱和，可见微细水平层理。此断面埋设 3 个收敛监测点，拱顶及腰线两侧，共 3 条测线的监测成果。该断面断面线 1—2、2—3、1—3 总收敛值分别为 0.28mm、1.67mm、0.90mm，由于受到洞内送风带的影响，断面线 1—2 监测时间为 17 天，断面线 1—3、2—3 监测时间为 27 天，监测期间，该断面距掌子面 7.16～58.16m。具体变化见图 4-2-22 及表 4-2-9。

2. 2 号隧洞出口 21+713.8 断面

该断面观测时间 28 天，期间共进行 20 次测试。现场测试时的环境温度为 12.0～17.8℃、环境湿度为 50%～80%。

地层为白垩系下统第三层，泥岩夹薄层泥灰岩，灰色，呈微新状，围岩完整性较好，地下水活动较弱。该断面断面线 1—2、2—3、1—3 总收敛值分别为 3.31mm、2.39mm、

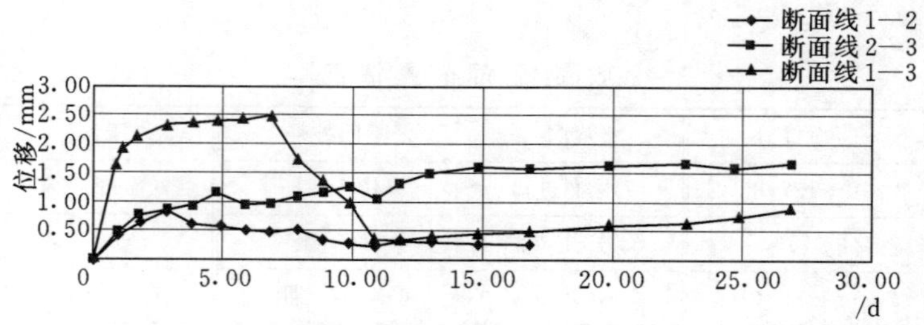

图 4-2-22 中庄水库输水隧洞 0+137.8 断面收敛观测成果图

3.48mm，监测时间为 27 天，监测期间，该断面距掌子面 8.8～113.8m。具体变化见图 4-2-23及表 4-2-9。

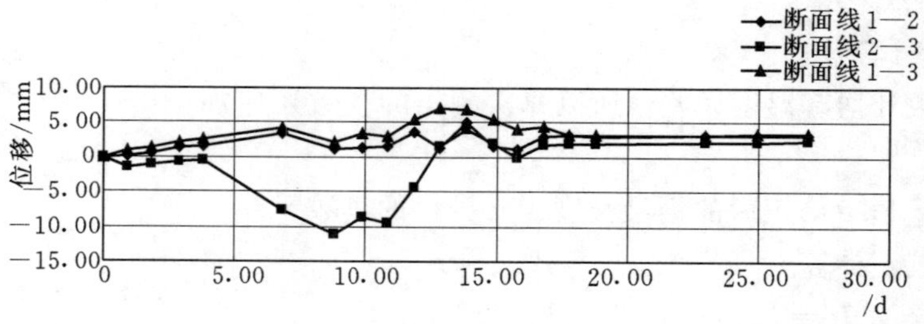

图 4-2-23 2 号隧洞出口桩号 21+713.8 断面收敛观测成果图

3.2 号隧洞出口 21+643.5 断面（裸洞）

该断面观测时间 27 天，期间共进行 18 次测试。现场测试时的环境温度为 13.1～17.0℃、环境湿度为 53%～90%。

地层为白垩系下统第三层，泥岩夹薄层泥灰岩，灰色，呈微新状，此段成洞条件一般，围岩自稳时间较短，综合判定隧洞围岩属于Ⅳ类。此断面埋设 3 个收敛监测点，分别在拱顶及腰线两侧，共 3 条测线的监测成果。该断面断面线 1—2、2—3、1—3 总收敛值分别为 8.98mm、2.50mm、11.23mm，由于受到洞内送风带的影响，断面线 1—2 监测时间为 19 天，断面线 1—3、2—3 监测时间为 27 天，监测期间，该断面距掌子面 3.5～100.5m。具体变化见图 4-2-24 及表 4-2-9。

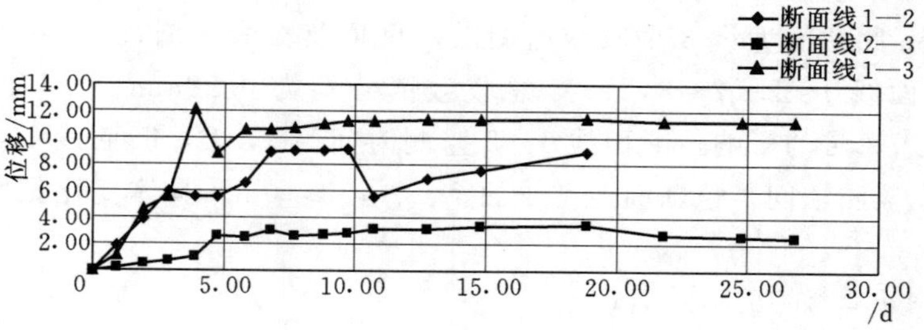

图 4-2-24 2 号隧洞出口桩号 21+643.5 断面收敛观测成果图

4.7 号隧洞进口 40+216 断面

该断面观测时间 29 天，期间共进行 23 次测试。现场测试时的环境温度为 13.5～

20.3℃、环境湿度为45%～75%。

地层岩性以泥岩为主，薄层—中厚层，中等风化，完整性较好。此断面埋设3个收敛监测点，分别在拱顶及腰线两侧，共3条测线。该断面断面线1—2、2—3、1—3总收敛值分别为3.73mm、11.18mm、4.30mm，监测时间为28天，监测期间，该断面距掌子面1.5～109m。具体变化见图4-2-25及表4-2-9。

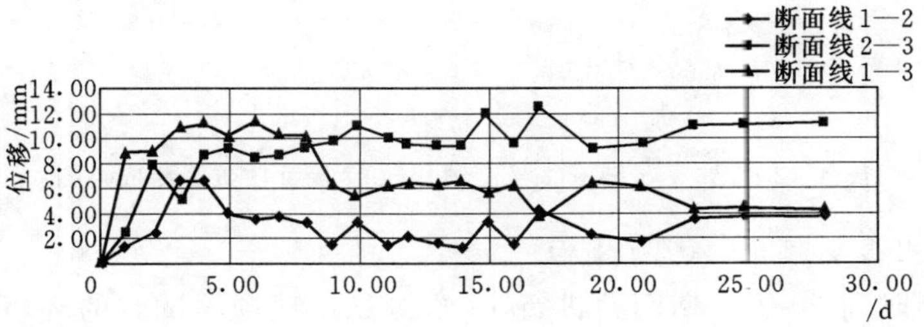

图4-2-25　7号隧洞进口桩号40+216断面收敛观测成果图

5.7号隧洞1号支洞0+063断面

该断面观测时间28天，期间共进行23次测试。现场测试时的环境温度为12.0～17.6℃、环境湿度为42%～81%。

地层岩性以白垩系乃家河组第三段泥岩为主，裂隙发育，裂隙组合不良，裂隙张开较大，以泥质填充物为主，填充物呈可塑状，洞壁潮湿，拱顶有塌方现象。此断面埋设3个收敛监测点，拱顶及腰线两侧，共3条测线的监测成果。该断面断面线1—2、2—3、1—3总收敛值分别为0.61mm、1.98mm、0.19mm，由于受到洞内送风带的影响，断面线1—2监测时间为18天，断面线1—3、2—3监测时间为27天，监测期间，该断面距掌子面3.8～61m。具体变化见图4-2-26及表4-2-9。

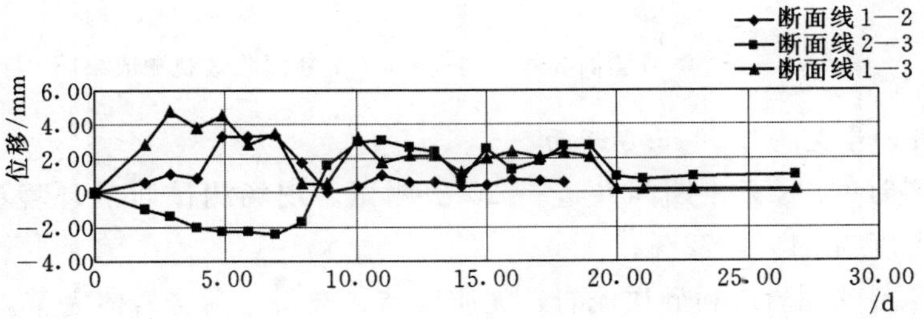

图4-2-26　7号隧洞1号支洞桩号0+063断面收敛观测成果图

6.7号隧洞1号支洞0+097断面（裸洞）

该断面观测时间28天，期间共进行21次测试。现场测试时的环境温度为14.0～16.3℃、环境湿度为46%～81%。

地层岩性以白垩系乃家河组第三段泥岩、泥灰岩为主，微风化状，裂隙发育，裂隙面光滑，洞壁潮湿。此断面埋设3个收敛监测点，拱顶及腰线两侧，共3条测线的监测成果。该断面断面线1—2、2—3、1—3总收敛值分别为6.25mm、23.65mm、5.33mm，监测时间为28天，监测期间，该断面距掌子面4～78m。具体变化见图4-2-27及表

4-2-9。

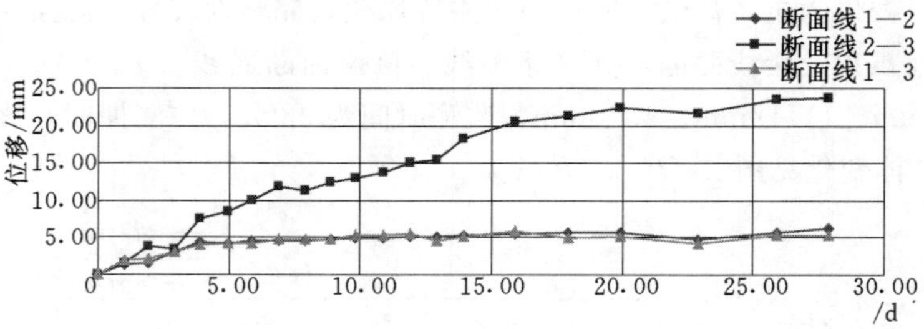

图 4-2-27 7号隧洞1号支洞0+097断面收敛观测成果图

7.7号隧洞2号支洞0+207.7断面

该断面观测时间30天，期间共进行18次测试。现场测试时的环境温度为11.0～16.0℃、环境湿度为55%～70%。

断面岩性以中厚层状灰色泥岩、粉砂质泥岩为主，微新状，围岩岩体较完整，裂隙多。此断面埋设3个收敛监测点，拱顶及腰线两侧，共3条测线的监测成果。该断面断面线1—2、2—3、1—3总收敛值分别为4.01mm、1.29mm、4.82mm，监测时间为26天，监测期间，该断面距掌子面12.3～127.3m。具体变化见图4-2-28及表4-2-9。

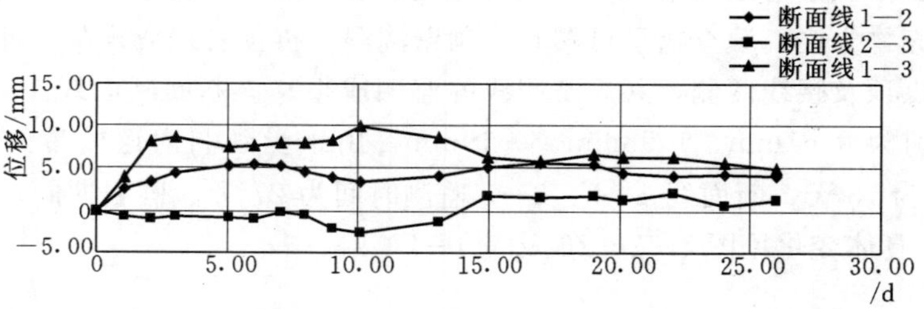

图 4-2-28 7号隧洞2号支洞0+207.7断面收敛观测成果图

8.7号隧洞3号支洞0+415.6断面

该断面观测时间28天，期间共进行20次测试。现场测试时的环境温度为15.4～22.5℃、环境湿度为44%～72%。

岩性为主厚层状泥岩、粉砂质泥岩，泥质胶结，微新，围岩岩体完整。此断面埋设3个收敛监测点，拱顶及腰线两侧，共3条测线的监测成果。该断面断面线1—2、2—3、1—3总收敛值分别为5.06mm、4.40mm、2.00mm，监测时间为26天，监测期间，该断面距掌子面4.4～167.4m。具体变化见图4-2-29及表4-2-9。

9.7号隧洞出口50+268.3断面

该断面观测时间30天，期间共进行22次测试。现场测试时的环境温度为12.0～17.6℃、环境湿度为43%～77%。

围岩为白垩系下统马东山组第二段，岩性主要为泥岩。此断面埋设3个收敛监测点，拱顶及腰线两侧，共3条测线的监测成果。该断面断面线1—2、2—3、1—3总收敛值分别为6.49mm、8.12mm、18.88mm，监测时间为29天，监测期间，该断面距掌子面2.3

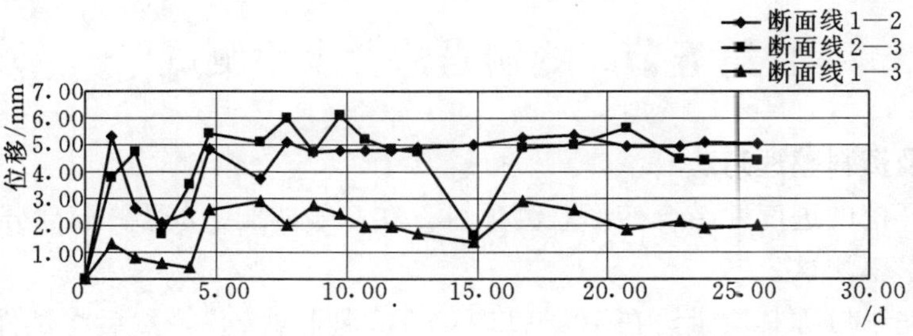

图 4-2-29　7号隧洞3号支洞0+415.6断面收敛观测成果图

~113.8m。具体变化见图 4-2-30 及表 4-2-9。

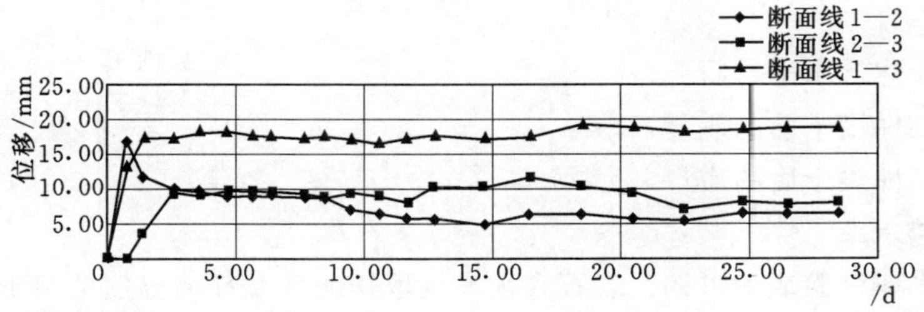

图 4-2-30　7号隧洞出口50+268.3断面收敛观测成果图

通过对7个隧洞9个收敛观测断面的观测，其成果汇总于表 4-2-9。收敛观测时距离掌子面在1.5~167.4m之间，其中裸洞收敛观测的2个断面2号隧洞21+643.5和7号隧洞1号支洞0+097观测时距离掌子面在3.5~100.54m之间，其收敛值变化范围为2.5~23.65mm，以7号隧洞1号支洞0+097断面2—3线围岩收敛最大；其他7个观测断面均在一次支护的表面设置观测点，其收敛值变化范围为0.28~18.88mm，以7号隧洞50+268.3断面1—3线围岩收敛最大。隧洞收敛与环境温度和湿度关系不大，一般距掌子面大于15~20m时洞壁收敛变形趋于稳定。

表 4-2-9　　收敛变形观测成果汇总

隧洞编号	测试断面桩号	岩性	围岩类别	收敛变形量/mm	最大收敛变形量与洞径比
中庄水库输水洞	0+137.8	第三系渐新统砂质泥岩	V	0.28、1.67、0.90	0.05%
2号	21+713.8	泥岩夹薄层泥灰岩	Ⅳ[1]	3.31、2.39、3.48	0.11%
2号	21+643.5	泥岩夹薄层泥灰岩	Ⅳ[1]	8.98、2.50、11.23	0.34%
7号	40+216	泥岩为主	V	3.73、11.18、4.30	0.34%
7—1号	0+063	泥岩为主	Ⅳ[1]	0.61、1.98、0.19	0.06%
7—1号	0+097	泥岩、泥灰岩	Ⅳ[2]	6.25、23.65、5.33	0.72%
7—2号	0+207.7	泥岩、粉砂质泥岩	Ⅳ[2]	4.01、1.29、4.82	0.15%
7—3号	0+415.6	泥岩、粉砂质泥岩	Ⅳ[1]	5.06、4.40、2.00	0.15%
7号	50+268.3	泥岩	Ⅳ[2]	6.49、8.12、18.88	0.57%

注　收敛变形量观测位置为左边墙、顶拱、右边墙。洞经按3.3m计。

第五节 隧洞岩体含水率测试

一、测试及资料整理方法

根据隧洞开挖的进度并结合变形监测项目，在7号隧洞、2号隧洞部分洞段取岩样20组进行岩石含水率测试。

岩样制作完毕后称其质量，在105～110℃的恒温下烘24h，然后将试件从烘箱中取出放入干燥器内冷却至室温称试件质量并计算其含水率。

由烘干前、后岩块的质量，按下式计算岩石天然含水率。

$$\omega_0=\frac{m_0-m_d}{m_d}\times 100\% \tag{4-2-4}$$

式中 ω_0——天然含水率，%；

m_0——试件烘干前的质量，g；

m_d——试件烘干后的质量，g。

二、岩体含水率

由岩石含水率试验成果可知：岩石含水率与取样时间及环境温度关系不大，主要与取样位置关系密切，在20组试验结果，2号隧洞进口桩号17＋528～17＋533位置岩石含水率最大，其值为11.35%～13.35%；2号隧洞出口桩号21＋694位置处的岩石含水率次之，其值为5.38%～8.24%；其他试验洞段的岩石含水率相对较低，一般小于5.60%。

第六节 环境温度和湿度观测

根据隧洞开挖的进度并结合其他测试观测项目，分别在中庄水库输水隧洞、7号隧洞、2号隧洞等处测读隧洞现场环境的温度和湿度。

观测仪器为优仪高科技公司生产的CTH-608型数显温湿度计。

观测天数最多为23天，根据其他不同的测试项目其观测次数从8～23次不等。

根据测试日期和时间绘制表格进行分析隧洞现场环境的温度和湿度的变化规律。

隧洞环境温度和湿度观测成果见表4-2-10。

表4-2-10 隧洞环境温度和湿度观测成果统计表

隧洞名称	测试位置	温度/℃		湿度/%	
		范围	平均值	范围	平均值
7号隧洞	50＋281	12～17.6	14.9	49%～90%	63%
	50＋312	11～17.6	12.8	56%～75%	68%
	50＋268	12～17.6	15.5	43%～77%	61%
	40＋214	13.9～20.3	17.2	39%～58%	52%
	40＋216	13.5～20.3	16.3	45%～75%	58%
	40＋200	15.8～20.0	15.8	49%～75%	57%

续表

隧洞名称	测试位置	温度/℃		湿度/%	
		范围	平均值	范围	平均值
7—1 号支洞	0+063	12.0～17.6	14.9	42%～81%	64%
	0+097	12.5～16.3	14.5	46%～81%	64%
7—3 号支洞	0+415	15.4～22.5	17.0	44%～72%	56%
7—2 号支洞	0+207	11.0～16.0	13.3	55%～73%	63%
	0+208	11.4～14.7	12.9	53%～73%	63%
2 号隧洞	17+502	12.0～17.6	15.0	49%～71%	61%
	17+525	11.9～17.2	14.0	49%～80%	64%
	21+705	12.8～15.5	13.9	49%～70%	60%
	21+713	12.0～17.8	14.5	50%～80%	62%
	21+643	13.1～17.0	14.8	53%～90%	66%
中庄水库输水洞	0+137	12.0～17.6	14.3	49%～80%	60%

由表 4-2-10 知：隧洞环境温度一般在 11～20℃之间变化，环境湿度一般在 44%～81%之间变化。

第七节　小　　结

一、隧洞围岩松弛特性

隧洞开挖后由于岩体应力瞬时变化以及爆破等因素的影响，洞壁岩体即呈现 0.5m 左右的松弛带，随着观测时间的增加，洞壁岩体的松弛厚度也逐渐加大，距首次观测时间 41～50h 以内洞壁岩体松弛速度变化梯度最快，距首次观测时间 41～260h 洞壁岩体松弛速度变化梯度逐渐变缓，距首次观测时间大于 260h 以后洞壁岩体松弛速度变化梯度基本稳定；随着掌子面的逐渐变远，洞壁岩体的松弛厚度也逐渐加大，其中距离掌子面 15～22m 内洞壁岩体松弛速度变化梯度最快，距离掌子面 15～45m 洞壁岩体松弛速度变化梯度逐渐变缓，距离掌子面约 45m 以远时洞壁岩体松弛速度变化梯度基本稳定。

二、隧洞围岩位移特性

由于围岩位移观测时距离掌子面在 30～265m 之间，3 个观测断面的围岩变形都属微量，变化很小，且与隧洞环境温度和湿度关系不大。其中 7 号隧洞 50+281 断面变形稍大（最大为 0.493mm），但总体位移量很小，且观测后期已趋于稳定。

三、隧洞收敛特性

收敛观测时距离掌子面在 1.5～167.4m 之间，其中裸洞收敛观测的 2 个断面 2 号隧洞 21+643.5 和 7 号隧洞 1 号支洞 0+097 观测时距离掌子面在 3.5～100.54m 之间，其收敛值变化范围为 2.5～23.65mm，以 7 号隧洞 1 号支洞 0+097 断面 2—3 线围岩收敛最大；其他 7 个观测断面均在一次支护的表面设置观测点，其收敛值变化范围为 0.28～

18.88mm，以 7 号隧洞 50＋268.3 断面 1—3 线围岩收敛最大。隧洞收敛与环境温度和湿度关系不大，一般距掌子面大于 15～20m 时洞壁收敛变形趋于稳定。

四、隧洞岩体含水率

岩石含水率与取样时间及环境温度关系不大，主要与取样位置关系密切，其中 2 号隧洞进口桩号 17＋528、17＋533 位置处的岩石含水率最大，其值为 11.35％～13.35％；2 号隧洞出口桩号 21＋694 位置处的岩石含水率次之，其值为 5.38％～8.24％；其他试验洞段的岩石含水率相对较低，一般小于 5.60％。

五、隧洞环境温度与湿度

隧洞环境温度在 11～20℃之间变化，环境湿度在 44％～81％之间变化。

第三章

隧洞应力应变分布特征与支护

第一节 研究隧洞地质概况

7号（大湾）隧洞隧洞区位于泾源县大湾乡，隧洞总长10.710km，设计隧洞净高2.35m，洞底坡降为1/2250。进口位于固原大湾乡马洼沟右岸山坡，出口位于下青石嘴沟北侧山坡。

该隧洞有4个支洞：7—1号支洞进口位于杨洼沟，全长509m；7—2号支洞进口位于井攀沟，全长711m；7—3号支洞进口位于王灌沟，全长612m；7—4号支洞进口位于四沟，全长357m。

隧洞进出口及各施工支洞口主要设计指标见表4-3-1。

表4-3-1　7号（大湾）隧洞进出口主要设计指标表

位置	桩号	坐标		地表高程/m	洞底高程/m
		E	N		
进口	40+090	3953269.09	35616926.96	1898.8	1893.62
出口	50+800	3963905.92	35616633.62	1895.74	1889.73

一、地形地貌

隧洞主要穿越山体地面高程1896～2201m，相对高差305m左右，属低中山地貌单元，地形起伏较大，山梁与沟谷相间，隧洞沿线共有较大沟谷11个。隧洞埋深为9～310m，平均埋深为165m，隧洞总体走向为NW359°。

二、地层岩性

隧洞穿越地区基岩为白垩系下统六盘山群马东山组第二段（K_1m^2）和乃家河组第一段（K_1n^1）、第二段（K_1n^2）、第三段（K_1n^3），隧洞进出口、沟谷及基岩表层覆盖有第四系松散堆积层，隧洞穿越地层主要特征分述如下：

(1) 马东山组第二段（K_1m^2）：岩性为泥页岩与薄层泥灰岩互层，泥页岩与泥灰岩比例约为7∶3。泥页岩呈灰色，泥晶泥状结构，薄层状构造，泥钙质胶结，页理较发育；泥灰岩为灰色，薄层状。

(2) 乃家河组第一段（K_1n^1）：灰色泥页岩为主，多呈薄层状，局部夹薄层紫红色泥岩。灰色泥页岩，泥钙质胶结，薄层状。红色泥岩为泥质胶结，胶结程度差，风化后多呈黏土状。

(3) 乃家河组第二段（K_1n^2）：岩性为泥岩与泥灰岩互层状，两者比例约为6∶4。其中，泥岩呈灰色，薄层状，泥质胶结；泥灰岩多呈灰色、青灰色，薄～中厚层状，多呈隐晶质结构，抗风化能力相对较强，呈陡坎地形和突出状地形。

乃家河组第三段（K_1n^3）：岩性为泥岩夹薄层泥灰岩，泥岩为灰色，抗风化能力弱。

以上各地层间均呈整合接触。

隧洞穿越不同岩性的洞段长度及比例见表4-3-2。

表4-3-2　　隧洞穿越地层统计

岩性代号	主要岩性	长度/m	占总洞长比例/%
K_1n^3	泥岩夹薄层泥灰岩	1871	17.5
K_1n^2	泥岩与泥灰岩互层	4213	39.4
K_1n^1	泥页岩	2467	23.1
K_1m^2	泥页岩夹薄层泥灰岩	2146	20.0

三、地质构造

输水隧洞沿线属于小关山复式背斜的西翼，其中发育有1个宽缓背斜和宽缓向斜，背斜轴部位于桩号41+400～41+600间，SW翼地层产状为NW340°～345°SW∠10°～15°，NW翼地层产状为NE10°～30°NW∠8°～10°；向斜轴部位于桩号43+300～43+500间，SW翼地层产状为NE10°～30°NW∠8°～10°，NW翼地层产状为NW340°～345°SW∠15°～20°。

隧洞区未发现大规模断裂，洞线附近发育一些小断层，规模较小，延伸较短，部分未延至洞线。在杨洼沟41+336～42+562段断层较发育，规模较小，延伸不远，主要断层统计表见表4-3-3。

根据物探EH4测试成果推测，在隧洞区发育一些构造破碎带，破碎带的分布情况及主要特征见表4-3-4及见图4-3-1。

表4-3-3　　隧洞穿越的主要断层特征一览表

断裂编号	分布位置	性质	产状			可见延伸长度/m	断层标志简述
			走向	倾向	倾角		
f_9		逆断层	NW290°	NE	70°		断层带宽0.3～0.5m，影响带宽10～15m，延伸>100m，断层带内充填糜棱岩、泥质，地貌为沟谷基岩断面
f_{10}			NW320°	NE	72°		断层带宽0.3～0.6m，影响带宽10～20m，延伸>100m，断层带内充填碎裂岩，地貌为沟谷基岩断面
f_{11}		正断层	NE75°	SE	80°		断层带宽约10cm，影响带宽3～6m，延伸>6m，断层带内充填碎裂岩、岩屑及泥岩，地貌为沟谷基岩断面
F9D41	41+377	正断层	NE75°	NW	80°	8	断层带宽1.6m，断层影响带宽2～3m，断距－0.7m，断面弯曲，断层带内发育角砾岩，呈青灰色，碎块状

续表

断裂编号	分布位置	性质	产状			可见延伸长度/m	断层标志简述
			走向	倾向	倾角		
F9D44	41+468	正断层	NE80°	NW	80°	6	断层带宽 0.1～0.26m，断层影响带宽 0.56～1m，断距 0.5m，断面弯曲，断层带内发育角砾岩，呈青灰色，碎块状，碎块粒径 1～10cm
F9D47	41+574	正断层	NE60°	SE	66°	8	断层带宽 0.5～0.75m，断层影响带宽 1.05～1.9m，断距 3.6m，断面弯曲，断层带内发育角砾岩，呈青灰色，碎块状，碎块粒径 1～45cm
F9D52	41+897	正断层	NE89°	SE	62°	10	断层带宽 5.7m，断层影响带宽 1.8m，断面平直，断层带内发育角砾岩，呈青灰色，碎块状，碎块粒径 3～5cm
F9D59	42+167	正断层	NW284°	NE	77°	9	断层带宽 0.1～0.9m，断层影响带宽 1.8m，断距 2.2m，断面平直，断层带内发育角砾岩，呈青灰色，碎块状，碎块粒径 3～16cm
F9D61	42+226	正断层	NW303°	NE	82°	7	断层带宽 0.04～0.22m，断层影响带宽 1.0m，断距 1.6m，断面弯曲，断层带内发育角砾岩，呈青灰色，碎块状
F9D64	42+299	逆断层	NE80°	NW	75°	7	断层带宽 1.2m，断层影响带宽 2.7～3.0m，断距 3.5m，断面平直粗糙，断层带内发育角砾岩，呈青灰色，呈小碎片状，包裹部分角砾岩
F9D65	42+322	逆断层	NE56°	NW	83°	7	断层带宽 0.06m，断层影响带宽 0.5m，断距 0.6m，断面平直光滑，断层带内发育糜棱岩：蓝灰色，暗红色，呈小碎屑状
F9D67	42+345	正断层	NW290°	SW	85°	7	断层带宽 0.1～0.85m，断层影响带宽 1.7～2.1m，断距 4m，断面平直有起伏，断层带内发育角砾岩：青灰色，暗红色，呈碎快状

表 4-3-4　　7 号隧洞 EH4 成果推测构造特征表

序号	对应桩号	推测性质	倾向、倾角
1	40+187	推测为岩体破碎带	倾下游、视倾角 56°
2	40+787	推测为岩体破碎带	倾下游、视倾角 78°
3	41+445	推测为岩体破碎带	倾上游、视倾角 55°
4	41+695	推测为岩体破碎带	倾上游、视倾角 74°
5	42+026	推测为岩体破碎带	倾上游、视倾角 86°
6	42+545	推测为岩体破碎带	直立
7	42+795	推测为岩体破碎带	倾下游、视倾角 65°
8	43+345	推测为岩体破碎带	倾上游、视倾角 81°
9	43+595	推测为岩体破碎带	倾下游、视倾角 86°
10	44+043	推测为岩体破碎带	倾下游、视倾角 63°
11	44+493	推测为岩体破碎带	倾下游、视倾角 70°

续表

序号	对应桩号	推测性质	倾向、倾角
12	44+843	推测为岩体破碎带	倾上游、视倾角 86°
13	45+393	推测为岩体破碎带	倾下游、视倾角 88°
14	45+993	推测为岩体破碎带	倾下游、视倾角 64°
15	46+633	推测为岩体破碎带	倾上游、视倾角 70°
16	46+933	推测为岩体破碎带	倾下游、视倾角 73°
17	47+533	推测为岩体破碎带	倾上游、视倾角 86°
18	48+203	推测为岩体破碎带	倾上游、视倾角 76°
19	48+433	推测为岩体破碎带	倾下游、视倾角 69°
20	48+803	推测为岩体破碎带	倾上游、视倾角 87°
21	49+236	推测为断层破碎带	倾下游、视倾角 68°
22	50+266	推测为断层破碎带	倾下游、视倾角 60°
23	50+406	推测为岩体破碎带	倾下游、视倾角 74°
24	50+709	推测为岩体破碎带	倾下游、视倾角 54°
25	50+869	推测为岩体破碎带	倾下游、视倾角 72°

隧洞进口附近节理裂隙发育，主要有 2 组：①组产状为 NW345°NE∠77°，微张—闭合，较平直，较粗糙，无充填，面附锈色泥膜，裂隙间距 0.5～1.0m；②组产状为 NE78°NW∠79°～85°，微张—闭合，平直光滑，延伸 0.5～3.0m，裂隙间距 0.2～0.5m。

据钻孔编录成果，微新岩体内裂隙也有发育，其中局部见有倾角 2°～10°缓倾角裂隙，裂隙平直光滑，部分裂面充填石膏，间距 1.0～1.5m；局部见有倾角 40°～50°裂隙，平直，较粗糙，多微张—闭合，部分张开 4～5mm，有充填石膏或钙质现象。陡倾角裂隙较为少见。

隧洞出口附近裂隙主要有 2 组：①组产状为 NW343°NE∠70°～80°，微张—闭合，面附泥膜或有泥质充填，多平直，个别弯曲，较光滑，裂隙间距 0.2～0.5m；②组产状为 NE66°NW∠85°～90°，多闭合，平直光滑，裂隙间距 0.2～0.3m。

四、物理地质现象

由于隧洞区基岩属软岩、较软岩，物理风化作用较为强烈。一般强风化厚度 10～15m，弱风化层厚度 35～40m，山脊附近风化深度较缓坡地带要深 3～5m。

隧洞区只在部分深沟沿岸有滑坡发育，堆积体内以碎块石为主，规模较小，对工程影响不大。

五、水文地质

隧洞区属中山地貌，洞线穿越多个走向近南北的深沟，多数沟内常年有水。沟谷分布情况如表 4-3-5。

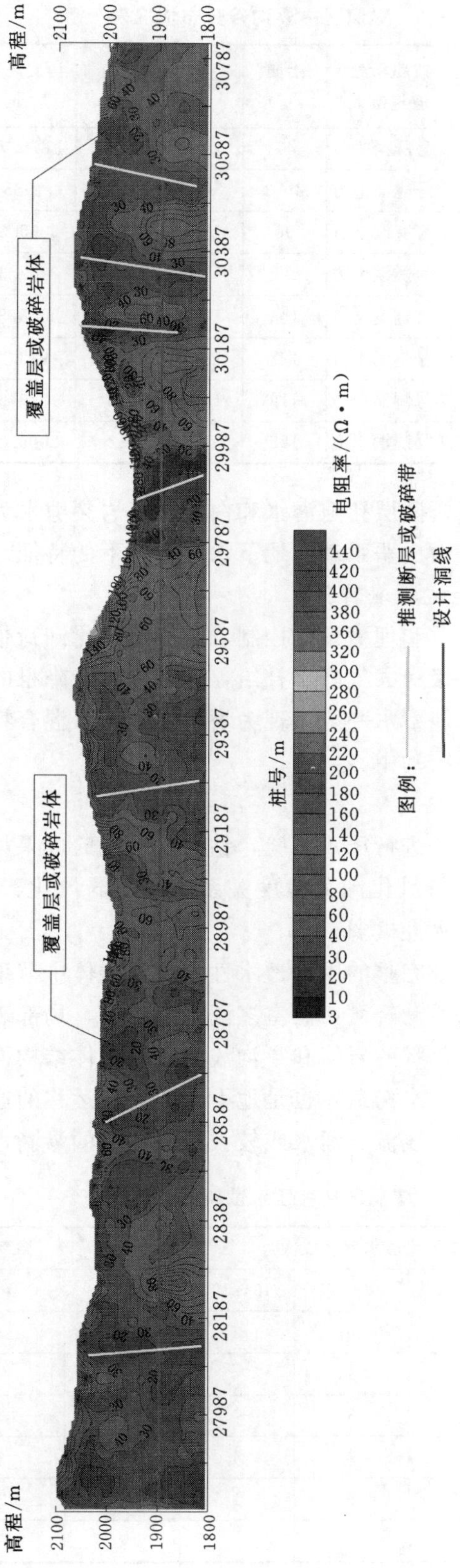

图 4-3-1 7 号隧洞 39+987～41+255 桩号段 EH4 电磁测深视电阻率等值线断面图

表 4-3-5 隧洞区主要沟谷分布情况表

沟名	位置	线路所处地貌位置	走向/(°)	形状	底宽/m	沟底高程/m	沟中地表水	沟底距隧洞顶板距离/m
马洼沟	39+509～40+090	7号隧洞进口	47	Ц形	49	1870.70	干涸	
杨洼沟	41+336～42+562	7号隧洞上方	2－3	V形	1～3	1985	水量较小	145.7
上井盘沟	43+944～44+007	7号隧洞上方	90	V形	30	2065.36	有地表水	176.5
王灌沟	44+728～44+807	7号隧洞上方	98	V形	21	2062.35	有地表水	173.6
武家坪沟	45+918～45+968	7号隧洞上方	146	U形	5	2028.87	水量较小	140
第四沟	47+608～47+759	7号隧洞上方	127	U形	27	1973.22	有地表水	82.18
马圈沟	48+950～49+027	7号隧洞上方	119	U形	18	1929.51	季节性洪水	44.5
窑儿沟	49+875～49+938	7号隧洞上方	125	U形	12	2009.37	季节性洪水	24.3

隧洞区地下水以第四系松散层孔隙潜水和白垩系基岩裂隙水为主。第四系松散层孔隙潜水对隧洞工程意义不大。而白垩系基岩地下水具有如下的特征。

1. 地下水类型及补给径流排泄特征

基岩裂隙水，受赋存介质和埋藏条件控制，在浅层风化卸荷带主要表现为潜水，含水层厚度一般小于30m。主要接受大气降水补给，大部分以下降泉的形式向沟谷排泄，部分向基岩中含水层补给。深部地下水一般表现为潜水—承压水混合特征。主要赋存在长大裂隙、构造破碎带及碎裂岩层结构中。

2. 岩体渗透性

为了解岩体渗透性在钻孔进行压水试验，钻孔压水试验成果见表4-3-6。

可以看出，岩体渗透性与风化卸荷程度关系明显，弱风化、强风化岩体的透水性较强，而微风化—新鲜岩体透水性微弱。

隧洞开挖后可以看到，较完整的围岩透水性较弱，岩体中节理裂隙连通性差，多呈闭合状，因此大部洞段地下水活动轻微，洞室多潮湿或干燥，局部表现为滴水及水量线状流水。而隧洞进口段强—弱风化状的岩体和穿沟浅埋段的岩体结构面、权造破碎带、节理密集带及长大裂隙既是主要的贮水构造，也是地下水向洞内运移的通道。这些洞段地下水活动较为强烈，表现出较集中的线流、涌水或较大范围密集的渗滴水。

表 4-3-6 隧洞区钻孔压水试验成果统计表

钻孔编号	强风化—弱风化透水率（段次）				微新透水率（段次）			
	0.1<	0.1～1	1～10	10～100	0.1<	0.0～1	1～10	10～100
ZK39+850				2			1	3
ZK6			1				11	
ZK7			3				18	
ZK8			2	4			32	1
ZK9			5	1		12	17	
ZK10						6	9	

续表

钻孔编号	强风化—弱风化透水率（段次）				微新透水率（段次）			
	0.1<	0.1～1	1～10	10～100	0.1<	0.0～1	1～10	10～100
ZK11							15	
ZK48+883			2		9			
ZK49+805			1				4	
ZK50+450				2			1	
合计			14	9	9	18	108	4
比例/%			60.9	39.1	6.5	12.9	77.7	2.9

3. 基岩地下水位特征

隧洞沿线水位埋深不大，10 个钻孔水位变化在 3.31～24m，水位高程明显随地形变化，详见表 4-3-7。

表 4-3-7　　7 号隧洞钻孔地下水位观测成果表

钻孔编号	地下水位		
	埋深/m	高程/m	距洞底板/m
ZK39+850	无地下水		
ZK6	1.00	2035.43	22.33
ZK7	65.9	2113.58	222.35
ZK8	6.30	2083.89	197.47
ZK9	3.80	2064.82	178.56
ZK10	97.15	2061.23	189.24
ZK11	3.31	1967.23	82.46
ZK48+883	19.10	1967.23	27.65
ZK49+805	14.87	1894.37	10.62
ZK50+450	24.00	1882.79	0.17

第二节　FLAC3D 的基本原理与步骤

FLAC3D（Fast Lagrangian Analysis of Continua）软件是由美国 Itasca Consulting Group，Inc. 为地质工程应用而开发的连续介质显式有限差分计算软件三维版。该软件主要适用于模拟计算岩土体材料的力学行为及岩土材料达到屈服极限后产生的塑性流动，对大变形情况应用效果更好。

FLAC3D 具有一个功能强大的网格生成器，有 12 种基本形状的单元体可供选择，利用这 12 种基本单元体，几乎可以构成任何形状的空间立体模型。

FLAC3D 自身设计有九种材料本构模型：

（1）空模型（Null Model）。

（2）弹性各向同性材料模型（Elastic，Isotropic Model）。

（3）弹性各向异性材料模型（Elastic，anisotropic Model）。

（4）德拉克-普拉格弹塑性材料模型（Drucker-Prager Model）。

（5）莫尔-库伦弹塑性材料模型（Mohr-Coulomb Model）。

（6）应变硬化、软化弹塑性材料模型（Strain-Hardening/ Softening Mohr-Coulomb Model）。

（7）多节理裂隙材料模型（Ubiquitous-Joint Model）。

（8）双曲型应变硬化、软化多节理裂隙材料模型（Bilinear Strain-Hardening /Softening、Ubiquitous-Joint Model）。

（9）修正的 Cam 黏土材料模型（Modified Cam-clay Model）。

除上述本构模型之外，FLAC3D 还可进行动力学问题、水力学问题、热力学问题等的数值模拟。

FLAC3D 的优点体现在它拥有功能强大的可以内嵌的 FISH 语言，用户可根据自身需求，自己设计材料的本构模型、屈服准则、支护方案、复杂形状的开挖方式等工作，可以根据自己的需要进行编程，定义本构关系，划分网格，布置动态监测点。

拉格朗日元法是一种分析非线性大变形的数值方法，这种方法依然遵循连续介质的假设，利用差分格式，按时步积分求解，随着构形的变化不断更新坐标，允许介质有大的变形。与有限单元法相比，拉格朗日元法具有以下优点：

（1）对于塑性破坏和塑性流动模型，“混合离散化”方法能够准确地进行描述。这种方法与有限单元法常用的“降低完整性”的方法相比较从物理上来讲更为合理。

（2）全动态的分析使得它适合于解决物理上的不稳定过程问题。

（3）与隐式法相比，FLAC3D 在求解时采用了有限差分技术、空间离散技术以及动态求解技术。通过这三种方法，把连续介质的运动方程转化为在离散单元节点上的离散形式的牛顿第二定律，从而这些差分方程可用显式的有限差分技术来求解。采用显式差分解决方案在解决非线性问题上可以节省大量的机时，而且，它无须存储任何计算矩阵，这意味着：①大量的单元只需有限的计算机存储空间；②由于无须刚度矩阵的更新，计算大应变问题和计算小应变问题相比几乎不增加运算机时。概言之，拉格朗日元法的优点体现在解决非线性问题和大应变问题以及模拟物理上的不稳定过程上。

由于拉格朗日元法基于动力学方程，采用了动态求解方法，因此能够更好地用于模拟动态问题。

一、基本概念定义

（一）符号的规定

在拉格朗日元算法公式中，介质中任意一点的矢量分量 x_i，u_i，v_i，dx_i/dt，$(i=1,3)$ 分别表示该点的位置、位移、速度以及加速度。a_i 表示矢量 $[a]$ 的 i 分量，A_{ij} 表示张量 $[A]$ 的分量。a_{x_i} 表示 a 对 x_i 的偏导数。

（二）基本方程

1. 应力

如果任意一点的应力状态可以用对称的应力张量 σ_{ij} 表示，那么在任意一个面上（单位法线矢量为 [n]）作用的拉力 [t]（规定拉力为正）都能够表达为

$$t_i = \sigma_{ij} n_j \tag{4-3-1}$$

2. 几何方程

对于任一节点，应变速率张量 ξ_{ij} 可以表达为

$$\xi_{ij} = \frac{1}{2}(\upsilon_{i,j} + \upsilon_{j,i}) \tag{4-3-2}$$

式中 υ_i——节点速度矢量的 i 分量。

3. 运动方程

根据弹性理论，运动方程可以表示为

$$\sigma_{ij,j} + \rho b_i = \rho \frac{\mathrm{d}\upsilon_i}{\mathrm{d}t} \tag{4-3-3}$$

式中 ρ——介质的密度；

b_i——体力密度。

在静态情形下，$\mathrm{d}[\upsilon]/\mathrm{d}t=0$，则式（4-3-3）变为

$$\sigma_{ij,j} + \rho b_i = 0 \tag{4-3-4}$$

4. 本构方程

本构方程可以表示为

$$[\breve{\sigma}_{ij}] = H_{ij}(\sigma_{ij}, \xi_{ij}, k) \tag{4-3-5}$$

式中 [$\breve{\sigma}_{ij}$] ——应力速率张量；

H_{ij}——函数表达式；

k——一个与加载历史有关的参数。

拉格朗日算法的基本计算环节包括应变速率的计算、应力的计算、速度和位移的计算以及对于大应变问题的网格更新。

二、基本原理与步骤

1. 应变速率的计算

如图 4-3-2 所示的四面体单元，利用高斯定理将空间积分 $\int_V \upsilon_{i,j}\mathrm{d}V$ 转换为面积分，V、S 分别为四面体的体积和表面积，n_j 是四面体表面的外法线方向。

$$\int_V \upsilon_{i,j}\mathrm{d}V = \int_S \upsilon_i n_j \mathrm{d}S \tag{4-3-6}$$

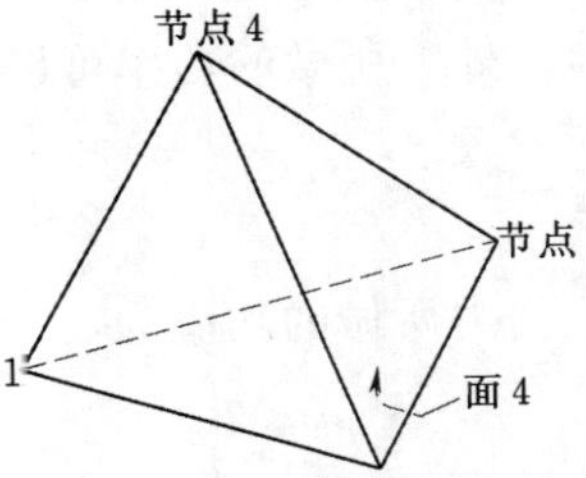

图 4-3-2 四面体单元

根据定积分的涵义，式（4-3-6）可以写成

$$V\upsilon_{i,j} = \sum_{f=1}^{4} \overline{\upsilon_i}^{\langle f \rangle} n_j^{\langle f \rangle} S^{\langle f \rangle} \tag{4-3-7}$$

式中 上标〈f〉——该变量在 f 面上；

$\overline{v_i}^{\langle f\rangle}$——〈$f$〉面上三节点速度分量 v_i 的平均值。

因此有

$$\overline{v_i}^{\langle f\rangle} = \frac{1}{3}\sum_{l=1,l\neq f}^{4} v_i^l \tag{4-3-8}$$

式中　v_i^l——节点 l 上的速度分量 v_i。

把式（4－3－8）代入式（4－3－7）中，则

$$Vv_{i,j} = \frac{1}{3}\sum_{l=1}^{4} v_i^l \sum_{f=1,f\neq 1}^{4} n^{\langle f\rangle} S^{\langle f\rangle} \tag{4-3-9}$$

根据高斯定理我们知道

$$\sum_{f=1}^{4} n_j^{\langle f\rangle} S^{\langle f\rangle} = 0 \tag{4-3-10}$$

因此由式（4－3－9）可以求得 $v_{i,j}$ 为

$$v_{i,j} = -\frac{1}{3V}\sum_{l=1}^{4} v_i^l n_j^{\langle l\rangle} S^{\langle l\rangle} \tag{4-3-11}$$

从而应变速率的表达式可以写为

$$\xi_{ij} = -\frac{1}{6V}\sum_{l=1}^{4} (v_i^l n_j^{\langle l\rangle} + v_j^l n_i^{\langle l\rangle}) S^{\langle l\rangle} \tag{4-3-12}$$

这样就可以得到四面体单元每个节点的应变速率张量。

2. *运动方程在节点的表达*

运动方程可写为

$$\sigma_{ij,j} + \rho B_i = 0 \tag{4-3-13}$$

其中体力定义为

$$B_i = \rho\left(b_i - \frac{\mathrm{d}v_i}{\mathrm{d}t}\right) \tag{4-3-14}$$

通过有限差分近似，用在体力［B］作用下的连续常应变四面体单元对分析模型进行离散化处理。节点力$[f]^n$(n=1，4)可以利用虚功原理得到。

假定节点虚速度为 $\delta[v]^n$（它将在四面体中引起一个线性速度场和一个常应变速率 $\delta[\xi]$）。外力所做的功率可以表示为

$$E = \sum_{n=1}^{4} \delta v_i^n f_i^n + \int_V \delta v_i B_i \mathrm{d}V \tag{4-3-15}$$

内力所做的功率为

$$I = \int_V \delta\xi_{ij}\sigma_{ij}\mathrm{d}V \tag{4-3-16}$$

把应变速率的表达式（4－3－17）代入式（4－3－16），得

$$I = -\frac{1}{6}\sum_{l=1}^{4} (\delta v_i^l \sigma_{ij} n_j^{(l)} + \delta v_j^l \sigma_{ij} n_i^{(l)}) S^{(l)} \tag{4-3-17}$$

定义一个矢量 T^l

$$T_i^l = \sigma_{ij} n_j^{(l)} S^{(l)} \tag{4-3-18}$$

那么式（4－3－17）变为

$$I = -\frac{1}{3}\sum_{1}^{4}\delta v_i^l T_i^l \tag{4-3-19}$$

把式（4-3-13）代入式（4-3-14）则有

$$E = \sum_{n=1}^{4}\delta v_i^n f_i^n + E^b + E^l \tag{4-3-20}$$

式中 E^b、E^l——体力 ρb_i 和惯性力所做的虚功率。

对于一个常体力来讲

$$E^b = \rho b_i \int_V \delta v_i \mathrm{d}V \tag{4-3-21}$$

E^I 可以表示为

$$E^I = -\int_V \rho\delta v_i \frac{\mathrm{d}v_i}{\mathrm{d}t}\mathrm{d}V \tag{4-3-22}$$

利用有限差分近似，假定在四面体内部速度场线性变化，这样我们便可以得到

$$\delta v_i = \sum_{n=1}^{4}\delta v_i^n N^n \tag{4-3-23}$$

其中 N^n（n=1，4）可以用局部坐标系 x'_1，x'_2，x'_3 表示为

$$N^n = c_0^n + c_1^n x'_1 + c_2^n x'_2 + c_3^n x'_3 \tag{4-3-24}$$

其中 c_0^n，c_1^n，c_2^n，c_3^n（n=1，4）是常数，可通过求解下列方程得到

$$N^n(x'^j_1, x'^j_2, x'^j_3) = \delta_{nj} \tag{4-3-25}$$

式中 δ_{nj}——克罗内克尔（Kronecker）函数。

利用克莱姆法则（Cramer's rule）求解式（4-3-25）得 c_0^n，有

$$c_0^n = \frac{1}{4} \tag{4-3-26}$$

这样便可以得到

$$E = \sum_{1}^{4}\delta v_i^n\left[f_i^n + \frac{\rho b_i V}{4} - \int_V \rho N^n \frac{\mathrm{d}v_i}{\mathrm{d}t}\mathrm{d}V\right] \tag{4-3-27}$$

利用虚功原理，得

$$-f_i^n = \frac{T_i^n}{3} + \frac{\rho b_i V}{4} - \int_V \rho N^n \frac{\mathrm{d}v_i}{\mathrm{d}t}\mathrm{d}V \tag{4-3-28}$$

对于微小的单元，式（4-3-28）最后一项可以表示为

$$\int_V \rho N^n \frac{\mathrm{d}v_i}{\mathrm{d}t}\mathrm{d}V = \left(\frac{\mathrm{d}v_i}{\mathrm{d}t}\right)^n \int_V \rho N^n \mathrm{d}V \tag{4-3-29}$$

利用式（4-3-24）、式（4-3-26）、式（4-3-29）可以进一步表示为

$$\int_V \rho N^n \frac{\mathrm{d}v_i}{\mathrm{d}t}\mathrm{d}V = \frac{\rho V}{4}\left(\frac{\mathrm{d}v_i}{\mathrm{d}t}\right)^n \tag{4-3-30}$$

把式（4-3-30）中惯性力项中的 $\rho V/4$ 用节点虚质量 m^n 代替，这样

$$\int_V \rho N^n \frac{\mathrm{d}v_i}{\mathrm{d}t}\mathrm{d}V = m^n\left(\frac{\mathrm{d}v_i}{\mathrm{d}t}\right)^n \tag{4-3-31}$$

于是我们便可以得到

$$-f_i^n=\frac{T_i^n}{3}+\frac{\rho b_i V}{4}-m^n\left(\frac{\mathrm{d}v_i}{\mathrm{d}t}\right)^n \tag{4-3-32}$$

如果用 $\langle l\rangle$ 表示节点 l 上的变量，$[[\ ]]^{\langle l\rangle}$ 表示所有的含有节点 l 的四面体单元对某一变量的总贡献，那么节点上的牛顿第二定律可以表示为

$$F_i^{\langle l\rangle}=M^{\langle l\rangle}\left(\frac{\mathrm{d}v_i}{\mathrm{d}t}\right)^{\langle l\rangle},l=(1,n_n) \tag{4-3-33}$$

其中 n_n 表示节点总数，节点虚质量 $M^{\langle l\rangle}$ 定义为

$$M^{\langle l\rangle}=[[m]]^{\langle l\rangle} \tag{4-3-34}$$

3. 应力的计算

利用本构方程的增量表达式

$$\Delta\breve{\sigma}_{ij}=H_{ij}^*(\sigma_{ij},\Delta\varepsilon_{ij}) \tag{4-3-35}$$

其中

$$\Delta\varepsilon_{ij}=-\frac{\Delta t}{6V}\sum_{l=1}^{4}(v_i^l n_j^{\langle l\rangle}+v_j^l n^{\langle l\rangle}{}_i)S^{\langle l\rangle} \tag{4-3-36}$$

因此应力增量可以表示为

$$\Delta\sigma_{ij}=\Delta\breve{\sigma}_{ij}+\Delta\sigma_{ij}^C \tag{4-3-37}$$

其中 $\Delta\sigma_{ij}^C$ 为应力校正项，在小应变模式可以不予考虑。在大应变情形下

$$\Delta\sigma_{ij}^C=(\omega_{ik}\sigma_{kj}-\sigma_{ik}\omega_{kj})\Delta t \tag{4-3-38}$$

其中 $\omega_{ij}=-\frac{1}{6V}\sum_{l=1}^{4}(v_i^l n_j^{\langle l\rangle}-v_j^l n_i^{\langle l\rangle})S^{\langle l\rangle}$。

这样就可以由初始应力叠加应力增量获得新的应力。

4. 不平衡力的计算

节点不平衡力可以通过式（4-3-39）求得

$$F_i^{\langle l\rangle}=[[p_i]]^{\langle l\rangle}+p_i^{\langle l\rangle} \tag{4-3-39}$$

式中 l——节点编号；

$p_i^{\langle l\rangle}$——施加在节点 l 上的集中力。

$$[[p_i]]^l=\frac{1}{4}\rho b_i V+\frac{1}{3}\sigma_{ij}n_j^{\langle l\rangle}S^{\langle l\rangle} \tag{4-3-40}$$

对于静态问题，在不平衡力中加入非黏性阻力 $f_{(i)}^{\langle l\rangle}$。非黏性阻力可以用下式求得

$$f_{(i)}^{\langle l\rangle}=-\alpha|F_i^l|\operatorname{sign}(v_{(i)}^{\langle l\rangle}) \tag{4-3-41}$$

$$\operatorname{sign}(y)=\begin{cases}1, & y>0\\ -1, & y<0\\ 0, & y=0\end{cases} \tag{4-3-42}$$

式中 α——阻尼常数。

5. 速度和位移的计算

利用运动方程

$$\frac{\mathrm{d}v_i^l}{\mathrm{d}t}=\frac{1}{M^{\langle l\rangle}}F_i^{\langle l\rangle} \tag{4-3-43}$$

采用中心差分格式可以得到

$$v_i^{\langle l\rangle}\left(t+\frac{\Delta t}{2}\right)=v_i^{\langle l\rangle}\left(t-\frac{\Delta t}{2}\right)+\frac{\Delta t}{M^{\langle l\rangle}}F_i^{\langle l\rangle} \tag{4-3-44}$$

因此可以利用下式求得位移为

$$u_i^{\langle l\rangle}(t+\Delta t)=u_i^{\langle l\rangle}(t)+\Delta t v_i^{\langle l\rangle}\left(t+\frac{\Delta t}{2}\right) \tag{4-3-45}$$

综上所述，拉格朗日算法的基本计算步骤可以归纳为图 4-3-3。

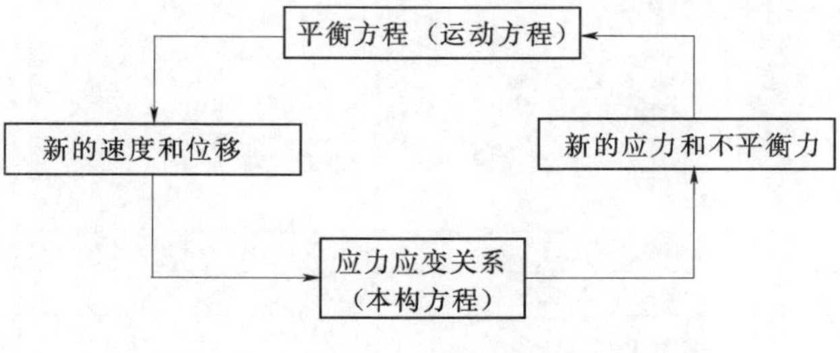

图 4-3-3　拉格朗日计算循环

第三节　数值计算分析方案

一、计算段选取及模型建立

根据现场调查和地质资料，对研究区域进行概化建立数值计算模型，计算共选取三段。

(1) K40＋230～K41＋374 段，隧洞埋深 60～180m，其中 K40＋230～K40＋450 段为Ⅳ^2 类岩体，K40＋450～K41＋374 段为Ⅳ^1 类岩体。

(2) K42＋495～K43＋095 段，隧洞埋深 258～318m，其中 K42＋495～K42＋583 段为Ⅳ^2 类岩体，K42＋583～K42＋689 段为Ⅴ类岩体，K42＋689～K43＋095 段为Ⅳ^1 类岩体。

(3) K49＋225～K50＋296 段，隧洞埋深 16～110m，其中 K49＋225～K50＋013 段为Ⅳ^1 类围岩，K50＋013～50＋234 段为Ⅴ^1 类围岩，K50＋234～K50＋296 段为Ⅳ^2 类围岩。

1. K40＋230～ K41＋374 段

计算模型范围垂直方向上高约 233m（Z 轴方向），底部计算边界为高程 1840m，顶部地表最高高程为 2073m；隧洞宽度方向上为 200m（X 轴方向），隧洞中心线两侧各取 100m；隧洞延伸方向上为 1144m（Y 轴方向），桩号 K40＋230～ K41＋374。

地质模型简化为两种岩土材料，分别为泥岩夹薄层泥灰岩（K_1n^3）、泥岩与泥灰岩互层（K_1n^2），岩层产状为走向 NW350°，SW，∠10°，其中 K40＋230～K40＋450 段围岩为泥岩夹薄层泥灰岩，Ⅳ^2 类岩体，K40＋450～ K41＋374 段围岩为泥岩与泥灰岩互层，Ⅳ^1 类岩体。计算工程地质剖面图、地质模型概化图、网格剖分图如图 4-3-4 和图 4-3-6所示，共剖分单元 820577 个，节点 138099 个。模型边界条件：顺隧洞延伸方向边界施加 X 向位移约束、垂直隧洞方向边界施加 Y 向位移约束，底部边界施加固定约束。

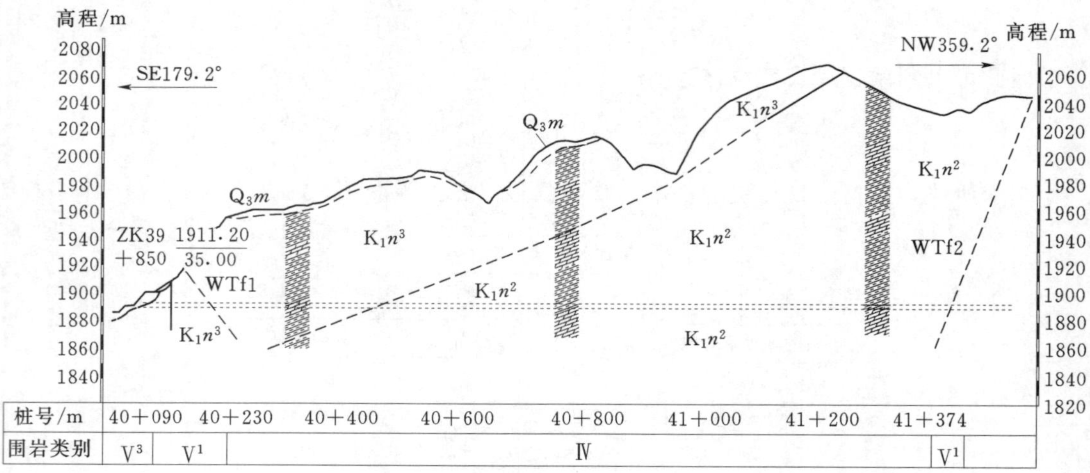

图 4-3-4 工程地质剖面图

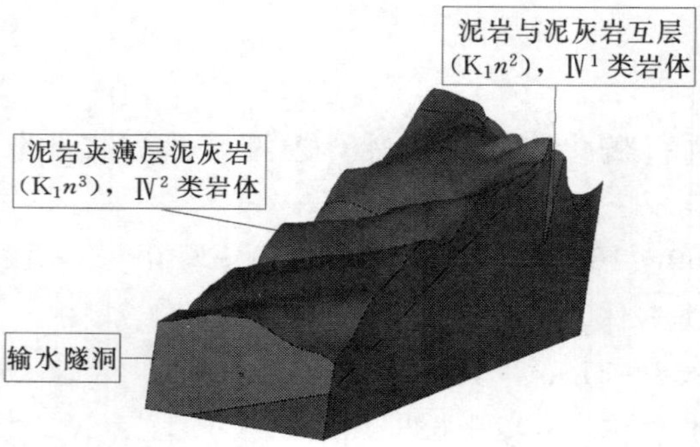

图 4-3-5 K40+230～K41+374 段地质模型图

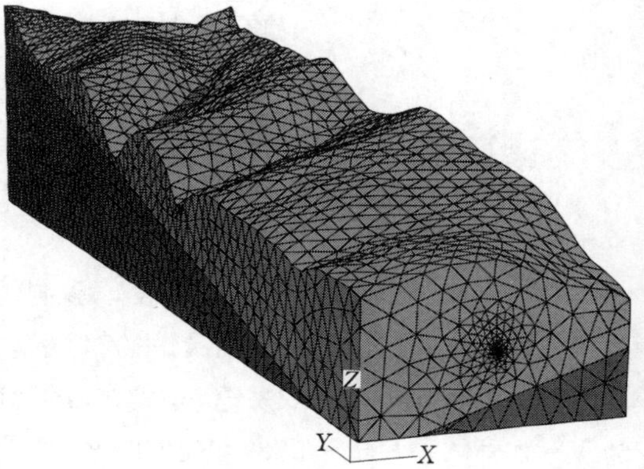

图 4-3-6 K40+230～K41+374 段网格剖分图

2. K42+495～K43+095 段

计算模型范围垂直方向上高约 380m（Z 轴方向），底部计算边界为高程 1800m，顶部地表最高高程为 2180m；隧洞宽度方向上为 200m（X 轴方向），隧洞中心线两侧各取 100m；隧洞延伸方向上为 600m（Y 轴方向），从桩号 K42+495 到 K43+095。

地质模型简化为三种岩土材料，泥岩夹薄层泥灰岩（K_1n^2）为Ⅳ¹类岩体，泥岩与泥灰岩互层（K_1n^2）为Ⅳ²类岩体，在Ⅳ¹类岩体和Ⅳ²类岩体之间夹有一条断层破碎带，属于Ⅴ¹类岩体。计算工程地质剖面图、地质模型概化图、网格剖分图如图 4-3-7～图 4-3-9 所示，共剖分单元 712967 个，节点 955751 个。模型边界条件：顺隧洞延伸方向边界施加 X 向位移约束、垂直隧洞方向边界施加 Y 向位移约束，底部边界施加固定约束。

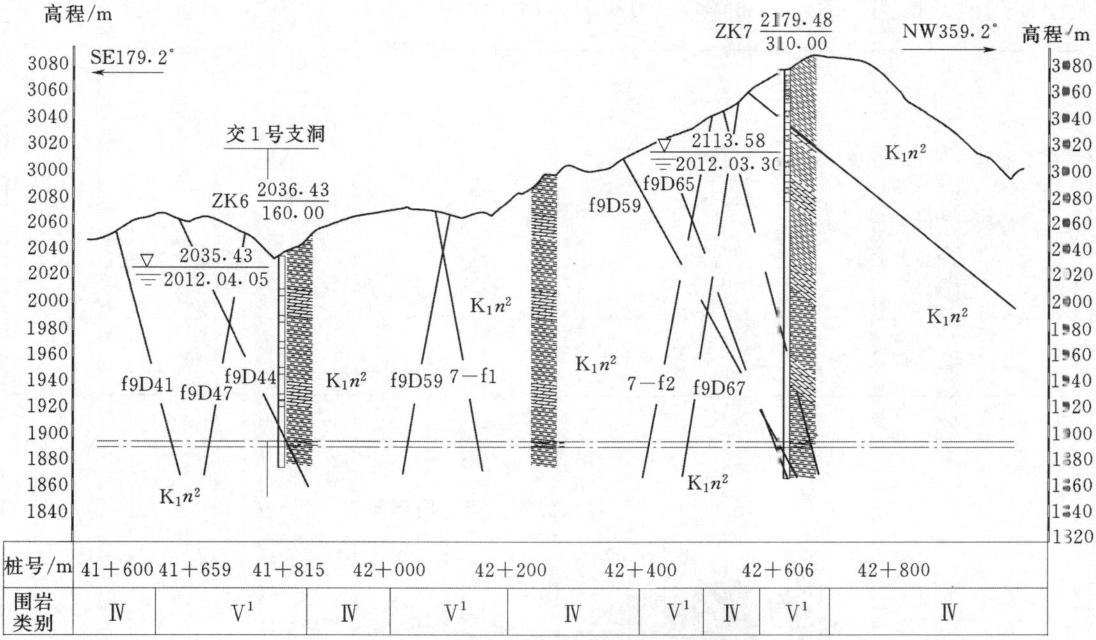

图 4－3－7　工程地质剖面图

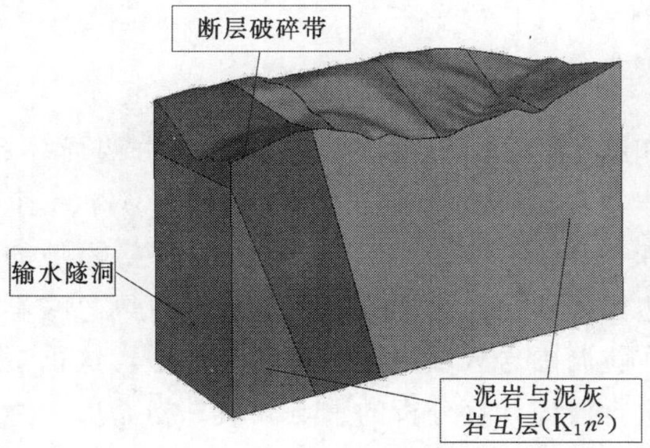

图 4－3－8　K42＋495～ K43＋095 段地质模型图

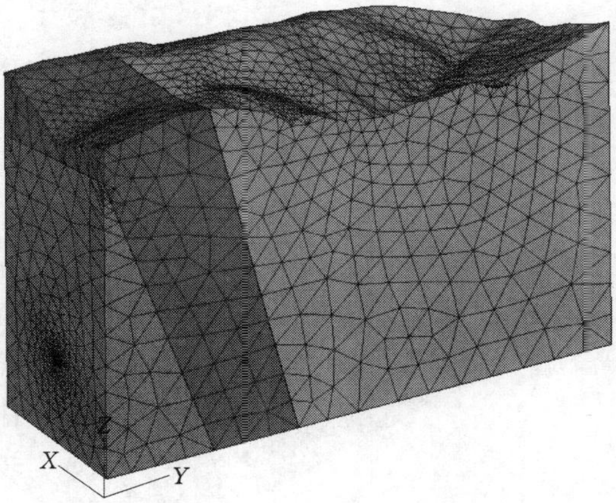

图 4－3－9　K42＋495～ K43＋095 段网格剖分图

3. K49＋225～ K50＋296 段

宁夏固原 7 号输水隧洞选取包含桩号 49＋225 到 50＋296 洞段，X 轴为正东向，Y 轴为正北向，Z 轴竖直向上。该数值几何模型沿 X 轴的范围为 200m，Y 轴的范围为 115[illegible]m（桩号 49＋225 到 50＋396），竖直方向从高程 1740m 到山顶（Z 方向最大值为 220m）。模型中包含了三段典型的围岩，分别为桩号 49＋225～50＋013 洞段的$Ⅳ^1$ 围岩，50＋013～50＋234 洞段的 V^1 围岩以及 50＋234～50＋296 的 $Ⅳ^2$ 围岩，三段围岩分类由断层构成的破碎带进行分解划分，断层破碎带的走向为 N45°E，视倾角为 60°。硐室的轮廓参照 C1

型断面洞段开挖支护图。其总体埋深小于100m。模型见图4-3-10和图4-3-11。

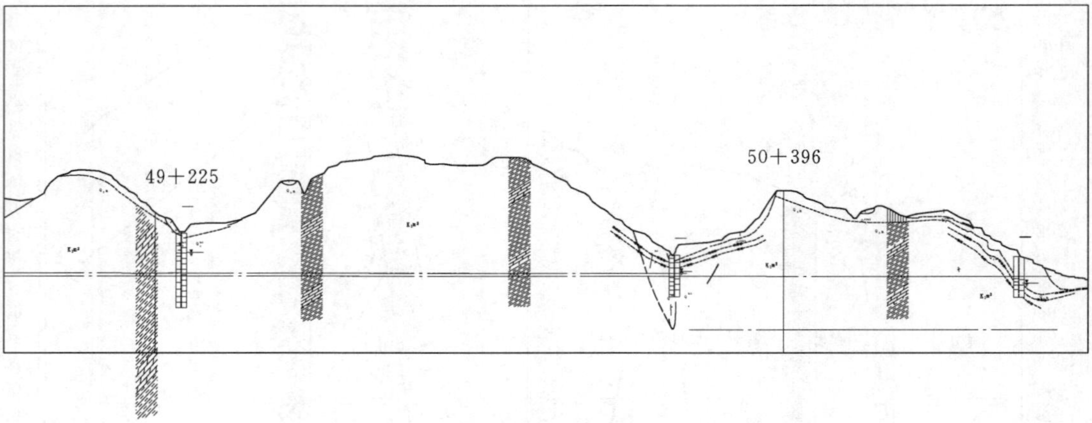

图4-3-10　输水隧洞工程地质剖面图

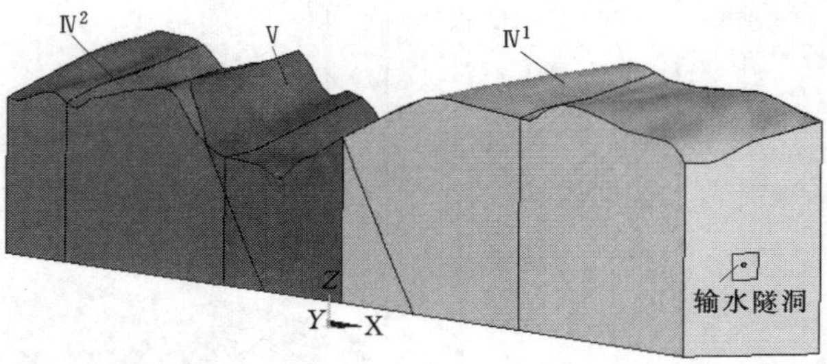

图4-3-11　49+225～50+296段地质模型图

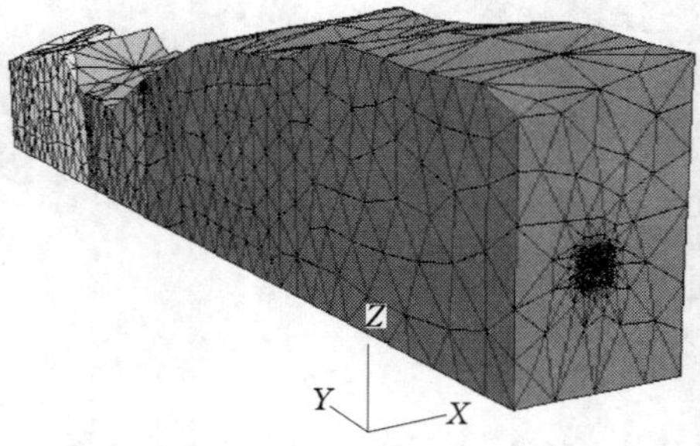

图4-3-12　网格模型

如图4-3-12所示，网格模型由四面体、五面体和六面体混合单元组成，共含372384个单元和149974个节点，在建立隧洞网格模型的区域边界，隧洞开挖模拟的力学响应可以忽略不计。在隧洞围岩区域建立细化网格模型，这也是我们进行数值计算分析的重点区域。初始应力边界条件采用人工边界条件，山体表面不施加任何约束，在其他边界面处施加正法向法向的位移约束。

二、地应力的施加

在深埋工程中，初始应力场通常为构造应力场和自重应力场两部分组成。参照《宁夏固原地区（宁夏中南部）城乡饮水安全水源工程地应力测量分析研究报告》，在7号隧洞（大湾）的中间段布置了ZK1进行了地应力测试，得到该孔附近最大水平主应力S_H作用的优势方位为N54°W左右，另一水平主应力S_h与之垂直，竖直方向应力为自重应力。对实测数据进行线性回归分析，得到最大和最小水平主应力随深度变化的线性回归方程如下

$$S_H=0.50+0.0297H \tag{4-3-46}$$

$$S_h = -1.01 + 0.0303H \tag{4-3-47}$$

式中　S_H——最大水平主应力；

S_h——最小水平主应力；

H——深度，m。

在数值计算中，将 S_H、S_h 和自重应力沿 X 方向（垂直隧洞方向）、Y 方向（隧洞方向）和竖直方向进行转换，对模型施加 S_{xx}、S_{yy}、S_{zz} 和 S_{xy} 应力。

三、本构模型及计算参数选取

计算采用弹塑性模型，强度准则采用摩尔-库仑强度准则。在 FLAC3D 分析计算中，需要提供的岩土参数有体积模量、剪切模量、内摩擦角、内聚力、重度。其中体积模量和剪切模量通过式（4-3-48）和式（4-3-49）得出。

$$K = \frac{E}{3(1-2\nu)} \tag{4-3-48}$$

$$G = \frac{E}{2(1+\nu)} \tag{4-3-49}$$

式中　E——变形模量；

ν——泊松比；

K——体积模量；

G——剪切模量。

计算参数总体上参照了《宁夏固原地区（宁夏中南部）城乡饮水安全水源工程初设报告》中所建议的岩体力学参数及以往类似工程，确定计算参数如表 4-3-8～表 4-3-11 所示。设计的隧道初期支护主要由 22 中空注浆加固系统锚杆、边墙 12.6 工字钢钢拱架（每榀设计间距为 0.8～1.5 m）、C20 喷射混凝土厚 15cm 和钢筋网组成，支护参数参照同类工程经验。

表 4-3-8　　模型材料参数

岩组	密度 /(kg/m³)	抗拉强度 /MPa	抗剪强度		变形模量 /GPa	泊松比	剪切模量 /GPa	体积模量 /GPa
			φ/(°)	c/MPa				
Ⅳ¹ 类岩体	2300	1.5	34	0.15	1.5	0.32	0.57	1.39
Ⅳ² 类岩体	2200	0.6	31	0.25	1.0	0.34	0.38	0.93
Ⅴ类岩体	2100	0.33	25	0.06	0.5	0.37	0.64	0.18

表 4-3-9　　锚杆基本参数

直径 /mm	长度 /m	等效弹模 /GPa	抗拉强度 /MPa	水泥浆刚度 /MPa	水泥浆黏聚力 /MPa
22	2	21	240	15	0.8

表 4-3-10　　钢拱架基本参数

弹性模量 /GPa	泊松比	横截面积 /cm²	重度 /(kN/m³)	Y 惯性矩 /10^4cm⁴	Z 惯性矩 /10^4cm⁴
20	0.3	18.6	28	48.8	4.7

表 4-3-11　　混凝土初衬基本参数

混凝土标号	等效弹模/GPa	重度/(kN/m³)	泊松比
C20	28	28	0.25

四、计算工况

根据工程实际情况，确定三种计算工况。

工况一：天然状态（隧洞未开挖）。

工况二：隧洞开挖未支护。

工况三：隧洞开挖支护后。

第四节　计算结果及分析

以下列举了 K40＋230～K41＋374 段和 K42＋495～K43＋095 段隧洞天然状态、开挖未支护、开挖支护后的数值计算结果，限于篇幅，K49＋225～K50＋296 段的计算过程不再列出。

一、K40＋230～K41＋374 段

（一）天然状态（隧洞未开挖）

图 4-3-13～图 4-3-15 为天然状态（隧洞未开挖）下的应力云图，图中负值为压

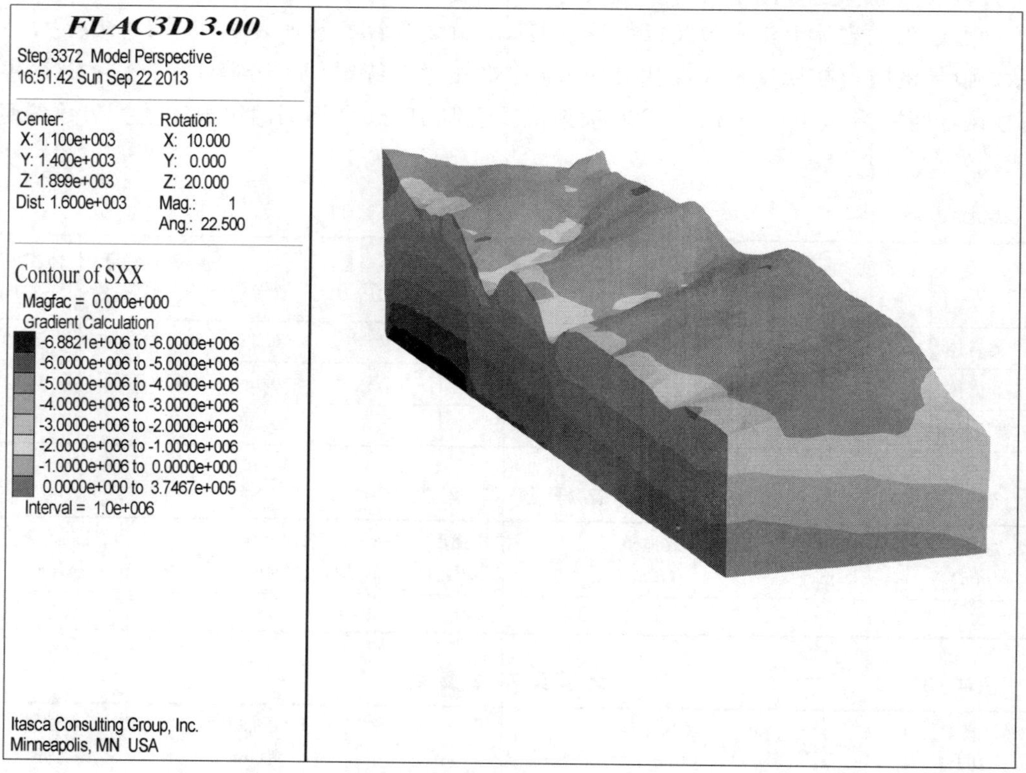

图 4-3-13　天然状态下水平 X 向应力云图

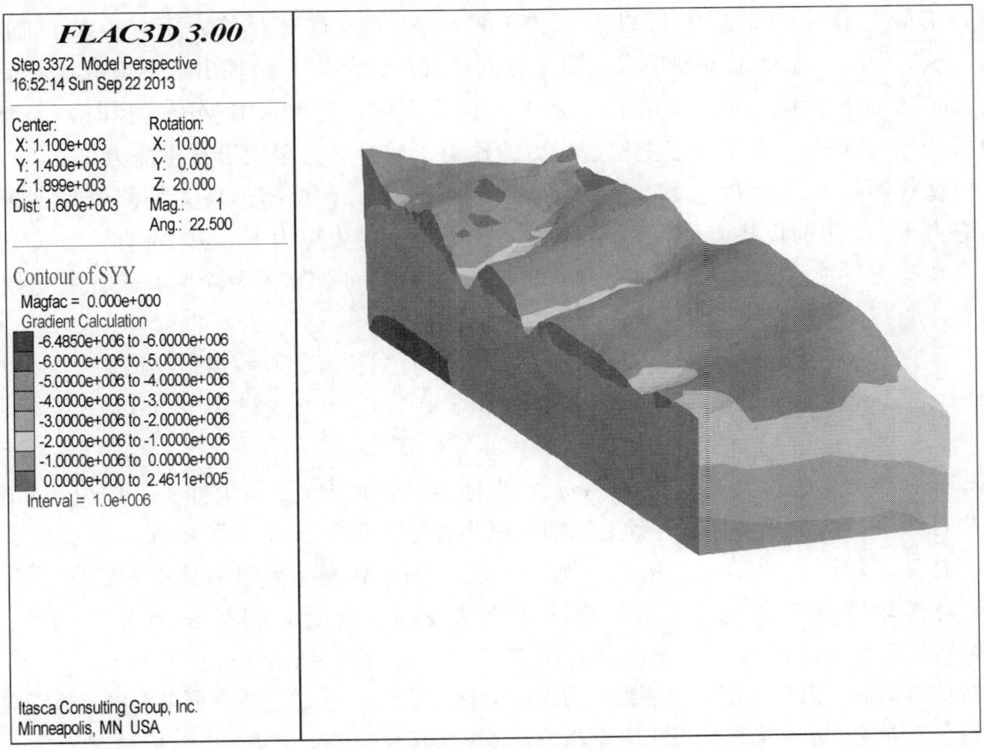

图 4-3-14 天然状态下水平 Y 向应力云图

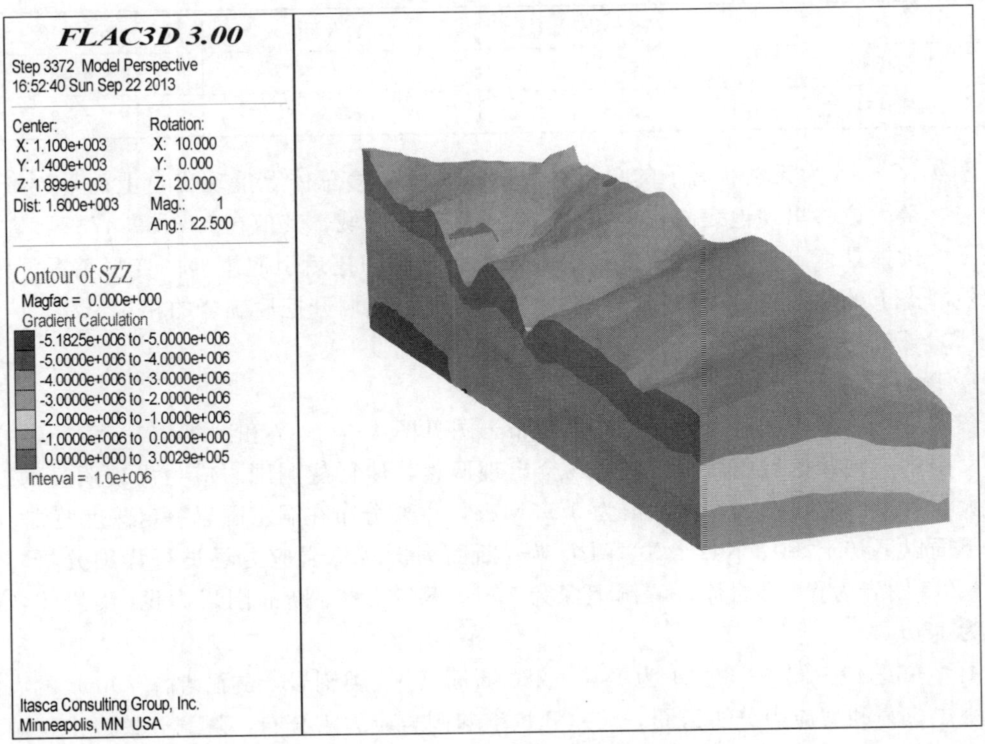

图 4-3-15 天然状态下竖直 Z 向应力云图

应力，正值为拉应力。从中可以看出：天然状态（隧洞未开挖）下，山体三向应力（S_{XX}、S_{YY}、S_{ZZ}）总体上呈现出自上而下逐渐增加的趋势，并呈现出水平条带状分布的规律，水平 X 向最大应力值 6.88MPa，水平 Y 向最大应力值为 6.49MPa，竖向 Z 向为最大应力值为 5.18MPa，说明由于受构造应力的作用，初始应力场大于自重应力场。

模型底面最大深度 H 为 233m（高程 1840～2073m），根据地应力勘测资料，最大水平主应力 S_H 作用的优势方位为 N54°W 左右，另一水平主应力 S_h 与之垂直，竖直方向应力为自重应力。根据式（4-3-46）和式（4-3-47）可计算最大深度 233 处的初始应力值如下

$$\sigma_1 = S_H = 0.50 + 0.0297 \times H = 0.50 + 0.0297 \times 233 = 7.42(\text{MPa})$$

$$\sigma_2 = S_h = -1.01 + 0.0303 \times H = -1.01 + 0.0303 \times 233 = 6.05(\text{MPa})$$

$$\sigma_3 = S_z = \gamma H = -0.023 \times 233 = 5.36(\text{MPa})$$

根据弹性力学坐标转换公式 $\sigma' = \alpha\sigma\alpha'$，坐标转换公式中，$\sigma'$ 新坐标系下的应力矩阵，σ 为原坐标系下的应力矩阵，α 为新坐标轴与原坐标轴之间的夹角余弦矩阵，原坐标系为方位角坐标系，即以 σ_1 为 x 轴，σ_2 为 y 轴，σ_3 为 z 轴；新坐标系以隧洞横剖面水平方向为 x 轴，隧洞轴线水平方向为 y 轴，竖直方向为 z 轴。经计算得到 $\sigma_x = 6.97$MPa，$\sigma_y = 6.55$MPa，$\sigma_z = 5.36$MPa，$\tau_{xy} = \tau_{yx} = -0.65$MPa，$\tau_{xz} = \tau_{xz} = \tau_{yz} = \tau_{zy} = 0$。

数值模拟的三向应力值和实测地应力值的对比见表 4-3-12，从中可以看出，除竖向应力大小稍有差别外，水平向应力近于完全相等，说明数值模拟的地应力场与实际情况吻合。

表 4-3-12 数值模拟和实测应力值对比

方案	S_{XX}/MPa	S_{YY}/MPa	S_{ZZ}/MPa
数值模拟	6.88	6.49	5.18
实测计算	6.97	6.55	5.36

图 4-3-16 为天然状态下的总位移云图，山体位移总体上呈现出自上而下逐渐减小的趋势，最大位移出现地表高程大且地表起伏明显的区域，其值在 55～59.47cm。在天然状态下，山体是稳定的，在数值模拟中主要考虑隧洞开挖后引起围岩的变形情况，因此，对天然状态下的位移进行了归零，即在此基础上研究隧洞开挖后围岩的相对位移。

（二）隧洞开挖未支护

1. *围岩应力场分析*

隧洞开挖后的大主应力、小主应力分布云图见图 4-3-17 和图 4-3-18，从中可以看出，引水隧洞开挖后山体中的应力场会出现调整，使得隧洞围岩应力出现明显的变化，导致大主应力值明显增大，最大值为 9.95MPa，主要分布在洞室围岩一定深度范围内。

下面以 K40＋280、K41＋200 两个典型断面为例对围岩应力场进行详细分析，其中 K40＋280 围岩为Ⅳ[2] 类岩体，隧洞埋深为 70m，K41＋200 断面围岩为Ⅳ[1] 类岩体，隧洞埋深为 180m。

图 4-3-19～图 4-3-21 为 K40＋280 断面（Ⅳ[2] 类围岩，隧洞埋深 70m）的大主应力、小主应力和剪应力分布云图，洞室开挖引起围岩应力重分布，隧洞开挖后由于洞室周围岩体失去了原有的支撑，围岩向洞内产生变形，从而引起洞周围一定范围内岩体的应力

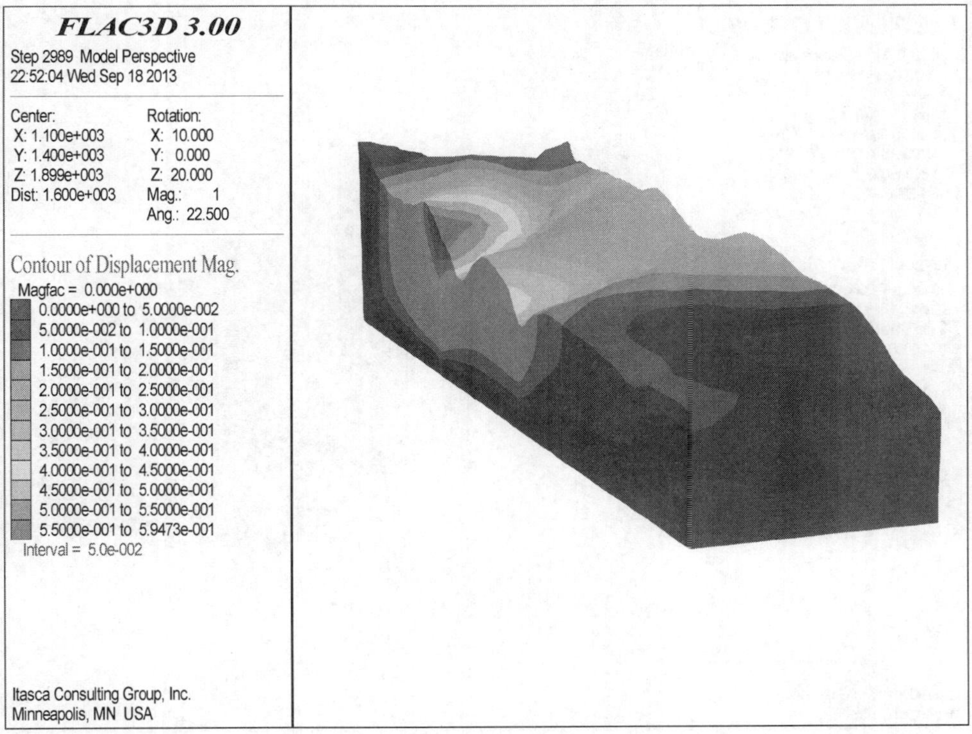

图 4－3－16　天然状态下总位移云图

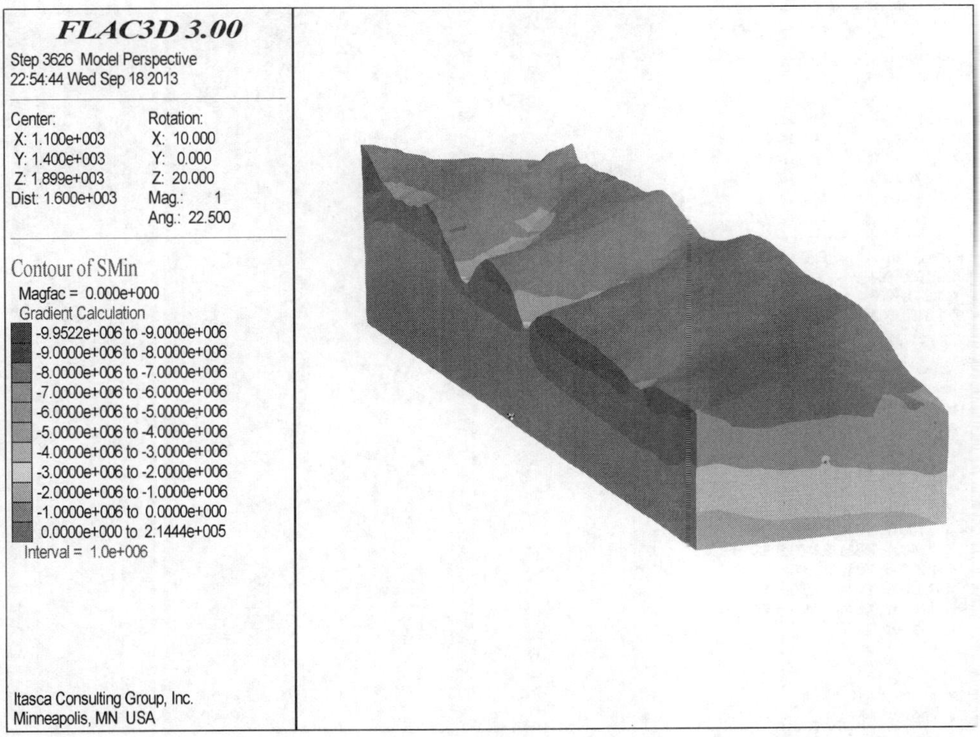

图 4－3－17　隧洞开挖未支护下大主应力云图

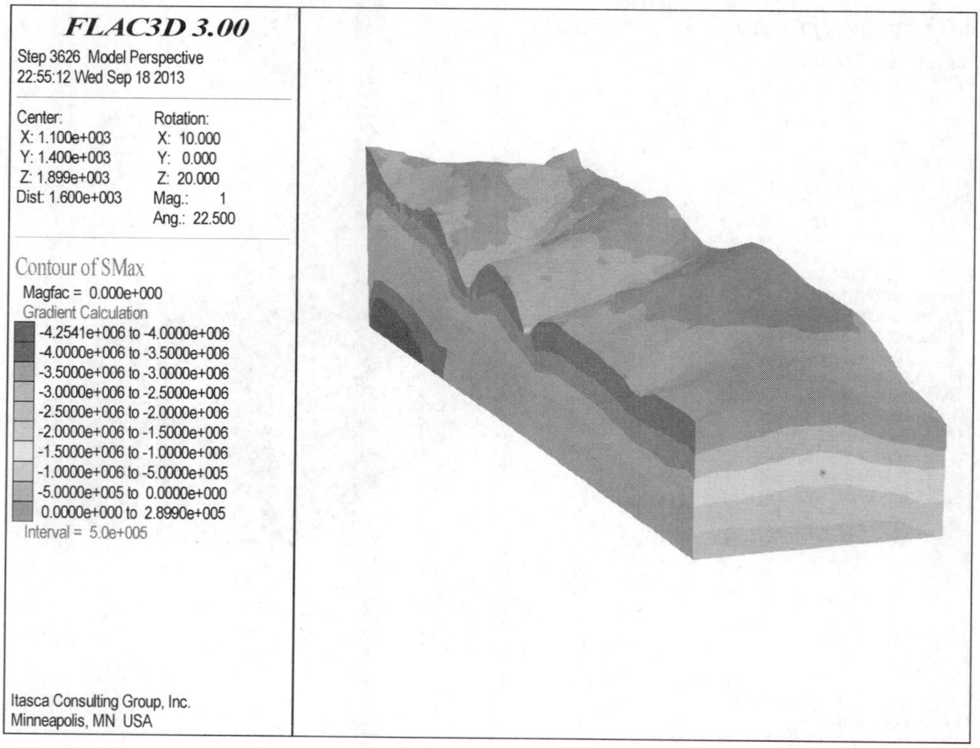

图 4－3－18　隧洞开挖未支护下小主应力云图

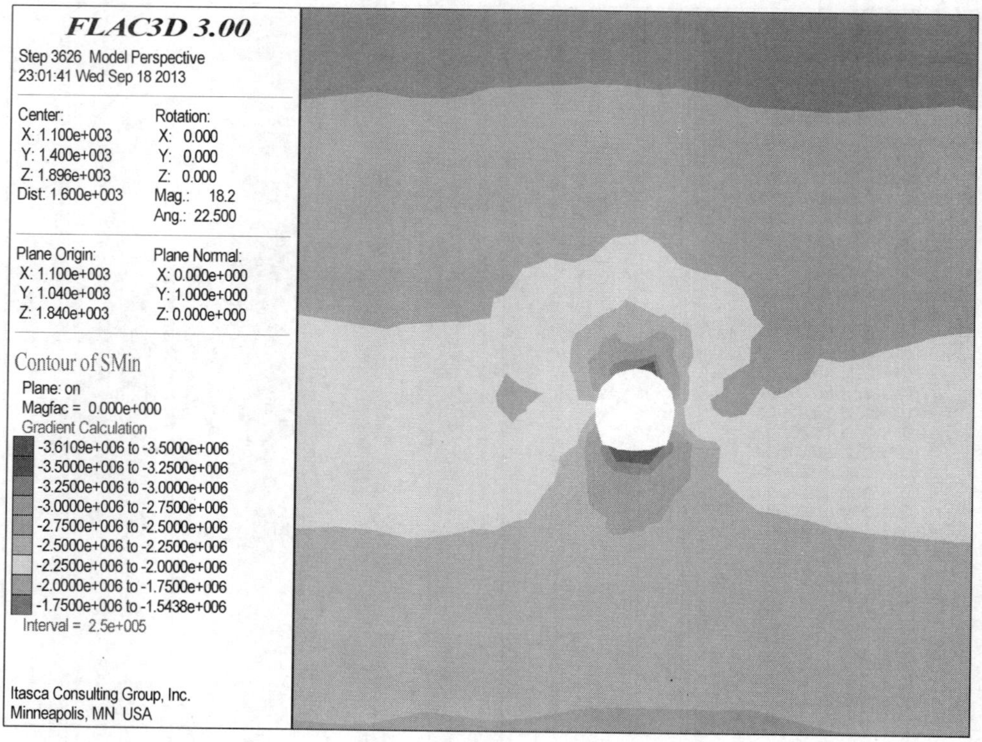

图 4－3－19　隧洞开挖未支护下Ⅳ^{2}类围岩（K40＋280 断面，隧洞埋深 70m）大主应力云图

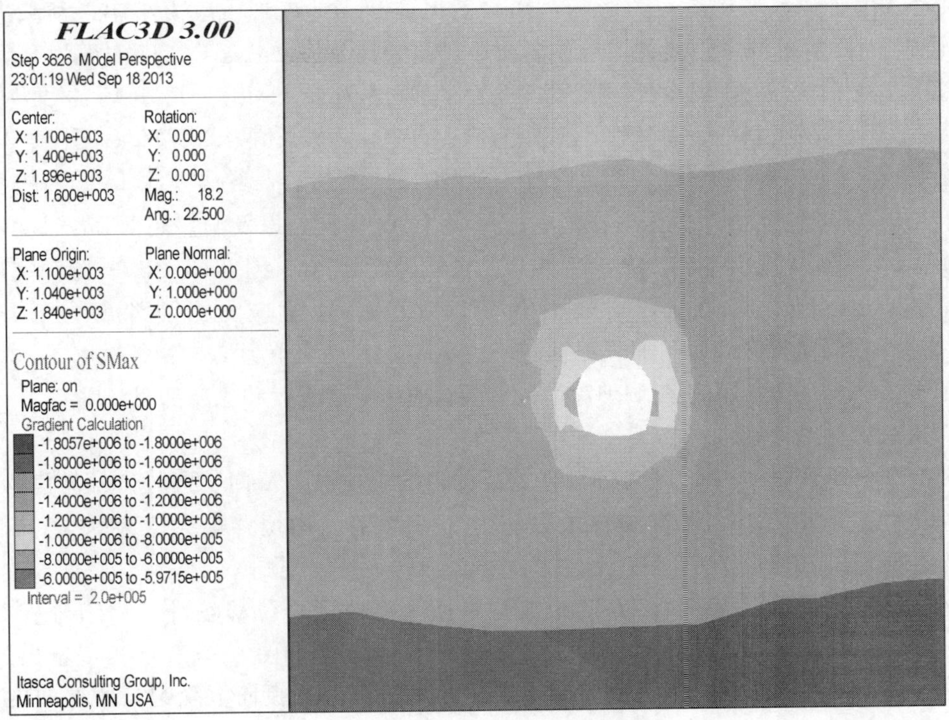

图 4－3－20　隧洞开挖未支护下Ⅳ² 类围岩（K40＋280 断面，隧洞埋深 70m）小主应力云图

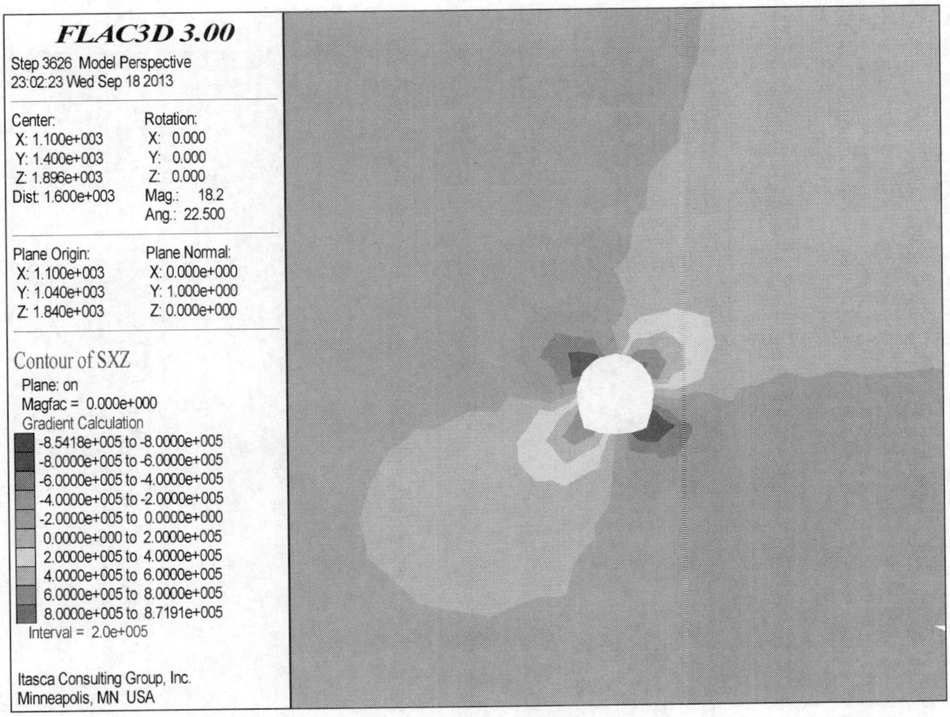

图 4－3－21　隧洞开挖未支护下Ⅳ² 类围岩（K40＋280 断面，隧洞埋深 70m）剪应力云图

重新调整。由于受水平构造应力影响，在洞室顶部和底部出现压应力集中，其最大值为3.61MPa，且随着距洞室距离的增大逐渐减小过渡到初始应力状态，影响深度为5.0m（图4-3-19）；在洞室的侧壁出现应力减小区，其值为0.60MPa，其影响深度为2.2m（图4-3-20）；在洞室拱腰和底角部位出现剪应力集中，其最大值为0.87MPa（图4-3-21）。

图4-3-22～图4-3-24为K41+200断面（Ⅳ[1]类围岩，隧洞埋深180m）的大主应力、小主应力和剪应力分布云图，在洞室顶部洞壁2m深度处以及洞室底部2m深度处出现压应力集中，其最大值为8.48MPa，大主应力影响深度为8m（图4-3-22）；除洞室顶部外环洞室周围出现应力降低区，其最小值为1.01MPa，小主应力影响深度为5.7m（图4-3-23），在洞室拱腰和底角部位出现剪应力集中，其最大值为2.34MPa（图4-3-24），与断面K40+280相比，由于隧洞埋深增大，围岩应力集中程度和深度都明显增大。

2. 围岩位移场分析

图4-3-25～图4-3-28为隧洞开挖后围岩的总位移、*X*向、*Y*向和*Z*向位移云图，总位移最大值为3.41cm，*X*向位移最大值为3.40cm，*Y*向位移最大值为0.43cm，*Z*向位移最大值为2.73cm。

下面以K40+280、K41+200两个典型断面为例对围岩位移场进行详细分析，见图4-3-29～图4-3-38。从洞室围岩位移矢量图4-3-29和图4-3-34可以看出，隧洞开挖后围岩岩体整体向洞内临空面变形，顶拱向下下沉，底板向上隆起，侧壁向内移动，并且侧壁位移量均大于顶拱和底板位移量。从洞室围岩总位移云图看到，洞室开挖引起的围岩变形区域为“蝴蝶型”，侧壁处位移和影响深度最大，顶拱和底板处的位移和影响深度最小（图4-3-30、图4-3-35）。

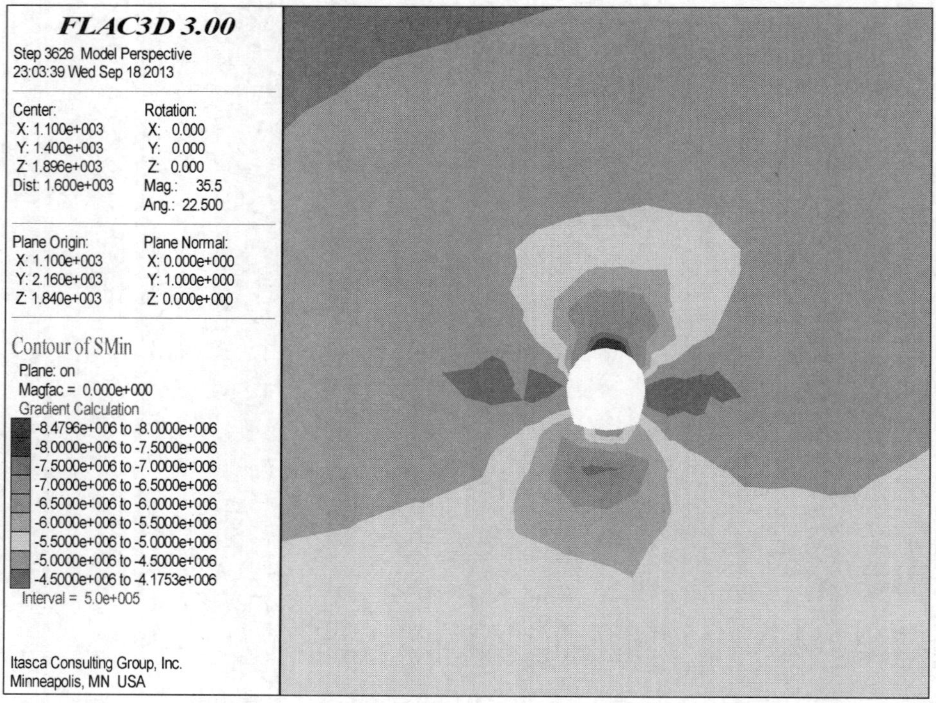

图4-3-22 隧洞开挖未支护下Ⅳ[1]类围岩（K41+200断面，隧洞埋深180m）大主应力云图

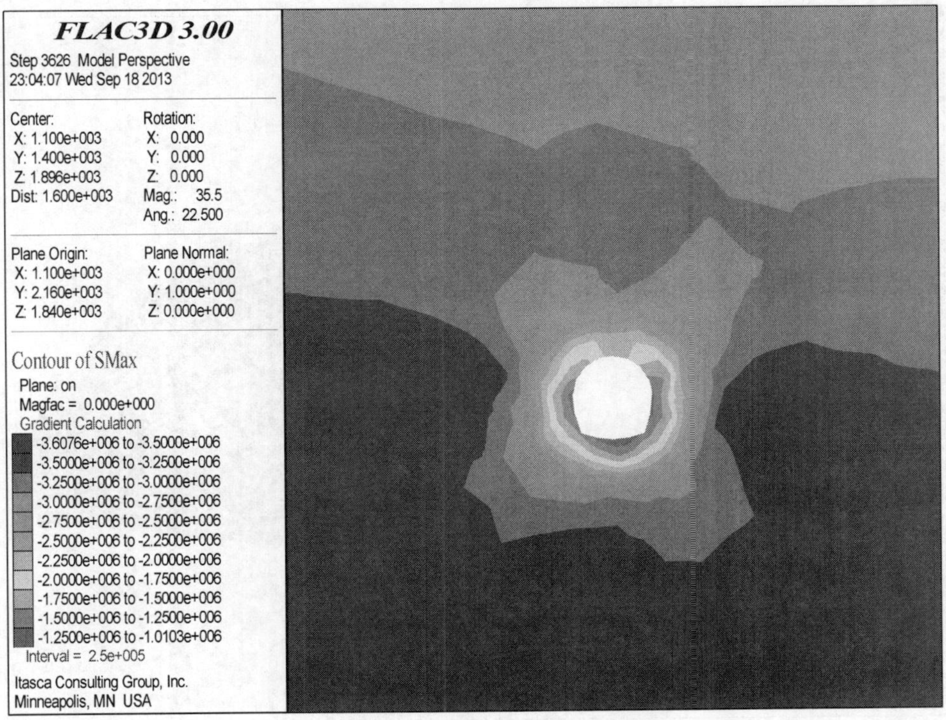

图 4-3-23 隧洞开挖未支护下Ⅳ¹类围岩（K41+200 断面，隧洞埋深 180m）小主应力云图

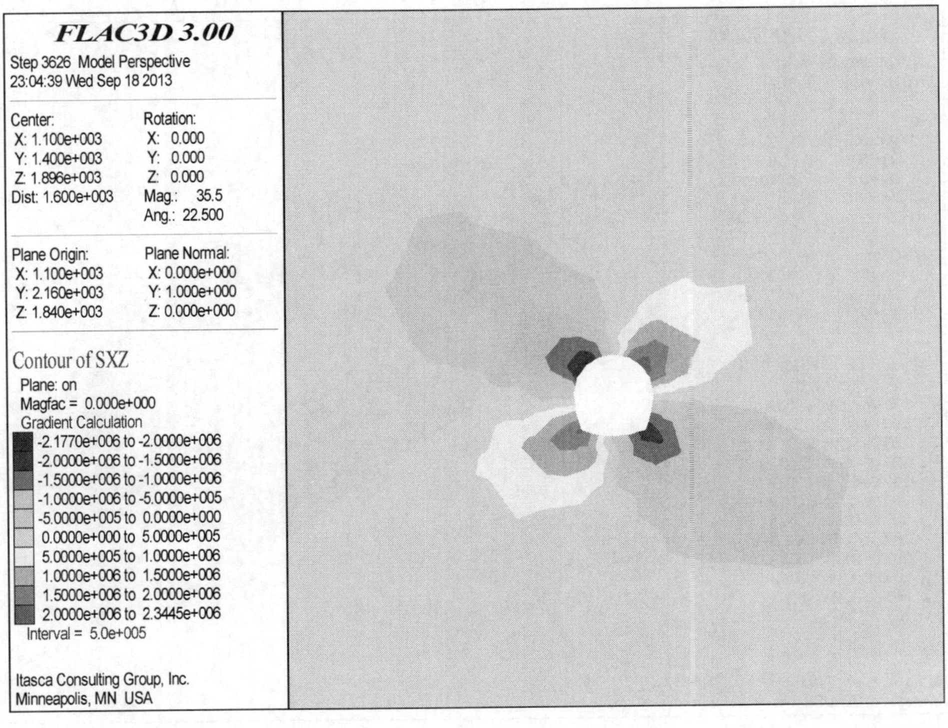

图 4-3-24 隧洞开挖未支护下Ⅳ¹类围岩（K41+200 断面，隧洞埋深 180m）剪应力云图

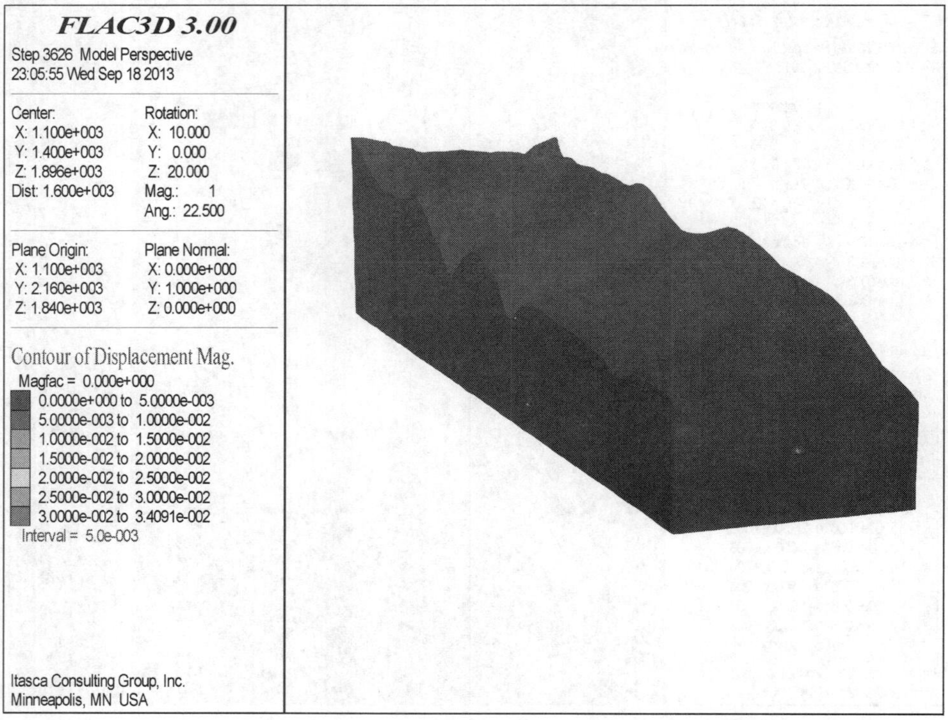

图 4-3-25 隧洞开挖未支护下总位移云图

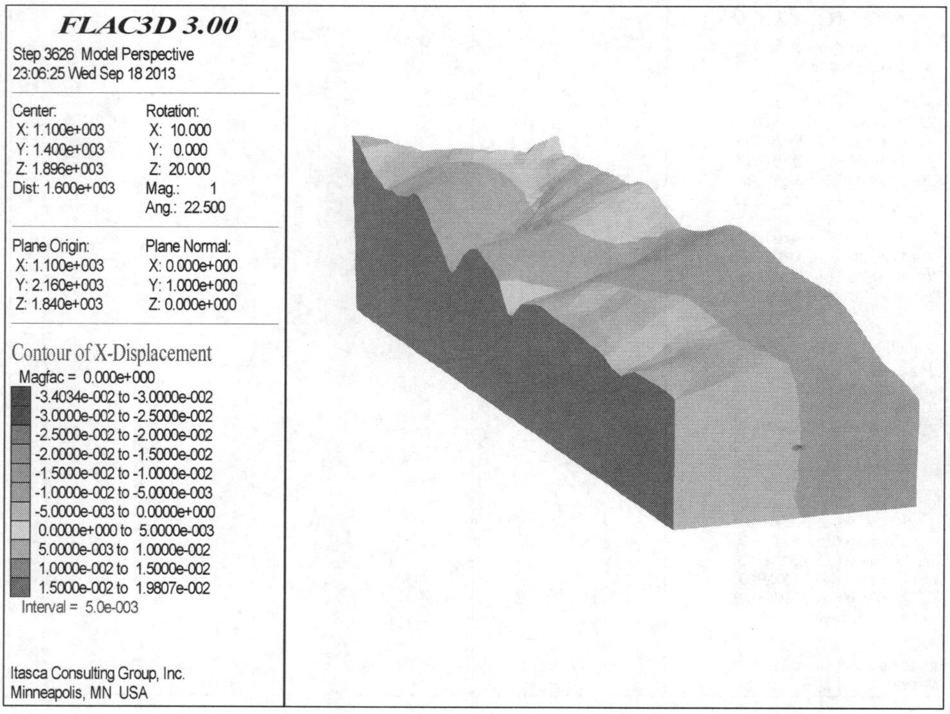

图 4-3-26 隧洞开挖未支护下 X 方向位移云图

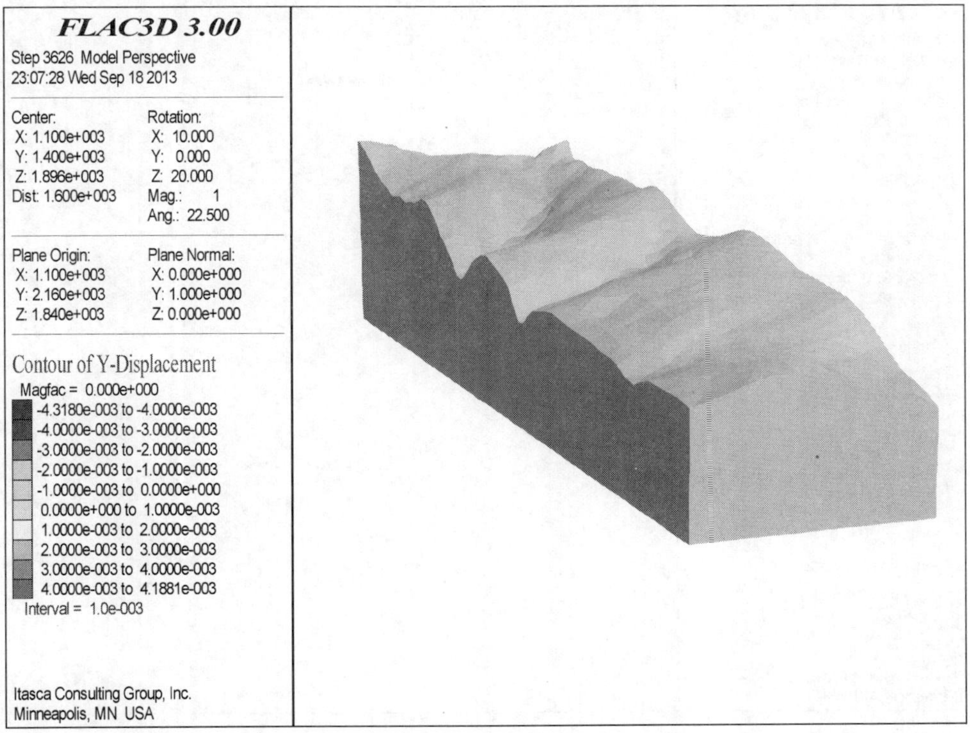

图 4-3-27　隧洞开挖未支护下 Y 方向位移云图

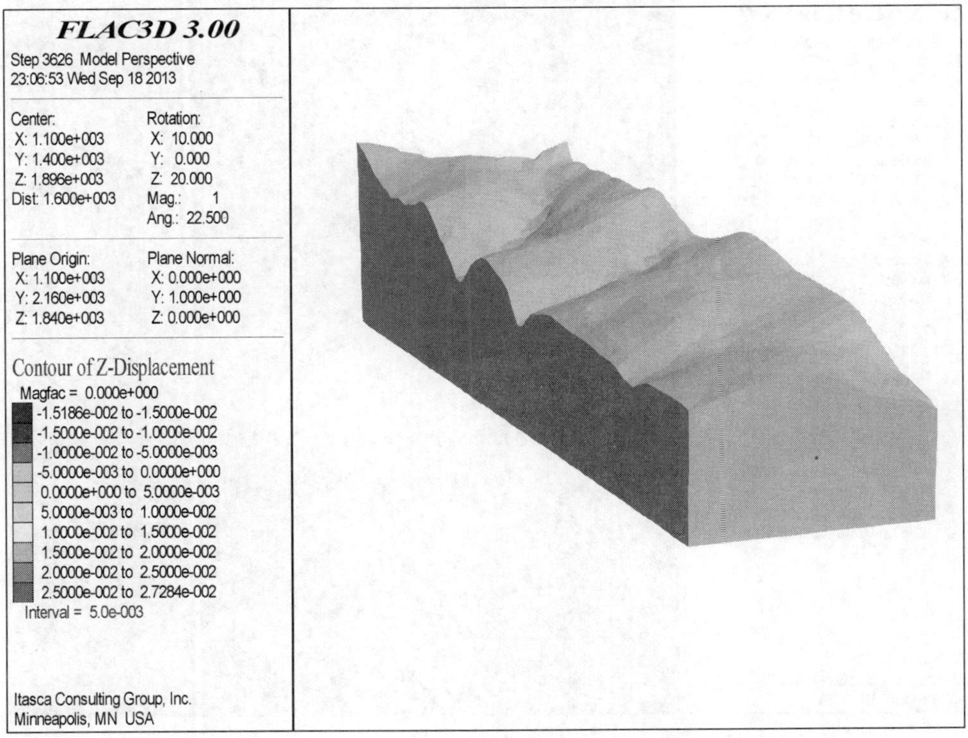

图 4-3-28　隧洞开挖未支护下 Z 方向位移云图

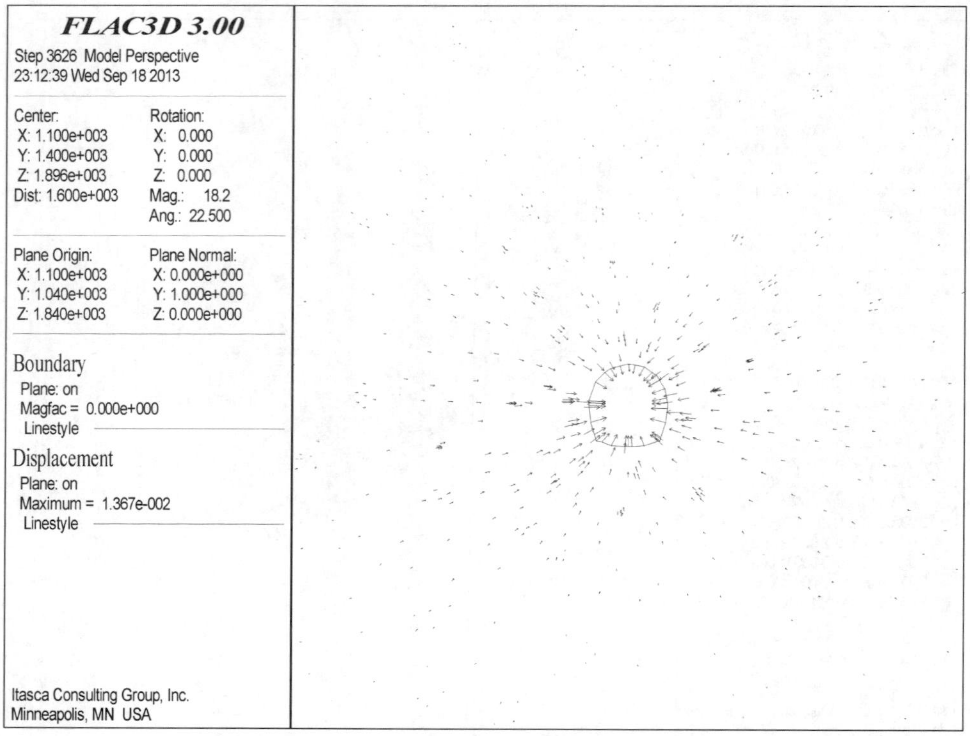

图 4-3-29 隧洞开挖未支护下Ⅳ^{2}类围岩（K40+280断面，隧洞埋深70m）位移矢量图

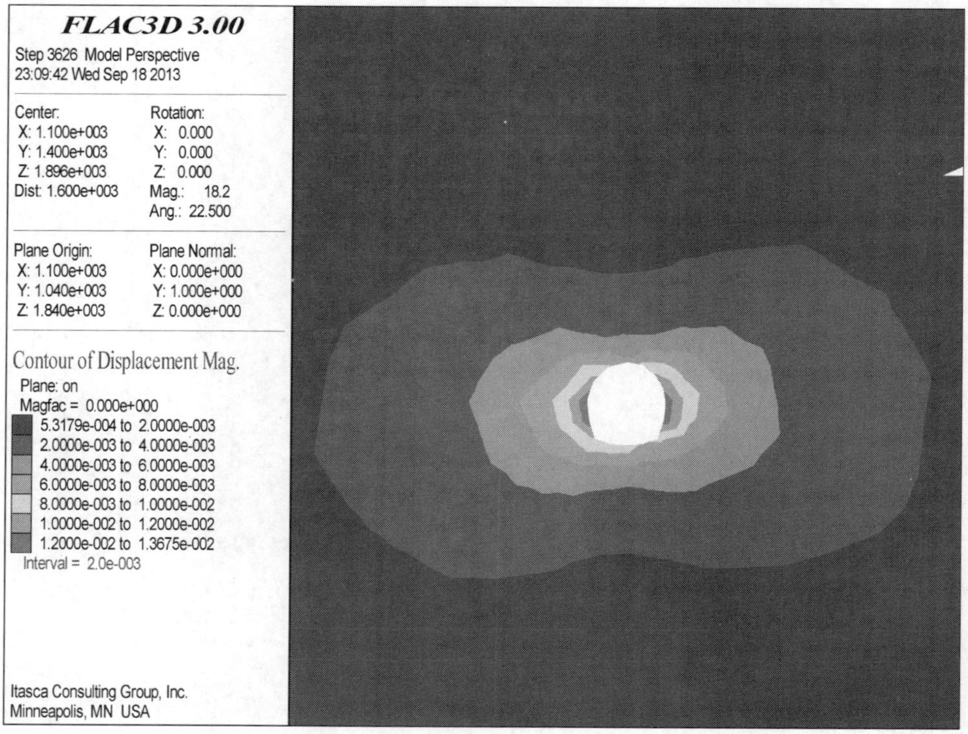

图 4-3-30 隧洞开挖未支护下Ⅳ^{2}类围岩（K40+280断面，隧洞埋深70m）总位移云图

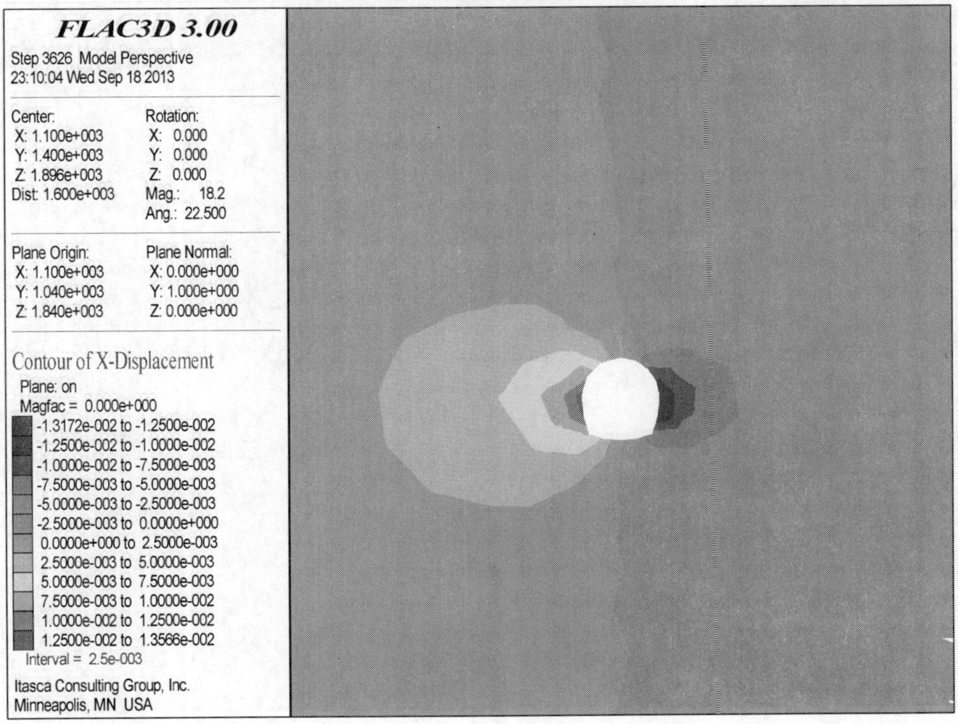

图 4-3-31　隧洞开挖未支护下Ⅳ^{2}类围岩（K40＋280 断面，隧洞埋深 70m）*X* 方向位移云图

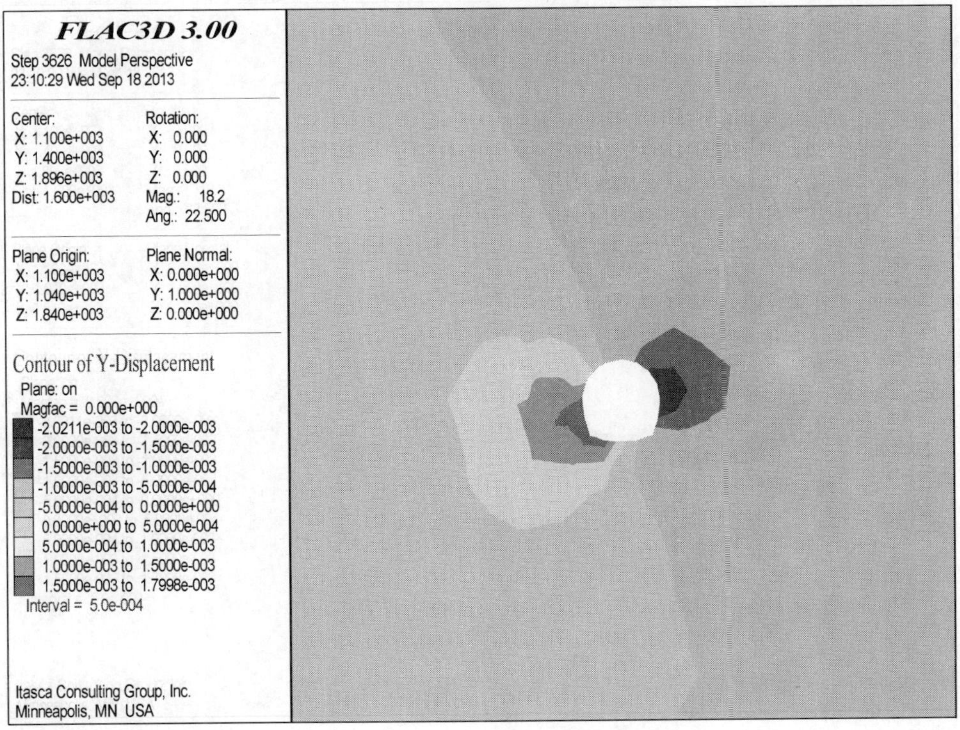

图 4-3-32　隧洞开挖未支护下Ⅳ^{2}类围岩（K40＋280 断面，隧洞埋深 70m）*Y* 方向位移云图

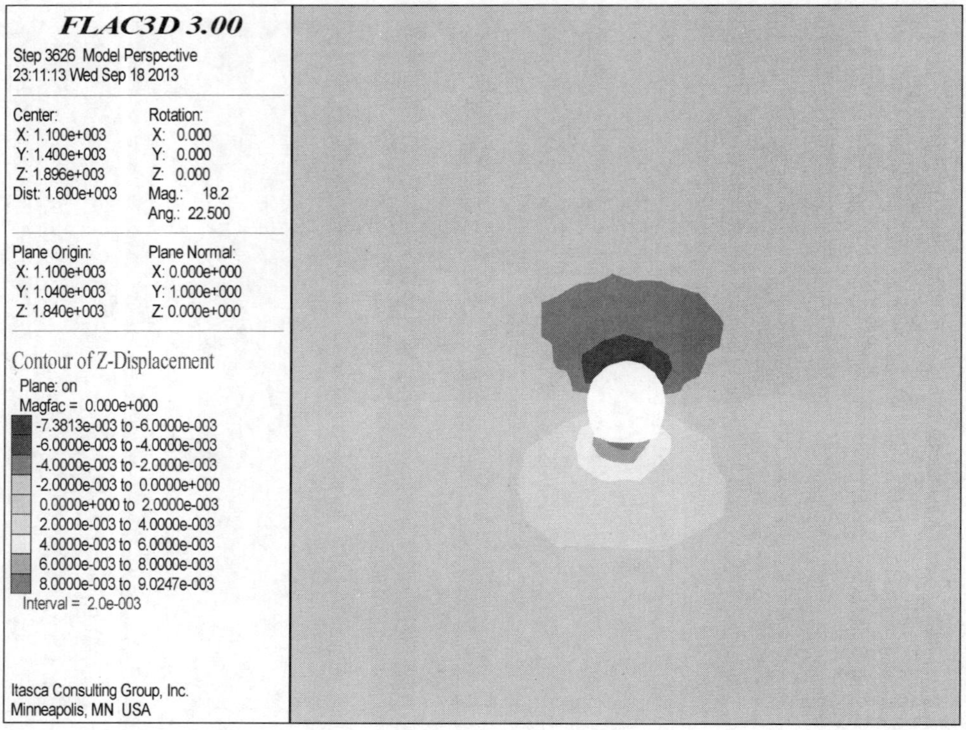

图 4-3-33 隧洞开挖未支护下Ⅳ^{2}类围岩（K40+280 断面，隧洞埋深 70m）Z 方向位移云图

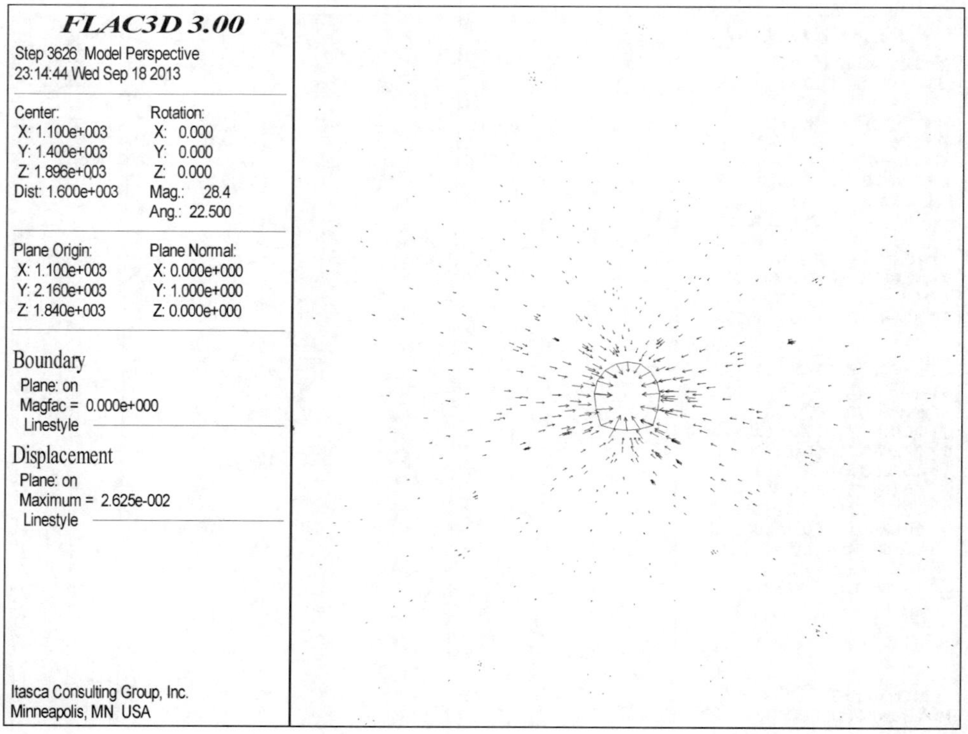

图 4-3-34 隧洞开挖未支护下Ⅳ^{1}类围岩（K41+200 断面，隧洞埋深 180m）位移矢量图

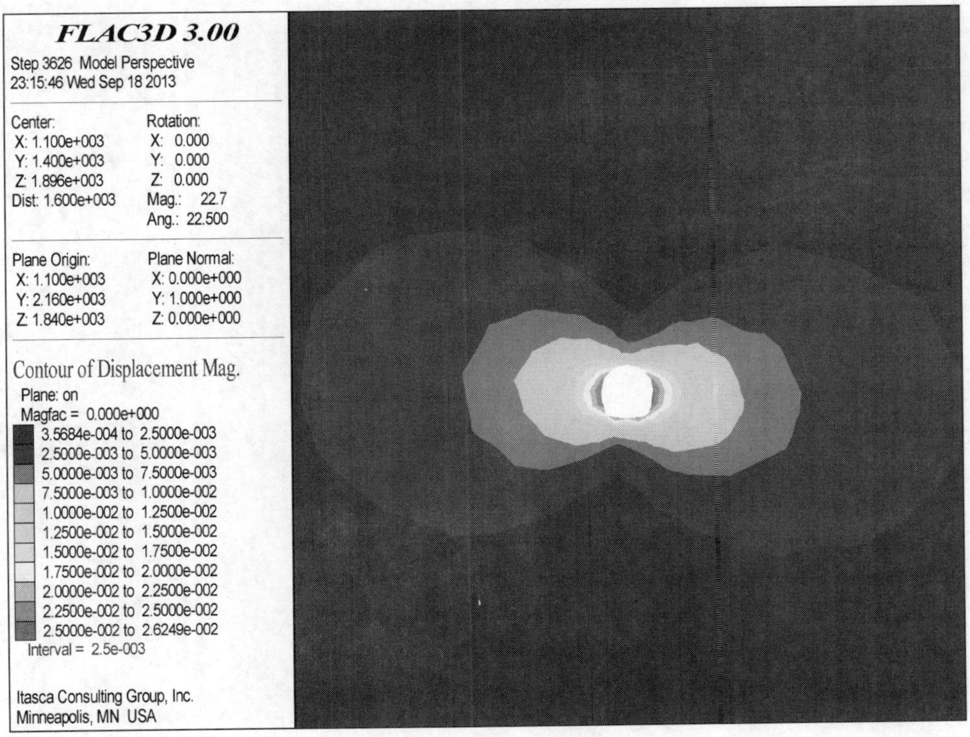

图 4-3-35　隧洞开挖未支护下Ⅳ[1]类围岩（K41+200 断面，隧洞埋深 180m）总位移云图

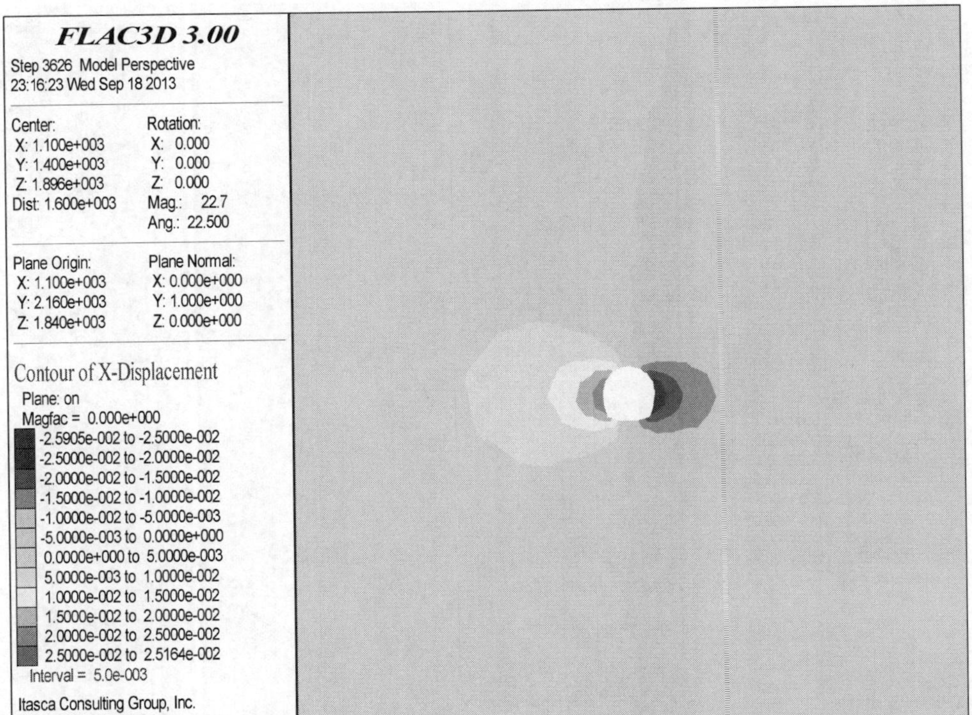

图 4-3-36　隧洞开挖未支护下Ⅳ[1]类围岩（K41+200 断面，隧洞埋深 180m）X 方向位移云图

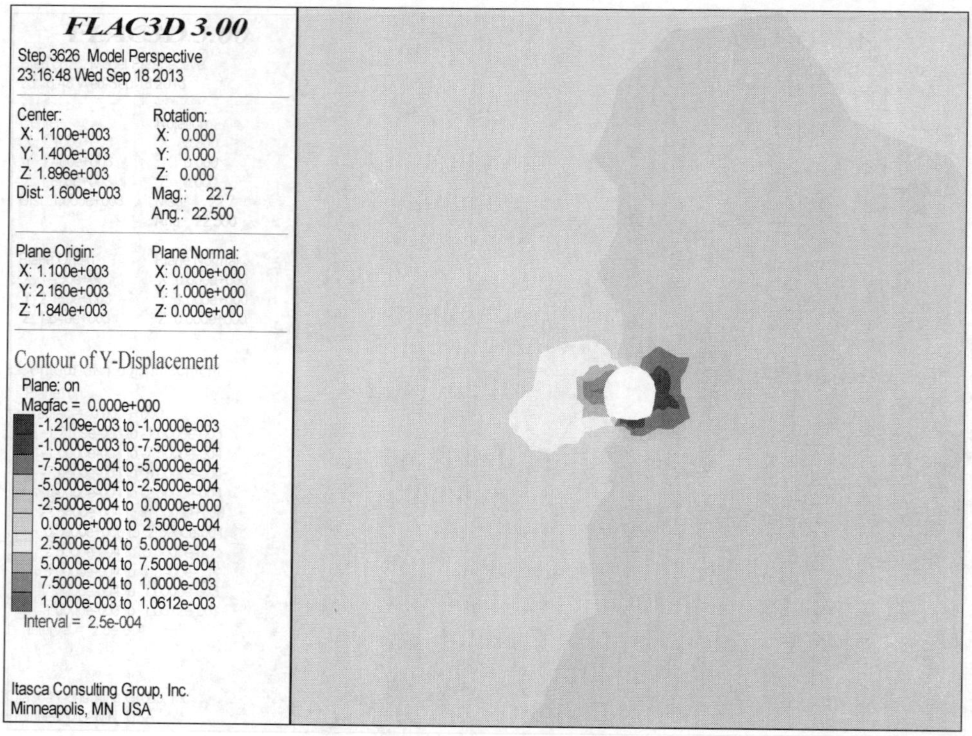

图 4-3-37 隧洞开挖未支护下Ⅳ[1]类围岩（K41+200 断面，隧洞埋深 180m）*Y* 方向位移云图

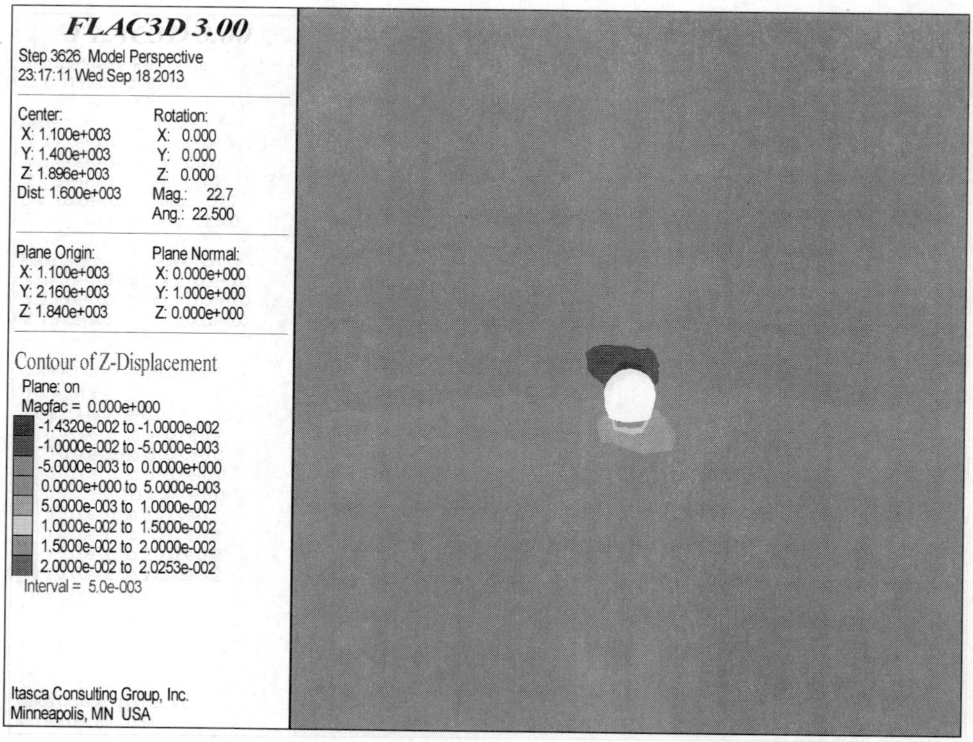

图 4-3-38 隧洞开挖未支护下Ⅳ[1]类围岩（K41+200 断面，隧洞埋深 180m）*Z* 方向位移云图

各典型剖面位移量总结如表4-3-13所示，从各剖面总体情况来看，由于受水平构造应力影响，洞室围岩垂直隧洞方向（X向）位移最大，其次是竖直方向（Z向），隧洞延伸方向（Y向）位移量最小；受埋深影响，IV^1类围岩（K41+200断面，埋深180m）位移量远大于IV^2类围岩（K40+280断面，埋深70m）位移量。

表4-3-13　　隧洞开挖未支护下各典型剖面位移量　　单位：cm

断面＼位移	总位移量	X向最大位移量	Y向最大位移量	Z向最大位移量
IV^2类围岩（K40+280断面）	1.37	1.36	0.20	0.90
IV^1类围岩（K41+200断面）	2.62	2.59	0.12	2.03

在计算过程中，在IV^2类围岩（K40+280断面，隧洞埋深70m）、IV^1类围岩（K41+200断面，隧洞埋深180m）的洞室侧壁、拱腰和拱顶设置位移监测点，监测洞室开挖后洞室围岩的变形演化过程，其监测结果如图4-3-39和图4-3-40所示。从中可以看出，IV^2类围岩（K40+280断面，隧洞埋深70m）侧壁位移量为1.37cm，拱腰位移量为1.05cm，拱顶位移量为0.64cm；IV^1类围岩（K41+200断面，隧洞埋深180m）侧壁位移量为2.65cm，拱腰位移量为2.23cm，拱顶位移量为1.28cm；洞室位移表现出侧壁位移量最大，拱腰其次，拱顶最小。

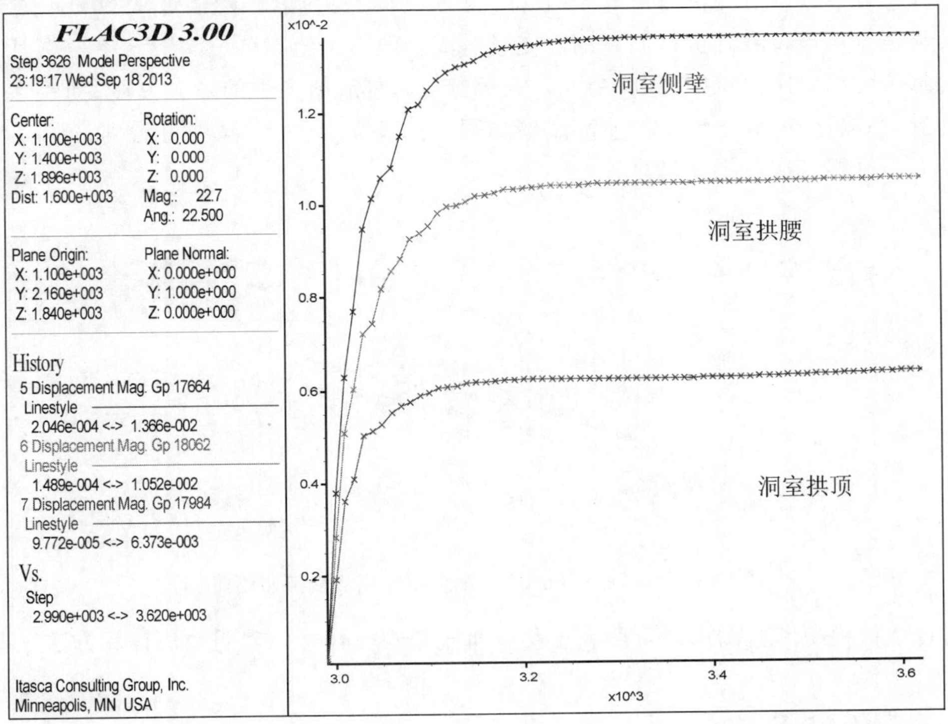

图4-3-39　隧洞开挖未支护下IV^2类围岩（K40+280断面，隧洞埋深70m）洞壁位移监测曲线

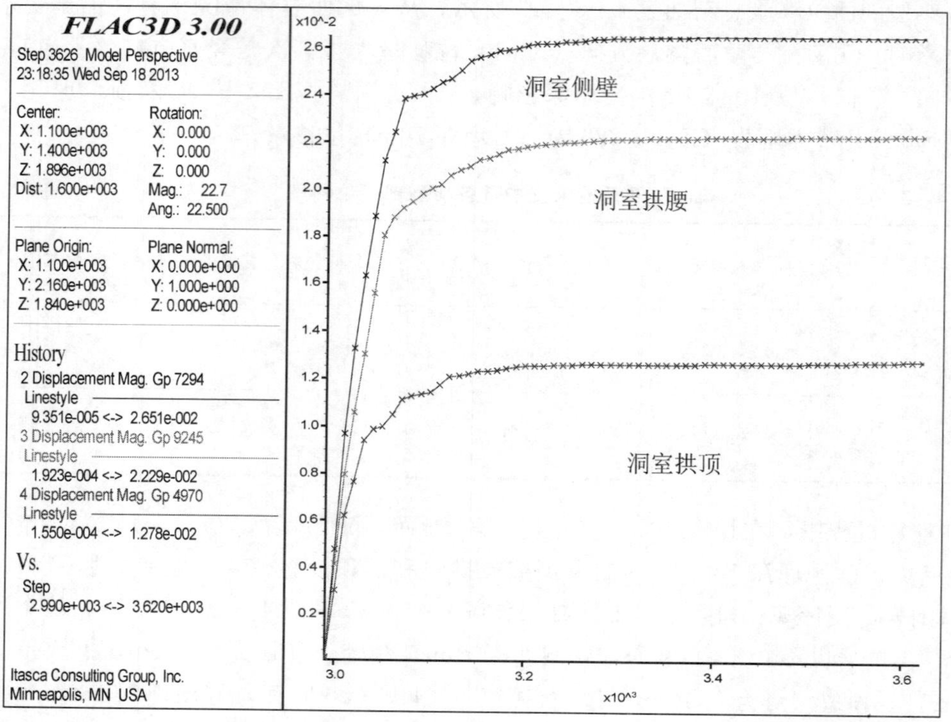

图 4-3-40 隧洞开挖未支护下Ⅳ^{1}类围岩（K41+200 断面，隧洞埋深 180m）洞壁位移监测曲线

施工过程中，在隧洞出口桩号 50+281 断面（Ⅳ^2 类围岩，隧洞埋深 70m）侧壁、拱腰和拱顶布置多点位移计进行洞室围岩变形监测，但由于施工单位灌浆设备等原因，灌浆完成时掌子面已经距离该断面 20 余 m，大部分应力释放所产生的最大位移变形已经发生，监测到的只有后续的变化情况，监测成果如图 4-3-41 所示，从中可看到，洞室侧壁位移量最大，拱腰其次，拱顶最小。

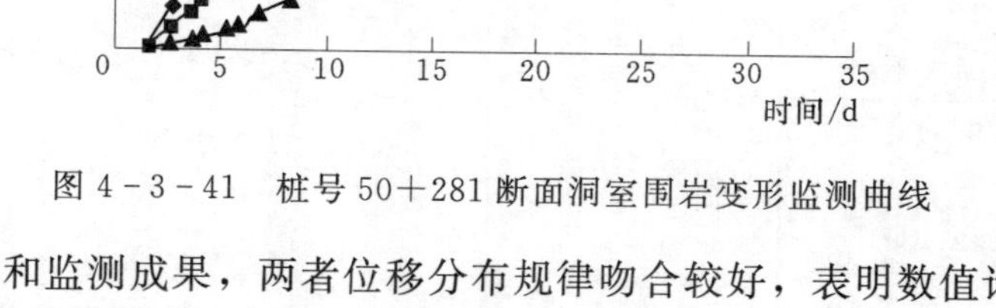

图 4-3-41 桩号 50+281 断面洞室围岩变形监测曲线

对比数值模拟和监测成果，两者位移分布规律吻合较好，表明数值计算方法正确，结果可信。

3. 围岩塑性区分析

塑性区大小和分布特点反映了围岩的力学性状，塑性区大的区域也是实际松动圈较大和容易发生围岩失稳的区域，塑性区实际上也表征了开挖卸荷后围岩的松动区大小，反映了各期开挖对围岩的扰动程度。隧洞开挖后由于洞室围岩大主应力增大和小主应力减小，围岩单元为压—剪破坏形式，其塑性区分布如图 4－3－42 和图 4－3－43 所示，Ⅳ² 类围岩（桩号 K40＋280 断面）塑性区破坏深度约 1.0m，Ⅳ¹ 类围岩（桩号 K40＋280 断面）塑性区破坏深度 1.0～2.0m。施工过程中在隧洞进口 K40＋214 断面和出口 K50＋281 断面进行裸洞围岩松弛圈厚度测试，实测结果和数值模拟结果对比见表 4－3－14。其中实测断面 K50＋281 和计算断面 K40＋280 隧洞围岩和埋置深度相同，其计算的塑性区厚度和实测的松弛圈厚度也基本相等，说明计算较为准确可靠。

表 4－3－14　　实测裸洞松动圈厚度与计算塑性区厚度对比

断面位置		围岩类别	隧洞埋置深度/m	松动圈厚度/m
实测值	K40＋214	Ⅴ¹	60	0.72～0.93
	K50＋281	Ⅳ²	70	1.00～1.04
模拟值	K40＋280	Ⅳ²	70	1.00
	K41＋200	Ⅳ¹	180	1.00～2.00

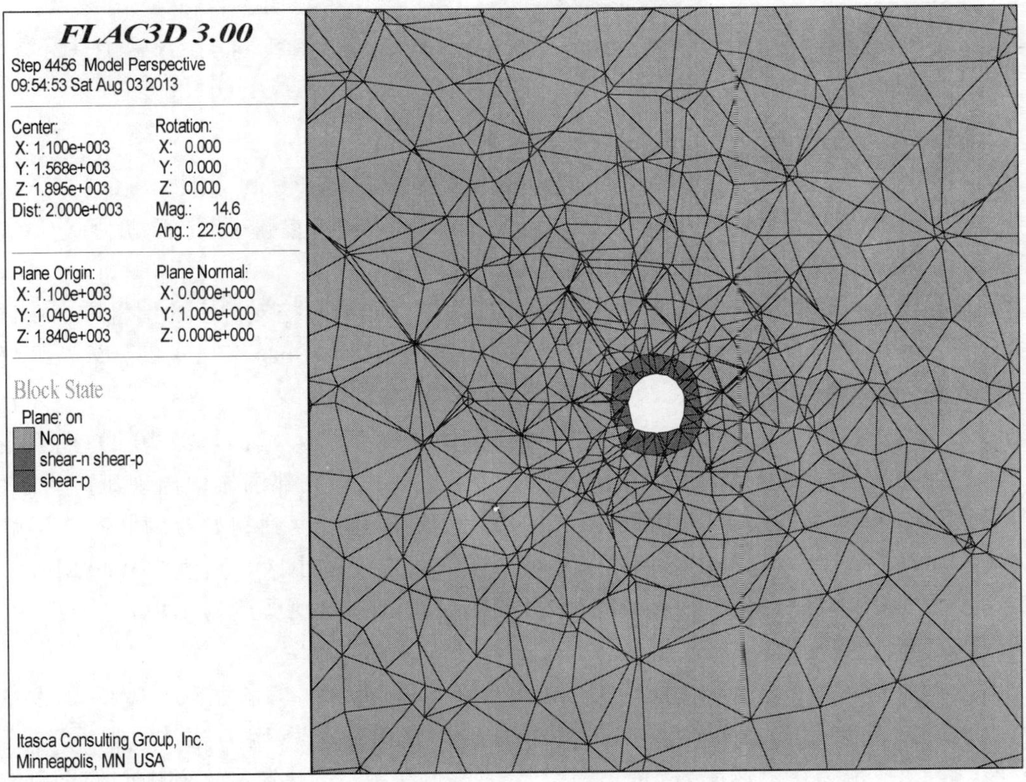

图 4－3－42　隧洞开挖未支护下Ⅳ² 类围岩（K40＋280 断面，隧洞埋深 70m）围岩塑性区分布

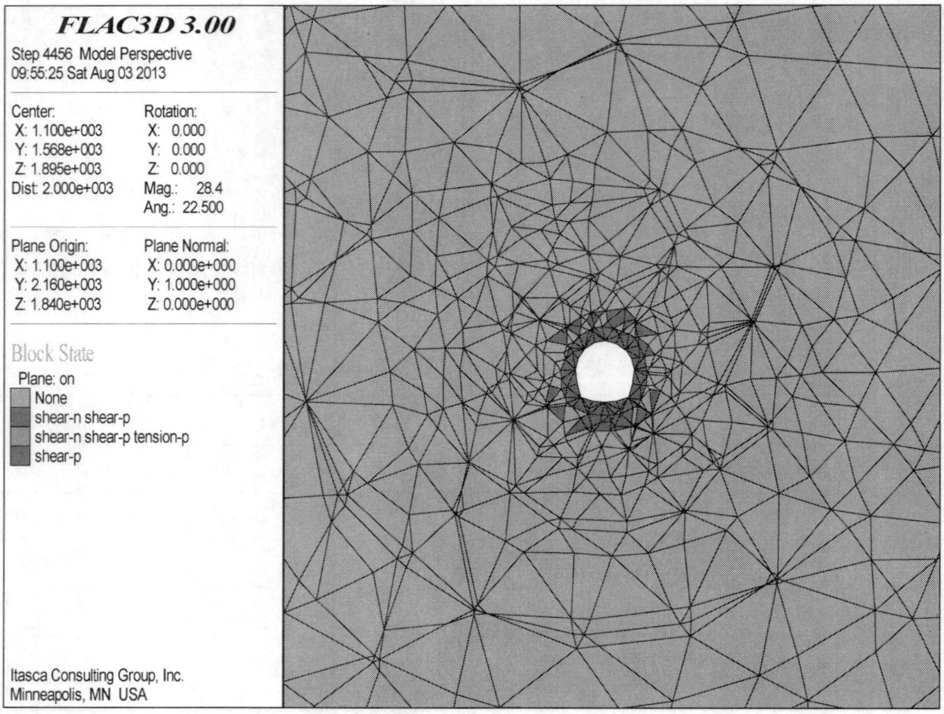

图 4-3-43　隧洞开挖未支护下Ⅳ[1]类围岩（K41+200 断面，隧洞埋深 180m）围岩塑性区分布

（三）隧洞开挖支护后

1. 围岩应力场分析

隧洞开挖支护后的大主应力、小主应力分布云图见图 4-3-44 和图 4-3-45，从中可以看出，支护后隧洞围岩应力最大值为 7.14MPa，支护前隧洞围岩应力最大值为 9.95MPa，与支护前相比，应力最大值明显减小。

下面以 K40+280、K41+200 两个典型断面为例对隧洞开挖支护后的围岩应力场进行详细分析，其中 K40+280 围岩为Ⅳ[2]类岩体，隧洞埋深为 70m，K41+200 断面围岩为Ⅳ[1]类岩体，隧洞埋深为 180m。

图 4-3-46～图 4-3-48 为Ⅳ[2]类围岩（K40+280 断面，隧洞埋深 70m）的大主应力、小主应力和剪应力分布云图，洞室开挖支护后，在洞室底部围岩中出现压应力集中，其最大值为 2.65MPa，且随着距洞室距离的增大逐渐减小过度到初始应力状态，影响深度为 2.0m（图 4-3-46）；在洞室的侧壁和拱腰出现应力减小区，其值为 0.99MPa，其影响深度为 3.0m（图 4-3-47）；在洞室拱腰和底角部位出现剪应力集中，其最大值为 0.23MPa（图 4-3-48）。

图 4-3-49～图 4-3-50 为Ⅳ[1]类围岩（K41+200 断面，隧洞埋深 180m）的大主应力、小主应力和剪应力分布云图，在洞室顶部和底部出现压应力集中，其最大值为 6.87MPa，大主应力影响深度为 3m（图 4-3-49）；在洞室的拱腰和底部中心处出现应力降低区，其值为 2.67MPa，小主应力影响深度为 3.0m（图 4-3-50）；在洞室拱腰和底角部位出现剪应力集中，其最大值为 0.94Pa（图 4-3-51）。

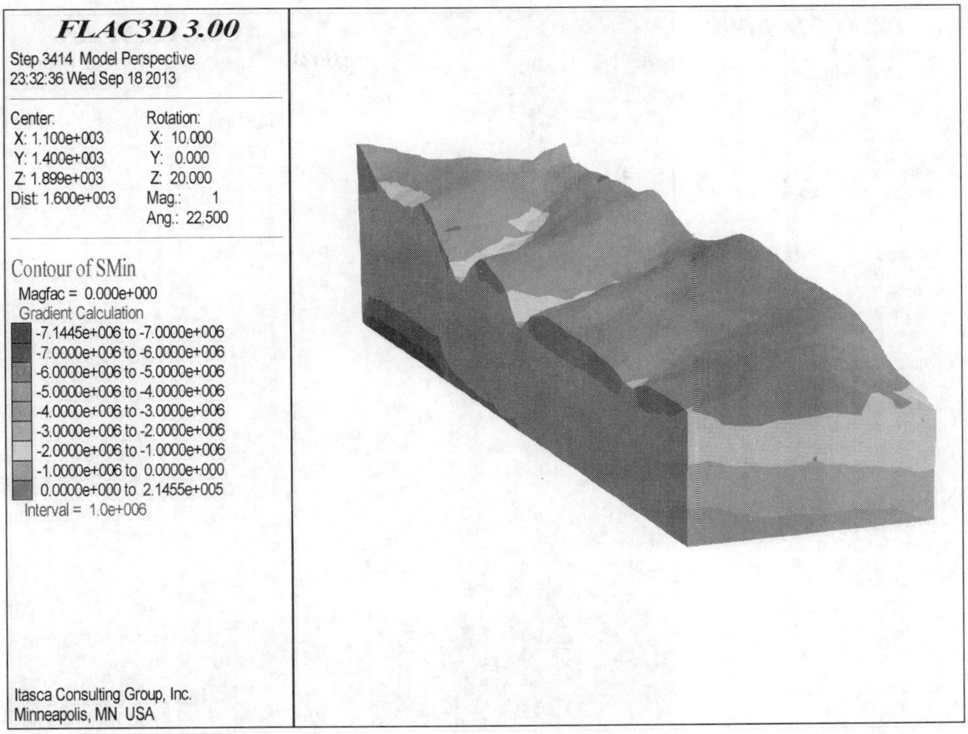

图 4-3-44　隧洞开挖支护后大主应力云图

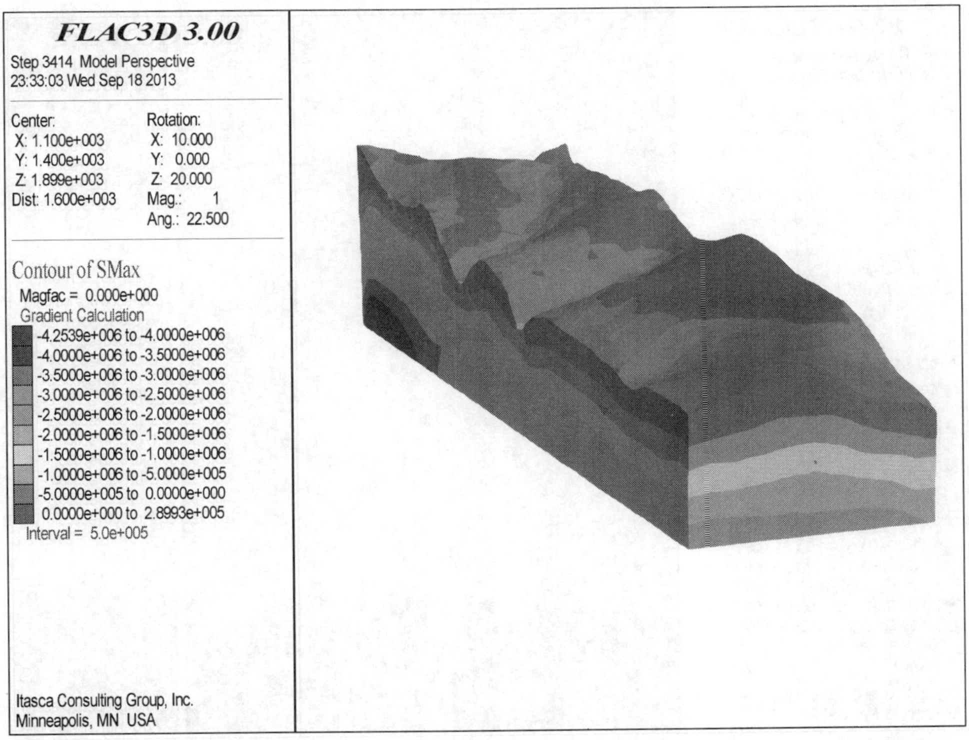

图 4-3-45　隧洞开挖支护后小主应力云图

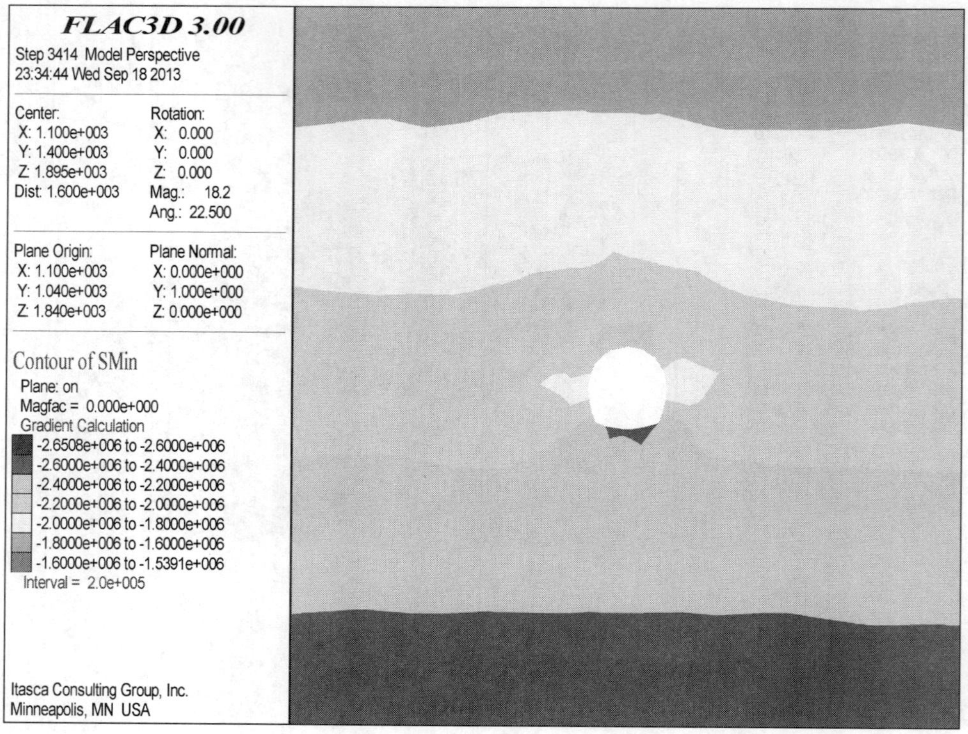

图 4-3-46 隧洞开挖支护后Ⅳ² 类围岩（K40+280 断面，隧洞埋深 70m）大主应力云图

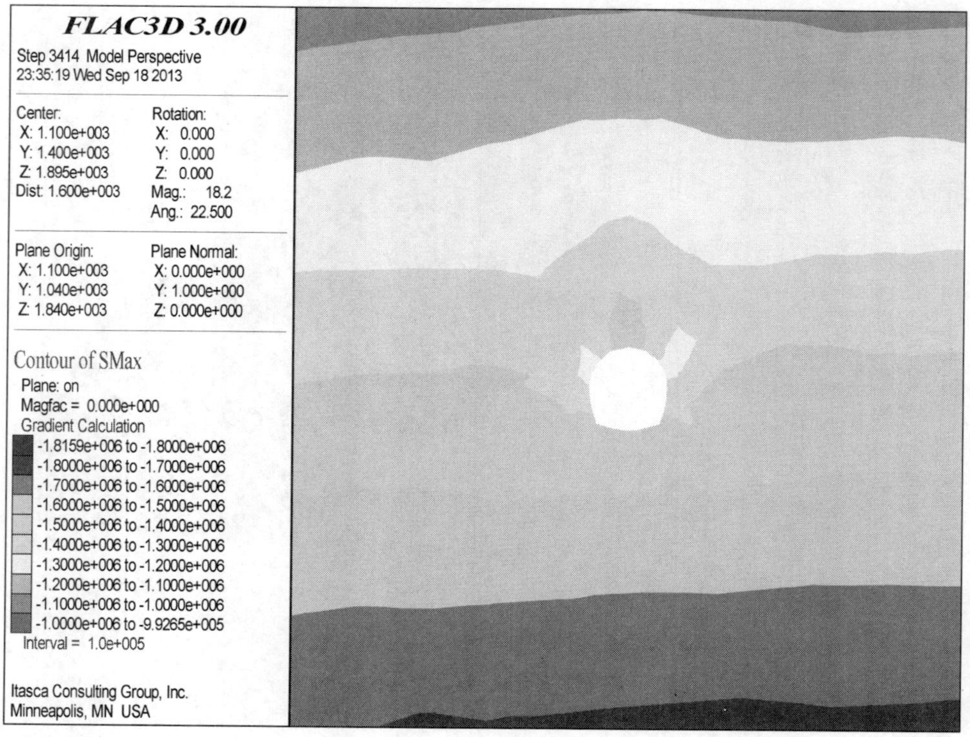

图 4-3-47 隧洞开挖支护后Ⅳ² 类围岩（K40+280 断面，隧洞埋深 70m）小主应力云图

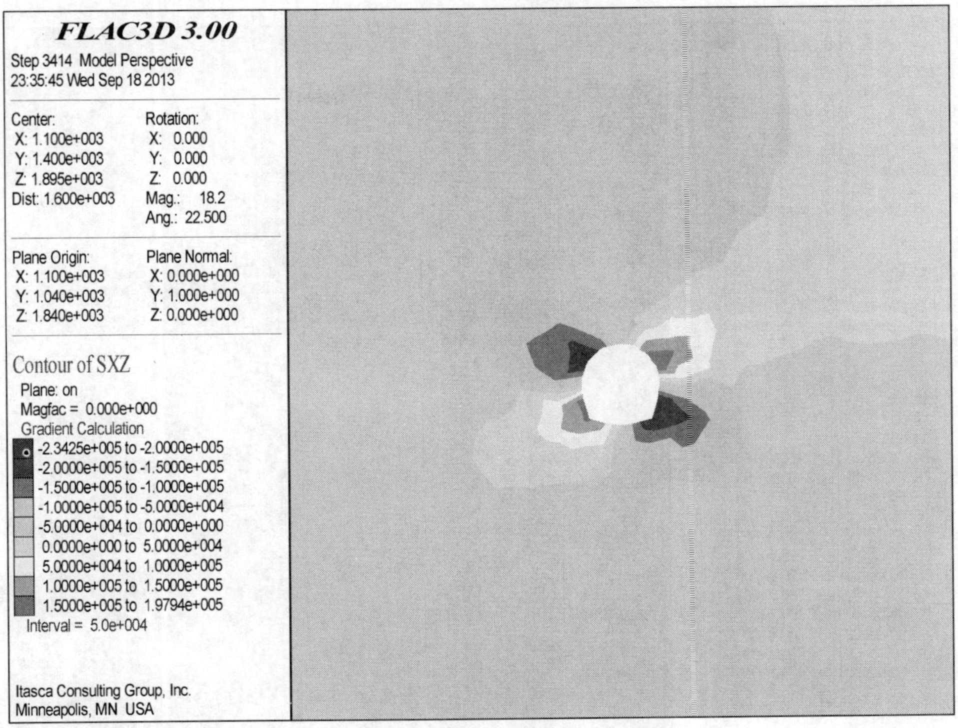

图 4-3-48 隧洞开挖支护后Ⅳ² 类围岩（K40+280 断面，隧洞埋深 70m）剪应力云图

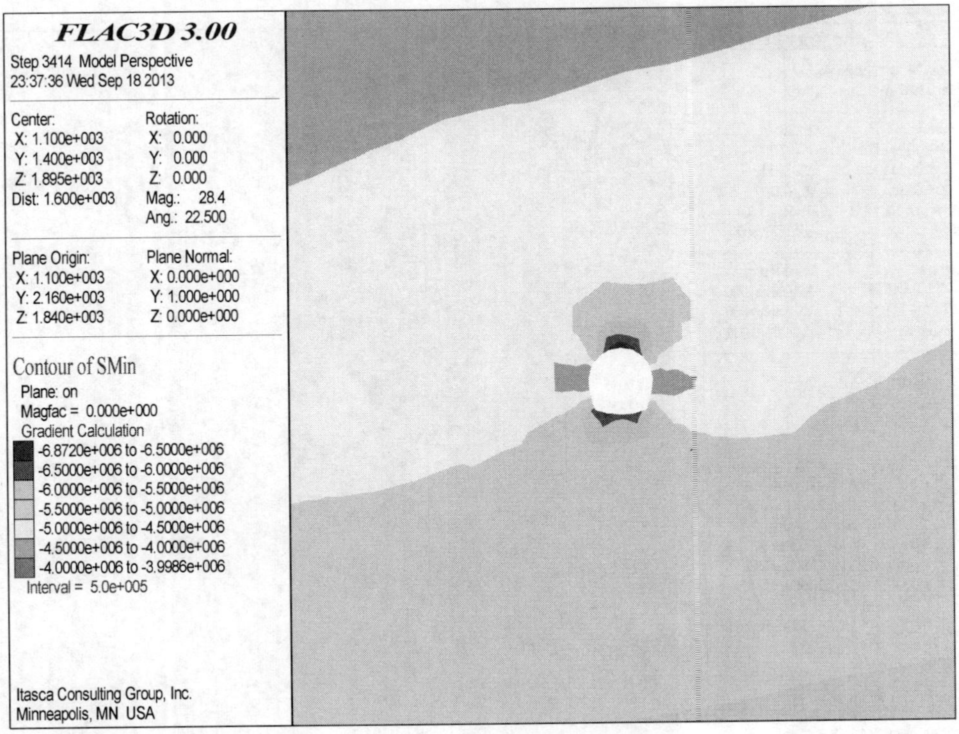

图 4-3-49 隧洞开挖支护后Ⅳ¹ 类围岩（K41+200 断面，隧洞坦深 180m）大主应力云图

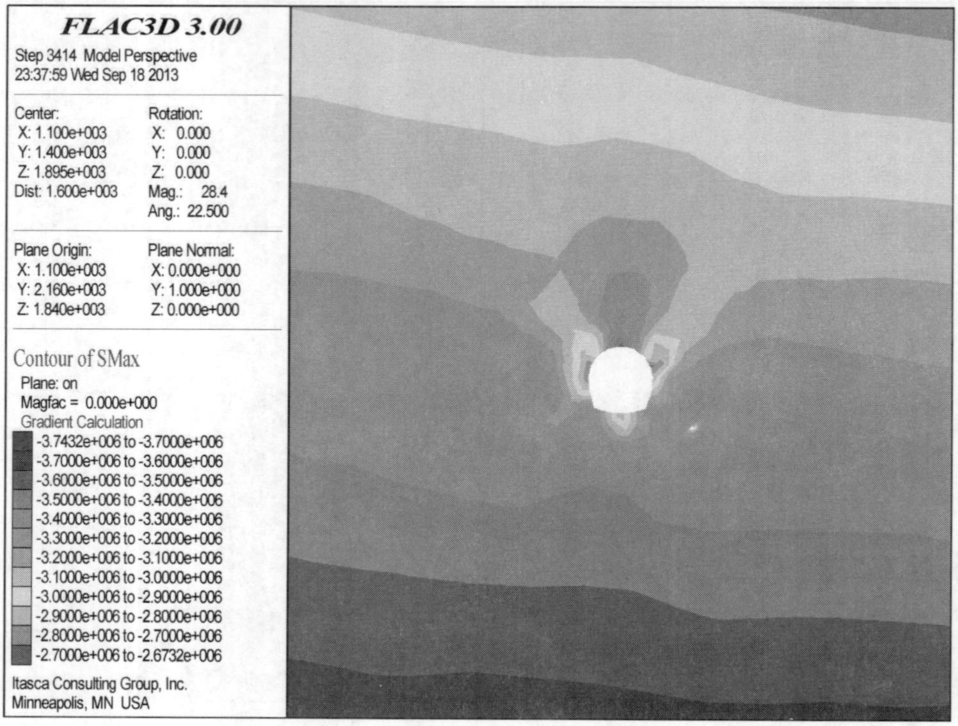

图 4-3-50 隧洞开挖支护后Ⅳ[1]类围岩（K41+200 断面，隧洞埋深 180m）小主应力云图

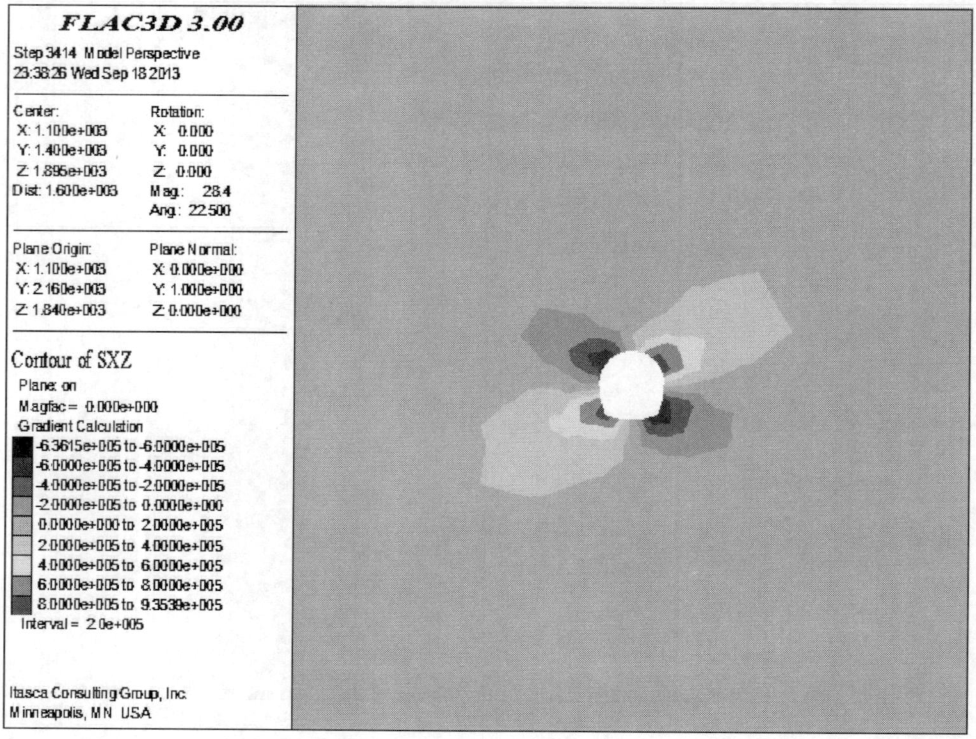

图 4-3-51 隧洞开挖支护后Ⅳ[1]类围岩（K41+200 断面，隧洞埋深 180m）剪应力云图

隧洞开挖未支护和支护后洞室围岩的应力对比见表 4-3-15，从中可以看到，支护后洞室围岩的大主应力值减小，小主应力值增大，剪应力降低，应力集中程度减弱。

表 4-3-15　K40+230—K41+374 段洞室开挖支护前后围岩应力对比

位置		应力/MPa					
		大主应力		小主应力		剪应力	
		未支护	支护后	未支护	支护后	未支护	支护后
K40+230～K41+374 段	整体	9.95	7.14	—		—	
	Ⅳ² 类围岩（K40+280 断面）	3.61	2.65	0.60	0.99	0.87	0.23
	Ⅳ¹ 类围岩（K41+200 断面）	8.48	6.87	1.01	2.67	2.34	0.94

2. 围岩位移场分析

图 4-3-52～图 4-3-55 为隧洞开挖后围岩的总位移、X 向、Y 向和 Z 向位移云图，总位移最大值为 0.93cm，X 向最大位移值为 0.93cm，Y 向最大位移值为 0.09cm，Z 向最大位移值为 0.32cm。

下面以 K40+280、K41+200 两个典型断面为例对围岩位移场进行详细分析，见图 4-3-56～图 4-3-65。从洞室围岩位移矢量图 4-3-56 和图 4-3-61 可以看出，隧洞开挖支护后围岩岩体整体向洞内临空面变形，顶拱向下下沉，底板向上隆起，侧壁向内移动，并且侧壁位移量均大于顶拱和底板位移量。从洞室围岩总位移云图看到，洞室开挖引起的围岩变形区域为"蝴蝶形"，侧壁处位移和影响深度最大，顶拱和底板处的位移和影响深度最小（图 4-3-57、图 4-3-62）。从各剖面总体情况来看，由于受水平构造应力影响，洞室围岩垂直隧洞方向（X 向）位移最大，其次是竖直方向（Z 向），隧洞延伸方向（Y 向）位移量最小。

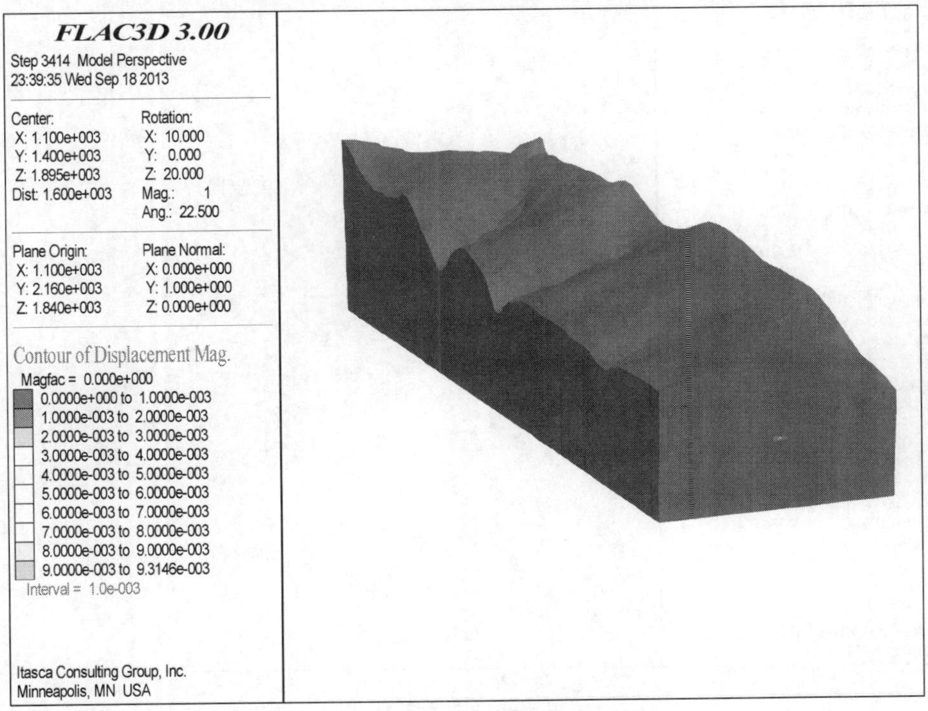

图 4-3-52　隧洞开挖支护后总位移云图

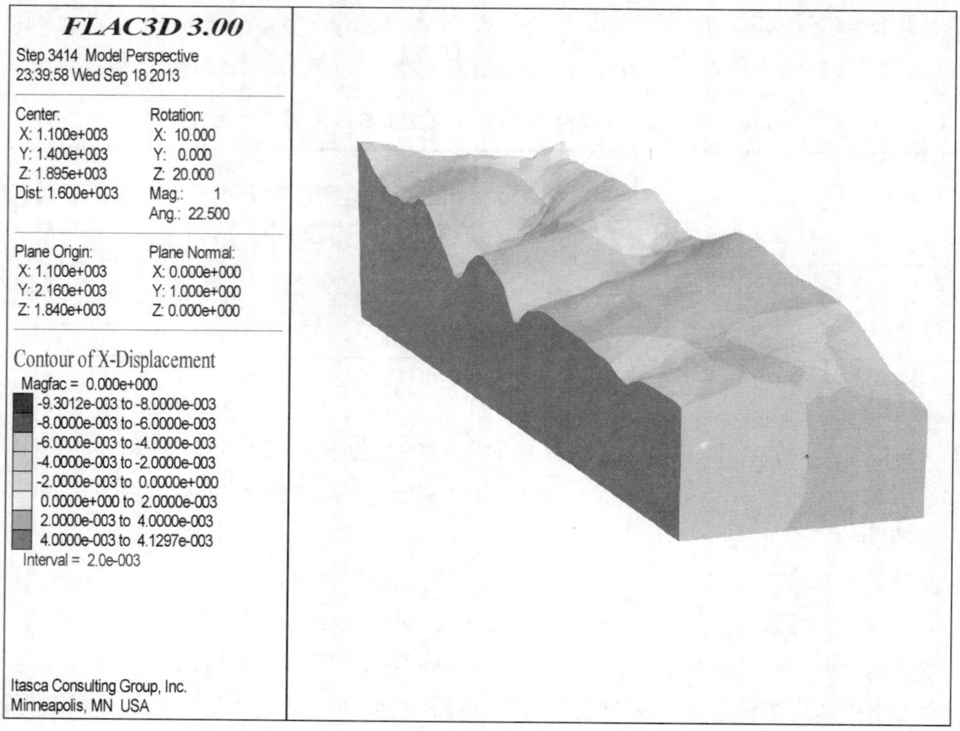

图 4-3-53　隧洞开挖支护后 X 方向位移云图

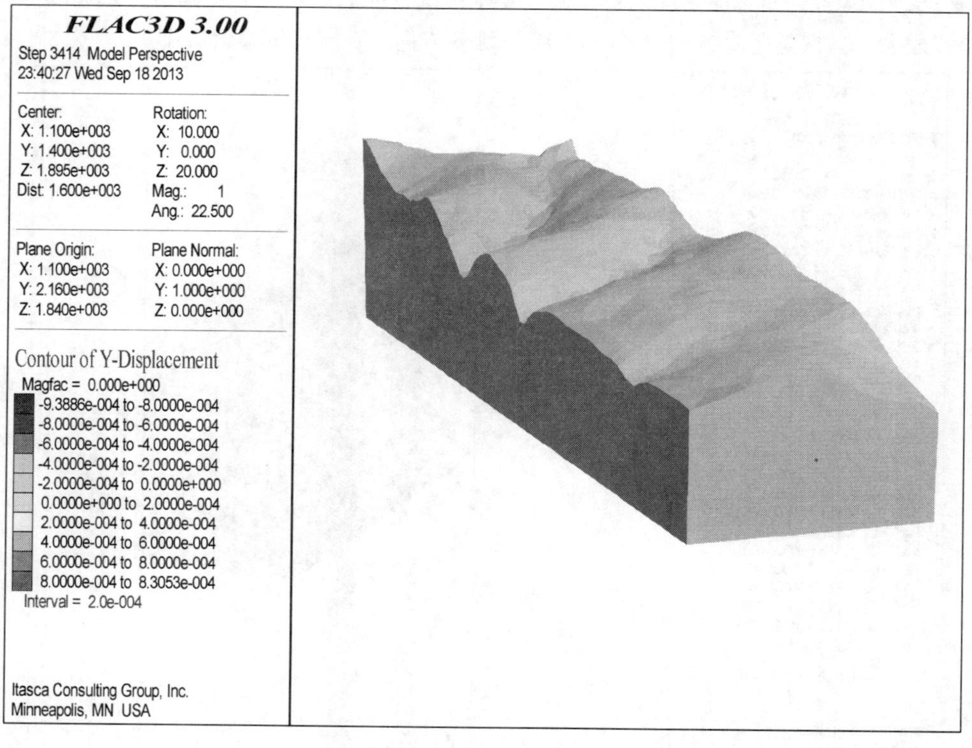

图 4-3-54　隧洞开挖支护后 Y 方向位移云图

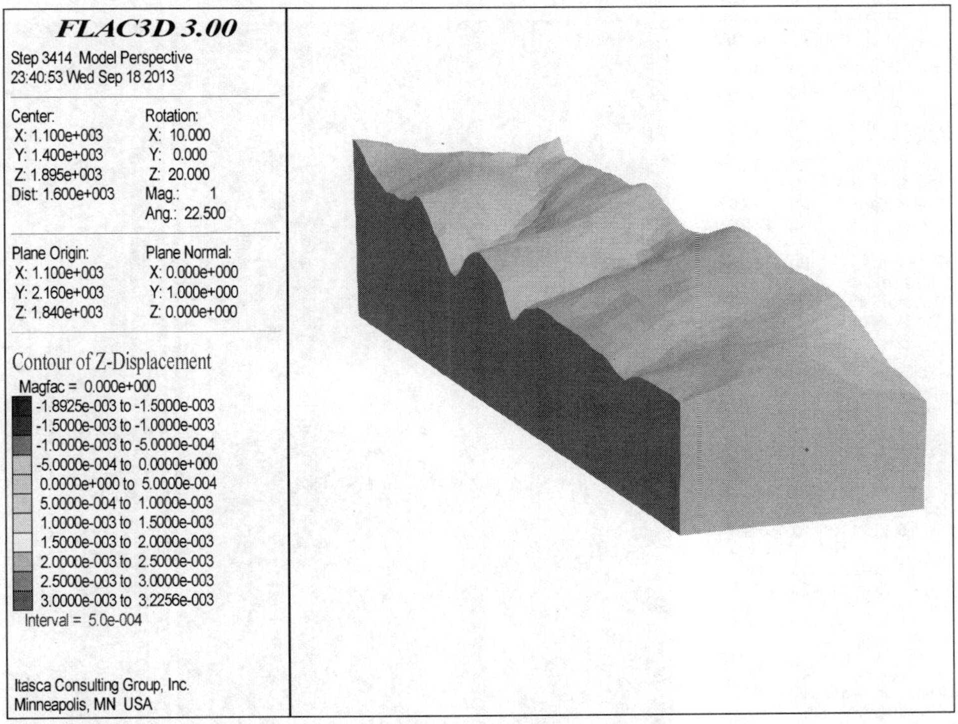

图 4-3-55 隧洞开挖支护后 Z 方向位移云图

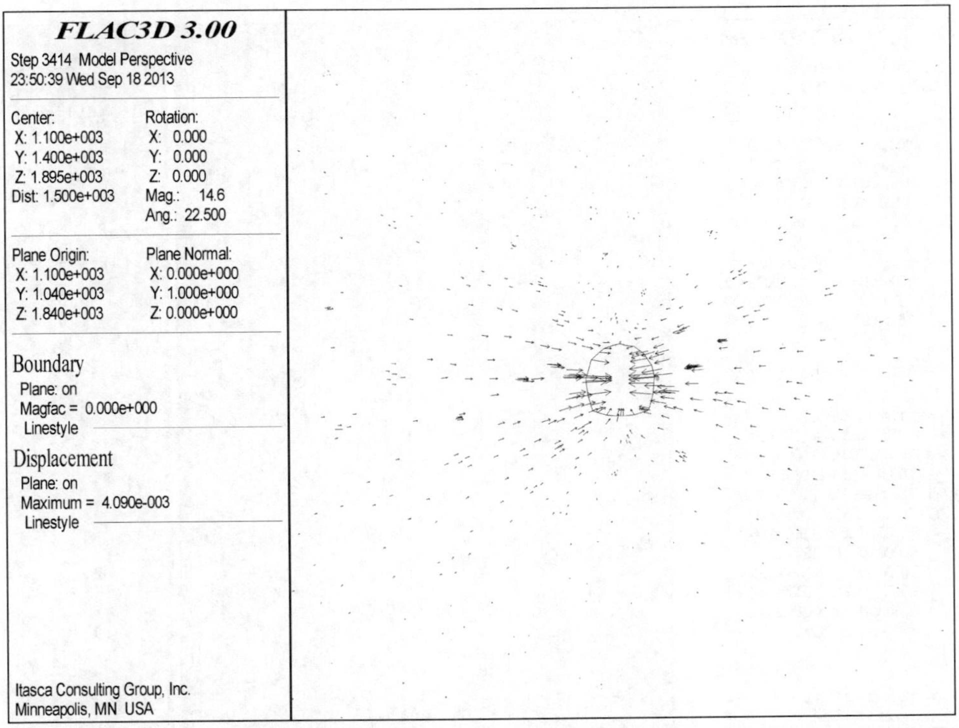

图 4-3-56 隧洞开挖支护后Ⅳ^2 类围岩（K40+280 断面，隧洞埋深 70m）位移矢量图

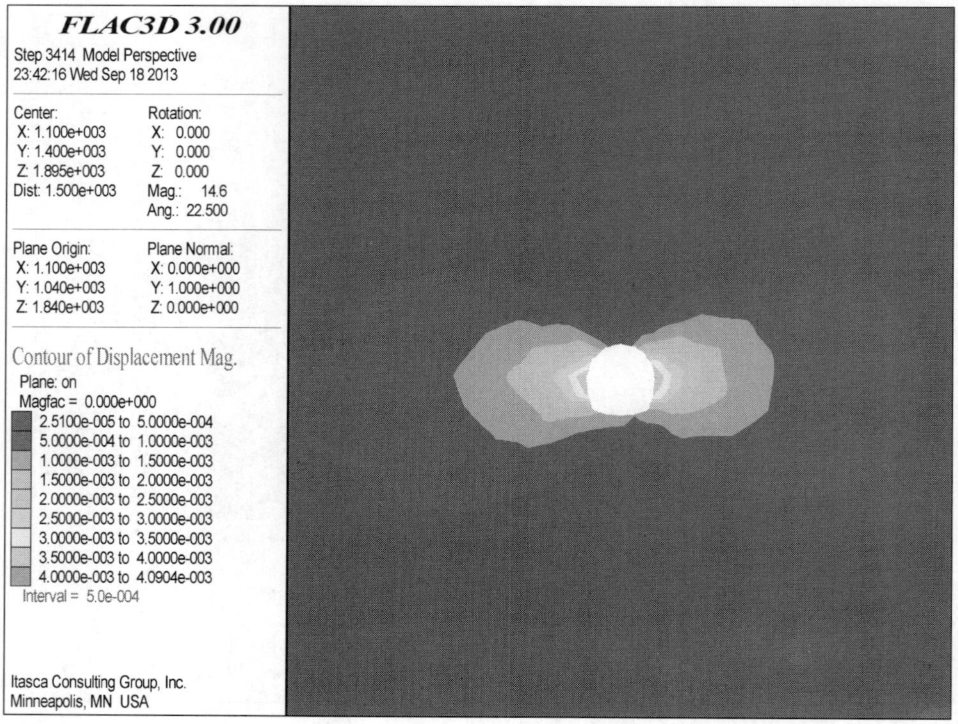

图 4-3-57　隧洞开挖支护后Ⅳ² 类围岩（K40+280 断面，隧洞埋深 70m）总位移云图

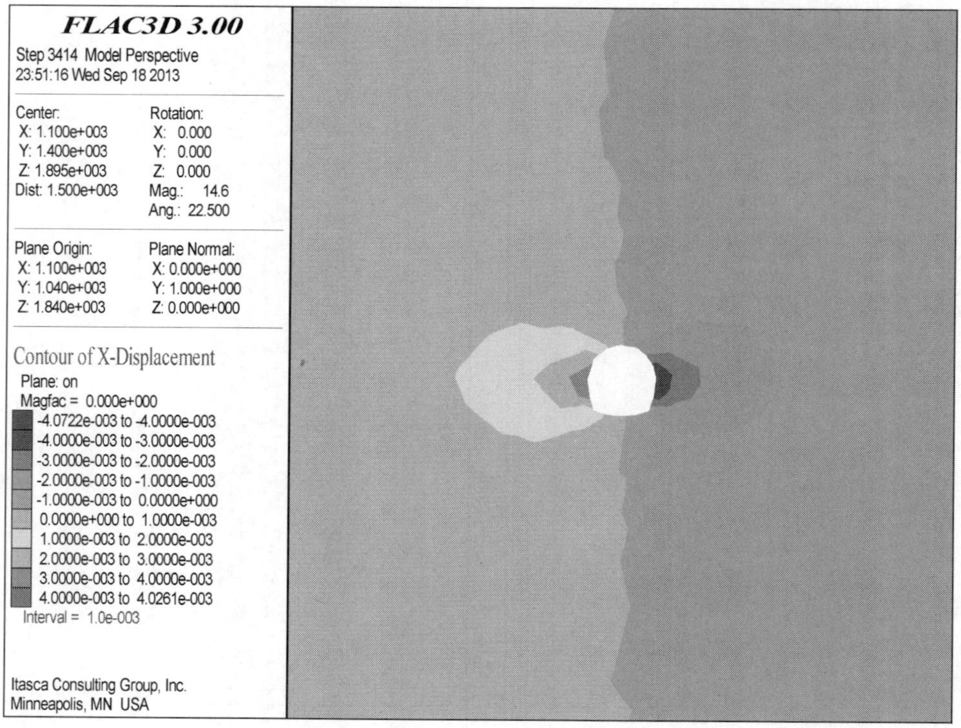

图 4-3-58　隧洞开挖支护后Ⅳ² 类围岩（K40+280 断面，隧洞埋深 70m）*X* 方向位移云图

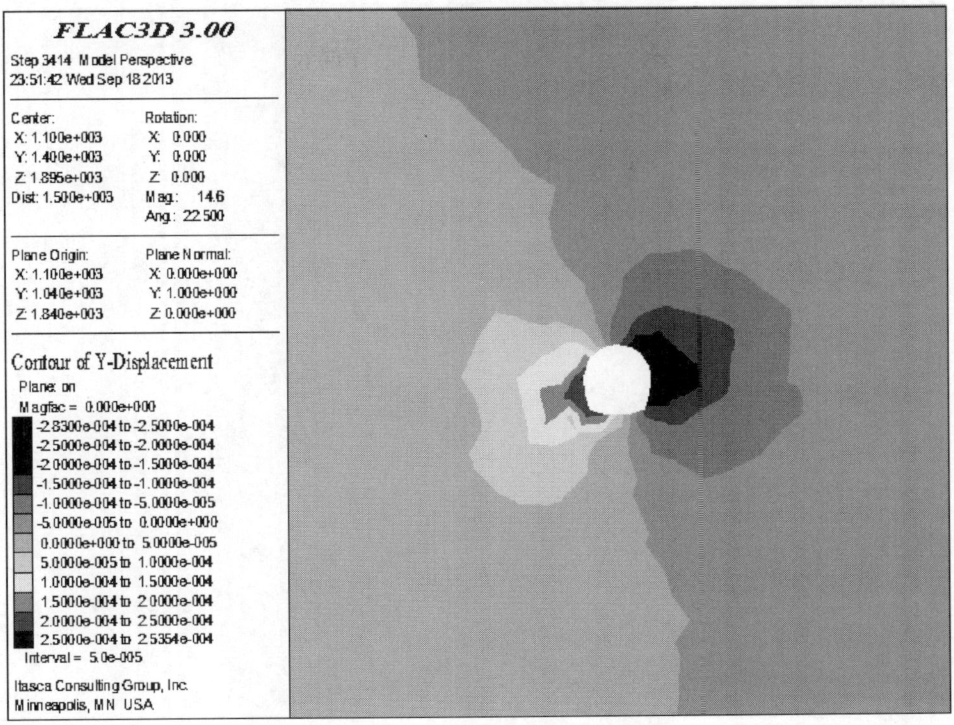

图 4-3-59　隧洞开挖支护后Ⅳ² 类围岩（K40+280 断面，隧洞埋深 70m）*Y* 方向位移云图

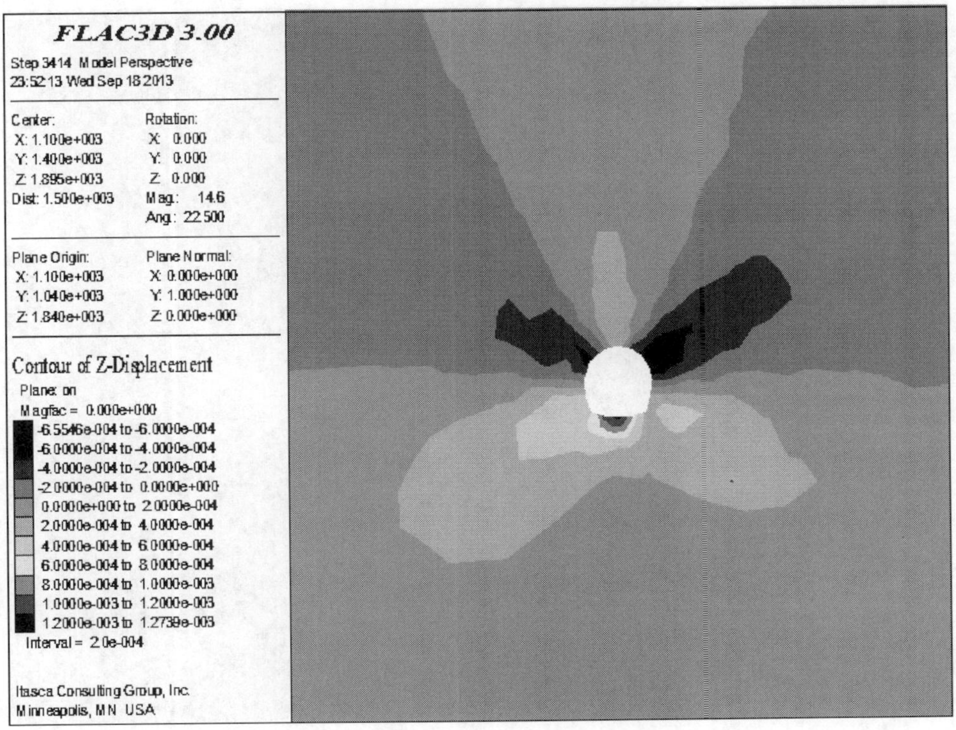

图 4-3-60　隧洞开挖支护后Ⅳ² 类围岩（K40+280 断面，隧洞埋深 70m）*Z* 方向位移云图

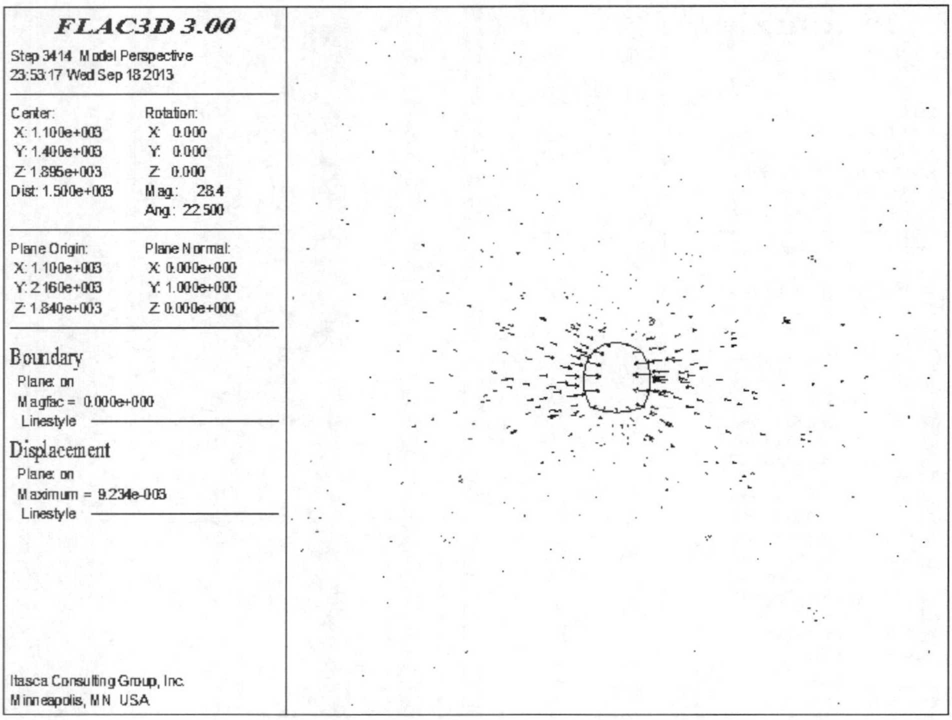

图 4-3-61　隧洞开挖支护后Ⅳ[1]类围岩（K41+200 断面，隧洞埋深 180m）位移矢量图

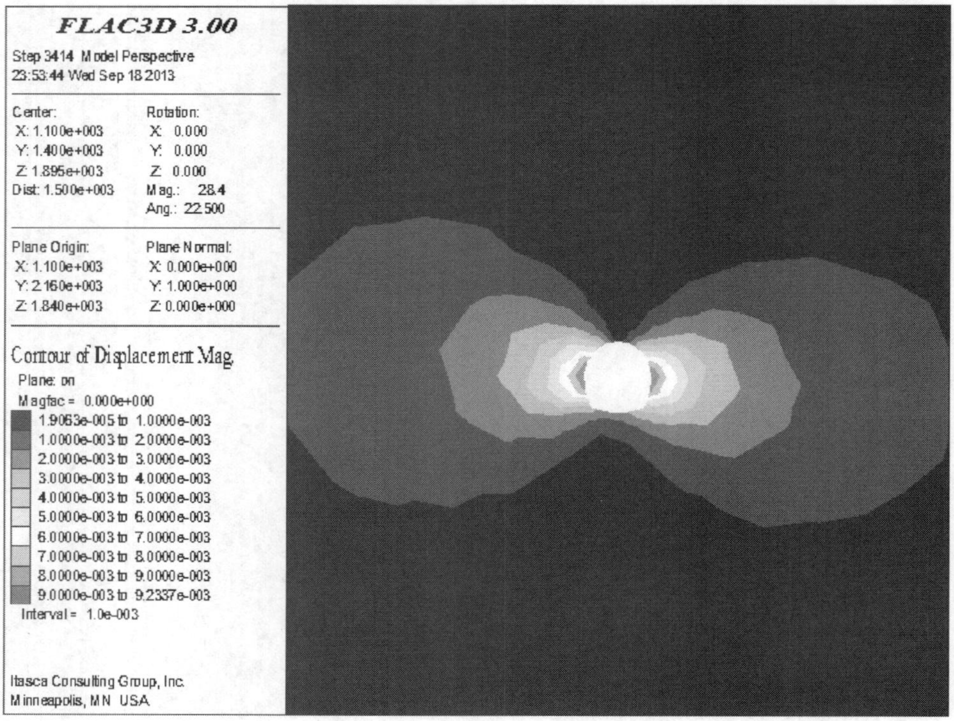

图 4-3-62　隧洞开挖支护后Ⅳ[1]类围岩（K41+200 断面，隧洞埋深 180m）总位移云图

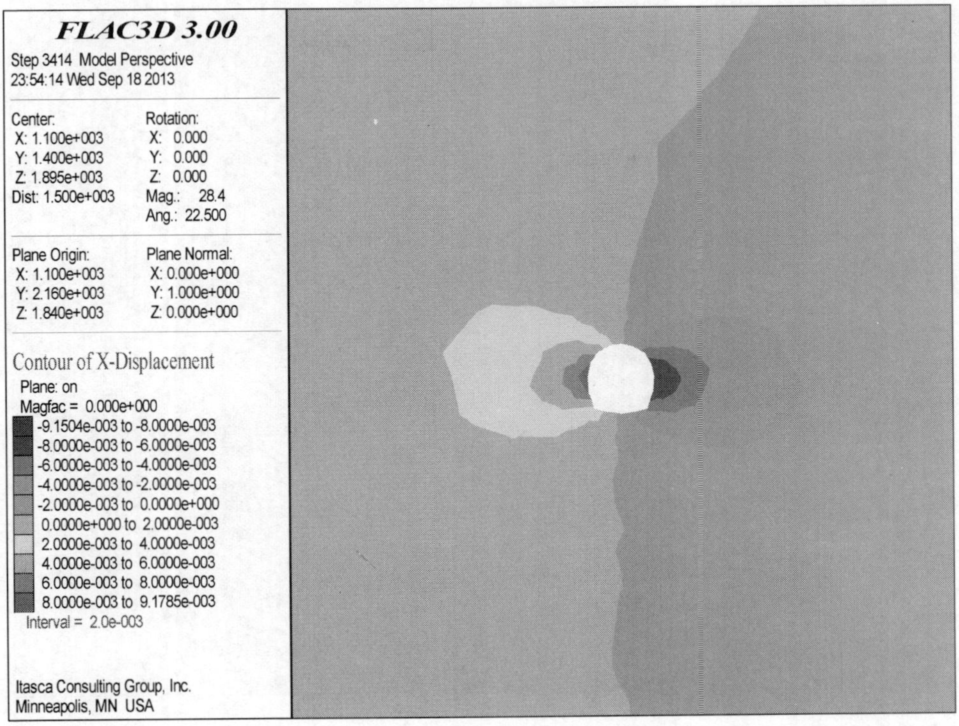

图 4-3-63　隧洞开挖支护后Ⅳ[1]类围岩（K41+200 断面，隧洞埋深 180m）*X* 方向位移云图

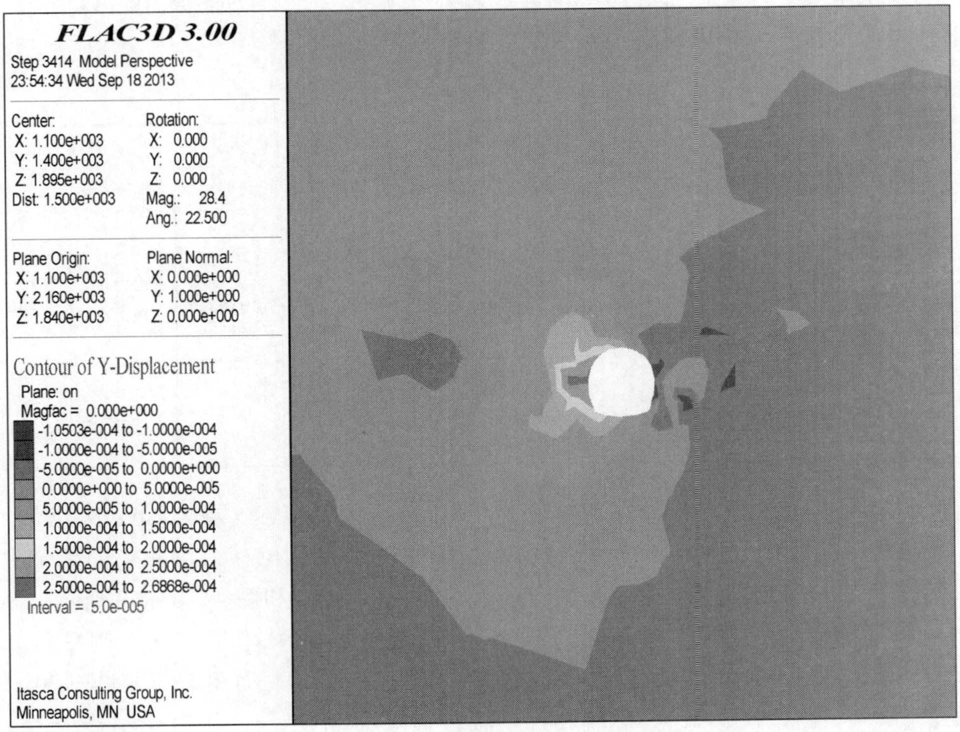

图 4-3-64　隧洞开挖支护后Ⅳ[1]类围岩（K41+200 断面，隧洞埋深 180m）*Y* 方向位移云图

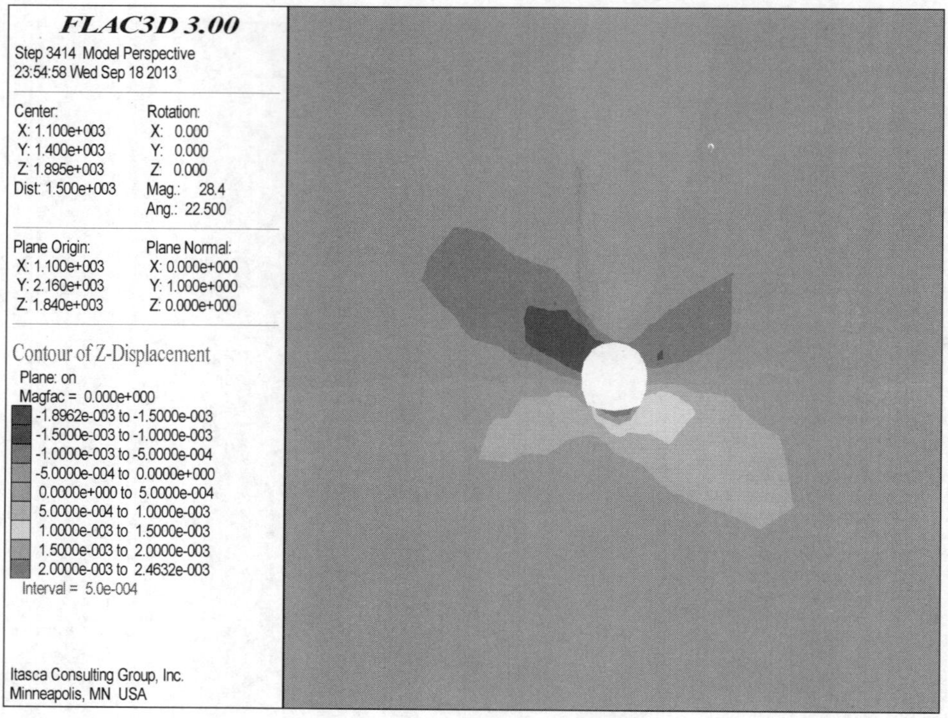

图 4-3-65　隧洞开挖支护后Ⅳ¹类围岩（K41+200 断面，隧洞埋深 180m）Z 方向位移云图

隧洞开挖未支护和支护后的洞室围岩位移对比见表 4-3-16，从中可以看出，加固后洞室围岩的位移量大幅度减小，支护效果明显。

表 4-3-16　　隧洞开挖未支护和支护后位移量对比

位移/cm 断面	总位移量		X 向最大位移量		Y 向最大位移量		Z 向最大位移量	
	未支护	支护后	未支护	支护后	未支护	支护后	未支护	支护后
整体	3.41	0.93	3.40	0.93	0.43	0.09	2.73	0.32
Ⅳ²类围岩（K40+280 断面，隧洞埋深 70m）	1.37	0.41	1.36	0.41	0.20	0.03	0.90	0.13
Ⅳ¹类围岩（K41+200 断面，隧洞埋深 180m）	2.62	0.92	2.59	0.92	0.12	0.03	2.03	0.25

在计算过程中，在Ⅳ²类围岩（K40+280 断面，隧洞埋深 70m）、Ⅳ¹类围岩（K41+200 断面，隧洞埋深 180m）的洞室侧壁、拱腰和拱顶设置位移监测点，监测洞室开挖支护后洞室围岩的变形演化过程，其监测结果如图 4-3-66 和图 4-3-67 所示。从中可以看出，洞室开挖支护后Ⅳ²类围岩（K40+280 断面，隧洞埋深 70m）侧壁位移量为 0.41cm，拱腰位移量为 0.28cm，拱顶位移量为 0.12cm；Ⅳ¹类围岩（K41+200 断面，隧洞埋深 180m）侧壁位移量为 0.92cm，拱腰位移量为 0.57cm，拱顶位移量为 0.28cm；隧洞围岩表现出洞室侧壁位移量最大，拱腰其次，拱顶最小。

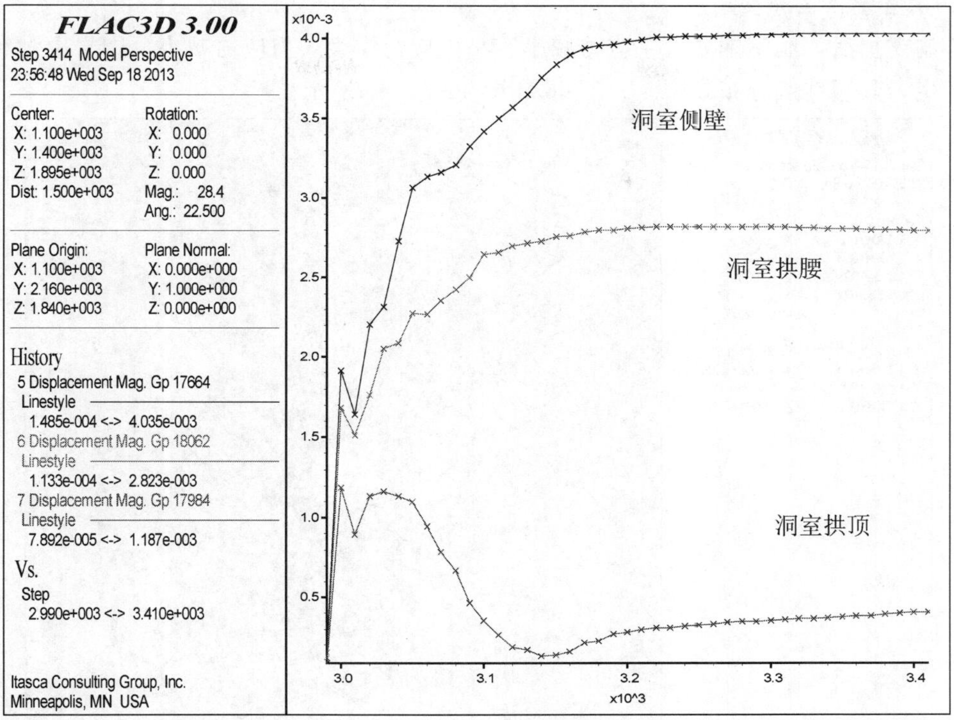

图 4-3-66　隧洞开挖未支护下Ⅳ^{2}类围岩（K40＋280 断面，隧洞埋深 70m）洞壁位移监测曲线

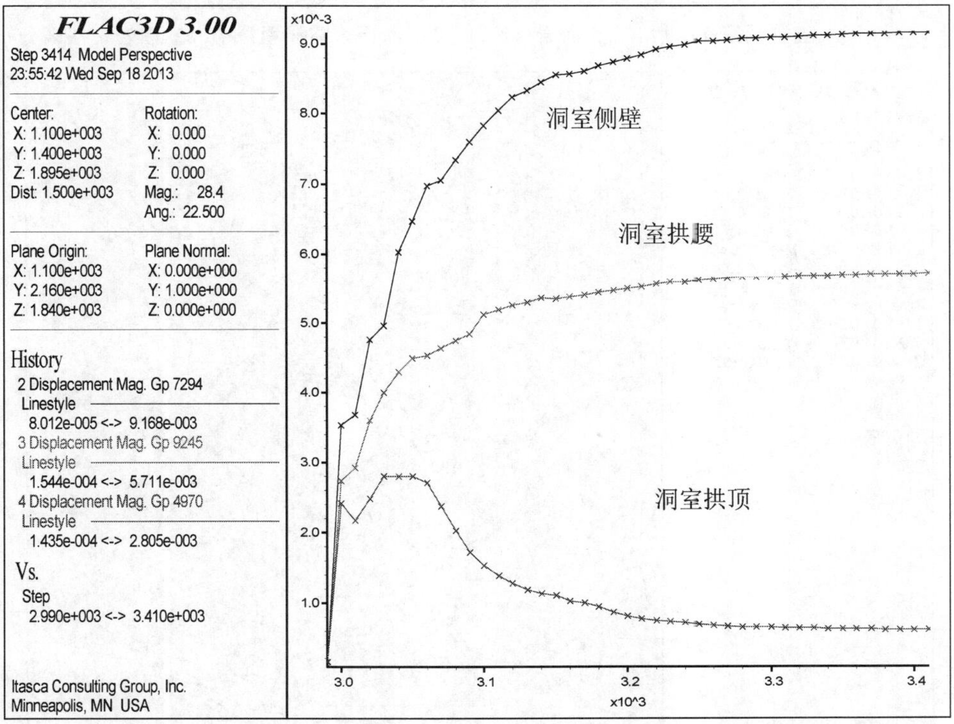

图 4-3-67　隧洞开挖未支护下Ⅳ^{1}类围岩（K41＋200 断面，隧洞埋深 180m）洞壁位移监测曲线

3. 围岩塑性区分析

隧洞支护后，洞室围岩大主应力减小、小主应力增大，剪应力减小，围岩中没有塑性破坏产生，其塑性区分布如图 4-3-68 和图 4-3-69 所示。

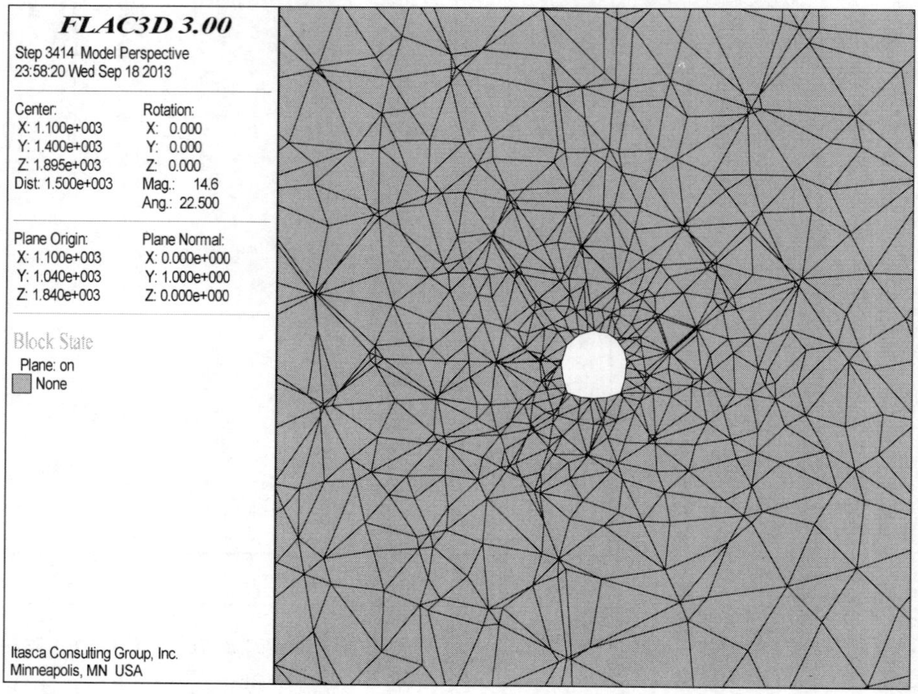

图 4-3-68 隧洞开挖支护后Ⅳ² 类围岩（K40+280 断面，隧洞埋深 70m）围岩塑性区分布

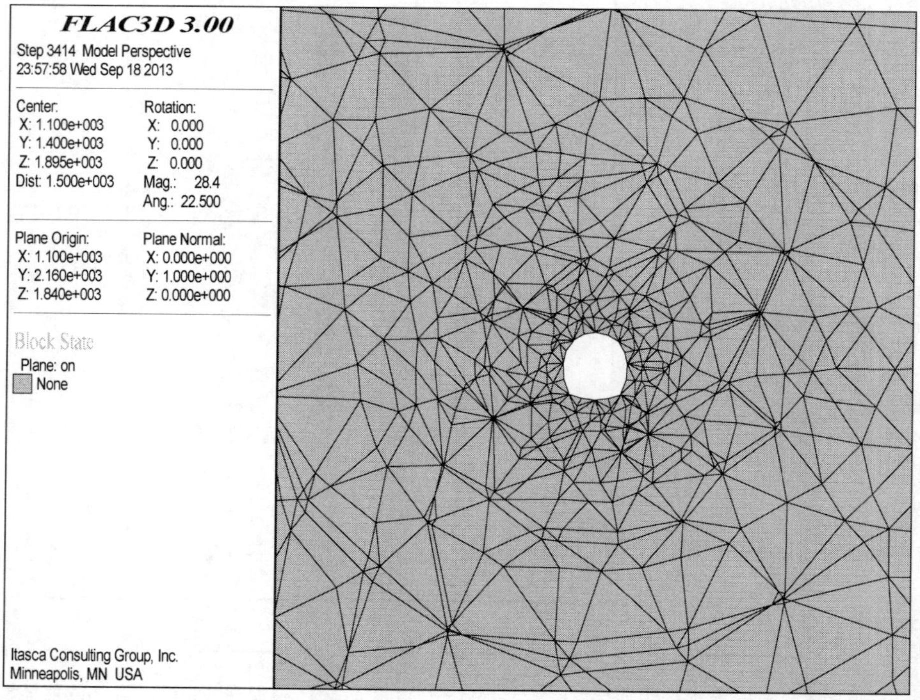

图 4-3-69 隧洞开挖支护后Ⅳ¹ 类围岩（K41+200 断面，隧洞埋深 180m）围岩塑性区分布

二、K42＋495～K43＋095 段

（一）天然状态（隧洞未开挖）

图 4－3－70～图 4－3－72 为天然状态（隧洞未开挖）下的应力云图，图中负值为压

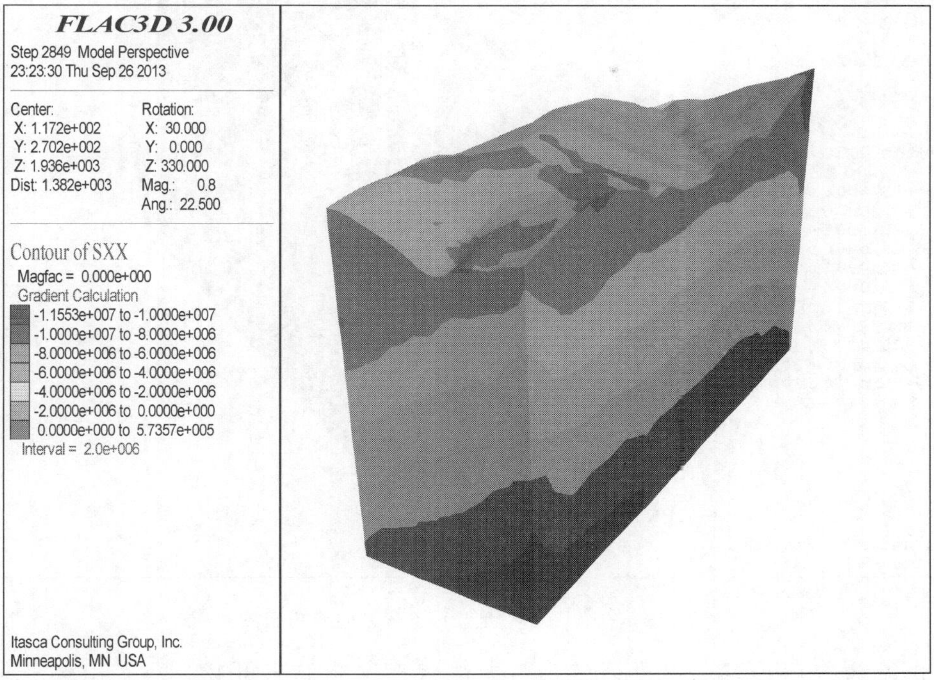

图 4－3－70　天然状态下水平 X 向应力云图

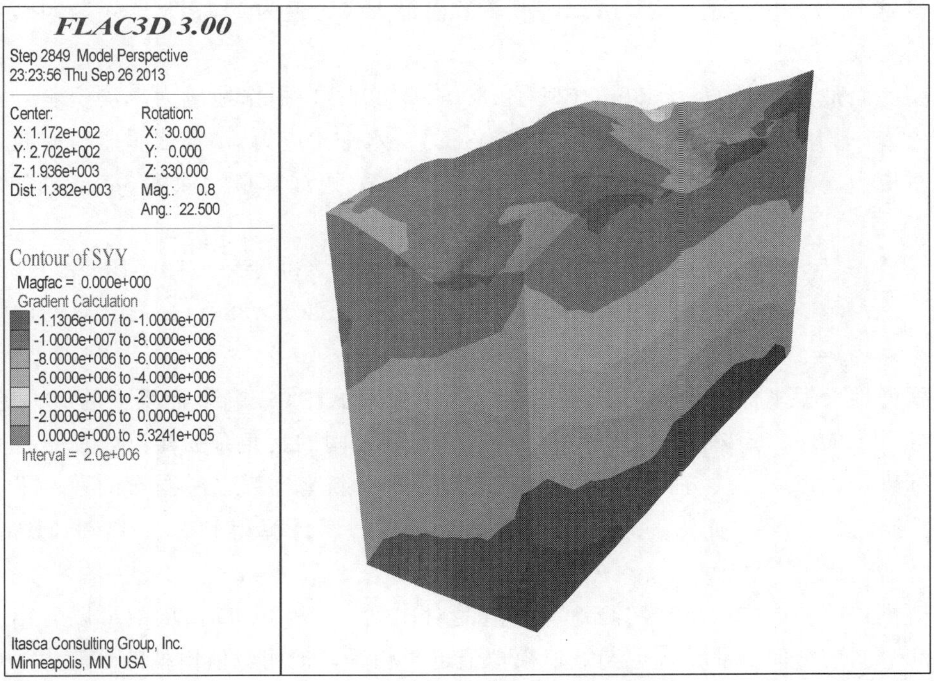

图 4－3－71　天然状态下水平 Y 向应力云图

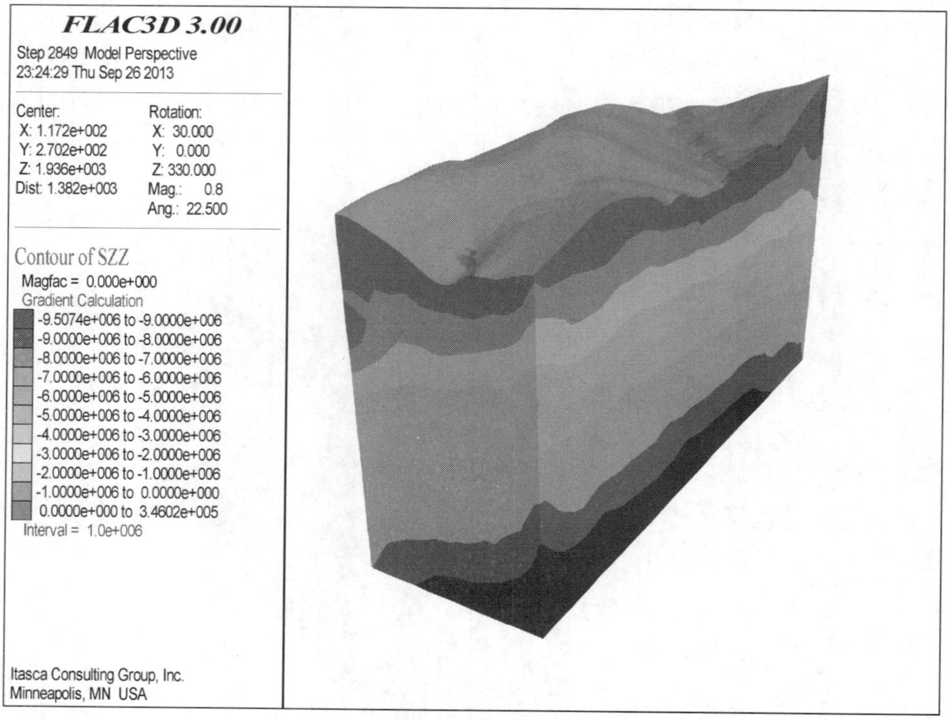

图 4-3-72　天然状态下竖直 Z 向应力云图

应力，正值为拉应力。从中可以看出：天然状态（隧洞未开挖）下，山体三向应力（S_{XX}、S_{YY}、S_{ZZ}）总体上呈现出自上而下逐渐增加的趋势，并呈现出水平条带状分布的规律，水平 X 向最大应力值 11.55MPa，水平 Y 向最大应力值为 11.31MPa，竖向 Z 向为最大应力值为 9.51MPa。

模型底面最大深度 H 为 380m（高程 1800～2180m），根据地应力勘测资料，最大水平主应力 S_H 作用的优势方位为 N54°W 左右，另一水平主应力 S_h 与之垂直，竖直方向应力为自重应力。根据式（4-3-46）和式（4-3-47）可计算最大深度 380m 处的水平应力值如下

$$\sigma_1=S_H=0.50+0.0297\times H=0.50+0.0297\times 380=11.79(\text{MPa})$$

$$\sigma_2=S_h=-1.01+0.0303\times H=-1.01+0.0303\times 380=10.50(\text{MPa})$$

$$\sigma_3=S_z=\gamma H=0.0255\times 380=9.69(\text{MPa})$$

根据弹性力学坐标转换公式 $\sigma'=\alpha\sigma\alpha'$，坐标转换公式中，$\sigma'$新坐标系下的应力矩阵，$\sigma$ 为原坐标系下的应力矩阵，α 为新坐标轴与原坐标轴之间的夹角余弦矩阵，原坐标系为方位角坐标系，即以 σ_1 为 x 轴，σ_2 为 y 轴，σ_3 为 z 轴；新坐标系以隧洞横剖面水平方向为 x 轴，隧洞轴线水平方向为 y 轴，竖直方向为 z 轴。经计算得到 $\sigma_x=11.34$MPa，$\sigma_y=10.95$MPa，$\sigma_z=9.50$MPa，$\tau_{xy}=\tau_{yx}=-0.61$MPa，$\tau_{xz}=\tau_{zx}=0$，$\tau_{yz}=\tau_{zy}=0$。

数值模拟的三向应力值和实测地应力值的对比见表 4-3-17，从中可以看出，水平向应力和竖向应力的实测计算值与数值模拟值近于相等，说明数值模拟的地应力场与实际情况吻合。

表 4-3-17　　　　　　　　　数值模拟和实测应力值对比

方案	S_{XX}/MPa	S_{YY}/MPa	S_{ZZ}/MPa
数值模拟	11.55	11.31	9.51
实测计算	11.34	10.95	9.50

图 4-3-73 为天然状态下的总位移云图，山体位移总体上呈现出自上而下逐渐减小的趋势，最大位移出现地表高程大且地表起伏明显的区域，其值在 40～44cm。在天然状态下，山体是稳定的，在数值模拟中主要考虑隧洞开挖后引起围岩的变形情况，因此，对天然状态下的位移进行了归零，即在此基础上研究隧洞开挖后围岩的相对位移。

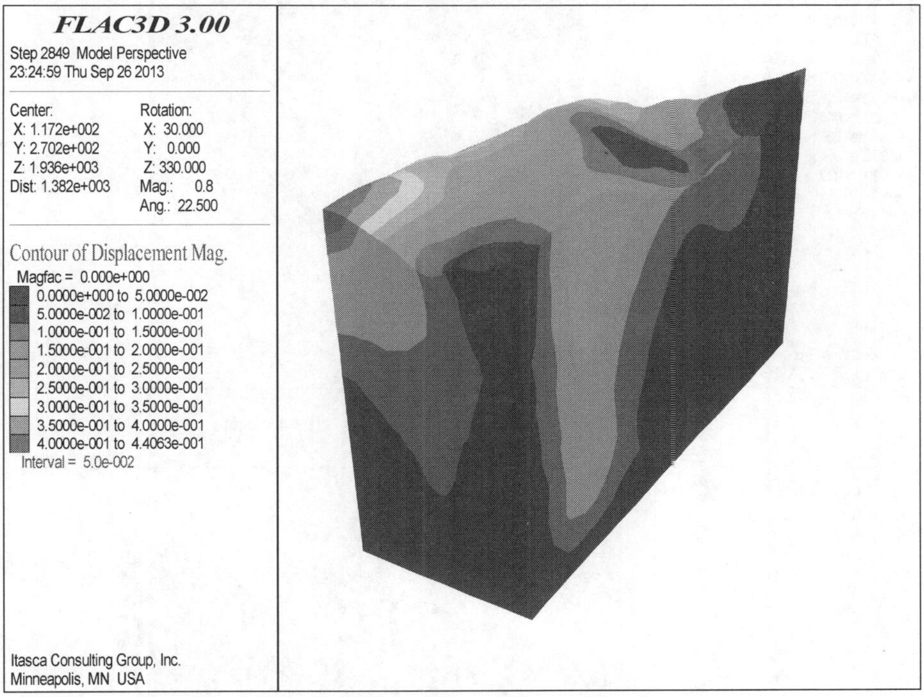

图 4-3-73　天然状态下总位移云图

（二）隧洞开挖未支护

1. 围岩应力场分析

隧洞开挖后的大主应力、小主应力分布云图见图 4-3-74 和图 4-3-75，从中可以看出，引水隧洞开挖后山体中的应力场会出现调整，使得隧洞围岩应力出现明显的变化，导致大主应力值明显增大，最大值为 16.83MPa，主要分布在洞室围岩一定深度范围内。

下面以 K42+545、K42+645、K42+795 三个典型断面为例对围岩应力场进行详细分析，其中 K42+545 围岩为Ⅳ^2 类岩体，隧洞埋深为 258m，K42+645 围岩为Ⅴ类岩体，隧洞埋深为 288m，K42+795 断面围岩为Ⅳ^1 类岩体，隧洞埋深为 258m。

图 4-3-76～图 4-3-78 为Ⅳ^2 类围岩（K42+545 断面，隧洞埋深 258m）的大主应力、小主应力和剪应力分布云图，洞室开挖引起围岩应力重分布，隧洞开挖后由于洞室周围岩体失去了原有的支撑，围岩向洞内产生变形，从而引起洞周围一定范围内岩体的应力重新调整。由于受水平构造应力影响，在距离洞室顶部 4.0～6.0m 深度内以及距离洞室

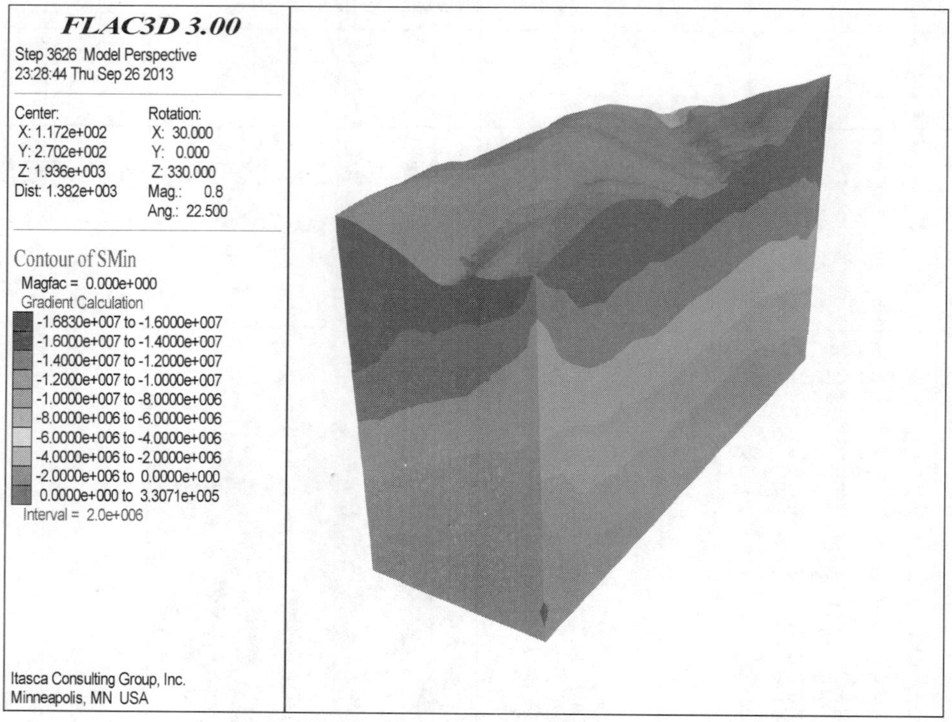

图 4-3-74　隧洞开挖未支护下大主应力云图

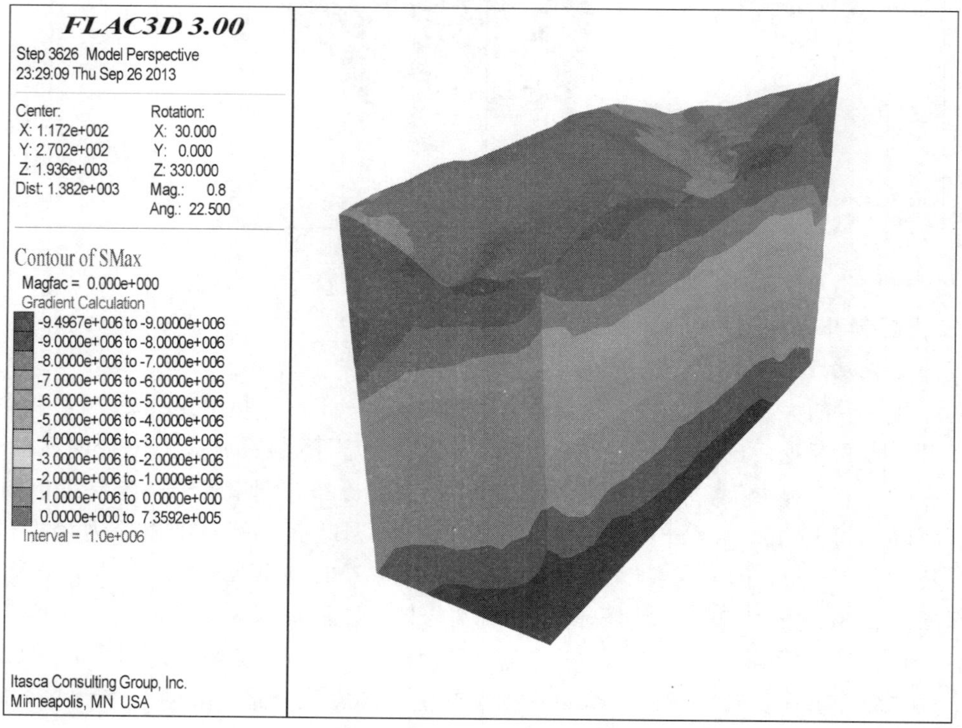

图 4-3-75　隧洞开挖未支护下小主应力云图

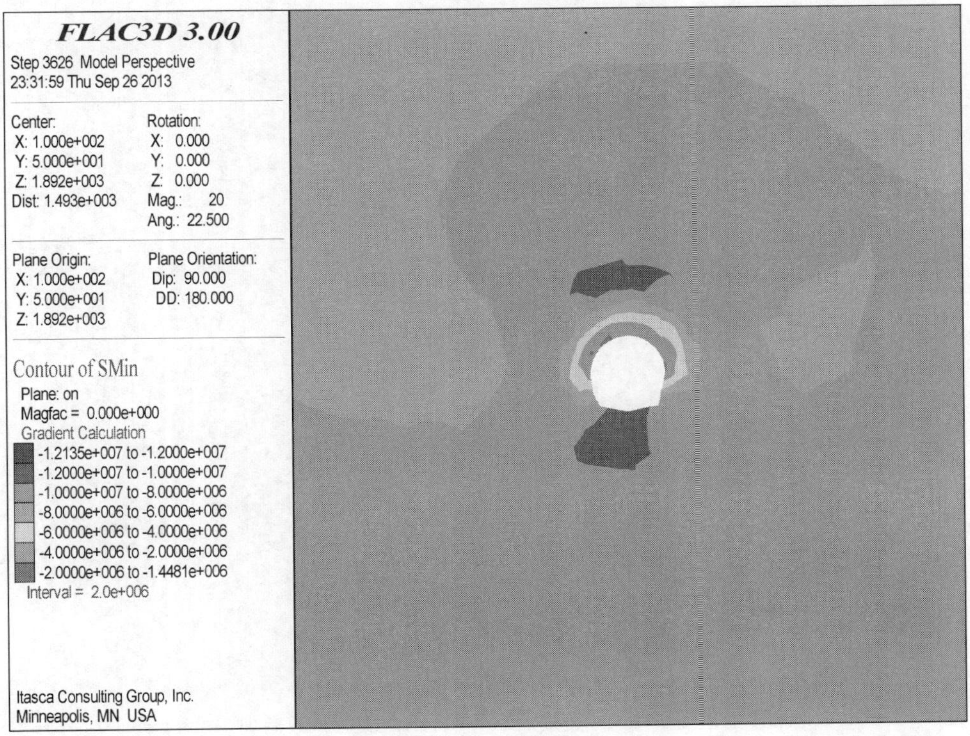

图 4-3-76 隧洞开挖未支护下Ⅳ^{2}类围岩（K42+545 断面，隧洞埋深 258m）大主应力云图

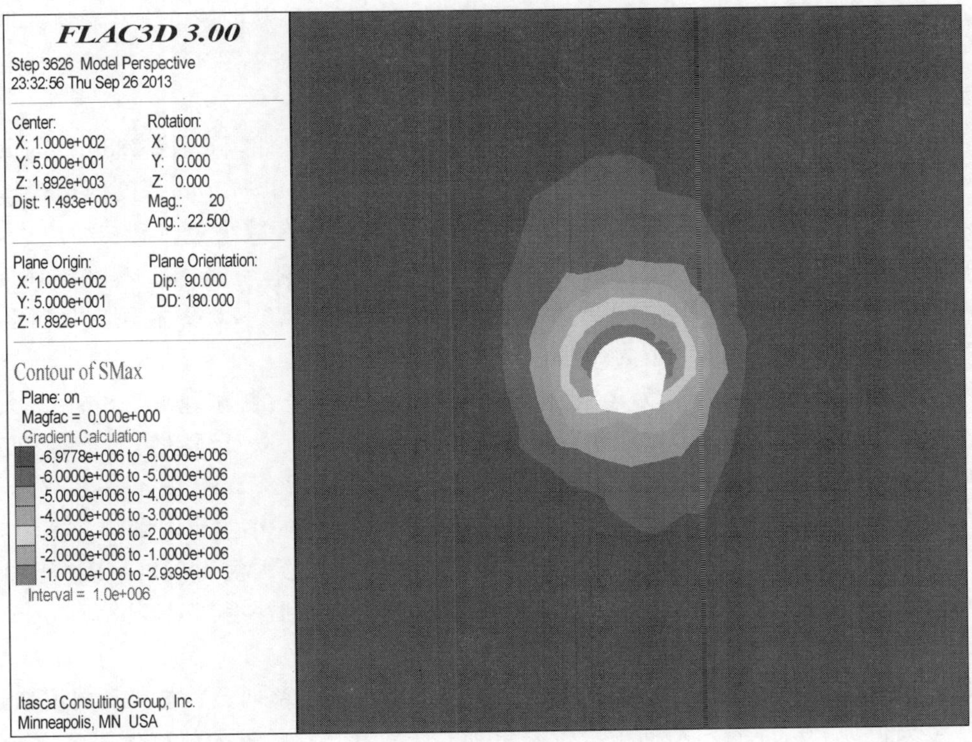

图 4-3-77 隧洞开挖未支护下Ⅳ^{2}类围岩（K42+545 断面，隧洞埋深 258m）小主应力云图

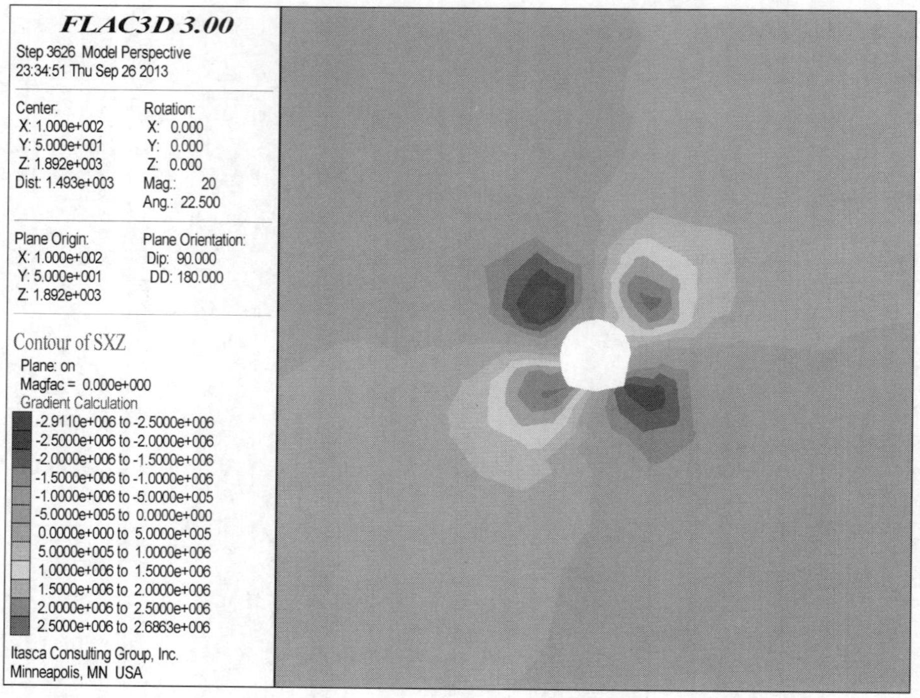

图 4-3-78　隧洞开挖未支护下Ⅳ^{2}类围岩（K42+545 断面，隧洞埋深 258m）剪应力云图

底部 3.0m 深度内出现压应力集中，其最大值为 12.14MPa，随着距洞室距离的增大逐渐减小过渡到初始应力状态（图 4-3-76）；由于受洞室开挖卸载的影响，在洞室的侧壁及顶板出现应力减小区，其值为 0.29MPa，其影响深度为 3.0m（图 4-3-77）；在洞室拱腰和底角部位出现剪应力集中，其最大值为 2.91MPa（图 4-3-78）。

图 4-3-79～图 4-3-81 为Ⅴ类围岩（K42+645 断面，隧洞埋深 288m）的大主应力、小主应力和剪应力分布云图，在距离洞室顶部和底部 3.0～7.0m 深度内出现压应力集中，其最大值为 11.07MPa，且随着距洞室距离的增大逐渐减小过渡到初始应力状态，影响深度为 5.8m（图 4-3-79）；由于受洞室开挖卸载的影响，在洞室的侧壁与顶板出现应力减小区，其值为 0.14MPa，其影响深度为 3.0m（图 4-3-80）；在洞室拱腰和底角部位出现剪应力集中，其最大值为 2.95MPa（图 4-3-81）。

图 4-3-82～图 4-3-84 为Ⅳ^{1}类围岩（K42+795 断面，隧洞埋深 258m）的大主应力、小主应力和剪应力分布云图，在距离洞室顶部 2m 深度处以及洞室底部 2m 深度内出现压应力集中，其最大值为 12.37MPa，大主应力影响深度为 8.2m（图 4-3-82）；除洞室底部外环洞室周围出现应力降低区，其最小值为 1.27MPa，小主应力影响深度为 5.9m（图 4-3-83），在洞室拱腰和底角部位出现剪应力集中，其最大值为 3.26MPa（图 4-3-84），与断面 K42+545 和 K42+645 相比，其应力集中程度和深度都明显增大。

2. 围岩位移场分析

图 4-3-85～图 4-3-88 为隧洞开挖后围岩的总位移、X 向、Y 向和 Z 向位移云图，总位移最大值为 20.04cm，X 向最大位移值为 18.24cm，Y 向最大位移值为 3.37cm，Z 向最大位移值为 14.77cm。

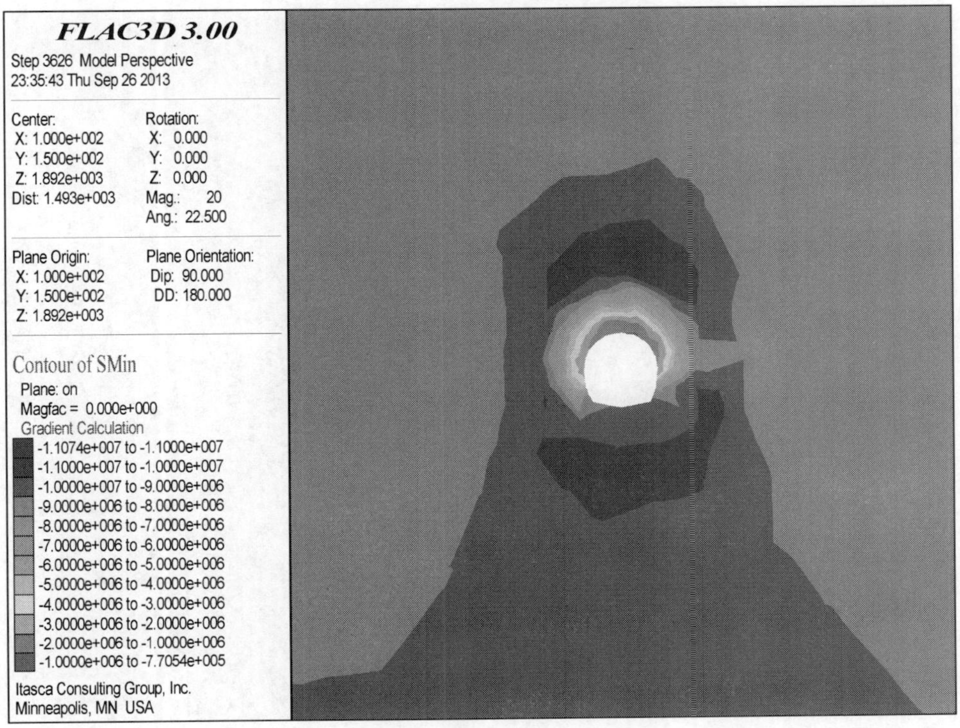

图 4－3－79　隧洞开挖未支护下Ⅴ类围岩（K42＋645 断面，隧洞埋深 288m）大主应力云图

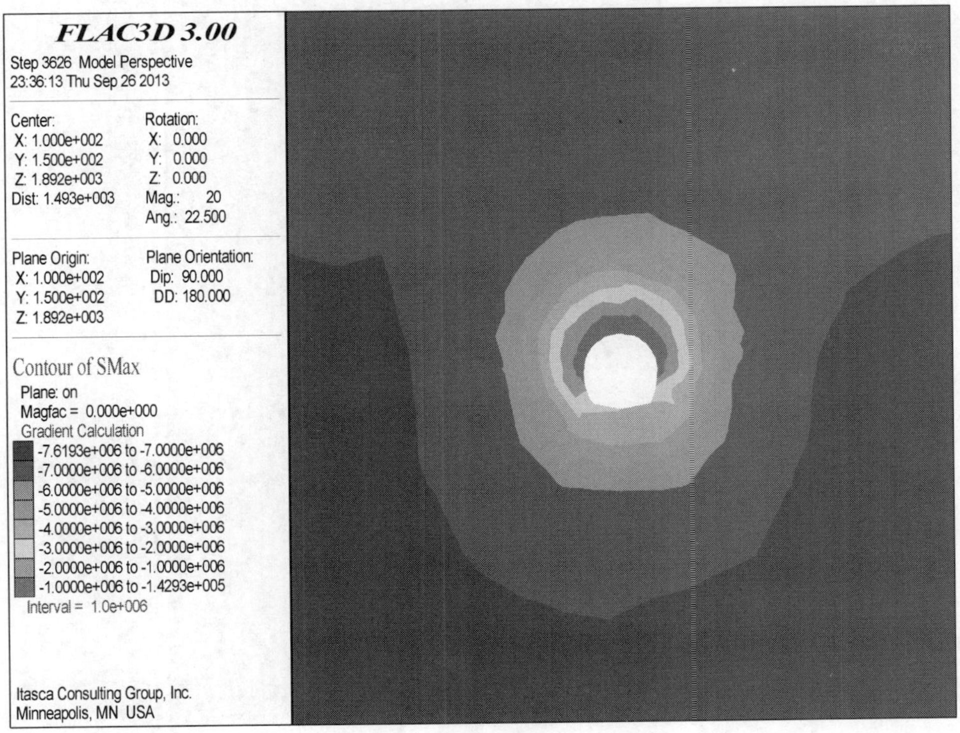

图 4－3－80　隧洞开挖未支护下Ⅴ类围岩（K42＋645 断面，隧洞埋深 288m）小主应力云图

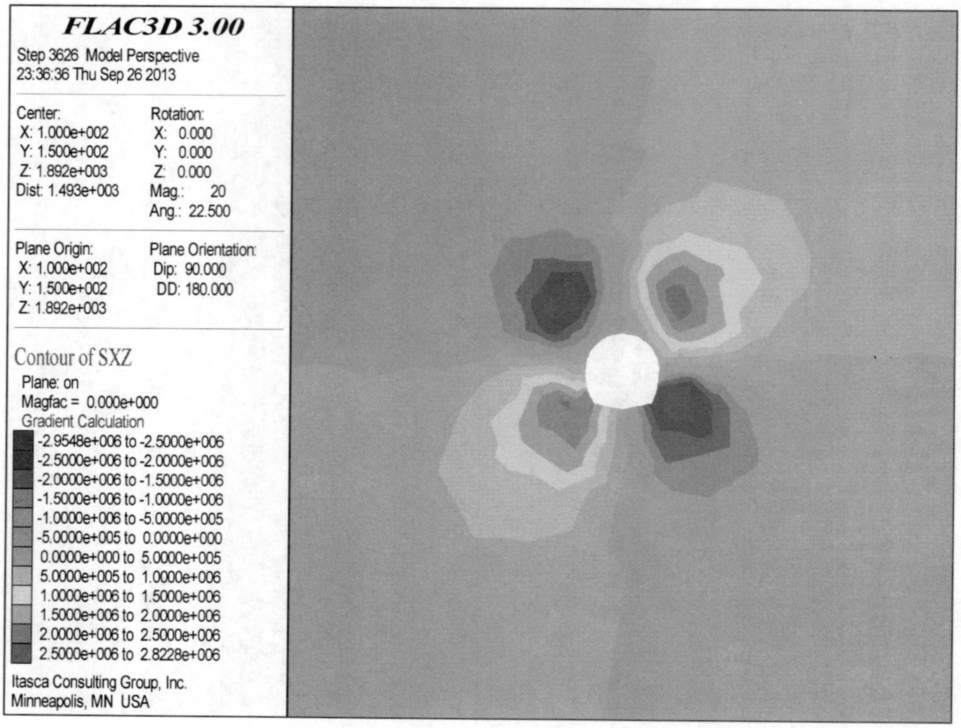

图 4－3－81　隧洞开挖未支护下Ⅴ类围岩（K42＋645 断面，隧洞埋深 288m）剪应力云图

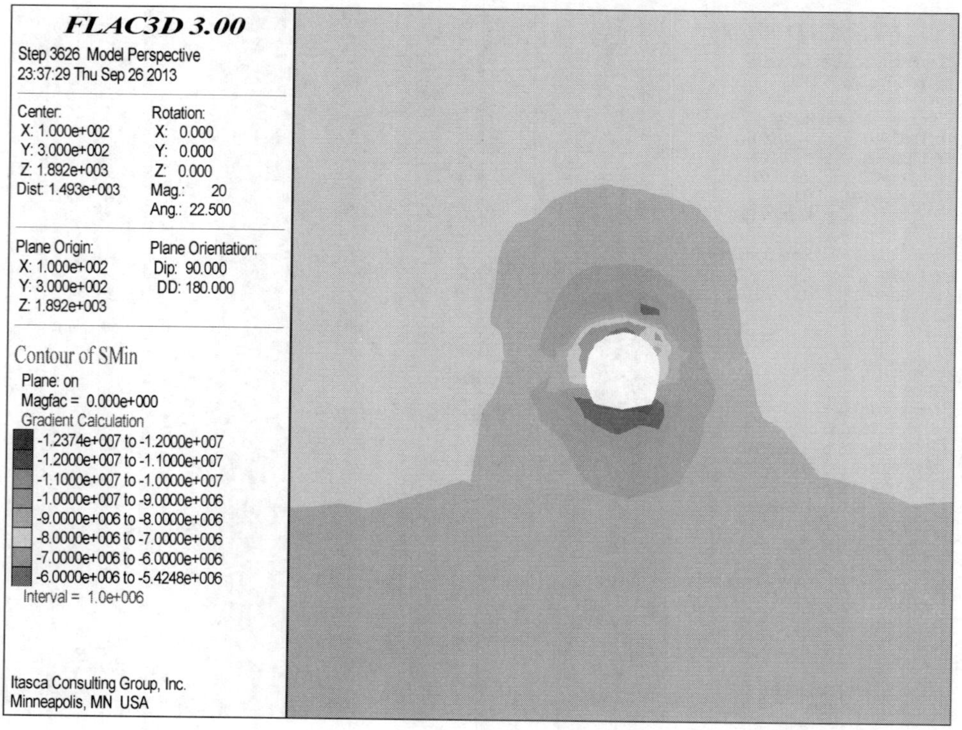

图 4－3－82　隧洞开挖未支护下Ⅳ[1] 类围岩（K42＋795 断面，隧洞埋深 258m）大主应力云图

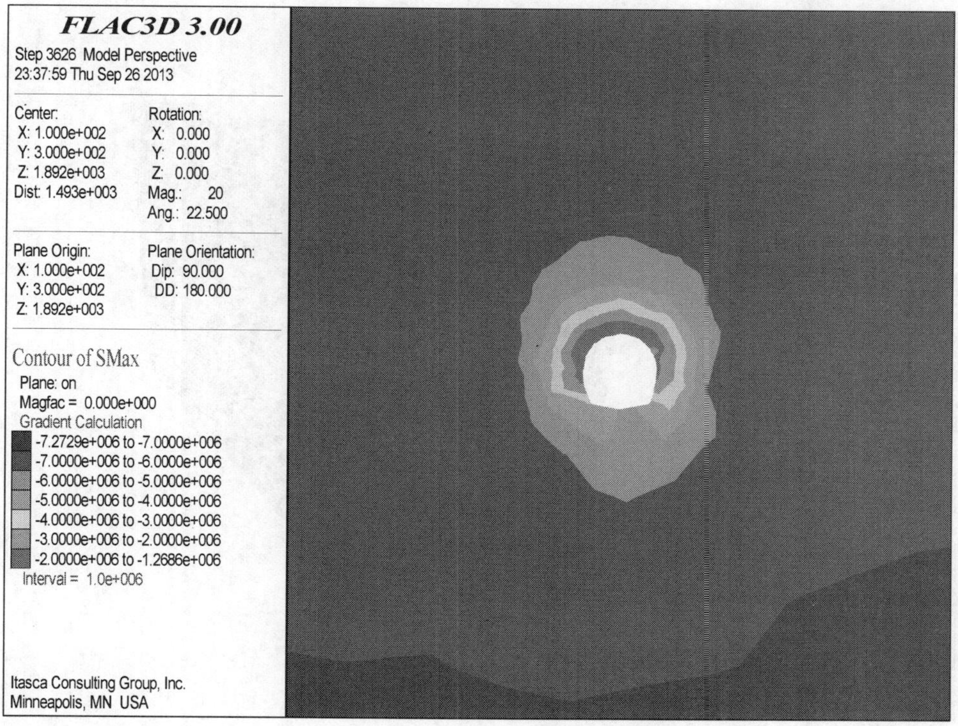

图 4-3-83 隧洞开挖未支护下Ⅳ[1]类围岩（K42+795 断面，隧洞埋深 258m）小主应力云图

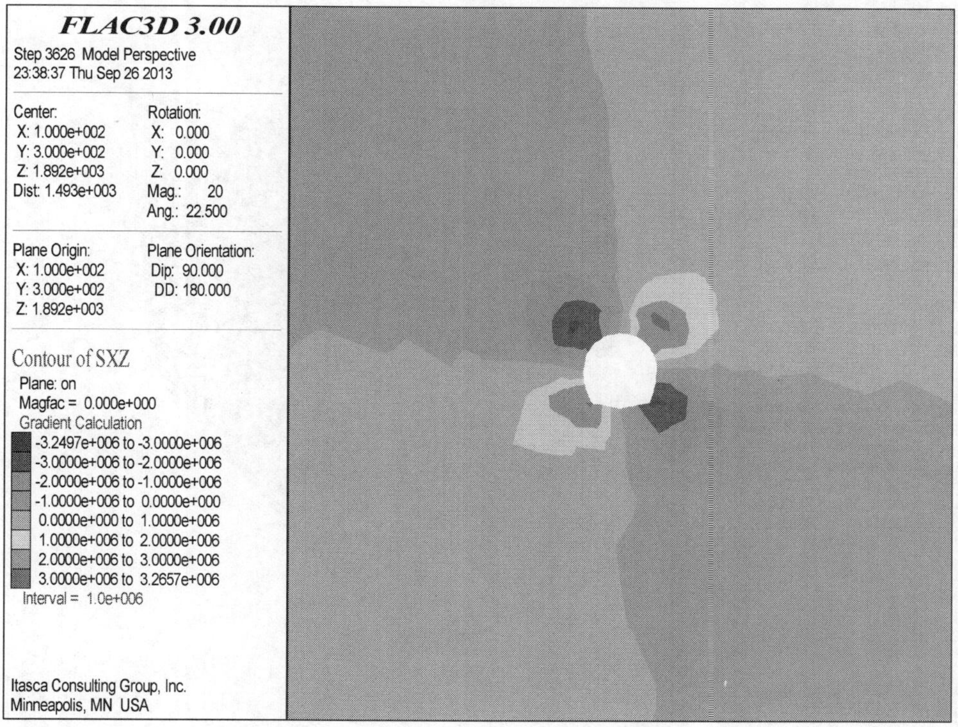

图 4-3-84 隧洞开挖未支护下Ⅳ[1]类围岩（K42+795 断面，隧洞埋深 258m）剪应力云图

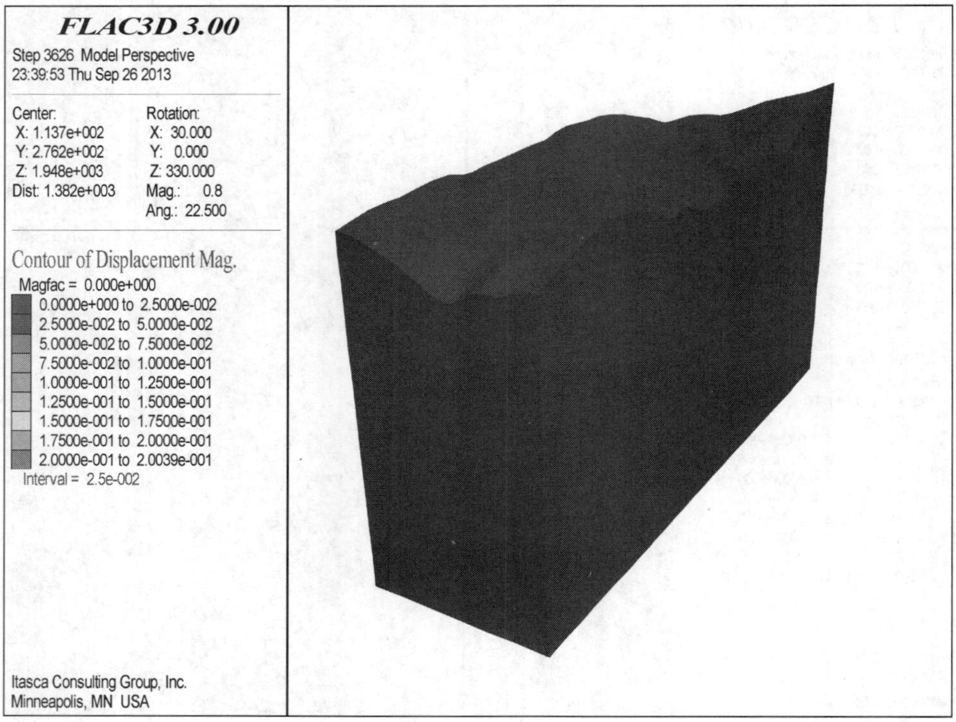

图 4-3-85　隧洞开挖未支护下总位移云图

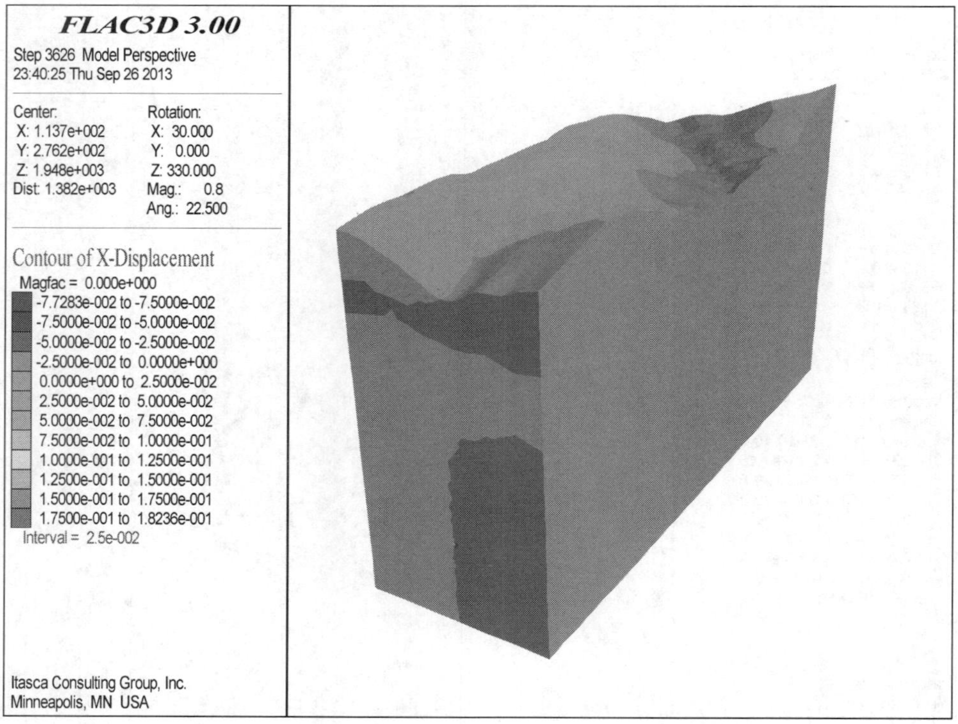

图 4-3-86　隧洞开挖未支护下 X 方向位移云图

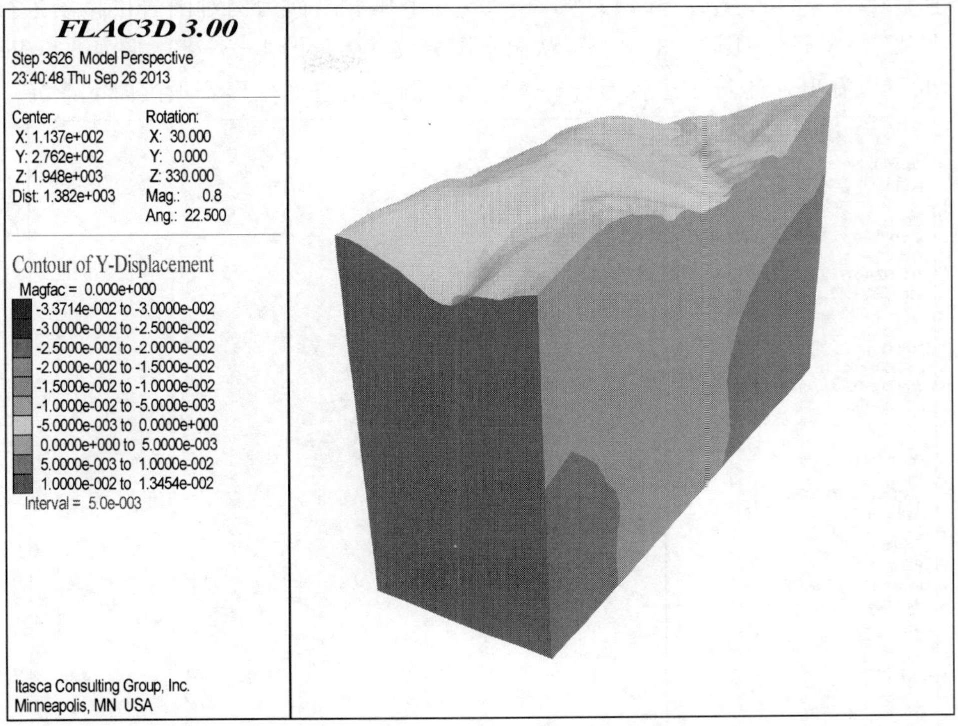

图 4-3-87　隧洞开挖未支护下 Y 方向位移云图

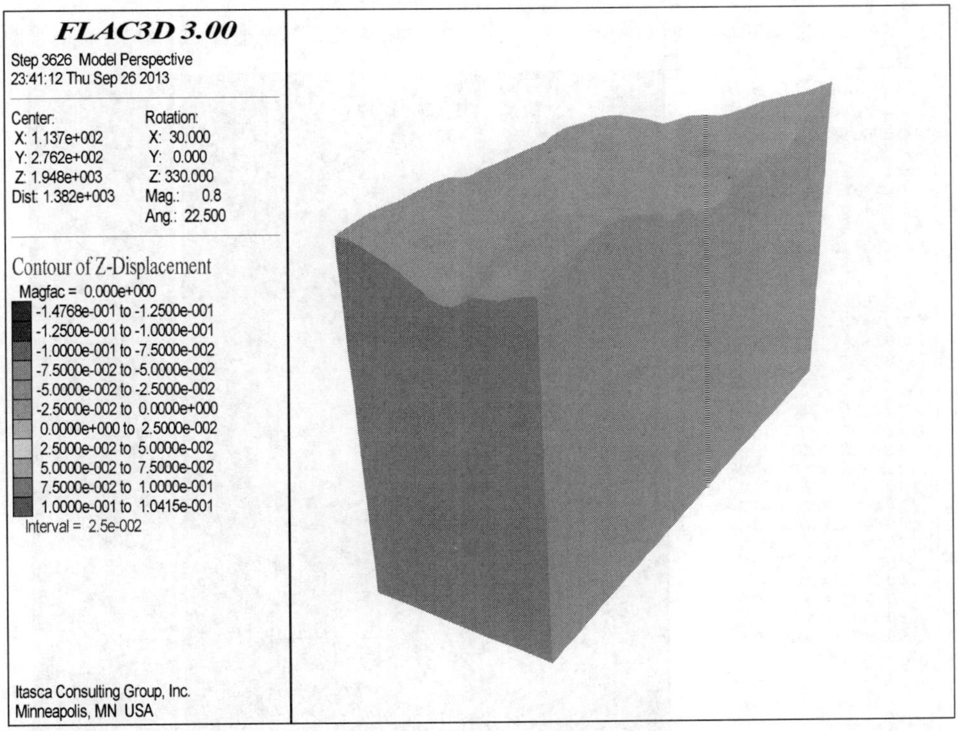

图 4-3-88　隧洞开挖未支护下 Z 方向位移云图

下面以K42＋545、K42＋645、K42＋795三个典型断面为例对围岩位移场进行详细分析，见图4－3－89～图4－3－103。从洞室围岩位移矢量图4－3－89、图4－3－94和图4－3－99可以看出，隧洞开挖后围岩岩体整体向洞内临空面变形，顶拱向下下沉，底板

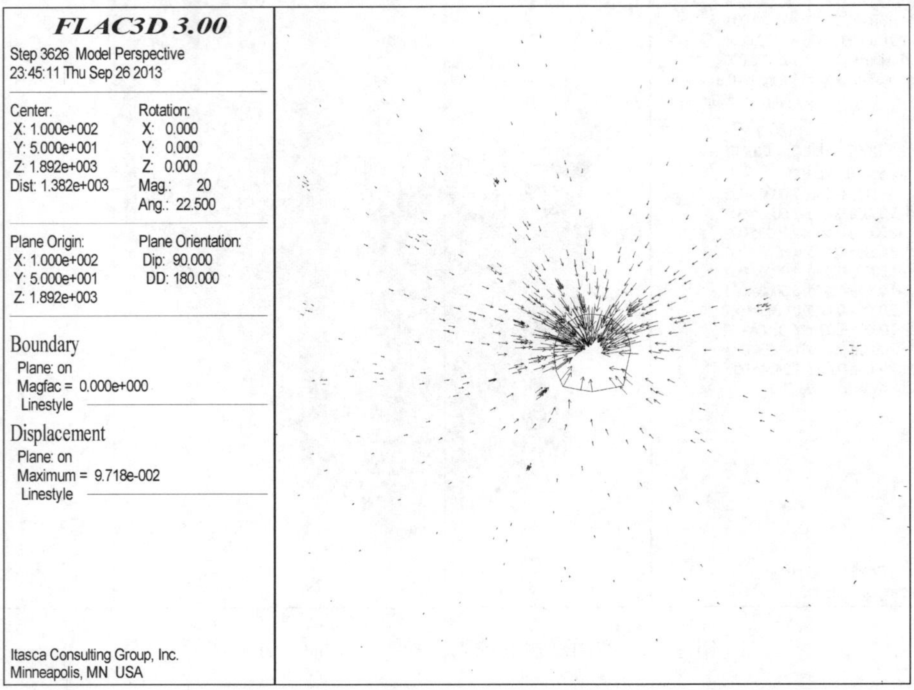

图4－3－89　隧洞开挖未支护下Ⅳ^{2}类围岩（K42＋545断面，隧洞埋深258m）位移矢量图

图4－3－90　隧洞开挖未支护下Ⅳ^{2}类围岩（K42＋545断面，隧洞埋深258m）总位移云图

向上隆起，侧壁向内移动，并且顶板和侧壁位移量均大于底板位移量。从洞室围岩总位移量云图看到，洞室开挖引起的围岩变形区域为“圆饼型”，顶板与侧壁处位移和影响深度最大，底板处的位移和影响深度最小（图4-3-90、图4-3-95、图4-3-100）。

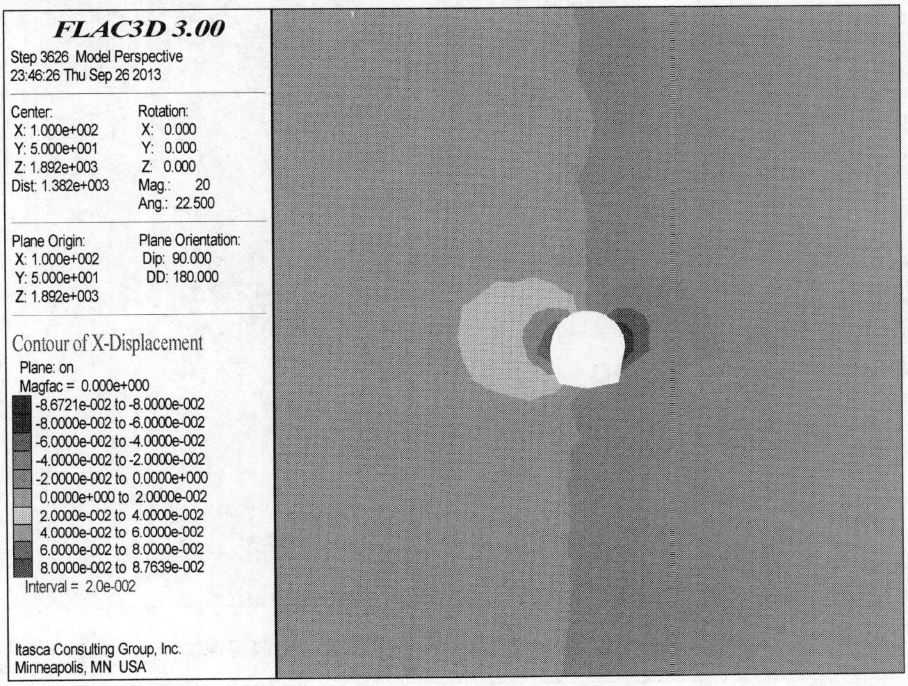

图4-3-91　隧洞开挖未支护下Ⅳ^{2}类围岩（K42+545断面，隧洞埋深258m）X方向位移云图

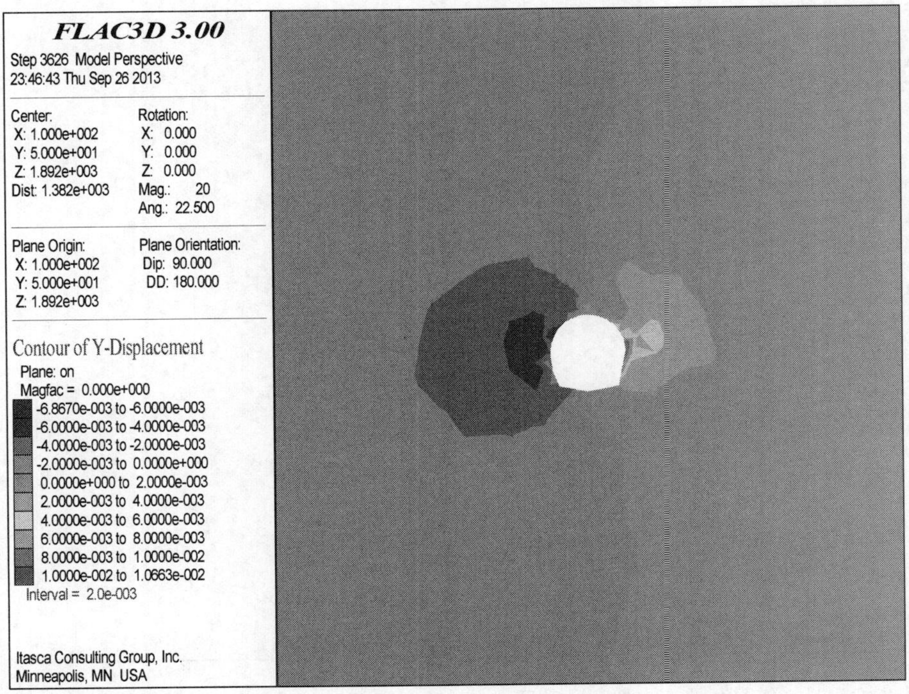

图4-3-92　隧洞开挖未支护下Ⅳ^{2}类围岩（K42+545断面，隧洞埋深258m）Y方向位移云图

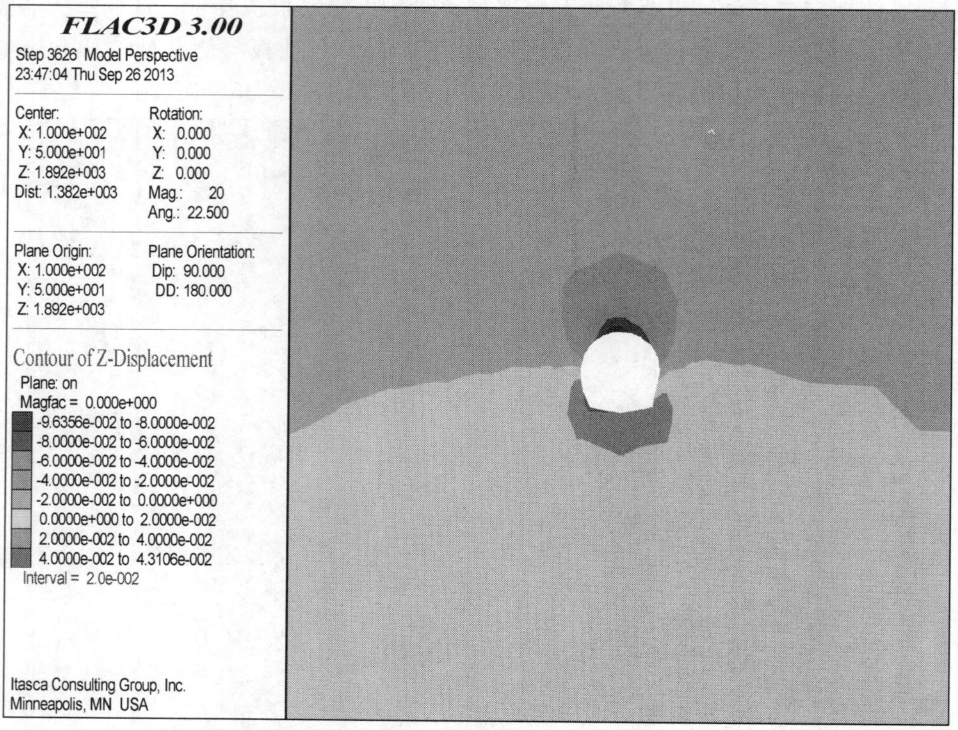

图 4-3-93　隧洞开挖未支护下Ⅳ² 类围岩（K42+545 断面，隧洞埋深 258m）Z 方向位移云图

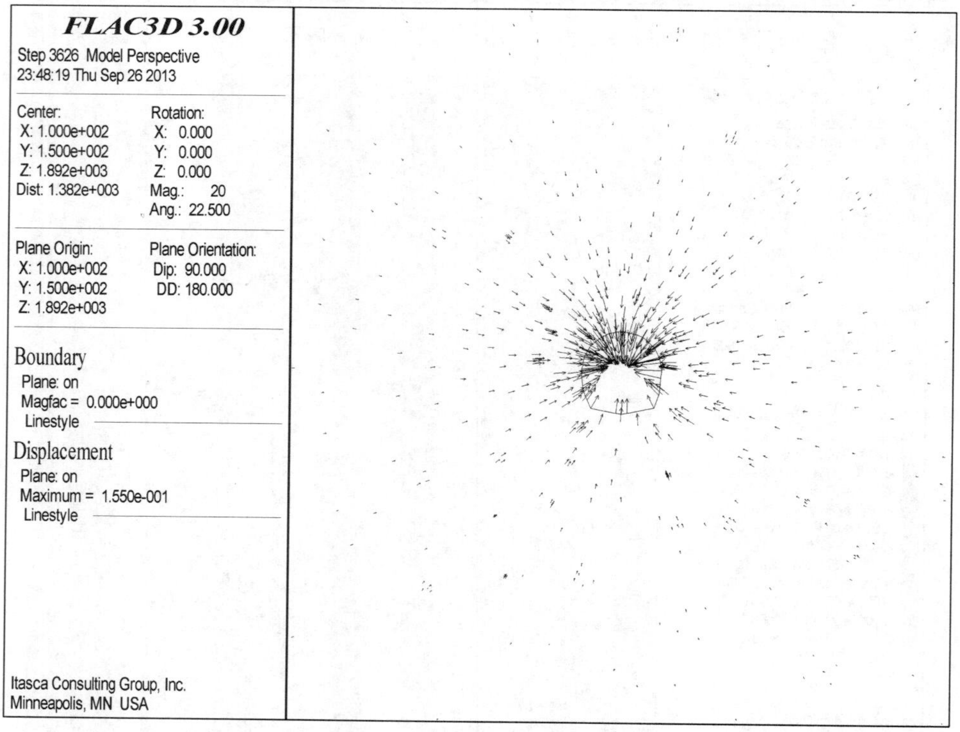

图 4-3-94　隧洞开挖未支护下Ⅴ类围岩（K42+645 断面，隧洞埋深 288m）位移矢量图

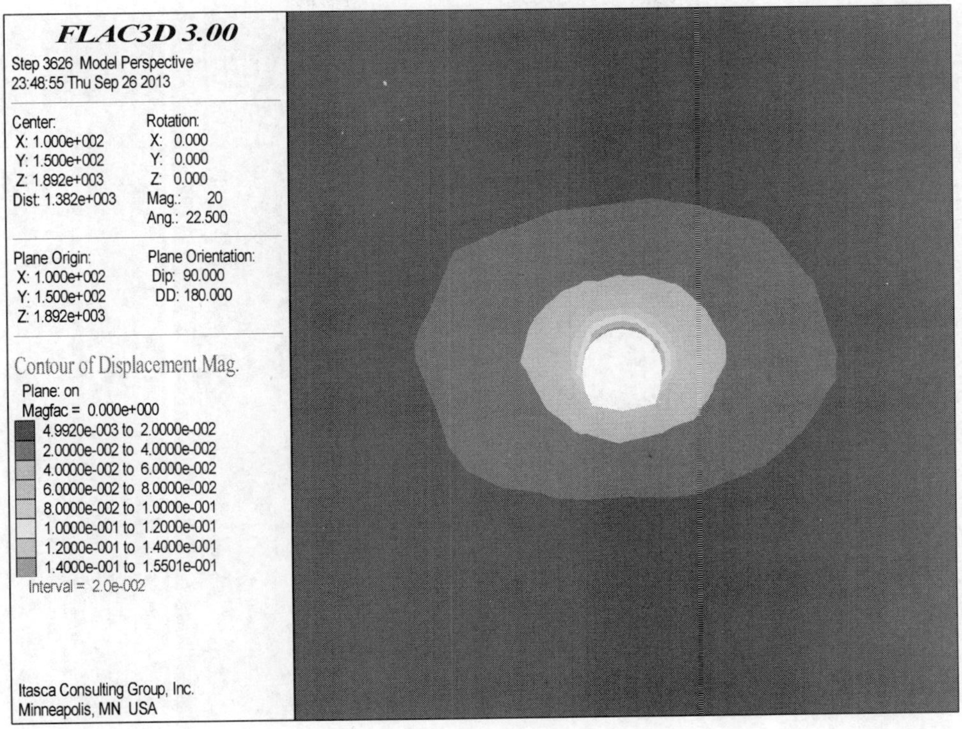

图 4-3-95 隧洞开挖未支护下Ⅴ类围岩（K42+645 断面，隧洞埋深 288m）总位移云图

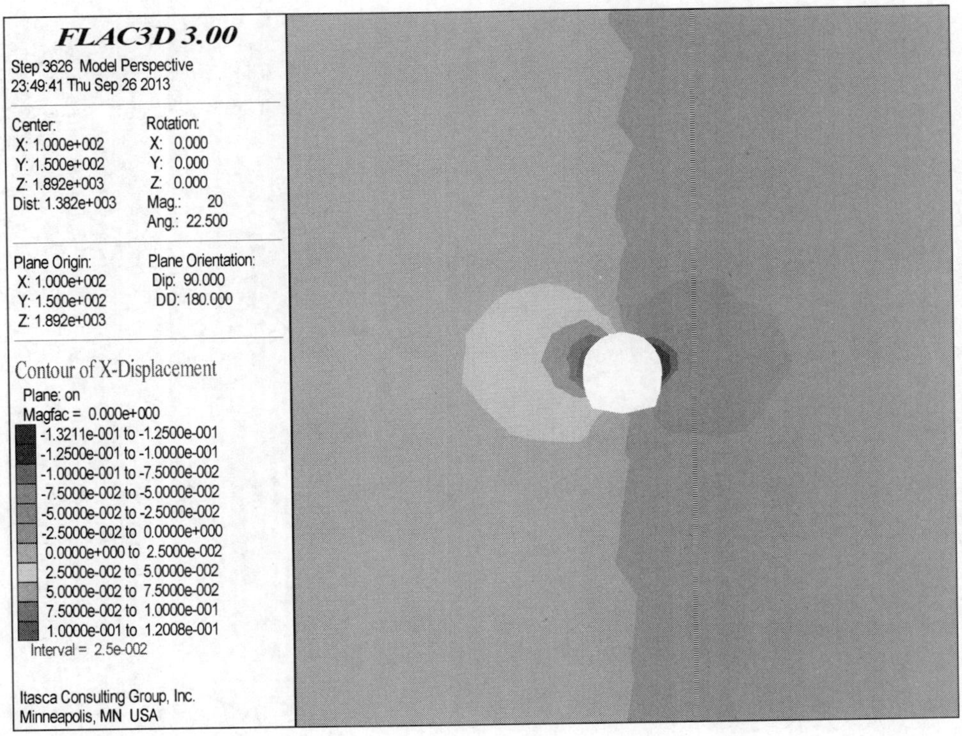

图 4-3-96 隧洞开挖未支护下Ⅴ类围岩（K42+645 断面，隧洞埋深 288m）X 方向位移云图

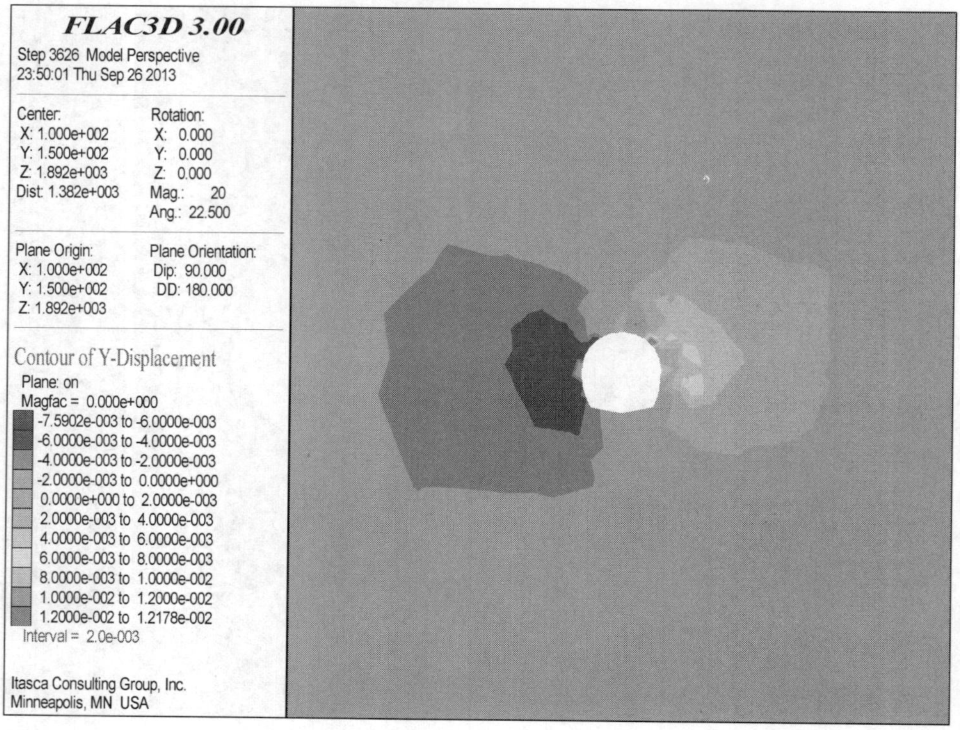

图 4-3-97 隧洞开挖未支护下Ⅴ类围岩（K42+645 断面，隧洞埋深 288m）*Y* 方向位移云图

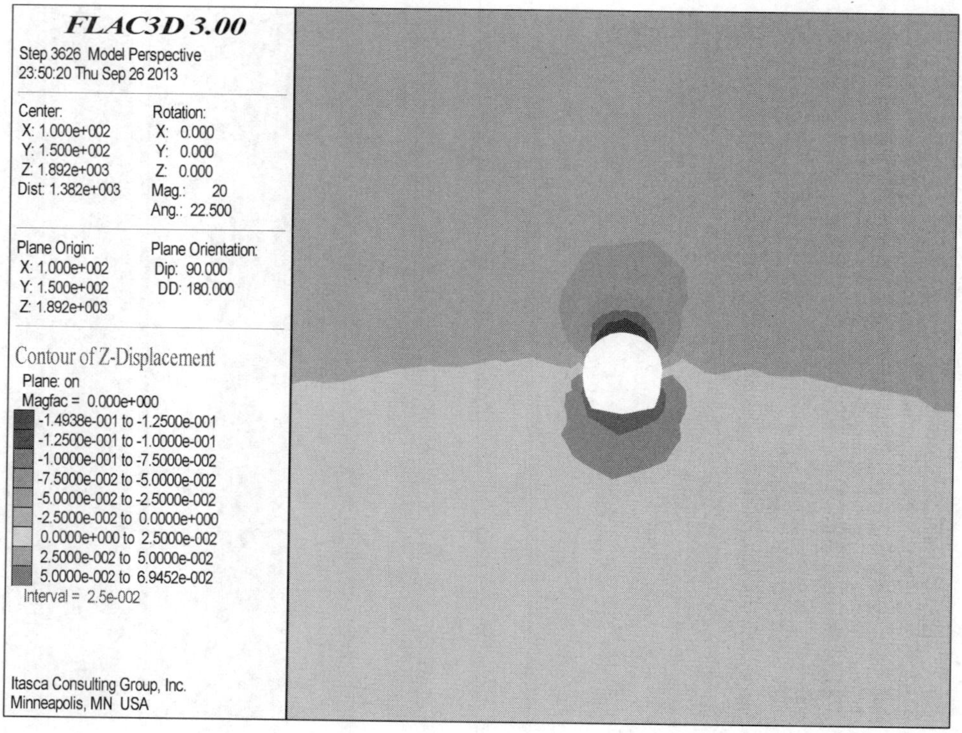

图 4-3-98 隧洞开挖未支护下Ⅴ类围岩（K42+645 断面，隧洞埋深 288m）*Z* 方向位移云图

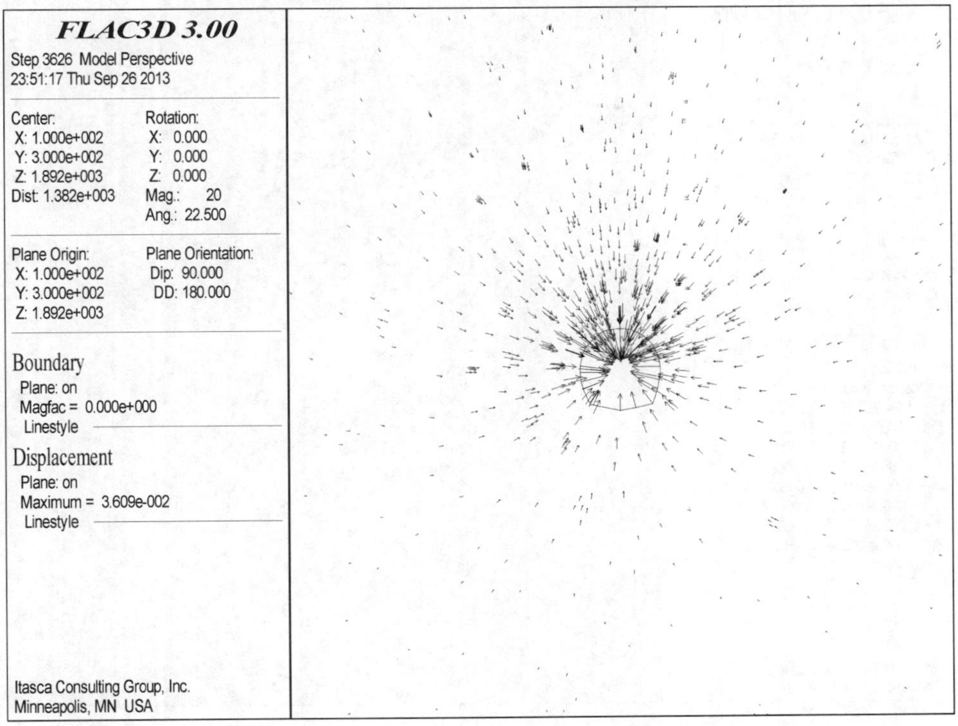

图 4-3-99　隧洞开挖未支护下Ⅳ¹类围岩（K42+795 断面，隧洞埋深 258m）位移矢量图

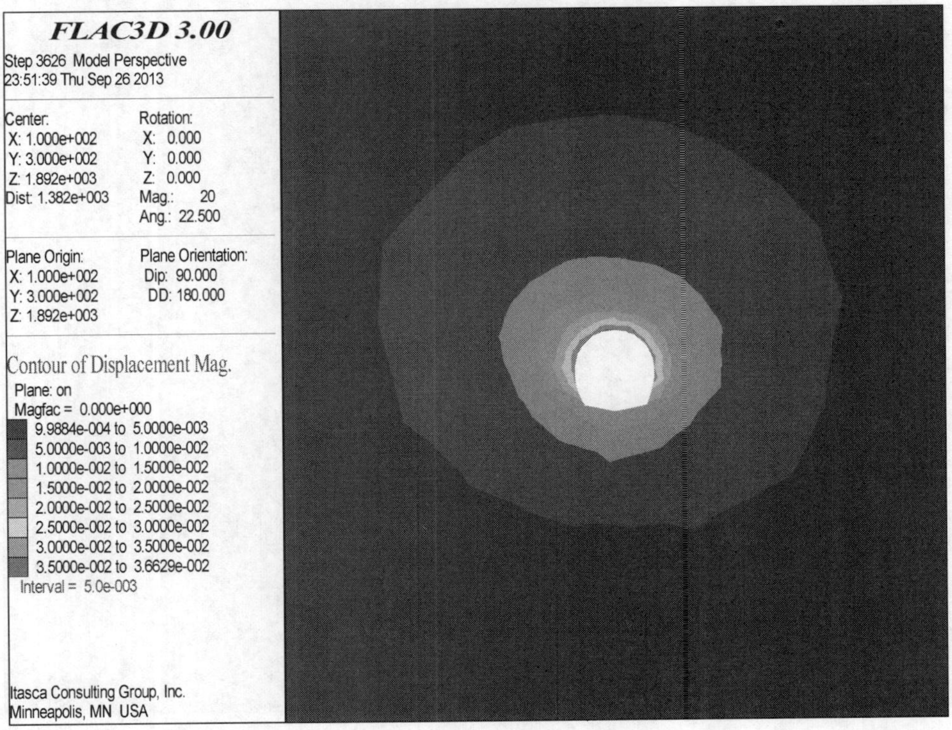

图 4-3-100　隧洞开挖未支护下Ⅳ¹类围岩（K42+795 断面，隧洞埋深 258m）总位移云图

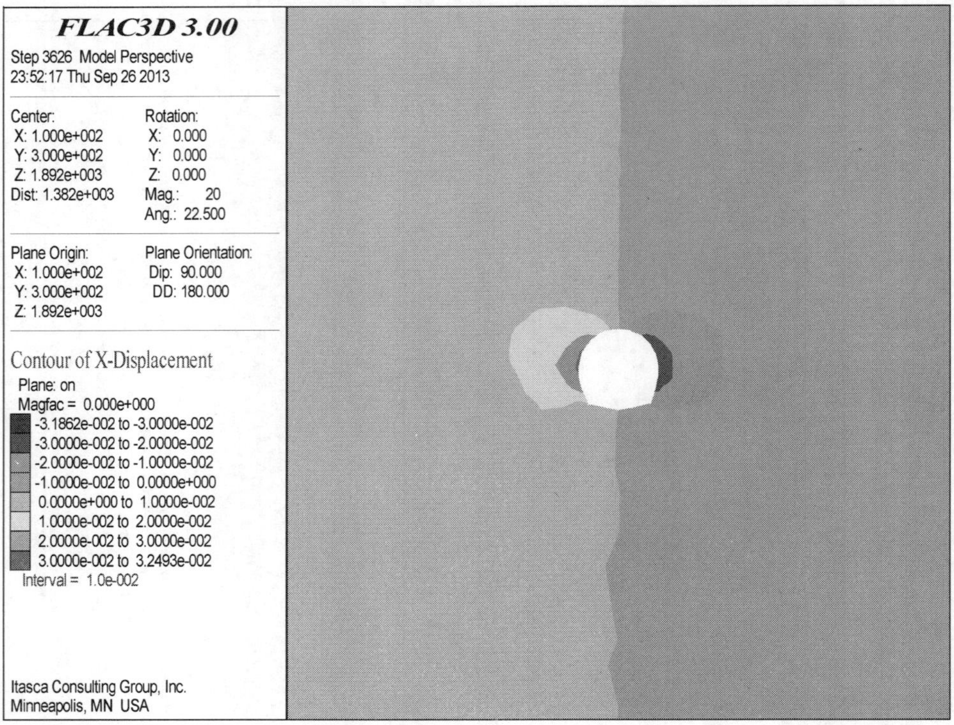

图 4-3-101 隧洞开挖未支护下Ⅳ[1]类围岩（K42+795 断面，隧洞埋深 258m）X 方向位移云图

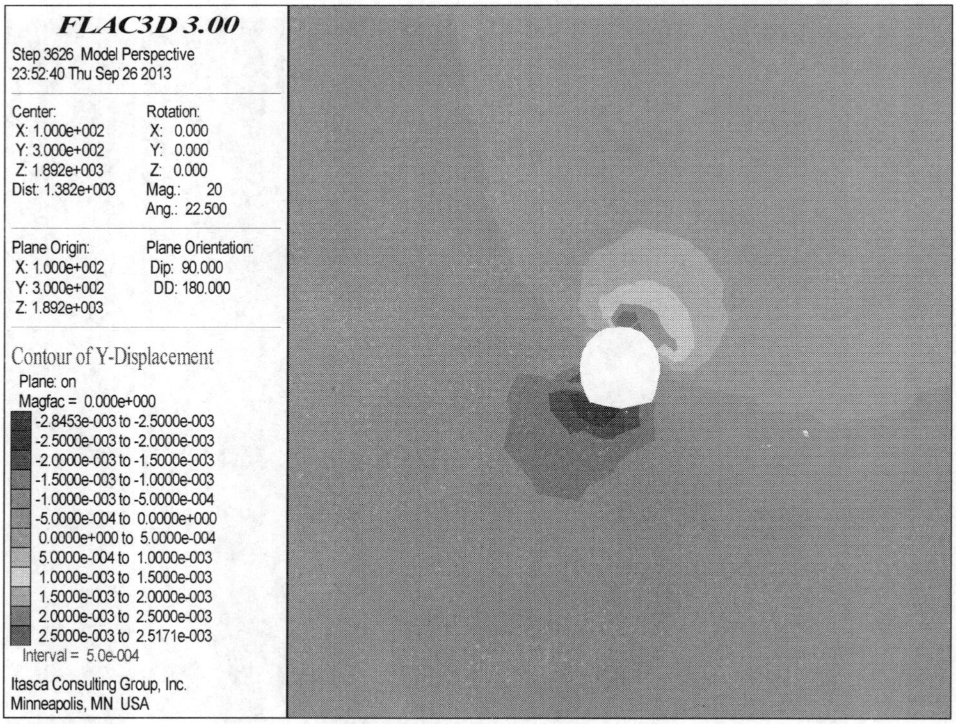

图 4-3-102 隧洞开挖未支护下Ⅳ[1]类围岩（K42+795 断面，隧洞埋深 258m）Y 方向位移云图

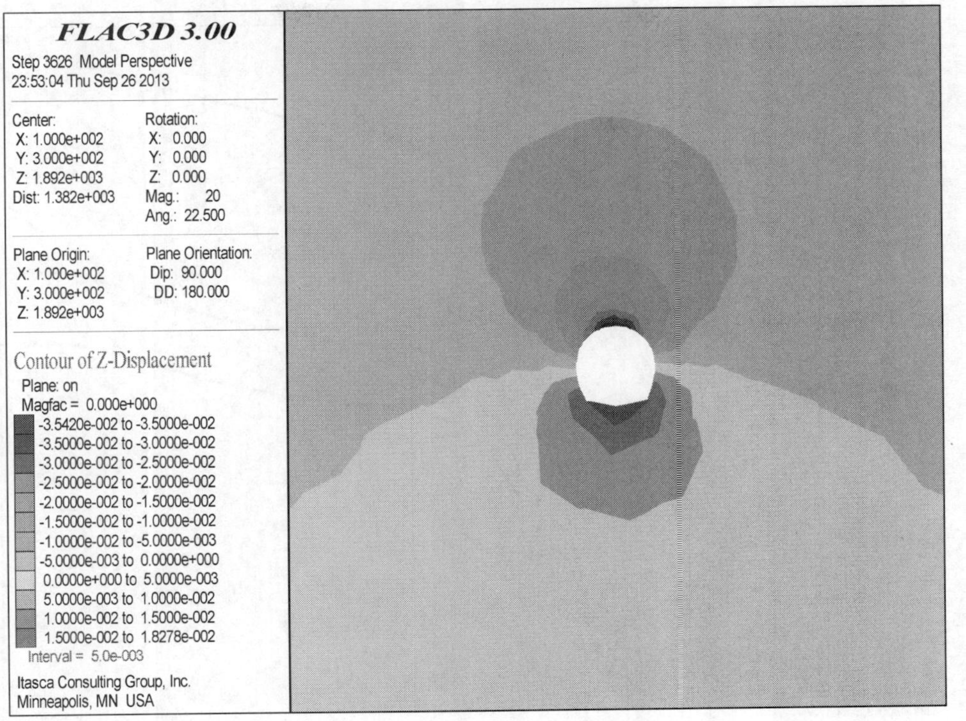

图 4-3-103　隧洞开挖未支护下Ⅳ¹ 类围岩（K42+795 断面，隧洞埋深 258m）Z 方向位移云图

各典型剖面位移量总结如表 4-3-18 所示，从各剖面总体情况来看，由于埋深较大，受自重应力和水平构造应力的影响，洞室围岩竖直方向（Z 向）和垂直隧洞方向（X 向）位移较大，隧洞延伸方向（Y 向）位移量较小；受埋深及岩性的影响，Ⅴ类围岩（K42+645 断面，埋深 288m）位移量远大于Ⅳ¹ 类围岩（K42+795 断面，埋深 258m）位移量，Ⅳ² 类围岩（K42+545 断面，埋深 258m）的位移量居中。

表 4-3-18　　隧洞开挖未支护下各典型剖面位移量

断面 \ 位移/cm	总位移量	X 向最大位移量	Y 向最大位移量	Z 向最大位移量
Ⅳ² 类围岩（K42+545 断面，隧洞埋深 258m）	9.72	8.77	1.07	9.64
Ⅴ类围岩（K42+645 断面，隧洞埋深 288m）	15.50	13.21	1.22	14.94
Ⅳ¹ 类围岩（K42+795 断面，隧洞埋深 258m）	3.66	3.25	0.28	3.54

计算过程中，在Ⅳ² 类围岩（K42+545 断面，隧洞埋深 258m）、Ⅴ类围岩（K42+645 断面，隧洞埋深 288m）和Ⅳ¹ 类围岩（K42+795 断面，隧洞埋深 258m）的洞室侧壁、拱腰和拱顶设置位移监测点，监测洞室开挖后洞室围岩的变形演化过程，其监测结果如图 4-3-104～图 4-3-106 所示。从中可以看出，Ⅳ² 类围岩（K42+545 断面，隧洞

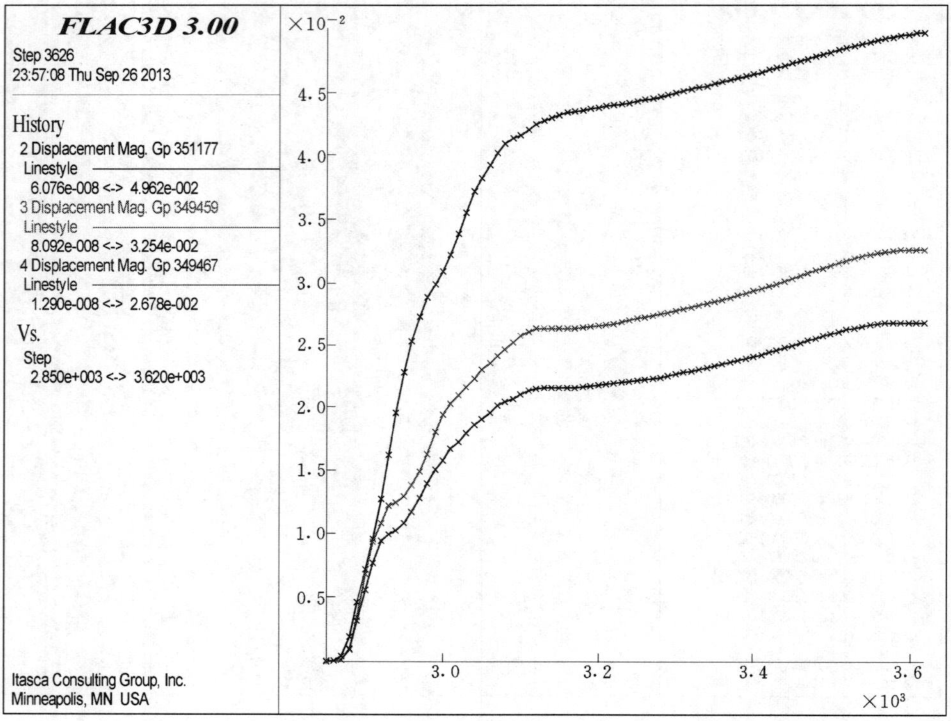

图 4-3-104 隧洞开挖未支护下Ⅳ² 类围岩（K42+545 断面，隧洞埋深 258m）洞壁位移监测曲线

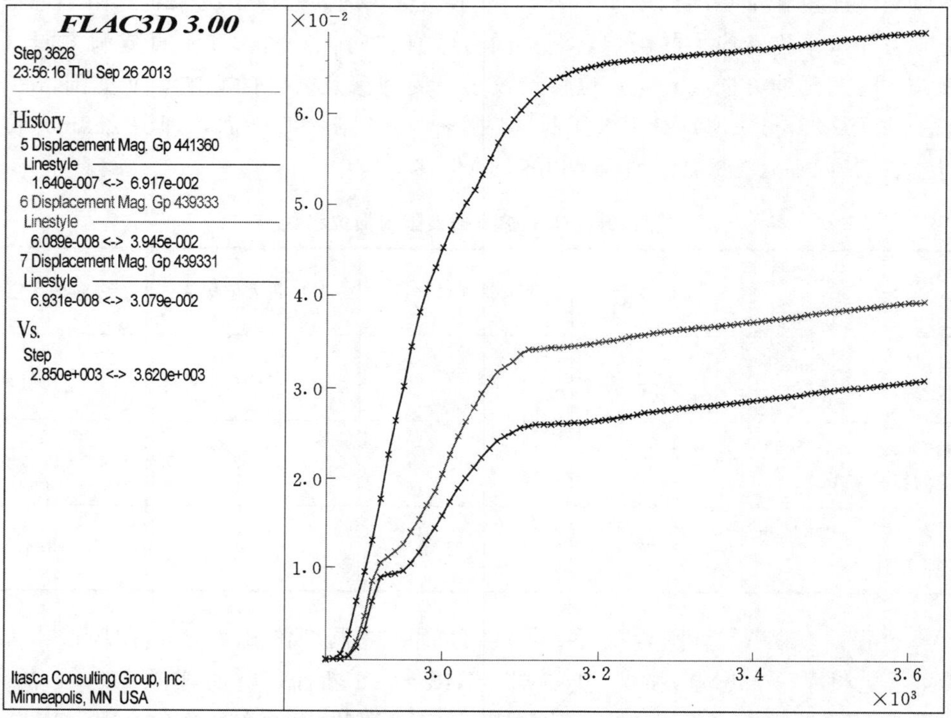

图 4-3-105 隧洞开挖未支护下Ⅴ类围岩（K42+645 断面，隧洞埋深 288m）洞壁位移监测曲线

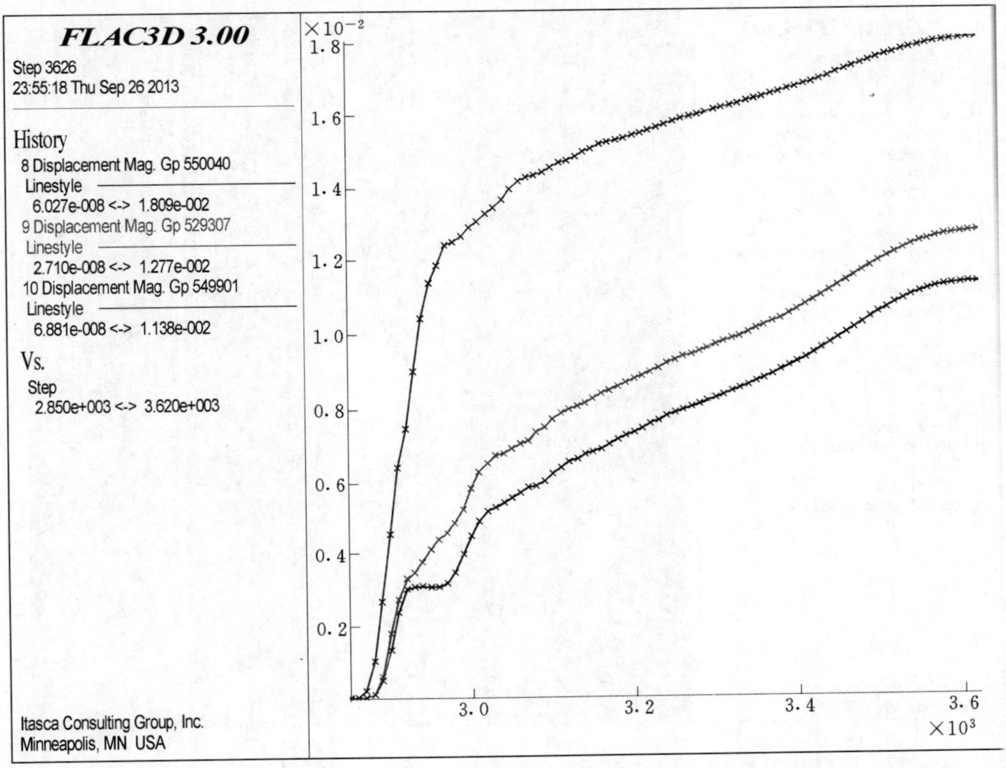

图 4-3-106 隧洞开挖未支护下Ⅳ^{1}类围岩（K42+795 断面，隧洞埋深 258m）洞壁位移监测曲线

埋深 258m）侧壁位移量为 4.83cm，拱腰位移量为 3.15cm，拱顶位移量为 2.54cm；Ⅴ类围岩（K42+645 断面，隧洞埋深 288m）侧壁位移量为 6.95cm，拱腰位移量为 3.95cm，拱顶位移量为 2.65cm；Ⅳ^{1}类围岩（K42+795 断面，隧洞埋深 258m）侧壁位移量为 1.85cm，拱腰位移量为 1.25cm，拱顶位移量为 1.15cm；洞室位移表现出侧壁位移量最大，拱腰其次，拱顶最小。

3. 围岩塑性区分析

塑性区大小和分布特点反映了围岩的力学性状，塑性区大的区域也是实际松动圈较大和容易发生围岩失稳的区域，塑性区实际上也表征了开挖卸荷后围岩的松动区大小，反映了各期开挖对围岩的扰动程度。隧洞开挖后由于洞室围岩大主应力增大和小主应力减小，围岩单元为压—剪破坏形式，其塑性区分布如图 4-3-107～图 4-3-109 所示，桩号Ⅳ^{2}类围岩（K42+545 断面，隧洞埋深 258m）塑性区破坏深度 2.0～3.0m，桩号Ⅴ类围岩（K42+645 断面，隧洞埋深 288m）塑性区破坏深度 2.5～3.5m，桩号Ⅳ^{1}类围岩（K42+795 断面，隧洞埋深 258m）塑性区破坏深度 1.5～2.5m。

（三）隧洞开挖支护后

1. 围岩应力场分析

隧洞开挖支护后的大主应力、小主应力分布云图见图 4-3-110 和图 4-3-111，从中可以看出，支护后隧洞围岩应力最大值为 12.97MPa，支护前隧洞围岩应力最大直为 16.83MPa，与支护前相比，应力最大值明显减小。

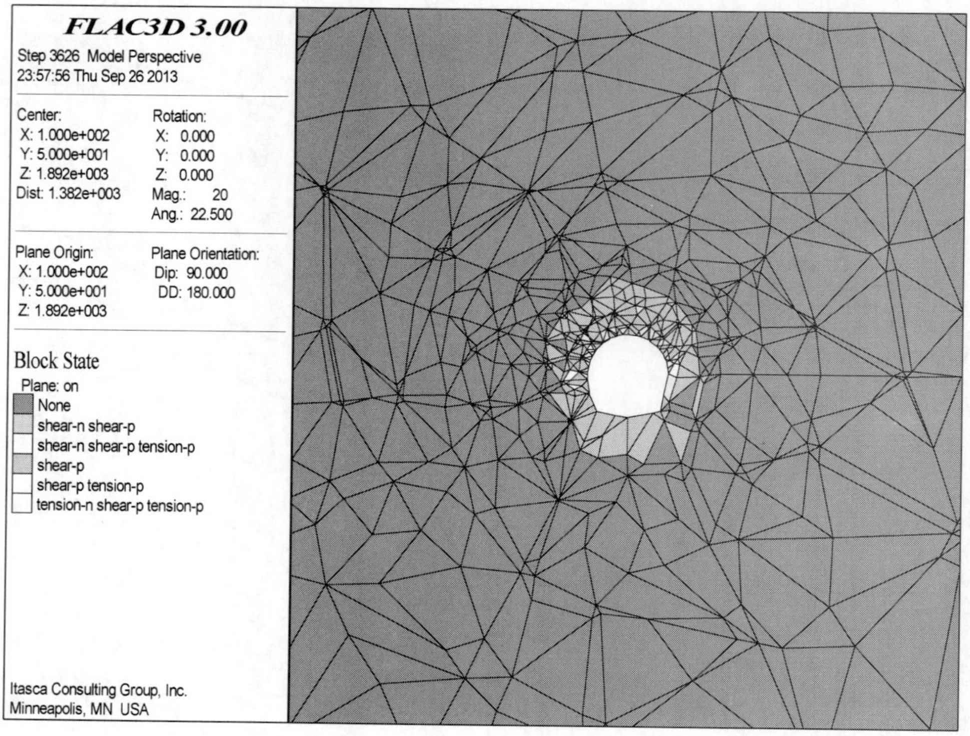

图 4-3-107　隧洞开挖未支护下Ⅳ^{2}类围岩（K42+545 断面，隧洞埋深 258m）围岩塑性区分布

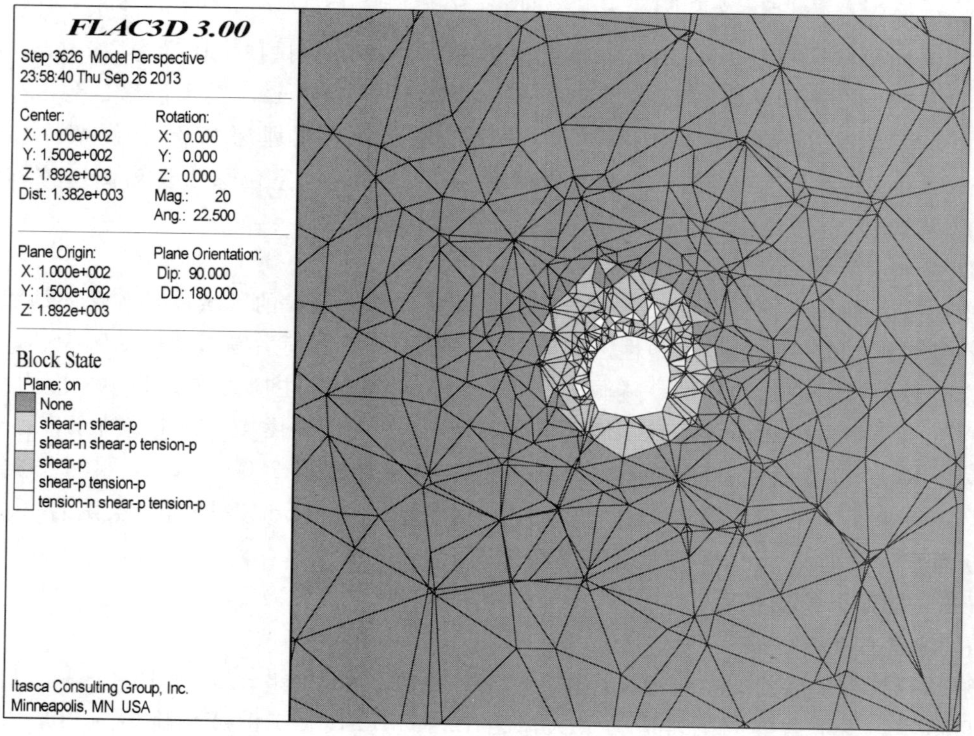

图 4-3-108　隧洞开挖未支护下Ⅴ类围岩（K42+645 断面，隧洞埋深 288m）围岩塑性区分布

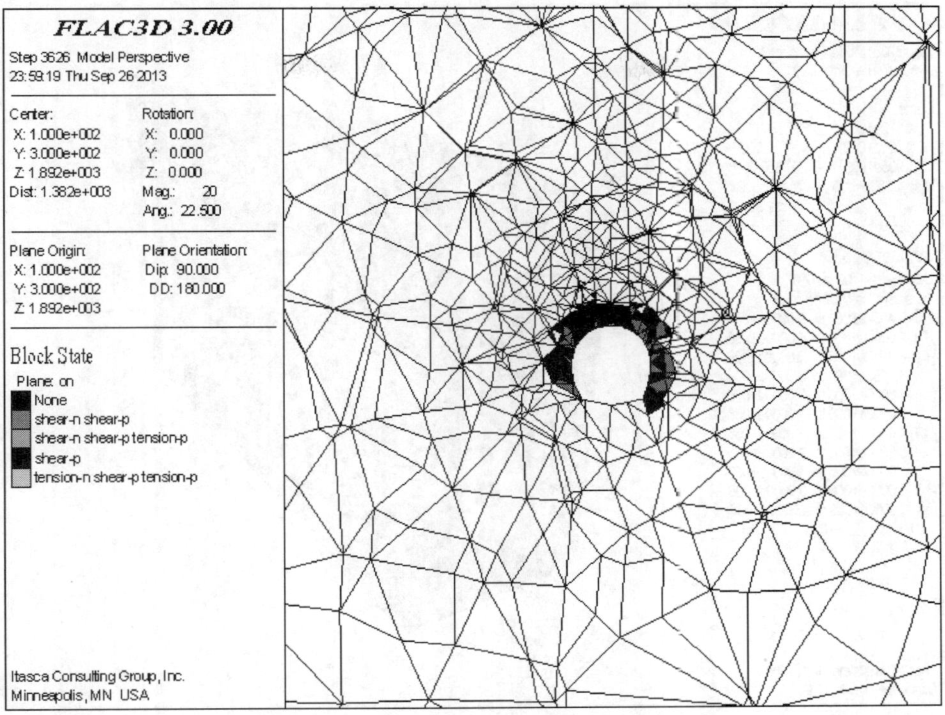

图 4-3-109　隧洞开挖未支护下Ⅳ[1] 类围岩（K42+795 断面，隧洞埋深 258m）围岩塑性区分布

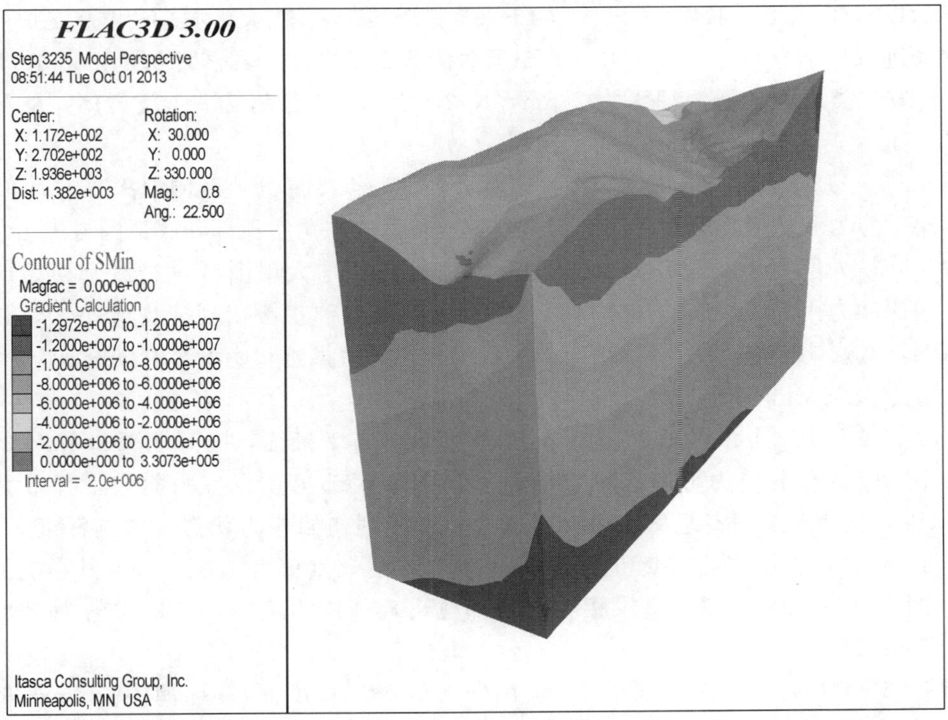

图 4-3-110　隧洞开挖支护后大主应力云图

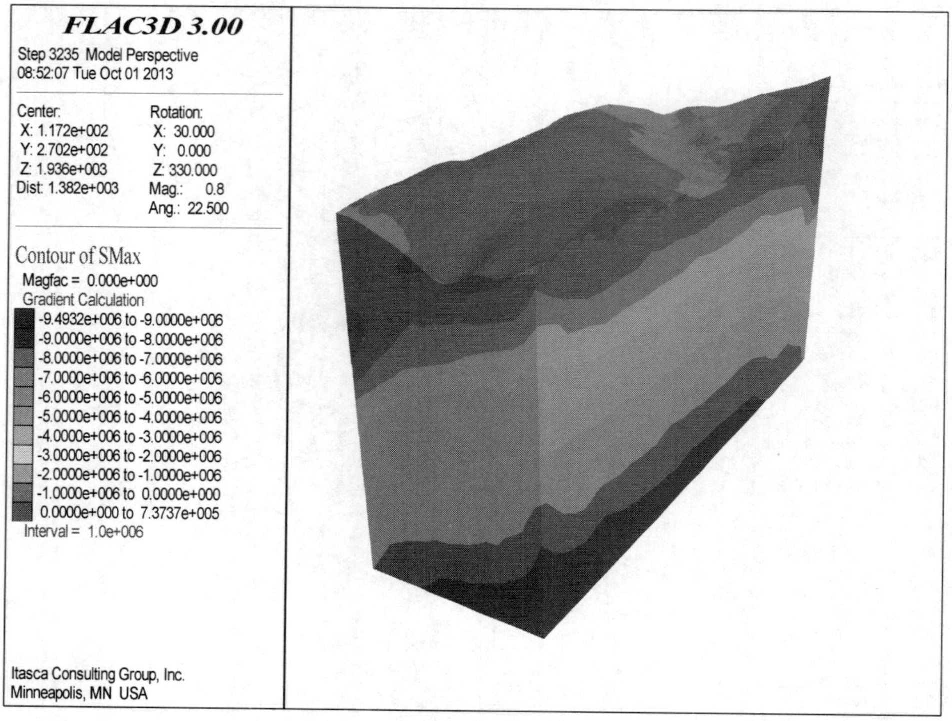

图 4-3-111　隧洞开挖支护后小主应力云图

下面以 K42+545、K42+645、K42+795 三个典型断面为例对隧洞开挖支护后的围岩应力场进行详细分析，其中 K42+545 围岩为Ⅳ2 类岩体，隧洞埋深为 258m，K42+645 围岩为Ⅴ类岩体，隧洞埋深为 288m，K42+795 断面围岩为Ⅳ1 类岩体，隧洞埋深为 258m。

图 4-3-112～图 4-3-114 为Ⅳ^2 类围岩（K42+545 断面，隧洞埋深 258m）的大主应力、小主应力和剪应力分布云图，洞室开挖支护后，在洞室顶部和底部围岩中出现压应力集中，其最大值为 10.25MPa，且随着距洞室距离的增大逐渐减小过渡到初始应力状态，影响深度为 4.5m（图 4-3-112）；在洞室的侧壁和拱腰出现应力减小区，其值为 4.21MPa，其影响深度为 2.0m（图 4-3-113）；在洞室拱腰和底角部位出现剪应力集中，其最大值为 1.44MPa（图 4-3-114）。

图 4-3-115～图 4-3-117 为Ⅴ类围岩（K42+645 断面，隧洞埋深 288m）的大主应力、小主应力和剪应力分布云图，在洞室顶部和底部出现压应力集中，其最大值为 10.88MPa，且随着距洞室距离的增大逐渐减小过渡到初始应力状态，影响深度为 6.4m（图 4-3-115）；在洞室的侧壁和拱腰出现应力减小区，其值为 4.88MPa，其影响深度为 2.0m（图 4-3-116）；在洞室拱腰和底角部位出现剪应力集中，其最大值为 1.38MPa（图 4-3-117）。

图 4-3-118～图 4-3-120 为Ⅳ^1 类围岩（K42+795 断面，隧洞埋深 258m）的大主应力、小主应力和剪应力分布云图，在洞室顶部和底部出现压应力集中，其最大值为 9.95MPa，且随着距洞室距离的增大逐渐减小过渡到初始应力状态，影响深度为 3.0m

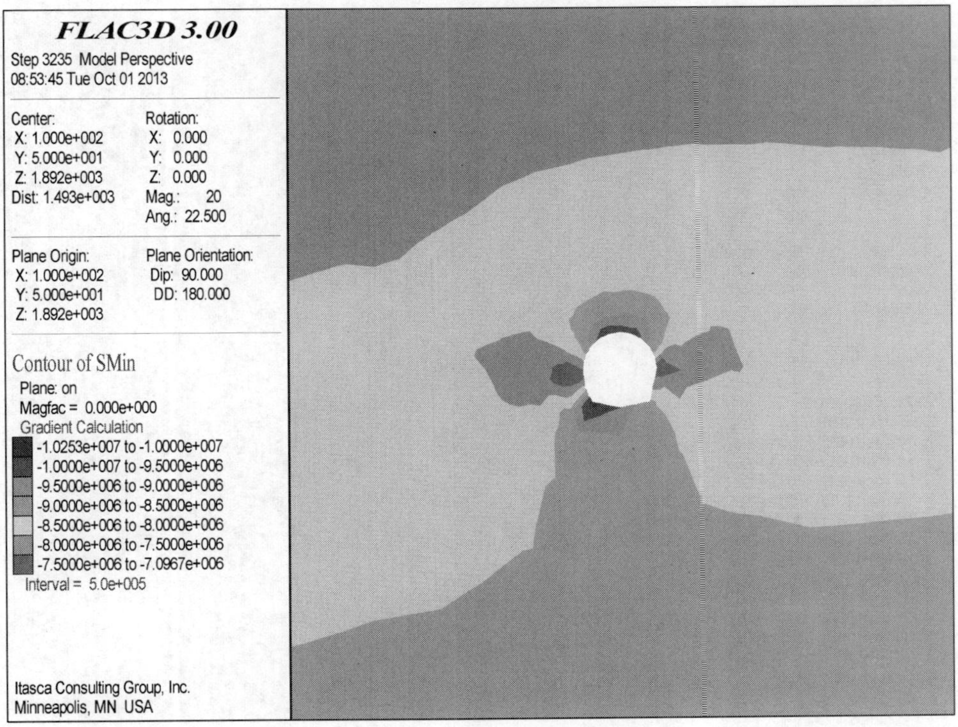

图 4－3－112　隧洞开挖支护后Ⅳ^{2} 类围岩（K42＋545 断面，隧洞坦深 258m）大主应力云图

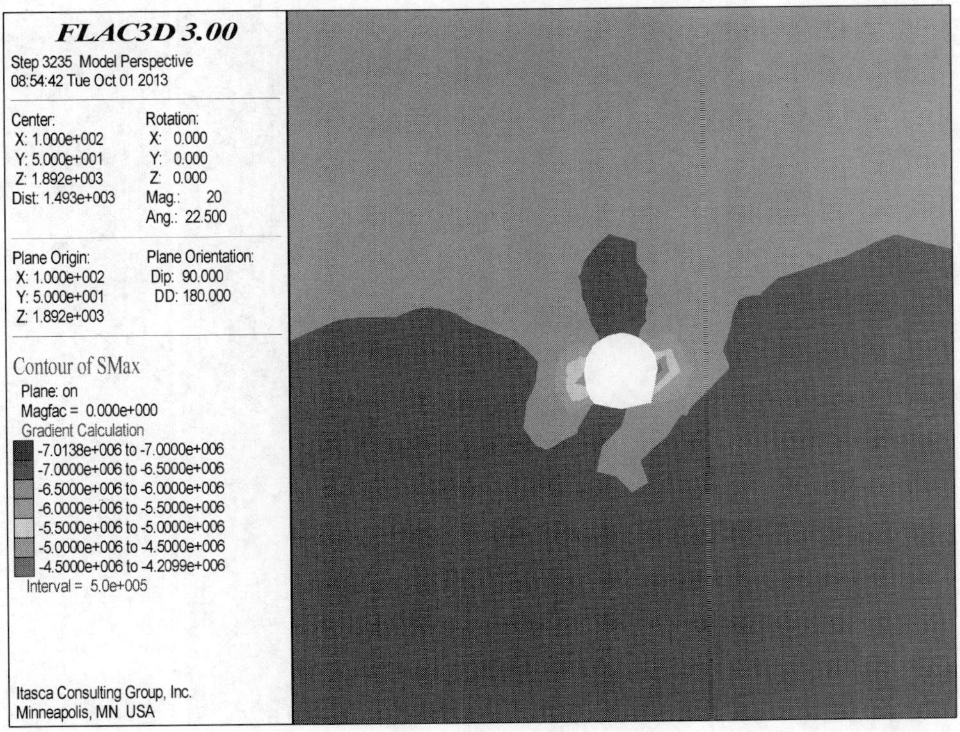

图 4－3－113　隧洞开挖支护后Ⅳ^{2} 类围岩（K42＋545 断面，隧洞埋深 258m）小主应力云图

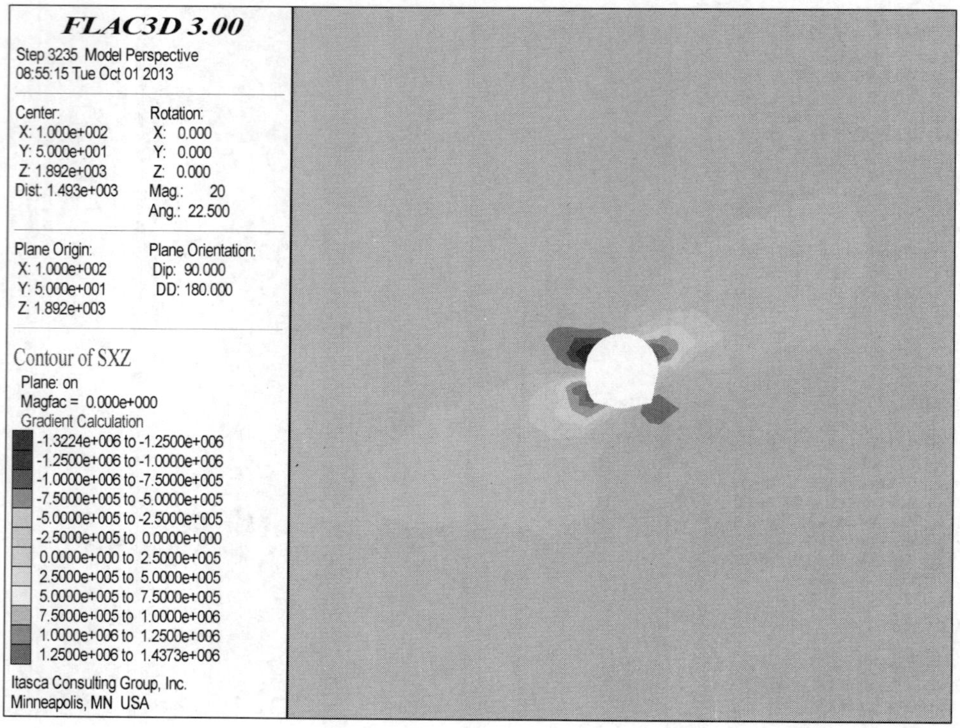

图 4-3-114 隧洞开挖支护后Ⅳ^{2} 类围岩（K42+545 断面，隧洞埋深 258m）剪应力云图

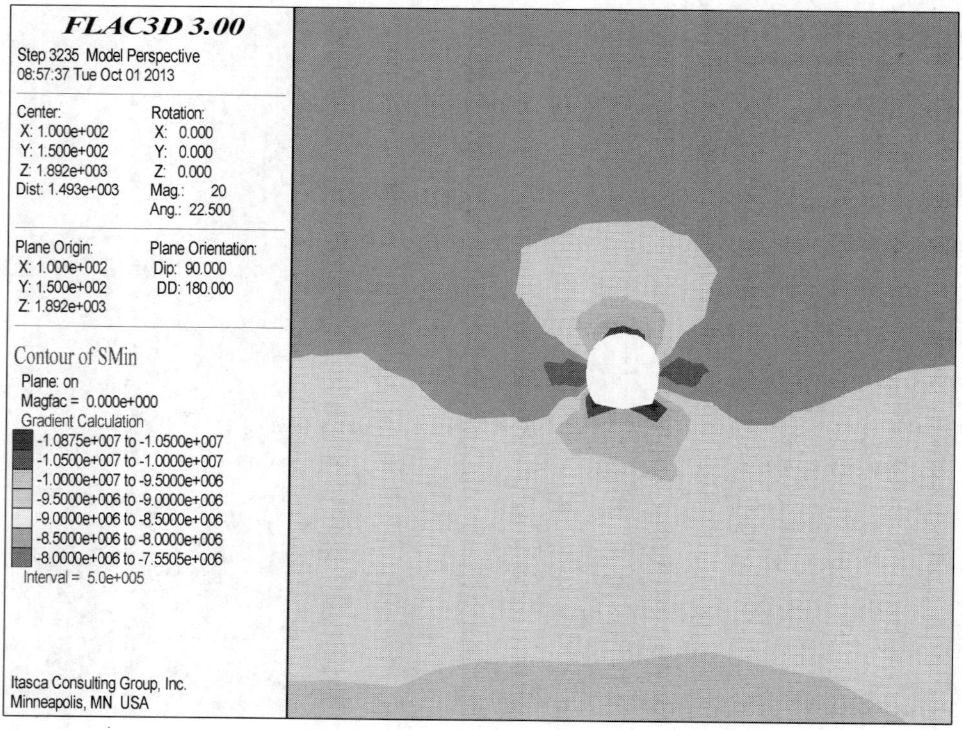

图 4-3-115 隧洞开挖支护后Ⅴ类围岩（K42+645 断面，隧洞埋深 288m）大主应力云图

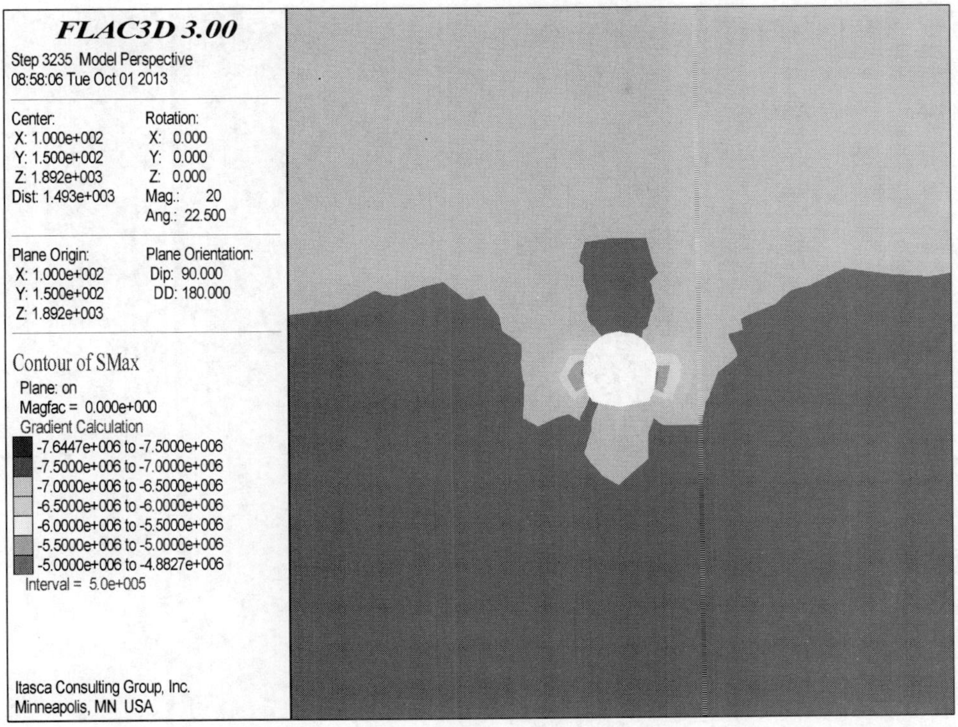

图 4-3-116　隧洞开挖支护后Ⅴ类围岩（K42+645 断面，隧洞埋深 288m）小主应力云图

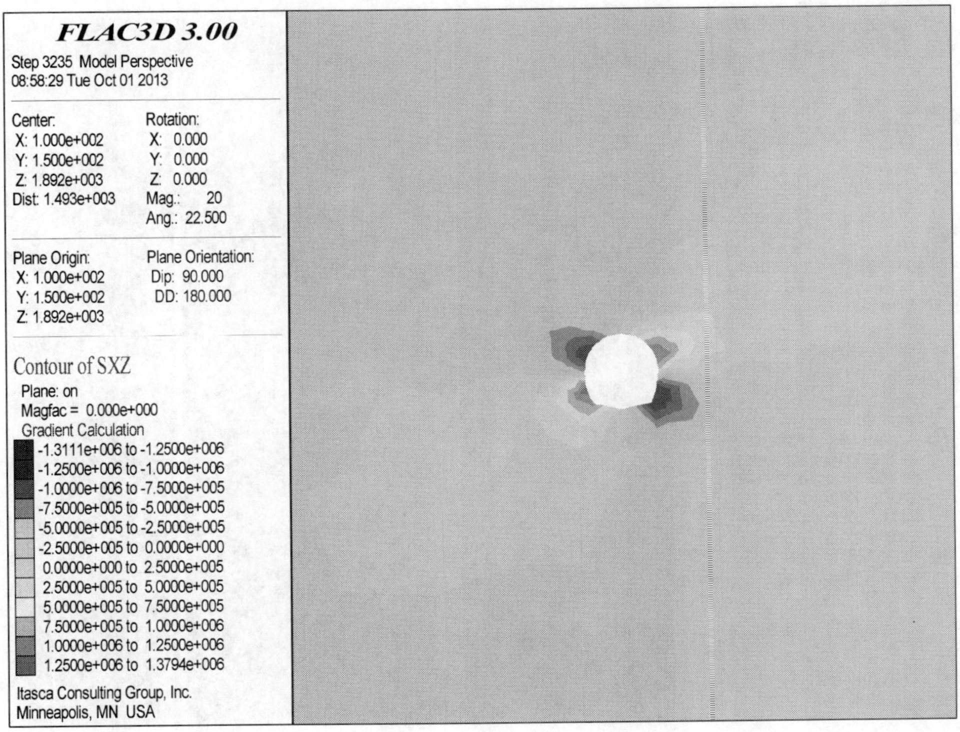

图 4-3-117　隧洞开挖支护后Ⅴ类围岩（K42+645 断面，隧洞埋深 288m）剪应力云图

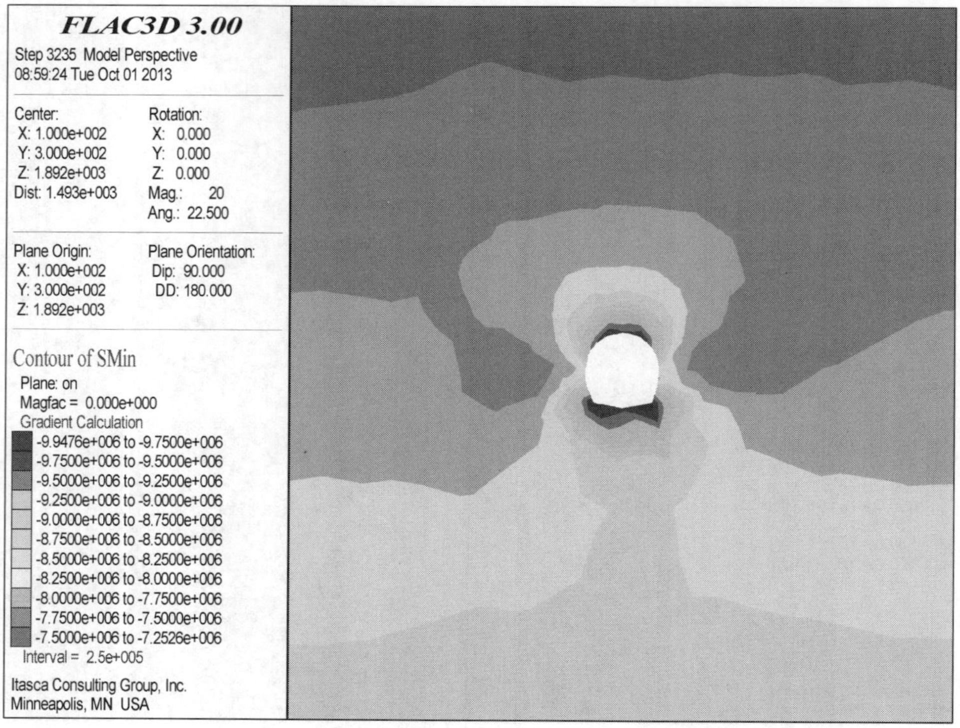

图 4-3-118 隧洞开挖支护后Ⅳ¹ 类围岩（K42+795 断面，隧洞埋深 258m）大主应力云图

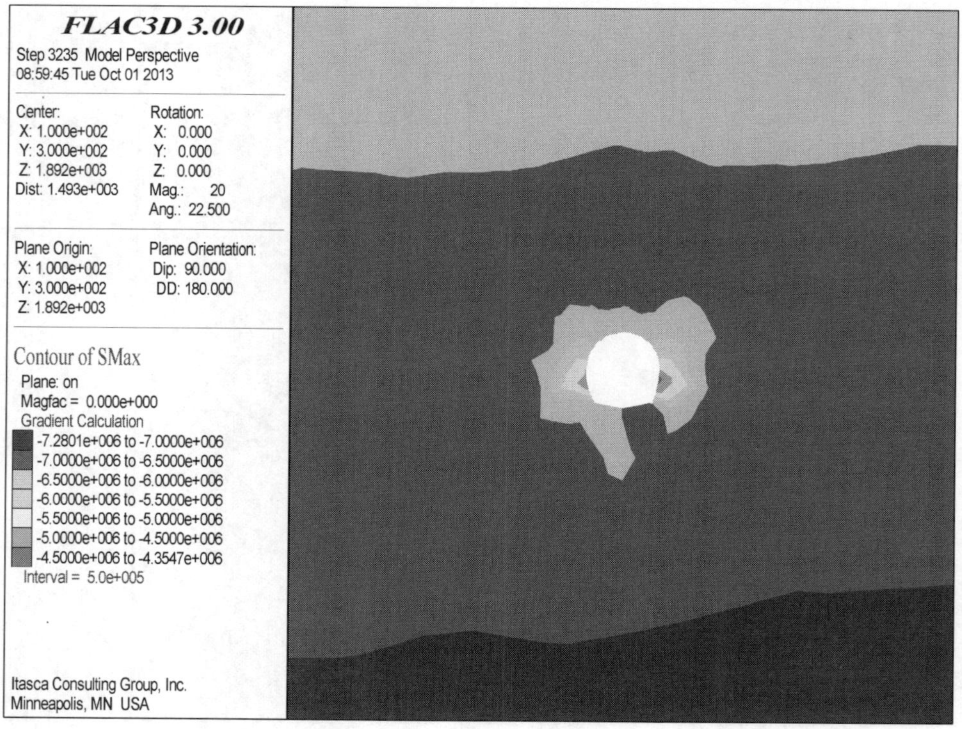

图 4-3-119 隧洞开挖支护后Ⅳ¹ 类围岩（K42+795 断面，隧洞埋深 258m）小主应力云图

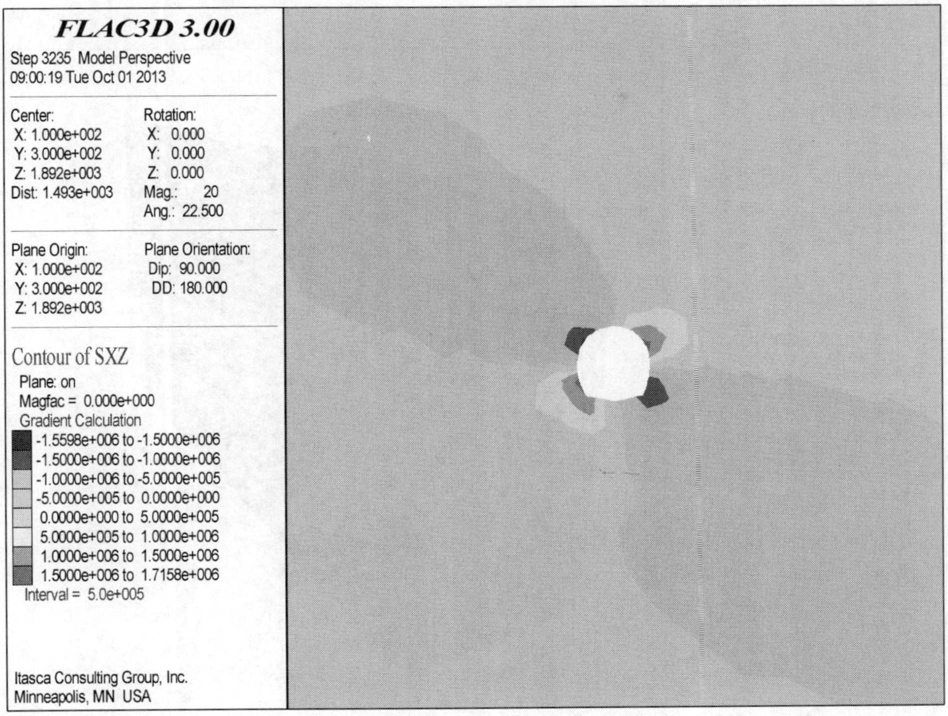

图 4-3-120 隧洞开挖支护后Ⅳ¹类围岩（K42+795断面，隧洞埋深258m）剪应力云图

（图4-3-118）；在洞室的侧壁和拱腰出现应力减小区，其最小值为4.35MPa，小主应力影响深度为2.9m（图4-3-119）；在洞室拱腰和底角部位出现剪应力集中，其最大值为1.72MPa（图4-3-120）。

隧洞开挖未支护和支护后洞室围岩的应力对比如表4-3-19所示，从中可以看到，支护后洞室围岩的大主应力值减小，小主应力值增大，剪应力降低，应力集中程度减弱。

表4-3-19　　K42+495～K43+095段洞室开挖支护前后围岩应力对比

位置		应力/MPa					
		大主应力		小主应力		剪应力	
		未支护	支护后	未支护	支护后	未支护	支护后
K42+495～K43+095段	整体	16.83	12.97	—	—	—	—
	Ⅳ²类围岩（K42+545断面，隧洞埋深258m）	12.14	10.25	0.29	4.21	2.91	1.44
	Ⅴ类围岩（K42+645断面，隧洞埋深288m）	11.07	10.88	0.14	4.88	2.95	1.38
	Ⅳ¹类围岩（K42+795断面，隧洞埋深258m）	12.37	9.95	1.27	4.35	3.26	1.72

2. 围岩位移场分析

图4-3-121～图4-3-124为隧洞开挖后围岩的总位移、X向、Y向和Z向位移云图，总位移最大值为1.54cm，X向最大位移值为1.54cm，Y向最大位移值为0.12cm，Z

向最大位移值为 1.21cm。

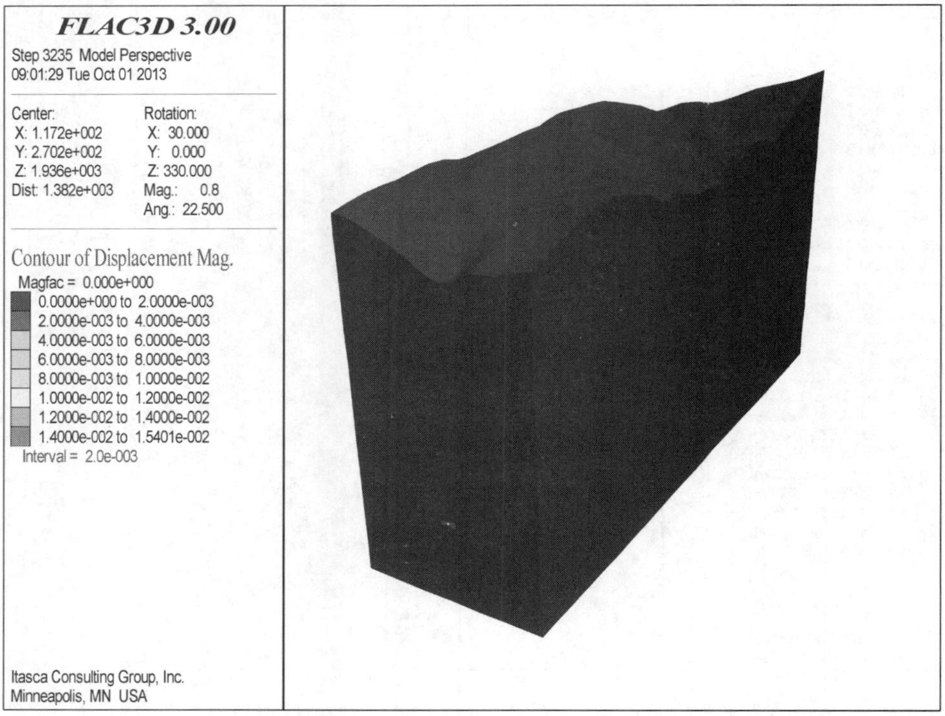

图 4－3－121　隧洞开挖支护后总位移云图

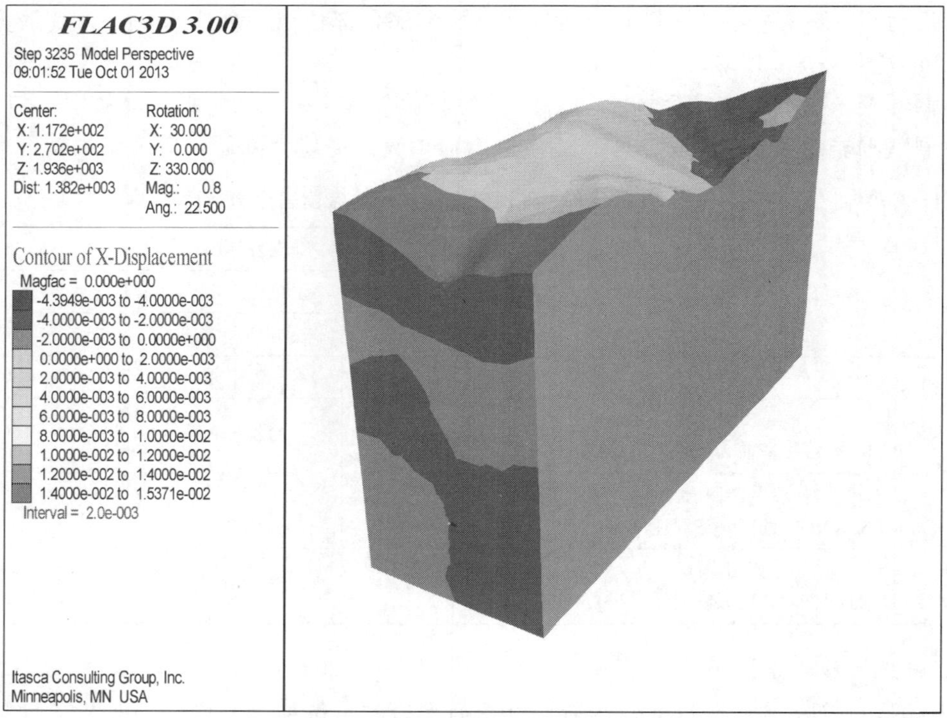

图 4－3－122　隧洞开挖支护后 X 方向位移云图

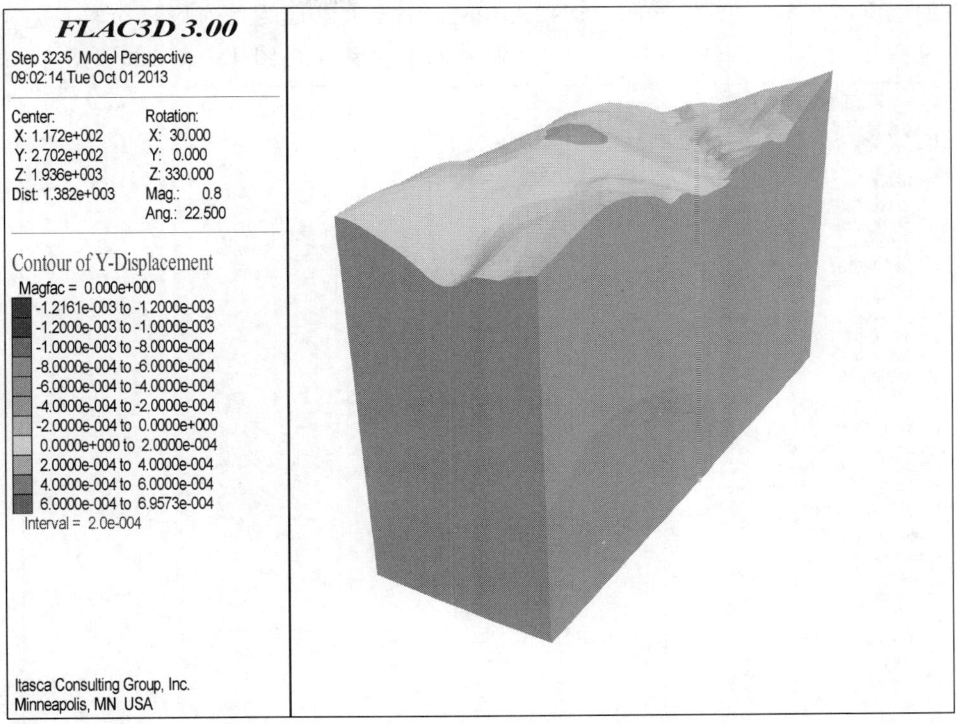

图 4-3-123　隧洞开挖支护后 Y 方向位移云图

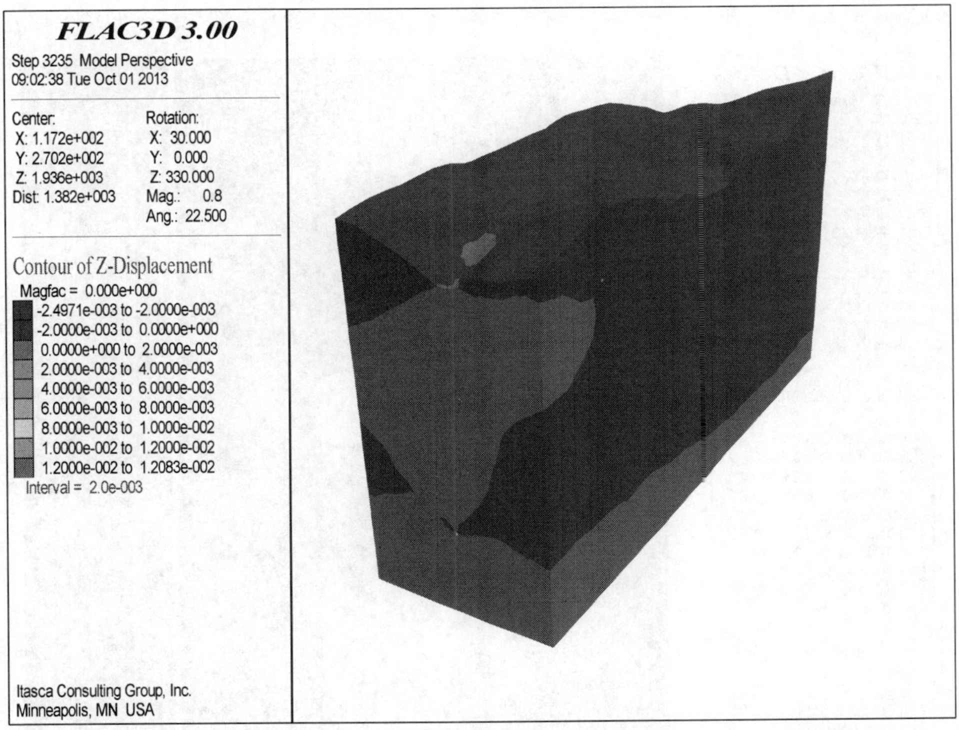

图 4-3-124　隧洞开挖支护后 Z 方向位移云图

下面以 K42+545、K42+645、K42+795 三个典型断面为例对围岩位移场进行详细分析，见图 4-3-125～图 4-3-139。从洞室围岩位移矢量图 4-3-125、图 4-3-130

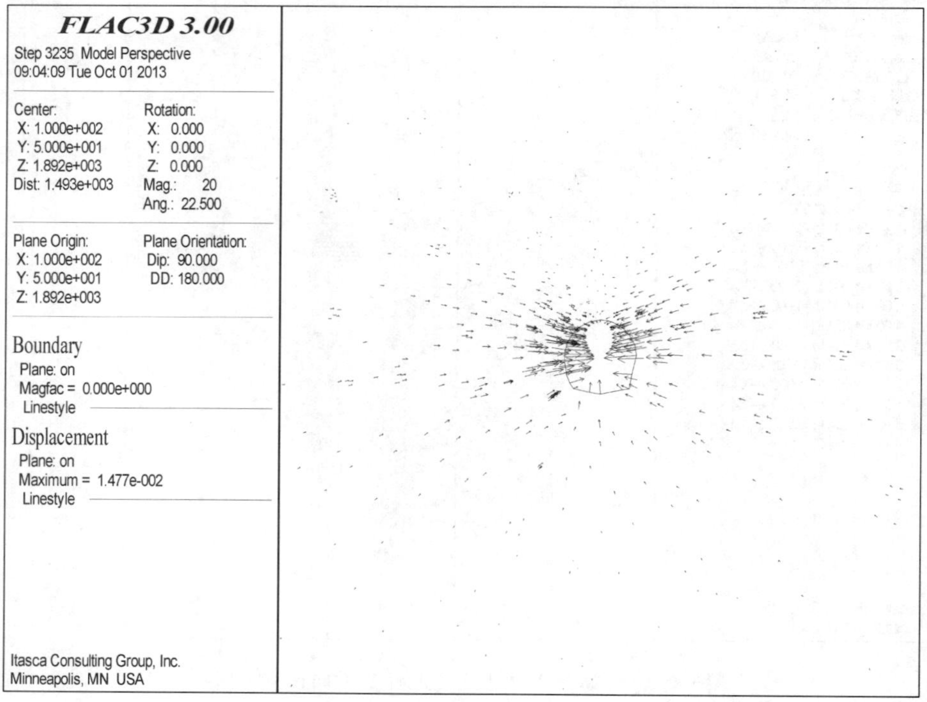

图 4-3-125 隧洞开挖支护后Ⅳ² 类围岩（K42+545 断面，隧洞埋深 258m）位移矢量图

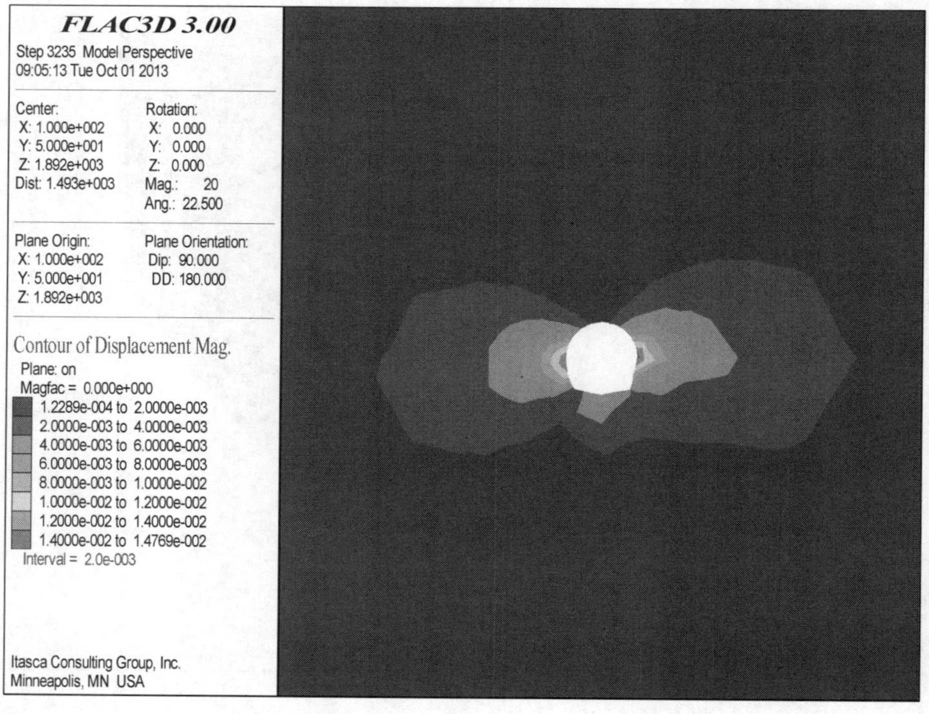

图 4-3-126 隧洞开挖支护后Ⅳ² 类围岩（K42+545 断面，隧洞埋深 258m）总位移云图

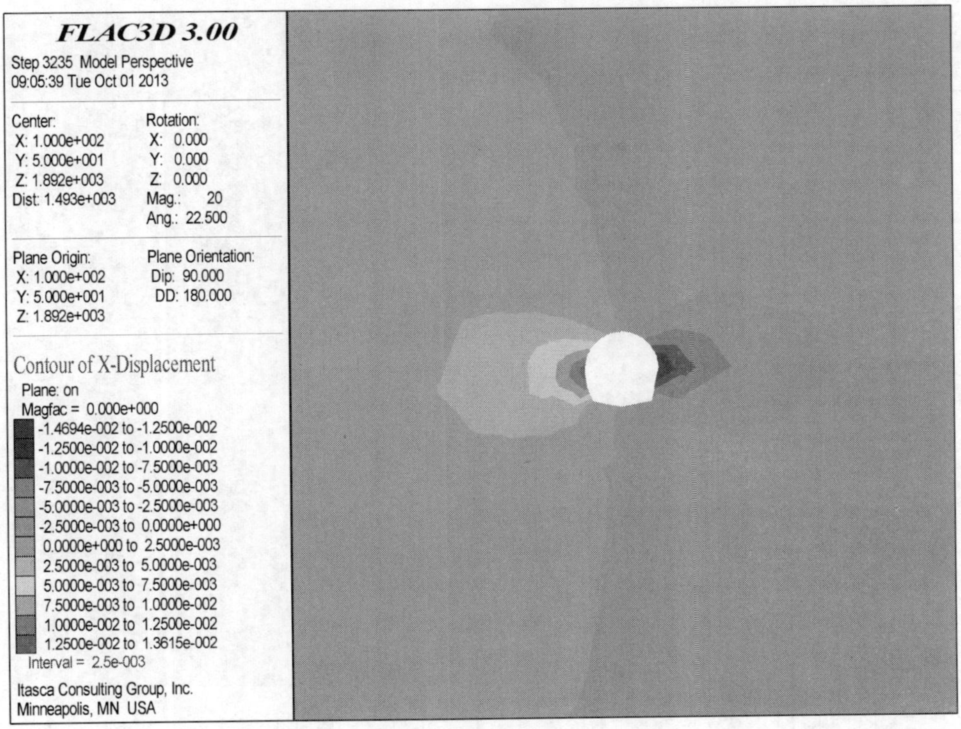

图 4-3-127 隧洞开挖支护后Ⅳ² 类围岩（K42+545 断面，隧洞埋深 258m）*X* 方向位移云图

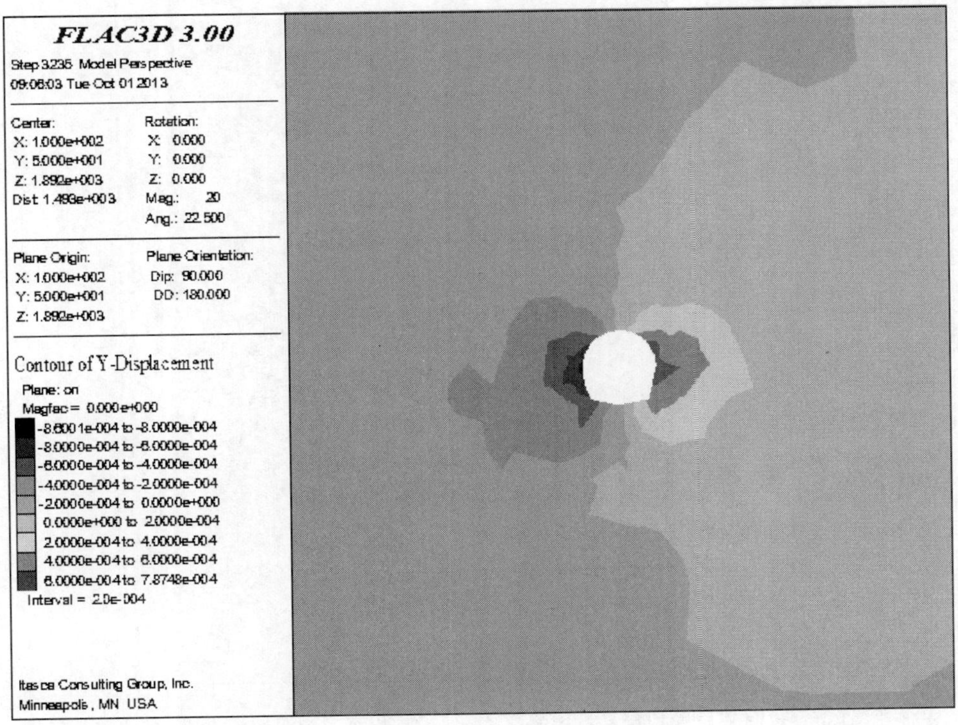

图 4-3-128 隧洞开挖支护后Ⅳ² 类围岩（K42+545 断面，隧洞埋深 258m）*Y* 方向位移云图

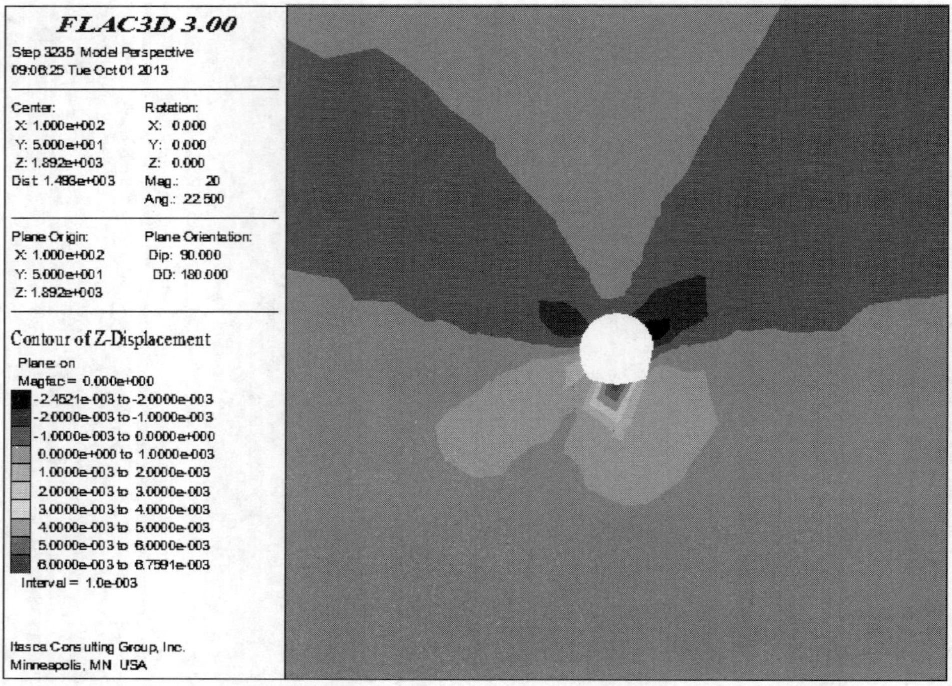

图 4-3-129　隧洞开挖支护后Ⅳ^{2}类围岩（K42+545 断面，隧洞埋深 258m）*Z* 方向位移云图

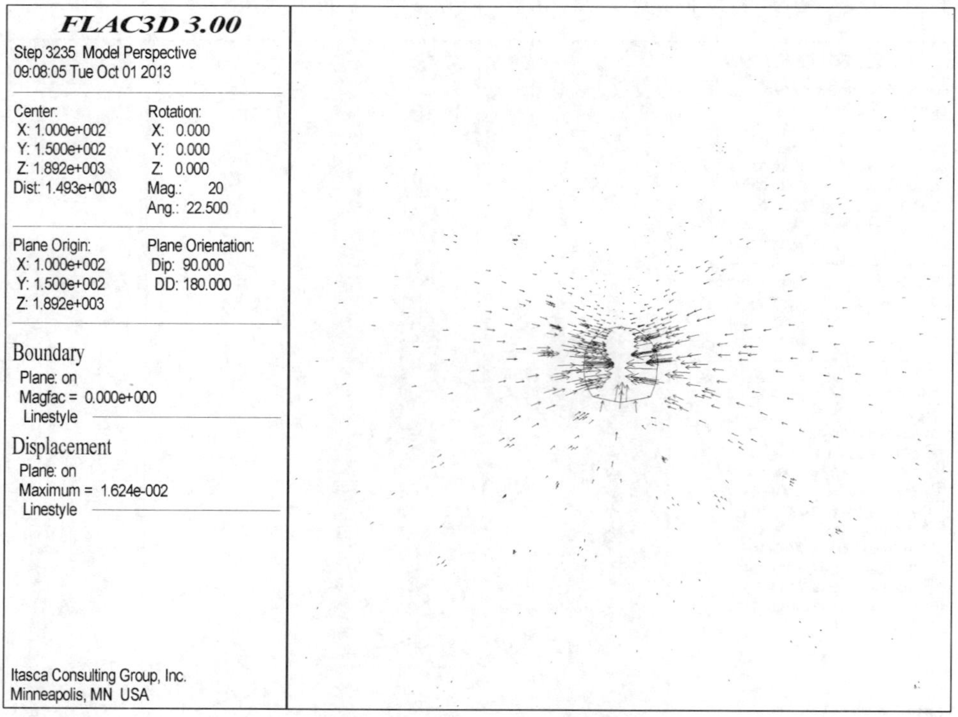

图 4-3-130　隧洞开挖支护后Ⅴ类围岩（K42+645 断面，隧洞埋深 288m）位移矢量图

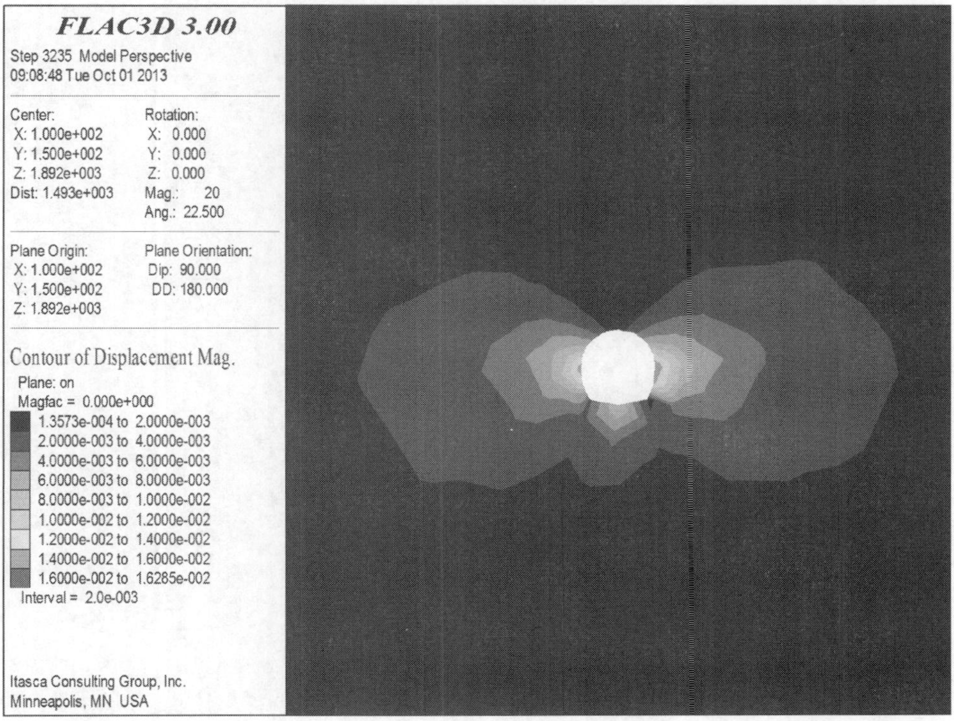

图 4-3-131　隧洞开挖支护后Ⅴ类围岩（K42+645 断面，隧洞埋深 288m）总位移云图

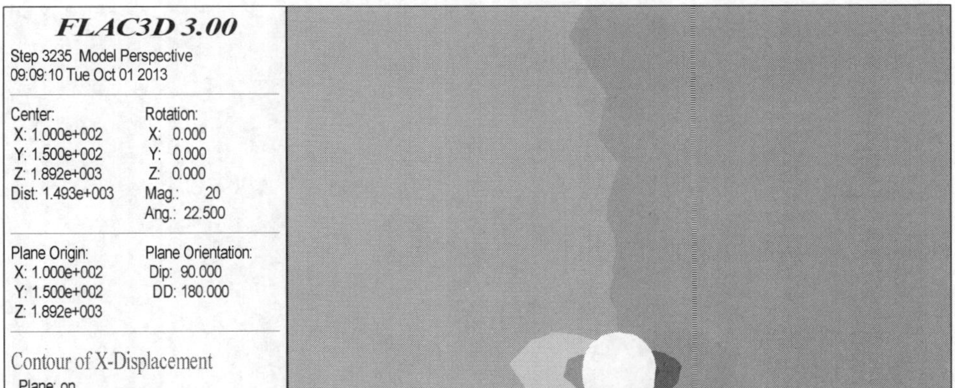

图 4-3-132　隧洞开挖支护后Ⅴ类围岩（K42+645 断面，隧洞埋深 288m）*X* 方向位移云图

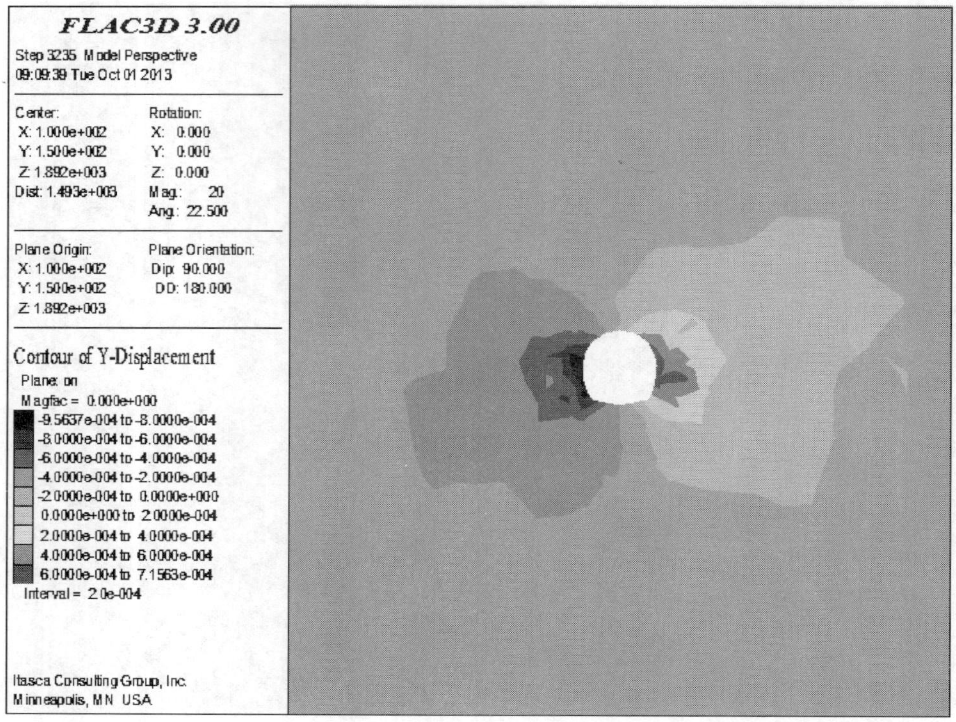

图 4-3-133　隧洞开挖支护后Ⅴ类围岩（K42+645 断面，隧洞埋深 288m）*Y* 方向位移云图

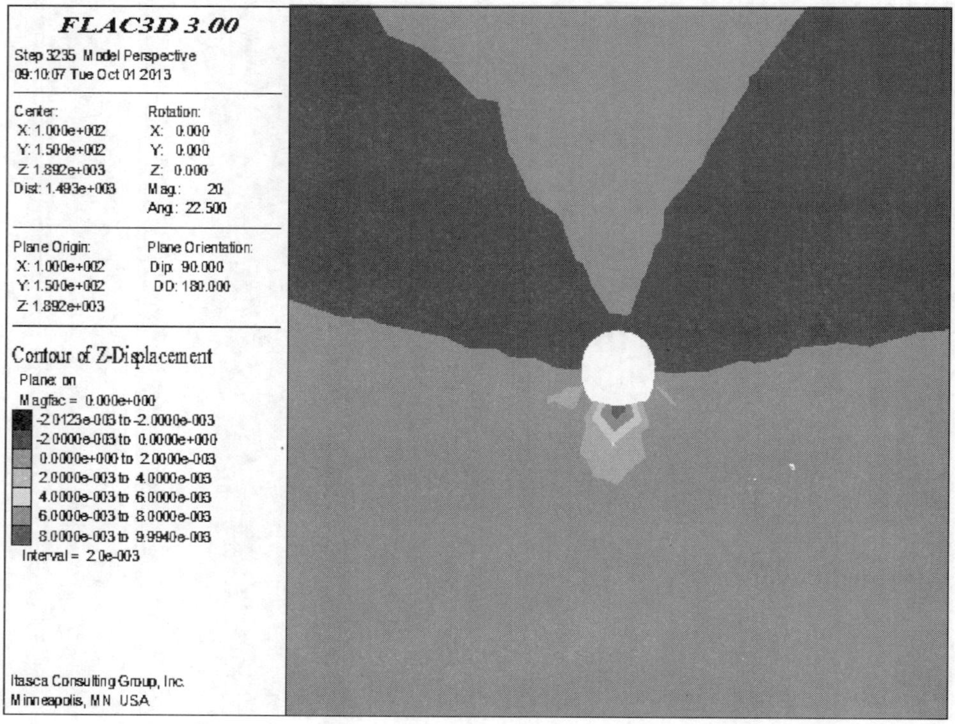

图 4-3-134　隧洞开挖支护后Ⅴ类围岩（K42+645 断面，隧洞埋深 288m）*Z* 方向位移云图

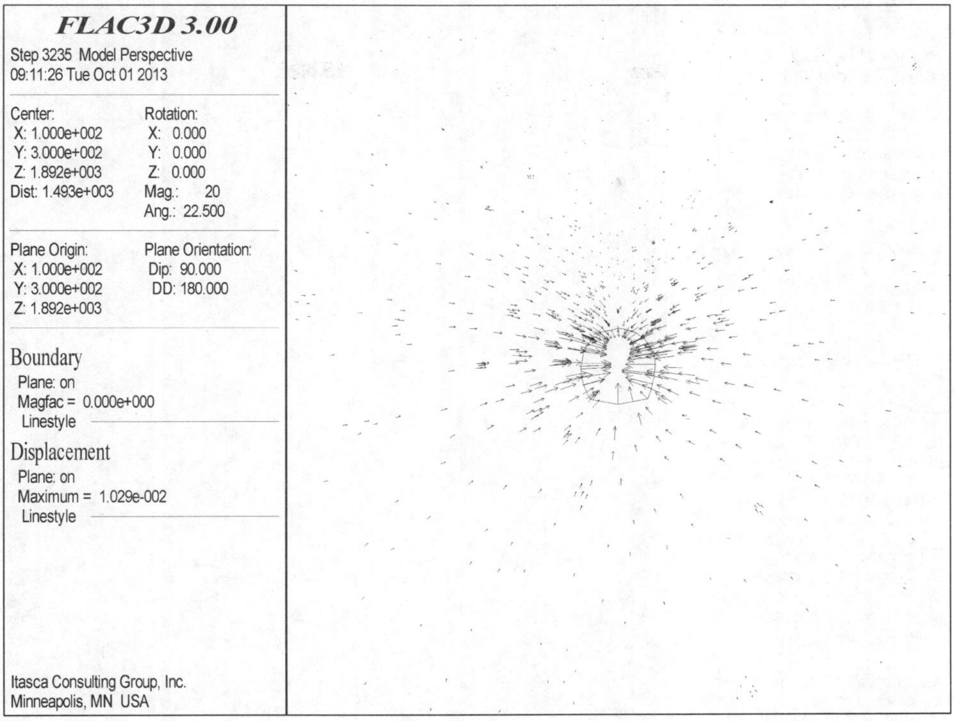

图 4-3-135　隧洞开挖支护后Ⅳ¹类围岩（K42+795 断面，隧洞埋深 258m）位移矢量图

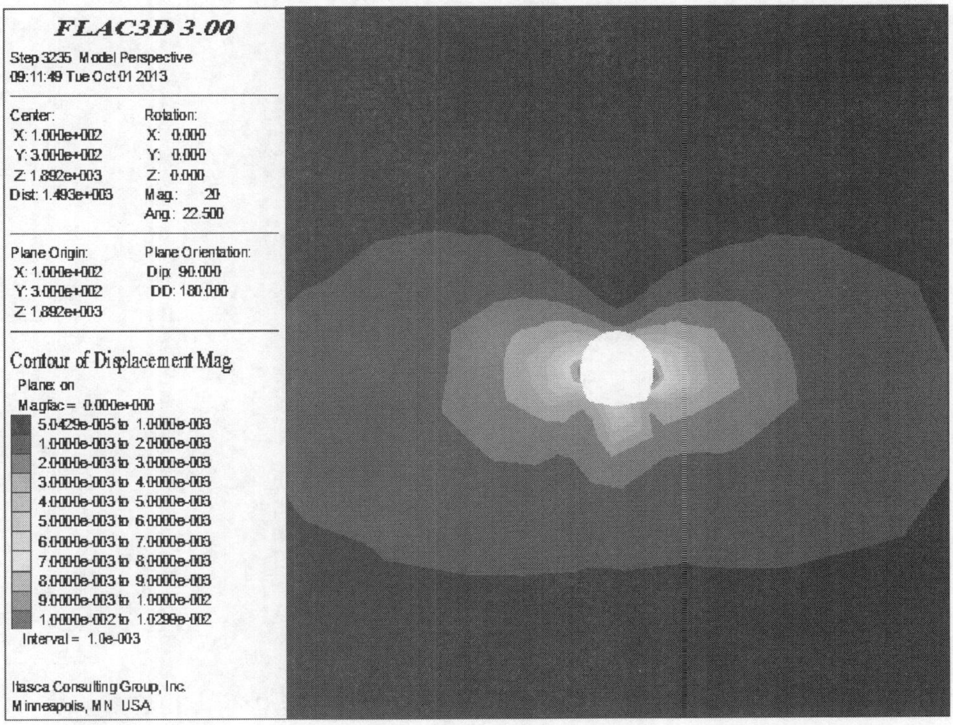

图 4-3-136　隧洞开挖支护后Ⅳ¹类围岩（K42+795 断面，隧洞埋深 258m）总位移云图

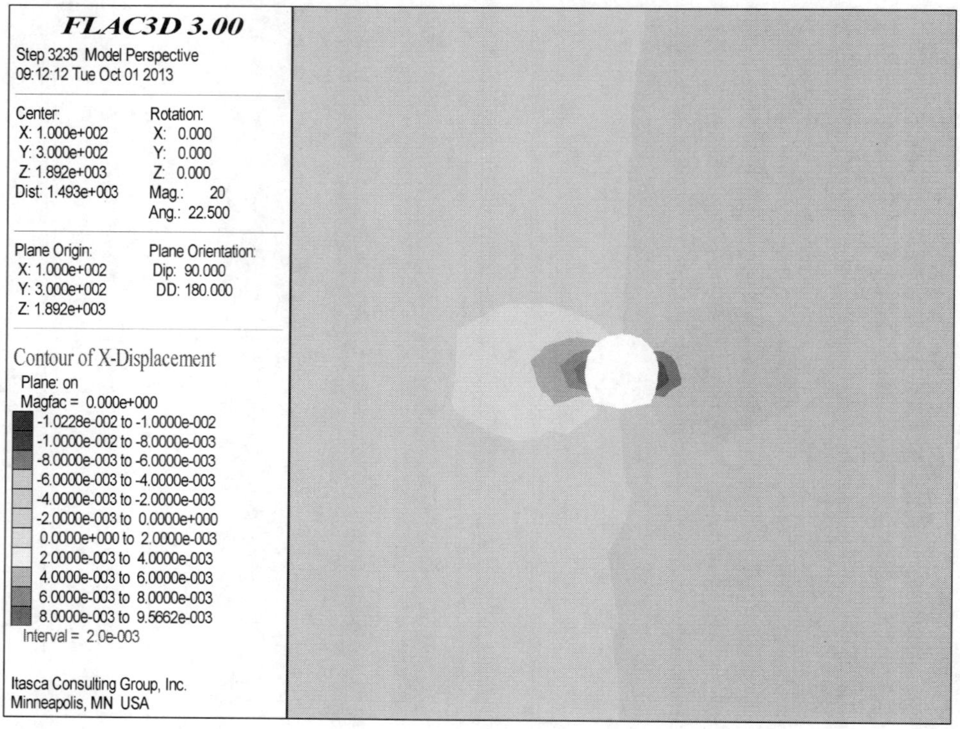

图 4-3-137　隧洞开挖支护后Ⅳ[1]类围岩（K42+795 断面，隧洞埋深 258m）*X* 方向位移云图

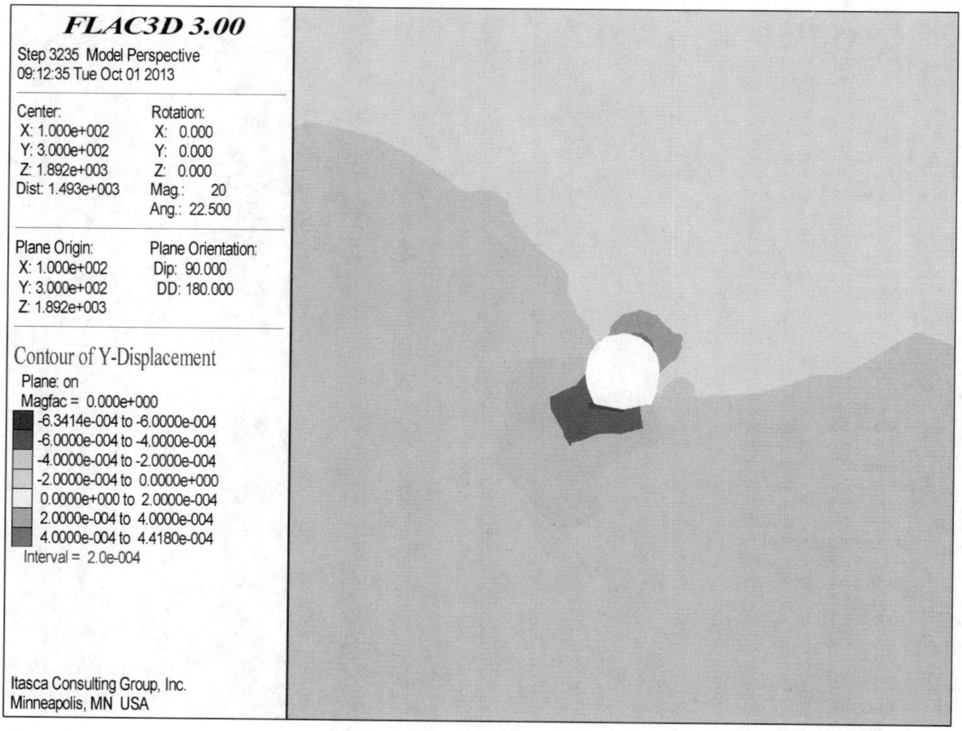

图 4-3-138　隧洞开挖支护后Ⅳ[1]类围岩（K42+795 断面，隧洞埋深 258m）*Y* 方向位移云图

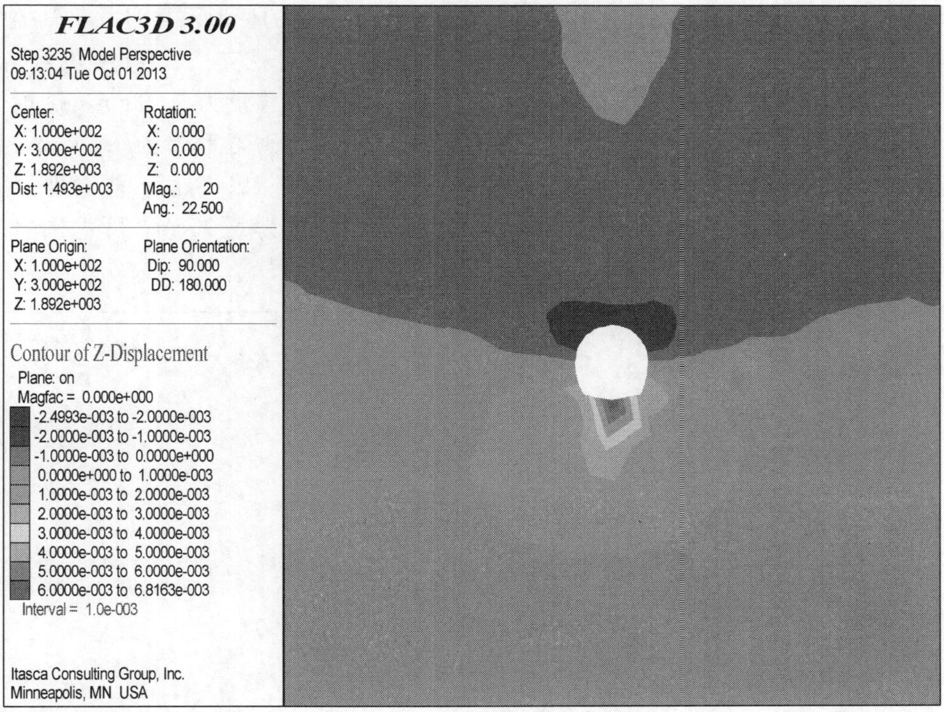

图 4-3-139 隧洞开挖支护后Ⅳ[1]类围岩（K42+795 断面，隧洞埋深 258m）*Z* 方向位移云图

和图 4-3-135 可以看出，隧洞开挖后围岩岩体整体向洞内临空面变形，顶拱向下下沉，底板向上隆起，侧壁向内移动，并且侧壁位移量均大于顶拱和底板位移量。从洞室围岩总位移云图看到，洞室开挖引起的围岩变形区域为“蝴蝶型”，侧壁处位移和影响深度最大，顶拱和底板处的位移和影响深度最小（图 4-3-126、图 4-3-131、图 4-3-136）。从各剖面总体情况来看，由于受水平构造应力影响，洞室围岩垂直隧洞方向（*X* 向）位移最大，其次是竖直方向（*Z* 向），隧洞延伸方向（*Y* 向）位移量最小。

隧洞开挖未支护和支护后的洞室围岩位移对比见表 4-3-20，从中可以看出，加固后洞室围岩的位移量大幅度减小，支护效果明显。

表 4-3-20　　隧洞开挖未支护和支护后位移量对比

断面　　位移/cm	总位移量		*X* 向最大位移量		*Y* 向最大位移量		*Z* 向最大位移量	
	未支护	支护后	未支护	支护后	未支护	支护后	未支护	支护后
整体	20.04	1.54	18.24	1.54	3.37	0.12	14.27	1.21
Ⅳ[2]类围岩（K42+545 断面，隧洞埋深 258m）	9.72	1.47	8.77	1.47	1.07	0.09	9.64	0.68
Ⅴ类围岩（K42+645 断面，隧洞埋深 288m）	15.50	1.62	13.21	1.62	1.22	0.10	14.94	1.00
Ⅳ[1]类围岩（K42+795 断面，隧洞埋深 258m）	3.66	1.03	3.25	1.02	0.28	0.06	3.54	0.68

计算过程中，在Ⅳ[2]类围岩（K42+545 断面，隧洞埋深 258m）、Ⅴ类围岩（K42+645 断面，隧洞埋深 288m）和Ⅳ[1]类围岩（K42+795 断面，隧洞埋深 258m）的洞室侧

壁、拱腰和拱顶设置位移监测点，监测洞室开挖后洞室围岩的变形演化过程，其监测结果如图4-3-140～图4-3-142所示。从中可以看出，洞室开挖支护后Ⅳ^{2}类围岩（K42+545断面，隧洞埋深258m）侧壁位移量为0.32cm，拱腰位移量为0.03cm，拱顶位移量为0.04cm；Ⅴ类围岩（K42+645断面，隧洞埋深288m）侧壁位移量为0.41cm，拱腰位移量为0.04cm，拱顶位移量为0.03cm；Ⅳ^{1}类围岩（K42+795断面，隧洞埋深258m）侧壁位移量为0.31cm，拱腰位移量为0.08cm，拱顶位移量为0.05cm；隧洞围岩表现出洞室侧壁位移量最大，拱腰其次，拱顶最小。

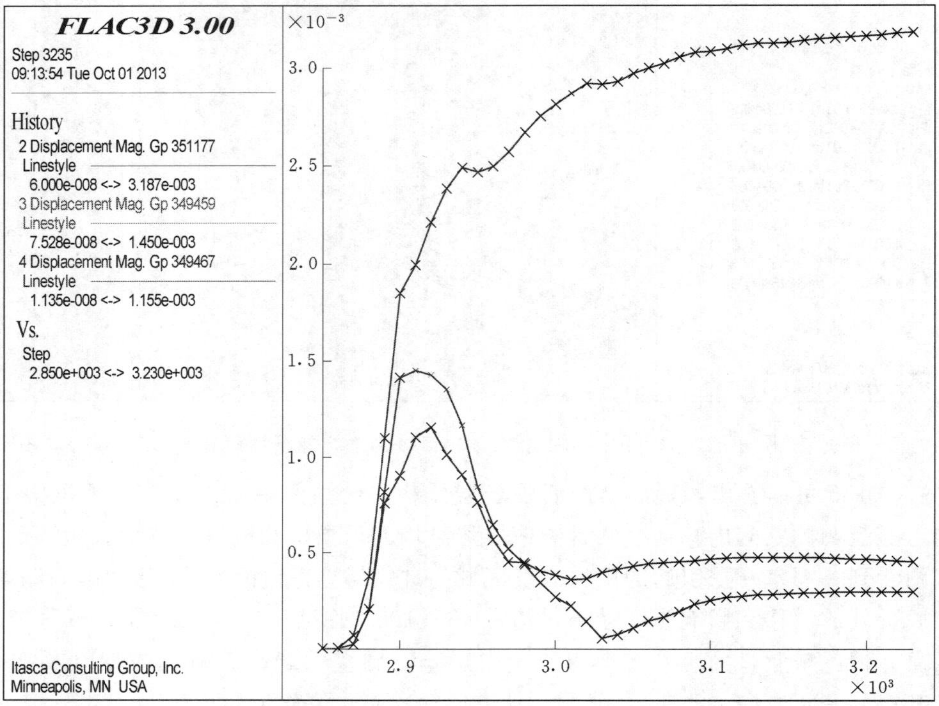

图4-3-140 隧洞开挖支护后Ⅳ^{2}类围岩（K42+545断面，隧洞埋深258m）洞壁位移监测曲线

3. 围岩塑性区分析

隧洞支护后，洞室围岩大主应力减小、小主应力增大，剪应力减小，围岩中基本上没有塑性破坏产生，只在Ⅳ^{2}类围岩侧壁0.3m范围内局部分布有塑性区，如图4-3-143～图4-3-145所示。

三、钢拱架间距优化分析

1. Ⅳ^{2}类围岩

针对7$^\#$隧洞K49+225～K50+296段Ⅳ2类围岩的支护形式（钢拱架+锚杆+喷混凝土），开展钢拱架支护间距优化分析的研究。选取K42+545断面作为研究对象，该断面隧洞埋深258m，锚杆和喷混凝土参数与工程设计方案一致，设计报告中采用的钢拱架间距为0.8～1.6m，因此本节将采用5种不同的间距研究钢拱架支护间距对隧洞支护效果的影响。图4-3-146为采用0.8m、1.0m、1.2m、1.4m、1.6m钢拱架支护间距后隧洞围岩的变形量云图。

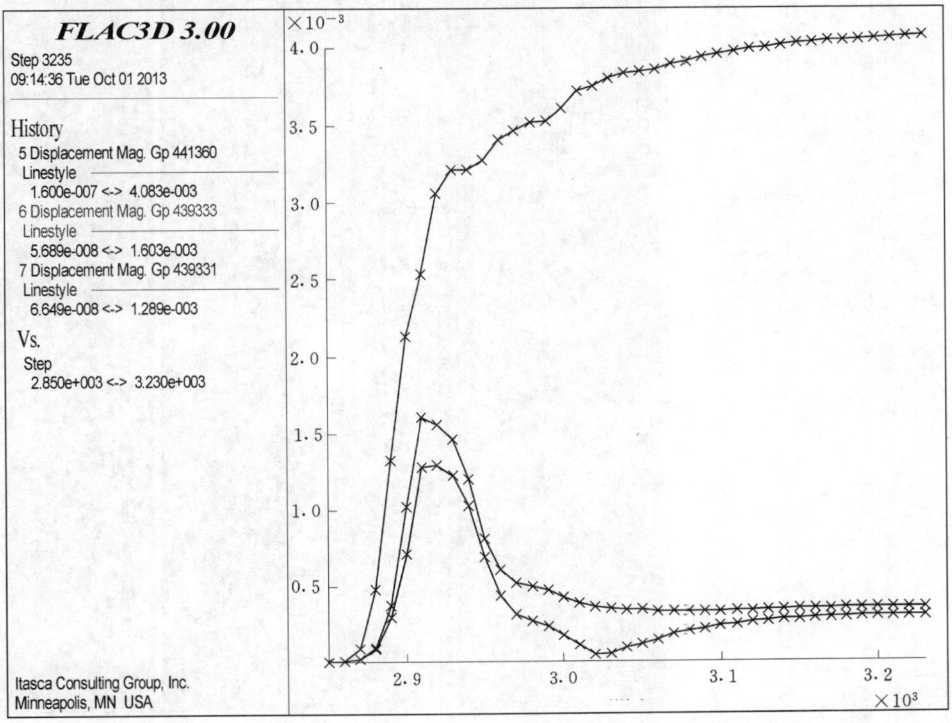

图 4-3-141　隧洞开挖支护后Ⅴ类围岩（K42+645 断面，隧洞埋深 288m）洞壁位移监测曲线

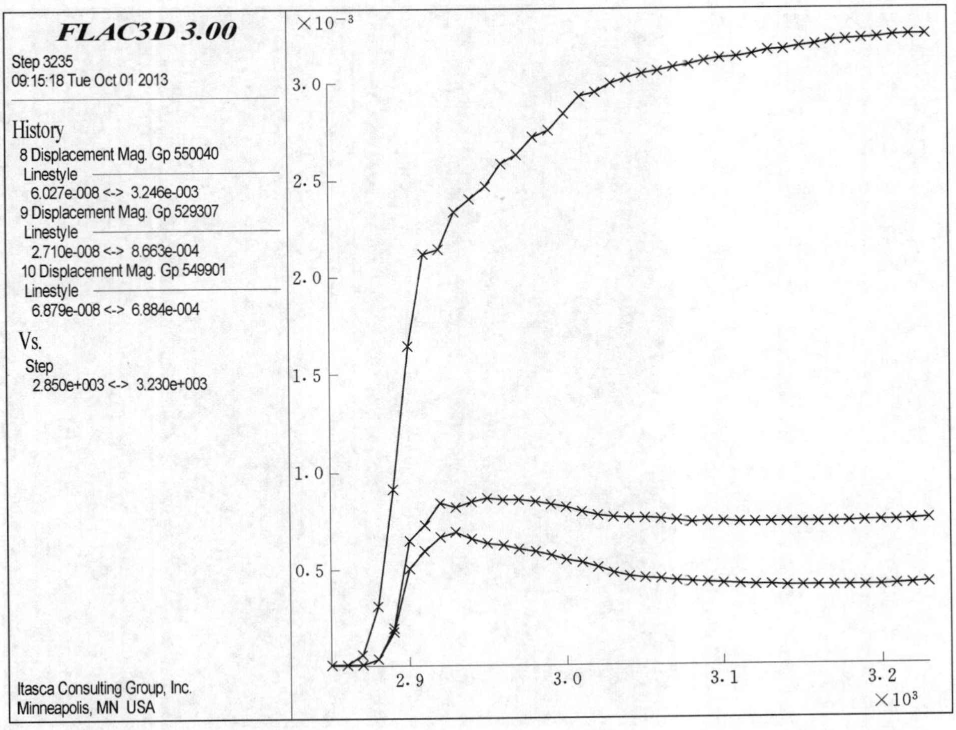

图 4-3-142　隧洞开挖支护后Ⅳ[1] 类围岩（K42+795 断面，隧洞埋深 258m）洞壁位移监测曲线

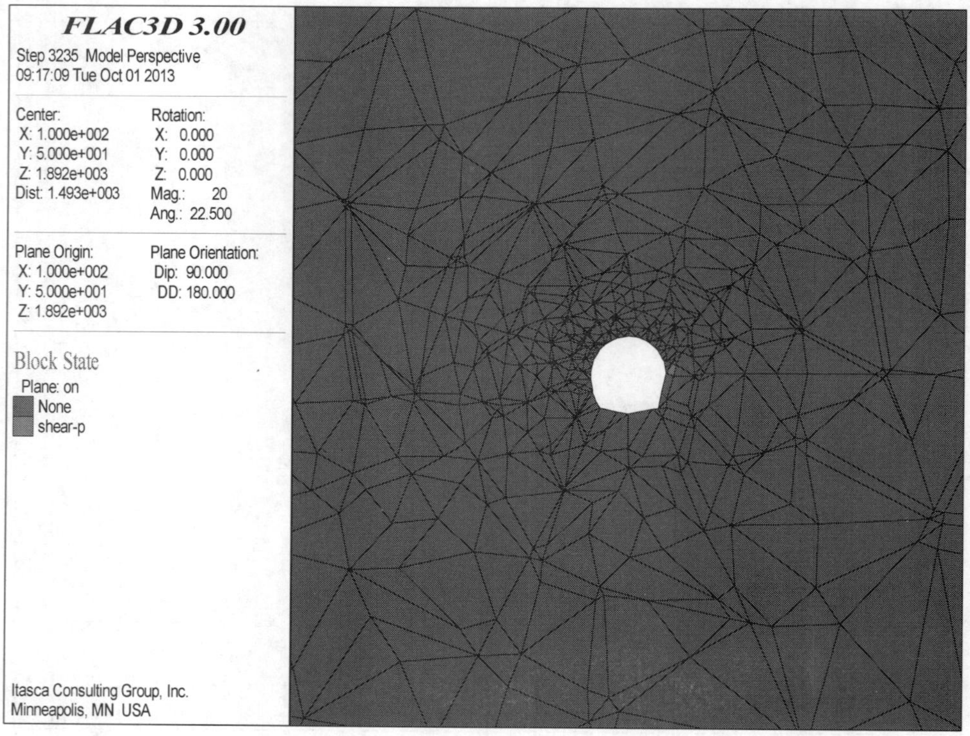

图 4-3-143　隧洞开挖支护后Ⅳ² 类围岩（K42+545 断面，隧洞埋深 258m）围岩塑性区分布

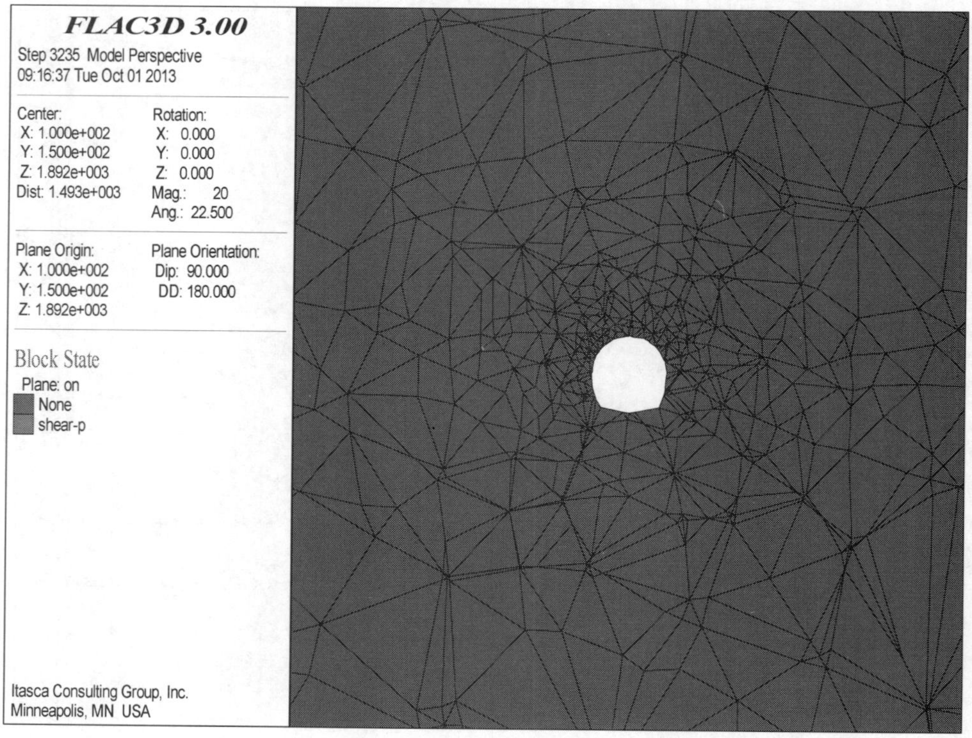

图 4-3-144　隧洞开挖支护后Ⅴ类围岩（K42+645 断面，隧洞埋深 288m）围岩塑性区分布

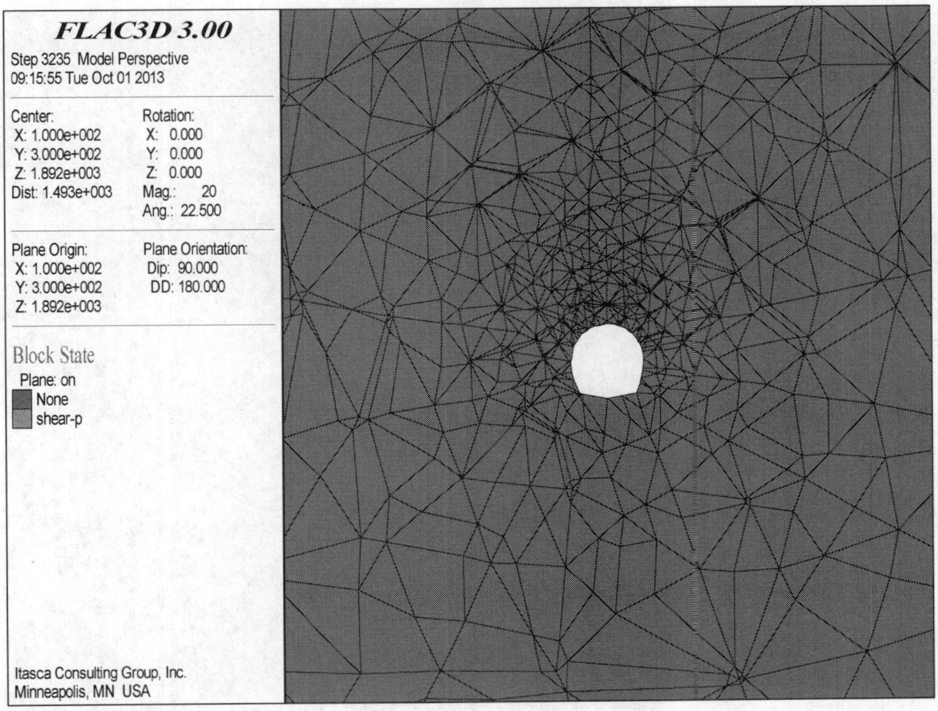

图 4-3-145　隧洞开挖支护后Ⅳ[1] 类围岩（K42+795 断面，隧洞埋深 258m）围岩塑性区分布

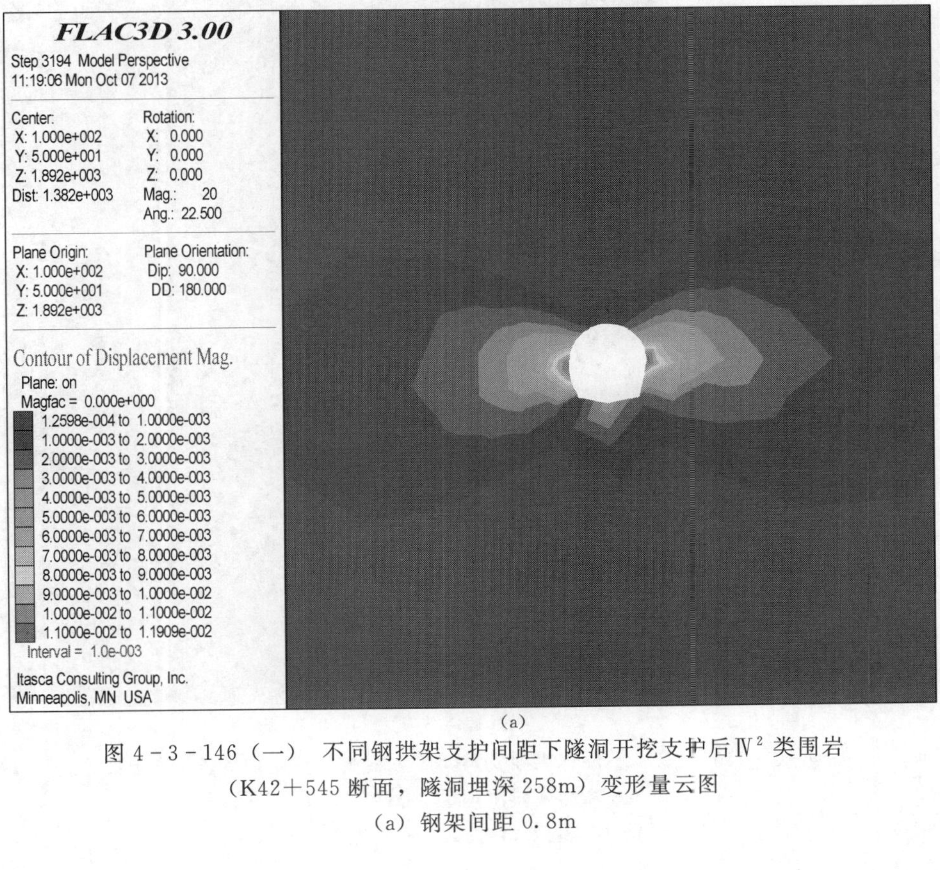

(a)

图 4-3-146（一）　不同钢拱架支护间距下隧洞开挖支护后Ⅳ[2] 类围岩

（K42+545 断面，隧洞埋深 258m）变形量云图

(a) 钢架间距 0.8m

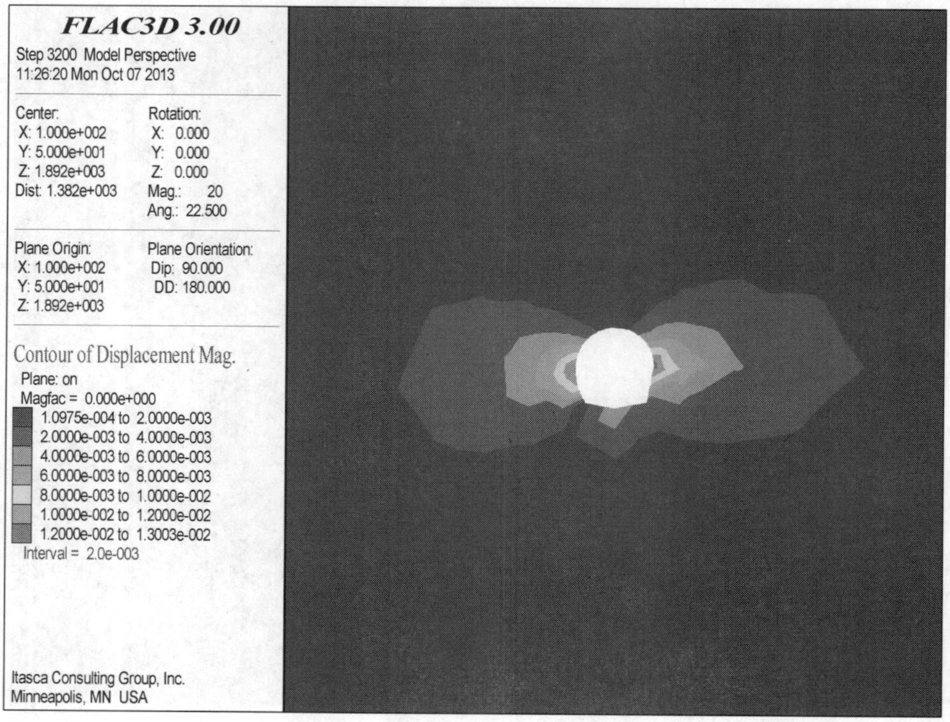

(b)

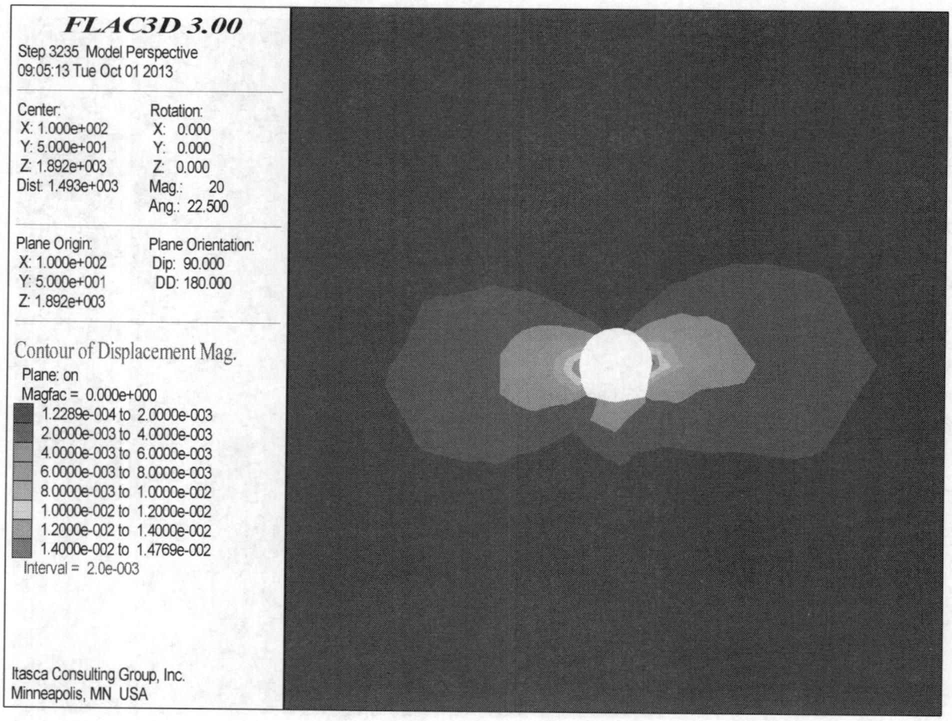

(c)

图 4-3-146（二） 不同钢拱架支护间距下隧洞开挖支护后Ⅳ^{2}类围岩（K42+545断面，隧洞埋深258m）变形量云图
（b）钢架间距1.0m；（c）钢架间距1.2m

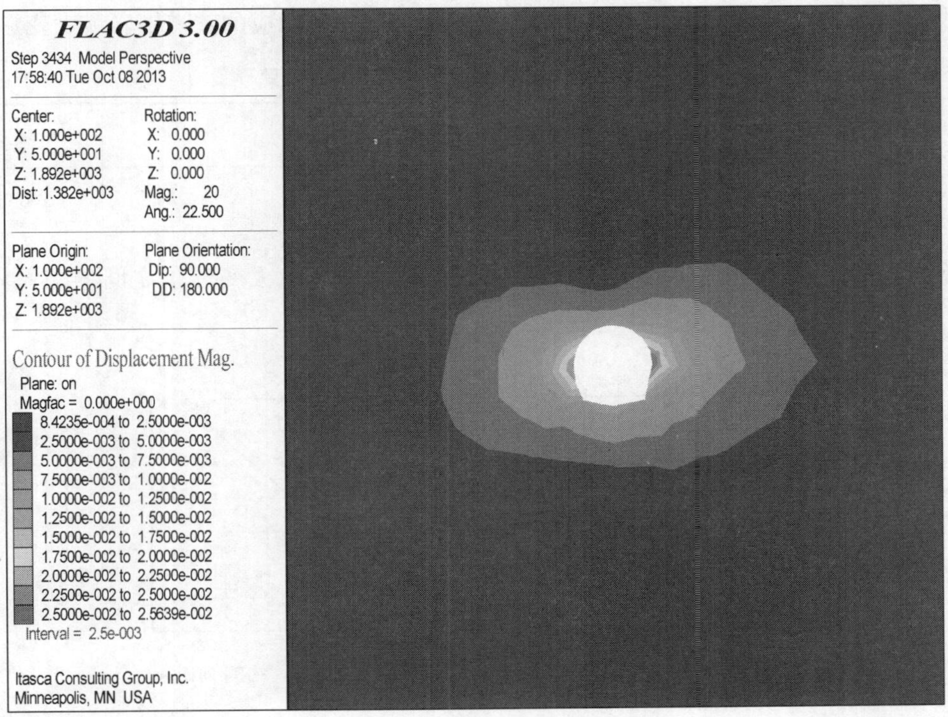

(d)

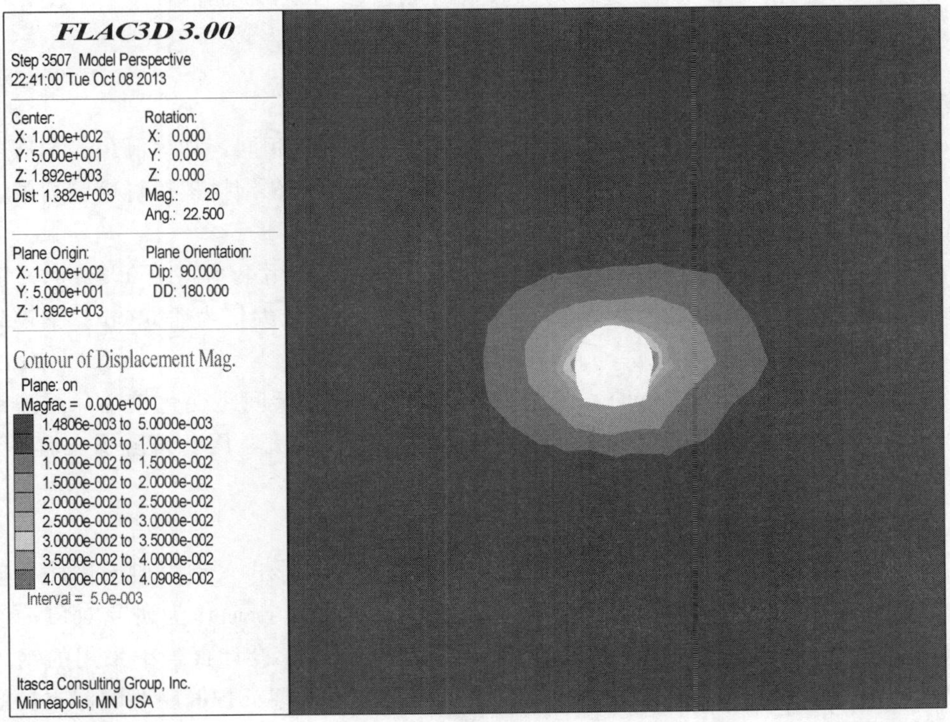

(e)

图 4-3-146（三）　不同钢拱架支护间距下隧洞开挖支护后Ⅳ^{2}类围岩（K42+545 断面，隧洞埋深 258m）变形量云图

（d）钢架间距 1.4m；（e）钢架间距 1.6m

表 4-3-21 是数值计算结果得出的不同钢拱架间距所对应的隧道围岩最大变形量。

表 4-3-21　　　　IV^2 类围岩在不同钢拱架间距情况下的最大变形量

钢架间距/m	0.8	1.0	1.2	1.4	1.6
IV^2 围岩最大变形量/cm	1.19	1.30	1.48	2.56	4.09

依据表 4-3-21 中数据，绘制钢架间距与隧洞围岩最大变形量之间的关系，如图 4-3-147 所示。

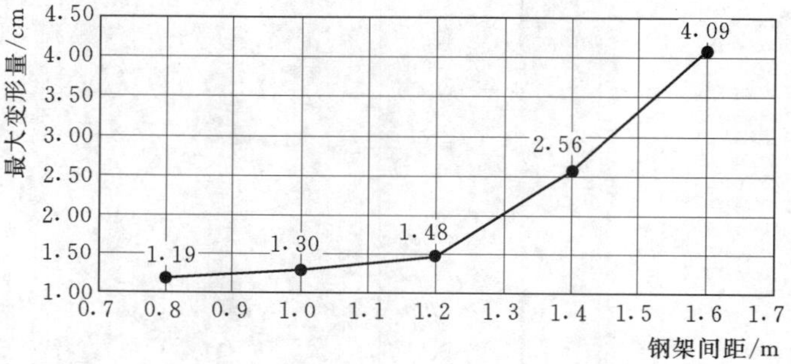

图 4-3-147　隧洞开挖支护后IV^2 类围岩（K42+545 断面，隧洞埋深 258m）在不同钢架间距情况下的最大变形量

从图中可以直观看出：

（1）改变钢拱架支护间距后，总体位移的变形形式大致相同，均为洞顶与洞底位移较小、洞壁位移较大的蝴蝶型，说明在钢拱架间距变变范围内，钢拱架对隧道围岩的支护作用并未发生质变。

（2）不同钢拱架支护间距所产生的支护效果不同，当采用最小间距 0.8m 时，隧洞围岩变形最大值为 1.19cm；而间距 1.6m 时，隧洞围岩变形最大值为 4.09cm。钢拱架间距越密，隧洞围岩的变形量越小。

（3）钢拱架间距小于 1.2m 时，隧洞围岩变形量随钢拱架间距变化较小，而当钢拱架间距大于 1.2m 以后，隧洞围岩变形量随钢拱架间距明显增大，因此该隧道工程IV^2 类围岩中钢拱架较优的支护间距可选为 1～1.2m。

2. Ⅴ类围岩

针对 7# 隧洞 K49+225～ K50+296 段Ⅴ类围岩的支护形式（钢拱架＋锚杆＋喷混凝土），开展钢拱架支护间距优化分析的研究。选取 K42＋645 断面作为研究对象，该断面隧洞埋深 288m，锚杆和喷混凝土参数与工程设计方案一致，设计报告中采用的钢拱架间距为 0.4～1.4m，因此本节将采用 6 种不同的间距研究钢拱架支护间距对隧洞支护效果的影响。图 4-3-148 为采用 0.4m、0.6m、0.8m、1.0m、1.2m、1.4m 钢拱架支护间距后隧洞围岩的变形量云图。

表 4-3-22 是数值计算结果得出的不同钢拱架间距所对应的隧道围岩最大变形量。

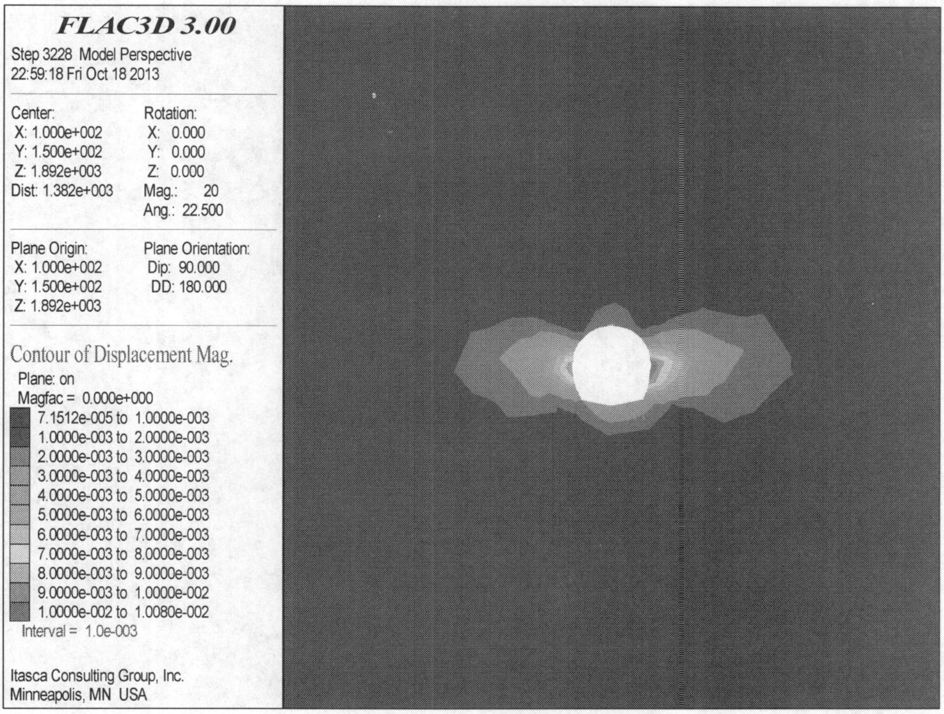

(a)

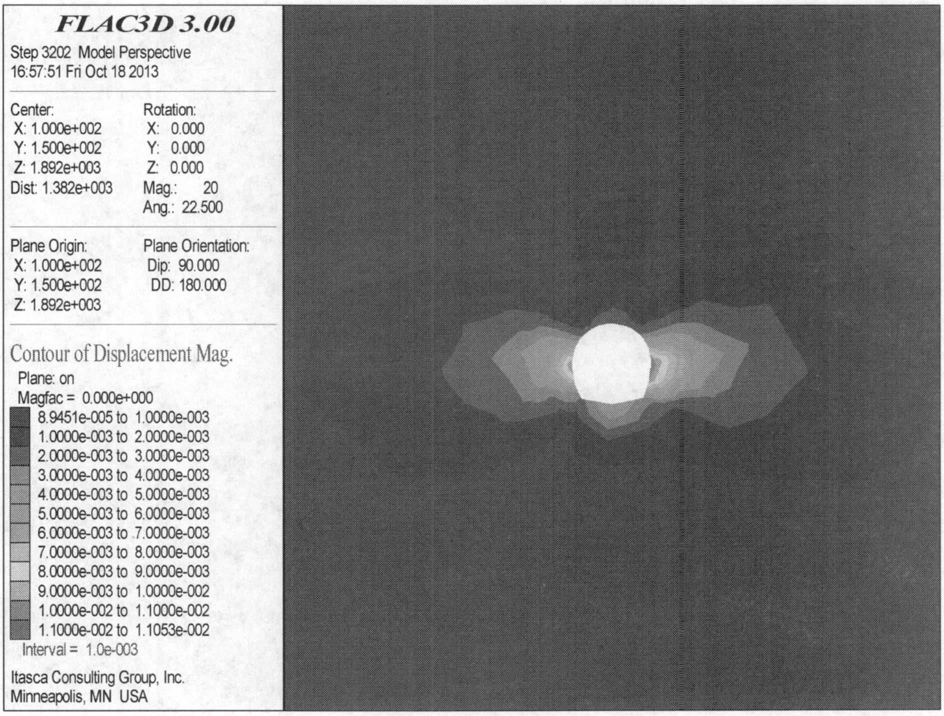

(b)

图 4-3-148（一）　不同钢拱架支护间距下隧洞开挖支护后Ⅴ类围岩（K42＋645 断面，隧洞埋深 288m）变形量云图

(a) 钢架间距 0.4m；(b) 钢架间距 0.6m

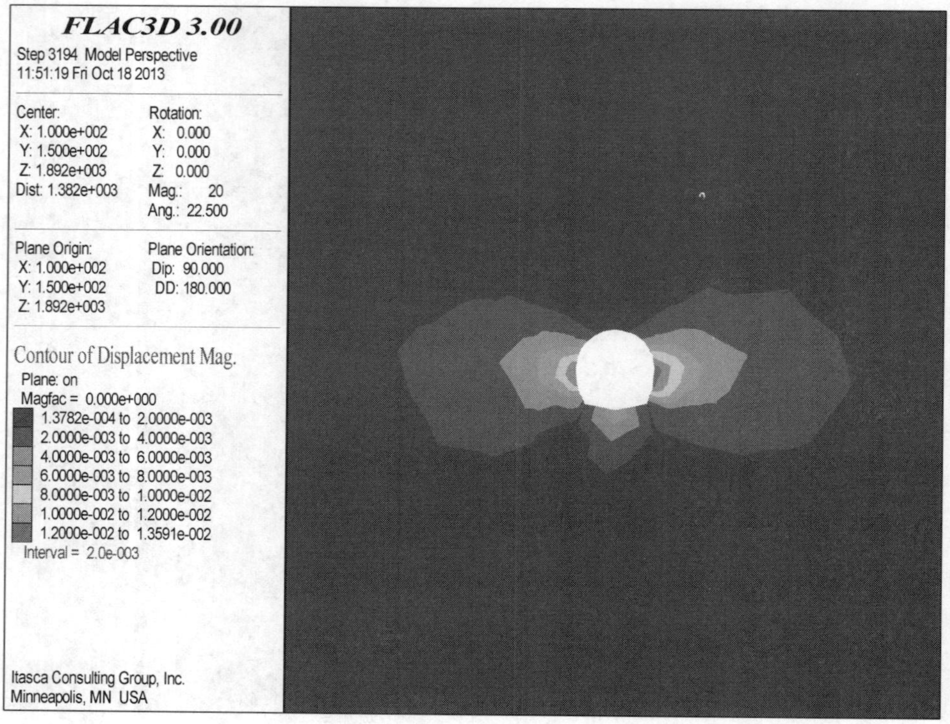

(c)

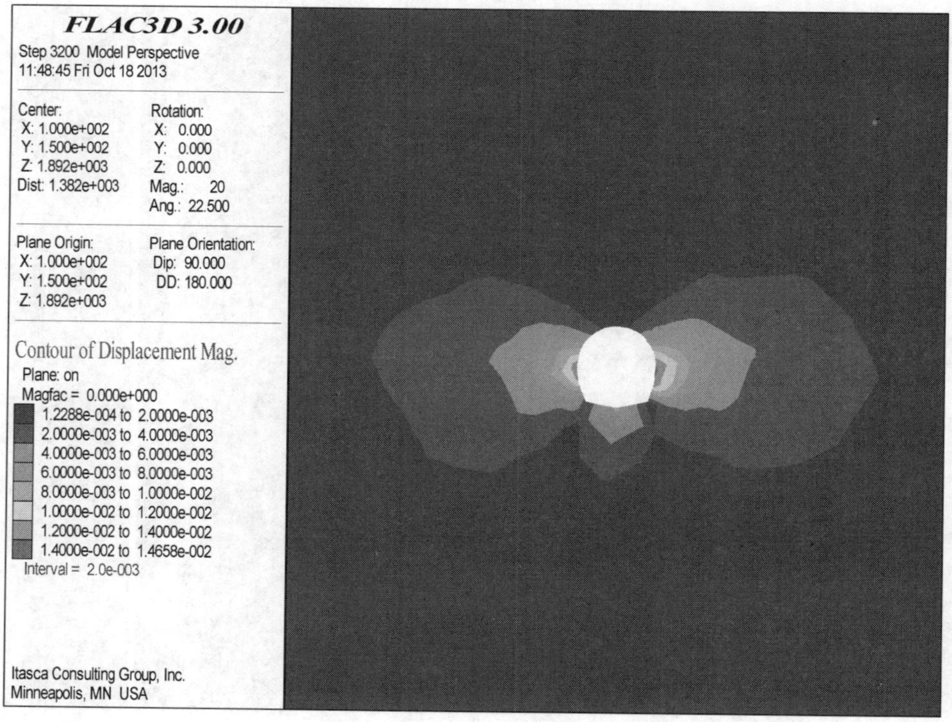

(d)

图 4-3-148（二） 不同钢拱架支护间距下隧洞开挖支护后Ⅴ类围岩
（K42+645 断面，隧洞埋深 288m）变形量云图
（c）钢架间距 0.8m；（d）钢架间距 1.0m

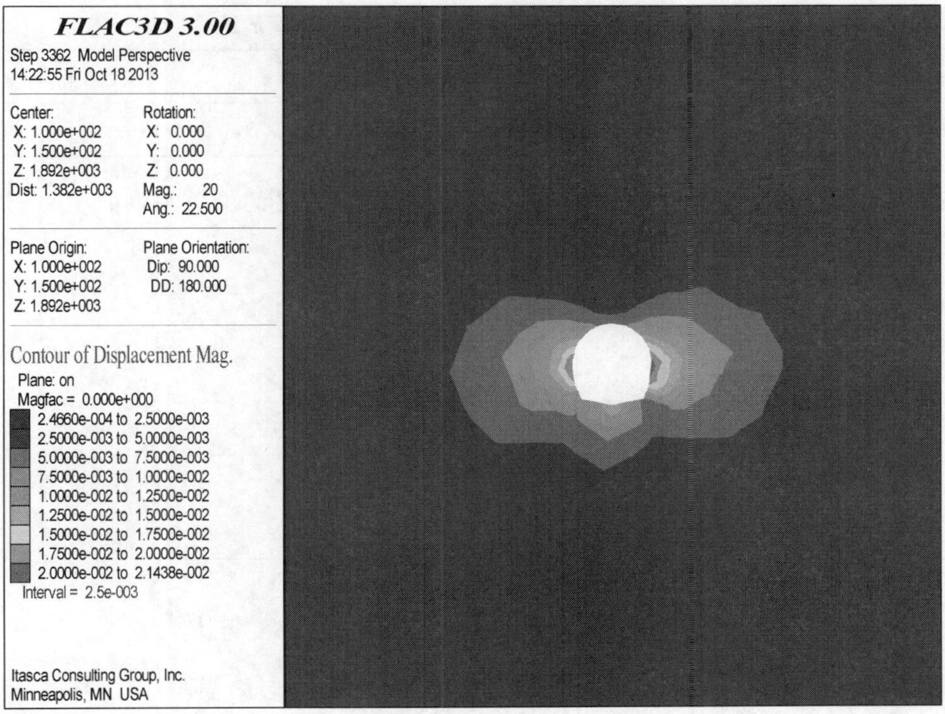

(e)

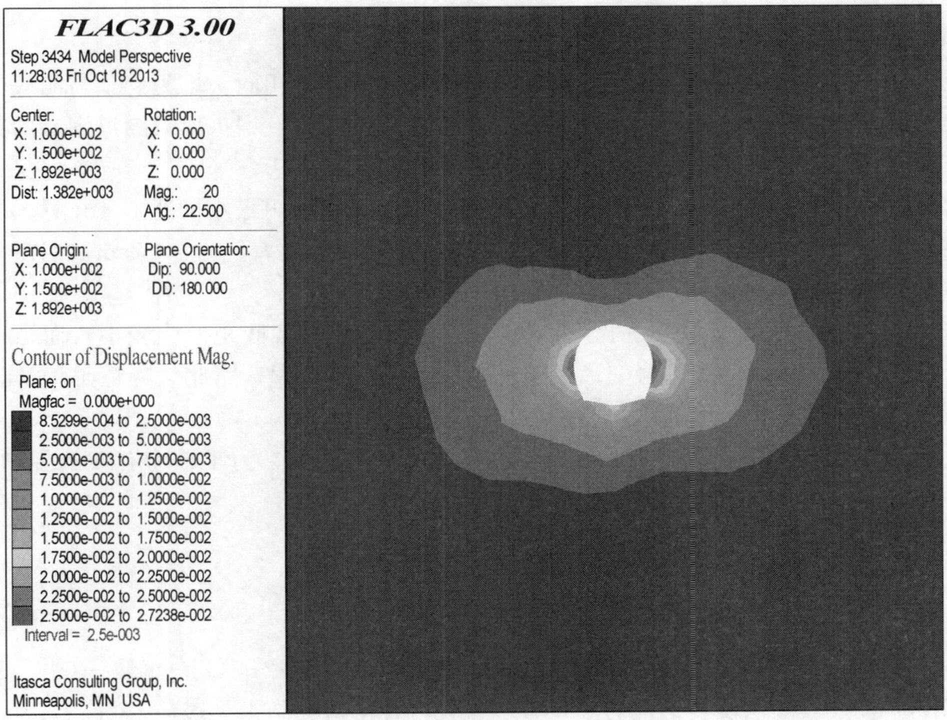

(f)

图 4-3-148（三） 不同钢拱架支护间距下隧洞开挖支护后Ⅴ类围岩
（K42+645 断面，隧洞埋深 288m）变形量云图
(e) 钢架间距 1.2m；(f) 钢架间距 1.4m

表 4-3-22 V类围岩在不同钢拱架间距情况下的最大变形量

钢架间距/m	0.4	0.6	0.8	1.0	1.2	1.4
V围岩最大变形量/cm	1.01	1.11	1.36	1.47	2.14	2.72

依据表中数据，绘制钢架间距与隧洞围岩最大变形量之间的关系，如图 4-3-149 所示。

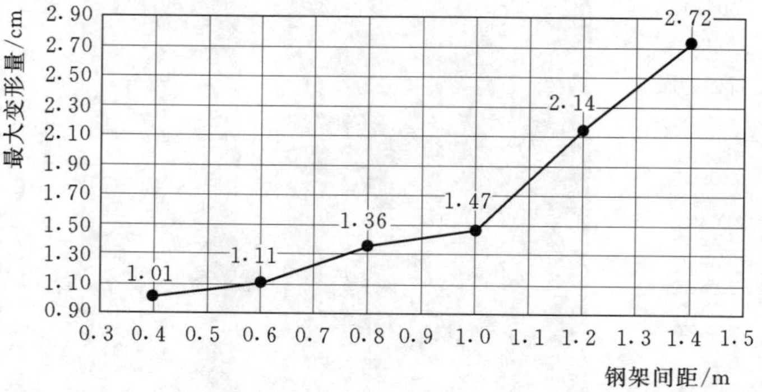

图 4-3-149 隧洞开挖支护后V类围岩（K42+645 断面，隧洞埋深 288m）在不同钢架间距情况下的最大变形量

从图中可以直观看出：

(1) 改变钢拱架支护间距后，总体位移的变形形式大致相同，均为洞顶与洞底位移较小、洞壁位移较大的蝴蝶形，说明在钢拱架间距变化范围内，钢拱架对隧道围岩的支护作用并未发生质变。

(2) 不同钢拱架支护间距所产生的支护效果不同，当采用最小间距 0.4m 时，隧洞围岩变形最大值为 1.01cm；而间距 1.4m 时，隧洞围岩变形最大值为 2.72cm。钢拱架间距越密，隧洞围岩的变形量越小。

(3) 钢拱架间距小于 1.0m 时，隧洞围岩变形量随钢拱架间距变化较小；而当钢拱架间距大于 1.0m 以后，隧洞围岩变形量随钢拱架间距明显增大，因此该隧道工程V类围岩中钢拱架较优的支护间距可选为 0.8～1.0m。

(4) 对于软弱的断层破碎带或者对变形要求严格的部位，为了较为有效的控制变形，可以选用 0.4～0.6m 的钢架支护间距。

第五节 小 结

隧洞开挖未支护和支护后，K40+230～K41+374、K42+495～K43+095、K49+225～K50+296 段隧洞围岩的应力、位移和塑性区计算对比结果见表 4-3-23。

(1) 天然状态（隧洞未开挖）下的计算结果表明，由于受构造应力的作用，初始应力场大于自重应力场。通过数值模拟的三向应力值和实测地应力计算值的对比，数值模拟的地应力场与实际情况吻合。

表 4-3-23　K40+230～K41+374、K42+495～K43+095、K49+225～K50+296 段计算结果汇总表

位置		埋深/m		应力/MPa			位移/cm				塑性区厚度/m
				大主应力	小主应力	剪应力	总位移	X 向位移	Y 向位移	Z 向位移	
K40+230～K41+374 段	整体	60～180	未支护	9.95	—	—	3.41	3.40	0.43	2.73	—
			支护后	7.14			0.93	0.93	0.09	0.32	
	Ⅳ² 类围岩（K40+280 断面）	70	未支护	3.61	0.60	0.87	1.37	1.36	0.20	0.90	1.0
			支护后	2.65	0.99	0.23	0.41	0.41	0.03	0.13	0
	Ⅳ¹ 类围岩（K41+200 断面）	180	未支护	8.48	1.01	2.34	2.62	2.59	0.12	2.03	1.0～2.0
			支护后	6.87	2.67	0.94	0.92	0.92	0.03	0.25	0
K42+495～K43+095 段	整体	258～318	未支护	16.83	0.74	—	20.04	18.24	3.37	14.77	—
			支护后	12.97	0.74	—	1.54	1.54	0.12	1.21	—
	Ⅳ² 类围岩（K42+545 断面）	258	未支护	12.14	0.29	2.91	9.72	8.77	1.07	9.64	2.0～3.0
			支护后	10.25	4.21	1.44	1.48	1.47	0.09	0.68	0.3
	Ⅴ类围岩（K42+645 断面）	288	未支护	11.07	0.14	2.95	15.50	13.21	1.22	14.94	2.5～3.5
			支护后	10.88	4.88	1.38	1.63	1.62	0.10	1.00	0.0
	Ⅳ¹ 类围岩（K42+795 断面）	258	未支护	12.37	1.27	3.26	3.66	3.25	0.28	3.54	1.5～2.5
			支护后	9.95	4.35	1.72	1.03	1.02	0.06	0.68	0.0
K49+225～K50+296 段	整体	16～110	未支护	8.0	—	—	3.9	3.9	0.6	2.9	—
			支护后	7.1	—	—	0.93	0.93	0.09	0.32	—
	Ⅳ¹ 类围岩（K49+525 断面）	100	未支护	7.0	0.25	1.0	2.0	2.0	0.4	1.8	0.7～0.9
			支护后	4.5	1.8	0.3	0.4	0.07	0.06	0.17	0
	Ⅳ² 类围岩（K50+275 断面）	65	未支护	7.0	0.2	1.4	1.8	1.6	0.25	0.9	0.7～1.0
			支护后	3.6	2.7	0.8	0.3	0.3	0.05	0.3	0
	Ⅴ类围岩（K50+165 断面）	30	未支护	4.5	0.5	1.5	2.5	2.0	0.48	1.5	0.8～1.1
			支护后	3.9	1.6	0.8	0.48	0.38	0.32	0.38	0

（2）引水隧洞开挖后山体中的应力场会出现调整，使得隧洞围岩应力出现明显的变化，出现压应力和剪应力集中，主要分布在洞室围岩一定深度范围内。

（3）隧洞开挖后围岩岩体整体向洞内临空面变形，顶拱向下下沉，底板向上隆起，侧壁向内移动，并且侧壁位移量均大于顶拱和底板位移量；从洞室围岩总位移云图看到，洞室开挖引起的围岩变形区域为“蝴蝶形”，侧壁处位移和影响深度最大，顶拱和底板处的位移和影响深度最小；由于受水平构造应力影响，洞室围岩垂直隧洞方向（*X* 向）位移最大，其次是竖直方向（*Z* 向），隧洞延伸方向（*Y* 向）位移量最小；计算过程中洞室围岩的变形监测曲线表明，洞室侧壁位移量最大，拱腰其次，拱顶最小，和实际监测规律一致。

（4）隧洞开挖支护前、后位移对比表明，洞室位移量支护后大幅度减小，支护效果明显。

(5) 隧洞开挖未支护下由于洞室围岩大主应力增大和小主应力减小，围岩在一定深度范围内出现了塑形破坏，计算的塑性区厚度和实测的松弛圈厚度也基本相等；隧洞支护后大主应力减小，小主应力增大，剪应力减小，洞室围岩中没有塑形破坏产生。

(6) 不同钢拱架支护间距所产生的支护效果不同，钢拱架间距越密，隧洞围岩的变形量越小。

(7) 对于Ⅳ^{2}类围岩，钢拱架间距小于1.2m时，隧洞围岩变形量随钢拱架间距变化较小，而当钢拱架间距大于1.2m以后，隧洞围岩变形量随钢拱架间距明显增大，因此该隧道工程Ⅳ^{2}类围岩中钢拱架较优的支护间距可选为1～1.2m。

(8) 对于Ⅴ类围岩，钢拱架间距小于1.0m时，隧洞围岩变形量随钢拱架间距变化较小，而当钢拱架间距大于1.0m以后，隧洞围岩变形量随钢拱架间距明显增大，因此该隧道工程Ⅴ类围岩中钢拱架较优的支护间距可选为0.8～1.0m。

(9) 对于软弱的断层破碎带或者对变形要求严格的部位，为了较为有效的控制变形，可以选用0.4～0.6m的钢架支护间距。

第四章

隧洞开挖与支护

第一节　隧洞围岩失稳或变形破坏的主要形式

一、不稳定块体

1. 顶拱裂隙、层面组合形成不稳定块体

洞顶部位发育的结构面包括①岩层面，产状平缓；②节理裂隙；主要有两组，一组走向为NE0°～10°，一组走向为NE80°～90°，均为陡倾角。如图4-4-1。

节理裂隙及层面组合，可在洞顶部位形成不稳定的菱形体或楔形体，以跌落或滑落性破坏。

平行洞向或与之小角度相交的较大节理裂隙，对洞顶稳定影响最大，因为没有两侧边墙的限制，可能影响到较长洞段的围岩稳定。从PD1勘探平洞揭露情况来看，平行洞向或与之小角度相交的节理裂隙，即走向NE30°～NW330°的构造裂隙共50条，占全部裂隙数量129条的38%，所占比重是比较大的；但是，其中张开的裂隙只有4条，仅占裂隙全部的3%，张开宽度一般仅为数毫米，大部分为结合紧密的短小裂隙。从工程隧洞以施工洞段揭露情况来看，平行洞向或与之小角度相交的较大节理裂隙还是存在的，对洞顶稳定影响明显。

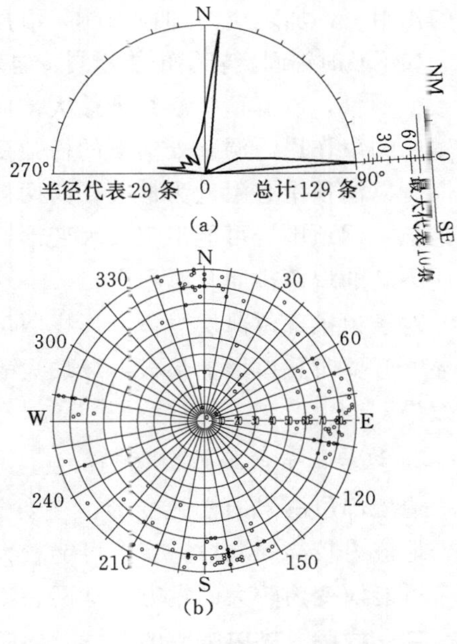

图4-4-1　节理裂隙玫瑰花图及散点图

(a) 裂隙走向玫瑰花图；(b) 极点图

由于以节理裂隙为主，形成的不稳定块体规模一般不大，易于加固处理。从结构体稳定条件分析，锚杆、挂网和喷混凝土，是裂隙、层面组合形成不稳定块体有效的支护手段。锚杆可以固定块体，挂网和喷混凝土可以起到支撑和防护作用，防止较小块体的掉落，改善围岩的应力条件。

2. 边墙滑落的楔形块体

分析岩层面、节理裂隙的特点，在洞壁部位具有形成不稳定楔形体的条件，由走向为NE0°～10°裂隙构成滑动面，走向为NE80°～90°裂隙构成切割面，岩层面构成后缘拉裂面，见图 4－4－2。由于岩体的薄层结构，楔形体可能以逐步分块滑落和整体滑落的形式破坏，规模不大。

对于此类情况，锚杆、挂网和喷混凝土是有效的支护手段。

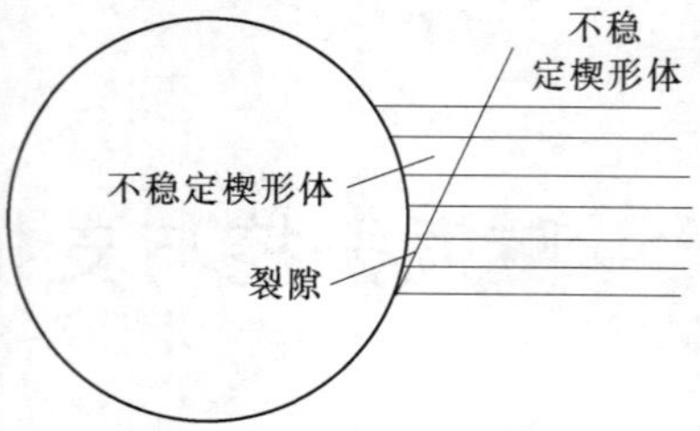

图 4－4－2　隧洞洞壁不稳定楔形体示意图

3．边墙倾倒的三角形块体

倾向洞外的节理裂隙一般不会明显影响隧洞稳定。但是，本隧洞围岩为薄层状岩体，层间结合差，在爆破、震动、临空等条件下易于开裂。陡倾角的、倾向洞外的节理裂隙拉裂、张开，与临空面组合，可以形成结构松散的、三角型的倾倒体。其规模不大，一般不会影响到洞顶，但会造成洞壁岩体、超挖。

二、围岩的松弛变形

1．薄层岩体松弛挠曲

位于洞顶部位、产状平缓的薄层泥岩、泥灰岩层，在重力的作用下，加之应力卸荷影响，沿层面张开，岩层弯曲下沉。如不及时锚固，岩层可能断裂、岩块掉落，见图 4－4－3。收敛变形量，以洞顶中心线为最大，向两侧逐渐减小，由于洞壁的约束作用，洞壁处向下的松弛变形一般很小。松弛圈的厚度以洞顶中心附近为最大，向两侧逐渐降低。如果不采取措施，洞顶围岩可能出现较大变形甚至塌落，最终仍可以形成不高的塌落拱而暂时稳定。

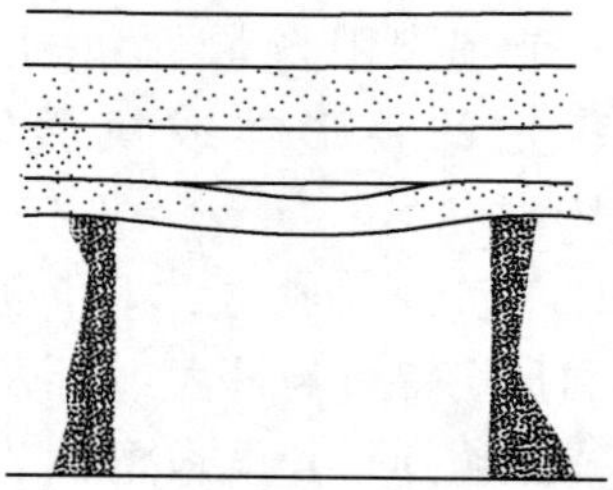

图 4－4－3　层状岩体中洞室顶板的挠曲

对于顶拱部位薄层岩体变形挠曲的治理，锚杆效果最为明显。必要时孔口增加垫板，以加大表层支护面积，提高支护效果。

2．边墙围岩的松弛变形

边墙部位围岩的松弛变形，主要与应力和卸荷有关，松弛方向是向内的。在埋深较大，地应力较高的洞段，变形可能较大。不加控制的变形，会逐渐演变为块体的滑落，个别者可能演变为较大的塌方。挂网、喷护＋锚杆是有效的控制措施。

三、软弱、破碎围岩的塌方、挤压变形

第三系泥岩等软弱岩体，断层带、挤压破碎带和节理密集带等破碎岩体，本身强度低，在地下水的作用下强度进一步显著下降，而在隧洞开挖时出现明显的挤压变形或塌方，属于不受结构面控制的整体破坏形式，变形和塌方的范围、规模可能较大。挤压变形难以稳定，不及时处理塌落高度会逐渐发展，甚至出现冒顶，严重威胁施工安全和进度。

对于此类岩体，必须及时采取系统有效的支护措施。一般讲需要采用系统锚杆＋挂网＋喷混凝土＋钢拱架。由于围岩难以自稳，断面形成后应立即采取支护措施，必要时应考虑超前进行加固处理。

四、围岩变形监测成果

1. 围岩松弛圈厚度

从围岩松弛圈测量成果来看，围岩的松弛变形是比较明显的。IV^1 类围岩松弛圈厚度一般为 0.5～1m，IV^2 围岩松弛圈略大一些，见表 4-1-1。

表 4-4-1　　围岩松弛圈测量成果汇总

隧洞编号	测试断面桩号	岩性	围岩类别	松弛圈厚度/m	松弛圈最大厚度与洞径比
7—2 号	0+208	泥岩	IV^1	0.48～0.99	0.30
2 号	17+525	泥岩	IV^1	0.53～0.88	0.27
2 号	21+705	泥岩	IV^1	0.48～1.00	0.30
7 号	40+214	泥岩	IV^1	0 48～0.93	0.28
7 号	50+281	泥岩	IV^2	0 46～1.05	0.32
7 号	50+312	泥岩	IV^2	0 45～1.10	0.33

2. 围岩的变形

从现场检测、观测成果来看，围岩的变形主要为卸荷后的松弛变形，没有观测到严重的挤压变形现象。围岩的收敛变形，初期相对较大，但均逐渐趋于稳定，没有持续的蠕变现象。具有代表性的两类收敛变形见图 4-4-4 和图 4-4-5。

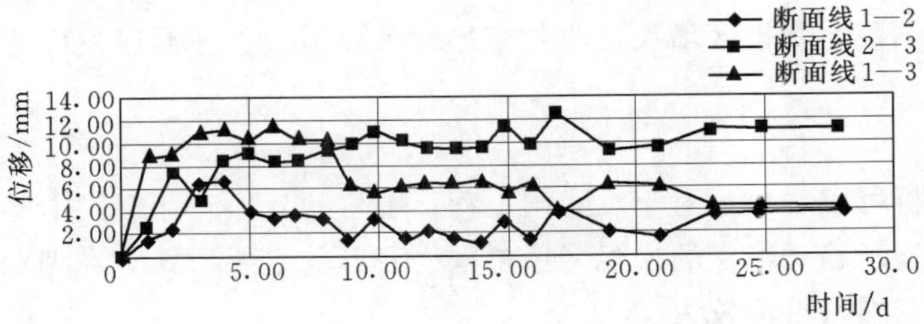

图 4-4-4　7 号隧洞 40+216 断面收敛变形与时司关系

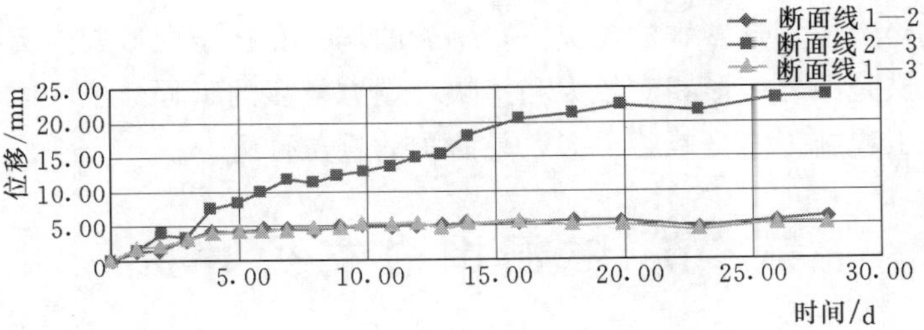

图 4-4-5　7 号隧洞 1 支洞 0+297 断面收敛变形与时间关系

围岩的总收敛变形量量值不大，9 个观测断面观测到的变形量多在 10mm 以下，最大变形量为 23.65mm，收敛变形量与洞径的比值均小于 1%，见表 4-4-2。

表 4-4-2　　收敛变形观测成果汇总

隧洞编号	测试断面桩号	岩　性	围岩类别	收敛变形量/mm	最大收敛变形量与洞径比
中庄水库输水洞	0+137.8	第三系渐新统砂质泥岩	V	0.28、1.67、0.90	0.05%
2号	21+713.8	泥岩夹薄层泥灰岩	Ⅳ^1	3.31、2.39、3.48	0.11%
2号	21+643.5	泥岩夹薄层泥灰岩	Ⅳ^1	8.98、2.50、11.23	0.34%
7号	40+216	泥岩为主	V	3.73、11.18、4.30	0.34%
7—1号	0+063	泥岩为主	Ⅳ^1	0.61、1.98、0.19	0.06%
7—1号	0+097	泥岩、泥灰岩	Ⅳ^2	6.25、23.65、5.33	0.72%
7—2号	0+207.7	泥岩、粉砂质泥岩	Ⅳ^2	4.01、1.29、4.82	0.15%
7—3号	0+415.6	泥岩、粉砂质泥岩	Ⅳ^1	5.06、4.40、2.00	0.15%
7号	50+268.3	泥岩	Ⅳ^2	6.49、8.12、18.88	0.57%

注　收敛变形量观测位置为左边墙、顶拱、右边墙。洞径按 3.3m 计。

五、数值模拟分析成果

从典型断面数值分析成果来看：

（1）隧洞开挖后围岩岩体整体向洞内临空面变形，顶拱向下下沉，底板向上隆起，侧壁向内移动，侧壁位移量均大于顶拱和底板位移量。洞室围岩垂直隧洞方向（X 向）位移最大，其次是竖直方向（Z 向），隧洞延伸方向（Y 向）位移量最小。

（2）松弛圈厚度、围岩收敛变形量与埋深相关。预计埋深 200～300m 时，松弛圈厚度可能达到 3m，收敛变形量达 20～30cm。

（3）大埋深洞段，塑性区增大，收敛变形增大，但大部分洞段发生严重挤压变形可能性小。

六、小结

通过前述分析可以看出，对于本隧洞工程，围岩的变形破坏形式主要如下。

（1）开挖后逐渐趋于稳定的松弛变形是围岩变形的主要形式。在埋深大于 200m 的洞段，预计围岩的变形量可能较大。

（2）不利结构面组合形成的掉块或小型塌方是围岩破坏的主要形式，顶拱是易发部位。

（3）断层破碎带特别是富水的情况下，围岩的塌方和挤压变形较为突出。

工程隧洞顶拱是围岩变形相对较大和掉块、塌方较多的工程部位，因其位置高，具有较高的势能，对工程施工安全威胁最大，是防护的重点位置。

第二节　隧洞围岩支护时机

一、围岩支护的目的及应考虑的因素

对围岩进行支护的主要目的如下。

（1）保证施工期间围岩的整体稳定。

（2）控制围岩的变形及松弛圈的发展。

表 4-4-3 围岩松弛圈厚度随时间及距掌子面距离变化规律

隧洞编号	断面桩号	围岩类别	松弛圈最大厚度/m	距首次测试时间/h	距掌子面距离/m	各孔实测松弛圈厚度/m									
						1		2		3		4		5	
						k	δ/%	k	δ/%	k	δ/%	k	δ/%	k	δ/%
7号隧洞	50+281	Ⅳ²	1.05	0	3	0.5	48	0.47	45	0.5	48	0.47	45	0.46	44
				15	5.4	0.56	53	0.55	52	0.62	59	0.62	59	0.53	50
				42	10.2	0.7	67	0.7	67	0.72	69	0.73	70	0.71	68
				87.67	13	0.81	77	0.78	74	0.82	78	0.82	78	0.84	80
				139.5	15	0.89	85	0.86	82	0.94	90	0.96	91	0.94	90
				184	23	0.95	90	0.94	90	1	95	1.01	96	1.02	97
				257	36	1	95	1	95	1.04	99	1.05	100	1.05	100
				333.25	47	1	95	1	95	1.04	99	1.05	100	1.05	100
7号隧洞	50+312	Ⅳ²	1.10	0	1.5	0.46	42	0.48	44	0.45	41	0.53	48	0.66	60
				20.25	7.0	0.62	56	0.58	53	0.49	45	0.61	55	0.72	65
				41	13.0	0.74	67	0.66	60	0.53	48	0.67	61	0.77	70
				85.5	17.5	0.79	72	0.72	65	0.55	50	0.76	69	0.82	75
				138.5	22.0	0.92	84	0.82	75	0.61	55	0.8	73	0.96	87
				184	29.0	0.94	85	0.94	85	0.7	64	0.86	78	0.98	89
				256	42.0	1.1	100	1.04	95	0.74	67	0.94	85	1.01	92
				353	46.0	1.1	100	1.04	95	0.74	67	0.94	85	1.01	92
7号隧洞	40+214	Ⅳ¹	0.93	0	3.0	0.48	52	0.49	53	0.5	54	0.49	53	0.49	53
				23.83	6.0	0.66	71	0.64	69	0.55	59	0.59	63	0.66	71
				50.33	10.0	0.75	81	0.71	76	0.59	63	0.67	72	0.69	74
				97.83	16.0	0.86	92	0.81	87	0.63	68	0.76	82	0.71	76
				145.83	23.6	0.88	95	0.84	90	0.7	75	0.79	85	0.75	81
				194.83	30.0	0.89	96	0.87	94	0.72	77	0.81	87	0.85	91
				268.33	43.0	0.93	100	0.88	95	0.72	77	0.85	91	0.92	99
				361.83	57.0	0.93	100	0.88	95	0.72	77	0.85	91	0.92	99

续表

隧洞编号	断面桩号	围岩类别	松弛圈最大厚度/m	距首次测试时间/h	距掌子面距离/m	各孔实测松弛圈厚度/m									
						1		2		3		4		5	
						k	δ/%	k	δ/%	k	δ/%	k	δ/%	k	δ/%
7—2号支洞	0+208	Ⅳ[1]	0.99	0	2	0.49	53	0.48	48			0.49	49	0.49	49
				23.00	5	0.64	69	0.61	62			0.63	64	0.63	64
				47.00	8	0.76	82	0.74	75			0.74	75	0.73	74
				97.17	12	0.86	92	0.84	85			0.85	86	0.86	87
				146.33	20	0.94	101	0.92	93			0.93	94	0.94	95
				193.50	28	0.97	104	0.95	96			0.97	98	0.97	98
				266.33	42	0.98	105	0.97	98			0.99	100	0.98	99
				338.50	57	0.98	105	0.97	98			0.99	100	0.98	99
2号隧洞	17+525	Ⅳ[1]	0.88	0	3	0.54	58	0.53	60	0.54	61	0.54	61	0.56	64
				22.50	8	0.68	73	0.66	75	0.63	72	0.65	74	0.71	81
				42.50	14	0.79	85	0.79	90	0.75	85	0.78	89	0.74	84
				92.00	20	0.82	88	0.82	93	0.78	89	0.83	94	0.79	90
				139.50	29	0.83	89	0.84	95	0.82	93	0.87	99	0.82	93
				190.50	38	0.85	91	0.86	98	0.85	97	0.88	100	0.87	99
				259.83	48	0.85	91	0.86	98	0.85	97	0.88	100	0.87	99
				355.00	58	0.85	91	0.86	98	0.85	97	0.88	100	0.87	99
2号隧洞	21+705	Ⅳ[1]	1.00	0	3	0.5	50	0.49	49	0.5	50	0.5	50	0.48	48
				23.50	7	0.66	66	0.67	67	0.66	66	0.62	62	0.61	61
				49.50	13	0.86	86	0.79	79	0.87	87	0.72	72	0.76	76
				142.50	28	0.92	92	0.87	87	0.89	89	0.87	87	0.85	85
				189.50	39	0.97	97	0.92	92	0.96	96	0.92	92	0.94	94
				239.50	44	0.99	99	0.97	97	0.99	99	0.99	99	0.98	98
				311.50	49	1	100	1	100	1	100	1	100	1	100
				406.50	59	1	100	1	100	1	100	1	100	1	100

注 k 为实测某时刻松弛圈厚度，m；δ 为某时刻松弛圈厚度占最终厚度的比例，%。

表 4-4-4 围岩松弛圈波速随时间及距掌子面距离变化规律

隧洞编号	断面桩号	围岩类别	原岩波速/(m/s)	距首次测试时间/h	距掌子面距离/m	各孔实测波速/(m/s)									
						1		2		3		4		5	
						V	ε/%	V	ε/%	V	ε/%	V	ε/%	V	ε/%
7号隧洞	50+281	Ⅳ^2	3400～4000	0	3	3210	87	3160	85	3260	88	3060	87	3230	92
				15	5.4	3100	84	3020	82	3140	85	2910	83	3080	88
				42	10.2	3050	82	3030	82	3150	85	2810	80	2980	85
				87.67	13	2940	79	3040	82	3050	82	2720	78	2860	82
				139.5	15	2950	80	2960	80	2970	80	2570	73	2760	79
				184	23	2860	77	2880	78	2900	78	2550	73	2710	77
				257	36	2910	79	3010	81	2910	79	2570	73	2670	76
				333.25	47	2850	77	2990	81	2900	78	2560	73	2660	76
7号隧洞	50+312	Ⅳ^2	2900～3800	0	1.5	2790	85	2850	85	2870	82	2810	85	2830	86
				20.25	7.0	2760	84	2770	83	2890	83	2780	84	2740	83
				41	13.0	2640	80	2760	82	2840	81	2730	83	2660	81
				85.5	17.5	2680	81	2690	80	2800	80	2580	78	2650	80
				138.5	22.0	2500	76	2600	78	2770	79	2590	78	2440	74
				184	29.0	2590	78	2470	74	2700	77	2520	76	2460	75
				256	42.0	2310	70	2460	73	2670	76	2430	74	2430	74
				353	40.0	2410	73	2420	72	2660	76	2400	73	2390	72
7号隧洞	40+214	Ⅳ^1	3500～4350	0	3.0	3350	86	3330	85	3260	86	3200	85	3210	87
				23.83	6.0	3150	81	3220	83	3070	81	3130	83	3000	81
				50.33	10.0	3120	80	3150	81	3040	80	3020	81	3010	81
				97.83	16.0	3070	79	3060	78	2990	79	2970	79	2930	79
				145.83	23.6	3040	78	2980	76	2890	76	2930	78	2890	78
				194.83	30.0	3020	77	2920	75	2860	75	2920	78	2780	75
				268.33	43.0	3010	77	2900	74	2870	76	2870	77	2640	71
				361.83	57.0	2960	76	2890	74	2840	75	2850	76	2730	74

续表

隧洞编号	断面桩号	围岩类别	原岩波速/(m/s)	距首次测试时间/h	距掌子面距离/m	各孔实测波速/(m/s)									
						1		2		3		4		5	
						V	ε/%	V	ε/%	V	ε/%	V	ε/%	V	ε/%
7—2号支洞	0+208	Ⅳ1	3200～3500	0	2	2850	84	2960	87			2990	88	2930	84
				23.00	5	2810	83	2840	84			2890	85	2880	82
				47.00	8	2720	80	2710	80			2790	82	2840	81
				97.17	12	2670	79	2650	78			2700	79	2750	79
				146.33	20	2650	78	2550	75			2640	78	2680	77
				193.50	28	2600	76	2530	74			2610	77	2660	76
				266.33	42	2600	76	2520	74			2610	77	2630	75
				338.50	57	2610	77	2510	74			2570	76	2640	75
2号隧洞	17+525	Ⅳ1	2400～2600	0	3	2190	84	2200	85	2210	85	2200	85	2190	84
				22.50	8	2140	82	2150	83	2140	82	2110	81	2140	82
				42.50	14	2080	80	2090	80	2070	80	2060	79	2090	80
				92.00	20	2090	80	2050	79	2060	79	2050	79	2060	79
				139.50	29	2070	80	2050	79	2080	80	2050	79	2060	79
				190.50	38	2060	79	2020	78	2060	79	2050	79	2050	79
				259.83	48	2070	80	2020	78	2070	80	2030	78	2030	78
				355.00	58	2080	80	2010	77	2080	80	2040	78	2040	78
2号隧洞	21+705	Ⅳ1	3200～3500	0	3	2760	84	2860	84	2860	84	2860	83	2910	84
				23.50	7	2730	83	2730	80	2740	81	2850	83	2820	82
				49.50	13	2630	80	2700	79	2640	78	2740	79	2650	77
				142.50	28	2520	76	2570	76	2580	76	2600	75	2570	74
				189.50	39	2490	75	2570	76	2380	70	2520	73	2470	72
				239.50	44	2430	74	2440	72	2340	69	2400	70	2460	71
				311.50	49	2400	73	2380	70	2300	68	2350	68	2420	70
				406.50	59	2410	73	2460	72	2390	70	2420	70	2480	72

注 V 为实测某时刻波速平均值，m/s；ε 为某时刻实测波速占原岩波速的比值，%。

(3) 防止塌方、掉块威胁工程施工安全。

一次支护时机应考虑的主要因素如下。

(1) 围岩的稳定性。

(2) 围岩变形规律。

(3) 经济和工期因素。

二、根据松弛圈厚度变化分析一次支护时机

根据松弛圈测试成果(见表 4-4-3 和表 4-4-4),对于Ⅳ^1 类围岩,在测试的初始时刻松弛圈已经完成 45%~55%。松弛圈完成 80%时的时间为 30~70h,距离掌子面的距离约为 11~18m。

对于Ⅳ^2 类围岩,在测试的初始时刻松弛圈已经完成 44%~48%。松弛圈完成 80%时的时间为 70~80h,距离掌子面的距离约为 11~13m。

由各测试断面不同时间的测试统计数据绘制洞壁岩体松弛厚度随时间的变化关系及随掌子面距离变化的关系图,见图 4-4-6 和图 4-4-7。

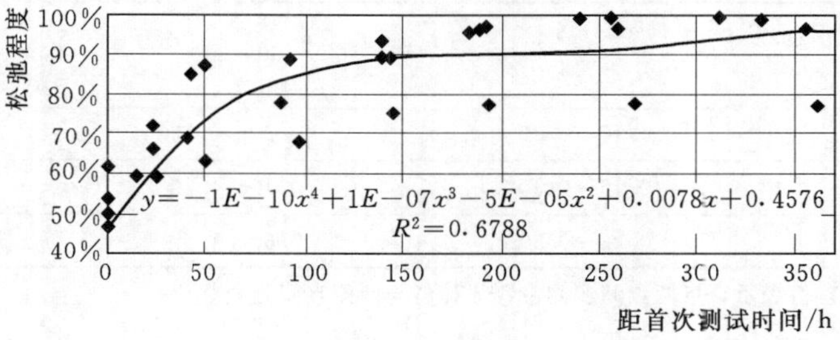

图 4-4-6 岩体松弛圈厚度与时间关系曲线

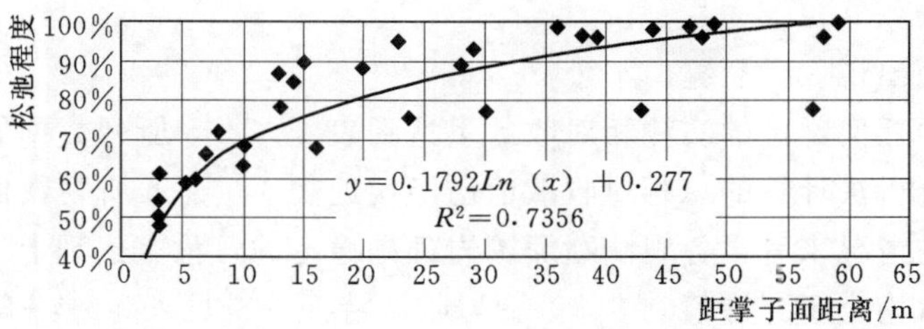

图 4-4-7 岩体松弛圈厚度与掌子面距离关系曲线

三、根据岩体纵波速度变化分析一次支护时机

1. Ⅳ^1 类围岩

(1) 对于Ⅳ^1 类围岩,在测试的初始时刻,隧洞表层波速为 1970m/s,约为原岩波速的 56%。在松弛过程中,隧洞表层波速逐渐降低,但降低幅度不大。至松弛圈完全形成后,其表层波速为 1750m/s,约为原岩的 50%。

(2) 松弛圈范围平均波速也是逐渐降低的,降低幅度不大。在测试的初始时刻,平均波速为 2910~3350m/s,为原岩波速的 84%~88%。至松弛圈完全形成后,其平均波速为 2040~2730m/s,为原岩的 68%~77%。平均波速为原岩波速 80%时,距离初始测试的时间为 40~50h,距掌子面距离为 10~20m。

2. Ⅳ^2 类围岩

（1）对于Ⅳ^2 类围岩，在测试的初始时刻，隧洞表层波速为1860m/s，约为原岩波速的53%。在松弛过程中，隧洞表层波速逐渐降低，但降低幅度不大。至松弛圈完全形成后，其表层波速为1700m/s，约为原岩的48.6%。

（2）松弛圈范围平均波速也是逐渐降低的，降低幅度不大。在测试的初始时刻，平均波速为2870～3260m/s，为原岩波速的85%～92%。至松弛圈完全形成后，其平均波速为2390～2730m/s，为原岩的72%～73%。平均波速为原岩波速80%时，距离初始测试的时间为40～90h，距掌子面距离为10～22m。

四、根据收敛变形检测成果分析一次支护时机

《水工隧洞设计规范》（DL/T 5195—2004）和《锚杆混凝土支护技术规范》（GB 50086—2011）规定见表4-4-5。本工程隧洞洞径约为3.3m，埋深小于300m，按表中标准，允许的位移相对值为0.4%～1.2%，平均为0.8%。

表4-4-5　隧洞周边允许相对收敛量　　%

围岩级别 \ 埋深/m	<50	50～300	>300
Ⅲ	0.10～0.30	0.20～0.50	0.40～1.20
Ⅳ	0.15～0.50	0.40～1.20	0.80～2.00
Ⅴ	0.20～0.80	0.60～1.60	1.00～3.00

注　允许位移值用相对值表示，指两点间实测位移累计值与两侧点间距离之比。

按《水工隧洞设计规范》（DL/T 5195—2004）规定，对于不支护或喷锚支护的隧洞，当出现下列情况之一，且收敛速度仍无明显下降时，必须立即采取措施，增强支护，并修改原设计如下。

（1）围岩表面出现大量裂缝。

（2）围岩表面任何部位的实测相对收敛量达到表4-4-5所列数据的70%。

（3）用回归分析法计算的总相对收敛值已经接近表4-4-5所列数据。

从实际观测的情况来看，各观测断面围岩都是稳定的，没有出现上述所列三种不利情况累计相对收敛值均小于允许值0.8%。围岩收敛特征分析见表4-4-6。

表4-4-6　围岩收敛变形特征分析

隧洞编号	断面桩号	围岩类别	观测线编号	相对位移值达到允许值60%时		相对位移值达到允许值70%时		相对位移值达到允许值80%时	
				开挖时间/h	掌子面距离/m	开挖时间/h	掌子面距离/m	开挖时间/h	掌子面距离/m
7号隧洞	50+268	Ⅳ^2	断面线1—2					18.91	6.3
			断面线2—3	33.9	10.3			63.3	14.3
			断面线1—3			18.91	6.3	33.9	10.3
7—1号支洞	0+097	Ⅳ^2	断面线2—3	140.83	18	165.5	20	236.33	27

续表

隧洞编号	断面桩号	围岩类别	观测线编号	相对位移值达到允许值60%时		相对位移值达到允许值70%时		相对位移值达到允许值80%时	
				开挖时间/h	掌子面距离/m	开挖时间/h	掌子面距离/m	开挖时间/h	掌子面距离/m
7号隧洞	40+216	V	断面线1—2	73.7	17.6				
			断面线2—3	49.12	8.3	119.86	19	237.35	38
			断面线1—3	73.7	17.6	18.91	6.3	33.9	10.3
2号隧洞	21+713	Ⅳ¹	断面线2—3	211.15	43.8				
2号隧洞	21+643	Ⅳ¹	断面线1—3	93.99	6.5				

五、小结

(1) 总结前述分析资料，对于埋深在200m以下的洞段，Ⅲ、Ⅳ¹、Ⅳ²围岩，松动圈厚度一般在1m左右，围岩的变形量不大，且稳定较快，围岩的整体稳定问题不突出。因此，一次支护主要目的，是保证围岩块体稳定，即防止掉块和塌方。

在埋深相对较小的情况下，支护时机的考虑，重点是减少和防止掉块、塌方的危害与影响。因此，尽早采取锚喷措施是最为有利的。

(2) 对于大埋深（大于200m）洞段，围岩变形量和松弛圈厚度较大。据数值分析成果，在埋深大于250m情况下，收敛变形量可能达20～30cm，松弛圈厚度可达3m以上。因此，一次支护应兼顾围岩的整体稳定和块体稳定。

(3) 间距较小的钢筋网（如小于10cm×10cm）和锚杆，基本能够控制大部分和较大块度的掉块问题。喷混凝土工序可以适当延后集中进行，以便降低成本，并为围岩鉴别、地质编录留出适当时间。

(4) 根据测试成果，隧洞主要变形量发生在开挖后的40～50h以内，且初期变形速率较快。隧洞支护应在围岩未发生充分变形的情况下进行。Ⅳ²、Ⅴ类围岩支护时间宜在开挖后数小时内完成，Ⅳ¹类围岩在开挖后数小时至十几个小时内完成，最长不宜超过1天。

第三节 隧洞围岩支护措施

一、有关技术标准规定和建议

有关技术标准规定对隧洞一次支护的主要措施见表4-4-7～表4-4-9。

表4-4-7 《水利水电工程地质勘察规范》(GB 50487—2008) 推荐的支护措施

围岩类别	支护类型
Ⅲ	喷混凝土、系统锚杆加钢筋网
Ⅳ	喷混凝土、系统锚杆加钢筋网，刚性支护，并浇筑混凝土衬砌
Ⅴ	

表 4-4-8　《水利发电工程地质勘察规范》(GB 50487—2008) 推荐的支护措施

围岩类别	支护类型
Ⅲ	喷混凝土、系统锚杆加钢筋网
Ⅳ	喷混凝土，系统锚杆加钢筋网，并加强柔性或刚性支护，或浇筑混凝土衬砌
Ⅴ	

表 4-4-9　《中小型水利水电工程地质勘察规范》(SL 55—2005) 推荐的支护措施

围岩类别	支护类型
Ⅲ	喷混凝土或喷锚支护，拱顶系统锚杆
Ⅳ	开挖后需及时支护，喷锚挂网，必要时可全部衬砌或设钢拱架，需注意施工期安全
Ⅴ	成洞条件差，开挖需支护紧跟或超前支护，全断面衬砌

二、国际工程通用支护措施

国际工程坚隧洞一次支护的主要措施见表 4-4-10。

表 4-4-10　RMR 围岩分类系统

岩体类别	开挖	岩石锚杆（直径 20mm，全注浆）	喷混凝土	钢架
很好的岩石：*RMR*=81～100	全断面，3m 进尺	除锚杆外，一般不需要其他支护措施		
好岩石：*RMR*=61～80	全断面，距离掌子面 20m 处安装支护	在顶拱局部使用 3m、间距 2.5m 的锚杆，局部钢丝网	必要时，顶拱 50mm	不需要
一般岩石：*RMR*=41～59	顶拱导洞和分步开挖，顶部导洞进尺 3m，每次爆破后立即支护，距离掌子面 10m 处安装支护	在顶拱和边墙部位使用 4m、间距 1.5～2m 系统锚杆，顶拱使用钢丝网	顶拱 50～100mm，边墙 30mm	不需要
差岩石：*RMR*=21～40	顶拱导洞和分步开挖，顶部导洞进尺 1～1.5m，在开挖的同时距离掌子面 10m 处安装支护	在顶拱和边墙部位使用 4～5m、间距 1～1.5m 系统锚杆和钢丝网	顶拱 100～150mm，边墙 50mm	在需要的地方轻型至中性钢架，间距 1.5m
很差的岩石：*RMR*<20	顶部导洞多断面掘进 1.0～1.5m，在开挖的同时安装支护，每次爆破后尽快喷混凝土	在顶拱和边墙部位使用长 5～6m、间距 1～1.5m 的系统锚杆和钢丝网。底拱锚杆	顶拱喷 150～200mm 厚，边墙 150mm，掌子面 50mm	中型至重型钢架，间距 0.75m，在需要的地方使用钢质挡板和超前锚杆，闭合底拱

注　跨度 10m。

隧洞质量指标 *Q* 估计的支护分类如图 4-4-8 所示。

跨度取 3.2m，*ESP* 取 1.6，*De*=2。根据隧洞质量指标 *Q* 估计的支护如下。

一般岩体：超出图范围。

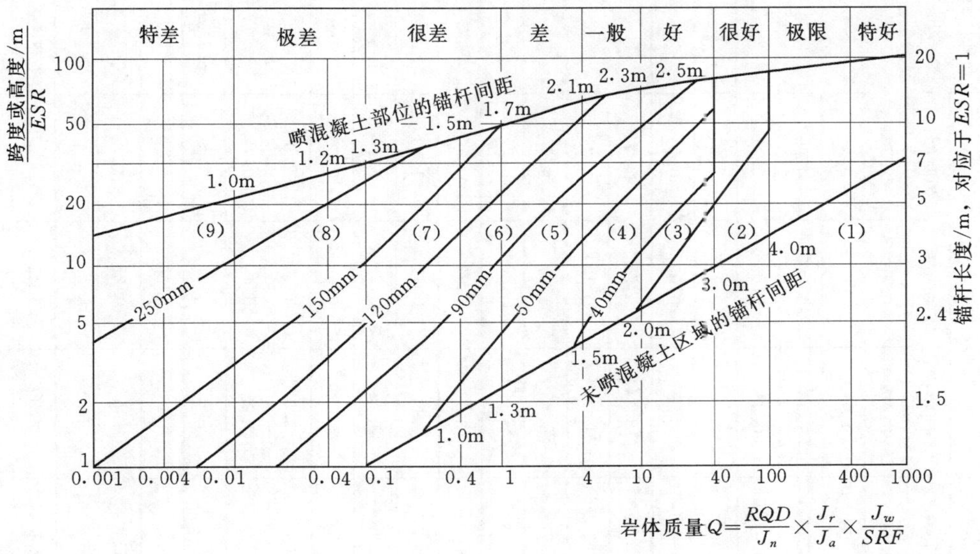

图 4-4-8　隧洞质量指标 Q 估计的支护分类图（Grimstad、Barton，1993 年）

（1）无支护；（2）点锚杆；（3）系统锚杆；（4）系统锚杆加 40～100mm 厚的素混凝土；（5）钢纤维喷混凝土，50～90mm，加锚杆；（6）钢纤维喷混凝土，90～120mm，加锚杆；（7）钢纤维喷混凝土，120～150mm，加锚杆（8）钢纤维喷混凝土，>150mm，加钢肋喷混凝土和锚杆；（9）现浇混凝土衬砌

差的岩体：超出图范围，推测为系统锚杆加 40～100mm 素混凝土。

极差的岩体：钢纤维混凝土 90～150mm，锚杆长度 2～2.5m，加锚杆。

特差的岩体：钢纤维混凝土 150～200mm，锚杆长度 2～2.5m，加钢肋喷混凝土和锚杆；现浇混凝土衬砌。

三、数值模拟分析

通过数值模拟可以得出如下规律：

（1）隧洞开挖后围岩岩体整体向洞内临空面变形，计算过程中洞室围岩的变形监测曲线表明，洞室侧壁位移量最大，拱腰其次，拱顶最小。不同埋深计算裸洞最大变形量 3.4～20cm，计算成果见表 4-4-11。

（2）隧洞开挖支护前、后位移对比表明，洞室位移量支护后大幅度减小，支护效果明显。

（3）隧洞开挖未支护下由于洞室围岩大主应力增大和小主应力减小，围岩在一定深度范围内出现了塑形破坏，计算的塑性区厚度和实测的松弛圈厚度也基本相等；隧洞支护后大主应力减小，小主应力增大，剪应力减小，洞室围岩中没有明显塑形破坏产生，支护效果良好。

（4）针对Ⅳ^2 类围岩进行数值模拟，钢拱架间距小于 1.2m 时，隧洞围岩变形量随钢拱架间距变化较小；钢拱架间距大于 1.2m 以后，围岩变形量明显增大。因此Ⅳ^2 类围岩中钢拱架较优的支护间距可选为 1～1.2m。Ⅴ类围岩以 0.8m 左右较优，最大不宜超过 1m，遇有构造破碎带应适当缩小。

表 4-4-11 K40+230～K41+374、K42+495～K43+095、K49+225～K50+296 段计算结果

位置		埋深/m		应力/MPa			位移/cm				塑性区厚度/m
				大主应力	小主应力	剪应力	总位移	X 向位移	Y 向位移	Z 向位移	
K40+230～K41+374 段	整体	60～180	未支护	9.95	—	—	3.41	3.40	0.43	2.73	—
			支护后	7.14			0.93	0.93	0.09	0.32	
	Ⅳ² 类围岩（K40+280 断面）	70	未支护	3.61	0.60	0.87	1.37	1.36	0.20	0.90	1.0
			支护后	2.65	0.99	0.23	0.41	0.41	0.03	0.13	0
	Ⅳ¹ 类围岩（K41+200 断面）	180	未支护	8.48	1.01	2.34	2.62	2.59	0.12	2.03	1.0～2.0
			支护后	6.87	2.67	0.94	0.92	0.92	0.03	0.25	0
K42+495～K43+095 段	整体	258～318	未支护	16.83	0.74	—	20.04	18.24	3.37	14.77	—
			支护后	12.97	0.74	—	1.54	1.54	0.12	1.21	
	Ⅳ² 类围岩（K42+545 断面）	258	未支护	12.14	0.29	2.91	9.72	8.77	1.07	9.64	2.0～3.0
			支护后	10.25	4.21	1.44	1.48	1.47	0.09	0.68	0.3
	Ⅴ类围岩（K42+645 断面）	288	未支护	11.07	0.14	2.95	15.50	13.21	1.22	14.94	2.5～3.5
			支护后	10.88	4.88	1.38	1.63	1.62	0.10	1.00	0.0
	Ⅳ¹ 类围岩（K42+795 断面）	258	未支护	12.37	1.27	3.26	3.66	3.25	0.28	3.54	1.5～2.5
			支护后	9.95	4.35	1.72	1.03	1.02	0.06	0.68	0.0
K49+225～K50+296 段	整体	16～110	未支护	8.0	—	—	3.9	3.9	0.6	2.9	—
			支护后	7.1	—	—	0.93	0.93	0.09	0.32	
	Ⅳ¹ 类围岩（K49+525 断面）	100	未支护	7.0	0.25	1.0	2.0	2.0	0.4	1.8	0.7～0.9
			支护后	4.5	1.8	0.3	0.4	0.07	0.06	0.17	0
	Ⅳ² 类围岩（K50+275 断面）	65	未支护	7.0	0.2	1.4	1.8	1.6	0.25	0.9	0.7～1.0
			支护后	3.6	2.7	0.8	0.3	0.3	0.05	0.3	0
	Ⅴ类围岩（K50+165 断面）	30	未支护	4.5	0.5	1.5	2.5	2.0	0.48	1.5	0.8～1.1
			支护后	3.9	1.6	0.8	0.48	0.38	0.32	0.38	0

四、隧洞一次支护措施建议

综合分析隧洞围岩工程地质特性，结合有关技术标准规定，以及数值模拟分析等研究成果和工程隧洞开挖揭露情况，考虑隧洞断面较小的特点，提出隧洞主要支护措施建议，见表 4-4-12，供工程设计和施工参考。

表 4-4-12　　隧洞围岩分类及支护措施建议表

围岩类别	毛洞自稳情况	建议支护措施	其　他
Ⅲ	稳定性较好，变形量不大，局部可产生少量掉块，自稳时间较长	①拱顶以系统锚杆＋钢筋网＋喷混凝土为主；边墙以随机锚杆＋钢筋网＋喷混凝土为主； ②局部采用钢拱架	①及时清理浮石和撬挖危岩 ②加强巡查和监测； ③钢筋网间距宜 10～20cm
Ⅳ¹	围岩自稳定时间较短，顶拱常有掉块和小型塌落，局部可能产生较大变形	①系统锚杆＋钢筋网＋喷混凝土为主； ②局部采用钢拱架	①及时清理浮石和撬挖危岩 ②加强巡查和监测； ③钢筋网间距宜≤10cm×10cm
Ⅳ²	围岩自稳定时间较短，掉块和塌落较频繁，部分洞段可能产生较大变形	①采用钢拱架（间距 1～1.2m）＋系统锚杆＋钢筋网＋喷混凝土； ②局部采用管棚	①及时清理浮石和撬挖危岩 ②加强巡查和监测； ③钢筋网间距宜≤10cm×10cm
Ⅴ	难于自稳，边墙、拱顶极易坍塌变形，经常是边挖边塌，变形破坏严重	①钢拱架（间距 0.5～1m）＋系统锚杆＋钢筋网＋喷混凝土为主； ②部分采用管棚	①及时清理浮石和撬挖危岩 ②加强巡查和监测； ③钢筋网间距宜≤10cm×10cm

需要指出的是，隧洞工程地质条件是不断变化的，必须根据施工揭露情况、施工地质编录成果和监测成果不断修改、完善支护措施，使之更具有针对性，更为安全可靠。

第四节　围岩支护效果验证

一、围岩支护后变形监测验证

在支护条件下，不同类型围岩松弛圈厚度、松弛岩体声波速度和顶拱沉降变形速率、收敛变形位移相对值见表 4-4-13。

在支护条件下，围岩松弛圈厚度不大，松弛后的岩体仍具有较高强度，岩体变形稳定较快，说明现有的支护方式能够满足规范要求的。

表 4-4-13　　支护条件下的围岩特征

隧洞编号	断面桩号	围岩类别	支护形式	松弛圈厚度/m	松弛岩体声波波速/原岩声波波速 /(m/s)	顶拱沉降变形速率/(mm/d)	收敛变形位移相对值/%
7—2号支洞	0＋208	Ⅳ²	钢拱架＋锚杆＋钢筋网＋喷混凝土	0.99	1750～3200/3200～3500		
2号隧洞	17＋525	Ⅳ¹	锚杆＋钢筋网＋喷混凝土	0.88	1670～2400/2400～2600		

续表

隧洞编号	断面桩号	围岩类别	支护形式	松弛圈厚度/m	松弛岩体声波波速/原岩声波波速/(m/s)	顶拱沉降变形速率/(mm/d)	收敛变形位移相对值/%
2号隧洞	21+705	Ⅳ¹	锚杆+钢筋网+喷混凝土	1.0	$\frac{1670\sim3200}{3200\sim3500}$		
2号隧洞	21+643.5	Ⅳ¹	锚杆+钢筋网+喷混凝土				0.13～0.45
7—1号支洞	0+097	Ⅳ¹	锚杆+钢筋网+喷混凝土				0.19～1.18
7号隧洞	50+281	Ⅳ²	钢拱架+锚杆+钢筋网+喷混凝土	1.05	$\frac{1700\sim3400}{3400\sim4000}$	0.008	
7号隧洞	40+200.7	Ⅳ²	钢拱架+锚杆+钢筋网+喷混凝土			0.008	
2号隧洞	17+502	Ⅳ¹	锚杆+钢筋网+喷混凝土			0.012	

注　1. 根据《水工建筑物地下开挖工程施工规范》（SL 378—2007），围岩变形稳定标准：顶拱沉降变形速率小于0.15mm/d。
2. 根据《锚杆混凝土支护技术规范》（GB 50086—2011），允许的位移相对值为0.4%～1.2%，平均为0.8%。

二、施工地质验证

据施工地质编录统计，在已经开挖的34.41km隧洞围岩中，Ⅳ¹类（局部Ⅲ类）围岩约63.6%，Ⅳ²类约占17.5%，Ⅴ类约占18.9%，详见表4-4-14。

表4-4-14　　隧洞围岩类别统计表

隧洞名称	开挖长度/m	Ⅳ¹（局部Ⅲ类）	Ⅳ²	Ⅴ
1号（北山）隧洞	1962	29	752	1181
2号（胭脂川）隧洞	4610	3871	120	619
3号（刘家庄）隧洞	1710	1124	185	401
4号（白家村）隧洞	3778	1278	1720	780
5号（半个山）隧洞	1356	904	120	332
6号（卧羊川）隧洞	1899	928	519	452
7号（大湾）隧洞	10564	7842	1807	915
8号（开城南）隧洞	1620	1314	18	288
9号（开城北）隧洞	5750	4579	794	377
10号（大马庄）隧洞	625			625
11号（后河）隧洞	538			538
合计	34412	21869	6035	6508

从实际操作的情况来看，Ⅳ[1]围岩支护措施以锚杆＋挂网＋喷混凝土为主，Ⅲ类围岩支护措施为锚杆＋喷混凝土，占绝大部分。Ⅳ[2]围岩是以钢拱＋锚杆＋挂网＋喷混凝土为主，局部为锚杆＋挂网＋喷混凝土。Ⅴ类围岩也是以钢拱＋锚杆＋挂网＋喷混凝土为主，部分增加了管棚，详见表4－4－15。

上述支护措施效果良好，围岩变形量值不大，稳定性较好，没有出现塌方、裂缝等破坏现象。

表4－4－15　　隧洞围岩初期支护统计

隧洞名称	隧洞长度/m	初期支护型式及长度/m		
		锚杆＋挂网＋喷混凝土	拱架＋挂网＋锚喷	管棚（拱架）＋挂网＋锚喷
1号（北山）隧洞	1962	29	1642	291
2号（胭脂川）隧洞	4610	3871	107	632
3号（刘家庄）隧洞	1710	1124	181	405
4号（白家村）隧洞	3778	1278	1720	780
5号（半个山）隧洞	1356	904	190	262
6号（卧羊川）隧洞	1891	920	766	205
7号（大湾）隧洞	10564	7882	2212	430
8号（开城南）隧洞	1620	1332	258	30
9号（开城北）隧洞	5750	4579	794	377
10号（大马庄）隧洞	625		625	
11号（后河）隧洞	538		538	
合计	34412	21919	9033	3412

第五章 软弱围岩支护失败工程实例

第一节　新疆波波娜水电站引水发电隧洞

一、工程概况

波波娜水电站位于新疆和田地区喀拉喀什河上，为引水式电站。引水枢纽距乌鲁瓦提水利枢纽约 2.85km，电站距上游乌鲁瓦提水利枢纽约 30km，距和田市 41km。波波娜水电站工程是以发电为主的中型Ⅲ等工程。该工程枢纽由拦河坝、泄水建筑物、发电引水系统、电站厂房等主要建筑物组成。其中拦河坝由混凝土重力坝和混凝土面板砂砾石坝组成，设计最大坝高 27.0m，坝长 466m，坝顶高程 1859m，水库正常蓄水位 1855.0m，其相应库容 254.28 万 m^3。电站装机容量 150MW，保证出力 34.8MW，多年平均发电量 6.66 亿 kW·h。波波娜水电站工程设计总工期 4 年，于 2007 年 5 月工程开工建设，计划 2010 年 11 月 30 日首台机组发电，2010 年 12 月 31 日主体工程完工。其中，引水隧洞为有压隧洞，纵坡比 1/380，全长约 11.627km，设计洞型为圆形，设计开挖洞径 6.2m，衬砌后洞径 5.4m。施工期间为加快施工进度，桩号 1＋550～6＋018 段洞型变为马蹄形。

二、地质概况

1. 区域地质概况

喀拉喀什河是和田河的西支流，发源于喀喇昆仑山北麓，蜿蜒穿越西昆仑山后流入塔里木盆地。工程区位于西昆仑山北麓、塔里木盆地南缘，总地势南高北低，海拔 1800～2500m，最大高差达 600 余 m，属中山区。喀拉喀什河道在工程区呈向北弯曲的“Ω”形，为修建引水式电站提供了良好的自然地形条件。

本区内主要出露有元古界埃连卡特组、上古生界二叠系、中生界三叠系、新生界第三系及第四系地层。元古界埃连卡特组（Pt^a）为一套变质岩系，是工程区内主要地层，与第三系、二叠系地层呈断层接触；上古生界二叠系（P_1）分布于铁克力克断裂以北，岩性以褐红色石英砾岩及砂岩为主，局部夹薄煤线；中生界三叠系（T）零星出露于测区北部英阿瓦提石门一带，多为第四系地层覆盖，岩性以褐红、棕红色砂岩、泥质砂岩和泥岩为主；新生界第三系（R）主要分布于测区以北的英阿瓦提、朗如乡、普基和波波娜一带，岩性以砂岩、泥岩及砂砾岩为主，局部为灰岩；新生界第四系（Q）在区内普遍发育，分布面积广，按成因分为冲积、洪积、风积、崩坡积和残积。

工程区在大地构造单元上，位于塔里木地台次级构造的铁克力克断隆内，它东西长 240km，南北宽约 40km，南侧以柯岗断裂为界，距发电引水隧洞进口约 33km，北侧以铁克力克断裂为界，距发电厂房 1.2km。断隆内岩层产状稳定，构造简单，米提子复向斜为主要构造形式，断裂构造以次级小规模断层为主（见图 4-5-1）。铁克力克断裂为区域活动断裂，断裂总体走向 NW280°～290°，断面呈舒缓波状，倾向 SW，倾角 70°～85°，破碎带宽 180～300m，总长度约 240km。根据新疆地震局在杜瓦南对铁克力克断裂带 ^{14}C 取样测年结果，其 2.8 万年以前曾活动过，并确定断裂最新一次活动在晚更新世晚期，全新世以来，断裂活动明显减弱。柯岗断裂总体产状 NW310°～320°/SW∠65°～75°，破碎带宽 600～700m。构造调查显示，该断裂错断喀拉喀什河Ⅱ级阶地，并右行走滑错断冲沟约 60m，属活动性较强的区域断裂。米提子复向斜是铁克力克断隆内的褶皱构造，轴线走向近南北向，长约 75km，由元古界变质岩系组成，工程区即位于米提子复向斜北翼。

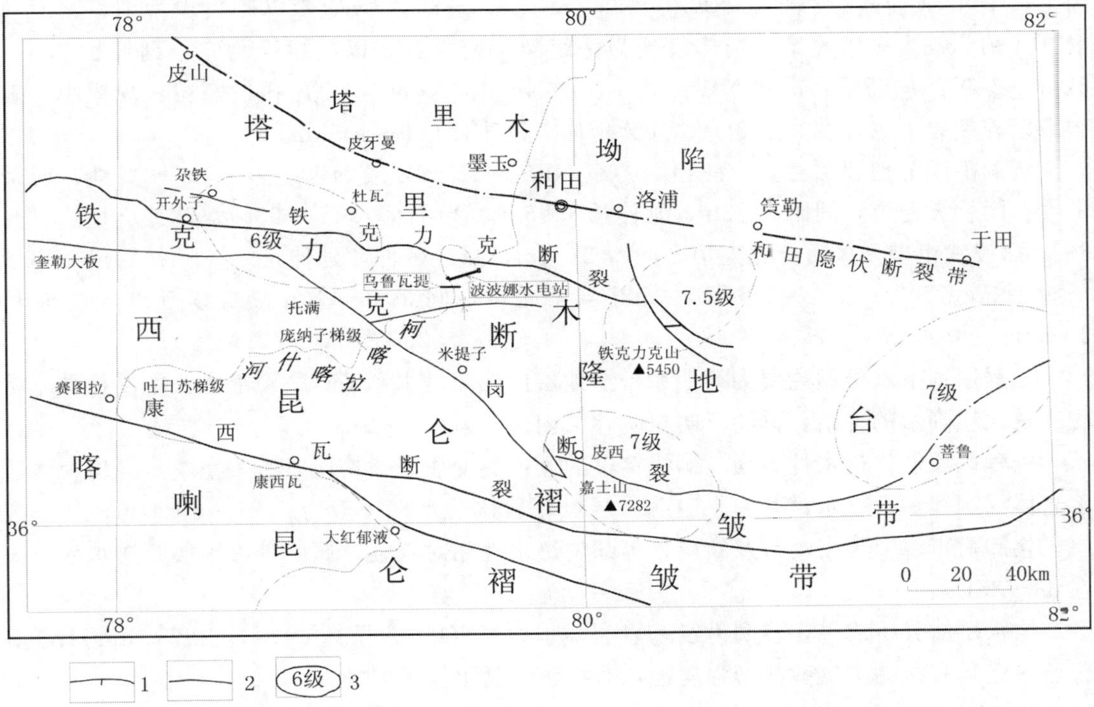

图 4-5-1 区域构造及地震纲要图

1—断裂及产状；2—隐伏断裂；3—未来百年内地震危险区及地震烈度

工程区位于塔里木台地次级构造的铁克力克断隆内，属西昆仑地震带，历史上无强震活动，工程区 30km 范围内是地震分布较少的地区，不仅地震频度低，地震强度也不高。有记载以来，发生 $M_s \geqslant 3$ 级地震 11 次，最大震级 4.7 级。据新疆地震局资料，工程区外围历史强震主要有三次，分别为皮西 7 级地震、杜瓦 6.5 级地震和普鲁 7 级地震，距工程区 70～240km，对工程区的影响烈度为Ⅵ度。策勒西南古地震破裂带距工程区约 70km，如该古地震破裂带再次发生强震，其震级不会超过 7.5 级，对工程区的最高影响烈度为Ⅶ度。据 1/400 万《中国地震动参数区划图》（GB 18306—2001），工程区处在地震动峰值加速度为0.10g的区域内，其对应的地震基本烈度为Ⅶ度。

工程区属温带大陆性气候类型，年降水量少而蒸发强烈，除喀拉喀什河外，无地表水系分布，区内沟谷发育，平时干涸，在春季和暴雨季节分别会出现融雪水、暂时性洪水。本区内地下水按含水介质类型和赋存条件可分为基岩裂隙水和松散堆积物孔隙潜水两类。

2. 工程地质条件

引水隧洞区位于塔里木地台次级构造的铁克力克断隆内，岩层产状NE50°～70°/SE∠40°～60°，隧洞下游段岩层受铁克力克断裂的影响，产状转为NW270°～300°/SW∠35°～60°。其起始段轴向为NE73°，沿线转向四次，至桩号0+250、7+660、11+315、11+608.3分别转向NE81°、NE44°、NE92°、NE 72°。

沿引水线路无较大断层及区域性断裂分布，所发现的小断层的走向以NNE和NW向为主。①NNE向断层：产状NE10°～25°/SE∠70°～80°，破碎带以碎裂岩为主，宽度一般0.3～0.5m，多已胶结，局部表现为一组裂隙密集带，以压扭性为主，延伸长0.5～5km；② NW向断层：产状NW300°～310°/NE∠50°～80°，为压扭性断层，规模小，破碎带以碎裂岩为主，宽3～18cm，断续延伸，延伸长0.6～1.5km。

隧洞沿线节理裂隙主要有三组。①组NE5°～15°/SE或NW∠60°～85°，剪性，面多平直，闭合无充填，间距1～2m，延伸长3～5m；②组NW325°～335°/SW或NE∠50°～80°，面波状粗糙，多闭合无充填，间距2～4m，断续延伸，延伸长1～3m；③组NE60°～80°/NW∠50°～75°，面波状，多闭合无充填，间距5～10m，断续延伸，延伸长2～5m。

工程区地下水类型主要为第四系松散地层内孔隙潜水和基岩裂隙潜水，主要接受冰雪融水及大气降水的补给，排泄于喀拉喀什河内。

工程区段岩体透水性不强，洞线穿过的元古界变质岩，挤压紧密，完整基岩均为微透水岩体，洞线钻孔压水试验成果表明，弱风化岩体透水率一般为0.21～0.81Lu，基岩表层风化卸荷带、节理密集带及断层带等部位透水性相对较强，属中等透水层，透水率一般在33～35Lu。

据水质简分析成果，隧洞沿线基岩裂隙水中，SO_4^{2-}含量达691.6～2228.6mg/L，对普通水泥具有结晶类硫酸盐型强腐蚀，对抗硫酸盐水泥无腐蚀。

3. 围岩物理力学性质

隧洞围岩为元古界埃连卡特组（Pt^a）变质岩系，岩性以云母石英片岩、绿泥石片岩、钙质片岩互层组成。围岩主要结构面为片理面，片理面间结合相对较弱。岩性不同，片理面间结合程度不同，钙质片岩最强，云母石英片岩次之，绿泥石石英片岩最弱。其中云母石英片岩和绿泥石石英片岩与石英含量的有关，石英含量高，片理结合较好，强度也相应较高。围岩物理力学性质各向异性明显。引水隧洞区各主要地层岩石（体）物理力学试验成果见表4-5-1、表4-5-2；各主要地层物理力学指标地质建议值见表4-5-3、表4-5-4。

隧洞围岩类别的划分主要参照《水利水电工程地质勘察规范》（GB 50287—99）进行。即以围岩岩性、岩石强度、风化程度、岩体完整程度、结构面性状、地下水、主要结

表 4-5-1　　平硐内云母石英片岩微风化岩体变形试验成果汇总

平硐编号	试验位置/m	变形值		应力/MPa				
				0.7	1.1	2.1	2.8	3.5
PD1	距洞口 36.5m 处	总变形量	mm	3.3	12.3	23.0	34.7	45.3
		弹性变形值		1.9	6.3	11.6	17.0	21.1
		变模（E_o）	GPa	7.7	4.13	3.32	2.93	2.81
		弹模（E_e）		13.38	8.07	6.58	5.98	6.02
PD2	距洞口 59.0m 处	总变形量	mm	22.5	48.5	64.2	82.5	99.5
		弹性变形值		12.5	22.5	32.2	41.5	48.5
		变模（E_o）	GPa	1.13	1.05	1.19	1.23	1.28
		弹模（E_e）		2.03	2.26	2.37	2.45	2.62

表 4-5-2　　引水隧洞岩石试验成果汇总

岩石名称	取样位置	风化程度	与片理面关系	比重	密度		自然吸水率	饱和吸水率	孔隙率	单轴抗压强度		静模量		泊松比	抗剪强度	
					干	湿				干燥	浸水	变形	弹性		浸水	
															c	f
					g/cm³		%			MPa		MPa			MPa	—
云母石英片岩	PD1	弱风化	平行	2.75	2.72	2.73	0.32	0.35	1.09		24.7	38.6	40.4	0.21	1.25	0.97
				2.75	2.72	2.73	0.36	0.40	1.09		31.3	37.0	37.9	0.22	1.38	0.96
				2.75	2.72	2.73	0.37	0.40	1.09		37.7	37.1	39.9	0.21	1.75	0.95
				2.75	2.72	2.73	0.33	0.36	1.09		60.8	37.4	38.4	0.22	2.50	1.04
				2.75	2.72	2.73	0.38	0.42	1.09		29.7	23.0	25.5	0.23	0.63	0.93
	PD2			2.74	2.70	2.71	0.47	0.56	1.46		12.9	8.45	9.39	0.22	2.30	0.84
				2.75	2.70	2.72	0.47	0.57	1.82		24.3	5.29	5.88	0.24	1.70	0.87
	PD3			2.73	2.52	2.60	2.24	2.95	7.69		21.3	15.2	17.2	0.22	1.50	0.93
	PD4	新鲜		2.76	2，73	2.74	0.27	0.31	1.09		40.7	48.8	54.5	0.20	2.10	1.00
				2.76	2，73	2.74	0.24	0.29	1.09		53.2	24.1	26.4	0.21	1.60	0.98
	PD1	弱风化	垂直	2.75	2，73	2.74	0.26	0.29	0.73		32.6	3.75	4.46	0.24	1.88	0.92
				2.75	2.72	2.73	0.29	0.32	1.09		37.4	4.65	5.16	0.24	0.63	0.90
				2.74	2.71	2.72	0.34	0.37	1.09		42.3	4.84	5.01	0.24	0.88	0.92
				2.73	2.70	2.71	0.39	0.44	1.10		61.4	1.62	1.82	0.25	0.88	1.00
				2.76	2.73	2.74	0.30	0.33	1.09		32.9	1.73	1.88	0.25	2.13	0.92
	PD4	新鲜		2.76	2.74	2.75	0.22	0.35	0.72		58.2	2.60	3.34	0.26	1.80	0.90
				2.76	2.74	2.75	0.25	0.28	0.72		54.4	2.77	3.10	0.24	1.70	0.90
	乌鲁瓦提坝址	新鲜	平行	2.74	2.72	2.73	0.29	0.32	0.70	53.6	46.7		10.5			
			垂直	2.74	2.72	2.73	0.21	0.24	0.66	68.0	55.0					
钙质片岩		弱风化	平行	2.75	2.73	2.74	0.18	0.24	0.65	53.3	35.4	6.3	10.3			
			垂直	2.75	2.74	2.75	0.18	0.22	0.51	64.3	42.1	11.8	14.4			

续表

岩石名称	取样位置	风化程度	与片理面关系	比重	密度		自然吸水率	饱和吸水率	孔隙率	单轴抗压强度		静模量		泊松比	抗剪强度	
					干	湿				干燥	浸水	变形	弹性		浸水	
															c	f
					g/cm³		%			MPa		MPa			MPa	—
钙质片岩	乌鲁瓦提坝址	新鲜	平行	2.75	2.73	2.74	0.27	0.34	0.82	60.3	38.3	26.6	31.5	0.22	8.18	0.75
			垂直	2.74	2.72	2.73	0.21	0.27	0.78	74.5	55.9	12.5	15.4	0.27	6.20	0.85
绿泥石片岩		新鲜	平行	2.75	2.72					30.3	27.0					
			垂直	2.75	2.73	2.74	0.21	0.21	0.67		32.2			0.27		

表 4-5-3　引水隧洞岩体物理力学指标地质建议值

岩层代号	岩性	物理性质指标						力学性质指标									
		比重	密度		吸水率	饱水率	孔隙率	抗压强度		软化系数	弹模	变模	泊松比	抗剪强度			
														岩/岩		岩/混凝土	
			干	湿				干	饱和					c'	f'	c'	f'
			kN/m³		%			MPa			GPa			MPa	—	MPa	—
Pt^{a4}、Pt^{a6}、Pt^{a9}、Pt^{a11}、Pt^{a13}	云母石英片岩	2.75	27.0	27.1	0.21	0.28	0.36	37.3	31.4	0.67	4.60	4.0	0.23	0.60	0.75	0.60	0.70
Pt^{a3}、Pt^{a5}、Pt^{a7}	云母石英片岩夹绿泥石石英片岩	2.70	27.1	27.2	0.46	0.38	0.28	44.8	29.6	0.68	4.50	3.10	0.26	0.60	0.65	0.55	0.60
Pt^{a8}、Pt^{a10}	钙质片岩	2.70	27.1	27.2	0.46	0.38	0.28	51.7	43.2	0.68	5.55	3.60	0.22	0.70	0.78	0.60	0.75
Pt^{a12}、Pt^{a14}	绿泥石石英片岩	2.70	27.1	27.2	0.46	0.38	0.28	30.8	27.6	0.45	4.0	3.0	0.28	0.70	0.55	0.35	0.50

表 4-5-4　引水隧洞围岩类别及物理力学指标地质建议值

岩组	围岩类别	坚固系数 f_k	密度 ρ /(g/cm³)	弹模 E /GPa	泊松比 μ	抗剪强度		单位弹抗 K_0/(N/cm³)	渗透系数 k/(cm/s)
						c'	f'		
						MPa	—		
云母石英片岩	Ⅲ	4.0～4.5	2.70	4.6	0.23	0.60	0.48	3000～3500	10^{-5}
云母石英片岩夹绿泥石石英片岩	Ⅲ	3.8～4.5	2.72	4.5	0.26	0.15	0.41	2500～3000	10^{-4}
钙质片岩	Ⅱ	4.5～5.0	2.73	5.55	0.22	0.12	0.45	4000～4500	10^{-3}
绿泥石石英片岩	Ⅲ	3.0～3.8	2.71	4.0	0.28	0.08	0.35	2000～2500	10^{-4}

构面产状为主要划分依据，同时考虑了隧洞洞径、断面形态以及洞室埋深等因素，进行围岩类别划分。

根据施工开挖揭露的地质情况，实际围岩类别与前期相比有所变化，Ⅱ类围岩减少，Ⅲ、Ⅳ类围岩增加，无Ⅴ类围岩，详见表4-5-5、表4-5-6。

表4-5-5　　　　引水隧洞施工期围岩分类统计

桩号 起始	桩号 终止	岩性	洞室长度/m	围岩类别	工程地质条件
6+725	6+803	Pt^{a10}钙质片岩	867	Ⅱ	洞室埋深40～428m，围岩微风化—新鲜，中硬岩，片理结合紧密，裂隙不发育，岩体较完整，局部渗、滴水，片理走向与洞向夹角0°～40°，围岩基本稳定，成洞条件较好
6+930	7+245				
8+435	8+695				
8+838	8+925				
9+435	9+480				
9+645	9+727				
0+000	0+116	Pt^{a4}云母石英片岩、Pta5云母石英片岩夹绿泥石石英片岩、Pt^{a6}云母石英片岩、Pt^{a7}云母石英片岩夹绿泥石石英片岩 Pt^{a8}云母石英片岩和钙质片岩、Pt^{a9}云母石英片岩、Pt^{a10}钙质片岩、Pt^{a11}云母石英片岩	9052.5	Ⅲ	洞室埋深大多大于100m，最大埋深703m，隧洞进口段及3号冲沟段（7+260～7+300）埋深小于25m；围岩主要为微风化—新鲜，中硬岩或中硬岩夹软岩，片理结合较紧密——一般，岩体较完整—较破碎，桩号0+000～7+322部分洞段渗、滴水，局部线流，片理走向与洞向交角0°～40°；围岩整体较稳定，由于应力释放或裂隙片理组合，右侧拱弧部多见掉块、顺层剥落或小规模塌落现象，成洞条件一般
0+151.5	0+500				
0+525	0+590				
0+625	1+066				
1+242	1+390				
1+400	1+490				
1+502	1+680				
1+835	1+904				
1+960	1+980				
2+000	2+145				
2+278	4+653				
4+711.5	4+986				
5+005	5+296				
5+352	5+976				
6+013	6+110				
6+240	6+565				
6+592	6+725				
6+803	6+930				
7+245	7+786				
7+840	8+435				
8+695	8+719.5				
8+925	9+319				
9+400	9+435				
9+480	9+645				
9+727	10+820				
10+838	10+930				
10+990	11+235				

续表

桩号 起始	桩号 终止	岩性	洞室长度/m	围岩类别	工程地质条件
0+116	0+151.5	Pt^{a4}云母石英片岩、Pt^{a5}云母石英片岩夹绿泥石石英片岩、Pt^{a7}云母石英片岩夹绿泥石石英片岩、Pt^{a8}云母石英片岩和钙质片岩、Pt^{a9}云母石英片岩、Pt^{a10}钙质片岩、Pt^{a11}云母石英片岩	1708.4	Ⅳ	隧洞穿1号、2号、4号冲沟段（1+153～1+184、6+110～6+205、9+330～9+370）及出口段（11+235～11+627.9）洞室埋深一般小于50m，最小埋深11.5m，其余洞段埋深多大于100m，最大埋深600m；围岩弱风化—微新，中硬岩或中硬岩夹软岩，片理结合一般—较差，岩体较破碎，桩号0+000～7+322大部分洞段渗、滴水，局部线流，绿泥石石英片岩遇水软化较明显，片理走向与洞向交角0°～40°；围岩稳定性较差，受应力释放、裂隙片理组合及地下水作用，洞顶塌落现象较普遍，成洞条件较差
0+500	0+525				
0+590	0+625				
1+066	1+242				
1+390	1+400				
1+490	1+502				
1+680	1+835				
1+904	1+960				
1+980	2+000				
2+145	2+278				
4+653	4+711.5				
4+986	5+005				
5+296	5+351				
5+976	6+013				
6+110	6+240				
6+565	6+592				
7+786	7+840				
8+719.5	8+838				
9+319	9+400				
10+820	10+838				
10+930	10+990				
11+235	11+627.9				

表4-5-6　　　　前期与施工期围岩分类对比

建筑物 \ 段长/m \ 围岩类别		围岩类别 Ⅱ	围岩类别 Ⅲ	围岩类别 Ⅳ	围岩类别 Ⅴ
引水隧洞	前期	3112	8018	402.9	95
	施工期	867	9052.5	1708.4	—
压力管道	前期	—	780.9	—	—
	施工期	—	328.4	86.1	366.4

三、施工方法与支护效果

隧洞掘进施工主要采用钻爆法分两次开挖完成，先开挖设计断面的3/4，最后采用钻爆和机械挖掘相结合的方法挖底成型。出渣采用装载机结合小型卡车运送。

围岩多为薄层结构岩体，片理走向与洞向交角普遍不大，片理倾角多在40°～60°。由于较为特殊的地层岩体结构，片理结合程度对围岩稳定性影响较大，地下水又会弱化片理间的结合。由于片理与裂隙组合及应力释放，在开挖过程中围岩多表现为右拱弧部（岩层反倾侧）的顺层剥落或弯曲折断破坏，左壁则相对稳定；一些洞段发育与片理走向相近而倾向相反的裂隙，受该组裂隙与片理组合洞顶出现塌落。虽然多数洞段对右拱弧或整个拱弧采取了喷锚或喷护措施，但由于支护不及时、支护与开挖间隔时间较短以及岩体强度较低等因素，塌方较多，并多次出现二次塌方现象。

混凝土衬砌完成后，顶拱120°进行了回填灌浆，全断面进行了固结灌浆。

第二节 印度海代尔引水隧道

一、工程地质概况

印度的海代尔（Maneri hydel）水电站引水隧洞全长8.56km，成洞直径4.75m，工程位于恒河的支流巴吉拉蒂，设计落差为184m，设计发电能力80MW。工程从四方同时施工，一处位于上游末端Maneri，两处位于中段Heena，最后一处靠近Uttarkashi镇隧道穿过区域的地层情况见图4-5-2。

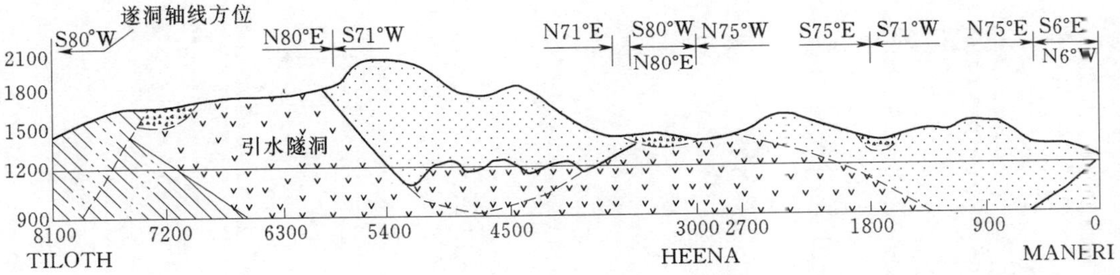

图4-5-2 海代尔引水工程隧洞剖面图

隧道工程区所揭露的岩石主要有石英岩、绿泥石片岩、千枚岩，单轴抗压强度在5～35MPa。在工程区域的东北及东部，岩石（Maneri以东4.5km）主要受Main Central挤压力影响而形成。工程区域的南部及西南部，属于坚德布尔组。

施工期间，k5+250～k5+550薄层状绿泥石片岩洞段，埋深700～900m洞段，发生了严重的大变形（见图4-5-3）。

二、围岩支护措施及效果

隧道初期支护为钢拱架（断面150mm×150mm）加回填混凝土，钢拱间距0.8～1.0m。开挖和初期支护期间均未发生明显变形问题，但5～6个月后，初期支护混凝土开裂，钢拱架发生严重变形。为遏制上述洞段的拱架变形，为每根钢拱加设了仰拱支架，并采用断面为150mm×75mm的型钢对钢拱架进行纵向加固，这种处理措施暂时控制了围岩变形。三年以后，当要进行永久衬砌施工时，该洞段的大部分钢拱架再次发生严重变形，隧底隆起80cm，扭曲的钢拱架和回填混凝土已经侵入限界，不得不被完全拆除扩挖。支护采用的仍然是150mm×150mm的型钢钢架，只是钢拱架间距加密到0.75m。在此过

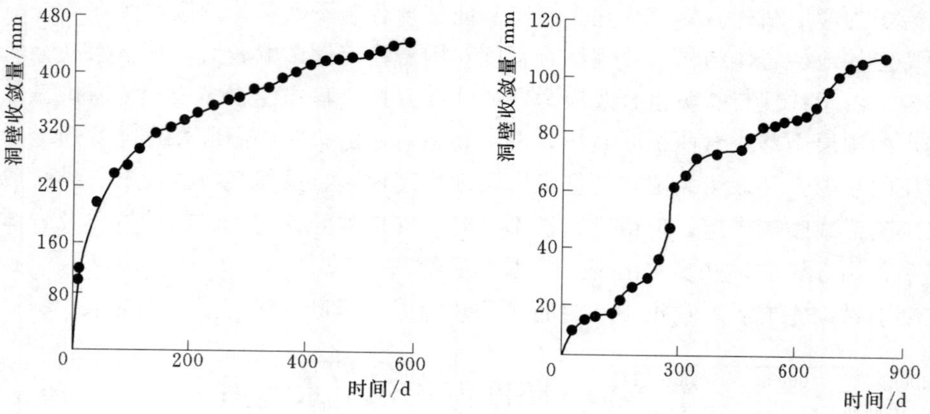

图 4-5-3 施工期变形监测结果

程中，k5＋509 附近的 8m 洞段首先采用直径 40mm 的钢棒构成超前支架，钢棒间距 0.3m，然后对支架上方松散围岩在 0.5MPa 压力下进行灌浆处理，期望在拱顶形成一个固结环，灌浆过后，设置 150mm×150mm 间距 0.6m 的钢拱架。

第五篇

环境水土腐蚀性对隧洞结构物的影响

第一章

绪 言

第一节 环境水腐蚀性概述

自然环境是一个复杂的物质体系，由各种性质不同的环境介质组成。随着现代化事业和基本建设的迅猛发展，自然环境受到的各种破坏以及环境介质对工程建设的侵害已越来越引起人们的重视。

钢筋混凝土结构具有取材容易、价格低廉、坚固耐用等特点，它已成为现代生活中最普遍的建筑结构。据冶金建筑研究总院洪乃丰的资料，钢筋混凝土结构是世界上最庞大的建筑材料和结构形式，它的耐久性关系到建筑工程的安全与稳定。其耐久性的影响因素有材料、设计、施工、使用、管理、维护等众多方面，更有其使用环境中的众多因素。环境因素是影响结构耐久性的核心因素，其中的腐蚀因素被认为是主要乃至第一位的影响因素。

统计数据表明，腐蚀所造成的经济损失一般可达国民经济总产值（GDP）的2%～4%。如欧洲约为3%，美国和澳大利亚均为4.2%，而波兰则为6%～10%。我国尚缺乏严格的统计数据，若按GDP的2%～4%推算，每年的腐蚀损失可达1800亿～3600亿元。值得注意的是，按照国外的统计，基础设施、特别是钢筋混凝土腐蚀所造成的损失占据了腐蚀损失相当大的比例。随着建筑物的老化和环境污染的加重，钢筋混凝土的腐蚀已成为一个世界性的严重问题。前苏联工业建筑腐蚀造成的损失每年可达固定资产的16%。美国标准局（NBS）的调查表明，美国于1975年、1995年的总腐蚀损失分别为700亿与3000亿美元，其中与钢筋腐蚀有关的分别占40%与50%，分别为280亿与1500亿美元。美国于20世纪60年代建造的公路桥至20世纪70年代已有数万座处于失效状态，仅桥面板和支撑结构的腐蚀破坏估计每年损失1.65亿～5.00亿美元。佛罗里达1900km长的海岸线有3000多座桥梁的下部结构在建成以后的12～15年就需要维修，维修费用估计每年为3000万～5000万美元。1989年美国运输部门给国会的一份关于美国公路与桥梁状况的报告中指出，美国60万座路桥由于“盐害”，已经有半数以上遭钢筋腐蚀破坏或承载力不足、必须修复或重建，修复费高达1550亿美元，是这些桥梁初建费用的4倍！用4座桥的费用维持一座桥的事实深刻地教育了人们，不重视“耐久性”、对环境长期的腐蚀作用认识不足或措施不力，将造成长远的、巨大的经济损失！

在英国，许多现代公路、公用与商业用钢筋混凝土结构是20世纪60～80年代建造的。因为除冰盐透过沥青防水层和2～3cm厚的混凝土保护层到达钢筋一般要10～20年，所以，钢筋腐蚀引起混凝土结构的严重破坏发现得比美国晚。但是近几年，这个问题正日益突出：英格兰岛的中环线快车道上有11座高架桥（全长21km），1972年的总建造费用是2800万英镑。由于冷天撒盐除冰，两年后就发现钢筋腐蚀使混凝土胀裂。到1989年的15年间，修补费已经达到4500万英镑，为造价的1.6倍！英国建筑工业年成交额为500亿英镑，而现在因腐蚀破坏，钢筋混凝土结构年维修费已达5.5亿英镑，已成为英国的一个沉重负担。

日本和英国一样，由于骨料资源缺乏而广泛地使用海砂，因而引起混凝土钢筋锈蚀的问题比较严重。冲绳地区177座桥梁和672栋房屋调查表明，桥面板肋梁损伤率达到90%以上。

在我国，混凝土与钢筋的腐蚀引起结构破坏的损失究竟有多大？耐久性问题究竟有多严重？我国钢筋混凝土结构规范组1978年的一项调查表明，在一般环境下有40%的工业、民用建筑中的混凝土结构已碳化到钢筋表面，而在较潮湿的环境下90%的构件已经锈蚀。钢筋混凝土结构的设计寿命一般要求为40～50年，有的为上百年。而处在腐蚀环境中的建筑的实际寿命远达不到设计寿命要求。有的建筑15～20年就出现钢筋锈蚀破坏，有的甚至不足5年就需要进行修复。

我国基础设施的腐蚀破坏以沿海最为明显，有些码头、桥梁使用3～10年就要修复。1981年调查的华南18座仅使用7～25年的海港钢筋混凝土码头中，因水灰比大（0.65左右）或施工质量差遭到腐蚀破坏的占89%。我国台湾省的澎湖大桥使用7年开始修复、17年推倒重建，这仅是桥梁不耐久造成损失的个例。北京、天津等城市的许多立交桥虽然使用时间还不长，而北方撒盐融冰的危害也已经显露出来：北京三元桥建成不到两年就出现人字形纹而不得不进行大修，北京西直门桥使用19年就腐蚀严重，东直门桥等数座桥也因“盐害”严重而不得不作修复、加固处理；哈尔滨—大庆公路在建成5年后，混凝土就出现异常的顺筋胀裂、剥落和层裂。连云港某码头使用不到3年、湛江某码头使用不到4年、宁波某码头使用不到10年，也均出现梁架顺筋开裂，并着手修补。

以上事例与数据反映了混凝土与钢筋腐蚀危害之大和日益加剧的严重态势大大超出人们意料。目前我国正处于建设高潮和高峰期，政府也认识到“可持续发展”的深远意义。国务院在2000年就颁布了针对《建设工程质量管理条例》的279号令。该条例规定：“设计文件应符合国家规定的设计深度要求，注明合理使用年限”，“建设工程实行质量保修制度，基础工程设施最低保修期限为建设文件规定的该工程的合理使用年限”。279号令实际上是贯彻实施基础设施工程的“全寿命责任制”。

因此，开展调查、评价并防治腐蚀、提高建筑结构的耐久性以降低腐蚀损失、延长工程寿命等课题的研究已经是刻不容缓和必不可少。

输水隧洞作为隐蔽工程，长期与地下水、场地土介质接触。由于建筑物混凝土、钢筋、钢结构的腐蚀现象往往不易被发现，加上调查起来又比较困难，因此对它的报道远远少于上部结构的腐蚀事例。但这并不能说明建筑物腐蚀现象不存在或不严重。一般认为，由于场地水土的化学腐蚀成分交替速度往往要比地表大气介质的缓慢，因而它的腐蚀也就相对比较缓慢，且不易被人们所察觉，即所谓“潜移默化”。一旦发现腐蚀，治理起来则远比上部结构复杂，腐蚀破坏后果也往往是毁灭性的。因此研究水、土腐蚀对混凝土与钢结构的腐蚀机理、评价方法，以使腐蚀性评价更科学更准确、防腐设计更安全更合理。这无疑对延长工程使用寿命具有重大意义。

第二节　环境水腐蚀性研究目的

基于宁夏回族自治区严重缺水的现状以及可持续发展的需要和城市化建设的进程加快，宁夏回族自治区政府第108次常务会议审议通过了《宁夏水利发展“十二五”规划》。未来5年“水”规划中最引人关注的是，宁夏回族自治区将建立由45个重点课题组成、总投资达320亿元的水利项目库，“十二五”期间宁夏回族自治区水利投资总额将是“十一五”的3.4倍。

宁夏固原地区（宁夏中南部）城乡饮水安全水源工程沿线存在不同程度的腐蚀性水土，其SO_4^{2-}离子含量普遍偏高，部分地段达到强腐蚀程度，并具有成因复杂、腐蚀介质多样，以及影响因素多变等特殊性。水土腐蚀容易造成结构物破坏和隧洞支护失效，除造成供水中断外，还会引起环境问题和财产损失。水土腐蚀性成为地下工程急需解决的关键技术问题。

通过研究，查明宁夏中南部地区腐蚀性水土的形成原因、时空分布与变化规律，掌握该地区水土腐蚀作用的机理、影响水土腐蚀作用的主要因素以及对混凝土结构和钢结构的主要危害，并据此确定针对性的对策措施。由于抗硫酸盐水泥造价高，通过试验研究采取普通水泥掺用粉煤灰、矿粉和抗硫剂等材料，减少抗硫酸盐水泥用量或用普通硅酸盐水泥替代抗硫酸盐水泥，降低工程造价。

查明输水隧洞沿线水土腐蚀特性，提出结构抗腐蚀措施建议，为宁夏中南部地区供水工程设计、施工和安全运行提供科学依据，并在宁夏地区类似工程中推广应用。

第三节　国内外研究动态和水平

一、国外研究情况

在国外，水对混凝土的腐蚀很早就引起了人们的注意。早在1812年，维卡首先发现了海水中的硫酸镁对混凝土的腐蚀，此后德、法、英、日本、苏联等先后在实验室及室外进行了大量研究和试验。

1940年，T. E. Stanton首次发现了碱-骨料反应。苏联的B. B. 金德（1959）最早将混凝土的腐蚀系统地划分为硫酸盐侵蚀、镁盐侵蚀、碳酸盐侵蚀、泛酸型侵蚀与溶出型侵蚀。B. Isecke（1982）、J. Lloyd（1985）等认为，钢筋锈蚀产物的体积增大约2.5倍，产生的膨胀力足以使混凝土保护层开裂，给侵蚀介质的进入提供了有利的条件，从而造成钢筋锈蚀的进一步加剧。Hausmann等（1967）的试验研究结果表明，在混凝土的液相中，当浓度比值为$Cl^-/OH^- > 0.61$时，钢筋开始锈蚀，并以此作为Cl^-腐蚀钢筋的“临界值”。Gouda认为，Cl^-的临界浓度与OH^-浓度之间的关系为$pH = 0.831g[Cl^-] + KC$（K为常数）。Cornet和Schikorr的实验研究表明，由于SO_4^{2-}的去钝化作用致使混凝土中的钢筋发生强烈腐蚀。Moringa（1999）、Tuutti（1997）、Uhlig（1985）等研究了温度对钢筋腐蚀速度的影响，Moringa 在试验研究的基础上得出了包含温度、相对湿度与氧气浓度因子的钢筋碳化腐蚀速度模型。J. A. Costello（1969）与 R. L. Starkey（1958）等对细菌腐蚀钢筋的机理作了大量深入的研究。R. A. King（1974—1989）等对海底土的腐蚀性做了大量的研究。G. Ziad（1994）、N. S. Berk（1985）、S. Nishibayashi（1988）、A. M. Rosemberg（1977）等先后对高效且经济的钢筋缓蚀剂——亚硝酸钙的缓蚀机理、性能及影响做了较详尽的研究。1973 年，美国首次将阴极保护技术成功应用于加州圣克拉蒙市的内华达山区 50 号公路 Sly 桥的桥面板上。近 20 年，仅在北美就有约 600 座钢筋混凝土结构安装了阴极保护系统。

因为腐蚀，对高强度钢筋混凝土也提出了耐久性问题。在美国的“全寿命经济分析法”（Total Life Cycle Cast Analysis 或 LCCA）的催生下，20 世纪 90 年代初提出了高性能混凝土（High Performance Concrete 或 HPC）的新思路。其特征是根据固体堆积理论能保持很高的强度；通过掺超细高炉矿渣粉、优质粉煤灰等活性材料和高效减水剂等，在低水胶比的条件下仍有良好的施工性和整体密实性，从而达到耐久性的目的。HPC 早已应用于英吉利海峡跨海隧道、日本明石跨海大桥的两个主桥墩和加拿大金布洛克步行桥等工程中。相比之下，我国这方面与西方还存在一定的差距。

西方国家对建筑工程的使用寿命与耐久性问题十分重视，颁布了许多重要的法律、法规及技术标准。美国第 2893 号政府令《联邦基础设施投资原则》明确要求，工程项目的投资成本包含整个使用寿命期内的一切费用。美国联邦公路局（THWA）在 1994 年发布《关于实施全寿命经济分析法（LCCA）》的政策声明，凡联邦和地方联合管理的基础建设项目的投资评估均执行“全寿命经济分析法”。日本清水株式会社研究所提出一种对建筑物进行耐久性综合评价的方法，这种方法通过三次调查进行综合评价，避免人为因素的影响，结构严密、条理清楚。

由于西方国家的工业化远远早于我国，因此他们对建筑结构的腐蚀机理、腐蚀测试与评价、腐蚀的防治等方面的研究都先进于我国，他们的研究经验与成果值得我们借鉴。我国《岩土工程勘察规范》（GB 50021—2001）中有关腐蚀性评价方面的规定在诸多方面参考甚至直接引用了外国的部分成果，如表 12.2.4 的水与土对钢筋混凝土中钢筋的腐蚀性判断标准，即直接引自苏联的《建筑物防腐蚀设计规范》（СНИП2－03－11－85）；表 12.2.5－1 与表 12.2.5－2 的水与土对钢结构的腐蚀性判断标准，参考了德国的 DIN50929（1985）、苏联的 ГОСТ9.015—74（1984 年版本）和美国的 ANSI/AWWAC105/A21.5—82 等标准。

二、国内研究情况

在我国，对水土腐蚀的研究尽管开展得晚一些，但通过许多科技工作者的不懈努力，也取得了可喜的成果，有些成果还处于国际领先水平。

1. 钢筋、钢结构腐蚀机理与防治方面

一般认为，钢材的腐蚀属于电化学腐蚀，有时还会发生化学腐蚀、生物化学腐蚀。梁晖（2000）、刘传明（2002）、陈树深、赖春晓、陈合成等（2003）、蔡应桃、王卫英等（2003）、张志军（2002）等全面探讨了控制钢筋混凝土的腐蚀机理与防护措施。潘琳（2005）、洪乃丰（2002）、葛燕等（2005）、潘永灿等（2000）、杨卫东等（2003）、张文渊

(2002、2003) 等探讨了海洋与近海环境下的海水、海砂、盐渍土等水土对钢筋混凝土与钢材的腐蚀机理与防腐对策。孙成 (2000) 等的实验表明，由于 SO_4^{2-} 的去钝化作用致使混凝土中的钢筋发生强烈腐蚀。而刘晓敏等的实验发现，在有 Cl^- 存在时，硫酸根反而具有缓蚀作用。王强 (2001) 将土的物理化学性质对金属腐蚀的影响因素归纳为含水量、含氧量、含盐量、细菌、有机质、pH、氧化还原电位、电阻率、密实度和温度等方面。左勇志等 (2003) 通过分析钢筋混凝土中钢筋碳化腐蚀的机理及主要影响因素，并通过对多分文献中温度对碳化引起钢筋腐蚀的影响研究进行对比和分析，建立了考虑温度对钢筋碳化腐蚀影响的腐蚀速度近似计算公式。陈友治等 (2001) 研究了钢筋混凝土在 CO_2、H_2S、HCl、SO_2 等共存的酸性介质中的腐蚀行为，结果表明：混凝土的酸性化使水泥主要水化产物及其微观结构发生变化，同时失去钢筋碱性保护层的作用，但水泥混凝土对含 Cl^- 的侵蚀性介质固化能力较强，大大延缓了它们穿透保护层达到钢筋表面对其进行腐蚀的进程。芮龚 (2001) 分析了经济而高效的低聚合度硅氧烷防尘处理剂在钢筋混凝土中的防腐优势。梁晖 (2000) 讨论了亚硝酸钙用作缓蚀剂的众多优点。陈树深介绍了运用有机高分子材料修复遭受深度腐蚀破损钢筋混凝土的技术。潘永灿等 (2000) 的实验证实，采用水泥、石灰、粉煤灰、磷石膏与土按一定的比例混合制成的人工土包围金属结构，可以降低腐蚀作用。杨卫东等 (2003) 通过钢筋与钢筋混凝土 (①常规，②掺 3%NaCl，③掺 3%NaCl 与 3%CR 系列高性能钢筋阻锈剂) 的常规浸泡与冷热干湿循环腐蚀试验，据测得的电位值认为，有 CR 系列钢筋阻锈剂参与的所有钢筋均无腐蚀发生。任晓云等 (2002) 设想用高强度的非金属材料代替钢筋，如用玻璃纤维、碳素纤维强化后的塑料来替代钢筋。葛燕等 (2005) 提出了用电化学脱盐法控制钢筋混凝土中的盐量以达到治理腐蚀的目的。张志军 (2002) 经过对热喷涂锌的对比试验表明，热喷涂锌阴极保护技术很适合于钢筋混凝土的防腐蚀。我国已于 1991 年颁布了《钢筋阻锈剂使用技术规程》，并于 1998 年进行了修订，代码为 Y/T9231—98。对于阴极保护技术，我国目前只开展了一些室内试验研究和现场试验，尚缺乏正式的工程应用。

2. 钢筋、钢结构腐蚀试验、监测与评价方面

牛耀玉等 (2002) 将不同养护温度、时间下制备的混凝土与钢筋组合，进行了有电流作用下的腐蚀测试，用法拉第电解定律 (电流强度) 评价钢筋腐蚀强度，得出了钢筋腐蚀强度随环境温度升高而增大的结论。季明棠等 (1998) 在室内模拟钢材在海底土的腐蚀环境进行钢材的腐蚀试验，提出了温度、电阻率与硫酸盐含量对钢材腐蚀速度的影响模式。钢筋混凝土中钢筋腐蚀的较先进监测方法有电化学法与光纤传感系数法。前者包括交流阻抗法、表面电位法 (电位图法)、电位梯度法、极化曲线法、线性极化法与恒电流脉冲技术等方法；后者因其耐腐蚀、抗强电磁干扰、耐高温、集信息传感与传输于一体等优点而受到人们的关注。P. L. Fuhr 等人还研制了基于测量 Cl^- 浓度的光纤传感技术。据文献，钢筋腐蚀速度或等级的监测系统还有试验导管、嵌入的试验试件、参照电极与腐蚀速度针等。陈友治等 (2001) 通过酸度计、化学分析和 SEM (电子显微镜扫描)、XRD (X-Ray 衍射)、EDS 等微观综合测试，研究了钢筋混凝土在 CO_2、H_2S、HCl、SO_2 等共存的酸性介质中的腐蚀行为。

3. 混凝土腐蚀机理与防治方面

一般认为，混凝土的腐蚀属于物理腐蚀与化学腐蚀。白玉华等（1997）讨论了人为因素对地下水腐蚀性的影响，认为人为因素对地下水的腐蚀性影响不容忽视。韩同春等（1997）从热力学原理出发讨论了混凝土的腐蚀条件，并据此认为："单据某种离子浓度来判断其对混凝土的侵蚀性是片面的"。周鑫玉等（2004）用热力学理论解释了碾压混凝土的分解型腐蚀机理和工程实例，并通过渗透对比试验研究了掺入剂对混凝土耐久性的影响。戴剑锋等（2002）分析了盐湖地区混凝土的腐蚀机理后提出利用聚合物混凝土防腐的措施。

李乃珍等（1998）多种试验方法的研究结果表明，抗海水水泥能抵抗 SO_4^{2-}、Mg^{2+}、Cl^- 的浓度分别为 40000mg/L、10000mg/L、90000mg/L 的单离子溶液与三种离子同浓度共存的环境水、海水、卤水以及盐类析晶的腐蚀破坏。并利用 XRD、SEM 与压汞测孔法研究了水泥的水化过程及其耐腐蚀的机理，认为该种水泥石的致密结构、低孔隙率起决定性作用，环境水中的 SO_4^{2-} 与水泥石中的 Ca^{2+} 形成 CSH_2（石膏）先期有破坏作用，后因不能渗入内部与 $Mg(OH)_2$ 共同沉积在表面而最终起到防蚀作用。杜洪彦（2001）等对混凝土腐蚀的新型防护方法作了归纳。詹树林等采用有限元法计算机模拟冶金车间高温高压环境对混凝土的腐蚀试验后认为，掺入 30%矿粉可提高混凝土力学性能 20%以上、掺入 20%聚醋酸乙烯可提高砂浆黏结强度 30%以上。张洪运等（1997）将 ZVA 型界面剂、PEL 型与 TH911 型防腐涂料成功地运用于天津北环线铁路桥混凝土桥墩的修补中。中铁十四局用掺入外掺料Ⅱ级粉煤灰与外加剂 SRA－1 型混凝土防腐剂的"双掺"技术成功地解决了渝怀铁路武隆隧道混凝土衬砌的地下水硫酸盐腐蚀问题。张锋（2002）等分析了通过外掺 SRA 防腐剂与内掺粉煤灰用普通硅酸盐水泥生产的抗硫酸型混凝土的防腐机理。钱让清等（2003）列举了 HG－Q－K 抗腐蚀气密性水泥用于华蓥山公路隧道的成功例子。陈晓东（1998）分析了丙烯砂浆与氯丁砂浆在甘肃盘道岭隧洞混凝土的硫酸盐腐蚀缺陷修补中联合使用的良好效果。刘刚（2005）等介绍了用 TPEI——乳液砂浆修复某滨海电厂因海洋大气环境 CO_2、Cl^- 腐蚀钢筋混凝土结构的实例。高福聚等（2000）通过试验，提出了滨海盐渍土地区因毛细水上升、盐分结晶而导致建筑物"泛碱"的维修、治理与防护的措施包括堵塞、切断、疏导、遮蔽、修复与更换等，其中包括地基注浆隔离。蒋钰鹏（2005）通过腐蚀对比试验讨论了酸性地基水、养护温度、养护时间对抗硫酸盐水泥混凝土与不同矿粉掺入量（30%与 40%）的普通硅酸盐水泥混凝土的力学强度的影响，认为当矿粉掺入量过高时混凝土的早期强度较低而致使其抗酸性腐蚀能力较低。据王泽（2002）介绍，朔黄铁路特大桥桥梁墩台及钻孔桩混凝土工程的环境具有 Cl^-、SO_4^{2-}、Mg^{2+} 叠加的结晶分解复合类强腐蚀，经过对比试验，最后成功地用普通硅酸盐水泥、外加 UNF－5 高效减水剂配制混凝土替代了产家少、供货难的抗硫酸盐水泥。

4. 在混凝土腐蚀试验、监测与评价方面

评价的标准有《水泥抗硫酸盐侵蚀试验方法》（GB 746—65）将分别浸泡于腐蚀液和淡水中一定时间的混凝土试块的抗折强度比称为腐蚀系数（记为 Ft，t 为浸泡时间）用于评价腐蚀性；抗海水水泥企业标准附录 A——《抗海水水泥抗硅酸盐侵蚀试验方法》（Q/STSJ 09—1997），它仅对 GB 746—65 中的试块尺寸作了修改；《水泥抗硅酸盐侵蚀快速试验方法》（GB 2420—81）将养护箱养护 28 天、50℃水养护 7 天、常温条件下浸泡腐蚀液 28 天，求出与淡水养护试块的抗折强度比，称为抗蚀系数 K，用于评价腐蚀性；《水泥胶砂强度试验方法》（GB 177—1985）求出腐蚀溶液中不同龄期试块与相应淡水中龄期试块的强度比 K，以分析腐蚀的时间效应。

北京建筑工程学院通过试验研究和工程调查，提出混凝土碳化程度的测定原理及混凝土碳化的数学模型，并用酚酞试剂和 X 射线测定混凝土碳化程度。由于混凝土碳化引起的结构耐久性失效具有明显的模糊性，曹丹盈等用模糊数学方法对混凝土因碳化耐久性失效的概率作了初步分析。由杨卫东等（2003）通过混凝土在淡水中的浸泡对比试验得出了“在水泥中掺加粒化高炉矿渣后，能较显著提高混凝土的抗软水溶析能力”的结论。张文渊（2002、2003）用回弹仪与酚酞试液分别对淮海农场的水工结构物的腐蚀程度与深度进行了测试，并介绍了用 SA 改性水泥砂浆修补水工混凝土的成功实例。

5. *在钢筋混凝土结构耐久性评价与使用寿命预测方面*

在钢筋混凝土耐久性评定方面，国内外学者进行了某些研究。

通过层次分析法，用模糊数学、模式识别、机器学习等方法，结合专家经验提出一种通用的模糊评估法。清华大学李清富等在影响混凝土结构耐久性预评估的主要因素及建立评估模型等方面进行了初步研究。冶金部建筑研究设计总院从十个方面对以腐蚀为主要特征的钢筋混凝土结构耐久性进行评价。在钢筋混凝土使用寿命预测方面，刘西拉从理论上对混凝土中钢筋腐蚀的电化学过程进行了定量分析和描述，提出了构件腐蚀的物理模型，使定量计算结构的耐久性成为可能。王明贤等在试验研究与对工程实例分析的基础上，提出了判别混凝土构件剩余寿命的两个标准，以混凝土出现顺筋裂缝为耐久性失效标志，对一般大气条件下的钢筋混凝土构件剩余寿命进行预测。惠云玲对钢筋腐蚀耐久性损伤与构件承载力可靠性等的关系进行了分析，提出混凝土结构中钢筋腐蚀耐久性寿命评估和预测方法。

孙成等（2000）提出，进行钢筋混凝土耐久性的多因素研究、简便易行的耐久性评价体系与准确高效的腐蚀检测技术的研究是今后的腐蚀性研究方向。

SO_4^{2-} 对钢筋的作用、钢筋腐蚀的 Cl^- 临界浓度与 pH 值的关系等仍有争议的深层次问题也是必须尽快解决的问题。

我国也已分别于 1999 年与 2002 年两次将“场地水、土腐蚀性的调查测试与评价（方法）”纳入了《岩土工程勘察规范》（GB 50021—94）与《岩土工程勘察规范》（GB 50021—2001）及《工业建筑防腐蚀设计规范》（GB 50046—95），2009 年《岩土工程勘察规范》对水土腐蚀章节进行了修订。水利水电工程也于 1999 年及 2008 年先后将环境水腐蚀性评价标准列于《水利水电工程地质勘察规范》（GB 50287—1999 及 GB 50487—2008）之中。

第四节 研究的主要内容和方法

主要研究内容和方法包括以下几方面：

（1）通过资料收集，全面了解国内外关于混凝土结构水土腐蚀方面的研究成果和工程经验与教训。

(2) 通过现场调查、试验和测试等工作，查明工程区不同区段腐蚀性水土的类型、腐蚀程度、成因、时空分布和变化规律。

(3) 研究混凝土水土腐蚀作用机理，分析腐蚀作用下隧洞混凝土衬砌结构、混凝土输水管道宏观、微观结构和物理力学性质变化趋势。

(4) 查明水土腐蚀对隧洞混凝土衬砌结构、混凝土输水管道的主要危害，查明主要控制和影响因素。

(5) 确定适于本工程的水土腐蚀性试验测试项目与评价标准。

(6) 依据混凝土抗侵蚀试验，提出满足工程要求、经济合理的水泥材料、掺和料、配合比及施工方法。

(7) 综合调研、试验测试等成果，提出防治水土腐蚀危害的主要对策措施。

第二章

水土腐蚀对隧洞的危害机理分析

第一节　水土腐蚀对隧洞的危害实例

一、312 国道六盘山隧道

312 国道六盘山隧道位于宁夏回族自治区固原县境内，隧道全长 2385m，为单洞双车道直线隧道。隧道通车后的主要病害为渗水引起的混凝土表面腐蚀和衬砌开裂，冻融循环加速了隧道衬砌的渗漏和开裂，导致变粉、脱皮等破坏，冬季渗漏结成冰柱，严重威胁行车安全。为此，工程竣工仅几年就不得不于 2000 年 4 月开始对隧道渗漏腐蚀破坏段进行返修。虽然取得了较好的效果，但只是解决了部分存在问题，未处理段混凝土破坏仍在继续。

图 5-2-1　K1863+190—K1864+245 衬砌混凝土腐蚀破坏情况
（摘自蒋卫东等.《基于六盘山隧道衬砌混凝土腐蚀破坏分析及对策》）

1. 破坏情况

根据不完全调查统计分析，六盘山隧道衬砌混凝土主要破坏模式表现有侵蚀麻坑、腐蚀疏松、掉末、剥落、裂缝渗出白色泡沫、露筋锈蚀、裂缝渗漏水、冻融加速开裂、造成混凝土脱皮、掉落，见图 5-2-1 和表 5-2-1。

表 5-2-1　　混凝土衬砌破坏情况

位　置	腐蚀破坏模式状态描述
k6+890～k6+988	拱部混凝土腐蚀严重，脱皮、掉块，裂缝周围呈白色
k6+658～k7+660	拱部混凝土开裂脱落、露筋，钢筋锈蚀
k6+963～k6+970	拱腰混凝土腐蚀，裂缝出向外喷水
k6+391～k6+467	路面被水腐蚀严重，遍布麻坑
k6+467～k6+535	二衬全周腐蚀，脱落、露筋，钢筋锈蚀
k7+630～k7+658	一衬、二衬混凝土均被腐蚀掉渣，露筋，钢筋锈蚀，混凝土变疏

续表

位　置	腐蚀破坏模式状态描述
k6＋962～k6＋982	裂缝纵向长约 20m，沿缝 V 形脱落，周边混凝土疏松
k7＋652～k7＋644	二衬腐蚀严重，多出渗漏水
k7＋467～k7＋531	混凝土脱落、露筋，钢筋锈蚀
k6＋395～k6＋450	混凝土开裂、脱落，裂缝漏水
k6＋940～k6＋975	混凝土开裂、脱落、露筋，钢筋锈蚀

注　摘自蒋卫东等.《基于六盘山隧道衬砌混凝土腐蚀破坏分析及对策》。

2. 腐蚀破坏原因分析

2006 年 4—6 月对寺口臭水泉、寺口咸水泉、张湾水库、路湾水库、盐池萌成河、路家湾桥下等水样进行了分析，试验报告见表 5－2－2。

表 5－2－2　　水质分析成果表

样口来源	pH 值	总碱度/(mg/L)	Cl^- 浓度/(mg/L)	SO_4^{2-} 浓度/(mg/L)	试验结论
寺口臭水泉	6.7	6.8	3.098	2.342	对混凝土腐蚀在Ⅰ类环境中为强腐蚀
寺口咸水泉	6.4	2.8	＞48.264	2.882	对混凝土腐蚀在Ⅰ类环境中为强腐蚀
张湾水库	8.2	8.9	20.387	2.426	对混凝土腐蚀在Ⅰ类环境中为强腐蚀
路湾水库	8.2	13.7	＞39.028	＞2.198	对混凝土腐蚀在Ⅰ类环境中为强腐蚀
盐池萌成河	8.0	4.1	6.009	1.095	对混凝土腐蚀在Ⅰ类环境中为中等腐蚀
路家湾桥下	7.7	13.5	58.950	4.228	对混凝土腐蚀在Ⅰ类环境中为严重等腐蚀
302 线 K123＋900 处苦水河	7.2	4.5	3.215	1.239	对混凝土腐蚀在Ⅰ类环境中为强腐蚀
302 线 k140＋900 处苦水河大桥下河水	7.2	3.8	3.458	1.139	对混凝土腐蚀在Ⅰ类环境中为强腐蚀

注　摘自蒋卫东等.《基于六盘山隧道衬砌混凝土腐蚀破坏分析及对策》。

六盘山隧道之所以竣工仅 3 年就因混凝土腐蚀破坏、渗漏严重而决定翻修，其主要原因是由于隧道衬砌各种裂缝都伴有地下水渗漏，甚至有射流，冬天由于管道效应结成冰柱，地面形成冰台。由于裂缝中的水结冰时体积膨胀约 9%，使裂缝变宽、变深、变长，冻融循环破坏促进了混凝土的腐蚀破坏，有的裂缝已达到钢筋位置，使钢筋局部锈蚀膨胀，产生沿筋裂缝，甚至连成片、形成网，加速裂缝的发展，反过来又促进钢筋的锈蚀，形成恶性循环，加速了混凝土的腐蚀。

二、四川某电站引水发电洞

某水电站位于四川省崇州市境内，其引水隧洞总长大于 7km，净断面为 2.6m×3.0m

的直墙拱形，混凝土衬砌厚度 30cm，强度等级 C15。1999 年 10 月—2001 年 10 月，多处洞段在历经浇筑 3～20 个月后，陆续发生腐蚀。

据现场观察，在混凝土腐蚀程度较高、特征较为明显的部位，混凝土表面分别形成 0.1～1.2m^2 面积的云朵状或不规则状的无胶凝和强度的疏松稀散物质。在局部洞段混凝土集料中，如果混有洞内岩块，这些岩块也与胶结物砂浆一起同时腐蚀，且更为严重。混凝土腐蚀由表及里，多以某一中心向四周扩散、扩展，腐蚀程度和深度则由中心向四周减弱。混凝土变质部位大多出现在隧洞底板以上 30～150cm 的边墙处，其表面多平行墙面膨胀起层开裂，稍遇外力极易脱落。在腐蚀中心部位稍深一点的混凝土则黏结物强度完全消失，饱和呈泥状，用手即可使其脱离混凝土体。混凝土腐蚀变质从表至里的深度大多在 0.2～10.0cm，若将表面的腐蚀部分清除剥离后，内部未遭腐蚀部分仍然坚硬如初，符合强度要求。混凝土腐蚀面积和深度逐渐扩大、加深的趋势十分明显，混凝土表面后期清缝和抹面处理的 1∶1 水泥砂浆凝固后的腐蚀速度更快，几乎全部泥化，见图 5-2-2。

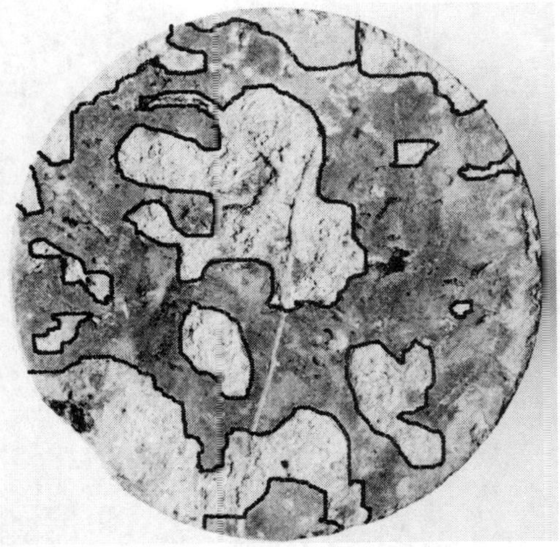

图 5-2-2　混凝土腐蚀性现象
（摘自盛东劲，霍加庆．《四川某水电站引水隧洞混凝土腐蚀原因分析及防治建议》）

对于除险加固，该工程因地制宜，主要采取了以下措施：①采用普通水泥内掺 25%～30%粉煤灰，以降低 C_3A 与 C_3S 含量，达到抗硫酸盐侵蚀的目的；②掺优质外加剂、降低水胶比，混凝土的抗渗性及密实性得到提高。中孔泄洪洞投入使用 3 年，深孔泄洪洞投入使用 1 年，表孔泄洪洞和两条引水发电洞已施工 2 年，尚未发现硫酸盐侵蚀现象。

三、西川河排洪隧洞

西川河排洪隧洞是金堆城露天矿排洪设施，隧洞全长 1148.62m，净断面 4.5m×5.8m，直墙拱形，1992 年竣工投入使用。

1. 腐蚀现象

检查发现，自隧洞进口 0+20～0+130m 底板局部出现混凝土起层剥落现象，底板边墙处地下水渗出，局部泛碱严重，呈条带状。0+500～0+700m 处衬砌混凝土表面形成了 1～2m^2 面积的云朵状无胶凝强度的松散物质（图 5-2-3）。

混凝土由表及里，向四周扩散、发展，局部墙面膨胀起层开裂，腐蚀深度为 0.2～5cm。从边墙、底板、施工缝等处见地下水涌出，渗水处红褐色絮状物渗出，混凝土表面泛碱、膨胀剥落，布满整个洞室。

2. 原因分析

（1）区内岩石渗透系数普遍较小，但坡度大，有利于地下水的径流。

（2）隧洞上游分布有鲁家沟排废场、甘家沟、小西川三个排废场，为露天矿废石及贫矿，含大量金属硫化物，以黄铁矿为主。

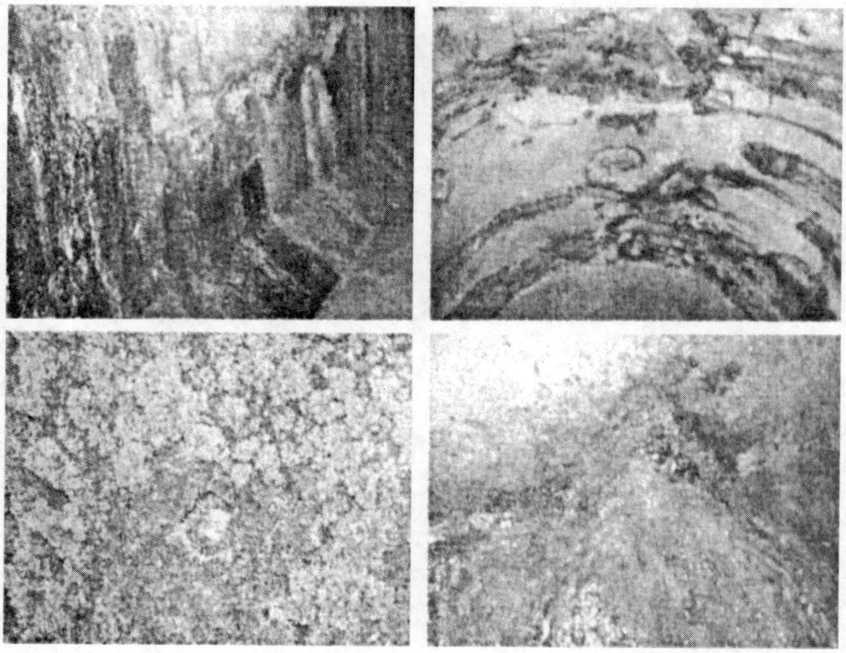

图 5-2-3 混凝土腐蚀现象

(摘自贺金刚.《西川河排洪洞混凝土衬砌腐蚀分析》)

(3) 金堆城昼夜温差较大，雨季时湿度较大，环境气候控制着地下水或潮湿土壤中的盐与混凝土之间的腐蚀过程。

(4) 河水和地下水具有腐蚀性。地下水硫酸根离子浓度大于250mg/L，局部甚至浓度高达30019.4mg/L，pH2.0，满足结晶生成石膏所需条件。另外，旱、雨季结晶和溶解作用交互发生，造成混凝土内部体积一张一弛，最终导致混凝土松软、剥落，见表5-2-3、5-2-4。

表 5-2-3　　1996 年水化学分析结果

桩号	矿化度	侵蚀性 CO_2	CO_3^{2-}	HCO_3^-	Cl^-	SO_4^{2-}	Ca^{2+}	Mg^{2+}	Na^++K^+	NH_4^+	Fe^{3+}	Fe^{2+}	pH
0+550	300.9	44.0	0	0	2.8	213.7	56.1	12.8	14.9	0.36	0.26	0.008	6.0
0+660	347.1	46.2	0	0	2.5	245.0	57.1	11.5	28.9	0.2	1.9	0.008	6.0
0+686	40514.8	0	0	0	32.3	30019.4	1002	3646.8	3456.3	48.0	2250	60.0	2.0

表 5-2-4　　2001 年水化学分析结果

取水点	矿化度	侵蚀性 CO_2	CO_3^{2-}	HCO_3^-	CL^-	SO_4^{2-}	Ca^{2+}	Mg^{2+}	Na^++K^+	pH
西川小学下	142	0	0	69.61	5.2	57.29	36.65	6.76	2.21	7.39
西川河流经废石出水点	1086	46.2	0	9.08	12.14	1069.4	141.83	77.28	214.66	5.5
隧洞出口处	338	2.18	0	57.51	5.2	210.07	66.93	25.12	1.28	6.82

四、635 水库引水发电洞

“635”水利枢纽是新疆额尔齐斯河北水南调的龙头水源工程。发电引水系统布置在左副坝，由进水闸闸井（长 24.26m）、上水平段（长 10m）、竖井段（长 42.5m）、下水平段（长 211m）以及岔管和支管组成，洞径 5.5m，混凝土衬砌厚度为 60cm，见图 5-2-4。

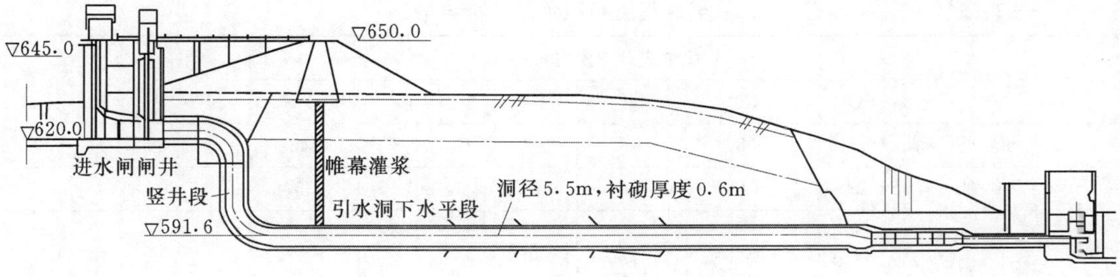

图 5-2-4　发电洞纵剖面图

（摘自邓铭江.《“635”水利枢纽发电引水洞混凝土腐蚀机理分析》）

引水洞竖井段为包括上弯段 15.7m（混凝土衬砌厚度 1.5m）、竖井段 11.13m 和下弯段 15.7m（衬砌厚度 0.6m）的钢筋混凝土结构。1998 年 9—10 月共浇筑混凝土 890m^3。混凝土的设计强度等级 C25，抗渗等级 S8。

在竖井开挖完成及浇筑衬砌混凝土之前，发现在竖井的垂直段和上弯段底部岩壁上分布有 5～20cm 宽的黄钾铁矾夹层，并有岩石裂隙水渗出，其 pH 值为 3～4，SO_4^{2-} 离子含量 8645～12487mg/L，Mg^{2+} 离子含量 2675mg/L。初步判定裂隙水对混凝土具硫酸盐腐蚀，需进行处理。处理方法为：将黄钾铁矾矿夹层表层人工凿除，洗净后用 525 号抗硫酸盐水泥砂浆进行填塞和喷护，喷护范围扩大到黄钾铁矾蚀变带两侧岩石有黄色痕迹处，喷浆厚度平均约 10cm。处理后再浇筑衬砌混凝土。

1. 衬砌腐蚀现象

1999 年 5 月在对竖井回填和固结灌浆过程中，发现衬砌混凝土多处被侵蚀，有黑黄色水流出，均处在黄钾铁矾蚀变带和断层破碎带附近，被腐蚀的混凝土内有明显的孔隙和孔洞，有棕红色腐蚀液侵入，钢筋表面锈蚀，骨料表面有黄色斑点，变酥，呈泥糊状，已无水泥胶结料，骨料间充填着棕红色泥糊状腐蚀物，腐蚀严重部位的混凝土已成为柔软而稀烂的砂石料与棕色泥状的混合物。

2. 腐蚀原因分析

Rm1 从左副坝 0+850 处向东延至引水洞进口段边坡陡坎处宽达 3～4m，并在竖井内的东西壁出露（290°NE∠70°），沿竖井自上而下变窄（由 0.5m 渐变为 0.2m）。竖井内伴随着 Rm1 还发育有 f1、f2、f3 三条子断层，断层的破碎带内为宽 3～10cm 的黄铁矿脉。Rm2 分布在左副坝 0+840 附近（280°NE∠68°），带宽 1.0～1.5m。带中物质松软破碎，局部含泥。Rm3 分布在左副坝 0+815 附近（290°NE∠80°），带宽 0.2～0.3m。蚀变带 Rm1 位于引水洞的上部，在竖井内裂隙和断层发育，裂隙水透过蚀变带渗到竖井混凝土井壁，是竖井衬砌混凝土受侵蚀的根源。

竖井段衬砌混凝土接触的侵蚀介质具有酸性，并含有高浓度的硫酸根和较高浓度的镁离子。对照现行国家标准《岩土工程勘察规范》（GB 50021—2001）关于环境水对混凝土结构的腐蚀性评价标准，竖井裂隙水的 pH 值和 SO_4^{2-} 含量均属强腐蚀，Mg^{2+} 含量接近中等腐蚀，Cl^- 含量对衬砌混凝土中的钢筋属中等腐蚀。因此，判定裂隙水为强腐蚀介质，见表 5-2-5。

表 5-2-5　　竖井围岩裂隙水质分析结果

水质取样位置	化学成分含量/(mg·L⁻¹)						矿化度/(mg·L⁻¹)	pH 值
	SO_4^{2-}	Cl^-	Mg^{2+}	Ca^{2+}	HCO_3^-	K^++Na^+		
竖井/606 处	8645	887	2675	0	2318	248	14155	4.0
竖井/614 处	12487	1775	2675	0	2318	2950	21900	3.0
下弯道 5 号侵蚀洞混凝土中	1827		195	596				4.5
下弯道侵蚀洞混凝土面	2026		8.89	679				4.6
竖井 4 号侵蚀洞	2113	1065	146	641	12.8	755	4700	4.1
下弯道 5 号侵蚀洞	5571	1056	536	641	5.1	1252	9120	3.2
竖井东北角下弯道 5 号侵蚀洞	3010	837	388	400			8980	4.2
引水洞水管溢出水	1679		8.89	606				4.5

注　摘自邓铭江.《"635"水利枢纽发电引水洞混凝土腐蚀机理分析》。

3. 竖井混凝土防腐处理措施

（1）保留已浇筑竖井混凝土，只在四周围岩上开凿成环形洞。

（2）对围岩裂隙水渗漏处采取化学灌浆堵漏，堵漏后需用聚合物防腐砂浆（如丙乳砂浆等）在围岩上整体抹上一层。

（3）在已做好的聚合物砂浆上涂有机防腐涂料。

（4）在原竖井混凝土和防腐处理过的围岩之间，浇筑密实性好的高标号抗蚀混凝土。

五、大广高速青云山隧道

青云山隧道位于大广高速公路赣定段 K112+480～K113+930，全长 1450m。该隧道经过 4 年的运营，出现较为严重的病害。

（一）病害情况

1. 裂缝和渗漏

青云山隧道 ZK112+516～ZK112+780 与 YK112+595～YK112+960，可见明显渗漏，裂缝宽度 0.1～0.4mm，长 2～7m。ZK113+200～ZK113+377 与 YK113+580～YK113+615，可见明显渗漏，裂缝宽度 0.2～0.4mm，长 2～10m，裂缝滴水。ZK113+918～ZK113+935 与 YK113+939～YK113+945，主要发育纵向与环向两个方向的裂缝，裂缝宽 0.2～0.4mm，长 2～4m，可见明显渗漏，凿开局部淌水。ZK113+933 处裂缝环向贯穿。ZK113+400～ZK113+900 与 YK113+050～YK113+560 段衬砌均存在不同程度的纵向或环向裂缝，其宽度约 0.4mm，裂缝 33 条。混凝土腐蚀现象见图 5-2-5。

2. 二衬混凝土腐蚀

青云山隧道 ZK113+300～ZK113+350、ZK113+250～ZK113+270 上部雷达图像有

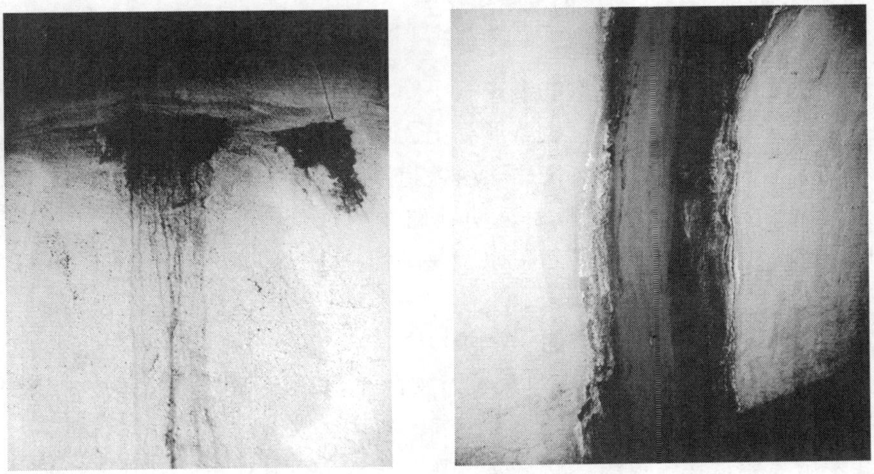

图 5-2-5 混凝土腐蚀现象

（摘自赖健莹等．《青云山隧道渗漏水处理技术研究》）

多处明暗相间强反射区，表明该段二衬混凝土水侵蚀灾害严重，已有空洞存在。

YK113＋450～YK113＋500 雷达图像有多处强反射区，表明该段混凝土不均匀，但未发现明显脱空现象，见图 5-2-6。多为地下水侵蚀造成，尤其在预埋管线附近有明显侵蚀痕迹，图 5-2-7。

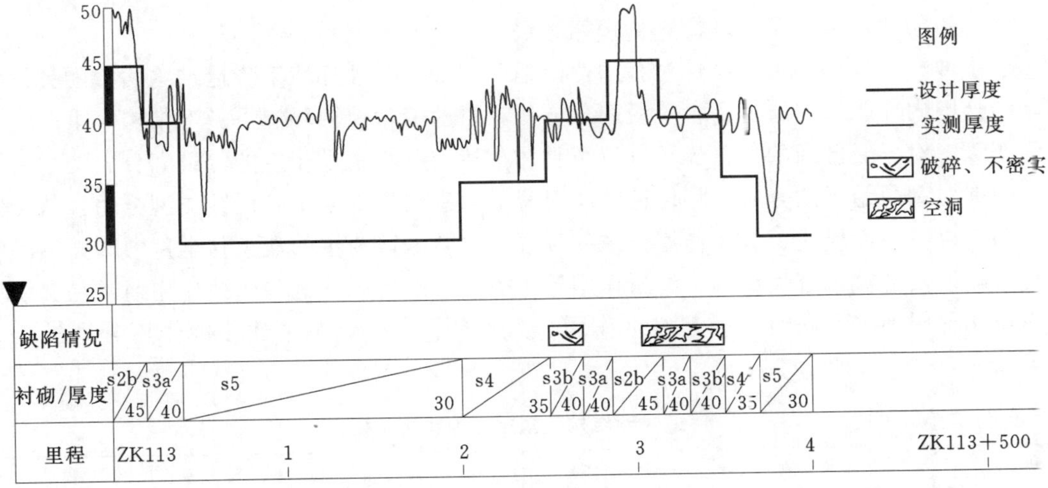

图 5-2-6 左线二衬雷达检测成果图

（二）隧道渗漏成因

（1）混凝土浇筑时水灰比过大，形成开放性毛细泌水管路。

（2）混凝土拌和物均一性不佳，混凝土质地不够均匀，水泥浆未能与骨料表面很好黏结，未能很好灌满捣实，产生疏松层或留下各种形状的缝隙与孔洞，形成透水缝隙。

（3）衬砌混凝土材料中有杂物，腐烂后形成缝隙或孔洞。特别是在两环混凝土接缝部位，由于挡头板未拆除干净，腐烂后形成缝隙而漏水。

(4)“三缝”处理不当，产生的漏水缝隙。

(5)地下水的腐蚀破坏作用。

图 5-2-7 露筋

六、铁路隧道漏水及腐蚀问题的调查

据杨炎培等介绍，为了进行《铁路混凝土、钢筋混凝土及砌石工程施工技术规则》的修订工作，由铁道部第二工程局、第五工程局、第三勘测设计院、昆明铁路局组成调查组，于1980年6—9月，对铁路隧道漏水及腐蚀问题进行了调查研究工作。

调查结果表明，新中国成立后的30年间(1949—1979年)总共修建了铁路山岭隧道3958座，漏水的就占三分之一。伴随漏水而来的是衬砌混凝土遭到环境水的严重侵蚀。以这次调查过的罗依溪隧道及百家岭隧道为例，叙述如下。

枝柳线罗依溪隧道在隧道渗、漏水处，遭受结晶、分解复合型侵蚀，以K637+950～K638+090大面积渗潮区段最为严重，该段左、右边墙混凝土遭受侵蚀剥落，腐蚀深度达60mm，用手即可将被腐蚀的混凝土刮下一大片，剥落物呈灰白色、渣状。

成昆线北段的百家岭隧道穿过石膏、硬石膏岩层，由于环境水富集溶解石膏析出的硫酸根离子，再加上有的地段衬砌混凝土采用了含石膏的隧道弃碴，致使衬砌混凝土遭受严重侵蚀，表面膨胀、龟裂、酥松、掉块，在K196+687边墙混凝土及47号避人洞边墙混凝土呈渣状，用手即可抓下捏碎，另外，由于硬石膏的水化膨胀和基岩溶失，造成整体道床严重破坏。

七、硫酸盐侵蚀环境下隧道结构病害等级

李小坤、施成华、雷明锋针对我国西南地区硫酸盐侵蚀环境下隧道结构病害的具体特征，结合国内外既有的隧道病害等级划分方法，将硫酸盐侵蚀环境下隧道结构病害等级划分为四级，对各级区间的划分界限进行了具体描述，并给出了相应的定量划分方法。

根据对调研结果的分析，将侵蚀介质对隧道衬砌结构混凝土的侵蚀类型分为：盐侵蚀作用弱、以临空面风化、碳化作用为主的侵蚀，以硫酸盐为主的盐类化学侵蚀和盐结晶物理侵蚀，以及含盐水溶液渗漏、滤析作用等4类。一般情况下这些腐蚀作用通常是交织在一起，几种侵蚀类型同时在一起发生作用。为了分析方便，把上述侵蚀作用分别进行分类，如表5-2-6所示。

表 5-2-6 隧道衬砌结构硫酸盐侵蚀作用类型

类型	侵蚀机理	典型部位
Ⅰ	环境中盐类介质对衬砌混凝土侵蚀作用弱，主要发生以风化、碳化作用为主的腐蚀	渗漏少或基本无渗漏现象的隧道衬砌结构表面
Ⅱ	以硫酸盐为主的化学侵蚀	排水设施、渗漏潮湿周边部位、直接与含硫酸盐岩层、土体接触部位等
Ⅲ	以硫酸盐为主的物理结晶侵蚀	存在蒸发作用、毛细虹吸作用等隧道衬砌部位，如排水沟上部边墙部位等
Ⅳ	含硫酸盐溶液的渗漏、滤析溶蚀作用，高浓度盐的化学侵蚀和物理结晶侵蚀	涌水处、排水管破裂处、流水沟槽等部位

针对硫酸盐侵蚀环境下的侵蚀类型，以及隧道结构病害的具体特征，亦将病害等级的划分采用四级划分法，建立的硫酸盐侵蚀环境下隧道病害等级划分原则，如表 5－2－7 所示。

表 5－2－7　　硫酸盐侵蚀环境下隧道病害等级划分原则

病害等级	对结构和行车、行人的影响	措　　施
A	结构存在严重破坏，已危及行人、行车安全	必须立即采取紧急对策措施
B	结构存在较严重破坏，将会危及行人、行车安全	尽早采取对策措施
C	结构存在破坏，可能会危及行人、行车安全	准备采取对策措施
D	结构无破损或存在轻微破损，现阶段对行人、行车无影响	进行监视或观测

该文把隧道结构混凝土盐侵蚀病害分为轻微、中等、严重以及非常严重（影响结构安全性）等 4 类病害等级。该病害等级的分类主要是基于侵蚀作用类型、病害的发展速度，以及对隧道结构安全性的危害等几方面的因素综合考虑的，见表 5－2－8。

表 5－2－8　　硫酸盐侵蚀环境下隧道结构病害等级评定

评定等级			A－Ⅰ	B－Ⅱ/Ⅲ	C－Ⅱ/Ⅲ	D－Ⅳ
力学计算		承载能力 $Z=R/\gamma_0 S$	$Z<0.9$	$0.9\leqslant Z<0.95$	$0.95\leqslant Z<1$	$Z\geqslant 1$
现场检测	裂缝	状态	$b\geqslant 0.5$mm 的剪切、水平裂缝密度$\geqslant 200\text{cm/m}^2$	$b\geqslant 0.3$mm 的剪切、水平裂缝密度$\geqslant 200\text{cm/m}^2$	$b\geqslant 0.3$mm 的剪切、水平裂缝密度$<200\text{cm/m}^2$	无剪切、水平裂缝
		宽度 b/mm	$b\geqslant 10$	$2\leqslant b<10$	$0.3\leqslant b<2$	$b\leqslant 0.3$
		深度比 ξ	$\xi\geqslant 2/3$	$1/2\leqslant \xi<2/3$	$1/3\leqslant \xi<1/2$	$\xi\leqslant 1/3$
	渗水	状态	喷射	涌水	漏水	渗水
		腐蚀性	pH<4.0	$4.1\leqslant$pH<5.0	$5.1\leqslant$pH<6.0	$6.1\leqslant$pH<7.9
	材料劣化	截面损失率 λ/%	$\lambda\geqslant 25$	$10\leqslant\lambda<25$	$2\leqslant\lambda<10$	$\lambda<3$
		强度损失率 μ/%	$\mu\geqslant 2/3$	$1/2\leqslant\mu<2/3$	$1/3\leqslant\mu<1/2$	$\mu\leqslant 1/3$
	变形	速率 v/(mm/年)	$v\geqslant 10$	$3\leqslant v<10$	$v<3$	无发展
		变形量比 ε	$\varepsilon\geqslant 3/4$	$3/4\leqslant\varepsilon<1/2$	$1/2\leqslant\varepsilon<1/4$	$\varepsilon<1/4$
	起层剥落	深度 d/mm	$\geqslant 50$	$50\leqslant d<25$	$25\leqslant d<10$	$d<10$
		直径 D/mm	$D\geqslant 150$	$150\leqslant D<75$	$75\leqslant D<50$	$D<50$
处理措施			立即采取结构加固	应采取结构加固修补	宜采取结构修复	可不做处理

八、腐蚀危害实例小结

综合以上部分工程实例资料，可以看到：

（1）水土腐蚀危害的宏观表现：混凝土结构出现云朵状起层、剥落、露筋以及裂缝、渗漏，混凝土及钢结构断面损失，腐蚀后的结构强度显著降低。

（2）水土腐蚀对工程的主要影响：隧道、隧洞工程衬砌出现明显裂缝、空洞，渗漏严重，衬砌结构逐渐失去支撑作用直至坍塌，隧道内设施遭到腐蚀和破坏；有压输水管道工程，多表现为管道爆裂，被迫停止运用，社会影响很大；对于防渗体，由于结石被溶蚀而防渗能力下降甚至完全失效，造成地基渗漏增加，扬压力显著增大，进而威胁工程稳定。

水土危害程度一般可分为四级，即：轻微、中等、严重以及非常严重。

（3）水土腐蚀的速率：在不采取抗腐蚀措施的情况下，混凝土和钢结构出现明显腐蚀破坏现象的时间普遍较短，慢者数年，快者数月即出现明显不良表现。

（4）腐蚀性水土的成因：多数情况下是环境岩土中含有一定数量的硫酸盐矿物，其中以黄铁矿、石膏最为常见。

第二节　水土腐蚀机理

一、水、土对混凝土腐蚀的物理化学机理

混凝土是指以水泥、骨料、添加剂按一定配比与水混合经凝固而成的复合结构材料。

按水泥的矿物成分可分为硅酸盐类水泥、铝酸盐类水泥、硫酸盐类水泥和磷酸盐类水泥。其中应用得最为广泛的是硅酸盐类水泥，它又包括一般硅酸盐水泥和特种硅酸盐水泥。按照蔡应桃《钢筋混凝土的腐蚀与防护》，水泥一般分成下列类型。

（1）硅酸盐水泥：一般包括普通硅酸盐水泥和掺混合材料的硅酸盐水泥，如矿渣硅酸盐水泥、火山灰质硅酸盐水泥、粉煤灰硅酸盐水泥等。

（2）快硬高强水泥：包括快硬硅酸盐水泥、特快硬硅酸盐水泥、高强水泥及矾土水泥等。

（3）水工水泥及耐侵蚀水泥：包括抗硫酸盐硅酸盐水泥、大坝水泥、防潮硅酸盐水泥、耐酸水泥等。

（4）膨胀水泥和自应力水泥：包括硅酸盐膨胀水泥、石膏矾土膨胀水泥、硅酸盐自应力水泥、铝酸盐自应力水泥、膨胀性不透水水泥、低热微膨胀水泥等。

（5）油井和耐高温水泥：包括耐不同温度的油井水泥和低钙铝酸盐耐火水泥等。

（6）其他水泥：包括白色水泥、彩色水泥和无熟料水泥等。

其中，一般硅酸盐水泥的生产是以石灰石、黏土为主要原料，掺入石英砂、铁粉等少量辅料，按一定比例配合、磨细、混合均匀制成“生料”；在窑中高温煅烧，冷却后制得颗粒状物质称为“熟料”。将“熟料”与一定数量石膏共同磨细并混合均匀，即制得硅酸盐水泥，又称纯熟料水泥或波特兰水泥。当加入少量混合材料时则得普通硅酸盐水泥。如果调整硅酸盐水泥熟料的成分、变动掺入混合材料的种类及用量，就可制得上述各种性能及用途的特种硅酸盐水泥。各种硅酸盐类水泥中的矿物组成一般为：

（1）硅酸三钙（$3CaO \cdot SiO_2$）含量37％～60％。

（2）硅酸二钙（$2CaO \cdot SiO_2$）含量15％～37％。

（3）铝酸三钙（$3CaO \cdot Al_2O_3$）含量7％～15％。

（4）铁铝酸四钙（$4CaO \cdot Al_2O_3 \cdot Fe_2O_3$）含量10％～18％。

（5）其他：游离CaO、MgO不准超过5％，SO_3不准超过3.5％。

水泥熟料由硅酸三钙（$3CaO \cdot SiO_2$）（C_3S）、硅酸二钙（$2CaO \cdot SiO_2$）（C_2S）、铝酸三钙（$3CaO \cdot Al_2O_3$）（C_3A）和铁铝酸四钙（$4CaO \cdot Al_2O_3 \cdot Fe_2O_3$）（$C_4AF$）等组成。这些熟料与水作用后即凝固成水泥石。水泥石由水合硅酸钙（$2CaO \cdot SiO_2 \cdot nH_2O$）（C－S－H）、氢氧化钙［$Ca(OH)_2$］（CH）、水合铝酸四钙（$4CaO \cdot Al_2O_3 \cdot 19H_2O$）（$C_4AH_{19}$）或（$4CaO \cdot Al_2O_3 \cdot 13H_2O$）（$C_4AH_{13}$）、水合铝酸二钙（$2CaO \cdot Al_2O_3 \cdot 8H_2O$）（$C_2AH_8$）、铁铝酸钙（$4CaO \cdot Al_2O_3 \cdot Fe_2O_3 \cdot nH_2O$）与未水化熟料颗粒等组成。水泥石中的水化硅酸钙目前已知的矿物种类有针硅钙石、柱硅钙石、斜方硅钙石、托勃莫来石、硬硅钙石、新硅钙石等。

其中硅酸钙使混凝土具有强度，故可用来作建筑结构材料。混凝土是一种非均匀的、多元、多孔、固-液-气三相并存的复合材料。C－S－H 凝胶占 70%左右，钙矾石大约占 7%，未水化的残留熟料和其他微量组分约占 3%。C－S－H 组成不定、结晶程度极差；CH 具有固定的化学组成，纯度高、结晶良好；钙矾石结晶也比较好。它们对混凝土的力学性能和抗腐蚀性能起着非常重要的作用。

混凝土腐蚀，就是混凝土结构所处环境中的某些腐蚀性介质通过混凝土的空隙进入其内部，与空隙中的 $Ca(OH)_2$ 和溶液及水泥水化产物接触发生某种化学反应及一系列的物理、化学破坏作用。

国内外对混凝土腐蚀类型的划分方案很多。综合目前的研究成果，按照混凝土的破坏机制，地下水、土对混凝土结构的腐蚀主要包括分解类腐蚀、结晶类腐蚀和结晶分解复合类腐蚀三类。由于土的腐蚀作用是通过土中孔隙的水溶液与混凝土相互作用而产生的，腐蚀原理与水溶液相同，所以本节只介绍水溶液的腐蚀原理。

（一）分解类腐蚀

当水中 H^+、CO_2、游离 CO_3^{2-} 及某些盐类的含量达极限值时，混凝土碳酸化（简称为“碳化”）或水泥石水解，使水泥石中的 $Ca(OH)_2$ 被中和或 CaO、$Ca(OH)_2$ 及其他成分被溶解流失，降低了混凝土的碱度、引起混凝土强度的降低，此类作用归为分解类腐蚀。凡是由于物理或化学作用引起混凝土介质碱度下降、导致水泥水化产物分解的化学病害称为分解类腐蚀，又称为酸性腐蚀。当地下水土中的侵蚀物质引起混凝土中的液相石灰浓度下降时，固相游离石灰将溶解加以补充。若固相石灰全被消耗掉且液相石灰浓度降至某一水化物的极限值时，将引起该组分高钙向低钙转化，并重新建立液—固相碱度平衡。若液相石灰浓度进一步下降，则所有硅酸盐、铝酸盐水化产物都将被分解成无胶结力的硅胶与铝胶。表现为硬化的水泥被溶滤析出，促使水化物逐步分解、强度降低，导致混凝土的最终破坏。该类腐蚀按地下水中 HCO_3^- 浓度、侵蚀性 CO_2 含量和 pH 值细分为微矿化水型（或溶出型、软水型）、碳酸型和（泛）酸型腐蚀，其共同的特点是只能分解部分硬化水泥组分，而不生成因体积膨胀而导致混凝土破坏的新化合物。产生该类型腐蚀的地下水通常为淡水（微矿化水）或酸性水。

1. 微矿化水型腐蚀

长期与微矿化水（或软水或淡水）土接触的混凝土结构物中的石灰溶失，使得液相石灰浓度下降，最后导致水泥的水化产物分解。它属于物理型溶出性腐蚀。

$CaCO_3$ 在水中的溶解度很小（25℃时的溶度积常数是 2.8×10^{-9}），但在流动的水中或环境温度较高时，可加快溶蚀。另外，水的成分对其腐蚀性影响较大。水的硬度、CO_2的浓度对它的影响见表5-2-9。

表5-2-9 水中$CaCO_3$和CO_2对混凝土腐蚀的影响

水的硬度（$CaCO_3$）/(mg/L)	CO_2/(mg/L)	对混凝土的腐蚀性
>35.0	<15.0	不腐蚀
>35.0	15.0～40.0	轻微
3.5～35.0	<3.5	轻微
>35.0	40.0～90.0	重
3.5～35.0	15.0～40.0	重
<3.5	<15.0	重
>35.0	>90	强烈
3.5～35	>40	强烈
<3.5	>15	强烈

据文献，水泥石中矿物分解的先后顺序依次是：$Ca(OH)_2$、水合硅酸二钙、水合硅酸三钙、其他水合硅酸盐与水合铁铝酸钙。

2.（泛）酸型腐蚀

强酸不仅能与水泥水化产物中的游离石灰产生中和反应，而且还能直接与水化产物中的结合石灰产生反应，且该反应能进行到底，其反应式为

$Ca(OH)_2+H_2SO_4$(或 $2HCl,2HNO_3$)$\rightarrow CaSO_4$[或 $CaCl_2,Ca(NO_3)_2$]$+2H_2O\rightarrow CaSO_4\cdot 2H_2O$ $mCaO\cdot nSiO_2\cdot aq+mH_2SO_4+H_2O\rightarrow mCaSO_4\cdot aq+nSi(OH)_4$

酸首先与$Ca(OH)_2$起反应，然后与水合硅酸钙、水合铝酸钙起反应，生成钙盐。此时，混凝土的破坏速度在很大程度上取决于反应产物层的结构及其可溶性。反应产物的可溶性越高、被侵蚀性溶液带走的数量越多，混凝土的破坏速度就越快，水泥石的结构组分即被无黏结的物质所取代。在这种情况下，侵蚀性介质的反应能力及其在混凝土表面上的交替速度是限制其腐蚀速度的主要因素。

表5-2-10给出了水泥的水化产物保持稳定所需的最低碱度值，低于该“临界值”时产物便会分解。可见，当混凝土由高碱性逐渐向中性转化中，大部分水泥水化物都有分解的可能，从而导致混凝土强度的降低和丧失。

表5-2-10 水泥水化产物的临界pH值（据洪乃丰）

水泥水化产物	临界pH值	水泥水化产物	临界pH值
$2CaO\cdot SiO_2\cdot 1\cdot 7H_2O$	11.20	$2CaO\cdot 3SiO_2\cdot 2\cdot 5H_2O$	9.78
$6CaO\cdot 6SiO_2\cdot H_2O$	10.67	$4CaO\cdot Al_2O_3\cdot 19H_2O$	8.15
$5CaO\cdot 6SiO_2\cdot 5\cdot 5H_2O$	10.00	$3CaO\cdot Al_2O_3\cdot CaSO_4\cdot 12H_2O$	7.95

3. 碳酸型腐蚀

碳酸对混凝土的化学腐蚀作用在于先将混凝土内的$Ca(OH)_2$碳化成$CaCO_3$，然后又被溶解成$Ca(HCO_3)_2$而流失。其最后结果是固相游离石灰被溶解流失、介质碱度下降，

导致水泥水化产物分解。表现为混凝土表面形成白斑、表面膨松，甚至漏出砂浆，使强度降低。若 $Ca(HCO_3)_2$ 不流失，则重新与石灰接触而被碳化成碳酸钙。其中和反应式为

$$Ca(OH)_2 + 2H_2CO_3 \longrightarrow Ca(HCO_3)_2 + 2H_2O$$

此外，当水土中存在镁盐或铵盐时，其中的 Mg^{2+} 及 NH_4^+ 能与 $Ca(OH)_2$ 反应产生易溶的 $Mg(OH)_2$ 或 NH_4OH、降低溶液中氢氧化钙的浓度，从而导致水泥水化产物的分解，这也属分解类腐蚀。反应式为

$$Ca(OH)_2 + Mg^{2+} \longrightarrow Mg(OH)_2 + Ca^{2+}$$

$$2NH_4Cl + Ca(OH)_2 \longrightarrow 2NH_3(\text{气态}) + CaCl_2(\text{易溶}) + 2H_2O$$

分解性化学腐蚀均属酸碱反应，分解性化学腐蚀反应中的酸性、碳酸、镁盐、铵盐中的 H^+、Mg^{2+}、NH^{4+} 等酸性物质与混凝土中的 OH^-、CO_3^{2-} 等碱性物质产生酸、碱中和反应，使混凝土介质碱度下降，导致水泥水化产物分解。

分解性腐蚀以消耗游离石灰为其主要特征，腐蚀速度取决于侵蚀物质的性质、浓度及离子迁移速度。腐蚀过程中离子迁移可分为渗透与扩散，前者取决于水力梯度、后者则取决于浓度梯度。处于土层中的结构物，当土层的渗透性较弱、结构物周围的孔隙水流动极其缓慢时，腐蚀初期可能部分游离石灰排出混凝土体外、产生体外中和反应；之后，排出的各种可溶性盐不能及时被带走。若属碳酸水，则排出的 $Ca(HCO_3)_2$ 将降低侵蚀碳酸的含量。这些都使腐蚀速度大为降低。

在分解性腐蚀的初期，固相游离石灰（包括 $CaCO_3$）被溶解，混凝土的孔隙率、孔径、吸水率、渗透系数增大，力学强度略有下降；在腐蚀中期，液相石灰浓度下降，局部出现水化产物分解，力学强度下降明显；在腐蚀后期，水化产物分解由表及里、由局部向较大范围扩展，力学强度急剧下降，混凝土表明出现掉砂、石子剥落等腐蚀现象。

当 $Ca(OH)_2$ 溶出5%、24%、40%时，混凝土的强度分别下降7%、29%、50%。当水具有一定的暂时硬度，即具有一定的重碳酸盐（HCO_3^-）浓度时，对水泥石无腐蚀作用。

（二）结晶类腐蚀

如果水中含有一定量的某些盐，与混凝土接触并渗入到混凝土内部，使水泥石水化或与混凝土成分起化学或物理作用，在其空隙和毛细管中形成水化物及稳定的含水结晶体，并逐渐累积产生巨大的应力而使混凝土遭受破坏，将此类腐蚀作用称为结晶类腐蚀。以硫酸盐对混凝土的化学腐蚀与因水分蒸发引起盐类析晶的物理腐蚀最为突出，但前者更为显著。对硫酸盐而言，还可根据反应的主要生成物进一步分为石膏型硫酸盐腐蚀、钙矾石型硫酸盐腐蚀和硅矾石型硫酸盐腐蚀等。

1. 石膏型硫酸盐腐蚀

当水中 SO_4^{2-} 浓度≥1426～1428mg/L 时，SO_4^{2-} 与水泥中的石灰反应，析出石膏晶体。由石灰转变为石膏，其体积增大了1.24倍，导致混凝土因内应力而破坏，称为G盐破坏或石膏膨胀破坏（Gypsumeexpansion）。其破坏特征是混凝土表面遍体溃散。其反应式为

$$Ca(OH)_2(\text{石灰}) + SO_4^{2-} + 2H_2O \longrightarrow CaSO_4 \cdot 2H_2O \downarrow (\text{石膏}) + 2OH^-$$

2. 钙矾石型硫酸盐腐蚀

当硫酸根浓度不高时，水泥中的铝酸三钙（C_3A）水化成分与硫酸盐反应，生成针柱状晶体形的硫铝酸三钙，矿物名为钙矾石。由于硫铝酸三钙晶体体积的增大1.5倍多，产生巨大的膨胀力而导致混凝土开裂、破坏，称为E盐破坏或钙矾石膨胀破坏（Ettrigite-expansion）或高硫铝酸钙膨胀破坏，表现为表面出现较粗大的裂缝。其反应式为

$$4CaO \cdot Al_2O_3 \cdot 19H_2O + 3CaSO_4 + 13H_2O \longrightarrow$$
$$3CaO \cdot Al_2O_3 \cdot 3CaSO_4 \cdot 31H_2O(\text{钙矾石}) + Ca(OH)_2$$

3. 钙硅石型硫酸盐腐蚀

钙硅石（$CaCO_3 \cdot CaSO_4 \cdot CaSiO_2 \cdot 15H_2O$）是硫酸盐腐蚀的另一产物，是混凝土在硫酸盐作用下产生膨胀破坏的另一因素，是由$Ca(OH)_2$、$CaCO_3$和无定形SiO_2及石膏在低温下形成的。钙硅石使混凝土表面产生鼓泡、胀裂和凸起等现象，使混凝土松软、力学强度降低。

硫酸盐中，除了$CaSO_4$外，Na_2SO_4与$MgSO_4$也会对混凝土产生腐蚀，其腐蚀原理与上述相同。须要指出的是，$MgSO_4$同时存在Mg^{2+}的分解型与SO_4^{2-}的结晶型两类腐蚀。因此在考虑硫酸盐的腐蚀时应综合考虑。

4. 盐类结晶（析晶）腐蚀

混凝土是呈酸性反应的多孔材料。盐类结晶腐蚀系混凝土一端与含盐溶液接触，通过毛细作用，溶液沿毛细管上升至混凝土的临空面，水分蒸发，溶液达到过饱和而在毛细管中析晶。一方面，溶液浓度增大至达到过饱和，加速化学腐蚀反应；另一方面，因盐析晶，产生晶间推力，体积显著增大而产生巨大的膨胀应力，加速混凝土的破坏。其破坏速度与破坏程度往往比化学腐蚀更快、更严重。

盐类结晶腐蚀以Na_2SO_4最为严重。它在高于32.3℃时析出无水Na_2SO_4，在低于32.3℃时析出的晶体为芒硝$Na_2SO_4 \cdot 10H_2O$，膨胀率达到311%。在日温差较大的地区，当夜间气温低于32.3℃时，下部溶液因毛细上升进入盐晶间的孔隙，或因夜间大气相当温度下盐的湿解，已结晶的盐通过晶间孔隙饱和液相重结晶，使Na_2SO_4晶型转化为$Na_2SO_4 \cdot 10H_2O$，产生巨大的膨胀应力而使混凝土结构破坏。

此外，引起混凝土盐类结晶腐蚀的还有苛性碱与碱溶液。对于苛性碱腐蚀，当混凝土具有蒸发面时，NaOH或KOH溶液在毛细作用下到达蒸发面：一方面，碱碳化后生成Na_2CO_3与K_2CO_3；另一方面，因蒸发所致的$Na_2CO_3 \cdot 10H_2O$或$K_2CO_3 \cdot 15H_2O$晶体积聚于蒸发表面的孔隙中，进而造成苛性碱的结晶腐蚀。一些盐类结晶水化物的膨胀率见表5-2-11。

表5-2-11　一些盐类结晶水化物的膨胀率

介质名称	结晶水化物	转化温度/℃	膨胀率/%
NaCl	$NaCl \cdot 2H_2O$	0.15	130
Na_2CO_3	$Na_2CO_3 \cdot 10H_2O$	33.00	148
Na_2SO_4	$Na_2SO_4 \cdot 10H_2O$	32.30	311
$Na_2SO_4H_2O$	$Na_2SO_4 \cdot 6H_2O$	73.00	145

（三）分解结晶复合类腐蚀

水中不同的盐与混凝土中的水泥石产生化学作用，有的产生结晶类腐蚀，有的产生分解类腐蚀，它兼具前两种类型的腐蚀。当分解类腐蚀与结晶类腐蚀兼而并存时，则将此类复合性腐蚀作用归为结晶分解复合类腐蚀。主要是指水中弱盐基硫酸盐离子的腐蚀。往往由阴离子产生结晶类腐蚀、阳离子产生分解类腐蚀。如硫酸镁对混凝土的腐蚀就属该类型。它除了与水泥中的水化铝酸钙和 $Ca(OH)_2$ 反应外，还能分解水化硅酸钙；并且由于反应生成的 $Mg(OH)_2$ 溶解度低、致使溶液的 pH 值也低、无法维持水化硅酸钙稳定所需的 pH 值平衡，从而反应能持续进行下去。这表明硫酸镁对混凝土具有分解型和结晶型双重腐蚀效果，因而较之其他硫酸盐（硫酸钙、硫酸钠等）对混凝土具有更大的破坏作用。其反应式为

$$MgSO_4 + Ca(OH)_2 \longrightarrow Mg(OH)_2 \downarrow + CaSO_4\text{（微溶）}$$

尽管本章所述及的与本文所研究的对象是液、固态地下水土对混凝土的腐蚀性，但对混凝土能产生腐蚀的环境介质包括固态、液态和气态。

除此之外，还有污染土的腐蚀、岩土体的化学反应腐蚀与混凝土的碱-骨料反应（AAR）损害及生物与油类、糖类等有机物产生的一些特殊的腐蚀等。其中的混凝土碱-骨料反应是混凝土成分中的水泥、外加剂、掺合料或拌和水中的可溶性碱溶于混凝土的孔隙液中，并与骨料中的活性成分在混凝土硬化后逐渐发生的一种化学反应，其反应生成物吸水膨胀、使混凝土产生内应力、导致混凝土结构开裂或上拱等损坏，称为碱一骨料反应损害。它们所造成的破坏十分普遍，有时还十分严重，不容忽视。

二、水土对钢结构腐蚀的电化学机理

众所周知，钢结构及其腐蚀现象无处不在、无时不有，在岩土工程（包括地基、输水管道工程）中也不例外。控制钢质材料使用寿命的因素主要是腐蚀、疲劳、磨损等。有时，腐蚀是其中的决定性因素。目前，对腐蚀介质腐蚀钢材的原理、机理与条件的研究十分充分，但对其腐蚀速度、程度的检测与评价技术方法的研究却十分困难、缓慢。

（一）水溶液对钢结构的腐蚀机理

建筑中常用的钢材为碳素结构钢和结构低合金钢。其化学组分除 Fe 外，还含有少量其他金属（Mn、V、Ti）与非金属（Si、C、S、P、O、N）元素，并形成固熔体、化合物或机械混合物的形式共存于钢材结构中。它还含有许多结晶界面和微裂纹、气孔等缺陷。

据腐蚀过程特点，溶液对钢材的腐蚀可分为化学腐蚀与电化学腐蚀。化学腐蚀指单纯由化学作用引起的腐蚀，如钢材与 O_2、H_2S、SO_2、Cl_2 等气体接触，表面生成相应的化合物；在高温下易被氧化，生成一层由 FeO、Fe_2O_3、Fe_3O_4 组成的氧化皮。

电化学腐蚀是当钢材与溶有 CO_2、O_2、SO_2 的电解质溶液接触时，因电化学作用而在钢材表层的不同成分或晶面之间构成无数微（腐蚀）电池所致的腐蚀。在腐蚀电池中，负极氧化反应，为阳极；正极还原反应，为阴极。阳极反应为 $Fe-2e=Fe^{2+}$；阴极反应主要有析出氢气（$2H^{+}+2e=H_2$）与吸收氧气（$0.5O_2+H_2O+2e \rightarrow 2OH^{-}$）两类，被分别称为析氢腐蚀与吸氧腐蚀。综合反应式为 $2Fe+O_2+2H_2O=2Fe(OH)_2$（伴有电流）。

$Fe(OH)_2$ 若被继续氧化，便成为 Fe_2O_3（氧较充分时）或 Fe_2O_4（黑锈）（少氧条件下）。Fe 变成 Fe_2O_3 或 Fe_2O_4，其体积分别膨胀了 4 倍与 2 倍，产生的膨胀力可高达 30MPa，这即是钢筋混凝土通常发生顺钢筋开裂的主要原因。

此外，还有氧浓差腐蚀、应力腐蚀与杂散电流的电解腐蚀等。电化学腐蚀多发生在隐蔽处，一旦发现则很难挽救，必须以防为主。

（二）钢结构的腐蚀环境与腐蚀条件

钢材在水、土与混凝土等许多环境介质中的常温下的锈蚀均属电化学反应。在钢材表面进行的任何一种电化学锈蚀都须具备下列 4 个条件：①钢表面具有电化学不均匀性，可区分为电位较负的阳极区 A 和电位较正的阴极区 K，之间具有电位差 ΔV；②在阳极区与阴极区之间电解质溶液的电阻 R 较小；③阳极区的钢表面处于活化状态，即易发生铁的离子化 Fe^{2+} 和同时放出游离电子 e，也即阳极极化率 P_A 较小；④阴极区钢表面上的电解质具有足够的氧化剂（水、氧），它们可与阳极放出的游离电子反应生成 OH^-，即阴极极化率 P_K 较小。

1. 钢筋的腐（锈）蚀

一般情况下，各种规格的钢筋均由普通碳钢制成。在特殊情况下也可能使用镀锌钢筋及不锈钢筋。

对于钢筋腐蚀的研究意见很多，但取得一致的认识是，钢筋在混凝土中处于固、液、气三相体系中，主要受混凝土微隙缝溶液的作用。锈蚀是由于钢筋表面形成许多微电池、宏电池引起的电化学反应造成的。当混凝土结构处在腐蚀环境中时，钢筋外面的保护层常常首先被腐蚀介质腐蚀而开裂、脱落，导致腐蚀介质与钢筋直接接触并进一步破坏钢筋的钝化膜。当具备一定的条件时，钢筋便开始锈蚀。

在硅酸盐水泥混凝土中，因有大量由水泥水化生成的 $Ca(OH)_2$ 和水泥料中的 K_2O、Na_2O 存在，所以液相混凝土的初始碱度较高，pH 值达 12.5～13.5，在钢筋表面形成厚约（20～60）的钝化膜。它是致密的，因此内部无法形成腐蚀电池，钢筋也即不被腐蚀，失去钝态则钢筋遭受腐蚀，这也是混凝土保护钢筋的化学（电化学）机理。钝化膜的化学稳定性取决于其周围的碱度。在混凝土中的 pH 为 12.5～13.0、钢筋的电位值为 0～－200mV（对比硫酸铜电极）时，钢筋处于理想的钝化状态。只要保持这个条件，钢筋就不会腐蚀。当 pH＜9.88 时，钢筋表面的氧化物是不稳定的，即对钢筋没有保护作用；当 pH 处在 9.88～11.50 时，钢筋表面的氧化膜不完整，即不能完全保护钢筋免受腐蚀；只有当 pH＞11.50 时，钢筋才能完全处于钝化状态。因此，混凝土的高碱度是保护钢筋不锈蚀的最重要条件。通常将 pH＝11.5 称作保护钢筋的“临界值”。

应该说明，上述“临界值”并不是一成不变的。当有氯离子存在时，在更高的碱度下钢筋也会腐蚀。据文献记载，破坏混凝土中钢筋钝化膜的机理有二：①混凝土的碳化腐蚀使 pH 值大幅下降；②混凝土的氯盐污染。

当混凝土的抗渗透能力较差时，空气中的 CO_2、SO_2 及氮氧化物等酸性气体的扩散渗透，将导致孔溶液的 pH 值下降、酸度增大，从而破坏钢筋表面的钝化膜，同时还会促使混凝土中的 $AlCl_3$ 释放出 Cl^- 而增大 Cl^- 的浓度。目前混凝土混合剂中常用的固化促进剂均以 $CaCl_2$ 为主。由于 Cl^- 的半径小、穿透力强，比其他阴离子更易渗入钝化膜。当钢筋周围混凝土的孔隙中含 Cl^- 离子且浓度达到某一临界值时，便与铁离子结合为易溶的二价铁和氯化物的复合物（绿锈）。而氯化铁的溶解度在常温下比氢氧化铁的大几千倍，因此即使混凝土的碳化深度还很浅或钢筋周围混凝土的孔隙液仍具有高碱性，钝化膜也会破坏。可见，氯盐是促使钢筋锈蚀、威胁钢筋混凝土建筑物耐久性的最危险的物质。因此，有关规范规定，凡是处于腐蚀条件下的钢筋混凝土，均不得使用如氯化钙等含氯盐的添加剂。考虑到混凝土拌合的水和基料中还会含有微量的 Cl^-，所以要求添加剂引入的 Cl^- 量不宜超过水泥量的 0.04%。

2. 钢结构锈蚀

钢结构腐蚀介质有地下水、地基土、海水，有时还有大气。它以电化学腐蚀为主。钢结构在土中的锈蚀程度很大程度上取决于土的 pH 值及其电阻系数。钢桩在水中的锈蚀与基础混凝土中裸露的钢筋一样，也是一个电化学过程。通常用一般酸性腐蚀（即 pH 值的大小）来界定它的锈蚀程度（腐蚀等级）。据观测，当 pH 值等于 7.0 时，锈蚀较缓慢；当达到 10.0 时，锈蚀速度显著减缓而接近于 0。因此规定，当 $pH>11.5$ 时可不考虑锈蚀问题；当 $pH<5.0$ 且有 O_2 存在时为锈蚀非常严重的条件。

美国海岸工程研究中心［CERC（1969）］规定，当钢桩在海水中或接触 $4.0<pH<9.5$ 的排泄水时，即需用涂料层或混凝土进行防护。有些国家如瑞典通常假设钢桩的最大腐蚀速度为 100 年 5mm 或 50 年 3mm；日本港湾协会《港湾构筑物设计基准》（1965）规定：从最高水位到海底之间的钢桩，海水中与清水中钢材的腐蚀量分别为 0.10mm/年与 0.07mm/年。

英国土木工程协会海水作用委员会的研究结论是：海水中与清水中钢材的腐蚀量分别为 0.076mm/年与 0.050mm/年。

在稳定的地下水位以下和未扰动（未污染）的地基土中，钢桩的腐蚀速度一般都小得微不足道，在透水性极弱的黏土中尤其如此。

第三节　影响水土腐蚀的主要因素

了解并掌握影响水土腐蚀作用的因素是进行腐蚀试验设计与拟定防腐措施的重要前提。影响钢筋混凝土腐蚀的因素主要为腐蚀环境、腐蚀介质（外因）和混凝土、钢筋（内因）两个方面。

一、腐蚀环境

腐蚀环境主要表现为干湿度、气温、冻融条件，以及岩土层的渗透性、含水量等。由于环境因素是腐蚀的重要外部因素，所以《岩土工程勘察规范》（GB 50021—2001）按照上述因素将场地划分成Ⅰ、Ⅱ、Ⅲ环境类型，并按环境类型分别对混凝土的腐蚀性进行评价。

所有环境因素都是通过影响腐蚀成分的交替速度与反应能力而起作用的。腐蚀介质与水泥石的反应能力及其在混凝土表面的更新率（或交替速度）决定着腐蚀速度。当腐蚀介质反应能力强而又不断交替时，腐蚀就快。水泥石破坏速度还因反应物的可溶性而异。腐蚀产物的溶解度愈高、腐蚀性溶液交替愈快，水泥石的破坏就愈快。反应产物如果是难溶的，有时可能阻止腐蚀介质进入混凝土内部。例如空气中的 CO_2 或地下水中微量 CO_2 与水泥石反应有时会生成一层坚硬的碳酸钙薄膜，可以防止介质对混凝土的渗入，但能溶解碳酸钙的酸除外。

（一）环境湿度

环境湿度是钢筋混凝土腐蚀的重要条件。长期处于相对干燥条件下而又无有害气体侵蚀时则混凝土基本无腐蚀发生；尽管长期浸水，但当地下水交替十分缓慢、水泥结构中的孔隙溶液碱性很高、空气中的 O_2 或 CO_2 又无法进入时，混凝土结构也很少腐蚀或腐蚀很微弱。当空气相对湿度在 60%～80%之间或处于干湿交替的条件下，钢筋混凝土的表面既有水又有空气的 O_2 及 CO_2 进入时，则钢筋混凝土会遭受腐蚀。其腐蚀程度又与钢筋混凝土本身的密实性有密切关系，孔径大于 250 的开放式孔隙危害性极大。混凝土碳化的合适条件是相对湿度为 45%～70%。

（二）环境温度

环境温度一般通过影响反应能力、反应速度、离子扩散速度与冻融等作用来影响腐蚀性。温度越高，则反应能力越强，腐蚀性也就越强。牛耀玉等（2002）用不同养护温度、不同时间下制备的钢筋混凝土进行了有电流作用下的腐蚀测试，用法拉第电解定律（电流强度）评价钢筋腐蚀强度，得出了钢筋腐蚀强度随环境温度升高而增大、随养护温度的升高及养护时间的延长而降低的结论。季明棠（1998）等在室内模拟钢材在海底土的腐蚀环境进行钢材的腐蚀试验，提出了温度、电阻率与硫酸盐含量对钢材腐蚀速度的影响模式，并得出了海底土对钢材的腐蚀性随电阻率降低、环境温度升高及硫酸盐还原菌的增加而增强的结论。

（三）干湿交替

王铠认为，混凝土的干湿交替是一种自然现象，就是混凝土受水湿后时干时湿，或昼干夜湿，就是干湿交替。例如海岸混凝土防水堤，潮汐来时水面上升至一定高度，潮汐退后又恢复到原水位，防水堤立面上受水的潮差段的面积，就是混凝土的干湿交替带。干湿交替带的腐蚀有如下几种。

1. 地表水对混凝土的腐蚀

江河中混凝土桥墩，水面以上混凝土表层，与大气相接触的毛细孔，引水上升至一定高度，上升水在大气中蒸发，在高寒区或干旱区，日照充足、辐射强，大陆性高原气候，夜间散热快，昼夜温差大。日间毛细上升水蒸发干燥，浓缩结晶；入夜温度下降，结晶又被上升毛细水潮解，温度下降至一定条件后，再次结晶析出，昼夜往复进行，干燥浓缩结晶、降温潮解至低温再结晶，是运动的、变化发展的、由量变到质变的腐蚀过程。腐蚀的强度与气候环境紧密相关。

2. 地下水对地面上混凝土的腐蚀

在地势低洼地带，地下混凝土柱表层的毛细孔，引水上升至地面以上，导致地面以上混凝土柱部分混凝土严重腐蚀。这种情况在盐渍土地区是常见的现象。地面以下部分亦有腐蚀，但比地面以上部分腐蚀较轻。

3. 地下水对隧洞混凝土的腐蚀

西宁市人防工程隧洞，多建在含盐红层山体阶地上，山崖一片紫红，山顶有黄土层似帽状覆盖。山体地下水多含岩盐、芒硝、石膏。某厂隧洞口面向南，洞口宽而无门，入洞有约 $50m^2$ 的厅，厅内有洞深入左右山体中，厅内混凝土墙壁上，有山体中地下水渗出，内壁构成混凝土干湿交替带，由于日光可射入厅内，且有风直吹入厅，干湿交替带水的蒸发量大于渗出量，混凝土壁呈较干燥状态，壁上鼓起如馒头状的包，有的龟裂如花开状，墙壁上盐渍斑斑、伤痕累累、斑驳陆离、腐蚀遍及厅内。

环境温度、湿度和冻融的交替频度对混凝土的耐久性有着十分严重的影响。表现在温度、干湿和冻融交替的频率越高，混凝土的破坏越快，对混凝土的危害就越大。

二、腐蚀介质

腐蚀介质因素与水土对混凝土及钢结构腐蚀机理一致，不另赘述。

三、混凝土、钢结构的结构因素

（一）混凝土

1. 混凝土的结构特性与物理化学性质

混凝土是一种具有多孔性的非匀质结构材料，腐蚀介质就是通过这些孔隙和裂缝腐蚀钢筋混凝土的。腐蚀介质在其中的渗透性确定了腐蚀速度和程度。渗透系数越高，则腐蚀越快、越严重。其渗透性又取决于这些孔隙大小、孔隙的连通程度（即毛细管通路）：孔隙率越大、连通越好，则渗透系数越高。其中孔径大于 250 的开放式孔隙危害性极大，它是造成混凝土渗透侵蚀性介质的主要原因。

混凝土中的结构孔隙有毛细孔隙、沉降孔隙、接触孔隙、余留孔隙及施工孔隙等。

（1）毛细孔隙：水泥熟料充分水化后多余的水分（化合水 β 值以外的水分）蒸发后在混凝土中遗留下的孔隙和毛细管。其数量和大小与拌合时的水灰比、水泥水化程度、养护条件有关。普通水泥的化合水 β 值为水泥重的 20%～25%，但是为了达到拌合中要求的和易性，实际施工中加入的水量往往超过该比例，多余的那百分之几十的水则就形成了孔隙和毛细管。

（2）沉降孔隙：是在混凝土形成时因钢筋的阻力或因集料与水泥各自比重和颗粒大小不一致在重力作用下产生的孔隙。这与配合比密切相关。

（3）接触孔隙：是由于砂浆和集料变形不一致，以及集料颗粒表面存的水膜水分蒸发后残留的孔隙。

（4）余留孔隙：因混凝土配比不适当造成水泥不足以填满集料空隙而出现的孔隙。

（5）施工孔隙：由于浇灌、振捣不良而引起的孔隙。

可见，原料与施工的质量是减少各类孔隙的有效措施，也是降低腐蚀的重要环节。

混凝土的密实性也可以部分地反映其结构特性，且与腐蚀关系很密切。密实性愈高的混凝土耐蚀性相对也愈高。而混凝土的密实性又主要取决于混凝土拌合过程中的水灰比（即水与水泥之间的重量比例）。水灰比愈小则混凝土的孔隙率也愈小，反之则反。渗透系数或渗透速度及由其决定的抗渗性能定量表示混凝土的密实程度，也就是抗腐蚀性能定量化的描述。渗透速度与水灰比的关系见图 5－2－8，可见，当水灰比从 0.4 增加到 0.7 时，渗透速度增加至 100 倍。

混凝土的抗渗性能一般采用抗渗标号 S_n 或 B_n 来表示，n 为压力。根据标准试验法 $SP_{105}-82$，以每组六件试件中四件出现渗水时的最大水压力表示抗渗标号，分级为 S_2、

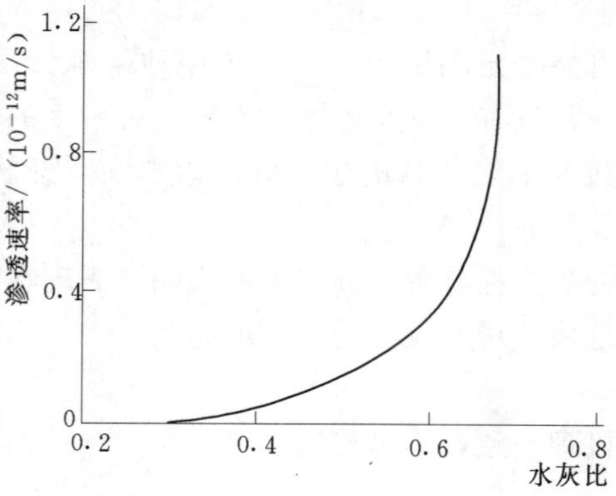

图 5-2-8　渗透速度与水灰比的关系

S_4、S_6、S_8、S_{10}、S_{12}，S_{12} 表示抗渗标号为 12kg/cm^2 或 1.18MPa 或 B_{12}。

2. 水泥品种、外加剂的影响

水泥外加剂是在水泥中引入的一定量的化学物质，以改善混凝土内部组织结构、增加密实性、提高混凝土的抗渗性，进而提高混凝土的抗腐蚀性。外加剂主要是以吸附、分散、引气、催化或与水泥的某种成分发生反应等物理、化学作用而使混凝土性能得到改善的。不同的外加剂，其性能、化学作用各异，具体分述如下。

(1) 减水剂混凝土：在拌和物中掺入适量的减水剂以提高其抗渗性能。减水剂因其极性吸附而具有强烈的分散作用，可大大降低水泥颗粒间的吸引力、有效地阻碍和破坏颗粒间的凝絮作用并释放出凝絮体中的水，从而提高了混凝土的和易性。在满足一定施工和易性的条件下就可大大降低拌和用水量及其水灰比。

(2) 引气混凝土：在拌和物中掺入微量的具有憎水作用的表面活性剂作为引气剂。它能显著降低表面张力，经搅拌可在拌合物中产生大量密闭稳定和均匀的微小气泡（大约每隔 0.1～0.3mm 即有一个气泡）。有了这些微细密闭互不连通的气泡的阻隔而提高混凝土的密实性、抗渗性与抗蚀性。

(3) 三乙醇胺防渗混凝土：引入三乙醇胺是为了借助其催化作用，在早期生成较多的水化产物，部分游离水结合为结晶水，相应地减少了毛细管通路和孔隙从而提高了混凝土的抗渗性。

3. 不同品种的水泥

其化学成份以及制成的混凝土性能是不同的，所以对各种介质的耐腐蚀程度也不同。水泥通常分为五大品种：硅酸盐水泥、普通硅酸盐水泥、矿渣水泥、火山灰硅酸盐水泥、粉煤灰硅酸盐水泥以及其他如矾土水泥、抗硫酸盐水泥等特种水泥。

(1) 普通硅酸盐水泥的早期强度高、硬化快，用它制成的混凝土密实性好、碱度高，因而对钢筋的保护性好，适用于所有的承重与非承重的混凝土和钢筋混凝土结构。

(2) 矿渣硅酸盐水泥早期强度低，但它耐水、耐硫酸盐性能略高。矿渣水泥硫酸根 (SO_4^{2-}) 的浓度为 450mg/L。在常用水泥中以矿渣水泥耐氯化铵的性能最好。但矿渣水泥混凝土的密实性差、干缩性大、易裂，碱度也低于普通硅酸盐水泥，所以只适用于潮湿环境下的地下构筑物。

(3) 火山灰质硅酸盐与矿渣硅酸盐水泥性能基本相同，但综合性能差。它吸水性大，不适合用于受冻融的及干燥地区的结构，在一般有腐蚀的建筑工程中不推荐采用。

(4) 抗硫酸盐水泥和抗高硫酸盐水泥中铝酸三钙 (C_3A) 和硅酸三钙 (C_3S) 的含量低，具有较好的耐硫酸盐性能。它们分别可耐硫酸盐浓度达 2500mg/L 与 10000mg/L 的硫酸根，适用于有硫酸盐腐蚀的地下和港口工程。其抗冻融和耐干湿交替性能都优于普通硅酸盐水泥。

(5) 矾土水泥主要成分是氧化铝、氧化钙、氧化镁和二氧化硅。它的突出特点是快硬而高强，三天强度可达100%，即使在低温下也能硬化。它耐稀酸和盐的性能比普通硅酸盐混凝土优异，但它不耐碱，不适用于长期承重的与长期处于潮湿环境下的工程。又因为它不耐碱，所以不允许与尚未硬化的普通硅酸盐水泥混凝土面互相接触。

在常用水泥中，在配合比相同的条件下，普通硅酸盐混凝土的密实性最好，矿渣水泥混凝土和火山灰水泥混凝土的孔隙率均较大，见表5-2-12。

表5-2-12　　普通硅酸盐混凝土与火山灰硅酸盐混凝土孔隙率　　%

混凝土品种	水灰比				
	0.45	0.50	0.55	0.60	0.70
普通硅酸盐混凝土	8.0	9.0	9.3	10.3	11.2
火山灰硅酸盐混凝土	11.2	12.0	12.8	13.6	14.5

混凝土的碱度也是保护钢筋混凝土抗腐蚀的重要条件。在常用的水泥中以普通硅酸盐水泥混凝土的碱度最高。试验表明，用同样配合比制作的混凝土试块，普通硅酸混凝土试块滤液的pH值比矿渣硅酸盐混凝土的要高出0.6～0.9。在各种水泥中，普通水泥混凝土的碳化［CO_2与$Ca(OH)_2$反应生成$CaCO_3$］速度最慢。用不同标号的矿渣水泥混凝土和普通水泥混凝土分别在室外暴露50年的碳化深度见表5-2-13，用不同水泥拌制混凝土的碳化速度比较见表5-2-14。

在混凝土中采用磨细碳酸盐掺加料能提高抗蚀性。用含25%磨细石灰的普通硅酸盐水泥制成的1∶3砂浆试件在浓度为3%的Na_2SO_4溶液和CO_2的饱和水中存放3年后，其强度是无掺加料普通硅酸盐水泥试件的1.3～1.4倍。

表5-2-13　　钢筋混凝土室外暴露50年后混凝土碳化深度　　单位：mm

混凝土品种	混凝土强度等级		
	C20	C25	C30
矿渣水泥混凝土	25	20	15
普通水泥混凝土	20	15	10

表5-2-14　　不同品种水泥拌制的混凝土平均碳化速度比较

水泥品种	普通水泥	矿渣水泥	火山灰水泥	粉煤灰水泥
相对碳化速度	1.0	1.4	1.7	1.9

4. 钢筋因素

钢筋因其自身的不均匀性与活泼性而易受介质的电化学与化学腐蚀。钢筋的不均匀性包括化学组成或晶格上差异、受力程度不同、钝化膜不连续或表面被污染等。这些不均匀性将导致电位差而形成腐蚀电池。钢筋的活泼性致使其在pH<9.88的低碱环境下失去钝态而遭受腐蚀。

此外，预应力钢筋在应力和一些腐蚀介质的共同作用下，形成脆性断裂，即应力腐蚀。通常是腐蚀介质先腐蚀钢筋，使钢筋表面产生大小不等、离散分布的腐蚀坑，钢筋在拉应力作用下在缺陷处形成应力集中，在平均应力并不高时钢筋即可产生早期断裂。它的产生有三个条件，即拉应力、腐蚀介质和钢筋对应力腐蚀的敏感性。

第三章

水土腐蚀性的评价方法与标准

第一节 场地环境分类与环境作用分级

所谓环境，一般包括以空气、水、土地、植物、动物等为内容的物质因素，也包括以观念、制度、行为准则等为内容的非物质因素；既包括自然因素，也包括社会因素；既包括非生命体形式，也包括生命体形式。环境是相对于某个主体而言的，主体不同，环境的大小、内容等也就不同。对于结构水土腐蚀来说，环境主要指结构所在的大气、水、岩土体以及温度、湿度及其变化。

对于环境作用，中国土木工程学会标准《混凝土结构耐久性设计与施工指南》（CCES 01—2004）（2005 年修订版）的定义为：能引起结构材料性能劣化或腐蚀的环境因素如温度、湿度及各种有害物质等施加于结构的作用。《混凝土结构耐久性设计规范》（GB/T 50476—2008）的定义与其类似：温、湿度及其变化以及二氧化碳、氧、盐、酸等环境因素对结构的作用。这里的所描述的环境作用，对于混凝土结构和钢结构而言总体上是不利的，因此，所谓的环境作用也可以成为腐蚀危害。

我国地域广大，自然气候及地理条件差异甚大。不同行业之间，如水利水电、工业与民用建筑、铁路、公路、航运等，结构的工作环境和状态各有其特点。因此，各行业以及同一行业不同专业之间，针对腐蚀环境类型以及对环境作用方面，形成了多类别、各具特色的认识，制定的技术标准各有侧重。

一、《岩土工程勘察规范》(GB 50021—2001)

GB 50021—2001（2009 修订版）附录 G 考虑了气候类型、土层的渗透性及含水量等因素对场地环境进行分类，见表 5-3-1。

表 5-3-1　场 地 环 境 分 类

环境类型	场地环境地质条件
Ⅰ	高寒区、干旱区直接临水；高寒区、干旱区强透水层中的地下水
Ⅱ	高寒区、干旱区弱透水层中的地下水；各气候区湿、很湿的弱透水层；湿润区直接临水；湿润区强透水层中的地下水
Ⅲ	各气候区稍湿的弱透水层；各气候区地下水位以上的强透水层

注 1. 高寒区是指海拔高度≥3000m 的地区；干旱区是指海拔高度<3000m、干燥度指数 $K\geq1.5$ 的地区；湿润区是指干燥度指数 $K<1.5$ 的地区。
2. 强透水层是指碎石土、砾砂、粗砂、中砂、细砂；弱透水层是指粉砂、粉土、黏性土。
3. 含水量 $w<3\%$ 的土层可视为干燥土层，不具有腐蚀环境条件。
4. 当有地区经验时，环境类型可根据地区经验划分；当同一场地出现两种环境类型时，应根据具体情况选定。

二、《水利水电工程地质勘察规范》（GB 50487—2006）

该规程没有单独对环境类型进行划分，但判别标准以注释形式限定了环境条件。所考虑的因素类似于《岩土工程勘察规范》（GB 50021—2001）。重点考虑了气候类型、含水量变化等因素。

（1）不具有干湿交替或冻融交替作用的地区，具有干湿交替或冻融交替作用的半湿润、湿润地区。

（2）具有干湿交替或冻融交替作用的干旱、半干旱地区，高程 3500m 以上的高寒地区。

对于环境 2，该规范没有给出评价标准，要求进行专门论证。

环境水对混凝土腐蚀性程度划分为无、弱、中等、强四级，环境水对混凝土中钢筋和钢结构的腐蚀程度划分为弱、中等、强三级。

三、《水力发电工程地质勘察规范》（GB 50287—2006）

该规程有关内容与其前身《水利水电工程地质勘察规程》（GB 50287—99）的有关规定是一致的。评价标准所考虑的环境条件包括：工程场地的气候条件，冰冻条件，海拔高程，岩土性质，环境水的补给、径流、排泄、循环和滞留条件以及污染情况。没有按环境类型单独提出评价标准，但判别标准以注释形式限定了环境条件，适用范围偏窄。

（1）不具有干湿交替或冻融交替作用的地区；具有干湿交替或冻融交替作用的半湿润、湿润地区；混凝土一侧受静水压力，另一侧暴露于大气中，最大作用水头与混凝土壁厚之比大于 5。

（2）具有干湿交替或冻融交替作用的干旱、半干旱地；高程 3500m 以上的高寒地区。

对于环境 2，该规范也没有给出评价标准，要求进行专门论证。

环境水对混凝土腐蚀性程度划分为无、弱、中等、强四级，环境水对混凝土中钢筋和钢结构的腐蚀程度划分为弱、中等、强三级。

四、《水工混凝土结构设计规范》（SL/T 191—2008）

该规范将水工混凝土结构所处的环境条件划分为四个类别，与《水利水电工程地质勘察规范》（GB 50487—2006）并不完全一致。

一类：室内正常环境；

二类：露天环境，长期处于地下或水下环境；

三类：水位变动区，或有侵蚀性地下水的地下环境；

四类：海水浪溅区及盐雾作用区，潮湿并有严重侵蚀性介质作用环境。

其中，所谓水位变动区的分界线为设计最高水位减 1m，和设计最低水位减 1m。

环境水腐蚀性程度划分为轻度、中度、重度三级。

五、《混凝土结构耐久性设计与施工指南》（CCES 01—2004）

中国土木工程学会标准《混凝土结构耐久性设计与施工指南》（CCES 01—2004）（2005 年修订版）中，针对环境分类及环境作用等级进行了描述。其中环境类别划分为 5 大类，共 7 小类，见表 5-3-2。

环境作用按其对配筋混凝土结构的侵蚀程度分为 6 级（表 5-3-3）。

表 5-3-2　　环境分类

类别	名称
Ⅰ	碳化引起钢筋锈蚀的一般环境
Ⅱ	反复冻融引起混凝土冻蚀的环境
Ⅲ	海水氯化物引起钢筋锈蚀的近海或海洋环境
Ⅳ	除冰盐等其他氯化物引起钢筋锈蚀的环境
Ⅴ	其他化学物质引起混凝土腐蚀的环境
V_1	土中和水中的化学腐蚀环境
V_2	大气污染环境
V_3	盐结晶环境

表 5-3-3　　环境作用分类

作用等级	作用程度的定性描述
A	可忽略
B	轻度
C	中度
D	严重
E	非常严重
F	极端严重

不同的环境类别在不同的环境条件下，对配筋混凝土结构的环境作用等级细化成果见表 5-3-4。

表 5-3-4　　环境分类及环境作用等级

环境类别	环境条件		作用等级	示例
Ⅰ一般环境（无冻融、盐、酸等作用）	室内干燥环境		Ⅰ-A	长期干燥、低湿度环境中的室内混凝土构件
	非干湿交替的室内潮湿环境 非干湿交替的露天环境 长期湿润环境		Ⅰ-B	高、中湿度环境中的室内混凝土构件；不受淋雨或与水接触的露天构件；长期与水或湿润土体接触的水中或土中构件
	干湿交替环境 南方炎热潮湿的露天环境		Ⅰ-C	与冷凝结露水接触的室内天窗构件 地下室顶板构件；表面频繁淋雨或频繁与水接触的室外构件；处于水位变动区的大气中构件
Ⅱ冻融环境	微动地区	无氯盐	Ⅱ-C	微冻地区水位变动区的构件，频繁受雨淋的构件水平表面
	混凝土高度饱水	有氯盐	Ⅱ-D	
	严寒和寒冷地区	无氯盐	Ⅱ-C	严寒和寒冷地区受雨淋构件的竖向表面
	混凝土中度饱水	有氯盐	Ⅱ-D	
	严寒和寒冷地区	无氯盐	Ⅱ-D	水位变动区的构件，频繁受雨淋的构件水平表面
	混凝土高度饱水	有氯盐	Ⅱ-E	
Ⅲ近海或海洋环境	水下区		Ⅲ-D	长期浸没于海水中的桥墩
	大气区	轻度盐雾区 高平均水位 15m 以上的海上大气区，高涨潮岸线 100m 外至 300m 内的陆上室外环境	Ⅲ-D	靠海的陆上室外构件 桥梁上部结构构件
	大气区	重度盐雾区 离平均水位上方 15m 以内的海上大气区，离涨潮岸线 100m 内的陆上室外环境	Ⅲ-E	靠海的陆上室外构件桥梁上部结构构件
	潮汐区和浪溅区，非炎热地区		Ⅲ-E	桥墩
	潮汐区和浪溅区，南方炎热潮湿地区		Ⅲ-F	桥墩
	土中区	非干湿交替	Ⅲ-D	桩
	土中区	干湿交替	Ⅲ-E	地下结构中外侧接触地下水而内侧接触空气的混凝土衬砌结构

续表

环境类别	环境条件	作用等级	示　例
Ⅳ除冰盐其他氯化物环境（来自海水的除外）	较低氯离子浓度（反复冻融环境按Ⅳ-D）	Ⅳ-C	与含有较低浓度氯盐的土体或水体接触的构件，无干湿交替引起的浓度积累
	较高氯离子浓度	Ⅳ-D	受除冰盐直接溅射的构件竖向表面
			与含有较高浓度氯盐的水体或土体接触的构件
	高氯离子浓度，或干湿交替引起氯离子积累	Ⅳ-E	直接接触除冰盐的构件水平表面与含有高浓度氯盐的土体或水体接触的构件
V^1 土中及地表、地下水中的化学腐蚀环境（来自海水等氯化物除外）		V^1	与含有腐蚀性化学物如硫酸盐、镁盐、碳酸盐等土体、地下水、地表水接触的结构构件
V^2 大气污染环境（来自海水的盐雾除外）	汽车或机车废气	V^2-C	受废气直射的结构构件，处于有限封闭空间内受废气作用的车库或隧洞构件
	酸雨（酸雨 pH 值小于 4 时按 E 级）	V^2-D	遭酸雨频繁作用的构件
	盐碱地区含盐分的大气和雨水作用（盐度很高的情况宜按 E 级，较轻时可按 C 级）	V^2-D	盐碱地区的露天构件，尤其是受雨淋的构件
V^3 盐结晶环境	轻度结晶盐	V^3-E	与含盐土壤接触的电杆、墙、柱等
	重度结晶盐（大温差、频繁干湿交替）	V^3-F	露出于地面以上的“吸附区”

注　1. 表中环境条件系指配筋混凝土结构钢筋保护层一侧混凝土表面所接触的局部环境，对素混凝土结构为混凝土表面的局部环境。但一侧干燥而另一侧湿润或饱水的配筋构件，其干燥一侧的配筋需按表中的干湿交替环境考虑。

2. 相对湿度 RH 指年平均值。

3. 一般冻融环境、除冰盐环境下的混凝土均按引气混凝土考虑。

4. 冻融环境按当地最冷月平均气温划分为严寒地区、寒冷地区和微冻地区，其最冷月的平均气温 t 分别为 $t\leqslant-8℃$，$-8℃<t<-3℃$ 和 $-3℃\leqslant t\leqslant2.5℃$。

5. 高度饱水指冰冻前长期或频繁接触水或湿润土体，混凝土体内高度水饱和；中度饱和指冰冻前偶受雨水或潮湿，混凝土体内饱水程度不高。

6. 海洋环境中的水下区、水位变动区、浪溅区和大气区的划分，按《海港工程混凝土结构防腐蚀技术规范》（JTJ 275—2000）的规定。此外，海洋环境中的混凝土即使没有抗冻要求也宜适当引气。

7. 遭受冻融作用的海洋环境混凝土按引气混凝土考虑。

8. 表中不同环境条件下的作用等级适用于配筋混凝土结构构件。对于素混凝土结构，其在海水和近海环境中的作用等级以及土、水中氯离子环境中的作用等级可比配筋构件低一个等级取用。

1.《海港防腐蚀规定》（JTJ 228—87）

该规范将混凝土结构所处的环境条件划即：

——大气区；

——浪溅区；

——水位变动区；

——水下区。

2. 英国 CP110—72 规程

良好条件：相当于水工混凝土结构设计规范（SL/T 191—96）的一类；

一般条件：相当于水工混凝土结构设计规范（SL/T 191—96）的二、三类；
恶劣条件：相当于水工混凝土结构设计规范（SL/T 191—96）的三、四类。

第二节　环境水土腐蚀性评价标准

一、国内环境水土腐蚀性评价标准

1.《水利水电工程地质勘察规范》（GB 50487—2008）

该规范附录 L 规定：

（1）判别环境水的腐蚀性时，应收集流域地区或工程建筑物场地的气候条件、冰东资料、海拔高程，岩土性质，环境水的补给、排泄、循环、滞留条件和污染情况以及类以条件下工程建筑物的腐蚀情况。

（2）环境水对混凝土的腐蚀性判别，应符合表 5-3-5 的规定。

表 5-3-5　　环境水对混凝土腐蚀性判别标准

腐蚀性类型	腐蚀性判别依据	腐蚀程度	界限指标
一般酸性型	pH 值	无腐蚀	pH>6.5
		弱腐蚀	6.5≥pH>6
		中等腐蚀	6.0≥pH>5.5
		强腐蚀	pH≤5.5
碳酸型	侵蚀性 CO_2 含量/（mg/L）	无腐蚀	CO_2<15
		弱腐蚀	15≤CO_2<30
		中等腐蚀	30≤CO_2<60
		强腐蚀	≥60
重碳酸型	HCO_3^- 含量/(mmol/L)	无腐蚀	HCO_3^->1.07
		弱腐蚀	1.07≥HCO_3^->0.70
		中等腐蚀	HCO_3^-≤0.70
		强腐蚀	—
镁离子型	Mg^{2+}含量/(mg/L)	无腐蚀	Mg^{2+}<1000
		弱腐蚀	1000≤Mg^{2+}<1500
		中等腐蚀	1500≤Mg^{2+}<2000
		强腐蚀	Mg^{2+}≥2000
硫酸盐型	SO_4^{2-} 含量/(mg/L)	无腐蚀	SO_4^{2-}<250
		弱腐蚀	250≤SO_4^{2-}<400
		中等腐蚀	400≤SO_4^{2-}<500
		强腐蚀	SO_4^{2-}≥500

注　1. 本表规定的判别标准所属场地应是不具有干湿交替或冻融交替作用的地区和具有干湿交替或冻融交替作用的半湿润、湿润地区。当所属场地为具有干湿交替或冻融交替作用的干旱、半干旱地区以及高程 3500m 以上的高寒地区时，应进行专门论证。
2. 混凝土建筑物不应直接接触污染源。有关污染源对混凝土的直接腐蚀作用应专门研究。

（3）环境水对钢筋混凝土结构中钢筋的腐蚀性判别，应符合表5-3-6的规定。

表5-3-6　环境水对钢筋混凝土结构中钢筋的腐蚀性判别标准

腐蚀性判别依据	腐蚀程度	界线指标
Cl^-含量或（$Cl^- + 0.25 * SO_4^{2-}$）含量/(mg/L)	弱腐蚀	100～500
	中等腐蚀	500～5000
	强腐蚀	＞5000

注　表中是指干湿交替作用的环境条件。

（4）境水对钢结构的腐蚀性判别，应符合表5-3-7的规定。

表5-3-7　环境水对钢结构腐蚀性判别标准

腐蚀性判别依据	腐蚀程度	界线指标
pH值、（$Cl^- + SO_4^{2-}$）含量/(mg/L)	弱腐蚀	pH值3～11、（$Cl^- + SO_4^{2-}$）浓度＜500
	中等腐蚀	pH值3～11、（$Cl^- + SO_4^{2-}$）浓度≥500
	强腐蚀	pH值＜3、（$Cl^- + SO_4^{2-}$）任何浓度

注　1. 表中是指氧能自有溶入的环境水。
2. 本表亦适用于钢管道。
3. 如环境水的沉淀物中有褐色絮状物沉淀（铁）、悬浮物中有褐色生物膜、绿色丛块，或有硫化氢臭味，应做铁细菌、硫酸盐还原细菌的检查，查明有无细菌腐蚀。

2.《水力发电工程地质勘察规范》（GB 50287—2006）

该规范与《水利水电工程地质勘察规范》（GB 50487—2008）相似。

3.《岩土工程勘察规范》（GB 50021—2001）

（1）受环境类型影响，水和土对混凝土结构的腐蚀性，应符合表5-3-8的规定。

表5-3-8　环境水对混凝土结构的腐蚀性评价

腐蚀等级	腐蚀介质	环境类型		
		Ⅰ	Ⅱ	Ⅲ
微	硫酸盐含量 SO_4^{2-} /(mg/L)	＜200	＜300	＜500
弱		200～500	300～1500	500～3000
中		500～1500	1500～3000	3000～6000
强		＞1500	＞3000	＞6000
微	镁盐含量 mg^{2+} /(mg/L)	＜1000	＜2000	＜3000
弱		1000～2000	2000～3000	3000～4000
中		2000～3000	3000～4000	4000～5000
强		＞3000	＞4000	＞5000
微	铵盐含量 NH_4^+ /(mg/L)	＜100	＜500	＜800
弱		100～500	500～800	800～1000
中		500～800	800～1000	1000～1500
强		＞800	＞1000	＞1500

续表

腐蚀等级	腐蚀介质	环境类型		
		Ⅰ	Ⅱ	Ⅲ
微	苛性碱含量 OH^- /(mg/L)	<35000	<43000	<57000
弱		35000～43000	43000～57000	57000～70000
中		43000～57000	57000～70000	70000～100000
强		>57000	>70000	>100000
微	总矿化度 /(mg/L)	<10000	<20000	<50000
弱		10000～20000	20000～50000	50000～60000
中		20000～50000	50000～60000	60000～70000
强		>50000	>60000	>70000

注　1. 表中的数值适用于有干湿交替作用的情况，Ⅰ、Ⅱ类腐蚀环境无干湿交替作用时，表中硫酸盐含量数值应乘以 1.3 的系数。

2. 表中数值适用于水的腐蚀性评价，对土的腐蚀性评价，应乘以 1.5 的系数，单位以 mg/kg 表示。

3. 表中苛性碱（OH^-）含量（mg/L）应为 NaOH 和 KOH 中 OH^- 含量（mg/L）。

(2) 受地层渗透性影响，环境水对混凝土结构的腐蚀性评价，应符合 5－3－9 的规定。

表 5－3－9　　按地层渗透性水和土对混凝土结构的腐蚀性评价

腐蚀等级	pH 值		侵蚀性 CO_2/(mg/L)		HCO_3^-/(mmol/L)
	A	B	A	B	A
微	>6.5	>5.0	<15	<30	>1.0
弱	6.5～5.0	5.0～4.0	15～30	30～60	1.0～0.5
中	5.0～4.0	4.0～3.5	30～60	60～100	<0.5
强	<4.0	<3.5	>60	—	—

注　1. 表中 A 是指直接临水或强透水层中的地下水；B 是指弱透水层中的地下水。强透水层是指碎石土和砂土；弱透水层是指粉土和黏性土。

2. HCO_3^- 含量是指水的矿化度低于 0.1g/L 的软水时，该类水质 HCO_3^- 的腐蚀性。

3. 土的腐蚀性评价，只考虑 pH 值指标；评价其腐蚀性时，A 是指强透水层，B 是指弱透水层。

(3) 表 5－3－8 及表 5－3－9 评价的腐蚀等级不同时，应按下列规定综合评价：

1) 腐蚀等级中，只出现弱腐蚀，无中等腐蚀或强腐蚀时，应综合评价为弱腐蚀。

2) 腐蚀等级中，无强腐蚀；最高为中等腐蚀时，应综合评价为中等腐蚀。

3) 腐蚀等级中，有一个或一个以上为强腐蚀，应综合评价为强腐蚀。

水和土对钢筋混凝土结构中钢筋的腐蚀性评价，应符合表 5－3－10 的规定。

表 5－3－10　　对钢筋混凝土结构中钢筋的腐蚀性评价

腐蚀等级	水中的 Cl^- 含量/(mg/L)		土中的 Cl^- 含量/(mg/kg)	
	长期浸水	干湿交替	A	B
微	<10000	<100	<400	<250
弱	10000～20000	100～500	400～750	250～500

续表

腐蚀等级	水中的 Cl^- 含量/(mg/L)		土中的 Cl^- 含量/(mg/kg)	
	长期浸水	干湿交替	A	B
中	—	500～5000	750～7500	500～5000
强	—	>5000	>7500	>5000

注 A是指地下水位以上的碎石土、砂土，稍湿的粉土，坚硬、硬塑的黏性土；B是指湿、很湿的粉土，可塑、软塑、流塑的黏性土。

4.《水工混凝土结构设计规范》(SL 191—2008)

在化学侵蚀环境中，宜测定水中或土中 SO_4^{2-}、水中的 Mg^{2+}、水中的 CO_2 含量及水的 pH 值，根据其含量及水的酸性按表 5-3-11 所列数值范围确定化学侵蚀的程度。

表 5-3-11　化学侵蚀程度

化学侵蚀程度	水中 SO_4^{2-} 含量/(mg/L)	土中 SO_4^{2-} 含量/(mg/kg)	水中 Mg^{2+} 含量/(mg/L)	水的 pH 值	水中 CO_2 含量/(mg/L)
轻度	200～1000	300～1500	300～1000	5.5～6.5	15～30
中度	1000～4000	1500～6000	1000～3000	4.5～5.5	30～60
严重	4000～10000	6000～15000	≥3000	4.0～4.5	60～100

5.《混凝土结构耐久性设计规范》(GB/T 50476—2008)

水、土中的硫酸盐和酸类物质对混凝土结构构件的环境作用等级可按表 5-3-12 确定。

当有多种化学物质共同作用时，应取其中最高的作用等级作为设计的环境作用等级。如其中有两种及以上化学物质的作用等级相同且可能加重化学腐蚀时，其环境作用等级应再提高一级。

当混凝土结构构件处于干旱、高寒地区，其环境作用等级应按表 5-3-13 确定。

表 5-3-12　水、土中硫酸盐和酸类物质环境作用等级

作用因素 环境作用等级	水中硫酸根离子浓度 SO_4^{2-} /(mg/L)	土中硫酸根离子浓度(水溶值) SO_4^{2-} /(mg/kg)	水中镁离子浓度/(mg/L)	水中酸碱度/(pH)	水中侵蚀性 CO_2 浓度/(mg/L)
V-C	200～1000	300～1500	300～1000	6.5～5.5	15～30
V-D	1000～4000	1500～1600	1000～3000	5.5～4.5	30～60
V-E	4000～10000	6000～15000	≥3000	<4.5	60～100

注 1. 表中与环境作用等级相应的硫酸根浓度，所对应的环境条件为非干旱高寒地区的干湿交替环境；当无干湿交替(长期浸没于地表或地下水中)时，可按表中的作用等级降低一级，但不得低于 V-C 级。
2. 当混凝土结构构件处于弱透水土体中时，土中硫酸根离子、水中镁离子、水中侵蚀性二氧化碳及水的 pH 值的作用等级可按相应的等级降低一级，但不低于 V-C 级。
3. 对含有较高浓度氯盐的地下水、土，可不单独考虑硫酸盐的作用。
4. 高水压条件下．应提高相应的环境作用等级。
5. 表中硫酸根等含量的测定方法符合表 5-3-14 的规定。

表 5-3-13　　干旱、高寒地区硫酸盐环境作用等级

作用因素环境 作用等级	水中硫酸根离子浓度 SO_4^{2-}/(mg/L)	土中硫酸根离子浓度(水溶值) SO_4^{2-}/(mg/kg)
V-C	200～500	300～750
V-D	500～2000	750～3000
V-E	2000～5000	3000～7500

注　我国干旱区指干燥度系数大于 2.0 的地区，高寒地区指海拔 3000m 以上的地区。

混凝土及水、土中硫酸根离子含量的测定方法应符合表 5-3-14 的规定。

表 5-3-14　　硫酸根离子含量测定方法

测试对象	试验方法	测试内容	参照规范/标准
硬化混凝土	重量法测量硫酸根含量，5g 粉末溶于 100mL 蒸馏水	硫酸根百分含量	《水质硫酸盐的测定重量法》(GB/T 11899)
水	重量法测量硫酸根含量	硫酸根离子浓度/(mg/L)	
土	重量法测量硫酸根含量	硫酸根含量/(mg/kg)	《森林土壤水溶性盐分分析》(GB 7871)

二、国际环境水土腐蚀性评价标准

欧洲标准 DIN4030—1991

表 5-3-15 列出天然来源水质腐蚀因子与腐蚀程度的对应关系。

表 5-3-15　　天然来源水质腐蚀因子与腐蚀程度

腐蚀介质	侵蚀性程度		
	弱侵蚀性	中等侵蚀性	强侵蚀性
pH 值	6.5～5.5	5.5～4.5	<4.5
碳酸(CO_2)/(mg/L) Heyer 大理石试验	15～40	40～100	>100
铵(NH_4^+)/(mg/L)	15～30	30～60	>60
镁(Mg^{2+})/(mg/L)	300～1000	1000～3000	>3000
硫酸盐(SO_4^{2-})/(mg/L)	200～600	600～3000	>3000
在 SO_4^{2-} 含量超过每升水 600mg(除了海水)时，应该使用抗硫酸盐型水泥。			

注　腐蚀介质中利用最高值来定义水的侵蚀性程度，即使只有一个参数值满足要求。在有两个或更多的数值比相应的数值高 1/4(或者 pH 值低 1/4)时，水的侵蚀性程度就应该划分到更高的级别。

三、常用评价标准的比较分析

(1) 现行《水利水电工程地质勘察规范》(GB 50487—2008) 提供的水土腐蚀判别标准适用范围狭窄，仅适于不具有干湿交替或冻融交替作用的地区，以及具有干湿交替或冻融交替作用的半湿润、湿润地区。对于具有干湿交替作用的干旱、半干旱地区，没有提供判别标准。

表 5-3-16 硫酸盐型腐蚀评价标准比较

技术标准	环境类型											
Ⅳ	GB 50487—2008、GB 50287—2006：无干湿交替或冻融交替；具有干湿交替或冻融交替的半湿润、湿润地区 GB 50021—2009：Ⅰ类 SL 191—2008：三类 GB/T 50476—2008、CCES01—2004：Ⅴ类 ()：无干湿交替				GB 50021：Ⅱ类				GB 50021：Ⅲ类			
腐蚀等级	微（无、A、B）	弱（C）	中（D）	强（E、F）	微（无、A、B）	弱	中	强（E、F）	微（无、A、B）	弱	中	强（E、F）
水利水电工程地质勘察规范	167 (250)	167～267 (250～400)	267～333 (400～500)	333 (500)								
水力发电工程地质勘察规范	(250)	(250～400)	(400～500)	(500)								
岩土工程勘察规范	200 (260)	200～500 (260～650)	500～1500 (650～1950)	1500 (1950)	300 (390)	300～1500 (390～1950)	1500～3000 (1950～3900)	3000 (3900)	500 (650)	500～3000 (650～3900)	3000～6000 (3900～7800)	6000 (7800)
混凝土结构耐久性设计规范		200～500	500～2000	2000～5000								
混凝土结构耐久性设计与施工指南版）	200 (300)	200～1000 (300～1500)	1000～4000 (1500～6000)	4000～10000 (6000～15000)								
水工混凝土结构设计规范	200	200～500	500～2000	2000～5000								
欧洲标准	200	200～600	600～3000	>3000								

注 水利水电工程地质勘察规范中，干湿交替环境下的判别标准，是按规程中非干湿交替指标除 1.5 的系数得到。

(2)《水利水电工程地质勘察规范》(GB 50487—2008) 与《水工混凝土结构设计规范》(SL/T 191—96)、《混凝土结构耐久性设计规范》(GB/T 50476—2008) 中关于环境、条件、环境类型及腐蚀等级的划分标准不一致，设计在使用地质勘察成果方面尚需要根据自己的判断，按设计规范重新确定环境类别和危害等级。

(3) 比较而言，《水利水电工程地质勘察规范》(GB 50487—2008) 标准是最为严格的。

(4)《岩土工程勘察规范》(GB 50021—2001)(2009 修订版) 评价标准与设计标准及欧洲标准基本一致。其中 GB 50021—2001 规定：适用于有干湿交替作用的情况，Ⅰ、Ⅱ类腐蚀环境无干湿交替作用时，表中硫酸盐含量数值应乘以 1.3 的系数。即表中腐蚀性离子含量的界线值应该提高。

GB 50021—2001 的评价指标本身要比 GB 50487—2006 宽松，按照各自评价标准下的题注，工程区的评价标准是严格的更严格，宽松的更宽松。评价标准比较参见表 5-3-16。

第三节　环境水土壤腐蚀性试验与测试方法

一、环境水腐蚀性试验

环境水的采集应采用带磨口玻璃塞的玻璃瓶或塑料瓶。取样前容器必须洁净，应用水冲 3 次以上，样品分析经历的时间尽可能短，注意冬季防冻夏季防晒，需进行特殊试验的项目须加入不同试剂现场固定。

环境水测试项目为：pH，Ca^{2+}，Mg^{2+}，Cl^-，SO_4^{2-}，HCO_3^-，CO_3^{2-}，NH_4^+，OH^-，总矿化度。

试验项目的腐蚀作用如下。

水中 Ca^{2+}，Mg^{2+} 能与 SO_4^{2-} 生成结晶物，如：$Na_2SO_4 \cdot 10H_2O$，$MgSO_4 \cdot 7H_2O$，$CaSO_4 \cdot 2H_2O$，混凝土产生结晶类腐蚀；其中 Mg^{2+} 比 Ca^{2+} 更为活泼，还能将混凝土中 Ca^{2+} 置换出来，使混凝土分解腐蚀。

SO_4^{2-} 为混凝土结晶类腐蚀中最为主要的阴离子；另外，SO_4^{2-} 与 Cl^- 的盐类对钢铁具有原电池腐蚀。

NH_4^+ 可生成强酸弱碱盐，与混凝土中的碱性物质反应，使混凝土发生分解。

苛性碱溶液 (阴离子为 OH^-) 能使混凝土于湿交替部位产生腐蚀。

pH 值较小，含侵蚀性 CO_2，低矿化度水的 HCO_3^- 较少，都说明 H^+ 含量高，具有酸性，能使混凝土中的 $CaCO_3$ 等物质反应发生分解类腐蚀。另外，pH 值小还会对钢铁具有酸腐蚀。

总矿化度值越大，说明水中的离子成分越多，对混凝土腐蚀性越强。

二、土壤腐蚀性试验方法

土壤腐蚀性室内试验采用土水比 1∶5 的腐蚀溶液，分析溶液中的阴阳离子含量。测试内容为水的腐蚀性测试内容相同。

三、土壤腐蚀性测试方法

物探测试内容主要包括 pH 值、氧化还原电位、电阻率、极化曲线、质量损失。氧化还原电位、电阻率、极化曲线、质量损失是测定土对钢铁原电池腐蚀指标。

pH 值的测定，可采用玻璃电极法或复合电极法测定。温度差异用仪器上温度补偿装置进行温度校正（标准 25℃，比如实际温度 22℃，在温度补偿装置上设定实际温度，考虑标准缓冲溶液的温度补偿系数）；pH 值受酸、碱和盐类溶入等因素的影响，宜立即原地测试（不具备条件的应尽量提前拿到试验室试验；电极中饱和氯化钾溶液应保持在 2/3 处；标准缓冲溶液 pH 值（4.008，6.865，9.180）所选缓冲溶液应靠近待测水样的 pH。值得一提的是，复合电极对于工程用水的分析不适宜，在实际操作中不方便，宜用纯水电极测定。

氧化还原电位必须现场测定，方法是以贵金属（如铂）作指示电极，饱和甘汞电极作参比电极，测定相对于甘汞电极的氧化还原电位值，然后换算成相对与标准氢电极的氧化还原值作为报告结果。测完一个样品时，必须用纯水充分冲洗电极，电极表面必须保持清洁，避免沾污，防止空气侵入影响氧化还原电位。

电阻率常用于间接推测离子成分的总浓度。水样分析前可先测定电阻率，有助于选择对样品进行稀释或浓缩，以保证试验精度。如果使用已知电导池常数的电导池，不需要测定电导池常数，但要经常用标准氯化钾溶液校准仪器。

极化曲线采用极恒电流法，土对地下钢铁构筑物的腐蚀，主要是原电池腐蚀。土中原电池腐蚀的特点是：开始时电流较大，达最大值后又逐渐减小，这种电流强度下降的现象称为极化作用。

质量损失采用管罐法，把钢结构物加工成钢管连接质量损失测定仪正极，盛土样的铁皮管用导线连接仪器的负极，通 6V 直流电电解 24h，求电解后钢管质量损失。

第四节　适于本地区的环境分类及水土腐蚀评价标准

一、环境类型划分标准

用于评价水土腐蚀的环境条件，可以细分为宏观环境和微观环境，两者是相辅相成的关系。

1. 宏观环境类型

宏观环境类型一般按海拔高程和干燥度确定。

（1）《岩土工程勘察规范》（GB 50021—2001）的标准：

——高寒区，指海拔高度≥3000m 的地区；

——干旱区，指海拔高度<3000m、干燥度指数 $K \geq 1.5$ 的地区；

——湿润区，指干燥度指数 $K < 1.5$ 的地区。

（2）《水利水电工程地质勘察规范》（GB 50487—2008）和《水发电工程地质勘察规范》（GB 50287—2006）的划分标准：

——高程 3500m 以上的高寒地区；

——干旱、半干旱地区；

——半湿润、湿润地区。

2. 微观气候

(1) 按《岩土工程勘察规范》(GB 50021—2001) 的分类方法:

——直接临水;

——强透水层;

——弱透水层;

——干燥土层。

(2)《水利水电工程地质勘察规范》(GB 50487—2008) 和《水发电工程地质勘察规范》(GB 50287—2006) 的分类方法:

——不具有干湿交替或冻融交替作用;

——具有干湿交替或冻融交替作用。

(3)《水工混凝土结构设计规范》(SL/T 191—2008) 的分类方法:

——露天环境,长期处于地下或水下环境;

——水位变动区,或有侵蚀性地下水的地下环境。

3. 工程区环境类型分类标准

无论是宏观环境还是微观环境,不同技术标准分类依据和标准具有相似性。《水利水电工程地质勘察规范》(GB 50487—2008) 在环境类型划分标准是系统和全面的,简单明确,也涵盖了本工程主要工作环境,适于本工程的特点。

宏观环境类型的划分标准:

——高寒区,指海拔高度≥3500m 的地区;

——干旱、半干旱区,指海拔高度<3500m、干燥度指数 $K \geqslant 1.5$ 的地区;

——湿润、半湿润区,指干燥度指数 $K<1.5$ 的地区。

微观环境类型宜划分为:

——不具有干湿交替或冻融交替作用;

——具有干湿交替或冻融交替作用。

各行业技术标准关于水土腐蚀环境类型划分的方法,一般采用宏观环境与微观环境组合方式。本工程宏观环境类型为干旱、半干旱区(后续章节详细说明),与微观环境组合,形成两种环境类型。

(1) 干旱区、半干旱区不具有干湿交替或冻融交替作用环境,为便于记录,定义为 A 类环境;

(2) 干旱区、半干旱区具有干湿交替或冻融交替作用环境,定义为 B 类环境。详见表 5-3-17。

表 5-3-17　　环境类型分类表

宏观类型	细观类型	微观类型
干旱、半干旱	不具有干湿交替或冻融交替作用环境 (A)	水位以上环境 (A1)
		水位以下环境 (A2)
	具有干湿交替或冻融交替作用环境 (B)	季节性冻土区 (B1)
		隧洞内表面水位变动附近及以上地带 (B2)
		地下水位变动带、毛细带 (B3)

二、A 条件下的环境水土腐蚀评价标准

干旱区不具有干湿交替或冻融交替作用地区水土腐蚀评价标准条件下，不具有干湿交替或冻融交替作用的微观环境类型，可以进一步细化为：

——地下水位以下地区；

——地下水位以上地区。

(1) 对于此类环境类型，环境水腐蚀性评价，现行《水利水电工程地质勘察规范》(GB 50487—2008) 已有明确标准，应按照执行。

(2) 对于土壤腐蚀性评价，可以借鉴《岩土工程勘察规范》(GB 50021—2001) 的有关规定，其中：

1) 按场地环境类型评价土壤对混凝土结构腐蚀性时，采用Ⅰ类环境标准。

2) 按地层渗透性评价土壤对混凝土结构腐蚀性时，采用弱透水层标准。

3) 土壤对混凝土结构中钢筋的腐蚀性判别标准，采用该规范的 B 类条件。

评价标准见表 5-3-18～表 5-3-20。

表 5-3-18　　土壤对混凝土结构腐蚀性判别标准

腐蚀程度 / 试验项目	强	中	弱	微
pH 值	<3.5	3.5～4.0	4～5	>5
Mg^{2+} 含量/(mg/kg)	>4500	3000～4500	1500～3000	<1500
Cl^- 含量/(mg/kg)	>5000	500～5000	250～500	<250
SO_4^{2-} 含量/(mg/kg)	>2925	970～2925	390～975	<390
HCO_3^- 含量/(mmol/L)	—	<0.5	1.0～0.5	>1
总矿化度/(mg/kg)	>75000	30000～75000	15000～30000	<15000

表 5-3-19　　土壤对混凝土结构中钢筋的腐蚀性判别标准

腐蚀性判别依据	腐蚀程度	界线指标
Cl^- 含量/(mg/kg)	微腐蚀	<250
	弱腐蚀	250～500
	中等腐蚀	500～5000
	强腐蚀	>5000

表 5-3-20　　土壤对钢结构的腐蚀性判别标准

腐蚀程度 / 试验项目	强	中	弱	微
pH 值	<3.5	3.5～4.5	4.5～5.5	>5.5
氧化还原电位/(mV)	<100	100～200	200～400	>400
电阻率/(Ω·m)	<20	20～50	50～100	>100
极化电流密度/(mA/cm^2)	>3	2～3	1～2	<1
质量损失/g	>3	2～3	1～2	<1

三、(B) 条件下对混凝土结构腐蚀评价标准

输水管道和隧洞工程主要为混凝土结构，从初步的判别结果来看，混凝土结构的硫酸盐型腐蚀是本场地地下水对混凝土结构腐蚀的主要类型。因此，干旱区、半干旱区干湿交替或冻融交替作用条件下地下水对混凝土结构的腐蚀评价标准，重点考虑硫酸盐型。

1. 干湿交替或冻融交替条件下的环境作用

按王铠的分析，混凝土干湿交替带，毛细上升水产生的硫酸盐结晶腐蚀，是干湿交替带表层上微观气候、阳光、空气、温差三者互相作用造成的。阳光是毛细上升水蒸发所需热量的来源，特点是昼有夜无；空气是流动性强的物质，特点是流动快则成风在白天将干湿交替带蒸发的水汽带走，夜间促进干湿交替带表层散热降温；温差是干湿交替带表层白天最高温度和夜间最低温度的差别，特点是白天温度高，蒸发干燥，盐类析出；入夜降温，盐类潮解，降至低温，较多的盐结晶析出。腐蚀强度与硫酸盐的初始浓度的高低及阳光、空气、温差的作用强度有关。

具体工程实践中，并非阳光、空气、温差三者共存，因而不同情况，腐蚀强度不同。

(1) 阳光、空气、温差三者共存的干湿交替带。这种情况是腐蚀强度最强的一种。《岩土工程勘察规范》(GB 50021—2001) 按宏观气候规定的ⅠA、ⅠB、ⅠC三类，是各类环境条件下，阳光、空气、温差综合情况对腐蚀强度的影响程度表示的。对于本工程输水管道和隧洞工程而言，大部分地段不存在这一类型。

(2) 无阳光的干湿交替带。地表水水面以上或地下水毛细上升水到地面以上的干湿交替带，因各种不同原因，干湿交替带无阳光照射，但存在空气和温差。隧洞、竖井、坑道等混凝土结构形式，洞、井内混凝土的干湿交替带，无阳光照射，有空气与温差。此类情况比有阳光照射时的腐蚀强度，相对较轻。输水隧洞表面内水变动带范围内的混凝土结构属于这一环境类型。

(3) 无阳光和空气的干湿交替带。混凝土干湿交替带，处于地面以下、冰冻深度以上的土层中，既无阳光、又无空气或空气较稀少的状态。受宏观气候的影响，温差是影响干湿交替带毛细上升水，唯一的气候因素，如冻融循环频率，随宏观气候冰冻区的升级而增大，对一般硫酸盐腐蚀不达标的地下水，称作冻害是可以的。对盐渍土、包括非冰冻区盐渍土地下水，有温差则硫酸盐结晶腐蚀是不可避免的。腐蚀强度与有阳光、空气的情况相对较缓慢。输水隧洞、输水管道大部分埋于地下，且位于最大冻土深度以下，水位变动带、毛细带的结构属于这一类型。

2. 干湿交替或冻融交替作用条件与不具有干湿交替或冻融交替作用条件环境作用比较

《混凝土结构耐久性设计与施工指南》(CCES 01—2004)(2005 年修订版)，在一般环境下，无干湿交替环境作用等级为ⅠB，有干湿交替时为ⅠC。Ⅲ环境土中区，无干湿交替环境作用等级为ⅢD，有干湿交替时为ⅢE。V_3 盐结晶环境，无干湿交替环境作用等级为 V_3E，有干湿交替时为 V_3F。有干湿交替情况，环境作用等级均提高一级。

《混凝土结构耐久性设计规范》(GB/T 50476—2008)，当无干湿交替（长期浸没于地

表或地下水中）时，环境作用等级降低一级，但不得低于Ⅴ-C级。

3. 干湿交替作用或冻融交替作用环境类型地下水腐蚀（硫酸盐型）评价标准

主要技术标准中，关于具有干湿交替作用或冻融交替作用与不具有干湿交替作用和冻融交替作用下，两种环境类型地下水腐蚀（硫酸盐型）评价标准比较情况见表5-3-21。

综合以上分析，对于干旱区，干湿交替作用和冻融交替作用微观环境主要包括如下。

——季节性冻土区：无阳光，空气稀薄，温度变化大。

——引水隧洞内表面水位变动附近及以上：无阳光，空气流动快，温度变化大。

——地下水位变动带、毛细带；无阳光，空气稀薄，温度变化小。

不存在阳光、空气、温差三者共存的复杂微气候环境条件。

表5-3-21　无干湿交替与干湿交替条件下硫酸盐结晶型环境水腐蚀评价标准

技术标准	腐蚀程度	硫酸根含量			备　注
		具有干湿交替或冻融交替作用	无干湿交替和冻融交替作用	比值	
水利水电工程地质勘察规范	无	无	<250		
	弱		250～400		
	中等		400～500		
	强		>500		
水力发电工程地质勘察规范	无	无	<250		
	弱		250～400		
	中等		400～500		
	强		>500		
岩土工程勘察规范	弱	250～500	350～650	1.3	1类环境
	中等	500～1500	650～1950		
	强	>1500	>1950		
公路工程勘察规范	弱	250～500	350～650	1.3	
	中等	500～1500	650～1950		
	强	>1500	>1950		
混凝土结构耐久性设计规范		提高一级			
混凝土结构耐久性设计与施工指南版		提高一级			

考虑到本地区环境水腐蚀类型主要为硫酸盐型，其他类型问题不大。因此，以《水利水电工程地质勘察规范》（GB 50487—2008）的评价标准为基础，按有无干湿交替、冻融交替作用其硫酸盐评价标准相差1.3倍，确定干湿交替作用和冻融交替作用环境下的环境水硫酸盐型腐蚀评价标准，见表5-3-22。

表 5-3-22　　地下水对混凝土腐蚀性评价标准（硫酸盐型）

腐蚀性类型	腐蚀性判别依据	腐蚀程度	界限指标
硫酸盐型	SO_4^{2-} 含量/(mg/L)	无（微）腐蚀	SO_4^{2-} 含量＜200
		弱腐蚀	200≤SO_4^{2-} 含量＜310
		中等腐蚀	310≤SO_4^{2-} 含量＜390
		强腐蚀	SO_4^{2} 含量≥390

注　适用于干旱区干湿交替作用和冻融交替作用环境。

第四章

腐蚀性水土分布及特征

第一节　区域环境地质背景

一、气象水文

宁夏中南部地区属暖温带半干旱气候区。由于地处内陆，地势高亢，又受欧亚大陆及青藏高原气团控制，形成冬季漫长寒冷，春季气温多变，夏季短暂凉爽，秋季降温迅速，春季和夏初降雨量偏少，灾害性天气多，区域降水差异大等气候特征。据全县不同地区19个水文、气象站近30年记录，全县年平均降水量494.2mm，最大为固原南部和尚铺站657.7mm，最小为固原北东甘城站341.1mm，自南向北迅速减小，至七营、甘城一带已减少到350mm，南北相差300mm，东北部炭山、寨科一带至云雾山，地势比清水河河谷高出500多m，降水量亦比周围偏高30mm，六盘山东西两侧的降水量也有明显的不同，由于东山坡处于暖湿气候的迎风面，降水比西坡明显偏多，两者相差100多mm，并且雨季降水量约占全年降水量的60%以上。多年平均蒸发量也有明显的分布规律，硝口—开城以南为1000～1200mm，此线以北，寺口子—头营以南为1200～1400mm，此线至勘查区北部边界为1400～1600mm。年平均气温6.2℃，最低气温－8.3℃（1月平均），最高气温18.9℃（固原站七月平均）。每年11月至翌年3月为冰冻期。主要灾害有干旱、霜冻、风沙、冰雹等，以旱灾最为常见严重。固原气象站多年平均降雨量见图5-4-1。

固原水资源贫乏，水质南部较好，北部较差。地表水主要来源于大气降水，年平均降雨量约494.2mm（六盘山区降雨量大，而黄土丘陵区仅为341.1mm）。境内由于六盘山、古陆梁地势抬高，形成了三个水系，分别向北、南、东、西流出县境。

清水河水系，发源于县城南开城乡黑刺沟脑，属黄河水系。清水河由南向北纵贯于全县，县内流程135km，流域面积2773km^2，占全县总面积的71.5%。发源地高程2180m，出口处高程1425m，高差755m。常年流量1.71m^3/s，矿化度县城南为0.53g/L，至头营为0.71g/L，至七营为5.5g/L。

清水河两岸有大小支流3条，连同次一级支沟，构成羽毛状、树枝状水系。中河：发源于西吉县偏城乡，向北流，在黑城乡邓家河汇入清水河。苋麻河：发源于南华山二沟，东南流，从苋麻河水库进入本区，至下小河汇入清水河。石景河：发源于寨科乡及环县庙儿掌北部，向北流，汇入炭山、马渠、高台、甘城等乡各沟谷溪水，至七营盘河汇入清水河。

发源于六盘山东侧的颉河，属泾河水系。东南流经互亭、三关口，至蒿店苋麻湾出县

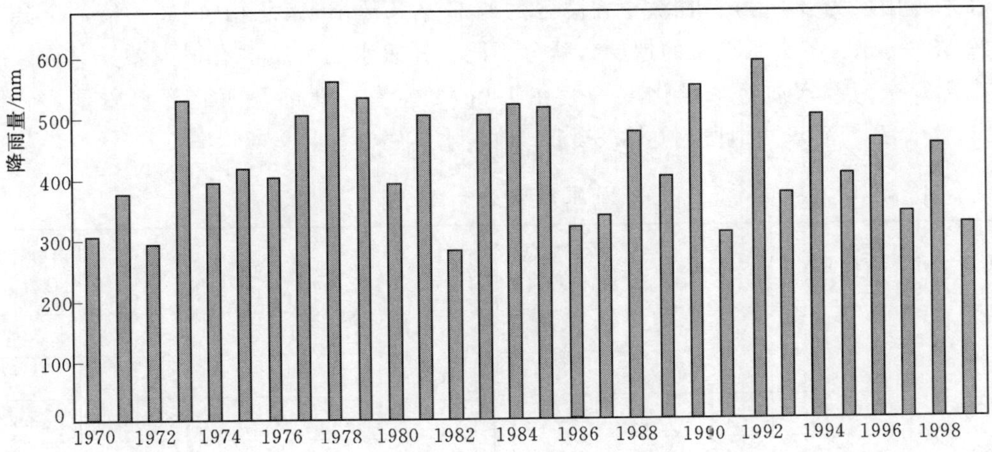

图 5－4－1　固原多年平均降雨量成果图

境，至平凉入泾河。茹河：发源于六盘山东侧的青石水和固、彭两县分界的黄家河水　东南流入泾河。

张易河属渭河水系，属黄河水系的二级支流。发源于六盘山西侧的红庄、张易乡各沟谷，至张易汇为一水，西流入西吉县马连河，西南流入渭河。

各水系河流的特征见表 5－4－1。

表 5－4－1　　　　**河流多年平均降雨量与径流量表**

河流名称	流域面积 /km²	多年平均降水量		多年平均径流量		径流系数 /%
		降雨量 /mm	总量 /亿 m³	径流深 /mm	径流量 /亿 m³	
一、清水河水系	2773	445	12.33	28.6	0.797	6.4
沈家河以上	313	520	1.63	71	0.222	13.6
冬至河	500	550	2.75	44	0.22	8.0
中河	168	410	0.69	14	0.023	3.4
苋麻河	75	390	0.29	12	0.009	3.1
双井子河	625	370	2.38	15	0.094	3.9
其他区间	1093	120	4.59	21	0.229	5.0
二、泾河水系	3051	530	14.776	80.3	1.506	10.2
颉河	285	650	1.85	175	0.499	26.9
茹河	2058	480	9.9	40	0.823	8.3
安家川河	708	460	3.026	26	0.184	6.1
三、渭河水系	204	560	1.14	92	0.188	16.[illegible]
张易河	204	560	1.14	92	0.188	16.[illegible]
合计	6028	511	28.246	66.96	2.491	8.8

注　茹河、安家川河资料统计已包括彭阳县部分流域面积。

地表水年径流量的变化与降水相似，由南向北逐渐减少，变化幅度较大，多年平均径流深在六盘山区为200mm；在黄土丘陵区的北部为15mm，南北相差13.3倍，全县平均径流深43.7mm。各水系流域的地层含盐分不同，地表水的水质也有很大差异（表5－4－2），南部及东南部水质好，矿化度一般在1.0g/L左右，北部及西北部水质差，矿化度3g/L以上，石景河双井地段高达8.8g/L。地表水体腐蚀性见表5－4－3。

表5－4－2　　固原地表水一览表

河流	取样位置	水型	溶解性总固体/(g/L)	河流	取样位置	水型	溶解性总固体/(g/L)
清水河	海子峡	SHcn	0.819	黄家河	河川	SCnm	1.729
	上店子	SCmc	4.44		郑家庄	SCnm	1.29
	臭水沟	SCn	14.17		官厅	SCnm	3.22
	十里铺	SHnm	0.63	石景河	石景河	SCnm	3.32
	沈家河	HScn	1.487		双井	CSnm	8.831
	冬至河	SCnc	4.491				
	中河	SCnc	9.645				
	苋麻河	SCnm	10.7				
	炭山	SCn	0.546				
	滴滴沟	HSnm					

表5－4－3　　地表水体腐蚀性成果表

项目＼地表水体	泾河	兰大沟	黄林沟	洪家峡	香水河	脂胎河	暖水河	半个山沟	卧羊川沟	洪水河	瓦亭峡	茹河	清水河
桩号	1＋150	3＋700	7＋520	9＋180	13＋230	17＋950	22＋220	32＋500	34＋550	37＋380	38＋710		
对混凝土腐蚀性	无	无	无	无	无	无	无	无-弱	无	中等-强	弱	弱	弱-中等
对混凝土中钢筋腐蚀性	无	无	无	无	无	无	无	无	无	弱	无	无-弱	弱
对钢结构腐蚀性	弱	弱	弱	弱	弱	弱	弱	弱	弱	中等	弱	弱	弱-中等

二、水文地质

（一）第四系松散堆积物孔隙潜水

1. 黄土中的潜水

工作区清水河以东地区，前第四系基岩上部广泛分布有黄土，其表面形态为强烈切割的黄土丘陵，降水入渗补给黄土中的地下水，但易流失而不易储存，因此大面积的黄土中，地下水仅在有利大气降水汇集的负地形分布。赋存于黄土裂隙、孔隙介质中的潜水，连续性差，水交替较积极，其补给、径流与排泄自成独立的循环系统。沿寨科、官厅、河川一线东南部一般为淡水，矿化度为1g/L左右，其东北部水质较差，矿化度为3～6g/L，局部高达10g/L以上。

2. 清水河平原冲积层孔隙潜水

工作区所属为清水河平原之南段，南北长70km，东西宽约7～20km，其基底为第三系和白垩系所组成的向斜，北部延伸到同心县境内，平原周边为第三系和白垩系组成的基岩山区，周边山区风化碎屑物大量堆积于盆地之中，形成大厚度的第四系沉积物。南部和西南部山前地带以洪积物为主，靠近现代河床以冲积物为主，地下水主要赋存于冲洪积所形成的砂砾石孔隙介质中。清水河平原内主要埋藏有三个含水岩组，含水层为砂砾石。第一含水岩组以潜水为主，局部微承压，故命名为浅层水，第二含水岩组和第三含水岩组均为承压水。浅层水在平原区大部分地区都有分布，两层承压水的分布范围受古河床规模大小和形状所控制，在南部和中部分布范围广，黑城以北含水层东部边界向西逐渐收拢。三层水总富水性规律是：沿河谷平原区以冲积物为主的地段，含水层厚度大，粒度粗，泥质含量小，富水性强，单孔涌水量大于1000m^3/d，往两侧山边过渡，含水层厚度变薄，泥质成分增加，富水性变差，单孔涌水量100～1000m^3/d或小于100m^3/d。三营以南为淡水分布区，矿化度一般小于1g/L，三营以北逐渐增至3g/L以上。

3. 小型河谷川台地中的孔隙潜水

大关山东西麓的大型沟谷一般具二级阶地，宽0.5～1km，有较厚的第四系松散冗积物，含水层为砂砾石层，河谷宽阔地段及二级阶地中部及前缘富水性强，单孔涌水量大于500m^3/d，河谷狭窄地段及二级阶地后缘富水性相对较弱，单孔涌水量100～500m^3/d。

（二）第三系基岩孔隙、裂隙水

区内第三系广泛分布，为陆相红色为主的碎屑岩及含盐建造，属断陷盆地的山麓、河流及湖泊相沉积，岩性、岩相及厚度变化较大。在张易—红庄、开城—什字地区第三系组成的大型向斜中，清水营组主要为泥质砂岩，寺口子组主要为含砾泥质砂岩、砂砾岩，胶结好，地层中普遍贫水，单孔涌水量小于10m^3/d，矿化度高达6.08～13.08g/L，在小关山、黄峁山东侧北起官厅，南到新集长约50km，东西宽约10km，面积约500km^{2}的区域内第三系为一向斜构造，地表为一西高东低的丘陵地带，西侧发育第三系寺口子组、清水营组和甘肃群，东侧清水营组缺失，甘肃群直接覆于白垩系之上，在第三系与白垩系不整合接触面上，普遍发育一层粗砂岩和砾岩，接受山区风化裂隙带中淡水的补给和大气降水补给，形成的地下水赋存于该层之中，为淡水或微咸水。该含水层单孔涌水量一般为100～1000m^3/d，局部富水地段大于1000m^3/d，靠近基岩山区水质好，矿化度小于1g/L，北部官厅一带水质差，矿化度1～3g/L。西峰岭东侧、寺口子南北一线，寺口子组呈带状南北向展布，寺口子组为中细砂岩，半胶结，加之裸露地表，接受大气降水补给形成地下水，单孔涌水量100～1000m^3/d，矿化度小于1g/L。

（三）白垩系基岩裂隙水

白垩系含水层主要分布于小关山、黄峁山、官厅以东，官厅以南地区，含水层为六盘山群三桥组、和尚铺组，胶结或半胶结的砂岩、砂砾岩，受构造的分割与控制，形成了不同的储水构造。

沿“南北古脊梁”东部边界以西，受构造分割，形成了河川—新集向斜储水构造。该向斜西依小关山—黄峁山，东与“南北古脊梁”相接，含水层在河川以南的向斜中均有分布，为承压含水层，单孔涌水量 100～1000m^3/d，向斜西翼水质好，东翼水质差。

大关山、小关山、黄峁山和西峰岭基岩山区，其地层主要由下白垩系泥岩组成，表层风化裂隙接受大气降水的补给，赋存有潜水，富水性取决于大气降水量、风化裂隙发育程度，及补给面积及所在地区的地质地貌特征，水质良好。在大关山—硝口一带及西峰岭，风化裂隙水顺层理向深部运移，通过深循环溶解地层中的盐分而形成高矿化的层间裂隙水。

区域地下水总体由西部流向东部，可划分为三个大的含水单元，其间又形成多个小的循环系统。各含单元流量、水温及矿化度指标见表 5-4-4。

表 5-4-4　　地下水流量、水温及矿化度成果表

地下水单元	含水地层	统计类型	流量/(L/s)	水温/(°)	矿化度/(g/L)
Ⅲ$_1$	下白垩系(K_1)	组数	17	17	17
		最大值	10.27	9.6	0.45
		最小值	0.05	3.8	0.09
		平均值	1.57	6.5	0.19
Ⅲ$_2$		组数	7	7	7
		最大值	7.0	11.72	0.32
		最小值	0.10	5.0	0.13
		平均值	2.11	9.03	0.24
Ⅲ$_3$		组数	2	2	2
		平均值	0.075	5.5	0.26
Ⅲ$_4$		组数	3	3	3
		平均值	0.15	8.7	0.48
Ⅲ$_5$		组数	3	3	3
		平均值	0.35	11.9	0.38
Ⅱ	第三系(N)	组数	6	5	6
		最大值	17.2	N	0.46
		最小值	0.036	3.38	0.28
		平均值	4.79	9.218	0.38
Ⅰ	第四系(Q)	组数	9	9	9
		最大值	12.01	12.46	0.87
		最小值	0.022	0	0.32
		平均值	2.54	5.81	0.47

就区域三个含水单元水力联系及腐蚀性来说，总体具有以下特点：

(1) 含水系统总体表现为由西部补给东部，中部含水系统与东部呈相互补给关系。具体表现为西部含水系统，不受中部河谷阶地及东部山区含水系统控制，显示出其地下水来源不受后者补给；中部含水系统受西部含水系统制约，但不限于前者，显示出本身地下水来源不局限于西部含水系统；东部含水系统与中部含水系统腐蚀性具有深厚的渊源，两者相互衔接，表现出良好的贯穿性。

（2）南部地区腐蚀性明显低于北部地区。

（3）腐蚀类型主要表现为硫酸盐型，腐蚀浓度主要表现为贫水区与富水区交界部位一般高于其他部位，如 6 号隧洞至 7 号隧洞进口之间腐蚀浓度高。

三、腐蚀性水土成因分析

地下水在岩土介质中运行，溶解介质中的化学元素并且迁移、沉淀和聚集过程中，地下水的化学成分和含量不断发生变化。影响地下水化学成分的主要因素有含水层介质的岩土化学成分及其溶解度、地下水补给源化学成分及其迁移聚集量、地下水所处的构造部位及地质作用、人为作用过程中化学元素的再分配等。岩石中可溶元素越多，转入地下水中的数量越大。例如：流经灰岩地层的地下水通常为重碳酸钙型水，流经石膏岩层中地下水通常为硫酸钙型水。

1. 基岩地下水

本次研究采取岩石样品研磨后进行了做浸出液分析，成果见表 5-4-5。由表 5-4-5 可知，岩石本身对混凝土及混凝土中的钢筋不具腐蚀性。

输水线路钻孔揭露到下白垩地层局部含薄层石膏，分析认为，这是基岩地下水中硫酸根离子含量偏高的主要原因。特别是在风化带、构造发育带，由于岩体破碎，封闭于岩体中的石膏颗粒暴露出来，溶入地下水，造成局部水土硫酸根离子（SO_4^{2-}）偏高。

2. 第四系松散层

在第四系松散层采取了 101 土壤样品，进行了浸出液分析。成果显示，总体上土壤腐蚀性不强，一般对混凝土和混凝土中钢筋具有微—弱腐蚀性，对钢结构的腐蚀性稍强，以弱—中等为主。平面上，河谷附近土壤腐蚀性较强。剖面上，硫酸根离子含量变化规律性不明显，不同于干旱区浅表层盐分富集这一一般规律，见图 5-4-2；就腐蚀性来说，水位附近较强。

第四系松散层腐蚀性主要与其本身沉积物质来源有关，同时与该区地下水的腐蚀情况有关，两者相互相互影响。比较而言，地下水的影响似乎更大一些。

表 5-4-5　岩块浸出液试验成果统计表

样品编号		—	YZZ-1	DWZ1-1	DWZ3-1	DWZ4-1
桩号		—	胭脂川支洞	大湾 1 号支洞	大湾 3 号隧洞	大湾 4 号隧洞
pH 值		—	9.15	9.27	9.35	9.33
易溶盐总量		mg/kg	600.0	500.0	700.0	500.0
碳酸根含量	CO_3^{2-}	mg/kg	32.000	32.000	31.000	32.000
重碳酸根含量	HCO_3^-	mmol/kg	3.24	3.74	3.11	2.11
氯根含量	Cl^-	mg/kg	25	33	64	33
硫酸根含量	SO_4^{2-}	mg/kg	145	72	150	82
钙离子含量	Ca^{2+}	mg/kg	55.000	60.000	82.000	44.000

续表

样品编号		—	YZZ-1	DWZ1-1	DWZ3-1	DWZ4-1
镁离子含量	Mg^{2+}	mg/kg	21	12	12	15
钾钠离子含量	$K^{+}+Na^{+}$	mg/kg	81.000	75.000	93.000	54.000
混凝土结构	腐蚀介质	pH	无	无	无	无
		Mg^{2+}	无	无	无	无
		SO_4^{2-}	无	无	无	无
		HCO_3^-	无	无	无	无
混凝土结构中钢筋	腐蚀介质	Cl^-	无	无	无	无

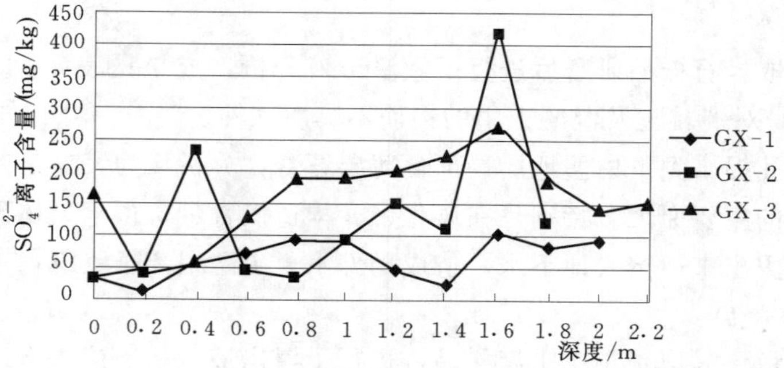

图 5-4-2 硫酸根离子含量随深度变化

第二节 工程区环境类型

一、工程区宏观环境类型

（一）宁夏气候分区

根据宁夏的气候条件、农牧业分布和生态环境状况以及传统的习惯，把宁夏划分为三个区域，见图 5-4-3。

引黄灌区：年降水量在 200mm 左右；

中部干旱带：年降水量在 200～400mm 之间；

南部山区半干旱/半湿润区：年降水量在 400mm 以上。

根据降雨量定义，南部山区属于半干旱、半湿润区，也叫阴湿地区，包括泾原全县、隆德县东部、固原县西南部、西吉县东北部。海拔高，位置偏东南，气温低，热量少，降水量大。年平均气温 5～6℃，六盘山山地仅 1℃。全年降水量 600～800mm，全年雨天 110 天左右。宁夏不同地区年蒸发量也存在较大差异，各地区年蒸发量见表 5-4-6。

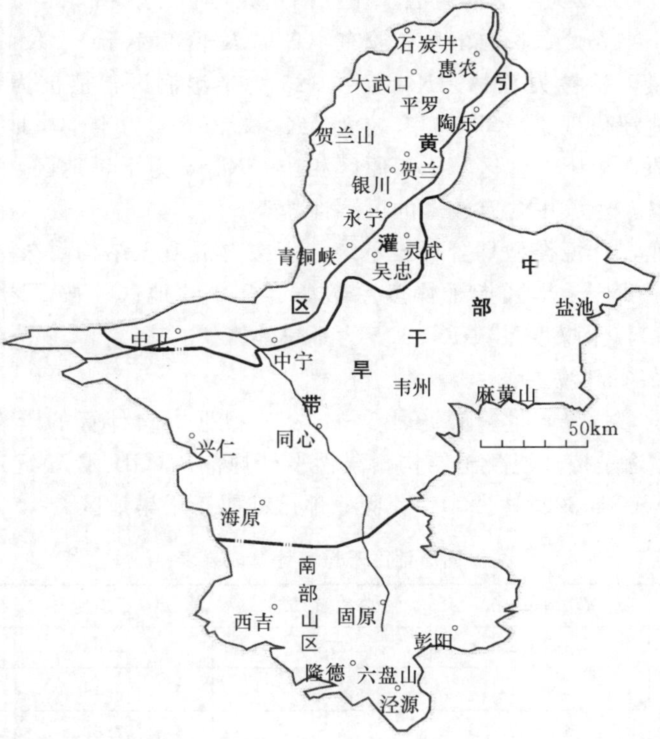

图 5-4-3　宁夏气候分区

表 5-4-6　　**宁夏年蒸发量年代际变化**　　单位：mm

年代	全区		引黄灌区		中部干旱带		固原市	
	蒸发量	距平	蒸发量	距平	蒸发量	距平	蒸发量	距平
20 世纪 60 年代	1918.5	38.8	2029.5	102.2	2117.0	−8.1	1448.2	22.9
20 世纪 70 年代	1912.1	32.4	1931.7	4.4	2199.3	74.2	1502.1	76.8
20 世纪 80 年代	1820.3	−59.4	1836.6	−90.7	2095.8	−29.3	1354.2	−71.1
20 世纪 90 年代	1868.1	−11.6	1911.4	−15.9	2088.4	−36.7	1396.8	−28.5
平均	1879.7		1927.3		2125.1		1425.3	
2001—2003	1860.0	−19.7	1897.6	−29.7	2105.6	−19.5	1369.1	−56.2

（二）按干燥度和海拔高程确定的宏观环境类型

1. 干燥度

干燥度是表征气候干燥程度的指数，又称干燥指数，通常有字母 K 表示。它是可能蒸发量与降水量的比值，反映了某地、某时段水分的收入和支出状况。由于可能蒸发量的计算方法不同，干燥度的表示方式也有多种。有以年平均气温或高于 10℃ 积温的 0.1 倍表示可能蒸发的，也有以辐射差额反映可能蒸发的。

2. 以干燥度划分环境类型

气象部门一般以 K 值为 1.0 的等值线来区分湿润地区和半湿润地区的指标。$K<1$ 为

湿润地区，K=1～1.25 为半湿润地区。在我国这条等值线大致相当于秦岭—淮河线。但此线以北的大、小兴安岭，长白山地，胶东半岛的 K 值亦小于 1。K<1 的地区表示降水量大于可能蒸发量，植被为森林；K=1～1.25 为半湿润区，植被为森林草原、草甸草原，有些地区有盐渍化现象，旱患频率较大。K>1.25～4 为半干旱地区，包括广大的西北地区和青藏高原，半干旱地区与干草原区相当。K>4 为干旱地区，植被为干荒漠，发展农业需进行灌溉，土壤中含有较多的可溶性盐类。

对于工程行业，环境类型划分标准不统一。按《混凝土结构耐久性设计规范》(GB/T 50476—2008)，我国干旱区指干燥度系数 K>2.0 的地区。按《岩土工程勘察规范》(GB 50021—2001)，干燥度系数 K≥1.5 为干旱地区。

3. 固原地区宏观环境类型

固原地区蒸发量、降雨量资料见表 5-4-7。根据资料计算的干燥度见表 5-4-7。干燥度大于 2，无论是按《混凝土结构耐久性设计规范》(GB/T 50476—2008) 还是《岩土工程勘察规范》(GB 50021—2001)，固原地区都属于干旱地区。

表 5-4-7　　　固原地区干燥度计算成果表

年　代	蒸发量/mm	降雨量/mm	干燥度	说　明
20 世纪 60 年代	1448.2	478.2	3.03	
20 世纪 70 年代	1502.1	478.2	3.14	
20 世纪 80 年代	1354.2	478.2	2.83	
20 世纪 90 年代	1396.8	478.2	2.92	
平均值	1425.3	478.2	2.98	

另据王铠、庞锦娟《论水、土中硫酸盐对混凝土结晶腐蚀的气候与评价》计算，宁夏同心、西吉、固原等地为黄土丘陵地带，气候干旱，干燥度指数 K=2.0～4.0，属于干旱地区。

工程区海拔在 3000m 以下，不同资料所反映的干燥度指标均在 2 以上。因此，可以确定工程区宏观气候属于干旱、半干旱地区。

二、工程区微观环境类型

工程区地域较大，岩土性质和水文地质条件多样，埋藏条件不同，结构物具有多种微观环境类型。

(1) 不具有干湿交替作用环境：地下水位以上区域，地下水位以下区域。

(2) 不具有冻融交替作用环境：最大冻土深度以下区域。

(3) 具有干湿交替作用环境：地下水位变动带、毛细带。

(4) 具有冻融交替作用环境：最大冻土深度以上区域。

1. 隧洞工程微观环境类型

(1) 各隧洞洞身埋藏深度在数十米至 300m 之间，远超最大冻土深度，因此不存在冻融交替作用条件。从勘察成果及开挖揭露情况来看，隧洞位于地下水位以下，但地下水不丰富，大部分洞段表现为潮湿状态，仅少部分可见滴水等明流。总体上可以认为，隧洞洞身大部分洞段为不具有干湿交替作用和冻融交替作用环境类型。

（2）隧洞进出口附近洞段，一般位于地下水位以上。由于埋深浅，存在或部分存在冻融交替作用；同时，岩体风化作用强烈，岩体渗透性强，降水可以渗透至该区域，具备干湿交替作用环境。因此，进出口洞段存在具有干湿交替作用或冻融交替作用环境类型。

2. 输水管线工程微观环境类型

（1）输水管道设计已经考虑了季节性冻土的影响，深埋于最大冻土深度以下。因此，输水管道本身大多不存在冻融交替作用问题。

（2）过河、过沟地段河床位置，输水管道位于地下水位以下；山岭、谷坡及高阶地地段，地下水位埋藏深，输水管道位于地下水位以上。属于不具有干湿交替作用和冻融交替作用环境（A）。这一类型，占管道长度的绝大部分。

（3）过河、过沟地段两岸近河地带，属于地下水位变动带、毛细带，为干湿交替作用环境（B）。这一类型所占比例甚小。

第三节　隧洞区腐蚀性水土分布判别

判别水土腐蚀性的方法是在地表水及钻孔地下水取水样，进行水质简分析试验，按照工程所处环境类型及相应的评价标准进行评价。

下面是宁夏中南部城乡饮水安全工程隧洞区环境水腐蚀性判别实例。

宁夏中南部城乡饮水安全工程各隧洞埋深情况详见表5-4-8。

表5-4-8　各隧洞埋深情况一览表

序号	隧　洞　编　号	平均埋深/m	最大埋深/m
1	1号（北山）隧洞	70	147
2	2号（胭脂川）隧洞	75	148
3	3号（刘家村）隧洞	79	128
4	4号（白家村）隧洞	120	210
5	5号（半个山）隧洞	74	159
6	6号（卧羊川）隧洞	78	156
7	7号（大湾）隧洞	165	310
8	8号（开城南）隧洞	123	200
9	9号（开城北）隧洞	118	218
10	10号（大马庄）隧洞	32	48
11	11号（后河）隧洞	43	62

一、2号（胭脂川）隧洞

隧洞区环境水腐蚀性试验成果及腐蚀性评价见表5-4-9、表5-4-10。

表 5-4-9 地下水（钻孔及隧洞取样）水质分析及腐蚀性评价

样品编号			200972	200989	200990	200991	200995	ZK2	YZ-J-1	YZZ-I-1	2号隧洞进口段	2—1号支进向	2—1号支出向
水样类别			钻孔水	钻孔水	钻孔水	钻孔水	钻孔水	钻孔水	隧洞水	隧洞水	隧洞水	隧洞水	隧洞水
取样地点			1—2号孔	2—3孔	2号孔	ZK19+271	ZK19+990	ZK2	主洞	支洞	主洞	支洞进口方向	支洞出口方向
取样日期			2009.09.17	2009.11.17	2009.11.17	2009.11.17	2009.11.25	2012.3.15	2013.1.10	2013.1.10	2013.5.5	2013.5.5	2013.5.5
桩号			17+330	18+915	19+084	19+271	20+043	20+650	进口	19+050	17+300	19+050	19+050
pH值			8.00	8.00	8.00	8.00	7.90	7.72	8.85	8.63	11.45	11.84	11.83
溶解性总固体		mg/L					328		646	384	722	1040	686
阳离子含量	$K^+ + Na^+$	mg/L	346.15	92.00	297.85	26.91	42.55	70.15	124.89	47.38	176.41	304.52	230.69
	Ca^{2+}	mg/L	96.19	76.15	68.14	79.36	102.20	66.13	44.09	40.08			0.80
	Mg^{2+}	mg/L	37.67	30.38	39.49	2.19	30.38	40.10	22.11	17.50			1.22
阴离子含量	Cl^-	mg/L	148.89	39.00	70.90	6.03	28.36	31.91	33.32	39.70	42.19	69.84	42.19
	SO_4^{2-}	mg/L	703.64	172.91	557.15	45.15	93.66	204.13	270.89	125.84	233.43	230.54	1.92
	HCO_3^-	mmol/L	4.10	5.60	6.00	4.20	6.70	4.50	2.05	1.34	0.00	0.00	0.00
	CO_3^{2-}	mg/L				0.00			24.61	12.60	43.21	55.22	37.21
	OH^-	mg/L				0.00			0.00	0.00	52.36	137.87	130.90
游离二氧化碳		mg/L	3.00	3.00	2.00	3.00	2.12	2.00	0.00	0.00	0.00	0.00	0.00
侵蚀二氧化碳		mg/L					0.00						
总硬度		mg/L					207.21		201.20	172.17	145.15	174.17	177.01
总碱度		mg/L					210.00		144.00	87.50	226.00	498.00	446.50
NH^+		mg/L											
矿化度		mg/L	1457.63	581.29	501.56	1216.58		549.70					
$Cl^- + 0.25 * SO_4^{2-}$		mg/L	324.80	82.23	51.78	210.19	17.32	82.94	101.0425	71.16	100.55	127.48	42.67
$Cl^- + SO_4^{2-}$		mg/L	852.53	211.91	122.02	628.05	51.18	236.04	304.21	165.54	275.62	300.38	44.11

续表

水化学类型				SO_4^- (K+Na)	HCO_3^- Ca	$HCO_3 \cdot SO_4^-$ Ca·(K+Na)	$HCO_3 \cdot SO_4^-$ Ca·Mg·(K+Na)	HCO_3^- Ca·(K+Na)	HCO_3^- Ca	$HCO_3 \cdot SO_4^-$ (K+Na)	$HCO_3 \cdot SO_4 \cdot$ Cl^- Ca·(K+Na)	$Cl \cdot SO_4^-$ (K+Na)	$Cl \cdot SO_4^-$ (K+Na)	Cl^- (K+Na)
样品编号				200972	200989	200990	200991	200995	ZK2	YZ-J-1	YZZ-I-1	2# 隧洞进口段	2—1# 支进向	2—1# 支出向
A类环境	对混凝土腐蚀性评价	一般酸性型	pH	无	无	无	无	无	无	无	无	无	无	无
		碳酸型	侵蚀性 CO_2	无	无	无	无	无	无	无	无	无	无	无
		重碳酸型	HCO_3^- 含量	无	无	无	无	无	无	无	无	中等	中等	中等
		镁离子型	Mg^{2+} 含量	无	无	无	无	无	无	无	无	无	无	无
			SO_4^{2-} 含量	强	无	强	无	无	无	弱	无	无	无	无
			NH_4^+ 含量											
		苛性钠型	OH^- 含量									无	无	无
		总矿化度型		微	微	微			微	微	微			
	对混凝土中钢筋腐蚀性评价			弱	无	无	无	弱	无	弱	无	弱	弱	无
	对钢结构的腐蚀性评价			中等	弱	弱	弱	中等	弱	弱	弱	弱	弱	弱
B类	对混凝土腐蚀性评价(硫酸盐型)			强	弱	强	无	无	弱	弱	无	弱	弱	无

表 5-4-10　河水及地表出露泉水水质分析及腐蚀性评价（按 A 类环境评价）

样品编号			MW-1	DG-1	DG-3	200977	YZ-I-3	201059	201061	201060	MW-4
水样类别			河水	河水	河水	泉水	泉水	泉水	泉水	泉水	泉水
取样地点			庙湾（河）	大沟（河）	大沟（河）	17+800		5D14	5D35	5D24	庙湾（泉）
取样日期			2012.2.20	2012.2.20	2012.2.20	2009.09.28	2013.1.10	2010.06.27	2010.06.27	2010.06.27	2012.2.20
桩号			19+084	20+240	20+010	16+595	17+430	17+492	17+618	18+516	18+600
pH 值			7.63	7.77	7.64	8.30	7.65	8.00	7.90	8.10	7.74
溶解性总固体		mg/L	420	488	504		484				428
阳离子含量	$K^+ + Na^+$	mg/L	10.35	36.11	39.56	120.75	30.59	66.70	73.60	54.05	23.92
	Ca^{2+}	mg/L	96.19	92.18	90.58	94.19	132.26	64.13	46.09	86.17	80.96
	Mg^{2+}	mg/L	14.82	25.03	21.63	34.02	3.40	34.02	43.74	26.73	13.61

续表

样品编号			MW-1	DG-1	DG-3	200977	YZ-I-3	201059	201061	201060	MW-4
阴离子含量	Cl^-	mg/L	14.18	9.93	14.18	60.27	4.61	21.27	19.50	26.59	6.03
	SO_4^{2-}	mg/L	18.25	85.49	47.07	329.01	62.44	67.24	170.51	129.68	11.53
	HCO_3^-	mmol/L	5.69	6.17	6.64	4.20	6.78	6.90	5.00	5.40	5.79
	CO_3^{2-}	mg/L	0	0	0		0.00				0
	OH^-	mg/L	0	0	0		0.00				0
游离二氧化碳		mg/L	6.35	4.23	4.23	2.00	6.35	6.35	10.00	5.00	4.23
侵蚀二氧化碳		mg/L	0	0	0						0
总硬度		mg/L	301.3	334.33	315.32		344.34				259.26
总碱度		mg/L	284.5	308.5	332		339.00				289.5
NH^+		mg/L									
矿化度		mg/L				766.37		463.88	505.99	487.97	
$Cl^- + 0.25 * SO_4^{2-}$		mg/L	18.74	31.30	25.95	142.52	20.22	38.08	62.13	59.01	8.91
$Cl^- + SO_4^{2-}$		mg/L	32.43	95.42	61.25	389.28	67.05	88.51	190.01	156.27	17.56
水化学类型			HCO_3^- Ca	HCO_3^- Ca·(K+Na)	HCO_3^- Ca·(K+Na)	$HCO_3 \cdot SO_4^-$ Ca·(K+Na)	HCO_3^- Ca·(K+Na)	HCO_3^- Ca·(K+Na)	$HCO_3 \cdot SO_4^-$ Ca·Mg·(K+Na)	$HCO_3 \cdot SO_4^-$ Ca·(K+Na)	HCO_3^- Ca·(K+Na)
对混凝土腐蚀性评价	一般酸性型	pH	无	无	无	无	无	无	无	无	无
	碳酸型	侵蚀性 CO_2	无	无	无	无	无	无	无	无	无
	重碳酸型	HCO_3^- 含量	无	无	无	无	无	无	无	无	无
	镁离子型	Mg^{2+} 含量	无	无	无	无	无	无	无	无	无
	硫酸盐型	SO_4^{2-} 含量	无	无	无	弱	无	无	无	无	无
		NH_4^+ 含量									
	苛性钠型	OH^- 含量	微	微	微						微
	总矿化度型					微	微	微	微	微	
对混凝土中钢筋腐蚀性评价			弱	弱	无	弱	无	无	无	无	无
对钢结构的腐蚀性评价			弱	弱	弱	弱	弱	弱	弱	弱	弱

续表

样品编号			MW-2	MW-3	201063	201093	YZ-I-2	YZ-II-3	201062	DG-2	201064	201065	201066
水样类别			泉水	泉水	泉水	泉水	泉水	泉水	泉水	泉水	泉水	泉水	泉水
取样地点			庙湾（泉）	庙湾（泉）	5D78	TDWYC			5D74	大沟（泉）	5D99	5D111	5D151
取样日期			2012.2.20	2012.2.20	2010.06.27	2010.07.27	2013.1.10	2013.1.10	2010.06.27	2012.2.20	2010.06.27	2010.06.27	2010.06.27
桩号			19+290	19+370	19+892	19+892	19+030	20+650	20+075	20+220	20+379	20+866	21+180
pH 值			7.64	7.93	8.00	8.40	7.95	8.18	8.00	7.62	7.60	8.10	8.10
溶解性总固体		mg/L	488	452			536	358		480			
阳离子含量	$K^+ + Na^+$	mg/L	49.68	51.06	52.90	41.40	31.74	31.28	94.30	42.32	28.75	49.45	62.10
	Ca^{2+}	mg/L	62.12	60.12	56.11	88.18	126.25	91.78	46.09	81.76	132.26	72.14	46.09
	Mg^{2+}	mg/L	30.38	21.63	37.67	27.95	11.66	2.43	42.53	21.14	43.74	46.17	51.03
阴离子含量	Cl^-	mg/L	8.15	9.93	28.36	19.50	20.56	6.38	33.68	10.99	53.18	15.95	21.27
	SO_4^{2-}	mg/L	47.07	108.55	148.89	148.89	96.06	59.56	88.86	38.42	141.69	187.32	220.94
	HCO_3^-	mmol/L	6.55	4.46	4.30	4.75	6.06	4.52	7.10	6.55	7.00	5.20	4.00
	CO_3^{2-}	mg/L	0	0		3.00	0.00	6.00		0			
	OH^-	mg/L	0	0			0.00	0.00		0			
游离二氧化碳		mg/L	0.00	2.12	7.50		2.12	0.00	9.00	4.23	13.50	6.50	5.50
侵蚀二氧化碳		mg/L	0	0						0			
总硬度		mg/L	280.28	240.24			363.36	239.24		291.29			
总碱度		mg/L	327.5	223			303.00	236.00		327.5			
NH^+		mg/L											
矿化度		mg/L			455.12	473.83			522.07		613.19	529.69	523.47
$Cl^- + 0.25 * SO_4^{2-}$		mg/L	19.92	37.07	65.58	56.72	44.575	21.27	55.90	20.60	88.60	62.78	76.51
$Cl^- + SO_4^{2-}$		mg/L	55.22	118.48	177.25	168.39	116.62	65.94	122.54	49.41	194.87	203.27	242.21
水化学类型			HCO_3^- Ca·Mg·(K+Na)	HCO_3^- Ca·Mg·(K+Na)	$HCO_3 \cdot SO_4^-$ Ca·(K+Na)	$HCO_3 \cdot SO_4^-$ (K+Na)	HCO_3^- Ca·(K+Na)	HCO_3^- Ca·(K+Na)	HCO_3^- Ca	HCO_3^- Ca·(K+Na)	$HCO_3 \cdot SO_4^-$ Ca·Mg·(K+Na)	$HCO_3 \cdot SO_4^-$ Ca·Mg·(K+Na)	$HCO_3 \cdot SO_4^-$ Ca·(K+Na)
对混凝土腐蚀性评价	一般酸性型	pH	无	无	无	无	无	无	无	无	无	无	无
	碳酸型	侵蚀性 CO_2	无	无	无	无	无	无	无	无	无	无	无
	重碳酸型	HCO_3^- 含量	无	无	无	无	无	无	无	无	无	无	无
	镁离子型	Mg^{2+} 含量	无	无	无	无	无	无	无	无	无	无	无
	硫酸盐型	SO_4^{2-} 含量	无	无	无	无	无	无	无	无	无	无	无
		NH_4^+ 含量											
	苛性钠型	OH^- 含量	微	微						微			
	总矿化度型				微		微	微					
对混凝土中钢筋腐蚀性评价			无	无	无	无	无	无	无	无	无	无	无
对钢结构的腐蚀性评价			弱	弱	弱	弱	弱	弱	弱	弱	弱	弱	弱

由试验成果来看：

(1) 隧洞进口两次取样均显示，对混凝土结构具有硫酸盐型腐蚀性。这是因为，隧洞进口附近埋深不大，大部分处于风化岩体范围，浅表层分布有富含盐分的残积土。由于风化岩体渗透性相对较强，地表水与地下水联系密切，浅表层土壤及风化岩中的硫酸盐被下渗的地下水溶滤进入基岩含水体。另外，隧洞进出口附近，岩土体温湿度变化较大，从偏于安全角度判断，大部分属于具有干湿交替特征的B类环境。以此综合判断，隧洞进、出口附近洞段（17＋210～17＋400和21＋700～21＋850）地下水具有弱-强腐蚀性。

另根据试验成果，该隧洞1号支洞部位存在重碳酸型中等腐蚀性。但综合考虑线路区的水文地质环境，此种类型腐蚀方式可能性不大，出现此种腐蚀的原因可能为水样放置时间过长，取样瓶口密封不严，导致水样中CO_2溢出所致。

(2) 2号孔，桩号19＋084位置水样显示为强腐蚀性。该处隧洞埋深约10m，与隧洞进出口附近水文地质条件相似。浅表层土壤及风化岩中的硫酸盐被下渗的地下水溶滤进入基岩含水体，是腐蚀性地下水形成主要原因。根据该点水质分析成果推测，桩号19＋000～19＋200附近地下水具有强腐蚀性。

(3) 地下水对混凝土中钢筋无腐蚀性～具弱腐蚀性，对钢结构具弱—中等腐蚀性。

二、4号（白家村）隧洞

在隧洞区附近取泉水及钻孔地下水进行水质简分析，试验成果及腐蚀性评价，并据此进行腐蚀性评价，成果见表5-4-11、表5-4-12。

(1) ZK5-3（27＋114）孔位于隧洞进口附近，ZK04（32＋285）位于隧洞出口附近。隧洞进出口附近洞段埋深不大，大部分处于风化岩体范围，浅表层分布有残积土。由于岩体渗透性相对较强，地表水与地下水联系密切，浅表层土壤及风化岩中富含的硫酸盐通过淋滤可以补给基岩地下水。综合判断，隧洞进出口附近洞段（桩号27＋130～27＋300和桩号32＋200～32＋370）地下水具有弱—强腐蚀性。

(2) 地下水混凝土中钢筋及钢结构具弱腐蚀性。

(3) 考虑到试验成果较少，且腐蚀性地下水分布规律性差，建议施工期进行水质检测，复核地下水腐蚀性。

三、7号（大湾）隧洞

在隧洞区附近取地表河水、泉水、地下水进行水质简分析，试验成果及腐蚀性评价见表5-4-13～表5-4-15。

根据试验结果可以得到以下结论：

(1) 隧洞进口段（桩号40＋090～40＋300）、隧洞出口段（桩号50＋000～50＋800），地下水对混凝土结构具有硫酸盐型弱—强腐蚀性。

(2) 桩号41＋374～42＋689之间，地下水对混凝土结构具有硫酸盐型弱—中等腐蚀性。其原因为，该洞段断层发育，沟通了浅部与深部地下水，浅表层地下水中富含的盐分向深部运移，造成深部地下水硫酸盐含量高。

(3) 对混凝土中钢筋具弱腐蚀性，对钢结构具弱—中等腐蚀性。

表 5-4-11　　4号隧洞区地表出露泉水水质分析及腐蚀性评价表

样品编号			201092	201073	201068	201072	WB-1	WB-2	WB-3	LJ-Ⅰ-2	BJ-Ⅰ-2	BJ-Ⅰ-3	BJ-Ⅱ-1	BJ-Ⅲ-1	XH-1
水样类别			泉水	泉水	泉水	泉水	泉水	泉水	泉水	泉水	泉水	泉水	泉水	泉水	泉水
取样地点			TD211	7D105	7D55	7D74	五保沟	大窑沟	大窑沟南		大窑沟南侧	五保沟	下海子沟	隧洞出口泉	下海子沟
取样日期			2010.07.27	2010.07.14	2010.06.27	2010.07.14	2012.2.20	2012.2.20	2012.2.20	2013.1.10	2013.1.11	2013.1.11	2013.1.11	2013.1.11	2012.2.20
桩号			27+114	27+516	28+821	29+954	29+861	29+000	28+752	26+350	29+060	29+861	31+000	32+310	31+000
pH值			8.40	8.30	8.30	8.30	7.86	7.61	7.72	7.93	7.82	8.12	7.99	8.16	7.68
溶解性总固体 mg/L						542	332	406	738	1278	412	578	836	1034	
阳离子含量	$K^{+}+Na^{+}$	mg/L	173.65	58.65	47.38	38.41	59.57	107.41	28.75	102.12	33.81	48.53	88.09	67.85	75.90
	Ca^{2+}	mg/L	158.32	70.14	88.58	66.13	71.74	123.45	55.11	218.44	93.79	111.02	139.88	201.20	119.24
	Mg^{2+}	mg/L	49.82	49.82	26.24	16.04	21.63	26.24	32.20	22.11	9.23	13.85	18.47	26.73	44.96
阴离子含量	Cl^{-}	mg/L	51.40	10.64	13.12	4.96	7.09	24.11	10.64	28.71	9.57	17.37	38.29	14.18	39.00
	SO_4^{2-}	mg/L	621.99	249.76	137.37	85.49	148.89	317.96	86.45	518.72	92.22	142.17	229.58	468.77	271.37
	HCO_3^{-}	mmol/L	5.05	4.65	5.41	4.37	4.65	5.69	4.55	5.55	4.72	5.14	6.47	4.83	6.20
	CO_3^{2-}	mg/L	3.00		0	0	0	0		0.00	0.00	6.00	0.00	6.00	
	OH^{-}	mg/L			0	0	0	0		0.00	0.00	0.00	0.00	0.00	
游离二氧化碳		mg/L		1.00	1.00	2.12	2.12	2.12	2.12	4.23	4.23	0.00	2.12	0.00	1.00
侵蚀二氧化碳		mg/L				0	0	0	0						
总硬度		mg/L				329.33	230.23	268.27	416.42	636.64	272.27	335.34	425.43	612.61	
总碱度		mg/L				270.5	218.5	232.5	284.5	277.50	236.00	267.00	323.50	251.50	
NH^{+}		mg/L				0.51									
矿化度		mg/L	1212.25	580.87	351.97	707.06									739.62
$Cl^{-}+0.25*SO_4^{2-}$		mg/L	206.90	73.08	32.25	47.46	26.33	44.31	103.60	158.39	32.63	52.91	95.69	131.37	106.84
$Cl^{-}+SO_4^{2-}$		mg/L	673.39	260.40	97.09	150.10	00.16	155.90	342.07	547.43	101.79	159.54	267.87	482.95	310.37

续表

样品编号			201092	201073	201068	201072	WB-1	WB-2	WB-3	LJ-Ⅰ-2	BJ-Ⅰ-2	BJ-Ⅰ-3	BJ-Ⅱ-1	BJ-Ⅲ-1	XH-1
水化学类型			$HCO_3\cdot$ SO_4^- Ca• (K+Na)	$HCO_3\cdot$ SO_4^- Ca•Mg• (K+Na)	HCO_3 Ca•Mg	$HCO_3\cdot$ SO_4^- Ca• (K+Na)	HCO_3^- Ca• (K+Na)	HCO_3^- Ca• (K+Na)	HCO_3^- Ca• (K+Na)	$HCO_3\cdot SO_4^-$ Ca• (K+Na)	HCO_3^- Ca• (K+Na)	HCO_3^- Ca• (K+Na)	HCO_3^- Ca• (K+Na)	$HCO_3\cdot SO_4^-$ Ca• (K+Na)	$HCO_3\cdot$ SO_4^- Ca• (K+Na)
A类环境	对混凝土腐蚀性评价	一般酸性型 pH	无	无	无	无	无	无	无	无	无	无	无	无	无
		碳酸型 侵蚀性 CO_2	无	无	无	无	无	无	无	无	无	无	无	无	无
		重碳酸型 HCO_3^- 含量	无	无	无	无	无	无	无	无	无	无	无	无	无
		镁离子型 Mg^{2+} 含量	无	无	无	无	无	无	无	无	无	无	无	无	无
		硫酸盐型 SO_4^{2-} 含量	强	无	无	无	无	弱	无	强	无	无	无	中等	弱
		NH_4^+ 含量			微										
		苛性钠型 OH^- 含量			微	微	微	微							
		总矿化度型	微	微	微	微				微	微	微	微	微	微
	对混凝土中钢筋腐蚀性评价		弱	无	无	弱	无	无	无	弱	无	无	无	弱	弱
	对钢结构的腐蚀性评价		中等	弱	弱	弱	弱	弱	弱	中等	弱	弱	弱	弱	弱
B类环境	对混凝土腐蚀性评价（硫酸盐型）		强	弱	无	无	无	中等	无	强	无	无	弱	强	弱

表 5-4-12　　4号隧洞地下水（钻孔取样）水质分析及腐蚀性评价表

样品编号	200987	ZK3	BJ-I-1	200980	200981	200988	ZKZ4-2	ZK17
水样类别	钻孔水	钻孔水	钻孔水	钻孔水	钻孔水	钻孔水	钻孔水	钻孔水
取样地点	ZK5-3	ZK3	ZK3	ZK04	ZK05	BZK-1	ZKZ4-2	ZK17
取样日期	2009.11.17	2012.3.15	2013.1.11	2009.10.11	2009.10.11	2009.11.17	2012.3.15	2012.3.15
桩号	27+114	28+270	28+270	32+285	32+425	32+754	31+000	32+330
pH 值	8.00	8.02	7.82	7.70	7.90	8.00	7.73	7.73

续表

样品编号			200987	ZK3	BJ－Ⅰ－1	200980	200981	200988	ZKZ4－2	ZK17
溶解性总固体		mg/L		404	474			734	636	
阳离子含量	$K^+ + Na^+$	mg/L	192.05	37.49	474	56.35	65.09	48.99	89.70	27.60
	Ca^{2+}	mg/L	132.26	56.51	42.09	76.15	105.01	135.47	146.29	97.19
	Mg^{2+}	mg/L	69.26	20.66	84.17	53.46	30.13	12.64	38.88	40.70
阴离子含量	Cl^-	mg/L	81.54	6.03	30.13	28.36	20.21	7.09	53.18	39.00
	SO_4^{2-}	mg/L	617.19	54.75	10.99	237.75	242.07	215.17	333.81	208.93
	HCO_3^-	mmol/L	5.50	4.20	146.97	4.90	4.94	5.25	5.95	3.95
	CO_3^{2-}	mg/L		19.21	5.14		0.00	0.00		
	OH^-	mg/L		0.00	0.00		0.00	0.00		
游离二氧化碳		mg/L	4.00	0.00	4.23	0.00	3.00	4.23	2.12	3.00
侵蚀二氧化碳		mg/L		0.00				0.00	0.00	
总硬度		mg/L		226.23	335.34			386.39	390.39	
总碱度		mg/L		241.50	257.00			247.00	262.50	
NH^+		mg/L							0.06	
矿化度		mg/L	1260.09			843.39	601.57		796.18	533.94
$Cl^- + 0.25 * SO_4^{2-}$		mg/L	235.84	19.72	47.73	136.63	87.80	80.73	60.88	91.23
$Cl^- + SO_4^{2-}$		mg/L	698.73	60.78	157.96	386.99	266.11	262.28	222.26	247.93
水化学类型			$HCO_3 \cdot SO_4$－Ca•(K＋Na)	HCO_3－Ca•Mg•(K＋Na)	HCO_3－Ca•(K＋Na)	$HCO_3 \cdot SO_4$－Ca•(K＋Na)	$HCO^3 \cdot SO_4$－Ca	$HCO_3 \cdot SO_4$－Ca•Mg•(K＋Na)	$HCO_3 \cdot SO_4$－Ca•(K＋Na)	$HCO_3 \cdot SO_4$－Ca•(K＋Na)
A类环境 对混凝土腐蚀性评价	一般酸性型	pH	无	无	无	无	无	无	无	无
	碳酸型	侵蚀性 CO_2	无	无	无	无	无	无	无	无
	重碳酸型	HCO_3^- 含量	无	无	无	无	无	无	无	无
	镁离子型	Mg^{2+} 含量	无	无	无	无	无	无	无	无
	硫酸盐型	SO_4^{2-} 含量	强	无	无	无	无	无	弱	无
		NH_4^+ 含量						微		
	苛性钠型	OH^- 含量					微	微		
	总矿化度型		微			微	微		微	微
A类环境	对混凝土中钢筋腐蚀性评价		弱	无	无	弱	无	无	无	无
A类环境	对钢结构的腐蚀性评价		中等	弱	弱	弱	弱	弱	弱	弱
B类环境	对混凝土腐蚀性评价（硫酸盐型）		强	无	无	弱	弱	弱	中等	无

表 5-4-13　　7 号隧洞地下水（钻孔取样）水质分析及腐蚀性评价

样品编号			ZK6	ZKZ7-1	ZK7′	ZK7	DW-I-2	ZK8	ZKZ7-3	ZK10	201032	201053	201054
取样地点			ZK6	ZKZ7-1	ZK7′	ZK7	ZK7	ZK8	7-3 号支洞	ZK10	ZK48+883	ZK50+805	ZK50+450
取样日期			2012.4.10	2012.3.15	2012.4.10	2012.4.10	2013.1.11	2012.4.10	2012.3.15	2012.4.10	2010.05.13	2010.06.20	2010.06.20
桩号			41+830	41+830	41+830	42+620	42+620	43+715	45+400	45+760	49+192	50+096	50+737
pH 值			7.98	7.66	7.44	7.32	7.82	7.54	7.66	8.02	8.20	8.20	8.20
溶解性总固体		mg/L	1250	912	1690	1870	556	702	592				1870
阳离子含量	$K^+ + Na^+$	mg/L	10.58	58.88	38.18	81.42	77.05	88.32	100.05	96.14	83.49	21.16	16.10
	Ca^{2+}	mg/L	135.87	82.97	94.59	74.55	65.33	60.52	52.10	48.10	63.13	226.45	196.39
	Mg^{2+}	mg/L	38.88	29.65	32.08	43.98	26.73	24.06	36.45	49.21	54.07	0.00	36.69
阴离子含量	Cl^-	mg/L	23.04	20.21	8.15	7.09	10.99	12.05	21.27	33.68	54.95	32.97	36.16
	SO_4^{2-}	mg/L	298.25	63.40	235.35	235.35	146.97	271.85	208.93	219.98	207.97	415.94	479.34
	HCO_3^-	mmol/L	3.15	7.25	3.89	5.78	5.44	2.42	5.00	5.10	5.35	2.63	2.52
	CO_3^{2-}	mg/L	12.60	0.00	0.00	0	0.00	12.60				0.00	0.00
	OH^-	mg/L	0.00	0.00	0.00	0	0.00	0.00				0.00	0.00
游离二氧化碳		mg/L	0.00	4.23	6.35	4.23	4.23	4.23	0.00	3.50	2.00	2.00	8.47
侵蚀二氧化碳		mg/L	6.93	0.00	0.00	0.00		0	2.31				0.00
总硬度		mg/L	499.50	330.33	565.57	367.37	272.27	367.37	250.25				641.64
总碱度		mg/L	178.50	362.50	131.50	194.50	272.00	289	142.00				126.00
矿化度		mg/L								571.35	602.70	626.83	
$Cl^- + 0.25 * SO_4^{2-}$		mg/L	97.60	36.06	136.96	66.99	47.73	65.93	80.01	73.50	88.68	106.94	156.00
$Cl^- + SO_4^{2-}$		mg/L	321.29	83.61	448.91	243.50	157.96	242.44	283.90	230.20	253.66	262.92	515.50
水化学类型			$SO_4 \cdot HCO_3$-$Ca \cdot Mg$	HCO_3-$Ca \cdot Mg$	$SO_4 \cdot HCO_3$-Ca	$SO_4 \cdot HCO_3$-Ca	HCO_3-$Ca \cdot (K+Na)$	$SO_4 \cdot HCO_3$-$Ca \cdot Mg$	$HCO_3 \cdot SO_4$-$Ca \cdot Mg \cdot (K+Na)$	$SO_4 \cdot HCO_3$-$(K+Na) \cdot Ca$	$HCO_3 \cdot SO_4$-$Ca \cdot (K+Na)$	$HCO_3 \cdot SO_4$-$Ca \cdot Mg$	$HCO_3 \cdot SO_4$-$Ca \cdot Mg \cdot (K+Na)$
A 类环境 混凝土腐蚀性	一般酸性	pH	无	无	无	无	无	无	无	无	无	无	无
	碳酸型	侵蚀性 CO_2	无	无	无	无	无	无	无	无	无	无	无
	重碳酸型	HCO_3^-	无	无	无	无	无	无	无	无	无	无	无
	镁离子型	Mg^{2+}	无	无	无	无	无	无	无	无	无	无	无
	硫酸盐型	SO_4^{2-}	弱	无	无	无	无	弱	无	无	无	中等	中等
	苛性钠型	OH^-				微							
	总矿化度型						微			微	微	微	
A 类环境	对混凝土中钢筋腐蚀性		无	无	弱	弱	无	无	无	无	无	无	弱
	对钢结构的腐蚀性		弱	弱	弱	中等	弱	弱	弱	弱	弱	弱	弱
B 类环境	对混凝土腐蚀性（硫酸盐型）		弱	无	弱	弱	无	弱	弱	弱	弱	强	强

表 5-4-14　　7 号隧洞地下水（隧洞取样）水质分析及腐蚀性评价

样品编号			7—1 号支洞	DWZ2-1	DWZ3-1	DWZ4-1	7—2 号桩号 0+142	7—3 号桩号 0+260	7—4 号支洞桩号 0+155	7—4 号支洞桩号 0+248	7 号隧洞出口段桩号 50+225	7 号隧洞桩号 50+305	7 号隧洞出口段桩号 50+360
取样地点			7—1 号支洞	7—2 号支洞	7—3 号支洞	7—4 号支洞	7—2 号支洞	7—3 号支洞	7—4 号支洞	7—4 号支洞	7 号出口段	7 号出口段	7 号出口段
取样日期			2013.6.18	2013.1.12	2013.1.12	2013.1.12	2013.5.5	2013.5.5	2013.5.5	2013.5.5	2013.5.5	2013.5.5	2013.5.5
桩号							0+142	0+260	0+155	0+248	50+225	50+305	50+360
pH 值			7.05	12.42	7.98	9.87	11.04	8.39	7.82	11.62	7.86	8.26	9.45
溶解性总固体		mg/L	1020	1930	878	368	2798	816	1316	2434	1768	598	418
阳离子含量	$K^+ + Na^+$	mg/L	116.61	342.70	55.89	57.27	283.82	59.80	178.48	681.72	336.03	80.50	97.52
	Ca^{2+}	mg/L	137.88	383.16	135.87	26.85	200.40	119.44	200.40	26.85	190.78	63.73	39.28
	Mg^{2+}	mg/L	7.05	2.43	30.13	13.85	2.43	24.30	17.25	1.22	34.75	5.10	3.40
阴离子含量	Cl^-	mg/L	29.42	52.47	14.18	9.57	374.35	13.12	113.79	592.37	276.51	14.53	16.31
	SO_4^{2-}	mg/L	335.25	206.53	275.69	142.17	457.25	267.05	594.61	374.63	788.65	144.09	175.79
	HCO_3^-	mmol/L	4.72	0.00	5.55	0.10	0.00	4.21	3.59	0.00	2.77	3.49	0.92
	CO_3^{2-}	mg/L	0.00	98.43	0.00	49.22	30.61	12.60	0.00	30.61	0.00	6.00	43.21
	OH^-	mg/L	0.00	427.72	0.00	0.00	24.48	0.00	0.00	94.35	0.00	0.00	0.00
游离二氧化碳		mg/L	21.16	0.00	2.12	0.00	0.00	0.00	2.12	0.00	4.23	0.00	0.00
侵蚀二氧化碳		mg/L											
总硬度		mg/L	373.37	966.97	464.46	124.12	509.51	397.40	571.57	71.07	619.62	181.18	112.11
总碱度		mg/L	236	1422.50	277.50	87.50	123.00	231.00	179.50	328.50	138.50	185.00	118.00
矿化度		mg/L											
$Cl^- + 0.25 * SO_4^{2-}$		mg/L	113.23	104.10	83.10	45.11	488.66	79.88	262.44	686.03	473.67	50.55	60.26
$Cl^- + SO_4^{2-}$		mg/L	364.67	259.00	289.87	151.74	831.60	280.17	708.40	967.00	1065.16	158.62	192.10
水化学类型			$HCO_3 \cdot SO_4$–Ca•(K+Na)	$SO_4 \cdot Cl$–Ca•(K+Na)	$HCO_3 \cdot SO_4$–Ca•(K+Na)	SO_4–(K+Na)	$Cl \cdot SO_4$–Ca•(K+Na)	$HCO_3 \cdot SO_4$–Ca•(K+Na)	$HCO_3 \cdot SO_4$–Ca•(K+Na)	Cl–(K+Na)	$Cl \cdot SO_4$–(K+Na)	$HCO_3 \cdot SO_4$–Ca•(K+Na)	$HCO_3 \cdot SO_4$–(K+Na)
A 类环境	混凝土腐蚀性 一般酸性	pH	无	无	无	无	无	无	无	无	无	无	无
	混凝土腐蚀性 碳酸型	侵蚀性 CO_2	无	无	无	无	无	无	无	无	无	无	无
	混凝土腐蚀性 重碳酸型	HCO_3^-	无	无	无	无	中等	无	无	中等	无	无	弱
	混凝土腐蚀性 镁离子型	Mg^{2+}	无	无	无	无	无	无	无	无	无	无	无
	混凝土腐蚀性 硫酸盐型	SO_4^{2-}	中等	无	弱	无	中等	弱	强	弱	强	无	无
	混凝土腐蚀性 苛性钠型	OH^-											
	混凝土腐蚀性 总矿化度型												
	对混凝土中钢筋腐蚀性		弱	弱	无	无	弱	无	弱	中等	弱	无	无
	对钢结构的腐蚀性		弱	弱	弱	弱	中等	弱	中等	中等	中等	弱	弱
B 类环境	对混凝土腐蚀性（硫酸盐型）		中等	弱	弱	无	强	弱	强	中等	强	无	无

表 5-4-15　　7 号隧洞泉水、井水水质分析及腐蚀性评价

样品编号			LZ-1	201096	201097	DW-I-1	201098	2010139	SJ-1	SJ-2	DW-I-3	DW-I-4	DW-II-1
水样类别			泉水	泉水	泉水	泉水	泉水	泉水	井水	井水	泉水	泉水	泉水
取样地点			7—1 号支洞	9D48	9D54	1 号支洞泉	7 号 9D60	7 号 9D60	7—2 号支洞	7—2 号支洞	2 号支洞泉	2 号支洞泉	3 号支洞泉
取样日期			2012.2.20	2010.07.27	2010.07.27	2013.1.11	2010.07.27	2010.09.05	2012.2.20	2012.2.20	2013.1.12	2013.1.12	2013.1.12
桩号			40+510	41+705	41+923	42+100	42+214	42+214	42+360	42+360	43+665	44+020	45+020
pH 值			7.62	8.20	8.30	8.02	8.30	8.30	7.83	7.55	8.06	8.09	8.11
溶解性总固体		mg/L	866			984			608	720	620	858	864
阳离子含量	$K^+ + Na^+$	mg/L	58.88	202.40	253.00	41.86	33.35	151.80	51.06	64.4	59.80	16.56	37.49
	Ca^{2+}	mg/L	113.03	180.36	158.32	135.87	44.09	46.09	85.77	104.61	128.26	164.73	162.72
	Mg^{2+}	mg/L	31.35	82.62	81.41	29.16	70.47	43.74	33.05	32.56	16.28	22.11	25.52
阴离子含量	Cl^-	mg/L	24.11	49.63	60.27	44.31	5.32	56.72	7.09	9.93	12.76	19.14	23.75
	SO_4^{2-}	mg/L	302.59	941.39	936.59	275.69	211.33	211.33	214.21	286.26	257.44	268.97	280.50
	HCO_3^-	mmol/L	3.8	3.60	4.40	4.01	4.90	6.50	4.56	4.46	4.62	4.62	5.34
	CO_3^{2-}	mg/L	0			0.00			0	0	0.00	0.00	0.00
	OH^-	mg/L	0			0.00			0	0	0.00	0.00	0.00
游离二氧化碳		mg/L	4.23	1.50	1.00	2.12	0.50	1.00	2.12	2.12	2.12	2.12	2.12
侵蚀二氧化碳		mg/L	0						0	0			
总硬度		mg/L	411.41			459.46			350.35	395.4	387.39	502.50	511.51
总碱度		mg/L	190			200.50			228	223	231.00	231.00	267.00
NH^+		mg/L							0.46				
矿化度		mg/L		1566.23	1623.82		514.06	708.00	747.13				
$Cl^- + 0.25 * SO_4^{2-}$		mg/L	99.76	284.98	294.42	113.23	58.15	109.55	60.64	81.50	77.12	86.38	93.88
$Cl^- + SO_4^{2-}$		mg/L	326.70	991.02	996.86	320.00	216.65	268.05	221.30	296.19	270.20	288.11	304.25
水化学类型			$HCO_3 \cdot SO_4$–Ca·(K+Na)	SO_4–Ca·(K+Na)	SO_4–Ca·(K+Na)	$HCO_3 \cdot SO_4$–Ca·(K+Na)	$HCO_3 \cdot SO_4$–Ca·Mg	$HCO_3 \cdot SO_4$–(K+Na)	$HCO_3 \cdot SO_4$–Ca·(K+Na)	$HCO_3 \cdot SO_4$–Ca·(K+Na)	$HCO_3 \cdot SO_4$–Ca·(K+Na)	$HCO_3 \cdot SO_4$–Ca	$HCO_3 \cdot SO_4$–Ca
A类环境 对混凝土腐蚀性评价	一般酸性型	pH	无	无	无	无	无	无	无	无	无	无	无
	碳酸型	侵蚀性 CO_2	无	无	无	无	无	无	无	无	无	无	无
	重碳酸	HCO_3^-	无	无	无	无	无	无	无	无	无	无	无
	镁离子	Mg^{2+}	无	无	无	无	无	无	无	无	无	无	无
	硫酸盐	SO_4^{2-}	弱	强	强	弱	无	无	无	弱	弱	弱	弱
		NH_4^+							微				
	苛性钠	OH^-	微						微	微			
	总矿化度型			微	微	微	微	微	微		微	微	微
A类环境	对混凝土中钢筋腐蚀性		无	弱	弱	弱	无	弱	无	无	无	无	无
A类环境	对钢结构的腐蚀性		弱	中等	中等	弱	弱	弱	弱	弱	弱	弱	弱
B类环境	对混凝土腐蚀性(硫酸盐型)		弱	强	强	弱	弱	弱	弱	弱	弱	弱	弱

续表

样品编号				WG-1	WG-2	SG-1	DW-II-3	YR-1	YR-2
水样类别				泉水	泉水	民井	井水	泉水	地表水
取样地点				7—3号支洞	7—3号支洞	7—4号支洞（井）	4号支洞井水	窑儿沟	7号出口
取样日期				2012.2.20	2012.2.20	2012.2.20	2013.1.12	2012.2.20	2012.2.20
桩号				45+400	45+400	47+900	47+900	49+800	51+150
pH值				7.73	7.53	7.72	7.97	7.74	7.69
溶解性总固体			mg/L	668	754	468	522	436	726
阳离子含量	$K^+ + Na^+$		mg/L	88.78	87.63	53.59	60.26	66.24	66.24
	Ca^{2+}		mg/L	107.41	111.02	66.93	80.56	58.52	96.19
	Mg^{2+}		mg/L	32.56	25.03	28.67	20.90	23.33	40.1
阴离子含量	Cl^-		mg/L	12.05	23.04	6.03	9.57	7.09	18.08
	SO_4^{2-}		mg/L	336.21	252.64	158.5	156.58	142.17	266.09
	HCO_3^-		mmol/L	4.56	5.5	4.56	4.83	4.56	4.93
	CO_3^{2-}		mg/L	0	0	0	0.00	0	0
	OH^-		mg/L	0	0	0	0.00	0	0
游离二氧化碳			mg/L	2.12	6.35	2.12	2.12	2.12	4.23
侵蚀二氧化碳			mg/L	0	0	0		0	0
总硬度			mg/L	402.4	381.38	284.28	287.29	242.24	404.4
总碱度			mg/L	228	275	228	241.50	228	246.5
NH^+			mg/L						
矿化度			mg/L						
$Cl^- + 0.25 * SO_4^{2-}$			mg/L	96.10	86.20	45.66	48.72	42.63	84.60
$Cl^- + SO_4^{2-}$			mg/L	348.26	275.68	164.53	166.15	149.26	284.17
水化学类型				$HCO_3 \cdot SO_4$–Ca·(K+Na)	$HCO_3 \cdot SO_4$–Ca·(K+Na)	$HCO_3 \cdot SO_4$–Ca·(K+Na)	$HCO_3 \cdot SO_4$–Ca·(K+Na)	HCO_3–Ca·(K+Na)	$HCO_3 \cdot SO_4$–Ca·(K+Na)
A类环境	对混凝土腐蚀性评价	一般酸性型	pH	无	无	无	无	无	无
		碳酸型	侵蚀性 CO_2	无	无	无	无	无	无
		重碳酸型	HCO_3^- 含量	无	无	无	无	无	无
		镁离子型	Mg^{2+} 含量	无	无	无	无	无	无
		硫酸盐型	SO_4^{2-} 含量	弱	弱	无	无		弱
			NH_4^+ 含量						
		苛性钠型	OH^- 含量	微	微	微		微	微
		总矿化度型					微		
	对混凝土中钢筋腐蚀性评价			无	无	无	无	无	无
	对钢结构的腐蚀性评价			弱	弱	弱	弱	弱	弱
B类环境	对混凝土腐蚀性（硫酸盐型）			中等	弱	无	无	无	弱

第四节　城乡饮水安全工程水土腐蚀性勘察成果

一、地表水腐蚀性特征

输水线路主要经过泾河、黄林沟、洪家峡、香水河、暖水河、半个山沟、卧羊川沟、洪水河、瓦亭峡、茹河、清水河等。地表水体腐蚀性判别成果见表5-4-16。

表5-4-16　地表水体腐蚀性判别成果表

项目＼地表水体	泾河	兰大沟	黄林沟	洪家峡	香水河	脂胎河	暖水河
桩号	1+150	3+700	7+520	9+180	13+230	17+950	22+220
对混凝土腐蚀性	无	无	无	无	无	无	无
对混凝土中钢筋腐蚀性	无	无	无	无	无	无	无
对钢结构腐蚀性	弱	弱	弱	弱	弱	弱	弱

项目＼地表水体	半个山沟	卧羊川沟	洪水河	瓦亭峡	茹河	清水河
桩号	32+500	34+550	37+380	38+710		
对混凝土腐蚀性	无—弱	无	中等—强	弱	弱	弱—中等
对混凝土中钢筋腐蚀性	无	无	弱	无	无—弱	弱
对钢结构腐蚀性	弱	弱	中等	弱	弱	弱—中等

注　无干湿交替作用和冻融交替作用。

由表5-4-16可知，在无干湿交替作用和冻融交替作用环境下。

(1) 暖水河流域前段（桩号0+000～26+900）对混凝土及混凝土中钢筋无腐蚀性，对钢结构具弱腐蚀；白家村沟—卧羊川沟一带（桩号26+900～35+400）地表水对混凝土具硫酸盐型弱腐蚀或无腐蚀，对混凝土中的钢筋无腐蚀，对钢结构具弱腐蚀性。

(2) 洪水河—瓦亭峡一线（桩号37+300～40+000）地表水体对混凝土具有硫酸盐型弱—强腐蚀，对混凝土中的钢筋具弱腐蚀，对钢结构具弱腐蚀性。

(3) 茹河段（桩号50+800～52+000）河水对混凝土具硫酸盐型弱腐蚀性，对混凝土中钢筋无腐蚀性，对钢结构具中等腐蚀性。

(4) 清水河段（桩号62+200～67+000）对混凝土具硫酸盐型弱—中等腐蚀性，对混凝土中钢筋弱腐蚀性，对钢结构具弱—中等腐蚀性。

二、隧洞基岩地下水腐蚀性特征

(1) 隧洞沿线地下水对混凝土中钢筋无—弱腐蚀性，对钢结构具弱腐蚀性。

(2) 1～11号隧洞地下水对混凝土结构具有腐蚀性（硫酸盐型）的洞段总长约7.4km，约占1～11号隧洞总长的20.8%；（根据实际成果调整）详见表5-4-17，主要分布在隧洞进出口附近、浅埋洞段以及风化带、构造发育洞段。

表 5-4-17 输水隧洞区对混凝土结构具有腐蚀性（硫酸盐型）地下水分布及特征

类别 隧洞	工程部位	桩号	SO_4 离子含量 /(mg/L)	对混凝土的腐蚀性	对混凝土中钢筋的腐蚀性	对钢结构的腐蚀性	说　明
1号	全洞	15＋245～16＋835	4.8～153.7	无	无	弱	
2号	进口	17＋210～17＋400	233.43～703.64	弱—强	弱	弱	风化带
	洞身	17＋400～18＋900	172.91	无	无	弱	
		18＋900～19＋100	557.15	强	弱	弱	浅埋段
		19＋100～21＋700	38.42～220.94	无	无	弱	
	出口	21＋700～21＋840		弱—强	弱	弱	风化带
3号	进口	24＋987～25＋400		弱—强	弱	弱	风化带，推测
	洞身	25＋400～26＋500	341.01（26＋365）	无	无	弱	
	出口	26＋500～26＋747		弱—强	弱	弱—中等	风化带，推测
4号	进口	27＋130～27＋300	617.19～621.99	弱—强	弱	弱	风化带
	洞身	27＋300～32＋200	10.99～333.81	无	无	弱	
	出口	32＋200～32＋370	208.93～468.77	弱—强	弱	弱	风化带
5号	进口	32＋790～33＋000	163.3～245.91	弱	弱	弱	风化带
	洞身	33＋000～33＋800		无	无	弱	
	出口	33＋800～34＋060	134.48（33＋981）	弱	弱	弱	风化带
6号		35＋410～37＋280	262.24～818.91	强	弱	中等	
7号	进口	40＋090～40＋300		弱—强	弱	弱	风化带
	洞身	40＋300～41＋374	302.59（40＋510）	无	无	弱	
		41＋374～42＋689	63.40～298.25	弱	弱	弱	断层发育
		42＋689～50＋600	207.97～415.94	无	无	弱	
	出口	50＋000～50＋800		弱—强	弱	弱	风化带
8号	进口	54＋450～54＋600	456.29	中等—强	弱	中等	风化带
	洞身	54＋600～55＋900		无	无	弱	
	出口	55＋900～56＋065		中等—强	弱	中等	风化带
9号	进口	56＋297～56＋900	342.45～486.54	中等—强	弱	中等	风化带
	洞身	56＋900～61＋850	72.05～253.6	无	无	弱	
	出口	61＋850～62＋147		中等—强	弱	弱	风化带
10号	全洞	68＋090～68＋710		无	无	弱	
11号	全洞	69＋550～70＋070	108.55～144.09	无	无	弱	

注　表中数据进出口、浅埋段及断层带部位采用B类环境评价，其他部位按A类环境评价。表中 SO_4 离子含量为专题研究实测值，腐蚀性判别系根据腐蚀性样点的个数、样点采集时是否收到污染以及取样地点距洞线的远近等综合确定。若工程段未作土壤腐蚀试验，参考相邻工程段腐蚀成果确定。

(3) 隧洞进出口及浅埋洞段，地下水水位受大气降水影响变化较大，岩体温湿度变化明显，具有干湿交替环境（B）特征，环境作用强度相对较高。

(4) 隧洞进出口附近、浅埋洞段以及风化带、构造发育洞段地下水腐蚀性较强，分析其成因为：隧洞进出口及浅埋洞段，大部分处于风化岩体范围，且地表分布有富含盐分的残积土。由于风化岩体渗透性相对较强，大气降水、松散覆盖层孔隙潜水与基岩裂隙水之间水力联系密切，浅表层土壤及风化岩中的硫酸盐被下渗的地下水溶滤进入基岩含水体。构造发育带，其成因略有不同，即陡倾角的断层沟通了各含水层，造成浅部地下水中富含的盐分进入深部基岩地下水。

三、隧洞连接管道区水土腐蚀性特征

1. 松散层地下水腐蚀性

(1) 隧洞连接管线埋深超过最大冻土深度，大部分地段基础位于地下水位以上。因此，大部分地段场地环境类型为 A 类（干旱、半干旱区无干湿交替作用和冻融交替作用环境）。过沟、过河地段存在地下水，河水与附近地下水联系密切，并受季节和大气降水影响，水位变化较大。因此，过沟、过河地段场地环境类型为 B 类（干旱、半干旱区具有干湿交替作用环境）。

(2) 在 A 类环境下，输水管道区地下水腐蚀性判别成果见表 5-4-18。

(3) 半个山沟、洪水河、瓦亭峡、茹河、清水河两岸水位变动带，属于 B 类环境，环境作用较强。

表 5-4-18　　　　输水管道工程地下水腐蚀性判别成果汇总表

工程段＼类别	桩　号	SO_4 离子含量 /(mg/L)	对混凝土的腐蚀性	对混凝土中钢筋的腐蚀性	对钢结构的腐蚀性
龙潭—北山	0+000～4+800	46.11～153.70	无	无	弱
	4+800～5+785	135.44～1051.86	弱—强	弱	弱—中等
	5+785～6+169	51.87～196.92	无	无	弱
	6+169～7+219	273.77～326.60	弱—强	弱	弱—中等
	7+219～15+245	9.61～182.51	无	无	弱
胭脂川段	16+820～17+210		无	无	弱
暖水河段	21+850～24+987	8.65～56.68	无	无	弱
白家沟段	26+747～27+130	8.65～145.05	无	无	弱
半个山段	32+370～32+500		无	无	弱
	*32+500～32+700	126.8～316.04	弱—中等	无	弱
	32+700～32+790		无	无	弱
卧羊川段	34+050～34+775	72.05～150.81	无	无	弱
	34+775～34+850	256.48～277.61	弱	弱	弱
	34+850～35+419	81.65	无	无	弱
洪水河段	37+295～37+350		无	无	弱
	*37+350～37+650	8.65～586.93	强	弱	中等
	37+650～38+750	117.19～223.34	无	无	弱
	*38+750～38+900	264.17	弱	无	弱
	38+900～40+090	198.84	无	无	弱
	54+010～54+450		无	无	弱

续表

类别 工程段	桩　号	SO_4 离子含量 /(mg/L)	对混凝土的腐蚀性	对混凝土中钢筋的腐蚀性	对钢结构的腐蚀性
茹河段	50+800～51+250		无	无	弱
	51+220～51+320	283.38	弱	弱	弱
	51+320～51+750	185.40	无	无	弱
	51+750～51+850	425.55	中等	弱	弱
	51+850～53+910	198.84	无	无	弱
	53+910～54+010	608.06	强	弱	中等
	54+010～54+450		无	无	弱
后沟段	56+065～56+297		无	无	弱
清水河段	62+147～62+200		无	无	弱
	*62+200～62+300	217.1～256.48	弱	无	弱
	62+300～62+800		无	无	弱
	62+800～63+330	250.72	弱	弱	弱
	63+330～65+100	200.77～245.91	无	无	弱
	65+100～65+400	268.97	弱	弱	弱
	65+400～68+090	49.95～178.67	无	无	弱
沙沟子段	68+710～69+550	126.8～206.53	无	无	弱

注　表中*桩号位置腐蚀性判别标准采用B类环境，其他部位为A类环境。表中 SO_4 离子含量为专题研究实测值，腐蚀性判别系根据腐蚀性样点的个数、样点采集时是否收到污染以及取样地点距洞线的远近等综合确定。若工程段未作土壤腐蚀试验，参考相邻工程段腐蚀成果确定。

(4) 白家村河水的腐蚀性和取样时间有关系，2009年7月所取水样对混凝土具硫酸盐型强腐蚀性，对混凝土中钢筋具弱腐蚀性，对钢结构具中等腐蚀性；2012年2月20日所取水样对混凝土及混凝土中钢筋无腐蚀性，对钢结构具弱腐蚀性。

2. 土壤腐蚀性

从测试成果来看，输水管道工程沿线土壤对混凝土中钢筋基本呈微腐蚀。桩号7+855～15+245及37+295～40+090段对混凝土具有微—弱腐蚀，占管线段30.8%。其他地段属微腐蚀。对钢结构腐蚀性普遍较强，其中半个山、卧羊川、后沟等地段，具有强腐蚀性。详见表5-4-19。

表5-4-19　　输水管道工程环境土壤腐蚀性判别成果汇总表

工程地段	桩号范围	SO_4 离子含量 /(mg/L)	腐蚀性评价		
			混凝土	混凝土中钢筋	钢结构
龙潭—北山	1+353～7+855	0～552.35	微	微	弱—中等
	7+855～15+245	11.646～576.36	微—弱	微	弱—中等
胭脂川段	16+820～17+210		微	微	中等
暖水河段	21+850～24+987	23.557～552.35	微	微	弱—中等

续表

工程地段	桩号范围	SO_4 离子含量 /(mg/L)	腐蚀性评价		
			混凝土	混凝土中钢筋	钢结构
白家沟段	26+747～27+130	34.88	微	微	弱—中等
半个山段	32+370～32+790		微	微	强
卧羊川段	34+050～35+419	11.910～118.036	微	微	弱—强
洪水河段	37+295～40+090	23.142～588.37	弱	微	弱—中等
茹河段	50+800～54+450	11.50～162.0	微	微	弱—中等
后沟段	56+065～56+297	87.549～105.461	微	微	强
清水河段	62+147～68+090	0.000～150.322	微	微	弱—中等
沙沟子段	68+710～69+550	11.507～34.747	微	微	中等

注 按A类环境评价，表中 SO_4 离子含量为专题研究实测值，腐蚀性判别系根据腐蚀性样点的个数、样点采集时是否收到污染以及取样地点距洞线的远近等综合确定。若工程段未作土壤腐蚀试验，参考相邻工程段腐蚀成果确定。

第五节 隧洞开挖后水质腐蚀成果

施工期对各隧洞段进行了现场取水样测试，主要测试项目为硫酸根（SO_4）离子含量，具体测试成果见表5-4-20。

表5-4-20　　输水隧洞洞内水质腐蚀性试验成果汇总表

隧洞名称	水样编号	取样日期	取样地点（桩号）	pH值	腐蚀性离子含量		A类环境对混凝土腐蚀性评价	B类环境对混凝土腐蚀性评价
					SO_4^{2-} /(mg/L)	Cl^- /(mg/L)		
2号隧洞	17+300水	2013.5.5	17+300	11.45	233	42	无	弱
	17+326水	2012.12.7	17+326	8.14	58	12	无	无
	17+698水	2013.6.8	17+698		97		无	无
	18+610水	2013.12.26	18+610	8.3	54.13	109.87	无	无
	19+026水	2013.12.28	19+026	7.3	47.07	51.76	无	无
	19+030水	2014.3.15	19+030	7.4	34.13	8.45	无	无
	19+050水	2013.5.5	19+050	11.84	230	70	无	弱
	19+240水	2013.5.5	19+240	11.83	2	42	无	无
	19+355水	2013.12.30	19+355	7.6	42.36	51.24	无	无
	19+384水	2013.6.8	19+384		90		无	无
	20+891水	2014.1.8	20+891	8.1	72.96	23.24	无	无
	21+557水	2013.6.8	21+557		104		无	无
	2—1号0+50	2012.12.7	支洞0+50	8.03	74	15	无	无

续表

隧洞名称	水样编号	取样日期	取样地点（桩号）	pH 值	腐蚀性离子含量		A 类环境对混凝土腐蚀性评价	B 类环境对混凝土腐蚀性评价
					SO_4^{2-} /(mg/L)	Cl^- /(mg/L)		
3 号隧洞	25+620 水	2014.7.21	桩号 25+620	7.2	92.10	170.06	无	无
4 号隧洞	27+650 水	2014.7.28	27+650	6.8	84.05	112.16	无	无
	28+680 水	2014.7.28	28+680	6.8	7.20	72.45	无	无
	29+680 水	2014.7.28	29+680	7.1	2.40	56.53	无	无
	30+500 水	2014.7.28	30+500	6.6	220.94	62.53	无	弱
	31+600 水	2014.7.28	31+60	7.4	136.89	13.40	无	无
	31+900 水	2014.7.28	31+900	7.2	36.02	18.86	无	无
5 号隧洞	32+998 水	2014.7.20.	32+998	7.6	197.92	153.91	无	无
	33+215 水	2014.7.22	33+215	7.4	132.27	152.96	无	无
	33+467 水	2014.7.22	33+467	7.4	67.61	61.75	无	无
6 号隧洞	36+158 水	2014.7.20	36+158	7.0	108.76	239.42	无	无
	36+743 水	2014.7.20	36+743	7.2	94.06	118.28	无	无
7 号隧洞	43+750 水	2014.1.7	43+750	7.8	32.95	22.18	无	无
	45+675 水	2014.1.7	45+675	7.3	18.83	18.49	无	无
	46+056 水	2013.12.28	46+056	7.7	49.42	26.41	无	无
	49+018 水	2013.12.17	49+018	7.2	89.43	13.21	无	无
	49+300 水	2014.1.8	49+300	7.5	30.6	12.68	无	无
	49+720 水	2013.12.10	49+720	7.5	68.25	32.22	无	无
	50+225 水	2013.5.5	50+225	7.86	788.65	276.51	强	强
	50+305 水	2013.5.5	50+305	8.26	144.09	14.53	无	无
	50+360 水	2013.5.5	50+360	9.45	175.79	16.31	无	无
9 号隧洞	59+786 水	2014.7.27	59+786	6.6	50.43	921.13	无	无
	59+983 水	2014.7.27	59+983	7.0	172.91	72.96	无	无
	61+982 水	2014.7.27	61+982	6.8	127.28	15.88	无	无

通过施工期地下水水质分析成果，可知勘察专题分析对隧洞地下水腐蚀性预判具有很好的指导作用。腐蚀作用机理明确，有的放矢地对洞室进出口部位、前埋段及构造发育地段进行硫酸盐型防腐设计，隧洞段腐蚀成果见表 5-4-21。

根据表 5-4-21 可知，隧洞段具有硫酸盐腐蚀性总长为 3.032km，约占隧洞段总长的 8.6%。与专题研究相比硫酸盐腐蚀段减少了约 4.4km，减少段主要分布在洞身段。洞身段腐蚀减少的原因主要有以下三点：

(1) 深层地下水主要受岩体本身成分控制。地下水分布途径及出露集中部位若无石膏等硫酸盐矿物富集，地下水多表现无腐蚀性。

表 5-4-21　　施工完毕隧洞段腐蚀成果统计表

类别 隧洞	工程部位	桩号	SO_4 离子含量 /(mg/L)	对混凝土的腐蚀性	对混凝土中钢筋的腐蚀性	对钢结构的腐蚀性	说　明
1号	全洞	15+245～16+835	31.70～45.63	无	无	弱	
2号	进口	17+306～17+400	58.0～233.0	弱	弱	弱	风化带
	洞身	17+400～19+000	54.13～97.0	无	无	弱	
		19+000～19+300	34.13～230.0	弱	弱	弱	沟谷浅埋段
		19+300～21+846	2.0～104.0	无	无	弱	
	出口	21+846～21+916		弱—强	弱	弱	风化带
3号	进口	25+059～25+230		弱—强	弱	弱	风化带，推测
	洞身	25+230～26+535	92.1	无	弱	弱	
	出口	26+535～26+764		弱—强	弱	弱—中等	风化带，推测
4号	进口	27+220～27+350		弱—强	弱	弱	风化带
	洞身	27+350～32+247	2.40～220.94	无	弱	弱	
	出口	32+247～32+432		弱—强	弱	弱	风化带
5号	进口	32+895～33+000	197.92	弱	弱	弱	风化带
	洞身	33+000～34+000	67.61～132.27	无	无	弱	
	出口	34+000～34+188		弱	弱	弱	风化带
6号	进口	35+394～35+474		强	弱	中等	风化带
	洞身	35+474～37+109	94.06～108.76	无	弱	弱	
	出口	37+109～37+263		强	弱	中等	风化带
7号	进口	40+119～40+200		弱	弱	弱	风化带
	洞身	40+200～50+090	18.83～89.43	无	无	弱	
		50+090～50+270	788.65	强	弱	弱	冲沟浅埋段
		50+270～50+600	144.09～175.79	无	无	弱	
	出口	50+600～50+686		弱	弱	弱	风化带
8号	进口	54+412～54+515		弱	弱	弱	风化带
	洞身	54+515～55+950		无	无	弱	
	出口	55+950～56+032		强	弱	弱	风化带
9号	进口	56+297～56+909		弱	弱	中等	风化带
	洞身	56+909～61+920	50.43～172.91	无	无	弱	
	出口	61+920～62+102		弱	弱	弱	风化带
10号	全洞	68+082～68+707		无	无	弱	
11号	全洞	69+537～70+075		无	无	弱	

(2) 微风化、新鲜岩体和完整性较好的岩体，石膏脉大部分被严密包裹在岩体中，无法与地下水接触，难以溶入地下水，洞身段硫酸盐含量不高。

(3) 深层地下水受构造作用影响较小。主要表现在地表测绘及物探测试成果中构造集中部位，地下水不具腐蚀性或腐蚀性不明显。表明构造部位挤压比较密实，与浅层地下水的水力联系比较弱或构造部位影响区尚未达到洞室部位。

第五章

混凝土抗腐蚀试验

隧洞结构物的水土腐蚀调查显示，主要对混凝土结构具有硫酸盐型腐蚀性。由于抗硫酸水泥造价高，通过试验研究掺用粉煤灰和抗腐蚀剂等材料，减少抗硫酸盐水泥用量或用普通硅酸盐水泥替代抗硫酸盐水泥，降低工程造价。

第一节 试验原材料

一、水泥

试验选用宁夏中宁赛马水泥有限公司生产的“赛马“牌 P·HSR42.5 水泥（以下简称赛马 P·HSR42.5）和固原市六盘山水泥有限责任公司生产的“六盘山”牌 P·O42.5 水泥（以下简称六盘山 P·O42.5）。按照《通用硅酸盐水泥》（GB 175—2007）、《抗硫酸盐硅酸盐水泥》（GB/T 748—2005）、《水泥化学分析方法》（GB/T176—2008）的有关试验方法对两种水泥进行物理性能试验和化学成分分析。检测结果见表 5-5-1。

由表 5-5-1 可知：六盘山 P·O42.5 水泥的检测结果满足《通用硅酸盐水泥》（GB 175—2007）的要求，赛马 P·HSR42.5 水泥的检测结果满足《抗硫酸盐硅酸盐水泥》（GB/T 748—2005）的要求。

表 5-5-1　　水泥的物理性能与化学成分

项　目	判定标准		实测结果	
	GB 175—2007	GB 748—2005	六盘山 P. O42.5	赛马 P. HSR42.5
密度/(kg/m^3)	—	—	3.07	3.17
比表面积/(m^2/kg)	≥300	≥280	335	410
标准稠度/%	—	—	28.0	30.0
碱含量/%	—	—	1.44	0.86
MgO 含量/%	≤5.0	≤5.0	4.50	1.08
SO_3 含量/%	≤3.5	≤2.5	1.97	1.79
烧失量/%	≤5.0	≤3.0	1.15	0.70
安定性	合格	合格	合格	合格
硅酸三钙/%	—	≤50.0	—	11.48
铝酸三钙/%	—	≤3.0	—	0.63
不溶物/%	—	≤1.50		

续表

项　　目			判定标准		实测结果	
			GB 175—2007	GB 748—2005	六盘山 P. O42.5	赛马 P. HSR42.5
凝结时间/min	初凝		≥45	≥45	258	405
	终凝		≤600	≤600	343	540
胶砂强度/MPa	抗折强度	3d	≥3.5	≥3.0	5.5	4.3
		28d	≥6.5	≥6.5	8.05	8.3
	抗压强度	3d	≥17.0	≥15.0	27.0	18.0
		28d	≥42.5	≥42.5	42.6	48.2

二、粉煤灰

试验选用平凉华茂粉煤灰有限责任公司生产的“陇能宝”牌Ⅰ级和Ⅱ级粉煤灰，按照《水工混凝土掺用粉煤灰技术规范》（DL/T 5055—2007）的有关试验方法对粉煤灰进行了试验。其性能检测结果见表 5－5－2。

由表 5－5－2 数据可知“陇能宝”牌Ⅰ级和Ⅱ级粉煤灰的性能分别达到Ⅰ级灰、Ⅱ级灰的标准要求。

表 5－5－2　　粉煤灰的物理性能与化学成分

项　　目	DL/T 5055—2007			实测结果	
	Ⅰ级灰	Ⅱ级灰	Ⅲ级灰	Ⅰ级灰	Ⅱ级灰
密度/(kg/m³)	—			2.35	2.24
细度/%	≤12	≤25	≤45	8.5	25.0
烧失量/%	≤5	≤8	≤15	0.95	0.55
需水量比/%	≤95	≤105	≤115	92.0	98.4
SO_3 含量/%	≤3	≤3	≤3	0.21	0.41
游离氧化钙/%	≤1.0	≤1.0	≤1.0	0.84	0.98
含水量/%	≤1.0			0.1	0.1
碱含量/%	—			3.08	3.21
28d 强度比/%	—			72	79

三、骨料

1. 骨料的物理性能

细骨料采用黑山的天然河砂，粗骨料为三关口料场的人工碎石（粒径为 5～20mm）人工碎石。按照《人工混凝土试验规程》（SL 352—2006）的有关试验方法对砂石骨料进行了试验，质量判定标准采用《水工混凝土施工规范》（DL/T 5144—2011）。砂石骨料的物理性能检测结果分别见表 5－5－3 和表 5－5－4。

表 5－5－3　　细骨料的物理性能

细骨料种类		天然砂	DL/T 5144—2011	实测结果
细度模数			—	3.28
含泥量/%	≥C_{90}30 和有抗冻要求的		≤3	1.4
	<C_{90}30		≤5	
泥块含量			不允许	0
坚固性/%		有抗冻要求的混凝土	≤8	3
		无抗冻要求的混凝土	≤10	3
表观密度/(kg/m^3)			≥2500	2590
硫化物及硫酸盐含量/%			≤1	0.06
有机质含量			浅于标准色	浅于标准色
云母含量/%			≤2	0.1

各级筛累计筛余百分率/%

筛孔尺寸/mm	5	2.5	1.25	0.63	0.315	0.16	<0.16
实测结果	2.1	22.9	45.2	72.6	92.4	98.2	100.0

检验结论：检测的项目符合标准 DL/T 5144—2001 的规定。

表 5－5－4　　粗骨料的物理性能

粗骨料种类	人工碎石/5～20mm	DL/T 5144—2001	实测结果
含泥量/%	D_{20}、D_{40}粒径级	≤1	0.3
泥块含量/%		不允许	0
坚固性/%	有抗冻要求的混凝土	≤5	8
	无抗冻要求的混凝土	≤12	8
表观密度/(kg/m^3)		≥2550	2780
饱和面干表观密度/(kg/m^3)		≥2550	2730
有机质含量		浅于标准色	浅于标准色
饱和面干吸水率/%		≤2.5	0.94
硫化物及硫酸盐含量/%		≤0.5	0.07
压碎指标/%		≤16	8.6
针片状颗粒含量/%		≤15	0.9

各级筛筛余百分率/%

筛子孔径/mm		20	10	5	<5
实测结果	5～20mm	33.3	57.4	9.3	0

检验结论：检测的项目除坚固性外均符合标准 DL/T 5144—2001 的规定。

由表 5－5－3 和表 5－5－4 看出：天然砂的各项性能满足《水工混凝土施工规范》(DL/T 5144—2001) 的要求；人工碎石的坚固性为 8%，不满足有抗冻要求的混凝土的规定值，其余各项性能均满足《水工混凝土施工规范》(DL/T 5144—2001) 的要求。

2. 骨料的碱活性试验

按照《水工混凝土试验规程》（SL 352—2006）中骨料的碱活性检验中的砂浆棒快速方法对砂石骨料进行骨料碱活性试验。此方法适用于检验反应缓慢或只在后期才产生膨胀的骨料。分别采用六盘山 P·O42.5 水泥、赛马 P·HSR42.5 水泥与砂石骨料制成砂浆试件进行膨胀率检测，同时研究了粉煤灰对骨料的碱活性是否具有抑制作用，其检测结果见表 5-5-5。

表 5-5-5　　骨料碱活性试验结果（砂浆棒快速法）

骨料种类	水泥品种	粉煤灰品种及掺量	14d 膨胀率/%
天然砂	六盘山 P·O42.5	—	0.201
		Ⅰ级灰 20%	0.008
		Ⅱ级灰 10%	0.048
		Ⅱ级灰 20%	0.009
	赛马 P·HSR42.5	—	0.152（0.288*）
		Ⅰ级灰 20%	0.003
		Ⅱ级灰 10%	0.022
		Ⅱ级灰 20%	0.002
人工碎石	六盘山 P·O42.5	—	0.035
	赛马 P·HSR42.5	—	0.009

注　表中括号内带 * 的数值为 28 天的膨胀率。

由数据可见：

(1) 根据 SL 352—2006 判定标准：砂浆试件 14 天膨胀率小于 0.1%的为非活性骨料；砂浆试件 14 天膨胀率大于 0.2%的为具有潜在危害性反应的活性骨料；砂浆试件 14 天膨胀率在 0.1%～0.2%的，对这种骨料应结合现场记录、岩相分析、或展开其他的辅助试验，试件观测的时间延至 28 天的结果来进行综合评定。可以判定天然砂与两种水泥制成的砂浆试件其 14（或 28）天膨胀率均大于 0.2%，具有潜在的碱骨料反应；人工碎石制成的砂浆试件 14 天膨胀率小于 0.1%，为非活性骨料。

(2) 掺粉煤灰能有效抑制骨料的碱活性反应，且随着粉煤灰掺量的增大，砂浆试件 14 天膨胀率减小，抑制效果越好。当粉煤灰掺量达到 20%时，天然砂与两种水泥制成的砂浆试件其 14 天膨胀率仅为 0.002%～0.009%，远小于 0.1%。

(3) 对于同种骨料，赛马 P·HSR42.5 水泥试件 14 天膨胀率小于六盘山 P·O42.5 水泥试件 14 天膨胀率。这与水泥的碱含量顺序一致。

四、外加剂

采用江西武冠实业集团生产的 WG 高效减水剂（粉体）和河北省混凝土外加剂厂生产的 DH9 引气剂（膏状）。按照《水工混凝土外加剂技术规程》（DL/T 5100—1999）分别对减水剂、引气剂进行检测。其检测结果列于表 5-5-6。

由表 5-5-6 数据可见：WG 高效减水剂的性能满足《混凝土外加剂》（GB 8076—2008）的相关要求，DH9 引气剂的性能满足《水工混凝土外加剂技术规程》（DL/T 5100—1999）的相关要求。

表 5-5-6　减水剂、引气剂的性能

检测项目		检测结果		DL/T 5100—1999	
		WG 高效减水剂	DH9	高效减水剂	引气剂
掺量/%		0.8	0.02	—	—
减水率/%		17.3	6.8	≥15	≥6
含气量/%		1.8	5.4	<3.0	4.5～5.5
凝结时间差/min	初凝	+70	+35	−60～+90	−90～+120
	终凝	+85	+20	−60～+90	−90～+120
抗压强度比/%	3d	136	96	≥130	≥90
	7d	125	95	≥125	≥90
	28d	120	92	≥120	≥85

第二节　胶凝材料的抗硫酸盐侵蚀试验

一、潜在膨胀性能试验

按照《水泥抗硫酸盐侵蚀试验方法》(GB/T 749—2008) 的“潜在膨胀性能试验方法(P 法)”对掺与不掺粉煤灰的两种水泥进行抗硫酸盐侵蚀试验。

方法原理：通过在水泥中外掺一定量的二水石膏，使水泥中的 SO_3 总含量达到 7.0%，这样使得过量的 SO_4^{2-} 直接与水泥中影响抗硫性能的矿物反应产生膨胀，通过测量胶砂试体规定龄期的膨胀率来衡量水泥胶砂的潜在抗硫酸盐性能。

砂浆中胶凝材料与砂子的比例为 1∶2.75，水胶比为 0.485，石膏为化学纯二水石膏，砂子为粒度范围在 0.5～1.0mm 的中国 ISO 标准砂，水为可饮水。砂浆按比例成型后，标准养护 23h 左右折模，然后在温度为 20℃±1℃水中养护半小时后测初长，再将试体浸入 20℃±1℃水中继续养护。检测不同龄期的砂浆膨胀率。胶砂配比及 14 天膨胀率检测结果列于表 5-5-7。

表 5-5-7　胶凝材料的潜在膨胀性能试验结果

编号	胶凝材料的组成			砂浆 14 天膨胀率/%
	水泥品种	粉煤灰品种及掺量	二水石膏/g	
O0	六盘山 P·O42.5	—	45.2	0.031
O21		Ⅰ级灰 20%	44.8	0.028
O22		Ⅱ级灰 20%	44.5	0.028
O12		Ⅱ级灰 10%	44.8	0.030
H0	赛马 P·HSR42.5	—	46.6	0.018
H21		Ⅰ级灰 20%	46.2	0.016
H22		Ⅱ级灰 20%	45.9	0.016
H12		Ⅱ级灰 10%	46.3	0.017

注　《抗硫酸盐硅酸盐水泥》(GB 748—2005) 规定：中抗硫酸盐水泥砂浆 14 天膨胀率不应大于 0.060%，高抗硫酸盐水泥砂浆 14 天膨胀率不应大于 0.040%。

由表 5-5-7 中的数据可以看出：

（1）六盘山 P·O42.5 水泥和赛马 P·HSR42.5 水泥制备的砂浆 14 天膨胀率分别为 0.031%和 0.018%，说明这两种水泥的抗硫酸盐性达到了高抗硫酸盐水泥 14 天膨胀率不大于 0.040%的要求。

（2）两种水泥分别掺入 20%的Ⅰ级、Ⅱ级粉煤灰后制成的砂浆与未掺粉煤灰的水泥砂浆 14 天膨胀率相比，前者为后者的 90%，说明掺粉煤灰可以提高胶凝材料的抗硫酸盐能力。

（3）同一种水泥分别掺 20%的Ⅰ级、Ⅱ级粉煤灰制成的砂浆 14 天膨胀率相当，说明粉煤灰等级对其砂浆 14 天膨胀率影响不大，但砂浆 14 天膨胀率随粉煤灰掺量的增加而减小。

二、浸泡抗蚀性能试验

按照《水泥抗硫酸盐侵蚀试验方法》（GB/T 749—2008）的“浸泡抗蚀性能试验方法（K 法）”对掺与不掺粉煤灰的两种水泥进行抗硫酸盐侵蚀试验。

方法原理：将水泥胶砂试体分别浸泡在规定浓度的硫酸盐侵蚀溶液（3%的 Na_2SO_4 溶液）和水中养护到规定龄期，以抗折强度之比确定抗硫酸盐侵蚀系数。

砂浆的胶砂比为 1∶2.5，水灰比为 0.5，试件成型后放入 20℃±1℃养护箱养护 24h，脱模后的试块放入 50℃±1℃水中养护 7 天，取出，分成 2 组，每组九条。一组放入 20℃±1℃水中养护，一组放入 20℃±1℃的 Na_2SO_4 溶液中浸泡。浸泡过程中每天用 1N 的 H_2SO_4 滴定，以中和试体在溶液中放出的 $Ca(OH)_2$，边滴定边搅拌使溶液的 pH 值保持在 7.0 左右。两组试体养护 28 天后取出进行抗折强度检测，并计算试体在侵蚀溶液中浸泡和在 20℃水养护的抗折强度之比，得到抗蚀系数来衡量胶凝材料的抗腐蚀能力的高低。砂浆配合比和 28 天抗蚀系数检测结果见表 5-5-8。

由表 5-5-8 中的数据可以看出：

（1）六盘山 P·O42.5 水泥和赛马 P·HSR42.5 水泥制成的砂浆抗蚀系数达到 1.2 以上，两种水泥分别掺入 20%的Ⅰ级、Ⅱ级粉煤灰后制成的砂浆的抗蚀系数均大于 1.1，说明这几种胶凝材料均具有较好的抵抗硫酸根离子侵蚀的能力。

（2）在相同的养护条件下，同种水泥分别掺入 20%的Ⅰ级、Ⅱ级粉煤灰后制成的砂浆与未掺粉煤灰的砂浆相比，其抗折强度均有一定的提高，但在水中养护的试件抗折强度涨幅大于侵蚀溶液浸泡的，故掺粉煤灰后的砂浆抗蚀系数略小于未掺粉煤灰的砂浆抗蚀系数。

表 5-5-8　　胶凝材料的抗蚀系数检测结果

编号	胶凝材料的组成		抗折强度/MPa		抗蚀系数 K /%
	水泥品种	粉煤灰品种及掺量	$R_{液}$	$R_{水}$	
O0	六盘山 P·O42.5	—	11.6	9.3	1.25
O21		Ⅰ级灰 20%	12.0	10.5	1.15
O22		Ⅱ级灰 20%	11.7	9.9	1.18

续表

编号	胶凝材料的组成		抗折强度/MPa		抗蚀系数 K /%
	水泥品种	粉煤灰品种及掺量	$R_{液}$	$R_{水}$	
H0	赛马 P·HSR42.5	—	10.8	8.8	1.22
H21		Ⅰ级灰 20%	12.3	10.5	1.17
H22		Ⅱ级灰 20%	11.2	10.1	1.11

第三节 混凝土配合比设计与试验

一、混凝土的技术要求

本书以 C25W6F150 混凝土为研究对象。C25 混凝土配制强度根据下列公式计算：

$$f_{cu,0}=f_{cu,k}+t\sigma$$

式中 $f_{cu,0}$——混凝土的配制强度，MPa；

$f_{cu,k}$——混凝土设计龄期的强度标准值，MPa；

t——概率度系数，由给定的保证率查出；

σ——混凝土强度标准差，MPa。

混凝土的配制强度的计算值见表 5-5-9。

表 5-5-9　混凝土的配制强度

强度标准值 $f_{cu,k}$ /MPa	强度标准差 σ /MPa	强度保证率 P /%	概率度系数 t	配制强度 $f_{cu,0}$ /MPa
C25	4.0	95	1.645	31.6

二、混凝土配合比试验

C25W6F150 常态混凝土选用的主要原材料：赛马 P·HSR42.5 和六盘山 P·O 42.5 水泥、“陇能宝”牌Ⅰ级和Ⅱ级粉煤灰、黑山的天然河砂、三关口料场的人工碎石（粒径为 5～20mm）、江西武冠实业集团生产的 WG 高效减水剂及防腐剂、兰州鸿洲建材制品厂生产的 UNF-1 型高效减水剂、河北省混凝土外加剂厂生产的 DH9 引气剂、GK-9A 引气剂。常态混凝土拌和物按坍落度 60～80mm、含气量 4%～6%控制，其试验成果如表 5-5-10所示。

如表 5-5-10 可以看出：试验的常态混凝土配合比 28 天抗压强度均大于 31.6MPa，满足 C25 混凝土强度等级的要求；28 天抗渗等级大于 W6；但 28 天抗冻等级均不满足 F150 的设计要求。

抗冻等级是混凝土耐久性的一个重要指标，是影响建筑物使用寿命的主要因素，如果混凝土抗冻等级不合格，其混凝土表面会逐渐剥落，近而整体破坏，从而严重影响混凝土的正常使用寿命。

表 5-5-10　　　　　　　　　　常态混凝土试验成果表

序号	水泥品种	水胶比	粉煤灰掺量	外加剂品种			28d 抗压强度/MPa	28d 抗渗等级	23d 抗冻等级
				减水剂	引气剂	防腐剂			
1	P. HSR42.5	0.45	20Ⅱ	WG	DH9	—	>31.6	>W6	<F150
2		0.45	20Ⅰ	WG	DH9	—	>31.6	>W6	<F150
3		0.48	—	WG	DH9	—	>31.6	>W6	<F150
4		0.48	20Ⅱ	WG	DH9	—	>31.6	>W6	<F150
5		0.48	20Ⅰ	WG	DH9	—	>31.6	>W6	<F150
6	P. O42.5	0.45	20Ⅰ	WG	DH9	—	>31.6	>W6	<F150
7		0.45	20Ⅱ	WG	DH9	—	>31.6	>W6	<F150
8		0.48	20Ⅱ	WG	DH9	—	>31.6	>W6	<F150
9		0.48	20Ⅱ	WG	DH9	WG	>31.6	>W6	<F150
10		0.48	20Ⅰ	WG	DH9	—	>31.6	>W6	<F150
11		0.48	20Ⅰ	WG	DH9	WG	>31.6	>W6	<F150
12	P. HSR42.5	0.48	20Ⅱ	WG	GK-9A	—	>31.6	>W6	<F150
13	P. O42.5	0.48	20Ⅱ	WG	GK-9A	—	>31.6	>W6	<F150
14		0.48	20Ⅰ	WG	GK-9A	—	>31.6	>W6	<F150
15	P. O42.5	0.45	20Ⅱ	UNF-1	DH9	—	>31.6	>W6	<F150
16		0.48	20Ⅱ	UNF-1	DH9	—	>31.6	>W6	<F150
17		0.45	20Ⅰ	UNF-1	DH9	—	>31.6	>W6	<F150
20	P. HSR42.5	0.45	20Ⅱ	UNF-1	DH9	—	>31.6	>W6	<F150
21		0.45	20Ⅰ	UNF-1	DH9	—	>31.6	>W6	<F150
22		0.45	20Ⅰ	UNF-1	DH9	—	>31.6	>W6	<F150
23		0.45	20Ⅱ	UNF-1	DH9	—	>31.6	>W6	<F150

第四节　结　　论

（1）黑山天然砂具有潜在的碱骨料反应，人工碎石为非活性骨料。

（2）掺粉煤灰能有效抑制骨料的碱活性反应，且随着粉煤灰掺量的增大，砂浆试件14天膨胀率减小，抑制效果越好。当粉煤灰掺量达到20%时，天然砂与两种水泥制成的砂浆试件其14天膨胀率仅为0.002%～0.009%，远小于0.1%。

（3）六盘山P·O42.5水泥和赛马P·HSR42.5水泥制备的砂浆14天膨胀率分别为0.031%和0.018%，说明这两种水泥的抗硫酸盐性达到了高抗硫酸盐水泥14天膨胀率不大于0.040%的要求。

两种水泥分别掺入20%的Ⅰ级、Ⅱ级粉煤灰后制成的砂浆与未掺粉煤灰的水泥砂浆14天膨胀率相比，前者为后者的90%，说明掺粉煤灰可以提高胶凝材料的抗硫酸盐能力。

（4）六盘山P·O42.5水泥和赛马P·HSR42.5水泥制成的砂浆抗蚀系数达到1.2以上，两种水泥分别掺入20%的Ⅰ级、Ⅱ级粉煤灰后制成的砂浆的抗蚀系数均大于1.1，说明这几种胶凝材料均具有较好的抵抗硫酸根离子侵蚀的能力。

第六章

水土腐蚀危害的防止措施

第一节　混凝土结构防腐蚀措施

一、技术标准

1.《混凝土结构耐久性设计规范》（GB/T 50476—2008）

该规范对干旱、高寒地区硫酸盐腐蚀环境作用划分了等级，见表 5-6-1。按该标准，工程区化学腐蚀环境作用等级 V-C 级，部分为 V-D 级。

表 5-6-1　　干旱、高寒地区硫酸盐腐蚀环境作用等级

作用因素 / 环境作用等级	水中硫酸根离子（SO_4^{2-}）浓度/(mg/L)	土中硫酸根离子（SO_4^{2-}）浓度（水溶值）/(mg/kg)
V-C	200～500	300～750
V-D	500～2000	750～3000
V-E	2000～5000	3000～7500

注　我国干旱区指干燥率系数大于 2.0 的地区，高寒地区指海拔 3000m 以上地区。

该规范规定：化学腐蚀环境下的混凝土不宜单独使用硅酸盐水泥或普通硅酸盐水泥作为胶凝材料。

2. 混凝土结构耐久性设计与施工指南

中国土木工程学会标准《混凝土结构耐久性设计与施工指南》（CCES 01—2004）（2005 年修订版）中，提高混凝土结构耐久性的一般设计原则如下。

（1）采用的结构类型、结构布置和结构构造应尽可能有利于阻挡或减轻环境对结构的作用，便于施工并有利于保证施工质量，便于工程今后使用过程中的检查和维修。

（2）选用质量稳定并有利于改善混凝土密实性和抗裂性的水泥和骨料等原材料，尽可能降低混凝土的拌和水用量与水胶比并在混凝土组成中掺入适宜的矿物掺和料、高效减水剂和引气剂。

（3）增加钢筋的混凝土保护层厚度。

（4）注重防、排水和密封等构造措施，尽可能避免水和氯盐等有害物质接触混凝土表面，尽可能防止混凝土在使用过程中遭受干湿交替。

（5）从混凝土耐久性出发，提出混凝土施工质量的要求，特别是混凝土养护的温、湿度控制。

(6) 对于严重环境作用下的重要工程，宜采取多重防护对策，即综合采用多种的防护措施，可以在一种措施失效后启动下一种措施，如结构锈蚀后启动阴极保护；也可以多种措施同时平行地起作用，如同时采用阻锈剂和涂层钢筋等。

不同设计使用年限的结构物，在不同环境作用等级下需要按照本指南的要求进行耐久性设计的具体内容大体如表 5-6-2 所示。

表 5-6-2　不同设计使用年限的结构物在不同环境作用等级下的耐久性设计内容

耐久性设计内容	混凝土材料			结构构造和裂缝控制			施工要求			使用阶段定期检测			防腐蚀附加措施		
使用年限级别 / 环境使用等级	一	二	三	一	二	三	一	二	三	一	二	三	一	二	三
A	●			●			●								
B	●	●		●	●		●	●		▲					
C	●	●	●	●	●	●	●	●	●	●	▲				
D	●	●	●	●	●	●	●	●	●	●	●	▲	▲		
E	●	●	●	●	●	●	●	●	●	●	●	●	▲	▲	▲
F	●	●	●	●	●	●	●	●	●	●	●	●	●	▲	▲

注　1. 混凝土材料、结构构造和施工要求需同时满足本指南提出的最低要求。
2. 表中符号意义：●需要，▲可能需要。

该指南 4.0.7 规定：硫酸盐等化学腐蚀介质作用下的混凝土不宜单独使用硅酸盐水泥或普通硅酸盐水泥作为胶凝材料，当环境作用等级为 C 或 C 级以上时应在硅酸盐水泥中加入大掺量的矿物掺和料。对于硫酸盐环境需使用硅酸盐类的抗硫酸盐水泥或高抗硫酸盐水泥，但也需掺有矿物掺和料。在极其严重的硫酸盐腐蚀环境下则不能使用硅酸盐类水泥而应代之以其他类型的水泥并需通过实验验证。

二、混凝土结构防腐蚀实例

混凝土结构防腐蚀的部分工程实例列于表 5-6-3。

表 5-6-3　部分工程防水土腐蚀措施

工程名称	工程概况	水土腐蚀情况	抗腐蚀措施
312 国六盘山隧道	宁夏回族自治区固原县境内，隧道全长 2385m	渗水引起的混凝土表面腐蚀和衬砌开裂，经冻融循环加速隧道衬砌的渗漏和开裂，导致变粉、脱皮等破坏	双掺混凝土配方，提高混凝土的抗腐蚀性能。当掺入粉煤灰 30% 时，抗腐蚀能力提高 4.5%
四川某电站引水发电洞	引水隧洞长大于 7km，净断面为 2.6m×3.0m 的直墙拱形，混凝土衬砌厚度 30cm，强度等级 C15	1999 年 10 月—2001 年 10 月，多处洞段在历经浇筑 3～20 个月后，陆续发生腐蚀	一是采用普通水泥内掺 25%～30%粉煤灰，以降低 C3A 与 C3S 含量，达到抗硫酸盐侵蚀的目的。二是掺优质外加剂、降低水胶比，混凝土的抗渗性及密实性得到提高。中孔泄洪洞投入使用 3 年，深孔泄洪洞投入使用 1 年，表孔泄洪洞和两条引水发电洞已施工 2 年，尚未发现硫酸盐侵蚀现象

续表

工程名称	工程概况	水土腐蚀情况	抗腐蚀措施
635 水库引水发电洞	由进水闸闸井（长24.26m）、上水平段（长10m）、竖井段（长42.5m）、下水平段（长211m）以及岔管和支管组成，洞径 5.5m，混凝土衬砌厚度为 60cm	衬砌混凝土接触的侵蚀介质具有酸性，并含有高浓度的硫酸根和较高浓度的镁离子。对照《岩土工程勘察规范》（GB 50021—2009），竖井裂隙水的 pH 和 SO_4^{2-} 含量均属强腐蚀，Mg^{2+} 含量接近中等腐蚀，Cl^- 含量对衬砌混凝土中的钢筋属中等腐蚀	保留已浇筑竖井混凝土，只在四周围岩上开凿成环形洞；对围岩裂隙水渗漏处采取化学灌浆堵漏，堵漏后需用聚合物防腐砂浆（如丙乳砂浆等）在围岩上整体抹上一层；在已做好的聚合物砂浆上涂有机防腐涂料；在原竖井混凝土和防腐处理过的围岩之间，浇筑密实性好的高标号抗蚀混凝土

三、国内研究现状

1. 贺行洋、马保国、陈益民等研究

贺行洋、马保国、陈益民对矿物外加剂对混凝土抗硫酸盐侵蚀性能进行了试验研究，主要成果为：对掺有粉煤灰、硅灰混凝土膨胀率研究表明，矿物外加剂的掺入使混凝土抗硫酸盐侵蚀性能有较大的改善。掺入 25%香港粉煤灰和武汉粉煤灰使 54 周龄期混凝土膨胀率分别下降 23.6%和 31.9%。

硅灰与粉煤灰的双掺是改善低离子迁移率混凝土抗硫酸盐侵蚀性能的一个有效途径，在硅灰掺量小于 10%范围内，随其掺量增加效果越明显。10%硅灰和 25%粉煤灰双掺其混凝土 54 周龄期膨胀率仅为 0.030%，较对比混凝土下降了 45.15%。

对掺不同铝含量粉煤灰混凝土膨胀率研究显示，掺香港高铝粉煤灰混凝土抗硫酸盐侵蚀性能与掺武汉粉煤灰混凝土相当，这表明粉煤灰对混凝土抗硫酸盐性能的改善主要取决于其细度、品质等因素，其铝含量不一定是决定因素，这将对减少粉煤灰的应用限制范围提供依据。

按 Frearson 的评价标准，掺粉煤灰、硅灰的混凝土抗硫酸盐侵蚀性能可达到由抗硫酸盐水泥配制的混凝土性能水平，属于抗硫酸盐混凝土，为节约抗硫酸盐水泥提供重要的指导作用。

2. 王海彦、仇文革、冯冀蒙的研究

采用多元复合胶凝材料：所谓多元复合胶凝材料是指将经球磨机磨细后的水泥熟料粉体、粉煤灰、矿粉或硅灰等活性材料按一定比例通过均化器进行均化而成的水硬性材料。在水泥熟料中掺入高品质矿物掺合料后，可以改善胶凝材料的化学和物理组分，优化胶凝材料的颗粒级配，提高混凝土的密实度和耐久性能。

在复合胶凝材料中，熟料粉体颗粒粒径最大，颗粒粒径绝大部分介于 3～32μm 之间；磨细矿渣粉次之，颗粒粒径绝大部分介于 0～16μm 之间；粉煤灰更小，颗粒粒径绝大部分介于 0～8μm 之间；硅灰最小，颗粒粒径介于 0.16～0.25μm 之间。如果胶凝材料中的各种粉料按比例勾兑，就会形成混凝土中粉体材料良好的连续微级配。复合胶凝材料在水化过程中不同粒径的胶凝材料颗粒互相填充，减少了颗粒间的空隙，从而进一步减少了复合胶凝材料凝结硬化后的总孔隙率，提高了混凝土的密实性，降低了混凝土的渗透性。建议侵蚀环境下采用多元复合胶凝材料，掺合比例为：水泥熟料粉体45%、粉煤灰10%、矿粉40%、硅灰5%。

采用合适的混凝土搅拌工艺：隧道衬砌混凝土采用多次投料法分步搅拌效果显著，混凝土各项性能均有提高。

采用低水胶比，低用水量和高性能减水剂，建议水胶比范围为：C30混凝土水胶比为0.43～0.45；C35混凝土水胶比为0.40～0.42。

3. 其他专家研究成果

制定混凝土的防腐措施，首先应考虑混凝土结构所处的腐蚀环境类型与腐蚀介质特点，具体问题具体分析，做到有的放矢。如当水泥石可能遭受软水等侵蚀时，可采用水化产物中$Ca(OH)_2$含量少的水泥；当水泥石处于硫酸盐的腐蚀环境中时，可采用C_3A含量小于5%的抗硫酸盐水泥；为了提高硅酸盐水泥对多种介质的抗腐蚀能力，可掺入适宜的活性混合材料。从水、土对混凝土的腐蚀机理出发，其腐蚀的防治原理不外乎提高混凝土的密实性、改善混凝土自身的抗腐蚀性能与对混凝土结构物进行表面防腐处理等方面。

四、混凝土结构防腐蚀措施汇总

汇总混凝土结构防腐蚀的有关技术标准、工程实例及试验研究成果，对混凝土结构防腐蚀具体措施归纳为下列几点。

1. 提高混凝土的密实性

提高混凝土密实性的具体方法如下。

(1) 选用高密实度混凝土的配方设计，提高混凝土的抗渗等级（Sn）。配方设计必须满足下列条件：混凝土的抗渗强度不低于1.18MPa（12kg/cm^2）、水泥强度等级不低于325号、水泥的品种选用密实性最好的普通硅酸盐水泥、水泥用量不低于300kg/m^3、严格控制水灰比不大于0.55。此外，还需控制好水泥中C_3A的含量（小于8%）、灰砂比等。

(2) 使用新型混凝土，如高性能混凝土（HPC）、钢纤维混凝土、长寿命混凝土、高分子聚合物改性混凝土与抗硫酸盐混凝土等。

(3) 在混凝土配方中引入外加剂来提高混凝土的密实性。

如减水剂——NNO（亚甲基二萘酸钠）、引气剂——松香酸钠与聚合水化硅氧烷、催化剂——三乙醇胺、膨胀剂、防水剂、粉煤灰与矿渣等均可使混凝土结构内部密实性提高。其中引气剂具有憎水、降低拌合物的表面张力、产生无数细小气泡等作用，因而可提高混凝土的抗渗性与抗冻性；我国研制的U型膨胀剂可使混凝土抗渗提高到S30、抗冻性等级达M150；掺入FS防水剂的混凝土抗渗等级高达S40，同时具有抗裂、抗冻融、提高强度等功效；粉煤灰的活性反应能改善水泥石的结构、提高混凝土的抗渗、耐蚀、抗碳化、抗溶析能力，能有效地抑制碱骨料反应。

清华大学土木系等单位联合研制了一种含超细粉20%的混凝土。这种超细粉对水泥浆体具有填充与密实作用，水泥的孔结构也发生变化，因而抗渗性、抗化学侵蚀能力、强度都明显提高，使钢筋混凝土耐久100年以上。中铁十四局用掺入外掺料Ⅱ级粉煤灰与外加剂SRA-1型混凝土防腐剂的“双掺”技术成功地解决了渝怀铁路武隆隧道混凝土衬砌的地下水硫酸盐腐蚀问题。周鑫玉（2004）等通过渗透对比试验研究表明，掺入一定数量的高钙粉煤灰或硅石粉对增强碾压混凝土抗溶出型腐蚀极为有利。杨卫东等（2003）通过混凝土在淡水中的浸泡对比试验得出了“在水泥中掺加粒化高炉矿渣后，能较显著提高混凝土的抗软水溶析能力”的结论。

朔黄铁路必须跨越河北黄骅盐渍地强腐蚀地段。该地段的地下水 Cl^-、SO_4^{2-}、Mg^{2+} 含量远远超过了 GB 50021—94 中强腐蚀的下限，且为 Cl^-、SO_4^{2-}、Mg^{2+} 叠加的结晶分解复合类强腐蚀。原定采用抗硫酸盐水泥，但中铁十一局通过对比试验后发现，利用 425 普通硅酸盐水泥（$C_3A=5.41\%$）、外加 UNF－5 高效减水剂配制的混凝土也能达到设计抗腐蚀要求，最后特大桥桥梁墩台及钻孔桩混凝土工程中成功地使用该种混凝土代替了产家少、供货难的抗硫酸盐水泥。

（4）合理的施工方法。进行合理的搅拌、振捣和充分的湿养护能保证混凝土应有的密实性及抗渗性。

2. 对混凝土表面作防护，以切断腐蚀介质的入渗通道

对混凝土表面作防护，以切断腐蚀介质的入渗通道的具体措施如下。

（1）喷涂具有强渗入性的水性水泥密封剂 M1500 来封闭混凝土结构内的气孔与孔隙、毛细管及通道进而提高混凝土的密实性。封闭剂 M1500 经与水泥石的碱性物质反应形成密实不透性的封闭层。此外，它还是强碱性物质（pH 值于 13～14），可以有效保持混凝土的碱度而使混凝土中的钢筋处于钝化状态并免遭腐蚀。另据报导，经 M1500 处理 7 天与 30 天后，强度可分别提高 15％与 23％～25％。

（2）选用高密实性水泥砂浆多层抹面技术来封闭混凝土结构。多层抹面技术是一种非常有效地防止水渗透与介质浸入的方法，它的密实性可达到 2MPa。它的配合比要求按如下：灰砂比 1∶2.5、素浆水灰比 0.37～0.40、水泥砂浆水灰比 0.40～0.45、水泥强度等级在 425 号以上、水泥普通硅酸水泥、并在素浆与砂浆中加入硅酸钠防水剂。多层抹面的顺序是素浆/砂浆/素浆/砂浆/面层素浆。

（3）在混凝土表面涂抹防水、防腐蚀涂料来防止或减缓混凝土的腐蚀要求表面涂料具有耐气候、耐（酸、碱、盐的）腐蚀、抗渗、无毒等功能，同时要与混凝土有牢固的结合力，涂膜要致密。

3. 加入抗生物杀菌剂

在可能产生生物的硫酸、硫酸盐腐蚀的环境，混凝土中宜加入抗生物杀菌剂，即可有效地增强混凝土的抗生物腐蚀性能。

4. 在施工、运营中防止地基水进一步受人工污染

具体措施主要是采取对地基进行隔离，以阻止场地周围的腐蚀介质与地基的交替。还有成功地应用换（石）灰土垫层处理酸污染腐蚀性地基的例子。经过经济技术论证和比选，也可在选择建筑场地时考虑避开腐蚀性严重的地段。

五、混凝土结构防腐蚀措施总结

总结有关技术标准、工程实例和科研成果，对于混凝土抗腐蚀问题，技术成熟和有效的措施可以归纳如下。

（1）选用质量稳定并有利于改善混凝土密实性、抗裂性的水泥和骨料等原材料；尽可能降低混凝土的拌和水用量与水胶比，在混凝土组成中掺入适宜的矿物掺和料、高效减水

剂和引气剂。

（2）隔离有害物质。

（3）改善混凝土工作环境，尽可能防止混凝土在使用过程中遭受干湿交替作用和东融交替作用。

（4）加强混凝土养护的温、湿度控制。

第二节　混凝土中钢筋防腐蚀措施

对于钢筋混凝土结构，混凝土的腐蚀与钢筋的腐蚀是相互依赖、相互促进的。若钢筋外围的混凝土保护层被腐蚀到一定程度，Cl^-等腐蚀成分渗入至钢筋表面附近并导致碱度降低、钝化膜破坏，钢筋即开始腐蚀；另外，因钢筋被腐蚀后体积增大并产生惊人的附加内应力而造成混凝土顺筋开裂，形成的裂缝为腐蚀介质的进入提供了更通畅的通道，这将进一步加剧混凝土及其钢筋的腐蚀。可见，混凝土是保护钢筋免遭腐蚀的第一道防线。因此，工程界普遍认同的观点是，想方设法防止混凝土腐蚀是保护钢筋的基本前提，其次才是考虑对钢筋本身采取防腐措施。关于混凝土的防腐原理及措施已在上述内容作了充分的介绍，在此不再赘述。本节只述及钢筋本身的防腐原理与措施。

钢筋防腐的原理分为隔离、牺牲、碱性、表面极化、阴极保护等方面。水土介质对混凝土中钢筋本身腐蚀的专门防治措施如下。

（1）选用抗腐蚀的钢筋。

（2）在钢筋表面设置防腐保护层。

（3）在混凝土中掺阻锈剂（或缓蚀剂）。

（4）对重要工程则可对钢筋采取阴极保护技术，即电化学法防护。

（5）适当增大混凝土保护层厚度。

一、选用抗腐蚀的钢筋

选用不锈钢筋是国外的一种发展趋势。这种钢筋的价格是普通碳素钢的4～6倍，但它的长期耐腐蚀性足以补偿初期投入的成本。海工中不锈钢筋的混凝土保护层厚度可降低到30mm、裂缝宽度允许值放宽到0.3mm、并不需要对它进行硅处理、在极其恶劣的海洋腐蚀环境中可达到60年不损坏。不少文献提出用高强度的非金属材料代替钢筋，如用玻璃吉纤维、碳素纤维强化后的塑料来替代钢筋。

二、在钢筋表面设置防腐的保护层

钢筋的表面防护可分为金属的与非金属的表面防护。镀锌是常用的金属表面防护措施，它既可以使钢筋和外界环境隔离、又可起到牺牲阳极的保护作用。表面非金属防护主要有环氧树脂和聚合体树脂等。

近年来由于熔结环氧粉末涂装技术的发展及其一系列优良的物化性能，而使其已直接用于钢筋混凝土中对钢筋的保护。美国材料试验标准ASTMA775M—95a、ASTMA934M—95与英国标准BS7995—1992及国际标准化组织ISO－WD1465（1995工作草案）等均规范了其应用。当应用涂层直接保护钢筋的时候，应注意涂层影响混凝土对钢筋“握裹力”的情况。因为钢筋混凝土的“握裹力”与强度及耐久性密切相关。据研究，混凝土对钢筋与涂层保护钢筋的“握裹力”如表5-6-4所示。

表5-6-4　　混凝土对不同钢筋表面的“握裹力”

钢筋表面状况	涂覆防锈漆	镀锌层	裸钢
握裹力大小/MPa	1～2	2～4	4～5

试验结果表明，试图用涂覆层来防止钢筋和预埋件的腐蚀破坏是不可取的，因为其“握裹力”降低明显，使钢筋强度难以发挥作用。所以在使用涂层保护混凝土钢筋时，这一相反的结果应予以注意。

三、在混凝土中外掺阻锈剂

阻锈剂可分为掺入型（混凝土）与迁移型（涂抹与混凝土表面，逐渐迁移到钢筋表面）。迁移型阻锈剂是近年来提出的全新概念，它不降低混凝土的物理、力学性能，相反可提高混凝土的高温（可达60℃）拉伸强度、弯曲强度，并可显著降低腐蚀速度。杨卫东等（2003）通过钢筋与钢筋混凝土（①常规；②掺3%NaCl；③掺3%NaCl与3%CR系列高性能钢筋阻锈剂）的常规浸泡与冷热干湿循环腐蚀试验，据测得的电位值认为，有CR系列钢筋阻锈剂参与的所有钢筋均无腐蚀发生。

在混凝土中掺入高效的缓蚀剂——亚硝酸钙。常常采用钢筋缓蚀剂、阴极保护、环氧涂层等3种钢筋的专用防腐技术，这些措施被认为是先进和长效的。美国的“全寿命经济分析”表明，采用钢筋缓蚀剂的经济效益最佳。在混凝土中使用钢筋缓蚀剂的要求有：长期使用、性能可靠，对某些特殊的腐蚀具有良好的抑制作用，对混凝土性能不造成负面影响，且制取方法简便、取用方便，便于运输和储存。较常用的缓蚀剂有亚硝酸钠、亚硝酸钙、铬酸钠、重铬酸钾、磷酸钾等。多项有关缓蚀剂及防腐措施的研究结果表明，亚硝酸钙是唯一一种符合有关防腐蚀措施标准的缓蚀剂。若用亚硝酸钙作为水泥混凝土添加剂，不仅对钢筋具有防腐蚀作用，同时对混凝土还具有良好的防冻、速凝和增强作用。据报道，在混凝土中添加2%（w）的亚硝酸钙，就可以使钢筋混凝土结构建筑物的使用寿命延长15～50年、抗压强度增加10～25MPa。

20世纪70—80年代，日本、美国、俄罗斯等国相继对亚硝酸钙进行了大量的研究，其中有许多关于亚硝酸钙作为缓蚀剂作用机理的研究。研究表明，亚硝酸钙的作用机理是阳极缓蚀。有人认为，钢表面的钝化膜是水中的氧把低价铁氧化成高价的 Fe_2O_3 而形成。亚硝酸根离子的作用在于它吸附于钢的表面，使体系的自由能降低，钝化过程变得更容易。另一观点认为，钢表面的钝化过程与 NO_2^- 离子的氧化作用有关。NO_2^- 离子直接参与生成高价 Fe_2O_3 的过程，生成的 Fe_2O_3 沉积形成不透性保护膜，从而抑制了钢筋腐蚀。当有氯盐存在时，Cl^- 的破坏作用与亚硝酸根的修补作用同时存在。当“修补”作用大于“破坏”作用时，钢筋的锈蚀便会停止。

美国格里斯公司进行了一项旨在研究亚硝酸钙在混凝土中的性能及其防腐蚀作用的试验。试验结果表明，采用亚硝酸钙后，混凝土中钢筋锈蚀的速度明显降低。1989年的霍普和爱普研究表明，若用亚硝酸钙与 Cl^- 的摩尔比来表示锈蚀程度，则锈蚀的临界范围在0.07～0.09之间。甚至当混凝土的水灰比较高时，若向其中加入一定量的 Cl^-，亚硝酸钙也能够使 Cl^- 的腐蚀速度降低一个数量级。日本有些学者在80℃下进行干湿交替的加速反应试验，得到的结果也表明亚硝酸钙是一种有效的缓蚀剂。含有亚硝酸钙和可塑剂的混凝土中有一定量的气泡，所以亚硝酸钙也能够用于冻融交替的环境。

缓蚀剂应尽量对混凝土的性能不产生有害的影响。大多数的无机缓蚀剂通常会使混凝土的初凝和终凝时间缩短，并使混凝土的抗压强度有所降低，而亚硝酸钙却可以提高混凝土的抗压强度。Rosenberg 等人的研究结果表明，亚硝酸钙还是一种能够符合 ASTMC494 标准的速凝剂。而且作为缓蚀剂，亚硝酸钙不会危害到混凝土的结构性能。综上所述，亚硝酸钙是一种高效的缓蚀剂。

国内研制的二乙烯三氨-硫脲缩合物的作用机理表明，在有氯化物存在的情况下，它能与 Cl^- 竞争吸附于钢铁表面，并参与钝化膜的形成。另外，原冶金部建筑研究总院研制的 RI-1 系列钢筋阻锈剂也已获得较为广泛的应用。

四、采取阴极保护技术

阴极保护是向被保护金属表面通入足够的阴极电流，使其阴极极化以减小或防止金属腐蚀的一种电化学防腐蚀保护技术。实施阴极保护可以通过外加电流和牺牲阳极两种方式。目前在国外两种阴极保护系统都已经被成功地应用于腐蚀环境较为恶劣的钢筋混凝土工程中。

1. 外加电流法阴极保护

用直流电源给被保护金属通以阴极电流，保护系统主要由直流电源、辅助阳极、参比电极和电缆等组成。外加电流阴极保护的优点是能够调节和控制输出电流、使用寿命长，缺点是保护系统的实施比较复杂、需要维护和管理。特别是对于预应力混凝土结构必须严格控制电位，否则会发生氢脆危险。

辅助阳极系统有多种，在海洋环境钢筋混凝土中使用的主要有：纽扣阳极＋导电混凝土层系统、沟槽或镶嵌式阳极系统、电缆阳极系统、导电涂层系统、电弧喷锌系统、混合金属氧化物钛网阳极系统等。不同辅助阳极系统各有其优缺点，适用于不同的钢筋混凝土结构与腐蚀环境。纽扣阳极＋导电混凝土层系统和沟槽或镶嵌式阳极系统主要应用于桥面板，电缆阳极和混合金属氧化物钛网阳极可以用于桥面板或基础结构，而导电涂层系流和电弧喷锌则主要应用于钢筋混凝土基础结构。

2. 牺牲阳极法阴极保护

在被保护的金属上连接一种电极电位更负的金属或合金（称为牺牲阳极），通过牺牲阳极的自我溶解和消耗，使被保护金属得到阴极电流受到保护。牺牲阳极保护的优点是不需要电源、施工简单、无需维护管理、在预应力和后张应力钢筋混凝土结构中使用不会产生钢筋的氢脆危险。缺点是寿命较短、输出电流不可调节和控制、输出电流大小取决于阳极性能和周围的环境。

目前，国外在钢筋混凝土结构使用的牺牲阳极系统主要有：

（1）电弧喷锌牺牲阳极。

（2）电弧喷铝—锌—铟合金牺牲阳极。该技术已成功地用于美国宾夕法尼亚州费城的 WaltWhitman 桥、弗吉尼亚州诺福克的 WilloughbyBay 桥与得克萨斯州加尔维斯敦的 SanLuisPass 桥等多座桥梁的混凝土桩及预应力梁上。

（3）粘贴的锌片牺牲阳极。

(4) 锌箔—导电黏结剂牺牲阳极。美国已在沿佛罗里达海岸的几座桥梁的下部结构和多层公寓的阳台中使用该技术，短期试验效果良好。

(5) 锌网-水泥浆护套牺牲阳极。该技术在全球已有4000多个成功安装的实例。

(6) 锌网-压板牺牲阳极。该系统是专门为混凝土方桩的防腐而设计的，已被佛罗里达运输部广泛应用于水位变动区和浪溅区钢筋混凝土方桩的腐蚀控制。

(7) 浇注的锌和铝牺牲阳极。该技术因可避免“环阳极腐蚀效应”而尤为适用于对钢筋混凝土腐蚀的局部修复。目前已用于美国、加拿大等国家的多座桥梁腐蚀的局部修复。

(8) 埋入式牺牲阳极。

目前，国外实施阴极保护的现行标准主要有美国腐蚀工程师协会标准和欧洲标准。

葛燕等提出了电化学脱盐法控制钢筋混凝土中的氯盐量以达到治理腐蚀的目的。电化学脱盐法是以混凝土中的钢筋作为阴极、临时安装在混凝土表面电解质中的电极为辅助阳极，通以直流电流，混凝土中氯离子便不断向辅助阳极迁移，从而从混凝土中排出氯化物，使混凝土中的氯化物浓度降低到足以消除钢筋腐蚀的程度。电化学驱氯和再碱化技术是20世纪90年代兴起的一项新型技术，设法给钢筋外加1～3A/m^{2}的阴极极化电流1～4个月，以恢复混凝土中钢筋表面的钝态，从而延长其使用寿命。

五、合理确定混凝土保护层的厚度

混凝土保护层厚度可根据混凝土耐久性要求计算得出。《建筑地基基础设计规范》(GB 50007—2002)与《工业建筑防腐蚀设计规范》(GB 50046—95)中，规定建筑基础钢筋的混凝土保护层厚度分别不小于40mm与50mm，在腐蚀环境中可适当增大厚度。

六、地下钢结构防腐蚀措施

地下钢结构除了没有混凝土保护层外，其腐蚀机理与防腐原理基本上与混凝土中的钢筋相同。因此不再赘述。

第七章

水土腐蚀防止工程实例

第一节 吉林引松供水工程

吉林省中部城市引松供水工程位于吉林省中部工程的供水范围为长春市、四平市、辽源市及所属的九台市、德惠市、农安县、公主岭市、梨树市、伊通县、东辽县、长春双阳区等11个市、县、区的城区以及供水线路附近25个镇。本工程设计从丰满水库坝上取水，由输水总干线、输水干线和输水支线等组成。丰满水库进水口设计引水流量为38.0m³/s。输水干线包括总干线、长春干线、四平干线和辽源干线。输水支线为从干线或调节水库至各受水城市或附近水库的线路。输水线路总长550.6km，其中输水干线线路全长266.3km，输水支线全长284.3km。输水支线，隧洞长13.9km，埋管包括PCCP和PCP长为270.4km。

一、土壤腐蚀检测项目与评价标准

中国科学院南京土壤所于2011年，对输水线路土壤腐蚀问题进行了专题研究，检测项目主要如下。

(1) 土壤电阻率。

(2) 土壤pH值。

(3) 土壤的氧化—还原电位。

(4) 极化电流密度。

(5) 质量损失率。

(6) 土壤的氯离子含量。

(7) 土壤的氟离子含量。

(8) 土壤镁离子含量。

(9) 土壤的含水量。

(10) 土壤的容重。

(11) 土壤的孔隙率。

(12) 沿线环境对管道等的杂散电流腐蚀。

该项目采用的评价分级标准综合了各种技术规范要求，具体见表5-7-1～表5-7-9。

表 5-7-1　　土壤电阻率腐蚀等级评价

腐蚀等级	极强	强	中强	弱	极弱
电阻率/(Ω·m)	0～5	5～20	20～50	50～100	>100

表 5-7-2　　土壤 pH 值腐蚀性分级

腐蚀等级	极强	强	中等	弱	极弱
pH 值	<4.5	4.5～5.5	5.5～7.0	7.0～8.5	>8.5

表 5-7-3　　土壤含水量评价分级

腐蚀等级	强	中等	弱	极弱
含水量/%	12～25	10～12	<10 或 25～40	>40

表 5-7-4　　沿线土壤氯、硫酸根、镁离子含量评价表

腐蚀等级	强		中等	弱
Cl^-/ (mg/kg)	>100		100～20	<20
腐蚀等级	强	较强	中等	弱
SO_4^{2-}/(mg/kg)	>1000	500～1000	500～200	<200
Mg^{2+}/(mg/kg)	>3000	2000～3000	1000～2000	<1000

表 5-7-5　　质量损失、电流密度腐蚀评价表

腐蚀等级	强	中等	弱
质量损失/g	>3	1～3	<1
电流密度/(mA/cm^2)	>0.2	0.05～0.2	<0.05

表 5-7-6　　微生物腐蚀统计评价

腐蚀等级	极强	强	中等	弱	极弱
氧化还原电位/mV	<0	<100	100～200	200～400	>400

表 5-7-7　　直流杂散电流干扰程度评价

干扰程度	弱	中	强
地电位梯度/(mV/m)	<0.5	0.5～5.0	>5.0

表 5-7-8　　土壤对混凝土结构腐蚀等级评价

腐蚀等级	强	中	弱	微
pH 值	<4.0	4.0～5.0	5.0～6.5	>6.5
Mg^{2+}/(mg/kg)	>4500	3000～4500	1500～3000	<1500
Cl^-/(mg/kg)	>5000	500～50000	250～500	<250
SO_4^{2-}/(mg/kg)	>2250	750～2250	750～300	<300
总矿化度/(mg/kg)	>75000	30000～75000	15000～30000	<15000

表 5-7-9 土壤对钢结构腐蚀等级评价

腐蚀等级	强	中	弱	微
pH 值	<3.5	3.5~4.5	4.5~5.5	>5.5
氧化还原电位/mV	<100	100~200	200~400	>400
电流密度/(mA/cm²)	>0.2	0.05~0.2	0.02~0.05	0.02
电阻率/(Ω·m)	<20	20~50	50~100	>100
质量损失/g	>3	2~3	1~2	<1

二、总干线主要评价结论

根据总干线检测管段沿线的环境和土壤性质测定结果，其结论如下。

1. 土壤自然腐蚀性评价等级

从检测管段沿线土壤理化参数各个单项指标看，按电阻率指标判断的腐蚀等级为中等腐蚀，在某些电阻率极不均匀处可达中等偏强；以 pH 值判定的土壤腐蚀性，从其测定数据看，沿线极大部分测点土壤腐蚀性为中等腐蚀到弱腐蚀，但个别测点的腐蚀性等级进入强腐蚀性的边缘；从土壤含水量、孔隙度、容重等土壤物理性质测得的数据，评价其土壤腐蚀等级，应为强腐蚀到中等腐蚀；对于各测点土壤化学组成的测定，包括 Cl^-、SO_4^{2-}、Mg^{2+}、F^- 等的含量测定结果，特别是氯离子含量数据，对照有关标准，则应将土壤腐蚀性等级将划到中等腐蚀至弱腐蚀；从土壤两项电化学指标测定数据看，该两项指标测定数据评定等级并不一致，按质量损失数据，应划分在中等腐蚀等级范畴内，按极化电流密度数据划分，腐蚀等级应为强腐蚀至中等腐蚀，以这两项土壤电化学性质指标综合起来进行评价，沿线土壤腐蚀性评价等级应为中等腐蚀到强腐蚀。

根据以上土壤电性质、物理性质、化学性质、电化学性质的全部数据总体考虑，总干线检测管段土壤自然腐蚀性等级应为中等腐蚀到强腐蚀。

2. 土壤微生物腐蚀等级评价

检测管段沿线土壤有 11 个测点的氧化还原电位大于 400mV，处于极弱腐蚀的范围，虽有 2 个测点处于中等腐蚀，一个测点达到强腐蚀的边线内，但结合该测点处其他有关检测数据分析，总的来看，不适于嫌气性腐蚀微生物硫酸盐还原菌的生存与繁殖，检测管段沿线土壤微生物腐蚀等级在弱腐蚀到中等腐蚀等级，不会产生严重的微生物腐蚀。

3. 直流杂散电流腐蚀性评价等级

检测管段沿线有 15 个测定点土壤电位梯度数值小于 0.5mV/m，属于弱干扰，有 10 个测定点大于 0.5mV/m，但远小于 2.5mV/m。根据有关规范，超过 2.5mV/m 才需要采取排流等防护措施。因此，测定管段沿线直流杂散电流的干扰很小，不会引起明显的杂散电流电流腐蚀。

4. 土壤腐蚀性评价

土壤对混凝土结构腐蚀等级在弱腐蚀至微腐蚀等级，不会对混凝土结构产生明显影响。然而土壤对钢结构的腐蚀等级在中等腐蚀到强腐蚀等级，建议采用国家规范所规定的相应等级防腐措施，以保证管道的正常使用。

第二节　波波娜水电站工程

波波娜水电站位于新疆和田地区喀拉喀什河上，为引水式电站。由拦河坝、泄水建筑物、发电引水系统、电站厂房等主要建筑物组成。电站装机容量 150MW，保证出力 34.8MW，多年平均发电量 6.66 亿 kW·h。引水隧洞长 11.627km，洞经 5.4m；压力管道长 764m，内径 4.6m。工程总工期四年，2006 年 12 月 8 日正式开工，2010 年 12 月完成下闸蓄水及首台机组启动验收。

一、地质条件

根据开挖揭露，隧洞穿越元古界埃连卡特组第 4 层（Pt^{a4}）、第 5 层（Pt^{a5}）、第 6 层（Pt^{a6}）、第 7 层（Pt^{a7}）、第 8 层（Pt^{a8}）、第 9 层（Pt^{a9}）第 10 层（Pt^{a10}）和第 11 层（Pt^{a11}）。围岩岩性主要为云母石英片岩、云母石英片岩与钙质片岩互层、钙质片岩，局部夹有少量绿泥石石英片岩薄层，软岩—中硬岩，片理发育，片理产状 NE60°～80°SE∠35°～65°，片理面结合一般—较好，局部较差，片理走向与洞向夹角一般不大。

元古界埃连卡特组（Pt^{a}）变质岩系中局部层位零星分布有黄铁矿结核，其分布无规律。结核直径多在 1～5cm，表部呈铁锈色，结核内部为金黄色的黄铁矿四方形晶体。黄铁矿化学成分为：Fe46.55%；S53.45%，和其他一些混合物，溶于水后，使水中 SO_4^{2-} 的浓度达到 60000g/L 以上。

隧洞开挖揭露的构造形迹有断层、挤压破碎带、节理密集带、层间小褶曲以及节理裂隙。其中，断层有 13 条，挤压破碎带 10 条，节理密集带 15 条。

桩号 0＋130～7＋330 洞段间断有地下水出露，地下水出露洞段总长约 2370m，约占引水洞全长的 20.3%。出露形式以潮湿、渗水、滴水为主，见图 5－7－1，局部以线流形式出现，地下水对开挖施工和围岩稳定有较大影响。

隧洞各标段水样水质简分析成果，地下水中 SO_4^{2-} 含量 1010～2920mg/L，对普通水泥具有结晶类硫酸盐型强腐蚀，对抗硫酸盐水泥无腐蚀。取至压力管道下平段的 1 组水样 SO_4^{2-} 含量达 4020mg/L，对抗硫酸盐水泥有中等腐蚀，见表 5－7－10。

表 5－7－10　　桩号 6＋112～6＋115 基岩裂隙水水质简分析成果表

桩号	位置	取样日期	水质分析成果							
			pH 值	阴离子				游离 CO_2	侵蚀 CO_2	固形物总量
				Cl^-	SO_4^{2-}	HCO_3^-	CO_3^{2-}			
				mg/L						
6＋112～6＋115	Ⅱ	2008.4.28	7.8	3080	1710	288	0	13.2	0	8720

压力管道上游侧与调压井衔接，下游至主厂房，桩号为压 0＋00～压 0＋741.271。压力管道包括渐变段、上平段、上弯段、斜井段、下弯段、下平段以及明挖段（含支岔管）。

围岩为元古界埃连卡特组第 7 层（Pt^{a7}），岩性为云母石英片岩夹绿泥石石英片岩，斜井段多见夹有顺层石英脉透镜体或条带，属中硬岩夹软岩，片理发育，片理产状 NW275°～295°/SW∠38°～55°，片理面结合一般—较差，片理走向与洞向夹角 25°～45°。

开挖过程中，未揭露大的构造形迹，构造裂隙不发育。斜井段上端 24m 及以上部分围岩呈弱风化状，其余为微风化—新鲜。

从距斜井末端约 12m 位置起，以上全洞段干燥，无地下水；以下至桩号压 0＋678.6 全洞段潮湿、渗滴水，其中桩号压 0＋224～压 0＋241、压 0＋310～压 0＋357、压 0＋436～压 0＋463、压 0＋530～压 0＋540、压 0＋570～压 0＋656 洞段呈淋雨状滴水，局部线流。地下水对施工开挖和围岩稳定影响较大。

图 5－7－1 0＋540 渗水现象

据下平段的 2 组水样水质简分析成果，地下水中 SO_4^{2-} 含量分别为 2540mg/L 和 4020mg/L，对普通水泥具有结晶类硫酸盐型强腐蚀；其中 1 组样的分析结果表明对抗硫酸盐水泥有中等腐蚀。

二、建筑物防水土腐蚀措施

引水隧洞部分：结构混凝土均采用高抗硫水泥，黄铁矿分布较多的洞段，采用乳化沥青等材料进行封闭处理。

压力管道部分：上平段、斜井段结构及其上部回填混凝土和洞内回填混凝土均采用高抗硫水泥。钢管内外壁表面采用防腐处理，钢管内外壁：喷涂一道环氧沥青防锈封闭材料，厚度 100μm；表面喷涂环氧树脂沥青防锈面漆，厚度 100μm。钢管外壁：采用环氧沥青底漆和面漆各 100μm。

第六篇

研究成果总结

第一章 针对软岩的主要研究成果

一、隧洞围岩的工程地质特性

(1) 第三系砂质泥岩为极软岩，白垩系泥岩为软岩，白垩系泥灰岩为较软岩，均为易软化岩石。比较而言，水的作用对第三系砂质泥岩力学强度影响最为显著，白垩系泥岩次之，对泥灰岩影响较小。广泛分布的白垩系泥岩在干燥状态和天然状态下具有较高的强度，单轴抗压强度平均值达 37MPa、24MPa。

(2) E_2s^1 砂质泥岩、砾岩耐久性很低，部分为中等耐久性。K_1n^4 泥岩具有属中高耐久性，K_1n^3 泥岩属高的—很高的耐久性，K_1m^2 泥岩属高的耐久性。

(3) 根据膨胀率、膨胀力、自由膨胀率综合判断，隧洞岩石均属非膨胀岩。

(4) 在干燥、完全卸荷条件下，随时间的推移岩石强度降低、完整性变差，6h 内变化明显，至 40h 左右趋于稳定。

(5) 根据三轴压缩试验成果，岩体三维条件下的抗压强度随围压的增加而增加。

(6) 岩石具有一定的流变性。砂质泥岩饱水后流变量大，时效变形显著。

二、适于本地区的小断面隧洞围岩工程分类

(1) 隧洞围岩稳定性主要受岩石强度、岩体完整性、结构面特征和地下水活动程度影响。隧洞顶拱是易于变形破坏的主要部位，主要的破坏形式为顶拱岩体松弛下沉，楔形体坠落和滑落，以及破碎、软化岩体的塌方、挤压变形等。两侧边墙稳定条件较好，影响较大的主要为破碎、软化岩体的塌方、挤压变形破坏。

(2) 综合国内外围岩分类标准、本地区隧洞工程地质条件和围岩变形破坏规律，以及隧洞开挖揭露情况，提出了适于该地区工程隧洞围岩定性与定量分类标准。

(3) 根据围岩分类标准，对隧洞进行了围岩分类。1～11 号隧洞综合统计，IV^1 类(局部Ⅲ类) 约占隧洞总长的 48%，IV^2 类约占 31%，Ⅴ类约占 21%。

鉴于隧洞工程地质条件的复杂性，应受施工等因素的影响，上述围岩分类成果与实际情况必然有一定变化和差异，最终的围岩类别应以隧洞揭露情况为准。

三、平缓软弱岩体中隧洞围岩松弛变形规律与特征

(1) 隧洞开挖后由于岩体应力瞬时变化以及爆破等因素的影响，洞壁岩体即呈现 0.5m 左右的松弛带，随着观测时间的增加，洞壁岩体的松弛厚度也逐渐加大，其中距首次观测时间 41～50h 以内洞壁岩体松弛速度变化梯度最快，距首次观测时间 41～260h 左右洞壁岩体松弛速度变化梯度逐渐变缓，距首次观测时间大于 260h 以后洞壁岩体松弛速度变化梯度基本稳定。

随着掌子面的逐渐变远，洞壁岩体的松弛厚度也逐渐加大，其中距离掌子面约 15～

22m以内洞壁岩体松弛速度变化梯度最快，距离掌子面约15～45m左右洞壁岩体松弛速度变化梯度逐渐变缓，距离掌子面约45m以远时洞壁岩体松弛速度变化梯度基本稳定。

(2) 由于围岩位移观测时距离掌子面在30～265m之间，3个观测断面的围岩变形都属微量，变化很小，且与隧洞环境温度和湿度关系不大。其中7号隧洞50+281断面变形稍大（最大为0.493mm)，但总体位移量均很小，且观测后期已趋于稳定。

(3) 收敛观测时距离掌子面在1.5～167.4m之间，其中裸洞收敛观测的2个断面2号隧洞21+643.5和7号隧洞1号支洞0+097观测时距离掌子面在3.5～100.54m之间，其收敛值变化范围为2.5～23.65mm，以7号隧洞1号支洞0+097断面2～3线围岩收敛最大；其他7个观测断面均在一次支护的表面设置观测点，其收敛值变化范围为0.28～18.88mm，以7号隧洞50+268.3断面1～3线围岩收敛最大。隧洞收敛与环境温度和湿度关系不大，一般距掌子面大于15～20m时洞壁收敛变形趋于稳定。

四、平缓软弱岩体中隧洞围岩应力应变分布特征

(1) 隧洞开挖后山体中的应力场会出现调整，使得隧洞围岩应力出现明显的变化，出现压应力和剪应力集中，主要分布在洞室围岩一定深度范围内。

(2) 隧洞开挖后围岩岩体整体向洞内临空面变形，顶拱向下下沉，底板向上隆起，侧壁向内移动，并且侧壁位移量均大于顶拱和底板位移量；从洞室围岩总位移云图看到，洞室开挖引起的围岩变形区域为“蝴蝶形”，侧壁处位移和影响深度最大，顶拱和底板处的位移和影响深度最小；由于受水平构造应力影响，洞室围岩垂直隧洞方向（X向）位移最大，其次是竖直方向（Z向），隧洞延伸方向（Y向）位移量最小；计算过程中洞室围岩的变形监测曲线表明，洞室侧壁位移量最大，拱腰其次，拱顶最小，和实际监测规律一致。

(3) 隧洞开挖后由于洞室围岩大主应力增大和小主应力减小，围岩在一定深度范围内出现了塑形破坏，计算的塑性区厚度和实测的松弛圈厚度也基本相等。

五、小断面软弱围岩隧洞开挖及支护措施

(1) 基于围岩特性，本隧洞宜采用弱爆破、短进尺开挖方式，尽量减少对围岩的扰动，保持岩体的自承能力。

(2) 根据测试成果，隧洞主要变形量发生开挖后的40～50h以内，且初期变形速率较快。隧洞支护应在围岩未发生充分变形的情况下进行。IV^2、V类围岩支护时间宜在开挖后数小时内完成，IV^1类围岩在开挖后数小时至十几个小时内完成，最长不宜超过1天。

综合分析隧洞围岩工程地质特性，结合有关技术标准规定，以及隧洞开挖揭露和数值模拟情况提出不同围岩类别的支护措施建议。尚应根据施工揭露情况、施工地质编录成果和监测成果不断修改、完善支护措施，使之更具有针对性，更为安全可靠。

(3) 掉块和小型塌方是围岩的主要破坏方式之一，是一次支护的重点。鉴于开挖后很快即出现掉块和小型塌方现象，应及时清理危石，尽快施工锚杆和挂钢筋网；崩落的石块一般较小，钢筋网间距宜≤10cm×10cm；另外，应加强针对对危石的巡视和监测，发现问题及时处理。在实施上述措施的前提下，喷混凝土工序可以考虑适当延后，但应满足表的要求。

(4) 围岩对水的作用非常敏感，特别是第三系砂质泥岩。应及时排除积水，特别要避

免洞内长期积水。

(5) 隧洞围岩均为软岩，强度低且极易软化。在反复碾压下易破碎、泥化，强度显著降低。地基强度不足可能造成钢拱架等支护结构变形、失稳，失去支撑作用；洞底坑洼、泥泞，会影响车辆交通；破碎、泥化的洞底围岩不能满足承载需要，必须清除，将增加永久衬砌工程量。因此，必须对隧洞底板及时采取硬化加固措施，钢拱架应考虑锁脚锚杆。

第二章

水土腐蚀性相关主要研究成果

一、工程区腐蚀性水土的分布和特征

(1) 输水线路穿越了多种地貌和岩性区段，以及多个相对独立的地表水系和地下水文地质单元，环境条件多样。沿线土壤成因、岩性、含盐量、透水性、电磁特性差异较大，其腐蚀性方面也具有一定差异。

(2) 从试验、测试成果来看，该地区浅表层土壤对混凝土局部具有弱腐蚀性，占30.8%，其他部位为微腐蚀；对混凝土中钢筋具有微腐蚀；对钢结构腐蚀性普遍较强，河川、沟谷附近地段有些具有强腐蚀性。

(3) 河水对混凝土一般具有硫酸盐型弱—强腐蚀性，对混凝土中的钢筋具弱腐蚀性，对钢结构具弱—中等腐蚀性。部分河流，河水腐蚀性微弱。

(4) 地下水位以上大部分地段场地环境类型为A类（干旱、半干旱区无干湿交替作用和冻融交替作用环境），仅过沟、过河地段场地环境类型为B类（干旱、半干旱区具有干湿交替作用环境）。

(5) 隧洞大部分地段为A类环境。在A类环境下，隧洞沿线地下水对混凝土中钢筋无—弱腐蚀性，对钢结构具弱腐蚀性。

隧洞进出口及浅埋洞段，地下水水位受大气降水影响变化较大，岩体温湿度变化明显，具有干湿交替环境特征，环境作用强度相对较高，属于B类环境。按B类环境判别标准，1～11号隧洞地下水对混凝土结构具有腐蚀性（硫酸盐型）的洞段总长约为3.0km，约占1～11号隧洞总长的8.6%。

二、宁夏中南部腐蚀性水土的形成机制

1. 土壤及松散层潜水

第四系松散层腐蚀性土壤的形成，与多种因素有关。区域广泛分布的白垩系岩石中含有石膏，通过风化、搬运等形式形成的松散沉积层仍含有石膏成分。干旱、半干旱地区长期而强烈的蒸发作用，对于浅表层盐分的集聚也起到了一定作用。

地下水中的硫酸盐，主要源于形成过程中对土壤盐分的溶滤作用。

2. 隧洞进出口附近、浅埋洞段以及风化带、构造发育洞段腐蚀性基岩地下水

隧洞进出口附近、浅埋洞段以及风化带、构造发育洞段地下水腐蚀性较强，分析其成因为：对于隧洞进出口及浅埋洞段，大部分处于风化岩体范围，且地表分布有富含盐分的残积土。由于风化岩体渗透性相对较强，大气降水、松散覆盖层孔隙潜水与基岩裂隙水之间水力联系密切，浅表层土壤及风化岩中的硫酸盐被下渗的地下水溶滤进入基岩含水体。对于构造发育带，其成因类似，即陡倾角的断层沟通了各含水层，造成浅部地下水中富含

的盐分进入深部基岩地下水。

3. 深部基岩地下水（浅埋洞段以及风化带、构造发育洞段以外）

相对于地表水、覆盖层地下水、浅层基岩地下水而言，基岩深部的地下水腐蚀性明显较弱。其原因在于，工程区岩层属缓倾角地层，倾角一般小于25°，薄层状的砂岩夹泥灰岩及泥页岩垂直层面方向渗透性很差，具有隔水作用，富含盐分的松散层潜水、浅部基岩地下水难以下渗，补给深部地下水。深层基岩地下水中的硫酸根离子主要来源于岩体中的石膏。微风化、新鲜岩体和完整性较好的岩体，石膏脉大部分被严密包裹在岩体中，无法与地下水接触，难以溶入地下水，造成大部分地段硫酸盐含量不高。

由于石膏分布及其与地下水接触、溶解、释放的随机性，造成不同地段地下水中硫酸盐含量和腐蚀性变化大，规律性差。

三、水土腐蚀的主要危害、作用机理及控制因素

（1）水土腐蚀危害的宏观表现：混凝土结构出现云朵状起层、松散、剥落、露筋以及裂缝、渗漏，混凝土及钢结构断面损失，腐蚀后的结构强度显著降低。危害程度一般可分为四级：轻微、中等、严重以及非常严重。

（2）水土腐蚀的速率：在不采取抗腐蚀措施的情况下，混凝土和钢结构出现明显腐蚀破坏现象的时间普遍较短，慢者数年，快者数月即出现明显不良表现。

（3）水土腐蚀对工程的主要影响：隧道、隧洞工程衬砌出现明显裂缝、空洞，渗漏严重，衬砌结构逐渐失去支撑作用直至坍塌，隧道内设施遭到腐蚀和破坏；有压输水管道工程，多表现为管道爆裂，被迫停止运行；对于防渗体，由于结石被溶蚀而防渗能力下降甚至完全失效，造成地基渗漏增加，扬压力显著增大，进而威胁工程稳定。

输水工程隐蔽于地下或水下，水土腐蚀危害具有不易发现、维护困难的特点。对输水工程的危害和产生的社会影响较大，甚于铁路、公路工程。

（4）控制结构水土腐蚀的因素主要为结构工作环境类型、腐蚀介质和结构本身条件三个方面。

（5）混凝土裂缝、孔隙是造成输水管道腐蚀甚至爆管的关键因素之一。

输水管道在制造、吊装等多个环节均可能形成混凝土裂缝和孔隙，混凝土裂缝、孔隙的形成不可避免。土壤和水中的盐分主要通过混凝土裂缝、孔隙进入内部，腐蚀钢丝进而造成管道破坏。由于裂缝、孔隙的毛细和盐分的集聚效应，水分、盐分在混凝土裂缝中运移具有高效率。按现行技术标准环境水土仅具有轻微腐蚀性的环境水，也可能产生不良后果。鉴于复杂的地质环境和有压的工作条件方式，对于本工程而言，输水管道针对水土腐蚀问题采取防护措施是必要的。

四、宁夏中南部水土腐蚀环境类型

（1）工程区地面高程在3000m以下，干燥度大于2，宏观环境类型属于干旱、半干旱区。

（2）工程区地域较大，岩土性质和水文地质条件多样，埋藏条件不同，结构物工作条件具有多种微观环境类型。其中，主要为不具有干湿交替作用和不具有冻融交替作用环境、具有干湿交替作用或具有冻融交替作用环境两种类型。

（3）对于干湿交替环境，在湿度变化前提下，阳光、空气、温差三者是影响环境作用

强度的主要因素。本地区输水建筑物埋藏在地下一定深度，无阳光、温差小，空气稀薄或流动缓慢，环境作用相对较弱。阳光、空气、温差共存的环境限于局部或特定位置。

（4）隧洞洞身大部分为不具有干湿交替作用和不具有冻融交替作用环境类型。部分进出口洞段主要为具有干湿交替作用或冻融交替作用环境。

（5）输水管线工程大部分地段为不具有干湿交替作用和冻融交替作用环境。过河、过沟地段两岸近河段地下水位变动带、毛细带，为具有干湿交替作用环境，所占比例不大。

五、水利工程水土腐蚀评价标准的补充

表 5-3-22 提出了适于干旱、半干旱区具有干湿交替或冻融交替作用环境下环境水硫酸盐型腐蚀评价标准。

六、隧洞及管道工程环境水土腐蚀的防止措施

（1）铁路、公路隧道一般性的腐蚀破坏可以在不停止运用的情况下进行维护、修理。水工隧洞不具有这一方便条件，一旦出现腐蚀破坏，只能停水，其社会影响巨大，难以承受。因此，应按有关规范要求从严考虑，采取有效抗腐蚀措施。

（2）有些天然砂具有潜在的碱骨料反应，采取抑制措施是必要的。掺粉煤灰能有效抑制骨料的碱活性反应，且随着粉煤灰掺量的增大，砂浆试件 14 天膨胀率减小，抑制效果越好。

（3）宁夏六盘山 P·O42.5 水泥和赛马 P·HSR42.5 水泥分别掺入 20％的Ⅰ级、Ⅱ级粉煤灰后制成的砂浆，与未掺粉煤灰的水泥砂浆 14 天膨胀率相比，前者为后者的 90％。掺粉煤灰可以提高胶凝材料的抗硫酸盐能力。

六盘山 P·O42.5 水泥和赛马 P·HSR42.5 水泥制成的砂浆抗蚀系数达到 1.2 以上，两种水泥分别掺入 20％的Ⅰ级、Ⅱ级粉煤灰后制成的砂浆的抗蚀系数均大于 1.1。几种胶凝材料均具有较好的抵抗硫酸根离子侵蚀能力。

从碱活性骨料试验和抗侵蚀试验成果，以及大量的工程实例及科研成果来看，掺加粉煤灰等材料对抑制骨料碱活性和抗环境水腐蚀均具有很好的作用，具有“一箭双雕”的效果。

（4）本地区工程隧洞区深层基岩地下水中的硫酸根离子主要来源于岩体中的石膏。由于石膏分布的随机性，造成地下水中硫酸根离子含量和腐蚀性变化大。因此，在隧洞开挖阶段，应及时检测地下水水质，判断其腐蚀性。鉴于地下水腐蚀类型主要硫酸盐结晶型，现场的水质分析可以只检测硫酸根离子含量指标。

（5）输水管道区环境水土具有一定腐蚀性，按规范采取防护措施是必要的。输水管道属于薄壁结构，工作环境条件复杂多样，宜采用相对严格的防护标准。

参 考 文 献

[1] 郭志．软岩力学特性研究 [J]．工程地质学报．1996，4 (3)：79－84.

[2] 周维垣．高等岩石力学 [M]．北京：水利电力出版社，1990.25.

[3] 申玉生，赵玉光．偏压连拱隧道围岩变形的现场监测与分析研究 [J]. 公路，2005，(04)：194－198

[4] 孔庆林，李果．三台阶法在羊秀坞高速公路隧道中的应用 [J]. 华东公路，2010，(1)：60－62.

[5] 杨献永．公路隧道土体加固后开挖效应分析 [J]. 山西建筑，2010，36 (6)：318－320.

[6] 王宏祥，王军．公路隧道施工阶段围岩指标定性描述的量化分级方法研究 [J]. 公路交通科技 (应用技术版)，2010，(2)：17－20.

[7] 陆同寿．中国公路隧道建设近况 [J]. 土木工程学报，1990，23 (03)：86－90.

[8] 蒋树屏．我国公路隧道建设技术的现状及展望 [J]. 交通世界，2003，(2)：22－27.

[9] 杨景芳．日本惠那山道路隧道简介 [J]. 北京：《公路》杂志社，1989，(1)：42－45.

[10] Yano，T. Yamada，N. Suzuki，I. Construction of The Enasan Tunnel & the design of thesecond stage [C]. Pergamon Press，New York，NY . May 29，1978－June 2，1978.

[11] Fuminori Kimura，Nobuyuki Okabayashi and Toshikazu Kawamoto. Tunnelling through squeezing rock in two large fault zones of the Enasan Tunnel Ⅱ [M]. Japan Highway Public Corp，Jpn，Japan Highway Public Corp，Jpn. Jul－Sep 1987.

[12] 高峰，李德武．家竹箐隧道弹粘塑性有限元分析 [J]. 甘肃科学学报，1998，10 (2)：36－39.

[13] 付华兴．应用和改造卡斯特纳公式求取家竹箐隧道塑性半径 [J]. 铁道工程学报，2003，3 (1)：94－95.

[14] 齐康平．家竹箐隧道高地应力引坊支护大变形中可缩性 U 型钢架的应用 [J]. 隧道及地下工程，1997，18 (3)：82－85.

[15] 李泽龙．南昆铁路家竹箐隧道的长锚杆施工 [J]. 四川建筑，1997 (02)：56－60.

[16] 张祉道．家竹箐隧道高地应力软弱围岩支护大变形及其整治 [J]．科学技术通讯，1996 (3)：1－8.

[17] 陈靖宇，黄治，刘志学．木栅隧道施工工程规划与设计 [C]．2007.

[18] 曾大仁，林秋明．北高木栅隧道挤压破坏案例探讨 [C]．台湾工业技术学院，北高困难隧道案例研讨会．1997.

[19] Triclot J，Rettighieri M，Barla G. Large deformations in squeezing ground in the Saint-MartinLa Porte gallery along the Lyon－Turin Base Tunnel [J]. Proceedings and Monographs in Engineering，Water and Earth Sciences. 2007：1093－1097.

[20] Borca，Thierry. Investigatory tunnel under way for Lyon－Turin high speed link [J]. World Tunnelling. 2002，15 (8)：391－392.

[21] Poti，PaoloBrino，Lorenzo Need and design of the cooling system both in the excavation phase and in the basic tunnel operation phase of the new Turin－Lyon railway line [J]. Ingegneria Ferroviaria. 2011，66 (6)：551－564.

[22] Paolo Poti，InggLorenzo，Brino. The new Turin－Lyon railway line The electric plants [J]. Ingegneria Ferroviaria. 2009，64 (5)：439－453.

[23] Zbinden，Peter Gotthard base tunnel：Testing system for concrete mixtures [J]. Beton－und Stahl-

betonbau. 2007，102（1）：11-18.
[24] Bratschi，Oliver . The railway equipment of the Gotthard base tunnel [J]. ZEV Rail Glasers Annalen. 2008，132（10）：447-450.
[25] Gehriger，Willy Switzerland's project for modern railway crossings of the Alps and details of the Gotthard base tunnel [R]. Proceedings - Rapid Excavation and Tunneling Conference. 1993：1211-1233.
[26] Rehbock - Sander. Gotthard Base Tunnel：Work progress at the five construction sections [R]. Proceedings of the33rd ITA - AITES World Tunnel Congress - Underground Space - The 4th Dimension of Metropolises. 2007，2：1223-1228.
[27] 王思敬．论岩石的地质本质性及其岩石力学演绎 [J]. 岩石力学与工程学报，2009，28（3）：433-451.
[28] 陈花顺．新蜀河隧道炭质岩变形特性与支护设计 [J]. 中国铁路，2010，(5)：34-36.
[29] 苟彪张奕斌．新蜀河隧道炭质片岩火变形控制技术研究 [J]. 铁道工程学报，2009.（11）：40-44.
[30] 董杰，蔡亚丽．炭质片岩地质隧道施工变形控制 [J]. 山西建筑．2011，37（2）：168-170.
[31] 汶文钊．软弱围岩隧道斜井进入正洞喇叭口段施工方法 [J]. 铁道标准设计，2007（S1）：136-137.
[32] 赵德安，李国良，陈志敏，等．特乌鞘隧道三维地应力场多元有限元回归拓展分析 [J]. 岩石力学与工程学报，2009，28（增1）：2687-2694.
[33] 梁文灏，李国良．乌鞘岭特长隧道方案设计 [J]. 现代隧道技术，2004，41（2）：1-7.
[34] 铁道第一勘察设计院．乌鞘岭隧道岭脊地段复杂应力条件下的变形控制技术研究总报告 [R]. 兰州：铁道第一勘察设计院，2005.
[35] 中铁西南科学研究院．乌鞘岭隧道岭脊地段复杂应力条件下的变形控制技术研究专题报告：三维变形监测阶段成果报告 [R]. 成都：中铁西南科学研究院，2005.
[36] 李响，钱伟平．乌鞘岭隧道地质条件综述 [J]. 铁道勘察，2005，31（4）：57-61.
[37] 曹磊，谷柏森，郑伟．提高乌鞘岭特长隧道衬砌结构耐久性设计与施工 [J]. 隧道建设，2007，27（1）：41-45.
[38] 邹舯，王超朋，张文新．兰渝铁路木寨岭隧道炭质板岩段应力控制实验研究 [J]. 隧道建设，2010，20（2）：120-124.
[39] 巨小强．木寨岭隧道越岭区区域地应力特征分析及应用 [J]. 铁道勘察，2010，(2)：33-35.
[40] 景蕾．木寨岭隧道施工设计动态管理及围岩大变形处治特点 [J]. 公路隧道，2006，（1）：35-38.
[41] 何满潮，景海河，孙晓明．软岩工程力学 [M]. 北京：科学出版社，2002.
[42] C. Wang. Deformation Behaviour of Roadway in Soft Rocks in Underground Coal Mine and Prinple for Stability Controll [J]. Int. J. RockMech. &Min Sci.，2000，37：937-94.
[43] Y. Jiang，H. Yoneda，Tanabashi. Theoretieal Estimation of Loosening pressure on Tunnels in Soft Rocks [J]. Tunnelling and Underground Space Technology，2001，16：99-105.
[44] 孙钧，汪炳蕴．地下结构有限元法解析 [M]. 上海：同济大学出版社，1986.
[45] 煤炭工业部科教司，煤炭工业部软岩巷道支护专家组．中国煤矿软岩巷道支护理论与实践 [M]. 北京：中国矿业大学出版社，1996.
[46] 宋嶽，高玉生，贾国臣，滕杰，刘康和．水利水电工程深埋长隧洞工程地质研究 [M]. 北京：中国水利水电出版社，2014.
[47] 杨新安，黄宏伟，张禹．软弱岩体分类及其变形规律的研究 [J]. 上海铁道大学学报（自然科学版），1997，18（4）：113-118.

[48] 韩爱果，聂德新．某电站地下厂房围岩质量综合分级．地质灾害与环境保护［J］，2002，13（2）：75－79.
[49] 王文，刘治安．深埋、长、大隧道围岩工程地质分类综述［J］．成都理工学院学报，1996，23（增刊）：141－147.
[50] 周重民．地下洞室围岩分类的地质研究及其应用［J］．甘肃水利水电技术，1994，1：59－61.
[51] 王文，任光明，左三胜，等．深埋长大隧道围岩分类评价的探讨与应用［J］．地质灾害与环境保护，1997，8（4）：14－21.
[52] 王剑波，原王业．地下嗣室的围岩分类与稳定性评价［J］．金属矿山，2000，4：29－31.
[53] 赖伟茂，白海山．浅谈隧洞围岩分类及力学指标的确定［J］．水利水电，2000，1：23－26.
[54] 吴鹤生，吴长悦．隧道围岩类别科学划分问题的探讨［J］．矿山测量，2002，3：30－31.
[55] 赵玉级．国内外主要围岩分类换算原则和方法［J］．工程地质学报，1993，2：24－31.
[56] 剑万禧．巷道围岩稳定性的判据及岩石分类［J］．工程地质学报，1999，1：20－24.
[57] 杜时贵，童宏刚．隧道围岩分类研究现状．见：中国力学学会，编．第四届浙江省岩土力学与工程学术讨论会论文集［A］．上海：上海交通大学出版社，1999. 2－6.
[58] 王明华．金沙江溪洛渡水电站地下洞室围岩分类及稳定性评价［D］．成都：成都理工大学，2001.
[59] 王广德，石豫川，刘汉超，寇佳伟．水利水电地下洞室围岩分类［J］．水力发电学报．2006，（02）：10－15.
[60] 《中华人民共和国国家标准》编写组．GD 50287—99 水利水电工程地质勘察规范［S］．北京：中国计划出版社，1999.
[61] 王广德，石豫川，刘汉超，等．常用围岩分类方法在某深埋隧洞适用性分析［J］．中国地质灾害与防治学报，2006，（2）：25－30.
[62] 许春晓．西部高地应力地区地下洞室围岩分类研究［J］．中国科技论文在线．
[63] 张春安，巨浪．水电工程地下洞室围岩分类浅谈水电站设计，水电站设计［J］．2007，23（4）：34－37.
[64] 中华人民共和国水利部．GB 50218—94 工程岩体分级标准［S］．北京：中国计划出版社，1994：1－50.
[65] Barton N. Some new Q－value correlatins to assist in site characterisation and tunnel design. International Journal of Rock Mechanics & Mining Sciences［J］，2002，39：185－216.
[66] 何满潮．软岩隧道工程概论［M］．徐州：中国矿业大学出版社，1993：8.
[67] 陈建平，吴立．地下建筑工程设计与施工［M］．北京：中国地质大学出版社，2000.
[68] 丁亮，隧道围岩分类方法综述［J］．广东交通职业技术学院学报．2005，4（4）：73－75.
[69] 何发亮，王石春．铁路隧道围岩分级方法研究及发展［J］．铁道工程学报，2006，（S1）：392－397.
[70] 吕新华，余敬．公路隧道围岩分类新、旧规范的比较，城市勘测［J］．2009（2）：156－161.
[71] 钟日．新奥法设计施工指南［J］．铁道标准设计，1984（01）．
[72] 吉锋，石豫川，杨智勇．Q 系统在软岩隧道围岩质量分级中的适应性研究［J］．工程地质学报，2012（20）：34－68.
[73] 陈广寿．对甘肃省引大入秦灌溉工程隧洞围岩分类的建议，甘肃电力［J］．甘肃电力，1991（1）：55－59.
[74] 张大明，马云东，桂祥友，等．模糊综合评判方法在软岩分类中的应用［J］．能源技术与管理，2005（1）：13－15.
[75] 余作民．顶山隧洞初期支护监测及围岩变形特性分析［J］．铁路建筑，2007，5：46－48.
[76] 杨其国，等．洞松水电站引水隧洞软质围岩变形原因分析及处理［J］．四川省地质学报，2011，

S2，35 - 37.

[77] R. K. Goela，J. L. Jethwaa，A. G. Paithankar. Tunnelling through the young Himalayas. A case history of the Maneri - Uttarkashi power tunnel [J]. Engineering Geology. Volume 39，Issues 1 - 2，1995：31 - 44.

[78] 王铠，庞锦娟．论水、土中硫酸盐对混凝土结晶腐蚀的气候与评价 [J]. 勘察科学技术．2007 (1)．

[79] 蒋卫东，陈啸，刘斌．基于六盘山隧道衬砌混凝土腐蚀破坏分析及对策 [J]. 公路交通科技．2007，24 (10)．

[80] 赵珏龙，李翠月，李韦城，等．环境水对东敢水库大坝水泥灌浆侵蚀影响的探讨 [J]. 广东水利水电．2003 (6)．

[81] 赖健莹，范超．青云山隧道渗漏水处理技术研究 [J]. 江西公路科技．2009 (4)：42 - 46.

[82] 贺金刚．西川河排洪洞混凝土衬砌腐蚀分析 [J]. 腐蚀与防护．2007，28 (4)．

[83] 邓铭江，等．"635" 水利枢纽发电引水洞混凝土腐蚀机理分析 [J]. 水利水运科学研究．2000，9：3.

[84] 郑广芬，陈晓光，孙银川，等．宁夏气温、降水、蒸发的变化及其对气候变暖的响应 [J]. 气象科学．2006，8：26 (4)．

[85] 王海彦，仇文革，冯冀蒙．提高侵蚀环境下山岭隧道衬砌混凝土耐久性施工对策研究 [J]．现代隧道技术．2011，48 (6)：17 - 22.